TEPS
서울대
텝스 관리위원회
최신기출
1200
해설집

서울대 텝스 관리위원회 최신기출 1200 해설집

문제제공 서울대학교 TEPS관리위원회
문제해설 넥서스 TEPS연구소
펴낸이 **안용백**
펴낸곳 (주)넥서스

초판 1쇄 발행 2011년 3월 25일
초판 15쇄 발행 2016년 3월 5일

출판신고 1992년 4월 3일 제311-2002-2호
04044 서울시 마포구 양화로 8길 24
Tel (02)330-5500 Fax (02)330-5555

ISBN 978-89-5797-533-6 18740

저자와 출판사의 허락 없이 내용의 일부를
인용하거나 발췌하는 것을 금합니다.
저자와의 협의에 따라서 인지는 붙이지 않습니다.

가격은 뒤표지에 있습니다.
잘못 만들어진 책은 구입처에서 바꾸어 드립니다.

www.nexusbook.com

TEPS
서울대
텝스 관리위원회
최신기출
1200

How to TEPS

서울대학교 TEPS관리위원회 기출문제 제공
넥서스 TEPS연구소 해설

해설집

넥서스

서문

2006년 넥서스에서 최초로 TEPS 기출문제집 〈유형별로 분석한 NEXUS 기출 800〉을 출간한 후 〈서울대 텝스 관리위원회 최신기출 1000〉 〈서울대 텝스 관리위원회 제공 최신기출 시크릿〉에 이르기까지 대표적인 TEPS 기출문제집 출간으로 TEPS 시장에 자리매김할 수 있도록 많은 사랑과 관심을 보여준 TEPS 수험생들과 학교 및 학원에서 강의를 담당하시는 선생님들께 다시 한번 감사의 마음을 전한다. 다른 영어 능력 검정시험과 달리 많은 기출문제가 세상에 공개된 TEPS 시험은 그만큼 과학적인 측정 도구와 신뢰할 수 있는 콘텐츠, 정밀한 변별력 등 테스트로서의 투명성을 이미 인정받았다. 1999년 1월 첫 TEPS 시험 시행 이후 이러한 공인된 시험에 대한 신뢰도를 바탕으로 이제는 입시·입사·승진 등 여러 분야에서 이 TEPS 시험 성적이 두루 활용되고 있는 것이 현실이다.

TEPS를 어떻게 공부해야 하느냐는 질문을 종종 받는다. TEPS 시험이 아직 한국인들에게는 만만한 시험이 아니라는 것을 너무 잘 알고 있기 때문에 제대로 된 교재와 학습법으로 TEPS 체질로 영어 공부 환경을 세팅하라고밖에 조언해 줄 수 없다. 우리가 건강한 체력을 위해 몸에 좋은 음식, 심지어는 유기농을 섭취하려고 하듯, 건강한 TEPS 체질을 갖고 싶다면 엉뚱한 TEPS 유사 문제들이 아닌 시험에 출제된 기출문제들을 많이 경험해 볼 것을 권면한다. 시중에 이미 출간된 소위 베스트셀러라는 수험서에 수록된 TEPS 문제들을 분석해 보니, TEPS 시험이 아닌 다른 영어 시험 유형 문제를 수록해 혼동을 주는 경우도 많았다. TEPS 시험에 어떤 문제가 실제로 출제되었는지만 제대로 이해해도 시험 유형을 반 이상 경험한 거라고 볼 수 있다.

이번에 출간하는 〈서울대 텝스 관리위원회 최신기출 1200〉은 기출문제 6회분, 1,200문항이라는 방대한 양을 수록했기 때문에 학습자 편의를 위해 문제집과 해설집을 별도로 각각 제작했다. 가장 최신 기출문제들만 선별해서 수록했고, 실제 TEPS 시험장에서 만났던 문제 그대로의 디자인, 청해 방송에서 들은 MP3 음원을 모두 고스란히 그대로 가져왔다. 또한 군더더기 없이 핵심만 짚어 주는 문제 해설을 위해 끝없이 원고를 수정 보완해서 질 좋은 TEPS 기출문제를 더 잘 이해할 수 있도록 해설집을 따로 만들었다. 방대한 TEPS 문제들을 편하게 각자의 도서관이나 강의실, 집, 카페에서 경험하고 TEPS 고사장으로 향한나면 별로 긴장하지 않고 좋은 결과를 기대할 수 있을 것이다.

TEPS 기출문제집 출간을 위해 넥서스 TEPS연구소의 성가시게 많은 질문과 요구사항에도 적극적으로 도움을 주신 서울대학교 TEPS관리위원회 관계자분들께 이 자리를 통해 다시 한번 감사의 마음을 전한다. TEPS 시험이 수험생 모두의 꿈을 실현하는 데 잘 쓰임받기를 기원한다.

넥서스 TEPS연구소 연구원 일동

Contents

서문	5
이 책에 대하여	8
TEPS에 대하여	10
TEPS 핵심전략	12

서울대 최신기출 • 1

Listening Comprehension	38
Grammar	63
Vocabulary	76
Reading Comprehension	89
ANSWER KEYS	109

서울대 최신기출 • 2

Listening Comprehension	110
Grammar	135
Vocabulary	148
Reading Comprehension	161
ANSWER KEYS	181

서울대 최신기출 • 3

Listening Comprehension	182
Grammar	207
Vocabulary	220
Reading Comprehension	233
ANSWER KEYS	253

서울대 최신기출 • 4

Listening Comprehension	254
Grammar	279
Vocabulary	292
Reading Comprehension	305
ANSWER KEYS	325

서울대 최신기출 • 5

Listening Comprehension	326
Grammar	351
Vocabulary	364
Reading Comprehension	377
ANSWER KEYS	397

서울대 최신기출 • 6

Listening Comprehension	398
Grammar	423
Vocabulary	436
Reading Comprehension	449
ANSWER KEYS	469

i-**TEPS Review**	470
TEPS 등급표	472

이 책에 대하여

1 / TEPS 최신기출 1,200문항

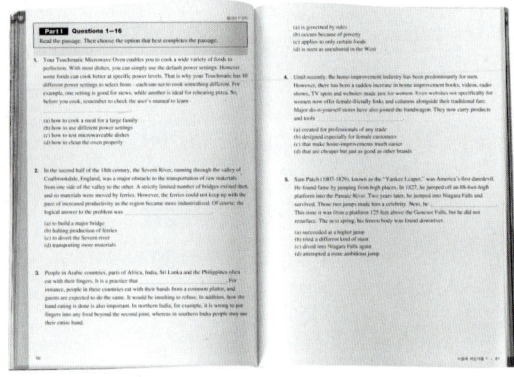

서울대학교 TEPS관리위원회가 공개한 현존 가장 최신 기출문제 1,200문항을 실제 TEPS 시험지와 동일한 디자인 환경으로 제공

2 / 수험생들에 꼭 필요한 TEPS 핵심전략

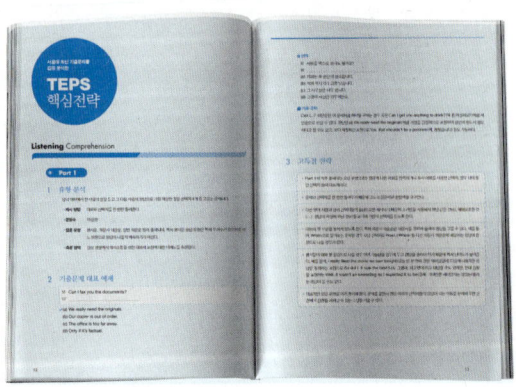

청해-문법-어휘-독해 4영역 13파트에 대한 TEPS 출제 경향 및 고득점 대비 전략을 통합적으로 분석한 출제 비밀 노트 공개

3 / 군더더기 없는 완전 해설

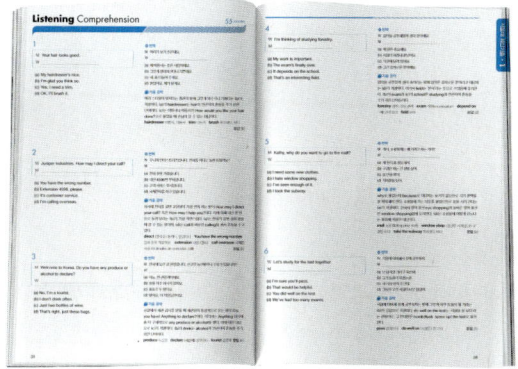

넥서스 TEPS연구소의 오랜 노하우가 녹아 있는 콤팩트한 알짜배기 해설로 오답에 대한 속시원한 해결책 제시

4 / 문제집과 해설집 별도 제작

학습자 편의를 위해 방대한 분량을 문제집과 해설집으로 별도 제작, 휴대하기 편할 뿐 아니라 학습 목적에 맞게 구매 가능

5 / 실제 고사장에서 듣던 청해 음성

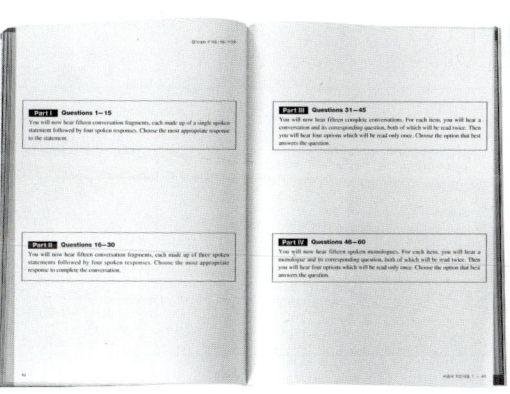

TEPS 고사장에서 청해 시험 시간에 사용했던 MP3 음원을 그대로 수록, 생생한 청해 환경 경험

TEPS에 대하여

1 / TEPS란?

❶ Test of English Proficiency developed by Seoul National University의 약자로 서울대학교 언어교육원에서 개발하고, TEPS관리위원회에서 주관하는 국가공인 영어시험
❷ 1999년 1월 처음 시행 이후 2011년 3월 현재 133회 실시했으며, 연 12회 실시
❸ 정부기관 및 기업의 직원 채용, 인사고과, 해외 파견 근무자 선발과 더불어 대학과 특목고 입학 및 졸업 자격 요건, 국가고시 및 자격 시험의 영어 대체 시험으로 활용
❹ 100여 명의 국내외 유수 대학의 최고 수준 영어 전문가들이 출제하고, 언어 테스팅 분야의 세계적인 권위자인 Bachman 교수(미국 UCLA)와 Oller 교수(미국 뉴멕시코대)로부터 타당성을 검증받음
❺ 말하기 – 쓰기 시험인 TEPS Speaking & Writing도 별도로 실시 중이며, 2009년 10월부터 이를 통합한 i-TEPS 실시

2 / TEPS 시험 구성

영역	Part별 내용	문항수	시간/배점
청해 Listening Comprehension	Part I : 문장 하나를 듣고 이어질 대화 고르기 Part II : 3문장의 대화를 듣고 이어질 대화 고르기 Part III : 6~8 문장의 대화를 듣고 질문에 해당하는 답 고르기 Part IV : 담화문의 내용을 듣고 질문에 해당하는 답 고르기	15 15 15 15	55분 400점
문법 Grammar	Part I : 대화문의 빈칸에 적절한 표현 고르기 Part II : 문장의 빈칸에 적절한 표현 고르기 Part III : 대화에서 어법상 틀리거나 어색한 부분 고르기 Part IV : 단문에서 문법상 틀리거나 어색한 부분 고르기	20 20 5 5	25분 100점
어휘 Vocabulary	Part I : 대화문의 빈칸에 적절한 단어 고르기 Part II : 단문의 빈칸에 적절한 단어 고르기	25 25	15분 100점
독해 Reading Comprehension	Part I : 지문을 읽고 빈칸에 들어갈 내용 고르기 Part II : 지문을 읽고 질문에 가장 적절한 내용 고르기 Part III : 지문을 읽고 문맥상 어색한 내용 고르기	16 21 3	45분 400점
총계	13개 Parts	200	140분 990점

☆ IRT (Item Response Theory)에 의하여 최고점이 990점, 최저점이 10점으로 조정됨.

3 / TEPS 시험 응시 정보

현장 접수
❶ www.teps.or.kr에서 인근 접수처 확인
❷ 준비물: 응시료 33,000원(현금만 가능), 증명사진 1매(3×4 cm)
❸ 접수처 방문: 해당 접수기간 평일 오전 10시 ~ 오후 5시

인터넷 접수
❶ TEPS관리위원회 홈페이지 접속 www.teps.or.kr
❷ 준비물: 스캔한 사진 파일, 응시료 결제를 위한 신용카드 및 은행 계좌
❸ 응시료: 33,000원(일반) / 17,000원(군인) / 36,000원(추가 접수)

4 / TEPS 시험 당일 정보

❶ 고사장 입실 완료: 9시 30분(일요일) / 3시(토요일)
❷ 준비물: 신분증, 컴퓨터용 사인펜, 수정테이프, 수험표, 시계
❸ 유효한 신분증
　　성인: 주민등록증, 운전면허증, 여권, 공무원증, 현역간부 신분증, 군무원증, 주민등록증 발급 신청 확인서, 외국인 등록증
　　초·중고생: 학생증, 여권, 청소년증, 주민등록증, 주민등록증 발급 신청 확인서, TEPS 신분확인 증명서
❹ 시험 시간: 2시간 20분 (중간에 쉬는 시간 없음, 각 영역별 제한시간 엄수)
❺ 성적 확인: 약 2주 후 인터넷에서 조회 가능

서울대 최신 기출문제 데이터 분석을 토대로 한
TEPS 핵심전략

Listening Comprehension

Part 1

1 유형 분석

남녀 대화에서 한 사람의 말을 듣고 그 다음 사람의 응답으로 가장 적절한 것을 선택지 4개 중 고르는 문제이다.

- **제시 방법**   대화와 선택지를 한 번만 들려 준다.
- **문항수**   15문항
- **질문 유형** 평서문, 의문사 의문문, 일반 의문문 등이 출제되며, 특히 평서문 응답 유형은 특히 무리수가 많으므로 어느 방향으로 응답이 나올지 예측하기가 어렵다.
- **측정 영역** 일상 생활에서 의사소통을 위한 대화체 표현에 대한 이해도를 측정한다.

2 기출문제 유형

> M   Can I fax you the documents?
> W   _____

   ✓ (a) We really need the originals.
   (b) Our copier is out of order.
   (c) The office is too far away.
   (d) Only if it's factual.

❉ 번역

M 서류를 팩스로 보내도 될까요?
W _____

(a) 저희는 꼭 원본이 필요합니다.
(b) 저희 복사기가 고장 났습니다.
(c) 사무실은 너무 멉니다.
(d) 사실인 경우에만요.

📘 기출 공략

Can I...? 의문문은 이 문제처럼 허락을 구하는 경우, 혹은 Can I get you anything to drink?(뭐 좀 마실래요?)처럼 제안문으로 쓰일 수 있다. 정답인 (a) We really need the originals처럼 거절을 간접적으로 표현하여 원본이 반드시 필요하다고 할 수도 있고, 보다 직접적인 표현으로 Yes, that shouldn't be a problem(네, 괜찮습니다) 등도 가능하다.

3 고득점 전략

- 문제와 선택지를 한 번만 들려주기 때문에 고도의 집중력과 순발력을 요구한다.

- 다른 영어 시험과 달리 선택지들이 음성으로만 제시되기 때문에 소거법을 사용해서 정답 같은 것(o), 애매모호한 것(△), 정답이 확실히 아닌 것(x)을 표시해 가면서 선택지를 듣도록 한다.

- 대화의 첫 부분을 놓치지 않도록 한다. 특히 의문사 의문문은 의문사를 정확히 들어야 정답을 고를 수 있다. 예를 들어, When으로 묻는 문제일 경우 오답 선택지로 How나 Where 등 다른 의문사 의문문에 해당하는 응답이 함정으로 나올 경우가 많다.

- 평서문이 대화 첫 문장으로 나올 경우 여러 가능성을 염두에 두고 정답을 골라야 하기 때문에 특히 난이도가 높아진다. 예를 들어, I really liked the movie we saw tonight(오늘 밤 본 영화 정말 재미있었어) 다음에 나옴직한 응답은 동의하는 표현으로 So did I. It was the best(나도 그랬어. 최고였어)라고 대답할 수도 있지만, 반대 입장을 표현하는 Well, it wasn't so interesting as I expected it to be(글쎄, 기대만큼 재미있지는 않았는데)라는 응답이 올 수도 있다.

- 대표적인 오답 유형을 미리 정리해 둔다. 문제를 풀면서 정답 이외의 선택지들이 오답이 되는 이유를 분석해 두면 실전에서 함정을 피해갈 수 있는 스킬을 키울 수 있다.

- Part 1에 자주 출제되는 오답 유형으로는 질문에 나온 어휘를 반복하거나 유사 어휘를 사용한 선택지, 일부 내용이 틀린 선택지 등이 대표적이다.

Listening Comprehension

Part 2

1 유형 분석

남녀 대화에서 세 번째 대화까지 듣고 그 다음 이어질 응답으로 가장 자연스러운 것을 4개의 선택지 중에서 고르는 문제이다.

- **제시 방법** 대화와 선택지를 한 번만 들려 준다.
- **문항수** 15문항
- **질문 유형** 평서문, 의문사 의문문, 일반 의문문 등이 출제되며, 이 중 특히 평서문인 경우 어느 방향으로 응답이 나올지 예측하기 어렵다.
- **측정 영역** 일상 대화 속 표현에 대한 이해도 측정이라는 점에서 Part 1과 동일한데 이와 더불어 전반적인 대화 흐름의 이해도를 측정하기도 한다.

2 기출문제 유형

> M We've been invited to Amy's for dinner.
> W What for?
> M I'm not sure, but we shouldn't go empty-handed.
> W _____

(a) Why don't we invite her?
(b) She's going to cook for us.
(c) I'd love to go with you.
✔ (d) Let's bring a bottle of wine.

✳ 번역

M 에이미네 저녁식사 초대를 받았어.
W 무슨 일인데?
M 무슨 일인지는 모르겠지만 빈손으론 가면 안 될 것 같아.
W _____
(a) 그녀를 초대하는 게 어때?
(b) 그녀가 우릴 위해 요리할 거야.
(c) 나도 같이 가고 싶어.
(d) 와인 한 병 사가자.

📖 기출 공략

We shouldn't…/ We must…/ We have to… 등은 상대방을 강하게 설득하는 문장이다. 파티에 갈 때 빈손으로 가면 안 된다는 말에 (d) Let's bring a bottle of wine과 같이 적극적인 동의 방법을 답으로 선택해야 한다. 이렇듯 서구 문화에서는 집으로 초대받은 경우 와인이나 케이크 혹은 꽃 등 간단한 선물을 준비해 가는 것이 예의라는 것도 기억해 두자.

3 고득점 전략

- 한 번만 들려주는 세 줄의 대화를 정확하게 잘 듣도록 한다. 첫 문장을 잘 들어야 그 다음에 이어지는 두 줄의 대화를 잘 이해할 수 있기 때문에 Part 2 역시 고도의 집중력을 요한다.

- 만일 첫 줄을 놓쳤다면 당황하지 말고 그 다음 이어지는 두 줄의 대화를 잘 듣도록 한다. 가장 이상적인 청취는 세 줄을 다 알아듣는 것이지만, 혹시 그렇지 못하더라도 선택지가 나오기 직전의 말을 잘 들으면 자연스럽게 이어지는 응답을 고르는 데 도움이 된다.

- 소거법을 활용해서 정답을 고르는 것도 들려 주기만 하는 선택지에 대처할 수 있는 한 방법이다.

- 남녀 각각 어떤 말을 했는지 구분해서 들어야 오답을 피해갈 수 있다.

- 풀어본 문제의 오답을 매번 분석해서 실전에서 신속하고 정확하게 오답을 피하도록 한다.

- Part 2의 대표적인 오답 유형으로는 대화의 앞부분을 일부 놓치고 착각해서 선택할 만한 선택지, 대화에 언급된 어휘로 만든 선택지, 대화에 등장한 어휘의 또 다른 의미를 가지고 만든 선택지, 질문한 사람이 이어서 할 만한 말로 만든 선택지 등이 있다.

Listening Comprehension

Part 3

1 유형 분석

남녀가 세 번씩 주고받는 대화를 듣고 4개의 선택지 중 질문에 가장 적절한 답을 고르는 문제이다.

- **제시 방법**   대화 → 질문 → 대화 → 질문 → 선택지 순으로 들려 준다.
- **문항수**   15문항
- **질문 유형**   대의 파악(7문항) → 세부 내용 파악(6문항) → 추론(3문항) 순으로 나온다.
- **측정 영역**   일상 대화에 등장하는 다양한 표현에 대한 이해도를 바탕으로 전체 대의 파악, 세부 내용 파악, 추론 능력을 측정한다.

2 기출문제 유형

> M Any special plans for your three-week vacation?
> W I think I'll visit my family and relax somewhere.
> M Where do you plan on relaxing?
> W Oh, I don't know, maybe go somewhere warm.
> M What about Thailand?
> W Actually, that sounds good. I'll put it on my list.

Q What is the main topic of the conversation?
(a) The best way to spend a vacation.
✔ (b) The woman's vacation plans.
(c) Popular holiday destinations.
(d) Setting aside time to visit family.

❈ 번역
M 3주 휴가 동안 특별한 계획이 있나요?
W 집에 들렀다가 어디 가서 좀 쉴 생각이에요.
M 어디서 쉬려고 하는데요?
W 글쎄요. 모르겠어요. 아마 따뜻한 곳으로 가겠죠.
M 태국은 어때요?
W 좋은 생각이네요. 그곳도 고려해 봐야겠어요.
Q 대화의 주제는?
(a) 휴가를 보낼 가장 좋은 방법.
(b) 여자의 휴가 계획.
(c) 인기 있는 휴양지.
(d) 가족을 방문하기 위한 시간을 남겨 놓기.

📒 **기출 공략**

휴가 계획은 상당히 빈출도가 높은 주제이다. 어디로 휴가를 갈 것인지, 혹은 휴가가 어땠는지에 대해 물어보는 두 가지 내용 중 하나로 예상할 수 있다. 여자가 따뜻한 곳에서 쉬려고 하고 남자는 태국을 권하고 있으므로, 이를 간단하고 함축적으로 표현한 (b) The woman's vacation plans가 정답이다. (d)는 visiting family를 응용한 오답이다.

3 고득점 전략

- 처음 대화를 들을 때 전체 대화 내용을 파악한 뒤, 질문에 따라 집중할 부분에 더 집중하는 두 번째 듣기를 한다. 대화의 흐름을 파악해야 대의 파악 문제뿐 아니라 세부 내용 파악이나 추론 문제도 더 쉽게 풀 수 있다.

- 질문에 따라서 메모를 해야 하는 경우도 있다. 특히 세부 내용 파악 문제의 경우 숫자, 연도, 물건의 종류 등을 명확하게 기억하는 것이 유리하고, 남녀 각각 어떤 말을 했는지 구분해서 알아 두는 것이 오답을 피하는 데 많은 도움이 된다. 추론 능력은 대의 또는 세부 내용을 바탕으로 하기 때문에 세부 내용도 간과할 수 없다.

- 선택지를 한 번밖에 들려주지 않기 때문에 대화 내용을 다 이해하고도 선택지를 놓쳐서 정답을 고르지 못하는 경우가 있다. 이를 방지하기 위해 소거법을 적용해서 선택지를 차례대로 표시하면서 최종 정답을 고르도록 한다.

- 질문 종류별로 오답 확률이 높은 유형을 알아 두는 것도 도움이 된다.
  - 대의 파악 오답 유형: 대화 중 일부 세부 사항만 포함한 선택지, 너무 일반적인 내용의 선택지, 대화 중 특정 키워드를 조합한 전혀 엉뚱한 내용의 선택지 등이다.
  - 세부 내용 파악 오답 유형: 대화에서 언급된 어휘를 반복한 선택지, 대화와 전혀 무관한 선택지, 일부 내용만 사실인 선택지, 남녀의 역할이 뒤바뀐 선택지, 시제가 대화 내용과 일치하지 않는 선택지 등이 있다.
  - 추론 오답 유형: 상식적으로는 맞는 진술이지만 대화 내용과는 무관한 선택지, 대화에서 언급된 어휘로 만들었지만 대화 내용과 무관한 선택지, 추론 가능한 내용과 정반대인 선택지 등이 있다.

- 대의 파악이나 세부 내용 파악 유형에 대비해 패러프레이징(paraphrasing) 연습을 하는 것이 좋다. 대화에서 언급된 어휘가 그대로 사용된 경우는 오답일 확률이 높은 반면, 언급된 어휘를 비슷한 말로 바꾸어 만든 선택지는 정답일 확률이 높으므로 paraphrasing 연습이 많은 도움이 된다.

Part 4

1 유형 분석

담화문을 듣고 4개의 선택지 중 질문에 가장 적절한 정답을 고르는 문제이다.

- **제시 방법** 담화문 → 질문 → 담화문 → 질문 → 선택지 순으로 들려 준다.
- **문항수** 15문항
- **질문 유형** 대의 파악(7문항) → 세부 내용 파악(5문항) → 추론(3문항) 순으로 나온다.
- **측정 영역** 영어 연설, 강의, 라디오 방송 등에 나오는 다양한 표현에 대한 이해도 측정을 바탕으로 전체 대의 파악, 세부 내용 파악, 추론 능력을 측정한다.

2 기출문제 유형

> Earlier this week, animal control officials killed a bear responsible for wounding a camper. The 21-year-old camper was sleeping when the 280-pound male black bear ripped through the side of his tent. The camper sustained bite wound and scratches but was able to scare the bear off. Earlier this month, two other bears were killed in the same area after attacking several Boy Scout members at a camp.

Q What happened to the camper who was attacked by the bear?
(a) He died from wounds.
(b) He got lost in the woods.
✔ (c) He was bitten and scratched.
(d) He was rescued by Boy Scouts.

❋ **번역**

이번 주 초에 동물 관리국 직원들은 야영하던 사람을 다치게 한 이유로 곰 한 마리를 사살했다. 280파운드의 검은 수컷 곰이 텐트 한 쪽을 찢었을 때 야영을 하던 21세의 피해자는 자고 있었다. 그는 물리고 긁혔지만 곰을 놀라게 해서 쫓아낼 수 있었다. 이달 초에는 막사에 있던 보이스카우트 회원 여러 명을 공격한 다른 두 마리의 곰이 같은 곳에서 사살됐다.

Q 곰에게 공격당한 야영객에게 무슨 일이 일어났는가?
(a) 상처 때문에 죽었다.
(b) 숲 속에서 길을 잃었다.
(c) 물리고 긁혔다.
(d) 보이스카우트에 의해 구조되었다.

📋 **기출 공략**

이 문제는 질문 What happened to...?(~에게 무슨 일이 일어났는가?)에 초점을 맞춰 두 번째 들을 때 답을 골라 낼 수 있으며, The camper sustained bite wound and scratches를 바꿔 쓴 (c) He was bitten and scratched를 정답으로 선택해야 한다. 이 문제처럼 특정 사실을 묻는 문제도 출제된다.

3　고득점 전략

- 먼저 담화문의 전체 흐름을 파악한 뒤, 두 번째 듣기에서 질문과 연계된 부분에 집중하여 정확하게 듣는다.

- 질문 유형에 따라 맞춤식 메모를 한다. 특히 세부 사항 파악 유형 문제에 대비해서는 숫자, 연도, 물품 종류 등을 세세하게 메모해야 하고, 추론 능력은 대의 또는 세부 내용을 바탕으로 하기 때문에 세부 내용도 간과할 수 없다는 것을 기억한다.

- 질문 종류별로 오답일 확률이 높은 경우를 알아 두는 것이 도움이 된다.
  - 대의 파악 오답 유형: 담화문 내용의 일부에 해당하는 세부 사항으로 만든 선택지, 주제와 관련은 있으나 너무 범위가 넓은 일반적인 내용의 선택지, 언급된 어휘로 구성된 점 외에는 내용과 전혀 관련이 없는 선택지 등이 오답일 확률이 높다.
  - 세부 내용 파악 오답 유형: 담화문에 언급된 어휘로 만들어진 선택지나 내용과 전혀 무관한 선택지, 일부만 사실인 선택지 등이 오답으로 제시될 가능성이 크다.
  - 추론 오답 유형: 상식적으로는 맞지만 내용과는 무관한 선택지, 담화문에서 언급된 어휘로 만들었지만 내용과는 무관한 선택지, 추론 가능한 내용과 정반대의 선택지 등이 종종 사용되는 오답 유형이다.

- 대의 파악이나 세부 내용 파악 유형의 문제를 위해서는 paraphrasing 연습을 하는 것이 좋다. 언급된 어휘를 그대로 사용하면 오답일 확률이 높은 반면, 정답의 경우 언급된 어휘를 paraphrasing해서 만드는 경우가 많다.

Grammar

Part 1

1 유형 분석

두 줄의 대화문을 읽고 빈칸에 문법적으로 적절한 표현을 4개의 선택지 중에서 고르는 문제이다.

- **제시 방법**   두 줄의 대화문이 주어진다.
- **문항수**   20문항
- **측정 영역**   실시간과 비슷한 시간 제약 속에서 문법적으로 정확한 영어를 대화 속에서 구사할 수 있는지 측정한다.
- **빈출 토픽**   일상 생활 대화 중에 흔히 접할 수 있는 주제가 많이 사용되므로 청해나 어휘 영역의 대화 부분과 비슷한 내용이 사용된다.

2 기출문제 유형

> A When is the paper due?
> B It _____ by Friday.

✔ (a) has to be done
  (b) is done
  (c) will do
  (d) has to do

❋ 번역
A 리포트 기한이 언제까지죠?
B 금요일까지입니다.

📖 기출 공략
주어가 It이므로 수동태가 돼야 한다. 하지만 (b)를 사용해 It's done이라고 하면 '그것은 끝났다'라는 뜻이 되어 by Friday와 어울리지 않는다. 따라서, 수동태이며 by Friday와의 연결도 자연스러운 (a) has to be done이 정답이다.

3   고득점 전략

- 정확한 영어를 적재적소에 사용하는 능력이 중요하므로 눈으로만 익히는 문법 지식을 배제한다. 대화체를 소리 내어 읽는 연습을 해서 문법이 내재화되어 상황에 맞게 즉각적으로 사용할 수 있는 수준까지 끌어올리도록 한다.

- 문법 네 가지 Part 중 비교적 평이한 난이도이기 때문에 시간 안배 차원에서 신속하게 풀고 다음 Part로 넘어가도록 한다. 단, 첫 줄은 빈칸에 올 적절한 답을 찾는 데 단서가 되므로 생략하고 넘어가면 함정에 빠지는 경우가 종종 있다. 신속하게 문제를 읽어나가되 읽지 않고 건너뛰는 일은 없어야 한다.

- 문법 문제의 빈칸은 주로 두 번째 줄에 오지만 일부 문제는 첫 번째 줄에 빈칸이 오기도 한다. 이런 유형에서는 두 번째 줄을 제대로 읽어야 출제자의 함정에 걸려들지 않는다. 즉, 빈칸 위치에 상관없이 문제에 나오는 대화는 모두 다 읽고 정확한 내용을 파악해야 오답 함정을 피해 정답을 찾을 수 있다.

- 문법 문제라고 해서 대화의 문법적인 요소만 신경 쓰면 안 된다. 상황에 적절한 어법을 고른다는 자세로 문제를 풀도록 한다. 예를 들어 대화 내용에 현재 시제가 여러 개 나온다고 무조건 현재 시제를 답으로 고르면 오히려 오답일 경우가 많다.

- 일상 대화 구문의 어법을 묻는 Part이므로 대화체의 정확한 표현을 익히는 것이 도움이 된다. 즉, 문법책의 모든 문법 요소를 처음부터 공부하는 것보다는 일상 대화 구문 표현 위주로 외울 수 있는 수준까지 익혀 두면 짧은 시간 내에 정확하게 구사할 수 있는 표현들이 많아질 것이다. 이렇게 되면 문법 Part 1도 쉽게 정복할 수 있다.

Grammar

Part 2

1 유형 분석

한 개의 문장을 읽고 빈칸에 문법적으로 가장 적절한 표현을 4개의 선택지 중에서 고른다.

- **제시 방법**   한 개의 문어체 문장이 주어진다.
- **문항수**   20문항
- **측정 영역**   문어체 영어의 정확한 어법 구사력을 측정한다.
- **빈출 토픽**   학술문과 실용문 등 일상에서 접하는 문어체 문장에 언급되는 주제가 주로 사용된다.

2 기출문제 유형

_____ David would be late was given to his boss.

✔ (a) The message that
 (b) A message is that
 (c) From the message
 (d) The message which

❋ 번역
데이빗이 늦을 거라는 메시지가 그의 상사에게 전달되었다.

📘 기출 공략
빈칸에는 동사 was given의 주어가 필요하므로 (b)와 (c)는 제외된다. David would be late는 완전한 문장이므로 관계대명사 which가 앞에 쓰일 수 없고, 동격절을 이끄는 that이 적절하므로 정답은 (a)가 된다.

3　고득점 전략

- 구어체 문장보다 문어체 문장은 의미 파악이 힘들 수 있으므로 평상시 문어체 문장의 직독직해 연습을 충분히 한다. 특히 관계사들로 연결된 문장, 절 안에 또 다른 절이 있는 문장 등 복잡한 문장을 평상시에 많이 접해 보도록 하자. 난해한 문장을 만났을 때 바로 의미를 파악할 수 있어야 문법 Part 2 문제를 신속하게 해결할 수 있다.

- 주어와 동사가 여러 개 나오는 긴 문장은 주절의 주어와 동사를 파악한 후, 다른 문법 사항들을 따져 보도록 한다. 특히 가장 빈출되면서도 기본이 되는 주어-동사 수 일치 문제는 주절의 주어와 동사를 파악해야만 풀 수 있는 문제이다.

- 영어를 외국어로 사용하는 한국인을 위한 TEPS 시험에서는 한국인이 특히 취약한 관사와 문장 구조 등에 대해 묻는 문제가 다수 출제된다. 이를 대비하기 위해서는 문장 내 쓰임새를 익혀 두는 것이 낱낱의 문법 지식을 알고 있는 것보다 신속하고 정확하게 문제를 푸는 데 많은 도움을 줄 것이다. 영어 활용 능력 수준 측정을 위해 TEPS가 고안된 점을 염두에 두고, 평소에 정확한 영어 구사 능력 함양에 집중하도록 한다.

- 문법 Part 1과 마찬가지로 정확한 어법을 익히려면 청해 Part 4 긴 담화문 속에 나오는 문장이나 어휘 Part 2 문장을 익혀 두는 것도 좋다. 각 분야별 어휘와 구문에 익숙해질수록 읽고 이해하는 속도가 자연히 빨라지게 되고, 아울러 문장 안에서 정확한 쓰임새도 익힐 수 있기 때문이다.

Grammar

Part 3

1 유형 분석

네 줄의 대화문을 읽고 문법적으로 이상한 부분이 있는 문장을 고르는 유형의 문제이다.

- **제시 방법**   네 줄의 대화문이 주어진다.
- **문항수**   5문항
- **측정 영역**   길어진 대화에서 비문법적 요소를 가려내는 능력을 측정한다.
- **빈출 토픽**   일상 생활에서 접하는 대화에 나오는 주제가 주로 사용된다.

2 기출문제 유형

> (a) A You said you had something to discuss with me.
> (b) B Yeah, I have been debating whether to go back to work or not.
> (c) A Are you actually thinking about becoming a full-time mom?
> ✓ (d) B That's which I want to discuss with you.

✤ 번역

(a) A 나와 의논할 게 있다고 했지.
(b) B 응, 다시 일을 시작할지 고심 중이야.
(c) A 정말 전업 주부가 될 생각이야?
(d) B 그게 바로 의논하고 싶은 점이야.

📦 기출 공략

관계대명사 용법을 물어보는 문제이다. (d)에서 discuss의 목적어가 없고, which는 관계대명사인데 선행사가 없으므로 선행사를 포함하는 관계대명사 what으로 고쳐야 한다.

3 고득점 전략

- 주어진 선택지가 따로 없어서 어떤 문법에 관한 문제인지 전혀 알 수 없고 주어진 대화 내용을 읽으면서 틀린 부분을 골라야 하기 때문에 보다 적극적인 태도로 문제에 임해야 한다. 즉, 각 대화에서 어느 문법 요소가 틀렸는지 모르는 상태에서 틀린 부분을 찾아야 하기 때문에 대화 내용을 파악함과 동시에 모든 품사와 구문 요소가 정확한지도 일일이 확인하는 습관을 평소에 들여야 당황하지 않고 실전에서 실력 발휘를 할 수 있다.

- 주어진 시간 내에 틀린 문법 사항을 골라야 하기 때문에 즉각적으로 비문법적인 부분을 찾아내는 훈련이 평상시에 필요하다. 이렇게 하기 위해서는 다른 문법 Part의 문제 대비와 마찬가지로 일상 대화 및 학술문과 실용문을 많이 접해서 다양한 문장에 익숙해져야 한다.

- 모든 문법 학습 요소들이 다 출제되는 것이 아니라 단골로 출제되는 문법 사항이 있음을 알자. 문장 구조, 시제, 수 일치, 관사 등에 해당하는 문법 요소들을 집중해서 훈련하는 것도 단기간에 Part 3을 정복할 수 있는 길이다. 하지만, Part 3 역시 제한된 문법 사항에만 국한해 다른 문법 요소를 무시했다가 낭패를 볼 수 있다는 것을 유의하자.

- Part 4에 비해 짧은 대화체라 약간 수월하게 보일 수 있겠지만 선택지가 주어진 Part 1과 2보다는 고난이도인 경우가 많다. 특히 재빨리 읽으면서 틀린 문법 사항도 찾아내야 하므로 평상시 대화문의 정확도를 분석하는 것도 실전에서 틀린 부분을 파악하는 데 도움이 될 것이다. 즉, 정답을 찾는 데에만 급급하지 말고 한 문제를 풀더라도 문법적으로 옳고 그른 부분들에 대한 분석을 자세히 하다 보면 실전에서 당황하지 않고 틀린 부분을 찾아낼 수 있다는 것이다.

Grammar

Part 4

1 유형 분석

4개의 문어체 문장을 읽고 문법적으로 어색한 부분이 있는 문장을 고르는 유형의 문제이다.

- **제시 방법**   4개의 문어체 문장이 하나의 지문으로 주어진다.
- **문항수**   5문항
- **측정 영역**   문어체 문장으로 구성된 지문에서 비문법적인 요소를 가려내는 능력을 측정한다.
- **빈출 토픽**   신문, 잡지, 교재 등 일상 생활에서 문어체로 접하게 되는 주제가 사용된다.

2 기출문제 유형

(a) Major League Baseball will begin mandatory testing for steroids. (b) From next March, each player will be tested and samples thoroughly analyzed. (c) The penalty for a first positive test will submit to treatment. (d) After their fifth positive test, players will receive a one-year suspension.

✽ 번역

(a) 메이저리그 야구에서 의무적으로 스테로이드 검사를 시작할 것이다. (b) 내년 3월부터, 모든 선수들이 검사를 받을 것이며, 혈액 샘플들은 철저히 분석될 것이다. (c) 첫 양성 반응에 대한 처벌은 치료를 받는 것이다. (d) 양성 반응을 다섯 차례 보인 선수들은 1년 동안 출전 정지된다.

기출 공략

(c)에서 서수(first) 앞에는 정관사 the가 오는 것이 원칙이다. 물론 이 원칙이 깨지는 경우도 있지만, the first positive test가 올바른 형태이다.

3 고득점 전략

- Part 3의 대화체에 비해 Part 4는 지문 길이도 더 길고 문어체라서 내용 파악이 훨씬 더 어렵고 시간도 가장 많이 걸린다. 그렇기 때문에 비문법적인 요소를 찾기가 특히 더 어려울 수 있으므로 신속하게 문어체 문장들을 읽고 직독직해를 통해 내용을 즉시 파악할 수 있는 능력을 평상시에 훈련하도록 한다.

- 지문 내용은 물론 문제에서 요구하는 문법 사항 예측이 어렵기 때문에 더욱 적극적인 문제 풀이 전략이 필요하다. 4개의 문장을 읽으면서 내용 파악을 하는 동시에 모든 가능성을 열어 두고 비문법적으로 보이는 부분을 찾아 나가야 하는데 이때 가능성이 있는 부분을 일단 밑줄 그어 놓은 뒤 신속하게 다시 그 부분들을 재확인하는 것도 정확도를 높이는 한 방법이 될 수 있다.

- 주어진 시간 내에 틀린 문법 사항을 골라야 하기 때문에 즉각적으로 비문법적인 부분을 찾아내는 훈련이 필요하다. 이를 위해서는 정확한 표현을 즉각적으로 사용할 수 있을 정도로 알고 있어야 한다. 즉, Part 3 대비를 위해서 대화체를 많이 익혀 둠으로써 신속하게 비문법적인 대화 부분을 알아차리는 훈련을 하듯이, Part 4 대비책으로 학술문과 실용문을 접하면서 거의 암기할 정도로 정독하는 것도 문법 내재화를 도울 것이며, 이런 훈련 과정을 거치고 나면 자연스럽게 틀린 부분이 눈에 잘 띌 것이다.

- Part 2에 나오는 문장 네 개가 한꺼번에 출제된다고 생각하면 좀 부담이 덜어질 것이다. Part 2 문장들에서 문법적 오류를 찾는다고 생각하면 이제 마음 편해질 것이다.
    - 시제 문제: 각 문장마다 여러 시제가 혼합되어 있는 경우가 대부분이기 때문에 시제의 형태만 참고해서 틀린 시제를 찾는 것은 거의 불가능하다고 봐야 한다. 내용 파악이 선행되어야만 시제가 잘못 쓰인 곳을 찾을 수 있다.
    - 관사 문제: a와 the의 쓰임 여부는 4개 문장에서 어떤 명사가 이미 앞서 언급된 것이고 아닌지를 이해한 후에 결정되므로 내용 파악이 우선되어야 한다.

Vocabulary

Part 1

1 유형 분석

두 줄의 대화문을 읽고 빈칸에 가장 잘 어울리는 어휘를 고르는 문제이다.

- **제시 방법**   두 줄의 대화문이 주어진다.
- **문항수**   25문항
- **측정 영역**   대화에서 사용하는 구어체 표현을 적소에 활용할 수 있는지 측정한다.
- **빈출 토픽**   일상 생활과 관련 있는 주제가 많이 출제된다.

2 기출문제 유형

> A How did Beth hurt her leg so bad?
> B I heard she _____ coming down the mountain yesterday.

(a) faltered
(b) limped
(c) lingered
✔ (d) tripped

✤ 번역

A 베스는 어쩌다 그렇게 다리를 심하게 다쳤니?
B 어제 산을 내려오다가 걸려 넘어졌대.
(a) 흔들리다
(b) 절뚝거리다
(c) 버티다
(d) 발을 헛디디다

📖 기출 공략

다리를 다친(hurt her leg) 이유로는 산을 내려오다(coming down the mountain) '넘어졌을' 가능성이 가장 크다. '넘어지다'는 표현에는 (d)에 사용된 trip 외에 fall, tumble down 등이 있다.

3 고득점 전략

- 짧은 시간 내에 문맥에 어울리는 어휘를 골라야 하기 때문에 많은 어휘를 알고 있는 것뿐만 아니라 문맥(context)에 적절한 어휘를 사용할 수 있는 능력을 키우는 것도 중요하다. 따라서 어휘를 처음 접할 땐엔 참고 자료를 동원해서 문장 내에서 쓰이는 다양한 예문을 동시에 익혀 두어야 한다. 시간 내에 모든 어휘 문제를 잘 풀기 위해서는 특히 문맥 속에서 각 어휘의 쓰임을 거의 외우다시피 알고 있어야 시간 낭비 없이 즉각적으로 빈칸에 올 정답을 고를 수 있을 것이다.

- 해당 어휘의 우리말을 단순하게 암기하는 것은 별 도움이 안 된다. 우리말로는 그럴싸해도 쓰임이 어색한 어휘의 뉘앙스 차이를 구분할 줄 알아야 하므로 문장 전체로 어휘를 이해하는 것이 장기적으로 유리하다.

- 청해의 대화 Part뿐만 아니라 문법 Part 1과 3에 언급된 대화들도 어휘 실력 향상을 위해 활용될 수 있음을 기억하고 어휘 영역 이외의 빈출 표현도 문맥 속에서 익혀 두도록 한다.

- 대화를 신속히 읽고 즉각적으로 빈칸을 채워 넣어야 하기 때문에 실제 대화를 하면서 적절한 어휘를 사용할 수 있을 정도의 실력이 되도록 많은 표현을 통째로 익혀 두어야 한다.

- 일상적인 대화 속에서 자주 등장하는 어휘뿐만 아니라 이어동사, 이디엄 등도 출제되므로 숙지해 두도록 한다.

- 형태상·의미상 혼동되는 어휘, 의미 덩어리로 사용되는 연어 등의 정확한 활용법도 아울러 알아 둔다.

Vocabulary

Part 2

1 유형 분석

한 개의 문어체 문장을 읽고 빈칸에 가장 잘 어울리는 어휘를 고르는 문제이다.

- **제시 방법**   한 개의 문어체 문장이 주어진다.
- **문항수**   25문항
- **측정 영역**   일상 생활에서 접할 수 있는 문어체 표현을 즉각적으로 사용할 수 있는지 측정한다.
- **빈출 토픽**   학술문뿐만 아니라 실용문에 이르기까지 매우 다양한 주제를 다룬다.

2 기출문제 유형

> The management has decided to _____ a complex strategy to resolve the crisis.

   (a) breach
   (b) withdraw
   (c) alternate
✓ (d) implement

번역

경영진은 위기를 해결하기 위해 복합적인 전략을 이행하기로 결정했다.
   (a) 위반하다
   (b) 철수하다
   (c) 번갈아 나오게 만들다
   (d) 시행하다

기출 공략

'전략을 수행하다'에 해당하는 동사를 골라야 한다. 위기 해결을 위해선(to resolve the crisis) 다양한 전략을 세우거나(establish)나 수행(implement)해야 한다. 선택지 중 이와 가장 어울리는 동사는 (d) implement이다.

3   고득점 전략

- 학술문과 실용문의 주제별 빈출 어휘를 익혀 둔다. 빈출 어휘는 정답 선택지뿐만 아니라 오답 선택지에 나오는 어휘도 포함한다. 주제별로 자주 출제되는 어휘는 한정되어 있기 때문에 기출 어휘가 다시 출제될 확률은 높다.

- Part1과 마찬가지로 각 어휘의 쓰임새를 알아야 하기 때문에 전체 문장을 익히도록 한다. 그래야만 문법적으로도 정확한 어휘 활용 능력을 키울 수 있기 때문이다.

- 미묘한 뉘앙스 차이가 있는 쉬운 어휘의 용례 예문을 적극적으로 활용해야 한다. 의미가 비슷해 보이는 어휘들끼리 묶어서 따로 정리하면 도움이 될 것이다.

- 신문 기사, 잡지, 광고, 학술지, 비평 등의 실용문과 전문적인 학술문에서 다양하게 출제되므로 평상시 이런 종류의 글을 많이 접하는 것이 도움이 된다. 15분이라는 짧은 시간 내에 50문항이나 되는 문제를 무리 없이 풀기 위한 대비법 중 하나가 주제별로 다양한 문장을 평소에 자주 읽는 것이다. 이렇게 함으로써 필수 어휘를 자주 접할 수 있을 뿐만 아니라 문장 이해 속도도 향상될 수 있다.

- 대화체 문제와 마찬가지로 주제별 어휘뿐만 아니라 언어 및 형태상·의미상 혼동되는 어휘를 잘 알아 두도록 한다.

Reading Comprehension

● **Part 1**

1 유형 분석

100단어 내외의 단일 지문을 읽고 빈칸에 들어갈 적절한 선택지를 고르는 문제이다. 14문항은 구나 절을 고르는 문제이고, 나머지 2문항은 문장과 문장 사이를 이어주는 연결어를 찾는 문제이다.

- **제시 방법**   지문의 처음 문장이나 마지막 문장, 드물게 중간 문장에 빈칸이 있는 한 개의 글이 주어진다.
- **문항수**   16문항
- **측정 영역**   글의 전반적인 이해 능력 및 논리적인 흐름 파악 능력을 평가한다.
- **빈출 토픽**   학술문과 실용문에서 골고루 출제된다.

2 기출문제 유형

> The idea that people live according to how others will perceive them has been established as the rule, not the exception. The real question now lies in the reasons for this way of life. It was hypothesized by C. S. Lewis that this desire to belong and to fit in is a natural human characteristic. He believed that people have _____.

(a) a tendency to regard themselves as normal
(b) no idea how to deal with human nature
(c) a need to distinguish themselves as unique
✔ (d) an instinctive drive to belong to a group

❉ **번역**
다른 사람이 자신을 어떻게 인식하느냐에 따라 인간의 행동이 결정된다는 개념은 예외가 아닌 법칙으로 굳어졌다. 이런 상황에서의 현실적인 물음은 왜 그렇게 사느냐이다. C. S. 루이스는 어딘가에 소속되고 맞춰지고 싶은 욕망은 인간의 본능적인 특성이라고 가정했다. 그는 사람들은 특정 그룹에 소속되고자 하는 본능적 욕구를 갖고 있다고 믿었다.

(a) 자신을 평범하다고 여기는 성향을
(b) 인간의 본성을 어떻게 다룰지에 대해 아무런 생각도 없는
(c) 자신을 특별한 존재로 여기고자 하는 욕구를
(d) 특정 그룹에 소속되고자 하는 본능적 욕구를

📄 **기출 공략**
첫 문장에서 people live according to how others will perceive them이라는 내용과 세 번째 문장의 desire to belong and to fit in이라는 표현에서, 사람들에게는 집단에 소속되고자 하는 욕구가 있다는 (d)를 추론할 수 있다.

3　고득점 전략

- 모든 지문을 자세히 읽겠다는 생각을 접는다. 1분에 한 문제씩 풀어야 하기 때문에 정독을 하기에는 절대적으로 시간이 부족하므로 주요 어휘 위주로 대의 파악 및 흐름 파악에 주력해야 시간 내에 문제를 다 풀 수 있다.

- 주제별 어휘를 평소 많이 알아 둔다. 청해, 문법, 어휘 등 TEPS의 다른 영역과 마찬가지로 방대한 어휘 지식을 갖추고 있어야 독해 속도도 빨라지고 정확한 이해가 가능하다.

- 빈칸의 위치에 따라 독해의 목적이 달라져야 한다. 빈칸이 첫 문장에 있는 경우 대의 파악만 해도 되지만 마지막 문장에 올 때에는 대의 파악뿐만 아니라 논리적 흐름도 염두에 두면서 독해를 해야 한다.

- 오답 함정 선택지 유형을 연습해 둔다.
    - 지문에 나오는 어휘로 만들었지만 문맥과 전혀 상관없는 선택지
    - 너무 일반적인 내용으로 만든 선택지
    - 상식적으로는 괜찮아 보이지만 내용과는 무관한 선택지
    - 지문 내용의 일부처럼 보이기는 하지만 논리적인 흐름 면에서는 어울리지 않는 선택지

Part 2

1 유형 분석

100단어 내외의 단일 지문을 읽고 주어진 질문에 적절한 답을 4개의 선택지에서 고르는 유형이다.

- **제시 방법** 한 개의 지문에 한 개의 질문이 주어진다.
- **문항수** 21문항
- **측정 영역** 단일 지문에 대한 전체 및 세부 내용 이해 및 추론 능력을 측정한다.

  대의 파악(6문항) → 세부 내용 파악(10문항) → 추론(5문항) 순으로 나온다.
- **빈출 토픽** 학술문과 실용문에서 모두 골고루 출제된다.

2 기출문제 유형

> After years of negotiations, an agreement on ownership of five islands off of Queensland, Australia, has been finalized. The state government has finally agreed that the islands should become private property. For the past two years, it had argued that the islands belonged to the government rather than the natives of the islands. The agreement ends years of anguish. Native Don Banu, who has been following the debate for many years, said, "It's a great relief for all of us. Now we can start to move forward." The government is currently consulting islanders and expects to hand over the deeds of ownership in December.

Q What can be inferred about the decision made by the government?
(a) It was about who can own the island businesses.
✔ (b) It favored the local inhabitants of the islands.
(c) It could result in widespread disagreements.
(d) It was made sooner than expected.

❋ 번역

수년간의 협상 끝에, 호주 퀸즐랜드 근해의 다섯 개 섬에 대한 소유권 협정이 체결되었다. 주 정부는 결국 섬을 개인 소유로 하는 데 동의했다. 정부는 지난 2년 동안 섬이 원주민 소유가 아닌 정부 소유라고 주장해 왔다. 이번 협정으로 인해 수년 간 지속된 고통도 끝이 났다. 많은 세월 동안 논쟁을 지켜본 원주민 돈 바누는 "이번 일은 우리 모두에게 커다란 안심이 됩니다. 이제 우리는 새로운 일을 시작할 수 있게 되었습니다"라고 말했다. 정부는 현재 섬 주민들과 논의 중이며, 12월 소유권 이양을 할 작정이다.

Q 정부가 내린 결정에 대해 추론할 수 있는 것은?
(a) 누가 섬 사업을 소유할 수 있는가에 관한 것이었다.
(b) 섬 지역 주민들을 지지했다.
(c) 광범위한 반대를 야기할 수 있었다.
(d) 예상보다 일찍 이루어졌다.

📘 기출 공략

두 번째 문장에서 섬이 개인 소유(private property)가 되었다는 것은 결국 섬이 원주민의 소유임을 의미하며, 세 번째 문장의 natives가 local inhabitants of the islands와 같은 의미임을 파악할 수 있으면 쉽게 정답이 (b)임을 찾을 수 있다.

3 고득점 전략

- 직독직해하는 습관을 들인다. 우리말로 번역하려 하지 말고 신속하게 영어 지문을 읽으면서 내용을 이해하는 습관을 들여야 한다.

- 지문을 다 읽겠다는 생각을 버려라. 대의 파악 문제의 경우 주요 내용어 중심으로 읽고, 세부 내용 파악 문제는 질문에 따라 선택지의 진위 여부를 한 개씩 확인해 가며 읽거나 육하원칙 문제는 질문 내용을 제대로 파악하고 해당 부분을 신속히 찾아서 그 부분을 자세히 읽는다. 추론 문제는 대의 파악 및 세부 내용 파악이 선행되어야 하기 때문에 좀 더 시간을 할애해야 될 것이다.

- 오답 함정을 각 문제 유형마다 미리 알아 두고 잘 피하도록 한다.
  - 대의 파악 오답 유형 : 세부 사실을 대의로 혼동하게 하는 오답이 자주 출제된다.
  - 세부 내용 파악 오답 유형 : 일부 내용만 사실인 경우, 지문에서 언급된 어휘로 만들었지만 내용과는 상관없는 선택지를 주의하자.
  - 추론 오답 유형 : 그럴듯해 보이지만 지문 내용과는 상관없는 오답, 정답과 정반대 진술이 선택지로 제시되기도 한다.

Reading Comprehension

Part 3

1 유형 분석

5개의 문장으로 구성된 100단어 내외의 단일 지문을 읽고 글의 흐름상 어색한 문장을 찾는 유형의 문제이다.

- **제시 방법**   주제문에 이어 4개의 문장이 제시된다.
- **문항수**   3문항
- **측정 영역**   지문의 응집력 파악 능력을 측정한다.
- **빈출 지문 토픽** 학술문과 실용문 모두 골고루 출제된다.

2 기출문제 유형

> In 1871, American Indians were placed on federal land reservations. (a) ✓ Today, American Indian tribes must be understood as nations within the nation of the United States. (b) The Indians had no control of their communities and no power to affect federal polices over them. (c) They were under the jurisdiction of the Bureau of Indian affairs, which decided what they would eat, where they would live, and ultimately how they would live. (d) Thus, they were stripped of their political rights and even their cultural heritage.

✽ 번역

1871년 미국의 인디언들은 연방정부가 정한 거주지로 옮겨졌다. (a) 오늘날 인디언 부족은 미국이라는 나라 안에 존재하는 별개의 나라로 이해되어야 한다. (b) 인디언들은 공동체에 대한 지배권도, 그들에 대한 연방정부의 정책에 영향을 미칠 힘도 없었다. (c) 무엇을 먹을지와 어디서 살지, 그리고 궁극적으로 어떻게 살 것인지를 결정하는 것도 인디언 사무국의 관할이었다. (d) 이런 식으로 그들은 정치적 권리와 심지어 문화적 유산마저 빼앗겼다.

기출 공략

첫 문장(주제문)과 (b), (c), (d)는 1871년 이래 인디언들이 미국에서 겪어온 박해와 수탈에 대해 언급하고 있다. 그러나 (a)는 인디언 부족을 미국 안에 존재하는 별개의 국가로 인정해야 한다는 내용으로, 미국과 인디언 부족을 동등한 위치에서 언급하고 있으므로 개연성이 없다.

3 고득점 전략

- 처음 제시되는 주제문에서 벗어난 문장을 찾는 것이므로 4개의 선택지 문장을 읽을 때에 항상 주제문과의 연관성을 염두에 두고 읽도록 한다. 문법 Part 4의 경우 각 문장 간의 연관성까지 염두에 두고 내용을 파악할 필요는 없으나 독해 Part 3에서는 주제문과의 연관성이 문제 풀이의 핵심이다.

- 주제문과 연관성은 있으나 문장의 위치가 잘못되어 흐름을 깨는 유형도 있으니 흐름상 잘 어울리는지도 살피도록 한다.

- 글의 어조가 갑자기 바뀌는 경우도 어색한 문장에 해당하므로 어조의 변화도 주의하도록 한다.

- 주어진 주제문에 대한 문장이 3개 나온 뒤 새로운 주제문이 4번째 문장으로 나오게 되면 어색한 문장이 된다는 것도 기억한다.

Listening Comprehension

55 minutes

1

M Your hair looks good.
W _____

(a) My hairdresser's nice.
(b) I'm glad you think so.
(c) Yes, I need a trim.
(d) OK, I'll brush it.

❋ 번역
M 머리가 보기 좋은데요.
W _____

(a) 제 미용사는 좋은 사람이에요.
(b) 그렇게 생각하신다니 기쁜데요.
(c) 네, 좀 다듬어 주세요.
(d) 알았어요, 제가 털게요.

📘 기출 공략
머리 스타일이 멋지다는 칭찬의 말에 그렇게 봐주시니 기쁘다는 (b)가 적절하다. (a)의 hairdresser는 hair와 연관지어 혼동을 주기 위한 단어이다. (c)는 이발사나 미용사가 How would you like your hair done?으로 물었을 때 손님이 할 수 있는 대답이다.

hairdresser 이발사, 미용사   **trim** 다듬기   **brush** 솔질하다, 털다

정답_(b)

2

W Juniper Industries. How may I direct your call?
M _____

(a) You have the wrong number.
(b) Extension 4596, please.
(c) It's customer service.
(d) I'm calling overseas.

❋ 번역
W 주니퍼 인더스트리즈입니다. 전화를 어디로 돌려 드릴까요?
M _____

(a) 전화 잘못 거셨습니다.
(b) 내선 4596번 부탁합니다.
(c) 고객 서비스 부서입니다.
(d) 국제전화를 하고 있습니다.

📘 기출 공략
회사에 전화를 걸면 교환원이 가장 먼저 하는 말이 How may I direct your call? 혹은 How may I help you?이다. 이에 대해 내선 몇 번으로 돌려 달라는 (b)가 가장 자연스럽다. (a)는 전화가 잘못 걸려 왔을 때 할 수 있는 말이며, (d)는 call과 비슷한 calling을 써서 혼동을 주고 있다.

direct (전화를) 돌리다, 연결하다   **You have the wrong number.** 전화 잘못 거셨어요.   **extension** 내선 (전화)   **call overseas** 국제전화를 하다(make an overseas call)

정답_(b)

3

M Welcome to Korea. Do you have any produce or alcohol to declare?
W _____

(a) No, I'm a tourist.
(b) I don't drink often.
(c) Just two bottles of wine.
(d) That's right, just these bags.

❋ 번역
M 한국에 오신 걸 환영합니다. 신고할 농산물이나 주류가 있습니까?
W _____

(a) 아뇨, 전 관광객이에요.
(b) 술을 자주 마시지 않아요.
(c) 포도주 두 병이요.
(d) 맞아요, 이 가방들만이요.

📘 기출 공략
공항에서 세관 검사를 받을 때 세관원이 통상적으로 묻는 말이 (Do you have) Anything to declare?이다. 여기서는 Anything 대신에 좀 더 구체적으로 any produce or alcohol을 썼다. 이에 대한 대답으로 (c)가 적절하다. (b)의 drink는 alcohol과 연관지어 혼동을 주기 위한 단어이다.

produce 농산물   **declare** (세관에) 신고하다   **tourist** 관광객

정답_(c)

4

W I'm thinking of studying forestry.
M _____

(a) My work is important.
(b) The exam's finally over.
(c) It depends on the school.
(d) That's an interesting field.

❄ 번역
W 임학을 공부해볼까 생각 중이에요.
M _____

(a) 제 일이 중요해요.
(b) 시험이 마침내 끝났어요.
(c) 학교에 달려 있어요.
(d) 그건 흥미로운 분야예요.

📘 기출 공략
임학을 공부할까 생각 중이라는 말에 임학은 흥미로운 분야라고 대답하는 (d)가 적절하다. 여기서 field는 '분야'라는 뜻으로 쓰였음에 유의한다. (b)의 exam과 (c)의 school은 studying과 연관지어 혼동을 주기 위한 단어들이다.
forestry 임학; 삼림 관리 **exam** 시험(examination) **depend on** ~에 달려 있다 **field** 분야   정답_(d)

5

M Kathy, why do you want to go to the mall?
W _____

(a) I need some new clothes.
(b) I hate window shopping.
(c) I've seen enough of it.
(d) I took the subway.

❄ 번역
M 캐시, 쇼핑몰에는 왜 가려고 하는 거야?
W _____

(a) 새 옷이 좀 필요해서.
(b) 구경만 하는 건 정말 싫어.
(c) 볼 만큼 봤어.
(d) 지하철을 탔어.

📘 기출 공략
why로 물었는데 because로 대답하는 보기가 없으므로 각기 문맥을 잘 파악해야 한다. 쇼핑몰에 가는 이유를 물었으므로 옷을 사러 간다는 (a)가 적절하다. 한국식 영어 표현 eye shopping의 올바른 영어 표현은 window shopping임에 유의한다. (d)는 쇼핑몰에 어떻게 갔느냐는 물음에 적절한 대답이다.
mall 쇼핑몰(shopping mall) **window shop** (물건을 사지 않고) 구경만 하다 **take the subway** 지하철을 타다   정답_(a)

6

W Let's study for the test together.
M _____

(a) I'm sure you'll pass.
(b) That would be helpful.
(c) You did well on the test.
(d) We've had too many exams.

❄ 번역
W 시험에 대비해서 함께 공부하자.
M _____

(a) 넌 합격할 거라고 확신해.
(b) 그거 도움이 되겠는걸.
(c) 네 시험 성적 좋던데.
(d) 그동안 우린 시험이 너무 많았어.

📘 기출 공략
시험에 대비해 함께 공부하자는 말에 그렇게 하면 도움이 될 거라는 (b)가 응답으로 적절하다. do well on the test는 '시험을 잘 보다'라는 관용어로, 그 반대말은 bomb[flunk, screw up] the test로 표현한다.
pass 합격하다 **do well on** (시험을) 잘 보다   정답_(b)

Listening Comprehension

7

M How about a trip to the beach today?
W _____

(a) I'm done with packing.
(b) The water's very deep.
(c) Hope you have a good time.
(d) I'm afraid I already have plans.

✽ 번역
M 오늘 해변으로 여행 가는 거 어때요?
W _____

(a) 짐을 다 쌌어요.
(b) 수심이 매우 깊어요.
(c) 즐거운 시간 보내기를 바라요.
(d) 유감이지만 전 이미 계획이 있어요.

🗒 기출 공략
오늘 해변에 가자는 제의에 강하고 직접적인 No 대신에 완곡한 표현인 I'm afraid를 써서 거절하고 있는 (d)가 적절한 응답이다. 참고로, 한국인들은 '~을 끝내다'란 의미로 finish를 가장 많이 사용하지만 실제로 영미권 사람들은 be done with나 have done을 더 빈번하게 쓴다.
be done with ~을 마치다(finish) **pack** (짐을) 싸다 **I'm afraid (that)** 유감이지만 ~하다
정답_(d)

8

W What was your final grade in Physics 100?
M _____

(a) I'm at a different level.
(b) I knew it ended that way.
(c) I don't have enough points.
(d) I'm too embarrassed to say.

✽ 번역
W 물리학 기초 최종 성적이 어떻게 나왔니?
M _____

(a) 난 수준이 달라.
(b) 그게 그렇게 끝났다는 거 알고 있었어.
(c) 점수가 충분치 않아.
(d) 너무 창피해서 말을 못하겠어.

🗒 기출 공략
성적을 묻는 질문에 창피해서 말을 못하겠다는 (d)가 응답으로 적절하다. 여기서 embarrassed는 '창피한'이란 뜻으로 쓰였음에 유의한다. (a)의 level과 (c)의 points는 grade와 연관지어 혼동을 주기 위한 단어들이다.
grade 성적 **physics** 물리학 **embarrassed** 창피한, 당혹한
정답_(d)

9

M Hi, I think we've already met. Paula, right?
W _____

(a) Yeah, I heard the same thing.
(b) Actually, I only know a few here.
(c) Maybe you're right. I'll go check.
(d) Yes, we were introduced at Mark's party.

✽ 번역
M 안녕하세요, 우리 구면인 것 같군요. 폴라, 맞죠?
W _____

(a) 예, 나도 같은 말을 들었어요.
(b) 사실 여기서 제가 아는 사람은 몇 안 돼요.
(c) 아마 당신 말이 맞을 거예요. 제가 확인해 볼게요.
(d) 맞아요. 마크의 파티에서 서로 소개받았죠.

🗒 기출 공략
A, right?으로 물었다고 Maybe you're right으로 시작하는 (c)를 성급하게 고르지 않도록 유의한다. 우리가 서로 만난 적이 있다는 남자의 말에 여자가 마크의 파티에서 서로 인사를 나눴다며 동의하는 (d)가 적절하다. I think we've already met의 부정문은 I don't think we've met before이다.
introduce 소개하다
정답_(d)

10

W Change the channel. I can't stand sitcoms.
M _____

(a) But I'm watching it.
(b) I think it's that channel.
(c) Yes, a commercial is on.
(d) OK, I'll watch the sitcom.

❄ 번역
W 채널 좀 돌리세요. 시트콤은 정말 못 보겠어요.
M _____

(a) 하지만 보는 중인걸요.
(b) 바로 그 채널인 것 같아요.
(c) 네, 광고 방송이 나가고 있어요.
(d) 알았어요, 난 시트콤을 볼게요.

📘 기출 공략
시트콤은 재미없으니 채널을 돌리라는 말에 보는 중이라서 못 돌리겠다고 응답하는 (a)가 적절하다. stand는 '참다, 견디다'의 뜻으로, 특히 부정문, 의문문에 쓰여 싫어함을 강조한다. sitcom은 situation comedy의 줄임말이다.
stand 참다, 견디다　**commercial** 광고 방송　**on** 상영 중인

정답_(a)

11

M Maybe we should refurbish our apartment.
W _____

(a) I'd prefer a furnished one.
(b) Yes, we had the locks changed.
(c) Sure, the furniture comes with it.
(d) Maybe it can wait for a year or two.

❄ 번역
M 아파트를 새로 단장해야 할 것 같아요.
W _____

(a) 저는 가구가 딸린 아파트를 선호해요.
(b) 네, 우린 자물쇠를 바꿨어요.
(c) 물론이죠, 가구가 딸려 있어요.
(d) 1~2년 더 있다가 해도 될 것 같아요.

📘 기출 공략
refurbish의 뜻을 모르면 정답을 찾기 어려운 문제이다. 아파트를 재단장해야겠다는 말에 1~2년 더 있다가 해도 괜찮을 거라고 응답하는 (d)가 적절하다. (a)의 furnished와 (c)의 furniture는 refurbish와 발음상 혼동을 주기 위한 단어들이다.
refurbish 새로 꾸미다, 재단장하다　**furnished** 가구가 비치된　**lock** 자물쇠

정답_(d)

12

W Not getting that job was such a letdown.
M _____

(a) I've sent résumés everywhere.
(b) I'm sure something will turn up.
(c) I've always wanted to work downtown.
(d) I hope the unemployment rate has gone down.

❄ 번역
W 그 일자리를 얻지 못해서 무척 낙담했어요.
M _____

(a) 이력서를 도처에 보냈어요.
(b) 반드시 무언가 생길 거예요.
(c) 늘 도심에서 일하기를 바랐어요.
(d) 실업률이 하락했기를 바라요.

📘 기출 공략
원하던 직장을 얻지 못해서 낙심한 사람에게 위로의 말이 되는 보기는 (b)이다. turn up은 우리가 잘 알고 있는 '소리를 높이다' 외에 '기회가 생기다'란 뜻도 있음에 유의한다. (c)의 downtown과 (d)의 gone down은 letdown과 혼동을 주기 위한 단어들이다.
letdown 실망, 의기소침　**turn up** 기회가 (우연히) 생기다[나타나다]
unemployment rate 실업률　**go down** 하락하다

정답_(b)

Listening Comprehension

13

M You didn't do so well this term, Helen.
W _____

(a) Well, we can't all be rich and famous.
(b) People will say anything for attention.
(c) That's how I managed to get on top of it.
(d) Sorry, sir. I guess I've kind of let things slide.

❄ 번역
M 헬렌, 이번 학기엔 성적이 그다지 좋지 않구나.
W _____
(a) 글쎄요, 우리 모두가 부유하고 유명할 순 없잖아요.
(b) 사람들은 관심을 끌기 위해 아무 말이라도 할 거예요.
(c) 그게 바로 제가 그 사태를 용케 극복한 방법이에요.
(d) 죄송해요, 선생님. 신경을 약간 못 써서 그런 것 같아요.

📘 기출 공략
성적이 안 좋다고 나무라는 교사에게 학생이 변명을 하는 (d)가 응답으로 적절하다. 관용어 let things slide는 things 대신에 다른 말을 넣어 응용할 수 있다. 예를 들어, Tom let his lessons slide(탐은 공부를 소홀히 한다)와 같이 말할 수 있다.
term 학기 **for attention** 관심을 끌기 위해 **manage to** 가까스로 ~하다 **get on top of** (어려운 상황 등을) 정복[극복]하다 **kind of** 다소 **let ... slide** ~을 되는 대로 내버려 두다, ~을 소홀히 하다
정답_(d)

14

W I've been having sneezing fits all week.
M _____

(a) You should've finished last week.
(b) Maybe it's something in the air.
(c) That doesn't sound correct.
(d) It's a medical diagnosis.

❄ 번역
W 일주일 내내 재채기를 해댔어요.
M _____
(a) 당신이 지난주에 끝냈어야 했어요.
(b) 아마 공기 중에 뭔가가 있어서 그랬을 거예요.
(c) 정확한 것 같이 들리지 않는데요.
(d) 그건 의학적 진단이에요.

📘 기출 공략
일주일 내내 재채기를 해댄 사람에게 공기 중에 뭔가가 있어서 그랬을 거라고 응답하는 (b)가 적절하다. have sneezing fits는 '재채기를 하다'란 뜻이다. sneezing fits를 질병과 연관지어 (d)를 정답으로 고르지 않도록 유의한다.
sneeze 재채기를 하다 **fit** 격발 **diagnosis** (의학) 진단
정답_(b)

15

M Honey, I could use a hand changing this light.
W _____

(a) Sure, I'll pick up another one.
(b) Just let me finish feeding the dog.
(c) I'm afraid it's always been that way.
(d) Maybe you should ask for some help.

❄ 번역
M 여보, 이 전등 가는 데 도움이 필요해.
W _____
(a) 물론이지, 다른 것을 집어 올게.
(b) 개 먹이 주는 것 끝내고요.
(c) 항상 그런 식이었던 것 같은데.
(d) 도움을 좀 요청해야겠는걸.

📘 기출 공략
남자가 전등을 가는 데 도움이 필요하다고 하자 여자가 개 먹이 주는 것을 마저 끝내고 도와주겠다는 (b)가 응답으로 적절하다. could use의 뜻을 모르면 정답 찾기가 쉽지 않은 문제이다. hand가 '도움'이란 뜻으로 쓰였다고 help가 나오는 (d)를 고르지 않도록 유의한다.
could use ~을 얻을 수 있으면 좋겠다, ~이 필요하다 **hand** (원조의) 손길, 도움 **pick up** 집다, 줍다 **feed** 먹이를 주다 **ask for** ~을 요청하다
정답_(b)

16

W Hello. Could I see the manager, please?
M I'm sorry. She's not in right now.
W I see. So, when do you expect her back?
M _____

(a) I don't expect much.
(b) It takes five minutes.
(c) Around three o'clock.
(d) She'll return them soon.

✻ 번역
W 안녕하세요. 지배인 좀 뵐 수 있을까요?
M 죄송하지만 지금 안 계신데요.
W 알겠습니다. 그럼 언제쯤 돌아오실 것 같나요?
M _____

(a) 많이 기대하지 않습니다.
(b) 5분 걸려요.
(c) 3시경이에요.
(d) 그녀는 그것들을 곧 반납할 것입니다.

📘 기출 공략
when으로 물었으므로 시간을 나타내는 어구가 들어간 (c)가 정답이다.
(b)는 How long does it take to?로 물었을 때 가능한 대답이다.
around 약(about)　**return** 반납하다　　　　　　정답_(c)

17

M Hi, Ms. O'Conor. What seems to be the problem?
W Hi, Dr. Park. I've been having trouble sleeping.
M OK, have you been taking any medication?
W _____

(a) I'm so relieved to hear that, doctor.
(b) No, that's not the right prescription.
(c) I try to wake up at six every morning.
(d) No, I was hoping you could prescribe something.

✻ 번역
M 안녕하세요, 오코너 씨. 어디가 불편하세요?
W 안녕하세요, 박 선생님. 잠자기가 어려워요.
M 알겠습니다. 약 복용하고 계신 거 있습니까?
W _____

(a) 그 말을 들으니 퍽 안심이 되는군요, 선생님.
(b) 아니요, 그건 적절한 처방이 아니에요.
(c) 전 매일 아침 6시에 일어나려고 해요.
(d) 아니요. 선생님이 처방해 주시기를 바랐어요.

📘 기출 공략
병원에서 의사와 환자 간의 대화이다. 복용하고 있는 약이라도 있느냐는 말에 의사한테 처방을 받아 복용하려 한다는 (d)가 응답으로 적절하다. What seems to be the problem?은 의사가 환자에게 증상을 물을 때 가장 흔히 쓰는 표현이다.
have trouble (in) -ing ~하는 데 어려움을 겪다　**take medication** 약을 복용하다　**relieved** 안도하는　**prescription** 처방　**wake up** 잠을 깨다　**prescribe** 처방하다　　　　정답_(d)

18

W Hey, what's Mike O'Brien doing these days?
M Oh, I heard he moved to Boston.
W Oh, really. Why?
M _____

(a) He found a job there, I think.
(b) It was a good move for him.
(c) He hasn't called since then.
(d) Well, it wasn't all that bad.

✻ 번역
W 저기, 마이크 오브라이언은 요즘 뭘 하고 지내지요?
M 아, 보스턴으로 이사 갔다고 들었어요.
W 정말이에요? 왜요?
M _____

(a) 거기에 직장을 얻은 것 같아요.
(b) 그건 그에게 잘된 조치였어요.
(c) 그는 그 이후로 전화하지 않았어요.
(d) 글쎄요, 완전히 나쁘진 않았어요.

📘 기출 공략
Why로 물었는데 Because로 대답하는 선택지가 없으므로 각기 문맥을 잘 파악해야 한다. 마이크 오브라이언이 보스턴으로 이사 간 이유를 묻는 질문에 그곳에 직장을 얻은 것 같다고 대답하는 (a)가 응답으로 적절하다.
these days 요즘　**move** 이사하다; 조치　　　　　정답_(a)

Listening Comprehension

19

M Are you going anywhere during the long break?
W No, not this year. How about you?
M I'm thinking about going to Africa.
W _____

(a) Sounds like quite an adventure.
(b) I thought you liked living here.
(c) I seldom take a break at work.
(d) Don't leave me so soon.

✿ 번역

M 긴 휴가 기간 동안 어디라도 가세요?
W 아뇨, 올해는 안 가요. 당신은요?
M 아프리카에 갈까 생각 중이에요.
W _____

(a) 모험 가득한 여행이 될 것 같은데요.
(b) 이곳에 사는 걸 좋아하는 줄 알았어요.
(c) 직장에서는 좀처럼 쉬지 않아요.
(d) 그렇게 빨리 날 떠나지 마세요.

📖 기출 공략

휴가를 앞둔 직원 간의 대화이다. 아프리카로 휴가를 떠날까 생각 중이라는 말에 모험 가득한 여행이 될 것 같다는 (a)가 응답으로 적절하다. (b)와 (d)는 전체 문맥을 놓치고 바로 앞의 말만 들었을 때 고를 수 있는 오답들이므로 유의한다.
break 휴가, 짧은 휴식 **adventure** 모험, 진기한 경험 **take a break** 잠깐 쉬다   정답_(a)

20

W Mark, you have an excellent singing voice.
M Thanks, I used to sing in the school choir.
W You could be famous with a voice like that.
M _____

(a) Well, I wouldn't go that far.
(b) Thanks for not mentioning it.
(c) Let me see if I can make it out.
(d) Then I'd rather participate in it.

✿ 번역

W 마크, 노래하는 목소리가 장난이 아닌데요.
M 고마워요, 예전에 학교 합창단에서 노래를 불렀어요.
W 그런 목소리라면 유명해질 수 있을 거예요.
M _____

(a) 글쎄요, 그 정도까진 생각하고 있지 않아요.
(b) 그걸 언급하지 않아 줘서 고마워요.
(c) 내가 알아볼 수 있는지 한번 봅시다.
(d) 그럼 차라리 거기에 참가하는 것이 낫겠어요.

📖 기출 공략

목소리가 좋아 가수로서 유명해질 수 있을 거라는 말에 그 정도까진 생각해보지 않았다고 응답하는 (a)가 적절하다. I wouldn't go that far를 직역하면 '나는 그렇게 멀리는 가지 않겠다'가 되고 거기에서 '나는 그렇게까진 생각하지 않는다'라는 뜻이 파생되었다.
choir 합창단, 성가대 **make out** ~을 이해하다, 알아보다 **would rather** 오히려 ~하는 것이 낫다 **participate** 참가하다   정답_(a)

21

M Man, you wouldn't believe the day I've had.
W Why? Did something happen at work?
M Everything I did today seemed to go wrong.
W _____

(a) Don't worry. I'll do that.
(b) I didn't notice anything wrong.
(c) Hopefully tomorrow will be better.
(d) I can't say whether or not it happened.

✿ 번역

M 오늘 내가 무슨 일을 겪었는지 믿을 수 없을 거야.
W 왜? 직장에서 무슨 일 있었어?
M 오늘 내가 뭐만 하면 다 잘못되는 것 같았어.
W _____

(a) 걱정 마. 내가 할게.
(b) 어떤 것도 잘못된 것을 눈치채지 못했어.
(c) 내일은 나아질 거라고 생각해.
(d) 그 일이 일어났는지 어떤지 말할 수 없어.

📖 기출 공략

오늘 자기가 했던 일은 모두 엉망이었다는 사람에게 내일은 좋아질 거라고 위로하는 (c)가 응답으로 적절하다. Hopefully는 '바라건대, 희망을 갖고'란 뜻으로, 문장 전체를 수식하는 부사이다.
man (놀라움을 표현) 이런, 어머나 **go wrong** (일이) 잘못되다
                                                                정답_(c)

22

W Good morning. I have a 9 am appointment with Dr. Duncan.
M Oh I'm sorry, but he hasn't arrived yet.
W Oh, really? Why is that?
M _____

(a) He left work early today.
(b) Because he arrived so late.
(c) Because he should sit down and relax.
(d) He's probably stuck in morning traffic.

번역
W 안녕하세요. 덩컨 선생님과 오전 9시 약속이 있습니다.
M 죄송하지만 아직 도착하지 않으셨어요.
W 아, 그래요? 뭣 때문에요?
M _____

(a) 오늘 일찍 사무실을 나가셨어요.
(b) 아주 늦게 도착하셨기 때문에요.
(c) 앉아서 긴장을 푸셔야 하기 때문에요.
(d) 아마 아침 교통 체증에 걸렸나 봐요.

기출 공략
병원에서 환자와 접수원 간의 대화이다. Why로 물었다고 해서 Because로 대답하는 (b), (c)를 자동적으로 고르지 않도록 유의한다. Because는 없지만 의사가 늦는 것은 교통 체증 때문일 거라고 응답하는 (d)가 적절하다.

appointment 약속 **be stuck in traffic** 교통 혼잡에 갇히다

정답_(d)

23

M Excuse me, I'm looking for the Alpha Theater.
W The Alpha Theater? You're heading the wrong way.
M Really? It's not up this way?
W _____

(a) It's not difficult to find.
(b) It's way more than that.
(c) It's not where I thought it was.
(d) It's several blocks in the other direction.

번역
M 실례합니다. 알파 극장을 찾고 있는데요.
W 알파 극장이요? 엉뚱한 길로 가고 있군요.
M 정말이에요? 이 길 앞쪽에 있지 않아요?
W _____

(a) 찾기 어렵지 않아요.
(b) 그것보다 훨씬 더해요.
(c) 내가 생각했던 장소가 아니군요.
(d) 반대 방향으로 몇 블록 가야 돼요.

기출 공략
길을 몰라 헤매는 사람에게 해줄 것은 정확한 방향을 알려주는 일이므로 (d)가 응답으로 적절하다. head는 '머리'란 뜻 외에 동사로 '(특정 방향으로) 가다'란 의미가 있다.

head ~로 나아가다 **way** 훨씬 **direction** 방향

정답_(d)

24

W Hello, Prestige Menswear, how may I help you?
M I'm calling to see if my suit's ready. It's James Burrows.
W One moment. I'll go and check.
M _____

(a) I'll come back.
(b) All right. I'll hold.
(c) The sleeves need shortening.
(d) Sorry, I forgot to bring the receipt.

번역
W 안녕하세요, 프레스티지 멘즈웨어입니다. 무엇을 도와 드릴까요?
M 옷이 다 됐는지 알고 싶어서요. 제 이름은 제임스 버로우스예요.
W 잠깐만요. 확인해 보겠습니다.
M _____

(a) 돌아올게요.
(b) 알겠습니다. 끊지 않고 기다릴게요.
(c) 소매를 줄여야겠어요.
(d) 죄송해요, 영수증 가져오는 걸 잊어버렸어요.

기출 공략
남성복 가게 점원과 손님 간의 전화 대화이다. 옷이 다 됐는지 확인하러 가겠다는 점원의 말에 전화를 끊지 않고 기다리겠다는 (b)가 응답으로 적절하다.

prestige 고급의 **menswear** 남성복 **suit** 정장 **hold** (전화를) 끊지 않고 기다리다 **sleeve** 소매 **shorten** 짧게 하다 **receipt** 영수증

정답_(b)

Listening Comprehension

25

> M Would you like to watch a DVD tonight?
> W It depends on the time. I'm working late.
> M Oh, how about 8: 30?
> W _____

(a) Yes, I'll be watching it.
(b) Great! Let's go together.
(c) That shouldn't be a problem.
(d) I think the movie will be over by then.

✽ 번역
M 오늘 밤 DVD 보지 않을래요?
W 몇 시냐에 달려 있어요. 늦게까지 일할 거거든요.
M 그럼 8시 30분은 어때요?
W _____

(a) 네, 전 그걸 보고 있을 거예요.
(b) 멋진데요! 함께 가요.
(c) 그건 괜찮을 거예요.
(d) 그때까진 영화가 끝날 것 같아요.

📘 기출 공략
늦게까지 일하기 때문에 DVD를 보지 못할 수 있다는 여자의 말에 남자가 늦은 시간을 제안하고 있다. 이에 대해 그 시간은 괜찮을 거라는 (c)가 응답으로 적절하다. 전체 문맥을 놓치고 바로 앞 문장 Oh, how about 8: 30?만 들었다면 (b)와 (d)를 답으로 착각할 수 있으므로 유의한다.
depend on ~에 달려 있다   **정답** _(c)

26

> W Hi, are you here for the interview?
> M For the admin position? Yeah, you too?
> W Yep, but I don't feel that confident about it.
> M _____

(a) It's better to enjoy it.
(b) You're not the only one.
(c) The interviews are almost over.
(d) But you've been waiting for long.

✽ 번역
W 안녕하세요, 면접 보러 오셨나요?
M 관리직 말씀하시는 거죠? 네, 그쪽도 그러세요?
W 네, 하지만 그다지 자신은 없어요.
M _____

(a) 그걸 즐기는 게 더 나아요.
(b) 그쪽만 그런 게 아니에요.
(c) 면접은 거의 끝났어요.
(d) 하지만 그쪽은 오랫동안 기다렸잖아요.

📘 기출 공략
면접 보러 온 사람 간의 대화이다. 관리직에 붙을 자신이 없다는 말에 당신만 그런 것이 아니라는 (b)가 응답으로 적절하다. '관리 (업무)'를 뜻하는 admin은 administration의 준말이다.
admin 행정, 관리(administration)   **confident** 자신 있는   **for long** 오랫동안   **정답** _(b)

27

> M What did you think of the new ad campaign?
> W Honestly, I'll be surprised if it boosts sales.
> M What makes you think the public won't go for it?
> W _____

(a) It's not particularly attention grabbing.
(b) It's just idle speculation on your part.
(c) The public wasn't well informed.
(d) They'll make me go for it.

✽ 번역
M 새로운 광고 어땠어요?
W 솔직히 말하면, 그것 때문에 판매가 신장된다면 놀랄 거예요.
M 사람들이 왜 호응하지 않을 거라고 생각하세요?
W _____

(a) 특별히 시선을 사로잡는 것이 없어요.
(b) 그건 당신 쪽에서 본 억측일 뿐이에요.
(c) 사람들이 잘 알지 못했어요.
(d) 그들이 나로 하여금 그것을 지지하게 만들 거예요.

📘 기출 공략
What makes you think...?는 Why do you think...?와 같은 뜻이다. 새로운 광고에 사람들이 호응하지 않을 이유가 될 만한 선택지는 (a)뿐이다.
ad 광고(advertising)   **boost** 신장시키다   **go for** ~을 좋아하다 [지지하다]   **attention grabbing** 시선을 사로잡는   **idle speculation** 억측   **on one's part** ~쪽으로서는, ~측에서는,   **well informed** 잘 아는   **정답** _(a)

28

W It looks like those weights might be too heavy.
M But I want to build up my biceps.
W OK, but you're overdoing it. You could hurt yourself.
M _____

(a) Maybe you can correct my form.
(b) My enthusiasm got the better of me.
(c) I can't work out any slower than this.
(d) There's no need to warn you about it.

번역
W 그 역기들, 너무 무거워 보이는데요.
M 그래도 이두박근을 키우고 싶은걸요.
W 알겠어요, 하지만 너무 지나치게 운동하네요. 다칠지도 몰라요.
M _____
(a) 아마 당신이 내 자세를 고쳐줄 수 있을 거예요.
(b) 근육을 키우고 싶은 욕망이 크다 보니 어쩔 수가 없어요.
(c) 이보다 더 천천히 운동할 수는 없어요.
(d) 그것에 대해 당신에게 주의를 줄 필요가 없어요.

기출 공략
과도하게 웨이트 트레이닝을 하지 말라는 말에 이두박근을 키우고 싶은 욕심 때문에 어쩔 수 없다는 (b)가 응답으로 적절하다. 열정이 날 이겼다는 말은 근육을 키우고 싶은 마음(enthusiasm)이 무리해서는 안 된다는 이성의 힘(me)보다 더 강했다는 정도로 이해하면 된다.
weight 역기 **build up** (몸을) 단련하다 **biceps** 이두박근 **overdo** 지나치게 하다 **hurt oneself** 다치다 **enthusiasm** 열정, 의욕 **get the better of** ~을 이기다 **work out** 운동하다 정답_(b)

29

M Some of us are heading to Mexico this winter. Interested?
W I don't know. How many people are going?
M Eight have committed so far. You'd be the ninth.
W _____

(a) I'll let you know in a few days.
(b) I'm feeling a little under the weather.
(c) Let me know when you make a decision.
(d) I'd be happy to invite them along as well.

번역
M 우리 중 일부는 이번 겨울에 멕시코로 갈 거예요. 관심 있으세요?
W 잘 모르겠어요. 몇 명이 가나요?
M 지금까지 8명이 약속했어요. 당신이 아홉 번째가 될 거예요.
W _____
(a) 며칠 안으로 알려 줄게요.
(b) 몸이 좀 안 좋아요.
(c) 결정을 내리면 알려 주세요.
(d) 그들도 함께 가자고 청했으면 좋겠어요.

기출 공략
이번 겨울에 함께 멕시코로 가자는 제의에 잘 모르겠다며 결정을 못 내리고 있는 사람의 응답으로는 (a)가 적절하다. (c)는 남자가 해야 할 말이다. (d)는 여자 자신도 같이 가기로 한 상태에서 할 수 있는 대답이다.
head to ~로 가다 **commit** 약속하다 **so far** 지금까지 **under the weather** 몸이 좀 안 좋은 **make a decision** 결정하다(decide) **invite A along** A에게 같이 가자고 청하다 정답_(a)

30

W I'm thinking of buying some stock this week.
M If I were you, I'd hold off on that.
W Why's that? Do you know something I don't?
M _____

(a) I've always invested heavily in them.
(b) I know that you'll be acquiring stock.
(c) The markets are looking pretty grim.
(d) There's never been a better climate for it.

번역
W 이번 주에 주식을 좀 살까 생각 중이에요.
M 내가 당신이라면 사는 것을 미루겠어요.
W 왜요? 내가 모르는 어떤 사실을 알고 계시나요?
M _____
(a) 나는 늘 그것들에 엄청 투자하고 있어요.
(b) 난 당신이 주식을 취득하게 될 걸 알고 있어요.
(c) 시장이 상당히 암울해 보여요.
(d) 주식 사기에 이보다 더 좋은 환경은 여태껏 한 번도 없었어요.

기출 공략
주식을 사려고 생각 중인 사람에게 매입을 늦추라고 충고하는 상황이다. Why's that?이라고 했으므로 선택지 중에서 주식 매입을 늦추어야 하는 이유가 되는 것은 (c)이다. (d)는 그 반대로 주식을 서둘러 사야 하는 이유가 된다.
stock 주식 **hold off on** ~을 연기하다 **invest in** ~에 투자하다 **acquire** 획득하다 **grim** 암울한 **climate** 분위기 정답_(c)

31

W Waiter! This fish is terrible!
M What's wrong with it, ma'am?
W It's undercooked. And, it's cold.
M Oh, I'm terribly sorry. I'll bring you another one.
W But I waited ages for this one to arrive.
M My apologies, ma'am. I'll be right back.

Q What is the woman mainly doing in the conversation?
(a) She is learning how to cook fish.
(b) She is ordering fish at a restaurant.
(c) She is asking for one more fish dish.
(d) She is complaining about undercooked fish.

✿ 번역
W 웨이터! 이 생선 형편없네요!
M 뭐가 문제인가요, 부인?
W 생선이 덜 익었어요. 게다가 차가워요.
M 오, 대단히 죄송합니다. 다른 것으로 갖다 드릴게요.
W 하지만 이 요리가 나오기까지 아주 오랫동안 기다렸단 말이에요.
M 사과드립니다, 부인. 곧 돌아오겠습니다.

Q 대화에서 여자가 주로 하고 있는 것은?
(a) 생선 요리법을 배우고 있다.
(b) 식당에서 생선을 주문하고 있다.
(c) 생선 요리를 하나 더 요청하고 있다.
(d) 덜 익은 생선에 대해 불만을 표시하고 있다.

📘 기출 공략
첫 문장 Waiter! This fish is terrible!에서 이곳은 식당이고 생선 요리가 잘못됐다는 것을 알 수 있다. 곧바로 웨이터가 뭐가 잘못됐냐고 묻자 It's undercooked. And, it's cold.라고 하면서 생선 요리에 대해 계속 불만을 표시하고 있다. 따라서 (d)가 정답이다.
undercook (음식을) 덜 익히다[삶다] **wait ages** 아주 오래 기다리다 **apology** 사과 **ask for** ~을 요구[요청]하다 **dish** 요리 **complain** 불평하다   정답_(d)

32

M Are you free Saturday night, Stacy?
W I don't have anything planned. Why?
M Well, I thought you might like to join me and my friends.
W What are you thinking of doing?
M We haven't decided yet, but we might go to a dance club.
W Sounds great. I'd love to go.

Q What is the man mainly doing in the conversation?
(a) He is inviting the woman out.
(b) He is helping a friend plan a date.
(c) He is asking if the woman can dance.
(d) He is explaining what he did Saturday.

✿ 번역
M 스테이시, 토요일 저녁에 시간 있으세요?
W 계획된 일이 없긴 한데, 왜 그러시죠?
M 혹시 나와 내 친구들과 함께할 수 있나 해서요.
W 뭘 할 생각인데요?
M 아직 결정된 건 없지만 댄스 클럽에 갈지도 몰라요.
W 그거 재미있겠는데요. 나도 가고 싶어요.

Q 대화에서 남자가 주로 하고 있는 것은?
(a) 여자에게 같이 외출하자고 요청하고 있다.
(b) 친구가 데이트 계획 짜는 것을 도와주고 있다.
(c) 여자가 춤출 수 있는지 없는지 물어보고 있다.
(d) 자기가 토요일에 했던 일을 설명하고 있다.

📘 기출 공략
Are you free Saturday night, Stacy?, Well, I thought you might like to join me and my friends에서 남자가 여자에게 토요일 밤에 자기와 자기 친구들과 함께하자고 요청하고 있음을 알 수 있다. 따라서 (a)가 정답이다. invite somebody out은 to ask somebody to go out with you란 뜻이다.
invite A out A에게 외출[데이트]하자고 요청하다   정답_(a)

33

M I'm pretty excited about moving abroad.
W I can imagine. Have you decided what to take?
M I was just going to ship everything I have.
W I'd sell as many things as I could and ship as little as possible.
M Well, yeah. I guess that makes more sense.
W Besides, you could always buy new stuff over there.

Q What is mainly happening in the conversation?
(a) The man is being advised on what to take overseas.
(b) The woman is suggesting the man not go abroad.
(c) The woman is telling stories about living abroad.
(d) The man is asking about how to save money.

✿ 번역
M 해외로 이주하게 되어 무척 흥분이 돼요.
W 상상이 가는군요. 뭘 가져갈지 결정했나요?
M 그냥 내가 가진 거 전부 가져가려고 했는데요.
W 나라면 할 수 있는 한 많이 팔고 최소한만 운송하겠어요.
M 아, 맞아요. 그게 더 일리가 있겠군요.
W 게다가 그곳에서 항상 새 물건들을 살 수 있잖아요.

Q 대화에서 주로 일어나고 있는 일은?
(a) 남자는 해외로 무엇을 가져야 할지 조언을 받고 있다.
(b) 여자는 남자에게 외국으로 가지 말 것을 제안하고 있다.
(c) 여자는 외국 생활에 관한 이야기를 하고 있다.
(d) 남자는 돈을 절약하는 방법에 대해 묻고 있다.

📖 기출 공략
해외 이주를 앞둔 남자에게 여자가 외국으로 어떤 물건을 가져가야 할지 조언하고 있다. 따라서 (a)가 정답이다. (b), (c), (d)는 전혀 언급되지 않은 내용들이다. ship은 배뿐만 아니라 철도, 트럭, 비행기 등으로 물건을 나를 때에도 쓴다.

ship 택배로 보내다; 옮기다   **make sense** 말이 되다, 일리가 있다
stuff 물건
정답_(a)

34

W So, what brought you to the US?
M I wanted to get another degree in my major.
W And why did you pick this university?
M Because the computer science program here is excellent.
W So, computer science programs aren't that great in your country?
M Well, they are definitely not as good as here.

Q What is the conversation mainly about?
(a) The man's desire to change his major.
(b) The man's opinion of American universities.
(c) The reason the man likes computer science.
(d) The reason the man came to study in the US.

✿ 번역
W 자, 미국에는 왜 왔습니까?
M 내 전공 분야 학위를 또 하나 따고 싶었어요.
W 그럼 왜 이 대학교를 선택하셨나요?
M 이곳 컴퓨터 공학 프로그램이 우수하기 때문에요.
W 그럼, 당신 나라에서는 컴퓨터 공학 프로그램이 그렇게 우수하지 않다는 건가요?
M 이곳보다는 못합니다.

Q 대화는 주로 무엇에 관한 것인가?
(a) 전공을 바꾸려는 남자의 희망.
(b) 미국 대학교들에 대한 남자의 의견.
(c) 남자가 컴퓨터 공학을 좋아하는 이유.
(d) 남자가 미국으로 공부하러 오게 된 이유.

📖 기출 공략
선택지들은 모두 남자에 관한 것이므로 남자의 말에 집중할 필요가 있다. 남자는 학위를 따고 싶어서 미국에 왔고, 컴퓨터 공학 프로그램이 우수해서 지금의 대학교를 택했다고 말하고 있다. 따라서 (d)가 정답이다. What brought you to the US?는 "무엇이 당신을 미국으로 데리고 왔나요?", 즉 "미국엔 무슨 일로 오셨어요?"란 뜻이다.

degree 학위   **pick** 선택하다   **computer science** 컴퓨터 공학
major 전공
정답_(d)

35

M Hello, Nancy. Please sit down.
W Hello, Dr. Trent. So, are my results in?
M Yes, your pregnancy test results are right here.
W And? Should I be celebrating?
M Yes. The test came back positive. Congratulations! You're pregnant.
W Oh, thank you! What great news!

Q What is the conversation mainly about?
(a) The doctor is arranging an appointment.
(b) The woman is talking about her pregnancy.
(c) The doctor is sharing pregnancy test results.
(d) The woman is finding it hard to get pregnant.

✱ 번역

M 안녕하세요, 낸시. 앉으세요.
W 안녕하세요, 트렌트 박사님. 검사 결과가 나왔나요?
M 네, 임신 테스트 결과가 바로 여기에 있어요.
W 그래서요? 제가 축하해도 되나요?
M 네, 테스트가 양성으로 나왔습니다. 축하해요! 임신이에요.
W 감사합니다! 너무나 기쁜 소식이군요!

Q 대화는 주로 무엇에 관한 것인가?
(a) 의사가 약속을 조정하고 있다.
(b) 여자가 자신의 임신에 대해 이야기하고 있다.
(c) 의사가 임신 테스트 결과를 알려주고 있다.
(d) 여자는 임신하는 것이 어렵다는 것을 깨닫고 있다.

📘 기출 공략

의사가 여자에게 직접 임신 여부를 알려주는 대화이다. 따라서 (c)가 정답이다. 여기서 share는 의사가 임신 정보를 여자와 함께 나누고 있다는 의미에서 사용되었다.

pregnancy 임신   **positive** (검사 결과가) 양성인   **arrange** 조정하다   **get pregnant** 임신하다

정답_(c)

36

M What time does your plane leave?
W It takes off at ten in the morning.
M So, you'll get to New York at about 12?
W That's right. Then I go straight to a meeting with a supplier.
M Will you get to do any sightseeing?
W No, I'm booked on the seven o'clock flight back.

Q What is the main topic of the conversation?
(a) People the woman will see in New York.
(b) The reason for the woman's trip to New York.
(c) The woman's meeting with a New York supplier.
(d) The woman's business trip to New York by plane.

✱ 번역

M 비행기가 몇 시에 떠납니까?
W 오전 10시에 이륙합니다.
M 그럼 뉴욕에 12시쯤 도착하게 되나요?
W 맞아요. 그리고 곧바로 부품 공급업체와의 미팅에 갈 거예요.
M 관광도 할 건가요?
W 아뇨, 7시에 돌아오는 비행기를 예약해뒀어요.

Q 대화의 주제는 무엇인가?
(a) 여자가 뉴욕에서 만날 사람들.
(b) 여자가 뉴욕으로 여행 가는 이유.
(c) 여자가 뉴욕 부품 공급업체와 미팅하는 것.
(d) 여자가 비행기로 뉴욕 가는 것.

📘 기출 공략

남자의 질문과 여자의 대답은 전체적으로 여자의 뉴욕 출장 일정에 관한 것이다. 따라서 (d)가 정답이다. (c)는 뉴욕 출장 일정의 일부로 언급된 것이므로 주제라고 보기 어렵다.

take off 이륙하다   **get to** ~에 도착하다   **supplier** 부품 공급업체   **do sightseeing** 관광하다   **book** 예약하다   **business trip** 출장

정답_(d)

37

W I wish my mother hadn't come over for dinner last night.
M I thought you liked having your mother over.
W No, cooking for her is so stressful.
M I guess it might be, knowing your mother.
W Right. She always criticizes my cooking.
M Well, the older people get, the harder it is to please them.

Q What is the woman mainly talking about in the conversation?
(a) Her dislike of having to cook dinner.
(b) How she does not know how to cook well.
(c) Her regret at having cooked for her mother.
(d) How her mother hates cooking for her family.

✣ 번역
W 엄마가 어젯밤 저녁 드시러 오지 말았어야 했어.
M 어머니를 집에 초대하는 걸 좋아하는 줄 알았는데.
W 아니, 엄마를 위해 요리하는 건 너무나 스트레스 쌓이는 일이야.
M 당신 어머니를 아는 사람 입장에서 볼 때, 그럴 수 있을 것 같아.
W 맞아. 엄마는 항상 내 요리에 대해 이러쿵저러쿵 흠을 잡아.
M 사람은 나이가 들면 들수록 비위를 맞추기가 더 어려워지지.
Q 대화에서 여자가 주로 이야기하고 있는 것은?
(a) 저녁 요리를 해야 하는 상황을 싫어함.
(b) 요리 잘하는 법을 여자가 얼마나 모르는지.
(c) 엄마를 위해 요리를 한 것에 대한 후회.
(d) 엄마가 가족을 위해 요리하는 것을 얼마나 싫어하는지.

📖 기출 공략
여자가 주로 이야기한 내용을 묻고 있으므로 여자의 말에 우선적으로 집중해야 한다. 여자는 엄마를 자기 집에 초대해서 요리를 해준 것을 후회하고 있다. 요리하는 것을 엄마가 간섭해서 스트레스를 주었기 때문이다. 따라서 엄마를 위해 요리한 것을 후회한다는 (c)가 정답이다.
come over (집에) 들르다 **have A over** A를 집에 초대하다
stressful 스트레스가 많은 **criticize** 흠을 잡다 **please** 기분을 [비위를] 맞추다 **dislike** 혐오 **regret** 후회

정답_(c)

38

M Angie, do you know where the monthly report is?
W I think I saw it over there on the conference table just a minute ago.
M Well, it isn't there now.
W That's strange. Maybe someone took it.
M Oh, wait, here it is, by the photocopier.
W Good. I knew it couldn't have gone too far.

Q Which is correct about the monthly report according to the conversation?
(a) The woman is looking for it.
(b) The man took it to photocopy.
(c) The woman put it on her desk.
(d) The man found it by the copier.

✣ 번역
M 앤지, 월간 보고서 어디 있는지 아세요?
W 바로 좀 전에 저쪽 회의 탁자 위에서 본 것 같은데요.
M 거기에 없는데요.
W 이상하군요. 아마 누가 가져갔을지도 몰라요.
M 아, 잠깐만요, 여기 있군요. 복사기 옆에요.
W 다행이네요. 먼 데에 있지 않을 줄 알았어요.
Q 대화에 따르면 월간 보고서에 관해 맞는 것은?
(a) 여자가 찾고 있다.
(b) 남자가 복사하려고 가져갔다.
(c) 여자가 책상 위에 놓았다.
(d) 남자가 복사기 옆에서 발견했다.

📖 기출 공략
보이지 않는 월간 보고서를 찾고 있는 상황이다. 남자의 마지막 말 Oh, wait, here it is, by the photocopier에서 남자가 복사기 옆에서 보고서를 발견한 것을 알 수 있다. 따라서 (d)가 정답이다. (a)는 여자가 아니라 남자가 찾고 있으므로 오답이다. (b)와 (c)는 전혀 언급되지 않은 내용들이다.
conference 회의 **photocopier** 복사기(copier) **photocopy** (복사기로) 복사하다

정답_(d)

Listening Comprehension

39

M I like this radio station you're listening to.
W Yeah, me too. It's a college station.
M I thought so. The DJ seems like an amateur.
W Yeah. But the music is usually good.
M So, what is it? FM 90.5?
W Yes! Good guess.

Q Which is correct according to the conversation?
(a) The man likes the woman's radio.
(b) The man was unaware the DJ was an amateur.
(c) The woman does not like the music that much.
(d) The woman is listening to radio station FM 90.5.

번역
M 지금 듣고 있는 라디오 방송 마음에 들어요.
W 나도 그래요. 대학 방송국이죠.
M 그럴 줄 알았어요. DJ가 아마추어 같아요.
W 맞아요. 하지만 음악이 대체로 좋아요.
M 주파수가 몇이죠? FM 90.5예요?
W 맞아요! 잘 맞히셨어요.

Q 대화에 따르면 맞는 것은?
(a) 남자는 여자의 라디오가 마음에 든다.
(b) 남자는 DJ가 아마추어인 것을 몰랐다.
(c) 여자는 음악을 그다지 좋아하지 않는다.
(d) 여자는 라디오 방송국 FM 90.5를 듣고 있다.

기출 공략
여자가 현재 듣고 있는 라디오 방송국에 관한 대화이다. 남자 역시 그 방송국이 마음에 든다면서 혹시 주파수가 FM 90.5가 아니냐고 묻자 여자가 맞다고 대답한다. 따라서 여자 역시 FM 90.5를 듣고 있으므로 (d)가 정답이다.

radio station 라디오 방송국 **unaware** 알지 못하는   정답 (d)

40

M Maggie, I thought you were going to fly to Hawaii yesterday.
W Yeah, but I missed my flight, so I came back to work.
M You missed your flight? What happened?
W It's embarrassing. I left my passport at home.
M And you didn't have time to go back and get it?
W No, I only realized it when I was checking in.

Q Which is correct according to the conversation?
(a) The man planned to go to Hawaii.
(b) The woman did not get on her flight.
(c) The man brought the woman her passport.
(d) The woman lost her passport at the airport.

번역
M 매기, 난 당신이 어제 비행기를 타고 하와이에 간 줄 알았어요.
W 네, 근데 비행기를 놓치는 바람에 출근했어요.
M 비행기를 놓쳤다고요? 무슨 일이 있었는데요?
W 부끄럽게도 여권을 집에 두고 나왔지 뭐예요.
M 다시 돌아가서 가지고 올 시간이 없었던 거예요?
W 네, 체크인할 때에야 알았거든요.

Q 대화에 따르면 맞는 것은?
(a) 남자는 하와이에 갈 계획이었다.
(b) 여자는 비행기에 타지 않았다.
(c) 남자는 여자에게 그녀의 여권을 갖다 주었다.
(d) 여자는 공항에서 여권을 분실했다.

기출 공략
여자는 비행기를 놓치는 바람에 하와이에 가지 못했으므로 (b)가 정답이다. (a)는 남자가 아니라 여자가 하와이에 갈 계획이었으므로 오답이다. 여자는 여권을 분실한 것이 아니라 집에 두고 왔으므로 (d)도 틀렸다.

embarrassing 당황하게 하는, 난처한 **leave** ~을 두고 가다 **passport** 여권 **check in** (공항에서) 탑승 수속을 하다 **plan to do** ~할 작정이다 **get on** (교통수단에) 타다   정답 (b)

41

M Judy, did you put the swimming gear in the car?
W Yeah, I packed our snorkels and flippers.
M What about my goggles, the ones you gave me for Christmas?
W Oh yeah, I put those in, too.
M What else should we take? Oh, I know—sunblock.
W Of course! We can't forget that.

Q Which is correct according to the conversation?
(a) The woman packed the goggles.
(b) The woman received the goggles as a gift.
(c) The woman forgot to purchase sunblock.
(d) The woman does not feel they need sunblock.

❋ 번역
M 주디, 차에 수영 장비 실었어요?
W 네, 스노클과 물갈퀴를 챙겨 넣었어요.
M 크리스마스 선물로 나에게 준 고글은요?
W 아, 네, 그것도 넣었어요.
M 또 뭘 가져가야 하죠? 아, 알았다. 자외선 방지 크림.
W 당연하죠! 그걸 빼먹을 수는 없죠.
Q 대화에 따르면 맞는 것은?
(a) 여자는 고글을 챙겨 넣었다.
(b) 여자는 선물로 고글을 받았다.
(c) 여자는 자외선 방지 크림 사는 것을 잊어버렸다.
(d) 여자는 자기들에게 자외선 방지 크림은 필요하지 않다고 생각한다.

📋 기출 공략
남녀가 차에 수영 장비를 싣고 바다로 떠나기 직전의 상황이다. 여자가 차에 챙겨 넣은 것은 스노클, 물갈퀴, 고글, 자외선 방지 크림이므로 (a)가 정답이다. 여자가 아니라 남자가 고글을 선물로 받았으므로 (b)는 오답이다. 여자가 자외선 방지 크림도 챙겨 넣었다고 했으므로 (c)와 (d)도 틀렸다.

swimming gear 수영 장비 **snorkel** 스노클(잠수 중에 물 밖으로 연결하여 숨을 쉬는 데 쓰는 관) **flipper** (잠수·수영 때 신는) 물갈퀴, 오리발 **goggle** 잠수 안경, 물안경 **sunblock** 자외선 방지 크림

정답_(a)

42

W Have you sent off all your grad school applications?
M Yeah. I applied to ten schools, so it was quite expensive.
W Well, I think it'll be worth it. You should get in somewhere.
M I hope so. The waiting is pretty stressful, though.
W Yes, that's the nerve-racking part.
M Anyway, I should hear something by next month.

Q Which is correct about the man according to the conversation?
(a) He just got into grad school.
(b) He applied to five different grad schools.
(c) He recently had one application rejected.
(d) He expects application results by next month.

❋ 번역
W 대학원 원서 다 보냈니?
M 응. 10개 학교에 지원했는데, 꽤 비싸더라.
W 그만한 값어치를 할 거야. 어딘가에는 합격하겠지.
M 그랬으면 좋겠어. 하지만 결과를 기다리는 건 상당한 스트레스야.
W 맞아, 그동안 안절부절 못하게 되니까.
M 아무튼 다음 달까진 뭔가 소식을 듣게 될 거야.
Q 대화에 따르면 남자에 관해 맞는 것은?
(a) 대학원에 막 입학했다.
(b) 5개 대학원에 지원했다.
(c) 원서를 낸 곳 중 한 곳에서 최근에 불합격했다.
(d) 다음 달까지 지원 결과가 나오기를 기대한다.

📋 기출 공략
대학원 원서를 보낸 후 결과를 기다리는 상황이다. 남자의 마지막 말 I should hear something by next month에서 (d)가 정답임을 알 수 있다. (a)는 아직 대학원에 합격도 하지 않았으므로 오답이다. 남자는 10개 대학원에 지원했으므로 (b)도 틀렸다. (c) 역시 아직까지 불합격된 곳이 없으므로 오답이다.

send off 발송하다 **grad school** 대학원(graduate school) **application** 지원서 **get in** 들어가다, 합격하다 **nerve-racking** 안절부절 못하게 하는 **reject** 불합격시키다

정답_(d)

43

M I've got lots of clothes but not enough closet space.
W Well, I have a lot of clothes too, but I don't have that problem.
M Really? How is that possible?
W I use a special hanger that makes lots of room.
M Hey, I think I saw a commercial on TV about it.
W That's exactly where I found it.
M That might work for me, too.

Q What will the man most likely do to solve his problem?
(a) Install a bigger closet.
(b) Purchase a special hanger.
(c) Get rid of his outdated clothes.
(d) Arrange his clothes based on length.

❄ 번역
M 옷은 엄청 많은데 수납 공간이 충분치 않아요.
W 저도 옷이 많은데 그런 문제는 없어요.
M 정말이에요? 어떻게 그럴 수가 있죠?
W 공간이 많이 생기는 특수 옷걸이를 쓰거든요.
M TV에서 그 제품에 관한 광고를 본 것 같아요.
W 바로 거기서 내가 그 옷걸이를 발견했죠.
M 내게도 효과가 있을 것 같은데요.
Q 남자는 자신의 문제를 해결하기 위해 무엇을 할 것 같은가?
(a) 더 큰 장롱을 설치한다.
(b) 특수 옷걸이를 구입한다.
(c) 구닥다리 옷을 없앤다.
(d) 길이에 따라 옷을 정리한다.

📘 기출 공략
공간이 대폭 절약되는 특수 옷걸이에 관한 대화이다. 남자가 많은 옷을 수납할 공간이 없어서 고민하자 여자가 특수 옷걸이를 사용하면 그 문제를 해결할 수 있다고 말한다. 남자의 마지막 말 That might work for me, too에서 남자도 특수 옷걸이를 사용할 것이라는 걸 짐작할 수 있다. 따라서 (b)가 정답이다.

closet space 수납 공간 **hanger** 옷걸이 **make room** 공간을 마련하다 **commercial** 광고 (방송) **work** 효과가 있다 **install** 설치하다 **get rid of** ~을 제거하다 **outdated** 구식의   정답_(b)

44

M Did you go to that new mall I told you about?
W Yeah, but I didn't like it that much.
M Why not? I thought you'd love the spaciousness.
W No, it was too big and I ended up walking too much.
M But it's got tons of stores.
W Right. I liked that part.

Q What can be inferred from the conversation?
(a) The woman does not like to walk a lot.
(b) The man prefers exercising to shopping.
(c) The man knows exactly what the woman likes.
(d) The woman does not enjoy shopping with the man.

❄ 번역
M 내가 말했던 새로 생긴 쇼핑몰에 가봤어요?
W 네, 하지만 썩 마음에 들진 않았어요.
M 왜요? 넓어서 좋아할 줄 알았는데.
W 아뇨, 너무나 커서 결국엔 엄청 걸었어요.
M 그래도 매장은 아주 많잖아요.
W 맞아요. 그 점은 마음에 들었어요.
Q 대화에서 추론할 수 있는 것은?
(a) 여자는 많이 걷는 것을 좋아하지 않는다.
(b) 남자는 쇼핑보다 운동을 더 좋아한다.
(c) 남자는 여자가 무엇을 좋아하는지 정확히 알고 있다.
(d) 여자는 남자와 쇼핑하는 것을 즐기지 않는다.

📘 기출 공략
새로 생긴 쇼핑몰에 관한 대화이다. 여자의 불만은 쇼핑몰이 너무 커서 엄청 걸었던 것인데, 이를 통해 여자가 많이 걷는 것을 좋아하지 않는다고 짐작할 수 있다. 따라서 (a)가 정답이다.

spaciousness 광활, 광대 **end up -ing** 결국 ~하게 되다 **tons of** 무수히 많은 **prefer A to B** B보다 A를 더 좋아하다   정답_(a)

45

W Welcome to the Bridge Hotel. How can I help you?
M Yes, I need a room for the night, please.
W Certainly, sir. We have a vacant suite at $250 a night.
M Hmm... a suite. Do you have anything smaller?
W Well, we do have a single smoking room left at $85.
M I can live with the smell for $85.

Q What can be inferred about the man from the conversation?
(a) He is more concerned about price than comfort.
(b) He finally succeeded in quitting smoking.
(c) He has stayed at the Bridge Hotel before.
(d) He was hoping a smoking room was vacant.

✿ 번역
W 브릿지 호텔에 오신 걸 환영합니다. 뭘 도와드릴까요?
M 네, 오늘 밤 묵을 방이 필요해요.
W 알겠습니다, 손님. 스위트룸 빈 게 있는데 하룻밤에 250달러예요.
M 음… 스위트룸이라. 더 작은 방은 없나요?
W 85달러의 흡연 1인실 하나가 남아 있어요.
M 85달러면 냄새도 참고 지낼 수 있겠는데요.
Q 대화에서 남자에 관해 추론할 수 있는 것은?
(a) 안락함보다는 가격을 더 걱정한다.
(b) 마침내 금연에 성공했다.
(c) 예전에 브릿지 호텔에서 묵은 적이 있다.
(d) 흡연층 객실이 비어 있기를 바라고 있었다.

📘 기출 공략
호텔 프론트 데스크에서 손님이 방을 찾는 상황이다. 남자가 비싼 스위트룸보다는 값싼 흡연 1인실을 선택하는 것으로 보아 안락함보다는 가격을 더 걱정하고 있음을 알 수 있다. 따라서 (a)가 정답이다.
vacant 비어 있는 **suite** (호텔의) 특별실, 스위트룸 **single room** 1인실 **smoking room** 흡연실 **be concerned about** ~을 걱정하다, ~에 관심이 있다

정답_(a)

46

Two children and their mother are undergoing vaccinations for rabies after they took in a stray cat infected with the disease. The Baltimore family allowed the cat into their house during a torrential rainstorm last week. However, they soon became alarmed at its behavior and took it to a veterinarian. This is the second such incident in the area this month.

Q What is the main idea of the news report?
(a) A stray cat with rabies was found.
(b) A second family in Baltimore has rabies.
(c) A cat with rabies was taken to a veterinarian.
(d) A family was vaccinated after taking in a rabid cat.

✿ 번역
두 아이와 그들 엄마가 광견병에 걸린 길 잃은 고양이를 집에 데려온 후에 광견병 백신 접종을 받았습니다. 볼티모어에 사는 이 가족은 지난주 폭풍우가 치는 동안 문제의 고양이를 집에 데려왔습니다. 그러나 곧 그들은 고양이의 행동에 놀라 수의사에게 데려갔습니다. 이번 달 들어 이 지역에 이와 같은 사건이 발생한 것은 두 번째입니다.

Q 뉴스 보도의 주제는?
(a) 광견병에 걸린 길 잃은 고양이 한 마리가 발견되었다.
(b) 볼티모어에 사는 또 한 가족이 광견병에 걸렸다.
(c) 광견병에 걸린 고양이를 수의사에게 데려갔다.
(d) 한 가족이 광견병에 걸린 고양이를 집에 데려온 후 백신 접종을 받았다.

📘 기출 공략
어떤 가족이 폭풍우가 치는 동안 길 잃은 고양이를 집에 데려온 후 광견병 백신을 접종받았다는 내용의 뉴스 보도이다. 따라서 (d)가 정답이다. (a), (c)는 틀린 내용은 아니지만 다소 지엽적이다.
undergo vaccination 백신 접종을 받다 **take in** ~을 (집에) 묵게 하다 **stray** 길 잃은, 주인이 없는 **infected with** ~에 감염된 **torrential** 심한, 격렬한 **rainstorm** 폭풍우 **become alarmed** 놀라게 되다 **veterinarian** 수의사 **second** 또 하나의(another) **rabid** 광견병에 걸린

정답_(d)

47

Another native American language I would like to talk about is the Navajo language. It is a language of extreme complexity. Its syntax and tonal qualities make it unintelligible to anyone without extensive training in it. It is spoken on Navajo lands in the US, and US military leaders used it as a code language in World War II.

Q What is the speaker mainly talking about?
(a) Where the Navajo language is spoken.
(b) The complex syntax of the Navajo language.
(c) Some characteristics of the Navajo language.
(d) Why the Navajo language was used in WW II.

❄ 번역

제가 말하고 싶은 또 하나의 인디언 언어는 나바호어입니다. 아주 복잡한 언어죠. 이 언어는 광범위하게 훈련하지 않고서는 그 구문과 음조의 특징 때문에 이해하기가 어렵습니다. 나바호어는 미국의 나바호족 거주 지역에서 사용되고 있으며, 미군 지휘자들이 2차 세계대전 때 암호로 사용했습니다.

Q 연사가 주로 이야기하고 있는 것은?
(a) 나바호어를 사용하는 곳.
(b) 나바호어의 복잡한 구문법.
(c) 나바호어의 몇 가지 특징.
(d) 2차 세계대전 때 나바호어가 사용된 이유.

📘 기출 공략

인디언 언어인 나바호어에 관한 담화이다. 나바호어는 구문이 복잡하고 음조가 특이해서 이해하기 힘든 언어라고 소개하고 있다. 따라서 (c)가 옳다. (a), (b), (d)는 모두 지엽적인 내용이다.

native American 미국 인디언 **extreme** 극심한 **complexity** 복잡성 **syntax** 구문(론), 통사(론) **tonal** 음조 **unintelligible** 이해할 수 없는, 난해한 **extensive** 광범위한 **code** 암호 **characteristic** 특징

정답_(c)

48

I'd like to begin today by discussing ball lightning. This is a little-understood form of lightning that takes the shape of a sphere. It's most often reported during thunderstorms, and it is believed to last longer than ordinary bolts of lightning. Reports of ball lightning describe it as anywhere from a few centimeters to several meters in diameter. It can move in any direction and even hover.

Q What is the lecture mainly about?
(a) Physical aspects of ball lightning.
(b) Mysteries surrounding ball lightning.
(c) Ball lightning's various strange shapes.
(d) Ball lightning's effects on the environment.

❄ 번역

오늘 강연은 구상(球狀) 번개로 시작할까 합니다. 이는 구 모양을 한 일종의 번개로, 사람들에게 잘 알려져 있지 않습니다. 주로 뇌우 때 나타나는 것으로 보고되고 있으며, 보통의 번개보다 더 오래 지속되는 것으로 여겨집니다. 구상 번개에 관한 보고서에 따르면, 그 지름은 몇 센티미터에서 최고 수 미터까지 이르는 것으로 묘사되고 있습니다. 그것은 어떤 방향으로든 움직일 수 있고 공중에 맴돌기도 합니다.

Q 강연의 주제는?
(a) 구상 번개의 물리적인 양상들.
(b) 구상 번개를 둘러싼 수수께끼들.
(c) 구상 번개의 다양하고 특이한 형체들.
(d) 구상 번개가 환경에 미치는 영향.

📘 기출 공략

구상 번개에 관한 강연이다. 이 강연에서 설명한 구상 번개의 물리적 양상들은 다음과 같다. 구 모양을 한 일종의 번개이며, 주로 뇌우 때 나타나며 보통의 번개보다 더 오래 지속된다. 지름은 작게는 몇 센티미터에서 크게는 수 미터에 이르며, 어떤 방향으로도 움직일 수 있고, 공중에 맴돌기도 한다. 따라서 (a)가 정답이다.

ball lightning 구상 번개(뇌우가 심할 때 일어나는 극히 드문 현상으로, 낮은 공간을 부유하는 광구) **sphere** 구(球) **thunderstorm** 뇌우 **bolt of lightning** 번개 **diameter** 지름 **hover** 공중을 맴돌다 **aspect** 양상

정답_(a)

49

I've talked about many changes early European immigrants faced when arriving in America, but one you might not be aware of is that many had their names changed by immigration officers. Overworked immigration officials often wrote down names the way they sounded, misspelling them or shortening syllables in long last names. But in keeping with their new life, immigrants often adopted such changes.

Q What is the main idea of the talk?
(a) How strange the names of early immigrants were.
(b) How officials sometimes altered immigrants' names.
(c) How European immigrants Americanized their names.
(d) How Americans prefer names that are uncomplicated.

✿ 번역
저는 지금까지 초기 유럽 이민자들이 미국에 도착했을 때 직면한 많은 변화들에 대해 말했습니다. 하지만 여러분은 한 가지 변화에 대해서는 모르고 계실 텐데, 바로 많은 사람들이 이민국 직원들에 의해 이름이 바뀌었다는 사실입니다. 과로한 이민국 직원들이 종종 소리 나는 대로 이름을 받아 적는 바람에 철자를 틀리기도 하고 긴 성에서 음절을 줄이기도 했습니다. 하지만 새로운 삶에 맞춰 가는 과정에서 이민자들은 종종 그런 변화를 받아들였습니다.

Q 담화문의 주제는?
(a) 초기 이민자들의 이름들이 얼마나 이상한지.
(b) 어떻게 해서 직원들이 가끔 이민자들의 이름을 변경했는지.
(c) 유럽 이민자들이 자신들의 이름을 어떻게 미국식으로 바꿨는지.
(d) 어떻게 해서 미국인들이 단순한 이름을 선호하게 됐는지.

📘 기출 공략
초기 유럽 이민자들이 미국에 도착했을 때 많은 사람들이 이민국 직원에 의해 이름이 바뀐 사실에 대해 이야기하고 있으므로 (b)가 정답이다. (c)는 유럽 이민자들의 이름이 가끔 철자가 틀리기도 하고 성의 음절이 줄어들기도 했지만 미국식으로 바뀐 것은 아니므로 오답이다.

immigrant (다른 나라에서 온) 이민자 **be aware of** ~을 알다
immigration officer 이민국 직원 **overworked** 혹사당하는
misspell 철자를 틀리다 **syllable** 음절 **keep with** ~을 따라가다
adopt 받아들이다 **alter** 변경하다 **Americanize** 미국화하다
uncomplicated 복잡하지 않은, 단순한
정답_(b)

50

Visit Fisher's Office Supplies for all your back-to-school needs. We guarantee the lowest prices in town. And if you find any advertisements for an item at a lower price than ours, bring in the ad and we'll beat the price by 10%. Not only that, our stock selection is second-to-none. If it's not at Fisher's, you won't find it anywhere!

Q What is the advertisement mainly about?
(a) Fisher's low prices and selection.
(b) The products available at Fisher's.
(c) Fisher's big sale for a limited time.
(d) Ways to get a special discount at Fisher's.

✿ 번역
피셔 사무용품을 방문하셔서 개학 때 필요한 모든 것을 구입하십시오. 저희는 시내에서 가장 저렴한 가격을 보장합니다. 만약 여러분이 저희 것보다 더 낮은 가격으로 광고하는 물품을 발견하신다면 그 광고를 가져오십시오. 그러면 저희가 그것보다 10퍼센트 싼 가격으로 드리겠습니다. 이뿐만이 아닙니다. 저희가 구비한 물품은 그 어떤 것에도 뒤지지 않습니다. 만약 물품이 피셔에 없다면 어디에서도 찾지 못할 것입니다.

Q 무엇에 관한 광고인가?
(a) 피셔의 저렴한 가격과 물품들.
(b) 피셔에서 구할 수 있는 제품들.
(c) 한정된 시간 동안 벌이는 피셔의 대할인 행사.
(d) 피셔에서 특별 할인을 받는 방법들.

📘 기출 공략
사무용품점 광고이다. We guarantee the lowest prices in town과 our stock selection is second-to-none에서 시내에서 가장 저렴한 가격을 보장하고 있고 구비된 물품의 품질이 최고 수준이라고 선전하고 있다. 따라서 (a)가 가장 적절하다.

office supplies 사무용품 **back-to-school** 개학 때의 **beat** 패배시키다, 이기다 **stock selection** 구비된 물품 **second-to-none** 최고의, 누구에게도 뒤지지 않는
정답_(a)

Listening Comprehension

51

The introduction of a minute of silence at the beginning of the day in our schools concerns me deeply. Some claim this doesn't promote religion. However, I see it as an attempt to bring prayer back into public schools, and I oppose this. Official school prayer time was eliminated years ago. We simply don't need it when students can pray at home or outside of class hours.

Q What is the talk mainly about?
(a) Teaching students various religious values.
(b) Saving students from the burden of prayer.
(c) Rejecting the minute of silence in schools.
(d) Explaining why students should not pray.

✱ 번역
우리 학교들이 하루를 시작할 때 1분간 묵상 시간을 도입하는 것 때문에 저는 아주 걱정입니다. 일부에서는 이것이 종교를 조장하지 않는다고 주장합니다. 그러나 전 이를 공립학교에 기도를 다시 도입하려는 시도로 간주하므로 반대하는 바입니다. 공식적인 학교 기도 시간은 수년 전에 폐지되었습니다. 학생들이 집에서나 수업 시간 외에 기도를 할 수 있는데 굳이 우리에게 이것이 필요한 이유를 모르겠습니다.

Q 무엇에 관한 담화인가?
(a) 학생들에게 여러 종교적 가치들을 가르치기.
(b) 기도의 부담에서 학생들을 구제하기.
(c) 학교에서 실시되는 1분 묵상 시간 거부하기.
(d) 학생들이 기도해서는 안 되는 이유 설명하기.

📘 기출 공략
학교에서 1분간 묵상 시간을 도입하는 것에 반대한다는 내용의 담화이다. 화자는 1분간의 묵상 시간이 공립학교에 기도를 다시 부활시키는 계기가 되지 않을까 우려하고 있다. 따라서 (c)가 적절하다.
silence 묵념 **concern** ~을 걱정시키다 **promote** 조장하다
bring ... back ~을 다시 도입하다 **prayer** 기도 **eliminate** 제거하다 **outside of** ~이외에 **reject** 거부하다   정답_(c)

52

Rebel Helicopters offers you the unforgettable experience of seeing the Grand Canyon from the air. We also provide a personalized multi-camera DVD recording of the flight using interior and exterior cameras and a state-of-the-art audio system. You can capture all the commentary, action and beautiful scenery, then share your experience with friends and family. Book a flight with Rebel Helicopters today!

Q What is the advertisement mainly about?
(a) A helicopter fitted with an audio-visual system.
(b) A tour company that exclusively uses helicopters.
(c) A helicopter tour that features a recorded keepsake.
(d) A new helicopter tour company at the Grand Canyon.

✱ 번역
레블 헬리콥터스는 여러분에게 하늘에서 그랜드 캐니언을 보는 잊지 못할 경험을 제공합니다. 저희는 또한 내외장 카메라와 최첨단 오디오 시스템을 이용하여 멀티카메라 DVD에 비행 장면을 사용자 맞춤형으로 녹화해 드립니다. 여러분은 모든 코멘트와 행동, 그리고 아름다운 경치를 담아서 자신의 경험을 친구 및 가족들과 공유할 수 있습니다. 오늘 레블 헬리콥터스로 비행을 예약하세요!

Q 무엇에 관한 광고인가?
(a) 음향·영상 결합 시스템이 설비된 헬리콥터.
(b) 독점적으로 헬리콥터를 사용하는 관광 회사.
(c) 녹화된 기념품이 특별히 포함된 헬리콥터 투어.
(d) 그랜드 캐니언의 신생 헬리콥터 관광 회사.

📘 기출 공략
헬리콥터를 타고 그랜드 캐니언을 구경하는 관광 상품을 광고하고 있다. 두 번째 문장 We also provide 이하에서 이 헬리콥터 투어에는 자신의 비행을 담은 녹화물이 특별히 포함되어 있다는 것을 알 수 있다. 따라서 (c)가 적절하다.
personalized 사용자 맞춤형의 **state-of-the-art** 최첨단의
capture ~을 (필름·테이프 등에) 담다 **commentary** 논평 **book** 예약하다 **fitted with** ~이 설비된 **audio-visual system** 음향·영상 결합 시스템 **exclusively** 독점적으로 **feature** ~을 특별히 포함하다 **keepsake** 기념품   정답_(c)

53

Thank you all for coming to my talk on donations and tax benefits. Before you leave, I'd like to impart some final wisdom on giving wisely to charities: research before you give. Find out which charity has a mission and goals that best suit your priorities. Then, check exactly how your money will be used. Even though donations are deductible, you want to rest assured that your money is going to a good cause.

Q What should a person do before giving to a charity according to the talk?
(a) Examine the resulting tax benefits.
(b) Find out how much money can be given.
(c) Research each charity's main objectives.
(d) Insist on how the money should be spent.

✤ 번역
기부와 세제 혜택에 관한 제 연설을 들으러 와주신 여러분 모두에게 감사드립니다. 가시기 전에 자선단체에 현명하게 기부를 하는 데 필요한 마지막 지혜를 가르쳐 드리고 싶습니다. 기부하기 전에 조사하십시오. 어떤 자선단체가 당신이 가장 중요하게 생각하는 일에 가장 적합한 사명과 목적을 가지고 있는지 알아보십시오. 그런 다음 여러분의 돈이 어떻게 사용되는지를 정확히 확인하십시오. 비록 기부금이 세금 공제가 된다 할지라도 여러분은 자기 돈이 좋은 일에 쓰이고 있다고 확신하고 싶으실 것입니다.

Q 담화에 따르면 자선단체에 기부하기 전에 해야 할 일은?
(a) 뒤따르는 세제 혜택을 알아보는 것.
(b) 얼마의 돈을 기부할 수 있는지 알아보는 것.
(c) 각 자선단체의 주된 목적을 조사하는 것.
(d) 돈이 어떻게 사용되어야 할지 강하게 주장하는 것.

📙 기출 공략
자선단체에 기부를 하기 전에 주의할 점을 가르치는 담화이다. 두 번째 문장 중간에 research before you give(기부를 하기 전에 조사를 하십시오)라고 말한 다음, Find out which charity has a mission and goals that best suit your priorities라고 말하고 있다. 따라서 (c)가 적절하다.

donation 기부 tax benefit 세제 혜택 impart (정보·지식 등을) 전하다 charity 자선단체 mission 사명 suit ~에 적합하다 priority 가장 중요하게 생각하는 일 deductible 세금 공제가 되는 rest assured that ~에 대해 안심하다 good cause 좋은 일[뜻] objective 목적, 목표 insist on ~을 (강하게) 주장하다 **정답_(c)**

54

Hello. You've reached Bill's Plumbing. Our regular business hours are from 9:00 am to 6:00 pm weekdays. We're closed on weekends and holidays. If you would like to leave a message, please do so at the beep. In case of an emergency, please call our 24-hour hotline at 528-5187 for immediate service, and we will call you back right away. Thank you for calling Bill's Plumbing.

Q Which is correct about Bill's Plumbing according to the message?
(a) They are open every day from 9:00 am to 6:00 pm.
(b) There is a special phone number for emergencies.
(c) They respond to all messages immediately.
(d) They do not call back on weekends.

✤ 번역
안녕하세요. 고객님은 지금 빌즈 플러밍에 전화하셨습니다. 저희 정규 근무 시간은 평일 오전 9시에서 오후 6시입니다. 주말과 공휴일은 쉽니다. 메시지를 남기고 싶으시면 삐 소리 다음에 해주십시오. 비상시에는 24시간 가동되는 상담전화 528-5187에 전화하시면 즉각적인 서비스를 받으실 수 있는데, 우리 직원들이 곧바로 회신 전화를 드릴 것입니다. 빌즈 플러밍에 전화해 주셔서 감사합니다.

Q 메시지에 따르면 빌즈 플러밍에 관하여 옳은 것은?
(a) 매일 오전 9시에서 오후 6시까지 일을 한다.
(b) 비상시를 위한 특별 전화 번호가 있다.
(c) 모든 메시지에 즉각 응답한다.
(d) 주말에는 답신 전화를 하지 않는다.

📙 기출 공략
배관 공사 업체의 자동응답 전화기에 녹음된 메시지이다. In case of an emergency, please call our 24-hour hotline at 528-5187 이하에서 (b)가 정답임을 알 수 있다. (a)는 every day가 weekdays로 바뀌면 정답이 될 수 있다. 모든 메시지가 아니라 비상시 전화에만 즉각 응답하므로 (c)도 틀렸다. 비상시에는 주말과 휴일에도 곧바로 답신 전화를 한다고 했으므로 (d)도 오답이다.

reach 전화로 연락하다 plumbing 배관 (작업) business hours 근무 시간 beep 삐 소리 in case of ~이 발생할 시에는 hotline 상담[서비스] 전화, 직통 전화 call back (전화를 한 사람에게) 다시 전화를 하다 **정답_(b)**

55

Attention everyone. I'm pleased to announce that author Bharati Mukherjee will be delivering a lecture at 11 am on Wednesday, February 18, at Graham Chapel. Her lecture is titled "Beyond Multiculturalism: The Making of a New American Identity through Fiction." Mukherjee is best known for her novel *Jasmine*, and she has been a professor of English since 1990 at University of California, Berkeley. She will also participate in an informal discussion from 12:15 to 1:30 pm in the Women's Lounge of the Jenkins Building.

Q Which is correct about Mukherjee according to the announcement?
(a) She will deliver her lecture in the Women's Lounge.
(b) She is most noted for her book *Beyond Multiculturalism*.
(c) She has been working at the University of California since 1990.
(d) She will conduct an informal discussion at 1:30 pm at Graham Chapel.

✤ 번역
안내 말씀드립니다. 바라티 무케르지 작가님이 2월 18일 수요일 오전 11시 그레이엄 성당에서 강연을 할 예정임을 알리게 되어 기쁩니다. 강연 제목은 '다문화주의를 넘어서: 소설을 통해 미국의 새로운 정체성 만들기'입니다. 무케르지는 소설 《재스민》으로 가장 잘 알려져 있으며, 1990년 이후로 버클리 시의 캘리포니아 대학교에서 영어학 교수로 재직해 오고 있습니다. 그녀는 또한 젠킨스 빌딩 여성 휴게실에서 12시 15분부터 1시 30분까지 열리는 자유 토론회에 참석할 것입니다.

Q 공지에 따르면 무케르지에 관해 옳은 것은?
(a) 여성 휴게실에서 강연을 할 것이다.
(b) 그녀는 자신의 책 《다문화주의를 넘어서》로 가장 유명하다.
(c) 1990년 이후로 캘리포니아 대학교에서 근무해 왔다.
(d) 그레이엄 성당에서 오후 1시 30분에 자유 토론회를 가질 것이다.

📖 기출 공략
she has been a professor of English 이하에서 1990년 이후 캘리포니아 대학교에서 영어학 교수로 재직했음을 알 수 있으므로 (c)가 정답이다. 여성 휴게실에서는 비형식적인 토론회가 있을 예정이므로 (a)는 오답이다. '다문화주의를 넘어서'는 책이 아니라 그녀의 강연 제목이므로 (b)도 틀렸다.

deliver a lecture 강연을 하다   title 제목을 붙이다
multiculturalism 다문화주의   fiction 소설, 허구   be known for ~로 유명하다(be noted for)   lounge 휴게실   정답_(c)

56

Class, in our lecture today on the ancient Phoenicians, we'll discuss one of the culture's most famous products, Tyrian, or royal, purple. The color was first produced in the Phoenician city of Tyre, in what is modern day Lebanon. It was an expensive commodity because it had to be painstakingly extracted from a small gland found in a particular sea snail. As a result, it was limited to royalty.

Q Which is correct according to the lecture?
(a) Royal purple was imported by the Lebanese.
(b) Royal purple was taken from sea snail shells.
(c) Dye extraction was a relatively easy procedure.
(d) Tyrian purple was reserved for an exclusive group.

✤ 번역
학생 여러분, 고대 페니키아인들에 대한 오늘 강의에서 우리는 페니키아 문화의 가장 유명한 제품 중 하나인 티리언 퍼플, 즉 로열 퍼플에 대해 토론할 것입니다. 이 색깔은 오늘날 레바논에 있는 티레라는 페니키아 도시에서 처음 만들어졌습니다. 이 상품은 특별한 소라에서 발견된 조그만 분비선에서 공들여 추출해야 했기 때문에 고가였습니다. 그 결과, 왕족들에 국한되었습니다.

Q 강의에 따르면 옳은 것은?
(a) 레바논 사람들이 로열 퍼플을 수입했다.
(b) 로열 퍼플은 소라 껍질에서 가져왔다.
(c) 염료 추출은 비교적 쉬운 과정이었다.
(d) 티리언 퍼플은 특권층 집단을 위한 것이었다.

📖 기출 공략
고대 페니키아에서 생산된 자줏빛 염료인 티리언 퍼플에 대한 강의이다. 이 염료는 소라 분비선에서 힘들게 추출되었기 때문에 값이 비쌌으며, 그 결과 왕족들만 사용할 수 있었다고 했으므로 (d)가 정답이다.
Phoenician 페니키아 사람   Tyrian purple 티리언 퍼플(고대의 자줏빛 혹은 진홍색의 염료)   commodity 상품   painstakingly 공들여, 힘들게   extract 추출하다   gland 분비선   sea snail 소라, 바다 우렁이   as a result 결과적으로   royalty 왕족(들)   dye 염료   relatively 비교적   procedure 절차   exclusive 특권층의   정답_(d)

57

And now for the weather. The ridge of high pressure we've had across the UK all week will likely continue our cold spell. This ridge is sandwiched between two areas of low pressure, a system which at this time of year results in fog and frost. So, we can expect a frosty night and a cold and overcast day tomorrow. There will be some sunshine in the northwest, but the region will likely get rain later in the day.

Q Which is correct according to the weather forecast?
(a) It will get milder over the next few days.
(b) Conditions are going to be frosty overnight.
(c) The northwest will be sunny all day tomorrow.
(d) Tomorrow most of the UK will experience rain.

✿ 번역
이제 날씨 소식입니다. 이번 주 내내 영국을 가로질렀던 고기압마루로 인해 한파가 계속될 전망입니다. 이 고기압마루는 두 저기압 지역 사이에 끼어 있는데, 이런 형태는 일 년 중 이맘때 안개와 서리를 몰고 옵니다. 따라서 오늘 밤은 서리가 내리고, 내일은 춥고 구름 낀 날씨를 보일 것으로 예상됩니다. 북서 지방은 햇빛이 나겠지만 오후 늦게 비가 내릴 가능성이 많습니다.

Q 일기 예보에 따르면 다음 중 옳은 것은?
(a) 앞으로 며칠간 점점 포근해질 것이다.
(b) 간밤에 서리가 내릴 것이다.
(c) 북서 지방은 내일 하루 종일 화창할 것이다.
(d) 영국 대부분 지역에서 내일 비가 내릴 것이다.

📖 기출 공략
So, we can expect a frosty night에서 (b)가 정답임을 알 수 있다. (b)의 Conditions가 '날씨'란 뜻으로 쓰였음에 유의한다. 한파가 계속될 전망이라고 했으므로 (a)는 오답이다. 북서 지방은 오후 늦게 비 올 가능성이 높으므로 (c)도 틀렸다. 내일은 춥고 흐린 날씨가 예상된다 했으므로 (d) 역시 오답이다.

ridge (대기압의) 기압 마루 high pressure 고기압 cold spell 한파, 한동안의 추위 sandwich 사이에 끼우다 low pressure 저기압 frost 서리 overcast 흐린 conditions (특정 시기의) 날씨 overnight 밤새

정답_(b)

58

Today's talk focuses on children's literature. If you're looking for a good children's book, it's usually safe to buy an award-winner, perhaps one that the American Library Association (ALA) has given their prestigious Newbery or Caldecott award to. However, such books are not the only ones to look for. After all, the enduring classic *Charlotte's Web* didn't win a Newbery award! Today we'll give you some recommendations that we feel are similarly deserving of the highest praise.

Q What can be inferred from the talk?
(a) Non-awarded books often stand the test of time.
(b) The Newbery and Caldecott awards are overrated.
(c) The ALA tends to be biased towards certain authors.
(d) Some non-awarded books are as good as awarded ones.

✿ 번역
오늘의 이야기는 아동 문학에 초점을 맞췄습니다. 여러분이 만약 좋은 아동용 서적을 찾는다면 상 받은 책, 가령 미국도서관협회에서 주는 명망 있는 뉴베리 상이나 콜더콧 상을 수상한 책을 구입하는 것이 대체로 안전합니다. 그러나 그런 책들만 찾을 게 아닙니다. 뭐니 뭐니 해도 오래 사랑받고 있는 고전인 <샬롯의 거미줄>은 뉴베리 상을 타지 못했으니까요! 오늘 우린 여러분에게 그와 같이 최고의 찬사를 받을 만하다고 여겨지는 책 몇 권을 추천하겠습니다.

Q 담화에서 추론할 수 있는 것은?
(a) 수상하지 못한 책들은 종종 오랜 시간이 지나도 건재하다.
(b) 뉴베리 상과 콜더콧 상은 과대평가되었다.
(c) 미국도서관협회는 특정 작가들 쪽에 편견을 품는 경향이 있다.
(d) 수상하지 못한 일부 책들도 수상한 책 못지않게 훌륭하다.

📖 기출 공략
좋은 아동용 서적을 찾으려면 수상작을 고르는 게 안전하지만 일부 수상하지 못한 책들 중에서도 훌륭한 책이 있다는 내용의 담화이다. 따라서 (d)가 정답이다. 오랜 시간이 지나도 건재한 책은 수상작들이므로 (a)는 오답이다.

award-winner 수상작 prestigious 명망 있는, 일류의 after all 결국에는 enduring 오래가는 deserve of 당연히 ~을 받을 만하다 stand the test of time 시간이 지나도 변치 않다, 오랜 세월에도 불구하고 건재하다 overrate 과대평가하다 bias ~에 편견을 품게 하다

정답_(d)

59

I'd like to discuss the unsupported claim that minority children from underprivileged families are facing discrimination within the public education system. This is a groundless accusation. As a school administrator, I am well aware that the Education Department is doing everything at its disposal to ensure that minority students enjoy access to quality education. Just look at our country's Kids First program and literacy campaigns. People are criticizing the Department for a wider social problem for which it is not responsible.

Q Which of the statements would the speaker most likely agree with?
(a) More support is needed in minority education.
(b) The public education system has many failings.
(c) Minority students do not perform as well as other students.
(d) Underprivileged students are not denied quality education.

✻ 번역

저는 소외된 가정의 소수 민족 아이들이 공교육제도 내에서 차별에 직면하고 있다는 입증되지 않은 주장에 대해 논의하고 싶습니다. 이는 근거 없는 비난입니다. 학교 행정관으로서 저는 교육부가 소수 민족 학생들이 확실하게 양질의 교육을 누릴 수 있도록 가능한 모든 것을 하고 있다는 사실을 잘 알고 있습니다. 우리나라의 키즈 퍼스트 프로그램과 문맹 퇴치 운동을 보십시오. 사람들은 전반적인 사회 문제에 대해 전혀 책임이 없는 교육부를 비난하고 있습니다.

Q 다음 중 연사가 동의할 가능성이 가장 높은 진술은?
(a) 소수 민족 교육에 더 많은 지원이 필요하다.
(b) 공교육제도는 많은 결함을 가지고 있다.
(c) 소수 민족 학생들은 다른 학생들보다 성적이 좋지 못하다.
(d) 취약계층 학생들에게 양질의 교육이 허용되고 있다.

기출 공략

소수 민족 아이들이 공교육제도에서 차별을 당하고 있다는 주장은 근거 없다는 취지의 연설이다. the Education Department is doing everything at its disposal to ensure that minority students enjoy access to quality education에서 (d)가 정답임을 알 수 있다.
unsupported 입증되지 않은 **underprivileged** 권리가 적은, 혜택을 받지 못하는 **discrimination** 차별 **groundless** 근거 없는 **accusation** 비난 **administrator** 행정관 **at one's disposal** ~의 마음대로 처분할 수 있는 **literacy campaign** 문맹 퇴치 운동 **criticize** 비난하다 **wide** 전반적인, 대체적인 **failing** 결점, 결함 **perform well** 성적이 좋다 **deny** 거부하다

정답_(d)

60

In this part of the lecture I want to discuss the link between changes to the magnetic field and volcanic eruptions. This link went unnoticed until what is called the mantle plume theory was developed, which suggests that plumes of magma, or great masses of hot rock coming to the Earth's surface, can interrupt Earth's magnetic field. To see whether magnetic field changes have coincided with volcanic activity driven by mantle plumes, scientists searched for evidence in the geologic record. Their efforts were not in vain.

Q What will the speaker likely discuss next?
(a) Times when magnetic fields were more stable.
(b) Predictions of future massive volcanic eruptions.
(c) Periods of volcanic activity and magnetic anomalies.
(d) Evidence supporting the existence of mantle plumes.

✻ 번역

이번 강연에서 저는 자기장 변화와 화산 폭발 사이의 연관성을 논의하고 싶습니다. 이 연관성은 마그마의 융기, 즉 거대한 열암 덩어리가 지표로 다가오면서 지구의 자기장을 방해할 수 있음을 시사하는 맨틀 융기 이론이 전개되기까지 전혀 주목받지 못했습니다. 자기장 변화가 맨틀 융기에 의해 촉발된 화산 활동과 동시에 일어났는지 여부를 알기 위해 과학자들이 지질학적 기록에서 증거를 찾으려 했고, 그들의 노력은 헛되지 않았습니다.

Q 연사가 다음에 논의할 것 같은 내용은?
(a) 자기장이 더욱 안정되었던 시기.
(b) 앞으로 있을 거대한 화산 폭발 예측.
(c) 화산 활동과 자기장 변화 시기들.
(d) 맨틀 융기의 존재를 뒷받침하는 증거.

기출 공략

지구 자기장 변화와 화산 폭발 사이의 연관성을 논의하는 강연이다. 마지막 부분에서 자기장 변화와 화산 활동이 동시에 이루어진 증거를 지질학상의 기록에서 찾으려 했고, 그 노력이 헛되지 않았다고 했으므로 다음에는 그 노력에 대한 이야기가 전개될 가능성이 크다. 따라서 (c)가 적절하다.
magnetic field 자기장 **volcanic eruption** 화산 폭발 **go unnoticed** 눈에 띄지 않고 넘어가다 **mantle plume** 맨틀 융기 (지구 맨틀에서 지표로 분출한 원통형 용암) **mass** 덩어리 **coincide with** ~와 동시에 일어나다 **geologic** 지질학상의 **in vain** 헛된 **prediction** 예측 **massive** 거대한 **anomaly** 변칙, 이례

정답_(c)

Grammar

25 minutes

1

A Is this work urgent?
B Yes, it needs to be done _____.

(a) possibly as quick
(b) it is possible quick
(c) as possible quickly
(d) as quickly as possible

✳ 번역
A 이 일 급한 거예요?
B 네, 가능한 한 빨리 끝내야 해요.

📘 기출 공략
〈as+원급+as possible〉은 '가능한 한 ~하게'의 뜻으로, 관용표현처럼 외워 두자. 이 경우 원급 자리에는 앞의 it needs to be done이 그 자체로 완전한 문장이므로 부사가 와야 한다. 따라서 (d)가 정답이다.
urgent 긴급한   정답_(d)

2

A How do you stay in such great shape?
B Well, I jog _____ and lift weights in the evening.

(a) every morning
(b) any morning
(c) a morning
(d) morning

✳ 번역
A 어떻게 그렇게 건강한 몸매를 유지하세요?
B 매일 아침 조깅을 하고 저녁에는 근력 운동을 해요.

📘 기출 공략
every는 〈every+단수명사〉의 형태로 쓰여 '매 ~, ~마다'의 뜻을 갖는다. They play soccer every afternoon(그들은 매일 오후에 축구를 한다)과 같이 쓰인다. 따라서 (a)가 정답이다.
stay in great shape 건강한 몸매를 유지하다 **lift weights** 역기를 들다, 근력 운동을 하다   정답_(a)

3

A Why is John working long hours?
B He _____ a project by the end of this month.

(a) has to finish
(b) had to finish
(c) will have to finish
(d) will have to be finishing

✳ 번역
A 존은 왜 장시간 일하고 있죠?
B 이달 말까지 프로젝트를 끝내야 하거든요.

📘 기출 공략
현재진행형 질문에는 현재나 현재진행형으로 대답한다. 따라서 현재 시제로 쓰인 (a)가 정답이다.
the end of the month 월말   정답_(a)

4

A I'm worried that I'm going to fail my exam.
B Well, hopefully _____.

(a) the case won't be it
(b) that won't be the case
(c) it won't be of that case
(d) that the case won't be it

✳ 번역
A 시험에 떨어질까 봐 걱정이야.
B 글쎄, 아마 그렇지 않을 거야.

📘 기출 공략
case 앞에 the를 붙인 the case는 '사실, 실정'이란 뜻이다. That is the case라고 하면 '사실은 그렇다'란 의미이다. 이것의 부정문은 That is not the case(사실은 그렇지 않다), 미래 부정문은 That won't be the case(그렇게 되지 않을 것이다)이다. 따라서 정답은 (b)이다.
hopefully 아마, 바라건대   정답_(b)

Grammar

5

A Let's make a snowman!
B Sorry. _____ outside in the cold is not my idea of fun.

(a) Playing
(b) Played
(c) Plays
(d) Play

✻ 번역
A 눈사람 만들자!
B 미안해. 추운 바깥에서 노는 것은 재미있을 것 같지 않아.

📦 기출 공략
빈칸에는 '놀다(play)'라는 동사의 뜻을 가지면서 동시에 명사 역할을 하는 is의 주어가 되는 명사가 와야 한다. 동사와 명사의 기능을 동시에 하는 것은 동명사이므로 (a) Playing이 정답이다.
snowman 눈사람   정답_(a)

6

A Please ask Jim to call me right away.
B Sure. I'll have him call you when he _____.

(a) will have arrived
(b) is arriving
(c) will arrive
(d) arrives

✻ 번역
A 나에게 바로 전화하라고 짐에게 말해 주세요.
B 물론이죠. 그가 도착하면 당신에게 전화하게 할게요.

📦 기출 공략
시간이나 조건의 부사절에서는 현재시제가 미래시제를 대신하여, I will stay home when it rains(비가 오면 집에 있겠다)와 같이 쓴다. 따라서 단순 현재 시제인 (d)가 정답이다.
right away 즉시, 곧바로   정답_(d)

7

A You really need to improve your grade point average.
B That's exactly what _____.

(a) have I tried to do
(b) I've been trying to do
(c) I've been trying doing
(d) have I been trying doing

✻ 번역
A 넌 정말로 전과목 평점을 높여야 해.
B 내가 여태껏 노력해 왔던 게 바로 그거야.

📦 기출 공략
선행사를 포함한 관계대명사 what(the thing which) 뒤에는 〈주어+동사〉 어순의 절이 오므로 일단 (a)와 (d)는 제외된다. '~하려고 노력하다'는 try to do이므로 정답은 (b)이다.
grade point average 전과목 평점, 내신 성적(GPA)   정답_(b)

8

A Is that estimate you gave me fixed?
B Yes, you'll get it _____ in writing.

(a) confirming
(b) to confirm
(c) confirmed
(d) confirm

✻ 번역
A 제게 준 견적은 고쳤나요?
B 네, 서면에서 확인할 수 있을 거예요.

📦 기출 공략
사역동사 get은 목적어가 사람이냐 사물이냐에 따라 목적보어 형태가 달라진다. 목적어가 사람일 때는 〈get+사람+to+동사원형〉, 사물일 때는 〈get+사물+과거분사〉를 쓴다. 본문에서 it은 estimate를 가리키므로 빈칸에는 과거분사가 와야 한다. 따라서 (c)가 정답이다.
estimate 견적(서) confirm 확인하다   정답_(c)

9

A I just read an article about a plan to study kimchi in space.
B Yeah. I think some researchers with the government _____ to do it.

(a) have been hoped
(b) has been hoped
(c) hopes
(d) hope

✤ 번역
A 김치를 우주에서 연구하는 계획에 관한 기사를 방금 읽었어요.
B 네. 정부기관의 일부 연구자들이 그 일을 하고 싶어 하는 것 같아요.

📘 기출 공략
some researchers가 주어이므로 빈칸에는 복수 동사가 와야 한다. 따라서 (b)와 (c)는 일단 제외한다. '~하기를 바라다'는 be hoped to가 아니라 hope to이므로 (d)가 정답이다.
article 기사 **space** 우주 **researcher with the government** 정부기관 소속 연구자
정답_(d)

10

A Can I take three bags on my flight?
B No, _____ on this flight is restricted to one item.

(a) baggage
(b) baggages
(c) a baggage
(d) the baggages

✤ 번역
A 기내에 가방 세 개를 갖고 탈 수 있나요?
B 안 됩니다. 이 항공편의 기내 수하물은 하나로 제한됩니다.

📘 기출 공략
baggage는 셀 수 없는 집합명사이므로 앞에 관사를 붙일 수 없고, 뒤에 단수 동사 is가 왔으므로 정답은 (a)이다. baggage의 개수를 셀 때는 a piece of 등으로 표현한다.
flight 항공편, 비행 **restrict** 제한하다 **baggage** 수하물
정답_(a)

11

A Why are you eating again? We just had lunch.
B Yes, but it's never _____.

(a) long again I am hungry
(b) hungry I am before long
(c) long until I'm hungry again
(d) long until hungry again I am

✤ 번역
A 왜 또 먹고 있죠? 방금 점심 먹었잖아요.
B 맞아요, 하지만 금방 다시 배가 고파요.

📘 기출 공략
(a)와 (b)는 it's never와 연결하면 접속사 없이 절이 두 개가 되므로 일단 정답에서 제외한다. 접속사 until 다음에는 〈주어+동사〉가 와야 하므로 (c)가 정답이다.
not long until 얼마 되지 않아 ~하다
정답_(c)

12

A Grab your jacket, Janet. We should get going.
B Oh, yeah—it's _____ we left.

(a) time
(b) a time
(c) the time
(d) one time

✤ 번역
A 재킷 집어요, 재닛. 이제 가야겠어요.
B 아, 그래요. 떠날 때가 됐군요.

📘 기출 공략
〈It's (high) time+과거동사〉는 '~할 때이다'란 뜻의 가정법 구문으로, 숙어처럼 기억해두자. It's time you learned to behave yourself (이제 철든 행동을 할 나이이다)와 같이 쓰인다. 따라서 정답은 (a)이다.
grab 잡다 **get going** 나서다, 출발하다
정답_(a)

Grammar

13

A Hey, let's eat out today.
B I'd really prefer _____.

(a) a home meal cooked
(b) a cooked at home meal
(c) a meal at home cooked
(d) a meal cooked at home

❄ 번역
A 우리, 오늘 외식해요.
B 난 집에서 만든 음식이 먹고 싶은데.

📘 기출 공략
문맥상 '집에서 만든 음식'이라고 해야 하므로 일단 명사인 a meal을 먼저 쓴 후 그것을 수식하는 분사구 cooked at home이 와야 자연스럽다. 따라서 (d)가 정답이다.
eat out 외식하다   정답_(d)

14

A Do you support the council's proposal?
B Yes, I'm _____ in favor of it.

(a) all
(b) far
(c) that
(d) ever

❄ 번역
A 의회의 제안을 지지하세요?
B 네, 대찬성입니다.

📘 기출 공략
all은 부사로 '완전히, 전적으로'란 뜻이 있다. I'm all for his proposal(나는 그의 제안에 전적으로 찬성이다)과 같이 쓴다. 따라서 (a)가 정답이다.
in favor of ~에 찬성[지지]하여   정답_(a)

15

A Did you check whether the door was locked before you came to bed?
B Could you _____? I'm too tired.

(a) for me check it
(b) check it for me
(c) checking it for me
(d) for me checking it

❄ 번역
A 침실에 들어오기 전에 문이 잠겼는지 확인했어요?
B 나 대신 좀 해주시겠어요? 너무 피곤해요.

📘 기출 공략
Could you 다음에는 문장의 동사가 와야 하는데 could가 조동사이므로 동사원형(check)이 와야 한다. 따라서 (b)가 정답이다.
lock 자물쇠를 채우다   정답_(b)

16

A Tom and Sue are going on a date.
B I know, _____.

(a) liking each other a lot they seem
(b) they seem to like each other a lot
(c) seem as they each other like a lot
(d) each other they seem are liking a lot

❄ 번역
A 톰과 수가 데이트하고 있어.
B 알아, 서로 아주 좋아하는 것 같아.

📘 기출 공략
빈칸에는 절이 와야 하므로 <주어+동사> 어순으로 된 완전한 문장 형태인 (b)가 정답이다.
go on a date 데이트하다   정답_(b)

17

A Which of the skirts are you buying?
B Well, it seems that neither of them _____ well with my tweed jacket.

(a) are to go
(b) is to go
(c) goes
(d) go

✱ 번역
A 어느 스커트를 살 거니?
B 글쎄, 어느 쪽도 내 트위드 재킷과 잘 어울릴 것 같지 않아.

📘 기출 공략
대명사 neither가 주어일 때는 단수 취급을 하므로 일단 (a)와 (d)는 제외한다. 문맥상 〈be to+동사원형〉을 쓸 이유가 없으므로 (c)가 정답이다.

go well with ~와 잘 어울리다   **tweed** (직물) 트위드   정답_(c)

18

A What was the favorite part of your trip?
B _____ was the ethnic food.

(a) The most of what I liked
(b) My liking the most
(c) Most of my liking
(d) What I liked most

✱ 번역
A 여행하는 동안에 가장 마음에 들었던 부분이 뭐였나요?
B 내가 가장 좋아한 것은 현지 전통 음식이었어요.

📘 기출 공략
선행사를 포함하는 관계대명사 what을 이용하여 '~하는 것'을 표현하는 문제이다. what 다음에는 〈주어+동사〉가 와야 하므로 (a)나 (d) 중에 답이 있다. most는 '가장'이란 뜻의 부사로, 동사를 수식하므로 liked 다음에 위치해야 한다. 따라서 (d)가 정답이다.

ethnic 인종의, 민족의   정답_(d)

19

A What did you say to Andrew about his essay?
B I just suggested that he _____ a little more logic next time.

(a) would employ
(b) be employed
(c) employs
(d) employ

✱ 번역
A 앤드류가 쓴 작문에 대해서 뭐라고 말했어요?
B 그냥 다음에는 좀 더 논리적으로 전개했으면 좋겠다고 했어요.

📘 기출 공략
주장, 제의, 명령, 요구 등을 나타내는 동사 suggest, propose, order, insist, request, demand 등이 쓰인 문장의 종속절에는 조동사 should가 쓰이는데 보통 should를 생략하고 동사원형만 남는다. 따라서 (d)가 정답이다.

employ (기술·방법을) 쓰다[이용하다]   **logic** 논리   정답_(d)

20

A Was I right in declaring bankruptcy?
B Well, _____, I might have tried some other options.

(a) I had been in your position
(b) had I been in your position
(c) your position I had been in
(d) in your position had I been

✱ 번역
A 제가 파산선고를 한 게 옳았나요?
B 글쎄요, 만약 제가 당신 입장이었다면 다른 선택을 했을 것 같아요.

📘 기출 공략
빈칸은 가정법 조건절이 들어갈 자리이다. 원래대로 if가 들어간다면 if I had been in your position이 된다. 선택지들 모두 if가 없는 것으로 보아 if가 생략된 경우인데 그럴 때는 주어와 동사가 도치된다. 선택지 중에서 〈동사+주어〉의 순으로 된 것은 (b)뿐이다.

declare bankruptcy 파산선고를 하다   **option** 선택(안)   정답_(b)

Grammar

21

It is possible to extend the dining table _____ ten people.

(a) seats
(b) to seat
(c) seating
(d) to be seating

✱ 번역
10명이 앉을 수 있도록 식탁을 더 크게 만들 수 있다.

📖 기출 공략
빈칸에는 '(몇 명을) 앉을 수 있도록'이라는 목적을 나타내는 부사구가 와야 하는데 그런 역할을 하는 것은 동명사가 아니라 to부정사이다. 따라서 (b)가 정답이다.
extend 더 크게[길게] 만들다   **dining table** 식탁   **seat** ~만큼의 좌석을 가지다, 수용하다
정답_(b)

22

Transit strikers _____ go back to work by next Monday, or they will lose their jobs.

(a) would
(b) must
(c) may
(d) can

✱ 번역
화물운송 파업자들은 다음 주 월요일까지 직장에 복귀해야 한다. 그렇지 않으면 실직하게 될 것이다.

📖 기출 공략
알맞은 조동사를 고르는 문제이다. 빈칸에는 '반드시 ~해야 한다'라는 의무의 조동사가 필요하므로 (b)가 정답이다.
transit 운송   **striker** 파업자
정답_(b)

23

As of next week, two Ryanair flights will connect Oujda to Marseille, _____ several others will connect Fez to Nice.

(a) until
(b) when
(c) while
(d) unless

✱ 번역
다음 주부터 라이언에어 항공편 두 대가 우지다와 마르세유 사이를 연결하고, 다른 여러 대가 페스와 니스 사이를 운항할 것이다.

📖 기출 공략
두 문장을 잇는 알맞은 접속사를 고르는 문제이다. 주절 뒤에서 대조·비교를 나타내는 접속사는 while로, '한편으로는, 동시에'라는 뜻이다.
as of ~일자로   **connect** 연결하다
정답_(c)

24

Even though many feel that email is impersonal, it is faster, _____, than writing by hand.

(a) and also cheaper to mention
(b) not mentioning as cheap as
(c) and mentioning as cheaper
(d) not to mention cheaper

✱ 번역
비록 대다수의 사람들이 이메일은 인간미가 없다고 느낄지라도, 손으로 쓰는 것보다 저렴한 것은 물론이고 더 신속하다.

📖 기출 공략
관용 표현 not to mention(~은 말할 것도 없고, ~은 물론이고)을 알면 쉽게 풀 수 있는 문제이다. 따라서 (d)가 정답이다. 같은 뜻으로 to say nothing of가 있다.
impersonal 인간미 없는
정답_(d)

25

The Juilliard School _____ scores of singers since opening its opera department in 1930.

(a) trains
(b) has trained
(c) was training
(d) will be training

✽ 번역
줄리어드 학교는 1930년에 오페라 학과를 개설한 이후로 수많은 성악가를 양성해오고 있다.

📕 기출 공략
접속사 since가 '~이후로'란 뜻으로 쓰이면 주절의 시제는 현재완료가 되며, since가 이끄는 종속절은 과거가 된다. 이 경우에는 분사 opening에 과거 시제가 숨어 있다. 따라서 (b)가 정답이다.
scores of 수십의, 수많은   **department** 학과   정답_(b)

26

The boy had to stay up late to finish his homework even though he did not _____.

(a) want
(b) want it
(c) want to
(d) want to do

✽ 번역
소년은 비록 그러고 싶지 않았지만 숙제를 끝내기 위해 밤늦게까지 깨어 있어야 했다.

📕 기출 공략
want의 경우 반복을 피하기 위해 to만 써서 부정사를 대신하는 대부정사 형태를 취한다. 따라서 (c)가 정답이다. want to 다음에는 앞에 나온 stay up late가 생략되어 있다. 참고로 to 다음에 be나, 소유의 의미로 쓰인 have는 보통 생략하지 않는다.
stay up late 늦은 시간까지 자지 않고 깨어 있다   정답_(c)

27

_____ hope of finding the lost hikers, the police plan to continue their search.

(a) Not given up
(b) Not giving up
(c) Not to give up
(d) Not being given up

✽ 번역
행방불명된 도보 여행자들을 찾고자 하는 희망을 포기하지 않고 경찰은 수색을 계속할 생각이다.

📕 기출 공략
분사구문의 주어와 주절의 주어는 일치되어야 한다. 주절의 주어인 the police가 분사구문의 주체와 일치하려면, 동사는 '(도보 여행자들을 찾고자 하는 희망을) 포기하지 않고', 즉 능동태인 Not giving up이 되어야 한다. 따라서 (b)가 정답이다.
hiker 도보 여행자   **search** 수색, 탐색   **give up** 포기하다   정답_(b)

28

Andersen Consulting is truly global, with offices _____ the world.

(a) over
(b) amid
(c) around
(d) through

✽ 번역
안데르센 컨설팅은 전세계에 사무실을 가진, 참으로 세계적인 회사이다.

📕 기출 공략
'전세계적으로'란 뜻의 관용 표현인 around the world가 문맥상 알맞다. 주어진 문장에서 전치사 with는 having의 뜻으로 그 목적어를 설명하는 보어를 동반하여 부대상황을 나타내는 부사구를 만드는데, 이 경우에는 around the world가 보어로 쓰였다.   정답_(c)

Grammar

29

A clean environment _____ people are proud is important for public health reasons.

(a) what
(b) which
(c) for what
(d) of which

✹ 번역
사람들이 자랑스러워하는 깨끗한 환경은 공중위생상 중요하다.

📖 기출 공략
우선, 문장의 동사(is)를 먼저 찾아내면 빈칸부터 proud까지가 선행사이자 문장의 주어인 A clean environment를 수식하는 관계절이라는 것을 쉽게 파악할 수 있다. 일단 '~을 자랑스러워하다'는 be proud of인데, 이것을 관계대명사와 연결하면 of which people are proud[which people are proud of]가 된다. 따라서 (d)가 정답이다.
public health 공중위생 **reason** 이유; 근거   정답_(d)

30

The US population, now 300 million, _____ to grow by almost 30 percent to 387 million by 2050.

(a) expects
(b) is expected
(c) will be expecting
(d) will have been expected

✹ 번역
현재 3억 명인 미국 인구는 2050년 무렵에는 거의 30퍼센트 증가한 3억 8천 7백만 명이 될 것으로 예상된다.

📖 기출 공략
'~할 것으로 예상되다'는 be expected to를 쓴다. 따라서 (b) 또는 (d)가 정답 후보이다. 현재 예상하는 것이므로 현재 시제를 쓴 (b)가 정답이다. (d)의 will have p.p.는 과거 또는 현재에 시작되어 미래 어느 때까지 계속, 경험, 완료, 결과를 표시하는 미래완료 시제이다.
population 인구   **grow** 성장하다   정답_(b)

31

There was no security guard at the building's entrance, _____ the intruder to enter easily.

(a) allowed
(b) allowing
(c) and allows
(d) they allowed

✹ 번역
건물 입구에 경비원이 한 명도 없었기 때문에 그 침입자가 쉽게 들어갈 수 있었다.

📖 기출 공략
빈칸 앞 문장과 연결될 수 있는 것은 분사구문인 (b)와 접속사 and가 있는 (c)뿐이다. 빈칸 이하 문장의 주어는 앞 문장 전체인데 (c)는 주어가 빠져 있을 뿐 아니라 시제도 맞지 않다. 따라서 and it allowed를 분사구문으로 줄인 (b) allowing이 정답이다.
security guard 경비원   **intruder** 침입자   **allow A to** A가 ~하도록 허용하다   정답_(b)

32

It has not been confirmed _____ Anson Chan will be promoted to the post of chief executive.

(a) yet
(b) still
(c) instead
(d) whether

✹ 번역
앤슨 챈이 사장 자리에 오를지 아닐지는 아직 확정되지 않았다.

📖 기출 공략
가주어 진주어 구문에서 진주어 자리에 올 수 있는 명사절의 올바른 형태를 묻는 문제이다. 명사절을 이끄는 접속사는 선택지 중에서 (d) whether뿐이다. 문맥으로 따져도 빈칸에는 '~인지 어떤지'에 해당하는 말이 와야 한다.
confirm 확정하다   **promote** 승진시키다   **post** 지위, 직   **chief executive** 사장, 최고경영자   정답_(d)

33

The country's industrial sector is growing _____ 15 percent each year.

(a) with
(b) for
(c) by
(d) in

✱ 번역
그 나라의 공업 부문은 매년 15퍼센트씩 성장하고 있다.

📘 기출 공략
양·정도를 나타내는 전치사 (c) by(~만큼)를 아는지 묻는 문제이다. The bullet missed him by three inches(총알은 3인치 간격을 두고 그를 비켜 갔다)와 같이 쓴다.
sector (특히 국가 경제 활동) 부문[분야]   정답_(c)

34

Senator Susan Rockwell's tough exterior and brash manner of speaking _____ her sensitive side.

(a) obscure
(b) obscures
(c) is obscured
(d) are obscured

✱ 번역
수잔 록웰 상원의원의 강인한 외모와 자신만만한 화술이 그녀의 섬세한 면을 무색하게 한다.

📘 기출 공략
주어가 tough exterior and brash manner이므로 복수 동사가 와야 한다. 따라서 (b), (c)는 일단 답에서 제외된다. 의미상 강인한 외모와 자신만만한 화술이 그녀의 섬세한 면을 무색하게 하는(obscure) 능동의 의미이므로 (a)가 정답이다.
exterior 외모, 외관   **brash** 자신만만한, 건방진   **sensitive** 섬세한, 감수성이 예민한   **obscure** (명성 등을) 가리다, 무색하게 하다
정답_(a)

35

Outback Adventure Camps are designed to be _____ any teacher would want in a student field trip.

(a) that
(b) who
(c) what
(d) which

✱ 번역
아웃백 어드벤처 캠프는 학생 현장 학습에서 어느 선생님이라도 원하는 바가 될 수 있도록 설계되어 있다.

📘 기출 공략
적절한 관계대명사를 고르는 문제이다. 빈칸에는 be의 보어(선행사)이면서 동시에 want의 목적격이 되는 관계대명사가 올 자리이다. 선행사를 포함하는 관계대명사는 what[the thing which]이므로 (c)가 정답이다.
outback 오지   **adventure** 모험, 탐험   **field trip** 견학 여행, 현장 학습
정답_(c)

36

Since the twins were together all the time, the neighbors never saw one without _____.

(a) other
(b) another
(c) the other
(d) one another

✱ 번역
그 쌍둥이는 항상 함께 있었기 때문에 이웃 사람들은 한 아이 옆에 다른 아이가 없는 것을 한 번도 본 적이 없었다.

📘 기출 공략
둘일 경우, 하나는 one, 나머지 하나는 (c) the other로 표현한다. 참고로, 사물이 세 개일 때는 하나는 one, 또 하나는 another, 나머지 하나는 the other가 된다.
twins 쌍둥이   정답_(c)

Grammar

37

After the controversial verdict, the news team rushed to cover the violence that _____ in the streets.

(a) breaks out
(b) had broken out
(c) will have broken out
(d) has been breaking out

✲ 번역
논란이 되었던 평결이 있은 후, 뉴스 보도 팀은 거리에서 발생한 폭력 사태를 취재하기 위해 급히 달려갔다.

📖 기출 공략
시제 일치 문제이다. 주절이 과거(rushed)이면 종속절의 시제는 과거 혹은 과거완료가 되어야 한다. 여기서는, 뉴스 보도 팀이 현장으로 급히 달려간 것은 과거이고, 폭력 사태는 그보다 더 빨리 발생했기 때문에 과거완료 시제가 되어야 한다. 따라서 (b)가 정답이다.
controversial 논란이 많은 **verdict** (배심원단의) 평결 **cover** 취재하다 **violence** 폭력 (사태) **break out** 발생[발발]하다
정답_(b)

38

_____ laid off, Fred was devastated and uncertain as to what to do next.

(a) Had been
(b) He had been
(c) Having been
(d) To have been

✲ 번역
해고를 당한 프레드는 충격을 받아서 무엇을 해야 할지를 몰랐다.

📖 기출 공략
분사구문의 시제가 주절보다 빠를 때는 Having p.p.를 쓴다. 프레드가 해고를 당한 것은 그가 충격을 받은 것보다 앞선 시제이므로 Having been laid off[As he had been laid off]가 된다. 따라서 (c)가 정답이다.
lay off (일시) 해고하다 **devastate** 엄청난 충격을 주다, 비탄에 빠뜨리다 **as to** ~에 관하여
정답_(c)

39

Not to spend more on a mass defense system would _____ nuclear attack.

(a) leave it vulnerable for the nation
(b) the nation be left vulnerable to
(c) be left vulnerable the nation a
(d) leave the nation vulnerable to

✲ 번역
그 나라는 대규모 방어 체제에 더 많은 돈을 쓰지 않으면 핵 공격에 취약해질 것이다.

📖 기출 공략
<leave+A(목적어)+목적보어(A를 ~한 상태로 놓아 두다)> 구문이다. 따라서 정답은 (a)나 (d) 중에 있다. vulnerable to는 '~에 취약한, ~의 공격을 받기 쉬운'이란 뜻이다. 의미상 '(주어가) 그 나라를 핵 공격에 취약하게 만들 것이다'가 되므로 (d)가 정답이다.
mass 대규모의 **defense system** 방어 체제 **nuclear** 핵무기(의) **attack** 공격 **vulnerable to** ~에 취약한
정답_(d)

40

The new law prohibits _____ intentionally.

(a) employing aliens unauthorized
(b) employing unauthorized aliens
(c) unauthorized aliens employed
(d) aliens unauthorized employed

✲ 번역
새로운 법은 승인되지 않은 외국인을 계획적으로 고용하는 것을 금지한다.

📖 기출 공략
prohibit은 목적어로 동사를 취할 때는 반드시 동명사(employing)를 사용해야 한다. 또한 형용사는 명사 앞에 오므로 unauthorized aliens가 맞으며, 이것이 employing의 목적어가 된다. 따라서 (b)가 정답이다.
intentionally 고의로, 계획적으로 **alien** 외국인 (체류자) **unauthorized** 인가받지 않은
정답_(b)

41

(a) A I think Janice is still angrily with me.
(b) B Have you apologized for what you said?
(c) A Yes, but she didn't really accept it.
(d) B Well, maybe she'll forgive you in time.

✿ 번역
(a) A 재니스가 아직도 내게 화나 있는 것 같아.
(b) B 네가 한 말에 대해 사과했어?
(c) A 응, 하지만 사과를 안 받아줬어.
(d) B 아마 조만간 용서해 줄 거야.

📘 기출 공략
(a)에서 is의 보어는 부사가 아니라 형용사가 되어야 하므로 angrily를 angry로 고쳐야 한다. 참고로, 보통 사람에게 화낼 때에는 be angry with를, 사건·사물에 대하여 화를 낼 때에는 be angry at을 쓴다.
apologize 사과하다　**in time** 조만간　　**정답**_(a) angrily → angry

42

(a) A Hi there. What seems to be the problem today?
(b) B Well, I have a really sharp pain in my chest.
(c) A How long you have been feeling this way?
(d) B It started about two days ago.

✿ 번역
(a) A 안녕하세요. 오늘은 어디가 불편하세요?
(b) B 가슴에 찌르는 듯한 통증이 있어요.
(c) A 통증을 느낀 지 얼마나 됐습니까?
(d) B 이틀 전부터예요.

📘 기출 공략
의사와 환자 간의 대화이다. 의문사가 있는 현재완료 의문문의 어순은 〈의문사+have+주어+p.p〉이다. 따라서 (c)는 you와 have의 위치를 바꾸어 How long have you been…?이라고 해야 맞다.
What seems to be the problem? 어디가 아프세요?
정답_(c) you have → have you

43

(a) A Hello, I'm calling about your tennis camp in June.
(b) B Sure. What would you like to know about it?
(c) A My son is seven years old. Is that too young?
(d) B No, our camp is for the children aged seven and up.

✿ 번역
(a) A 안녕하세요, 6월에 열리는 테니스 캠프에 대해서 문의하려고 전화했어요.
(b) B 네, 무엇을 알고 싶으신가요?
(c) A 제 아들이 일곱 살인데 너무 어린가요?
(d) B 아뇨, 우리 캠프는 7세 이상 아이들을 위한 거예요.

📘 기출 공략
(d)에서 the children은 특정한 아이들이 아니라 일반적인 아이들을 말하므로 the를 빼야 한다.　**정답**_(d) the children → children

44

(a) A You know, I really don't want to go to your class reunion.
(b) B But you said you would. Just come along for a little while.
(c) A OK, but I'm not staying any longer than that is necessary.
(d) B Fine. Just give me some time to catch up with everyone.

✿ 번역
(a) A 정말이지 당신 동창회에는 가고 싶지 않아요.
(b) B 하지만 간다고 했잖아요. 같이 가서 잠시만 있어요.
(c) A 알았어요, 하지만 필요 이상으로는 절대 안 있을 거예요.
(d) B 좋아요. 그냥 모든 사람과 인사할 정도의 시간만 주세요.

📘 기출 공략
than이 유사관계대명사가 되는 경우는 선행사에 비교급이 오고 than이 접속사 및 대명사 역할을 할 때이다. (c)에서 that을 빼면 than이 longer를 선행사로 하고 '~한 것보다'로 해석되는 유사관계대명사가 된다. 즉, that을 생략한 than is necessary나 아예 is까지 생략한 than necessary가 문법상 맞다.
class reunion 동창회　**catch up with** ~와 인사를 나누다
정답_(c) than that is necessary → than is necessary / than necessary

Grammar

45

(a) A I think the incumbent President is going to lose this election.
(b) B I'm not so sure. He hasn't done such a terrible job.
(c) A Seriously? I think you must be hard-pressed to find anyone who agrees with you.
(d) B Don't count on it. The latest polls suggest I'm not alone.

✱ 번역
(a) A 이번 선거에서 현직 대통령이 패배할 것 같아요.
(b) B 전 확신하지 못하겠는데요. 정치를 아주 못한 건 아니잖아요.
(c) A 정말 그렇게 생각하세요? 당신과 같은 생각을 가진 사람을 찾기란 쉽지 않을 거예요.
(d) B 그렇다는 보장은 없어요. 최근 여론 조사에 따르면 나쁜만이 아니던데요.

기출 공략
would는 '~일[할] 것이다'란 뜻으로 상상하는 일의 결과에 대해 말할 때 쓰는 조동사이다. She would look better with shorter hair(그녀는 머리를 더 짧게 하면 더 보기 좋을 것이다)와 같이 쓰인다. 따라서 (c)의 must는 would로 바꾸어야 한다.
incumbent 현직의 **hard-pressed to do** ~하기 어려운 **Don't count on it.** 그렇게 된다는 보장은 없어, 너무 믿지는 마. **poll** 여론 조사
정답 (c) must → would

46

(a) A tornado is a violently rotating column of air that descends to the earth from a thunderstorm. (b) Few other weather phenomena can match the fury and destructive power of tornadoes. (c) They are able to destroy large buildings and even lift 20-ton railroad cars from their tracks. (d) Tornadoes occur main in the southern areas of the US, and the peak season is March through May.

✱ 번역
(a) 토네이도는 뇌우에서 지상으로 내려오는, 맹렬히 회전하는 공기 기둥이다. (b) 토네이도의 맹위와 파괴력에 견줄 만한 다른 기상 현상은 거의 찾아보기 힘들다. (c) 토네이도는 대형 건물을 파괴할 수 있고 심지어 20톤짜리 기차를 철로에서 들어 올릴 수 있다. (d) 토네이도는 주로 미국 남부 지역에서 발생하며, 3월과 5월 사이에 가장 잦다.

기출 공략
(d)의 Tornadoes occur main in the southern areas of the US는 주어(Tornadoes)와 동사(occur)만으로도 완벽한 문장 형태가 되므로, 나머지는 부사(구)가 되어야 한다. main은 '주요한, 주된'이라는 뜻의 형용사로 동사 occur를 수식하기 위해서는 부사 mainly(주로)로 고쳐야 한다.
rotate 회전하다 **column** 기둥 **thunderstorm** 뇌우 **phenomenon** 현상(pl. phenomena) **fury** 격분 **destructive** 파괴적인 **peak season** 성수기
정답 (d) main → mainly

47

(a) In the 18th century, Europeans sailed west to look for a short trade route to Asia. (b) They were convinced that North America will have a waterway through it to the Pacific Ocean. (c) Several countries spent vast fortunes sending explorers to cross North America by water, only to be bitterly disappointed each time. (d) Part of the reason was that explorers were fooled by the immense size of the continent's lakes and rivers.

✱ 번역
(a) 18세기에 유럽인들은 아시아로 가는 단거리 무역길을 찾기 위해 서쪽으로 항해했다. (b) 그들은 북미에는 대륙을 관통해 태평양으로 가는 수로가 있을 거라고 확신했다. (c) 몇몇 나라들은 거액을 들여 물길을 따라 북미를 횡단하도록 탐험가들을 보냈지만, 결과는 매번 큰 실망으로 돌아왔다. (d) 그 이유 중 일부는 탐험가들이 대륙을 흐르는 호수와 강들의 어마어마한 규모에 속아 넘어갔기 때문이다.

기출 공략
시제 일치에 의해, 주절의 시제가 과거일 때 종속절의 시제는 과거 혹은 과거완료가 되어야 한다. (b)에서 주절의 시제가 과거(were)이므로 종속절의 시제는 will이 아니라 과거형 would가 되어야 한다.
waterway 수로, 항로 **vast** (수·양이) 막대한 **fortune** 재산, 거금 **bitterly** 몹시 **fool** 속이다, 놀리다 **immense** 어마어마한, 거대한 **continent** 대륙
정답 (b) will → would

48

(a) Martha Salinger, the well-known actress, seems to think that celebrity status exempts her from paying bills. (b) Yesterday she tried to leave a posh Los Angeles bistro without paying for an expensive meal. (c) After a confrontation with the bistro's owner, Salinger ended up paying her bill like everyone else. (d) But the bistro owner told reporters that if Salinger were to visit again, she will not find a table for her.

✿ 번역
(a) 유명 여배우인 마사 샐린저는 자신이 유명인사이기 때문에 계산서를 지불하지 않아도 된다고 생각하는 것 같다. (b) 어제 그녀는 로스앤젤레스의 한 작은 호화 레스토랑에서 비싼 음식을 먹은 후 돈을 지불하지 않은 채 나가려고 했다. (c) 레스토랑 주인과 대면한 후에 샐린저는 결국 다른 사람들과 마찬가지로 돈을 내게 되었다. (d) 하지만 레스토랑 주인은 기자들에게 샐린저가 다시 방문한다면 그녀를 위한 테이블은 없을 거라고 말했다.

📘 기출 공략
(d)의 that 이하는 if절에 were to를 쓴 가정법 미래 구문이다. were to는 결코 실현될 수 없는 순수한 가정을 나타낼 때 주로 쓰며, 주절의 조동사는 would[should/ could/ might]를 사용한다(If 주어+were to+동사원형, 주어+[would/ should/ could/ might]+동사). 따라서 (d)의 will을 would로 고쳐야 한다.
celebrity 유명인사 **exempt A from -ing** ~하는 것에서 A를 면제해주다 **posh** 호화스런, 일류의 **bistro** 작은 바[레스토랑]
confrontation 대면, 대립 **end up -ing** 결국 ~하게 되다
정답 (d) will → would

49

(a) Two months after being laid, sea turtle hatchlings emerge from their nests on the beach at night. (b) They orient themselves to the brightest light, which is usually the moon and stars reflecting off the ocean. (c) They struggle towards this light, with their lives depending on getting into the ocean. (d) If hatchlings get lost, they die of dehydration when the sun comes up or caught by predators like birds and crabs.

✿ 번역
(a) 어미가 알을 낳은 지 두 달 후 갓 부화한 바다거북은 밤에 해변 둥지에서 나온다. (b) 그들은 가장 밝은 빛 쪽으로 향한다. 가장 밝은 빛은 대개 바다 위를 비추는 달과 별들이다. (c) 그들은 이 빛을 향해 힘겹게 나아간다. 그들의 생명은 바다로 들어가는가 그렇지 않은가에 달려 있기 때문이다. (d) 갓 부화한 새끼들이 길을 잃으면, 해가 떠 탈수증으로 죽거나 새나 게와 같은 포식 동물들에게 잡히게 된다.

📘 기출 공략
(d)에서 접속사 or 다음의 동사 caught는 주어인 they(갓 부화한 새끼들)에 걸리는데 앞의 die of와 병렬구조가 되어야 한다. 의미상 they가 잡히는 것이므로 수동태로 are[get] caught가 되어야 한다. 따라서 caught를 are[get] caught로 고친다.
lay 알을 낳다, 눕히다 **hatchling** 갓 부화한 새[동물] **orient** 일정한 방향으로 향하게 하다 **dehydration** 탈수(증) **predator** 포식[육식] 동물
정답 (d) caught → are caught / get caught

50

(a) Comets have long inspired fear and awe because they suddenly appear for no apparent reason. (b) Ancient people believed that they were warnings that something unusual or terrible would happen. (c) But the word comet is unrelated to these fears and derives from the ancient Greek word kometes, meaning "long-haired." (d) The name originated because people thought comets looked like heads with hair stream out behind them.

✿ 번역
(a) 혜성은 뚜렷한 이유도 없이 갑자기 나타나기 때문에 오래 전부터 두려움과 경외감을 불러 일으켰다. (b) 먼 옛날 사람들은 혜성이 나타나는 것은 특이하거나 끔찍한 일이 일어날 거라는 경고로 여겼다. (c) 하지만 comet라는 단어는 이러한 두려움과는 전혀 관계가 없으며, '긴 머리카락의'를 뜻하는 고대 그리스 단어 kometes에서 유래한다. (d) 이 명칭은 사람들이 혜성이 마치 뒤에 머리카락이 휘날리는 머리를 닮았다고 생각한 데서 생겨났다.

📘 기출 공략
(d)의 with는 소위 부대상황의 with로 〈with+목적어+분사〉 형태를 취한다. 이때 목적어와 분사의 관계가 능동이면 현재분사를, 수동이면 과거분사를 쓴다. 여기서는 hair와 stream out이 능동의 관계이므로 stream을 streaming으로 고쳐야 맞다.
comet 혜성 **inspire** (감정을) 불어넣다, 일어나게 하다 **awe** 경외감 **apparent** 명확한 **derive from** ~에서 유래하다[나오다]
originate 생기다, 유래하다 **stream out** (머리카락 등이) 치렁치렁 늘어지다, 나부끼다
정답 (d) stream → streaming

Vocabulary

15 minutes

1

A Would you like to join me for lunch?
B Yes, _____! That'd be great.

(a) absolutely
(b) truthfully
(c) specially
(d) nicely

✿ 번역
A 저랑 점심 같이 하시겠습니까?
B 물론이죠! 아주 좋을 것 같아요.

(a) 물론
(b) 진실로
(c) 특별히
(d) 멋지게

📘 기출 공략
상대방의 말에 '그럼요!, 물론이죠!'라며 강한 동의나 허락을 나타낼 때 쓰는 표현이 바로 (a) absolutely이다. Can we leave a little early? (우리 좀 일찍 떠날 수 있을까?)와 같은 표현의 대답으로 사용된다.
truthfully 진실하게 **specially** 특별히   정답_(a)

2

A Excuse me. Would you mind filling out a customer survey?
B Sure. I'd be _____ to.

(a) glad
(b) satisfied
(c) accepted
(d) agreeable

✿ 번역
A 실례합니다. 고객 설문조사 용지 좀 작성해 주시겠어요?
B 물론이죠. 기꺼이 해드리겠습니다.

(a) 기쁜
(b) 만족한
(c) 용인된
(d) 기꺼이 동의하는

📘 기출 공략
상대방의 제의에 기꺼이 그러겠다고 할 때 쓰는 말이 I'd be glad to이다. 여기서는 to 다음에 fill out a customer survey가 생략되어 있다. (d)도 답이 될 것 같지만 '~에 기꺼이 동의하는'은 〈agreeable to+명사〉 형태로 쓴다. 여기서는 to 다음에 동사가 생략되어 있으므로 알맞지 않다.
fill out (문서 등을) 작성하다 **agreeable** 기꺼이 동의하는, 기분 좋은   정답_(a)

3

A Can Kevin keep everything in this report a secret?
B Yes, you can definitely _____ him.

(a) trust
(b) count
(c) suspect
(d) identify

✿ 번역
A 케빈이 이 보고서의 모든 내용을 비밀로 지킬 수 있을까요?
B 네, 그를 확실히 믿어도 좋아요.

(a) 믿다
(b) 세다
(c) 의심하다
(d) 확인하다

📘 기출 공략
케빈이 보고서 내용을 비밀로 지킬 수 있을까라는 물음에 일단 Yes라고 대답했으므로 빈칸에는 긍정적인 단어를 예상할 수 있다. 선택지의 단어들을 하나씩 넣어 말이 통하는 것은 (a)밖에 없다.
keep ... a secret ~을 비밀로 하다   정답_(a)

4

A Excuse me, is there a public phone near here?
B Yes, it's just around the _____.

(a) road
(b) corner
(c) crosswalk
(d) pavement

✿ 번역
A 실례합니다만 이 근처에 공중전화가 있습니까?
B 네, 바로 모퉁이만 돌면 있어요.

(a) 길
(b) 모퉁이
(c) 횡단보도
(d) 포장도로

📘 기출 공략
(just) around the corner는 '모퉁이를 돈 곳에'라는 뜻으로 거의 관용적 표현으로 사용한다. 또한 '임박하여'라는 의미도 있으므로 같이 알아 두자. Summer is just around the corner(여름이 임박했다)와 같이 쓴다.
public phone 공중전화 **pavement** 포장도로   정답_(b)

5

A John is fortunate to be able to speak both Korean and English.
B Yeah, it gives him a(n) _____ in some situations.

(a) ease
(b) pride
(c) reward
(d) advantage

✿ 번역
A 한국어와 영어 둘 다 말할 수 있다니 존은 운이 좋아요.
B 네, 그게 어떤 상황에서는 그에게 유리하죠.

(a) 편안함 (b) 자부심
(c) 보상 (d) 유리한 점

📘 기출 공략
'A에게 유리하게 작용하다'는 give A an advantage로 표현한다. 따라서 (d)가 정답이다. Being tall gave her an advantage over the other players(그녀는 키가 커서 다른 선수들보다 유리했다)와 같이 쓴다.
fortunate 운 좋은   정답_(d)

6

A Is the experiment going well?
B Yes, everything seems to be _____ all right.

(a) falling in
(b) bringing up
(c) working out
(d) turning over

✿ 번역
A 실험은 잘 진행되고 있나요?
B 네, 모든 것이 완벽하게 진행되고 있는 것 같아요.

(a) 무너지는 (b) 양육하는
(c) 잘 진행되는 (d) 몸을 뒤집는

📘 기출 공략
실험이 잘 진행되고 있냐는 질문에 일단 Yes라고 답했으므로 Yes 이하에는 잘 진행되고 있다는 뜻의 긍정적인 대답을 예상할 수 있다. 따라서 '일이 잘 풀리다, 좋게 진행되다'라는 뜻의 (c)가 정답이다. work out에는 우리가 잘 알고 있는 '운동하다'라는 뜻도 있다.
experiment 실험   **go well** 잘되다   정답_(c)

7

A Thanks for coming over tonight.
B No. Thank you! I'm happy you _____ us.

(a) held
(b) invited
(c) noticed
(d) promised

✿ 번역
A 오늘 저녁 와주셔서 감사합니다.
B 아니에요. 우리야말로 감사해요. 우릴 초대해 주셔서 기뻐요.

(a) 잡다 (b) 초대하다
(c) 알아차리다 (d) 약속하다

📘 기출 공략
파티가 끝나고 헤어지면서 주인과 손님이 서로 감사하다고 말하고 있다. 주인의 입장에서는 '(손님이) 와주셔서' 감사하지만 손님의 입장에서는 '(주인이) 초대해 주셔서' 감사하다가 되므로 (b)가 정답이다.
come over (누구의 집에) 들르다   정답_(b)

8

A Just two minutes ago Alice looked happy, but now she's crying.
B Well, teenagers can be _____ sometimes.

(a) untidy
(b) moody
(c) critical
(d) unreliable

✿ 번역
A 2분 전만 해도 앨리스가 기뻐 보였는데 지금은 울고 있어요.
B 10대들은 가끔 기분 변화가 심해요.

(a) 단정치 못한 (b) 기분 변화가 심한
(c) 비판적인 (d) 믿을 수 없는

📘 기출 공략
금방 웃다가 우는 사람은 기분 변화가 심한 사람이라고 말할 수 있으므로 빈칸에는 변덕스럽다는 뜻의 단어가 와야 자연스럽다. 따라서 (b)가 정답이다.
moody 변덕스러운, 기분 변화가 심한   정답_(b)

Vocabulary

9

A Are these electronic check-ins faster than counter check-ins?
B Yes, they _____ the check-in process.

(a) force (b) drive
(c) quicken (d) proceed

✽ 번역
A 이런 전자 체크인이 카운터 체크인보다 더 빠른가요?
B 네, 체크인 수속 시간을 단축시켜 줍니다.

(a) 강요하다 (b) 몰아붙이다
(c) 빠르게 하다 (d) 진행하다

📘 기출 공략
check-in은 공항에서의 탑승 수속을 말한다. 카운터를 통한 기존의 탑승 수속보다 본인이 직접 컴퓨터로 수속을 밟으면 무엇보다도 시간이 단축되어 좋을 것이다. 따라서 (c)가 정답이다.
check-in 탑승 수속 **process** 절차; 과정   정답_(c)

10

A How about a short break?
B Good idea. I need to _____ my legs.

(a) kick (b) push
(c) jump (d) stretch

✽ 번역
A 잠깐 쉬는 게 어때?
B 좋은 생각이야. 다리 스트레칭을 해야겠어.

(a) 차다 (b) 밀다
(c) 뛰어오르다 (d) 쭉 펴다

📘 기출 공략
일하다가 잠깐 쉬는 시간에 하는 것은 간단한 체조나 스트레칭일 것이다. 따라서 (d)가 정답이다.
short break 잠깐의 휴식   정답_(d)

11

A Let's open the window. This room needs some air.
B Yes, it's pretty _____ in here.

(a) cozy (b) stuffy
(c) drafty (d) breezy

✽ 번역
A 창문을 엽시다. 이 방은 신선한 공기가 좀 필요해요.
B 맞아요, 안이 너무 답답해요.

(a) 아늑한 (b) 답답한
(c) 외풍이 있는 (d) 산들바람이 부는

📘 기출 공략
창문을 열어 환기를 시키는 이유는 실내가 너무 답답하기 때문일 것이다. 따라서 (b)가 정답이다.
air 공기 **cozy** 아늑한 **stuffy** (환기가 안 되어) 답답한 **drafty** 외풍이 있는 **breezy** 산들바람이 부는   정답_(b)

12

A Hi Jack, I'm calling about the party.
B Oh, good. I've been meaning to _____ you.

(a) chat (b) attend
(c) contact (d) acquire

✽ 번역
A 안녕, 잭. 파티 건으로 전화했어.
B 아, 잘됐군. 안 그래도 네게 연락하려고 했어.

(a) 잡담하다 (b) 참석하다
(c) 연락하다 (d) 획득하다

📘 기출 공략
친구로부터 전화가 걸려오자 대뜸 반가워하는 것으로 보아 그 친구와 진작에 통화하고 싶었다는 것을 짐작할 수 있다. 의미상, 선택지 중에서 빈칸에 가장 잘 어울리는 단어는 (c)이다.
mean to ~할 작정이다   정답_(c)

13

A A lot of teens are buying those minibikes.
B Yeah. They are extremely _____ these days.

(a) popular
(b) general
(c) special
(d) bright

✿ 번역
A 수많은 십대들이 저 소형 오토바이를 구입하고 있어요.
B 네, 요즘 소형 오토바이의 인기가 하늘을 찌를 듯해요.
(a) 인기 있는   (b) 일반적인
(c) 특별한   (d) 밝은

📖 기출 공략
요즘 수많은 십대들이 소형 오토바이를 구입하고 있는 것으로 보아 그것의 인기가 대단하다는 것을 짐작할 수 있다. 따라서 (a)가 정답이다.

정답_(a)

14

A Why don't you like Professor Jones?
B He's so _____ with his remarks.

(a) rude
(b) stable
(c) caring
(d) broken

✿ 번역
A 존스 교수님을 싫어하는 이유가 뭐예요?
B 말을 너무 함부로 해요.
(a) 무례한   (b) 차분한
(c) 배려하는   (d) 문법에 어긋난

📖 기출 공략
존스 교수가 싫은 이유를 물었으므로 빈칸에는 그의 나쁜 점을 나타내는 단어가 와야 자연스럽다. 따라서 무례하다는 (a)가 정답이다.
(d) broken은 문법에 어긋난다고 할 때 쓰는 말이다.
remark 말, 발언   **stable** 차분한   **broken** (언어가) 엉망인, 문법에 어긋나는

정답_(a)

15

A Jane, I'm so sorry about your mom's passing.
B Oh, thank you for your _____.

(a) exultation
(b) grievances
(c) condolences
(d) appreciation

✿ 번역
A 제인, 어머님이 돌아가셔서 너무나 유감스럽습니다.
B 애도해 주셔서 감사합니다.
(a) 환희   (b) 불만
(c) 애도   (d) 감사

📖 기출 공략
어머님이 돌아가셔서 너무나 유감스럽다는 것은 애도 혹은 조의를 표하는 말이다. 따라서 (c)가 정답이다.
passing 죽음   **exultation** 크게 기뻐함   **grievance** 불만 (사항)   **condolence** 애도, 조의   **appreciation** 감사

정답_(c)

16

A Hey Becky, this is Sam. You two haven't met yet, have you?
B No, but we have mutual _____.

(a) exposures
(b) individuals
(c) relationships
(d) acquaintances

✿ 번역
A 베키, 이쪽은 샘이야. 두 사람 전에 인사 나눈 적 없지?
B 응, 하지만 우린 서로 아는 사이야.
(a) 노출   (b) 개인
(c) 관계   (d) 아는 사람

📖 기출 공략
동사 meet는 소개받아 아는 사이가 되는 것을 가리키며, 명사 acquaintance는 친구만큼 친밀하지는 않고 그저 아는 관계 등으로 아는 사람을 말하며, mutual acquaintance는 두 명이 공통적으로 아는 사람을 뜻한다. 두 사람이 직접 인사 나눈(meet) 적이 있냐는 질문에 그런 적은 없지만 제 삼자를 매개로 서로의 존재를 아는 사이라고 대답하는 것이 자연스럽다. 따라서 (d)가 정답이다.
mutual 서로의   **acquaintance** 아는 사람, 면식

정답_(d)

Vocabulary

17

A Did you pass on my message to Ted?
B Oh no, I'm really sorry. It totally _____ my mind.

(a) missed (b) passed
(c) slipped (d) evaded

✱ 번역
A 내 메시지를 테드에게 전했나요?
B 아, 이런, 너무 죄송해요. 완전히 잊고 있었어요.

(a) 놓치다 (b) 통과하다
(c) 사라지다 (d) 피하다

📘 기출 공략
'깜빡하다'는 slip one's mind로 표현한다. 다른 선택지의 동사들을 넣어도 말이 될 것 같지만 영어에는 그런 표현들이 없다는 것에 유의한다.
pass on ~을 전달하다 **slip one's mind** 깜빡하다 **evade** 피하다

정답_(c)

18

A Did the storm hit your town hard?
B Yeah, falling trees downed power lines and _____ the electricity.

(a) put down (b) gave out
(c) sent up (d) cut off

✱ 번역
A 폭풍이 당신이 사는 마을을 강타했나요?
B 네, 나무가 쓰러지면서 송전선이 추락하고 전기가 나갔어요.

(a) 내려놓다 (b) 배포하다
(c) 올려 보내다 (d) 끊다

📘 기출 공략
문법적으로 falling trees가 전기를 끊었다가 되므로 '끊었다'에 해당하는 (d) cut off가 정답이다. Radio communication was shortly cut off(갑자기 통신이 두절되었다)와 같이 쓰인다.
down 쓰러뜨리다 **power line** 송전선 **put down** 내려놓다 **give out** 배포하다 **cut off** 끊다, 중단하다

정답_(d)

19

A What will the weather be like today?
B Mostly cloudy with sunny _____.

(a) holes (b) briefs
(c) periods (d) options

✱ 번역
A 오늘 날씨가 어떨까요?
B 대체로 흐리고 간간이 햇볕이 날 것입니다.

(a) 구멍 (b) 대의
(c) 기간 (d) 선택

📘 기출 공략
〈with+형용사+periods〉는 '때때로[잠깐잠깐] ~한 날씨로'의 뜻으로 일기예보에서 자주 들을 수 있는 표현이다. Today will be cloudy with sunny periods bringing a 30% chance of showers(오늘은 잠깐씩 해가 나는 가운데 흐리겠습니다. 소나기가 내릴 확률은 30퍼센트입니다)와 같이 쓴다.
brief 적요, 대의

정답_(c)

20

A Will my pacemaker set off the airport metal detector?
B It might, but it's something our staff is _____ to.

(a) indebted (b) restrained
(c) committed (d) accustomed

✱ 번역
A 내 심장박동조절장치 때문에 공항 금속탐지기가 울릴까요?
B 아마 그럴 수도 있겠지만 그건 우리 직원들에게 익숙한 일이에요.

(a) 감사하는 (b) 억제된
(c) 전념하는 (d) 익숙한

📘 기출 공략
몸에 심장박동조절장치를 달고 있는 환자와 공항 직원 간의 대화이다. 심장박동조절장치가 공항 금속탐지기를 울릴 것을 걱정하는 환자에게는 안심시키는 말이 필요할 것이다. 즉, 금속탐지기가 울리는 것은 우리 직원들에게 익숙한(accustomed) 일이므로 걱정 말라는 응답이 자연스럽다. 따라서 (d)가 정답이다.
pacemaker 심장박동조절장치 **set off** (경보 장치를) 울리다 **detector** 탐지기 **be indebted to** ~에게 감사하다

정답_(d)

21

A Ouch! I cut my finger!
B Lift up your hand. _____ it stops the bleeding.

(a) Placating
(b) Elevating
(c) Alleviating
(d) Withdrawing

✿ 번역
A 아야! 손가락을 벴어요!
B 손을 들어올리세요. 들어올리면 피가 멈추거든요.

(a) 달래다
(b) 들어올리다
(c) 완화하다
(d) 빼다

📘 기출 공략
손가락을 벤 사람에게 피를 멈추게 하는 방법으로 손을 들어올리라고 말하고 있다. 문맥상 빈칸에는 lift up과 같은 의미의 단어가 와야 하므로 (b)가 정답이다.
lift up 들어올리다 **bleeding** 출혈 **placate** 달래다, 위로하다
elevate 들어올리다(lift up) **alleviate** 완화하다 **withdraw** (손 등을) 빼다, 움츠리다 정답_(b)

22

A How do you like the soup, ma'am?
B Actually, it tastes a bit _____.

(a) rare
(b) raw
(c) dim
(d) bland

✿ 번역
A 수프가 어떠세요, 부인?
B 실은, 맛이 약간 밍밍해요.

(a) 진귀한
(b) 날것의
(c) 흐릿한
(d) 특별한 맛이 안 나는

📘 기출 공략
맛을 나타내는 선택지를 찾아야 하므로 (d)가 정답이다. (d) bland는 음식이 자극적이지 않거나 특별한 맛이 없는 경우에 쓰는 형용사로, 우리말의 '밍밍하다'란 표현에 딱 어울린다. How do you like...?는 '~은 어떻습니까? ~가 마음에 드십니까?'란 뜻이다.
taste ~맛이 나다 **rare** 진귀한 **bland** 밍밍한 정답_(d)

23

A Is the new director qualified?
B I think so. His credentials are certainly _____.

(a) tumultuous
(b) impeccable
(c) inexorable
(d) inglorious

✿ 번역
A 신임 국장은 자격을 갖춘 분인가요?
B 그런 것 같아요. 분명히 그분의 자격은 흠 잡을 데가 없어요.

(a) 떠들썩한
(b) 흠 잡을 데 없는
(c) 멈출 수 없는
(d) 수치스러운

📘 기출 공략
신임 국장이 자격을 갖추었는가를 묻는 질문에 일단 I think so라고 답했으므로 이어지는 문장에서는 국장에 대한 긍정적인 표현을 예상할 수 있다. 따라서 그의 사적이 완벽하다(impeccable)는 (b)가 정답이다.
qualified 자격 있는, 적임의 **credentials** 자격(증) **tumultuous** 소란스러운 **impeccable** 흠 잡을 데 없는 **inexorable** 멈출 수 없는, 거침없는 **inglorious** 수치스러운 정답_(b)

24

A I can't really make up my mind about the agreement.
B Well, you can't just _____.

(a) sit on the fence
(b) play your cards
(c) steal my thunder
(d) bend over backwards

✿ 번역
A 사실 난 그 합의에 대해서 결정을 못 내리겠어요.
B 글쎄요, 그냥 중립적인 태도를 취할 수는 없어요.

(a) 중립적인 태도를 취하다
(b) 일을 처리하다
(c) 남의 것을 도용하다
(d) 무진 애를 쓰다

📘 기출 공략
그 합의에 대해서 결정을 못 내리겠다는 말에 그냥 팔짱만 낀 채 관망할 수만은 없다고 응답하는 것이 자연스럽다. 따라서 (a)가 정답이다. (a) sit on the fence가 '중립적인 태도를 취하다'란 뜻이 된 것은 울타리 위에 앉아 이쪽저쪽을 바라보는 모습을 상상하면 쉽게 이해가 된다.
sit on the fence 팔짱만 낀 채 관망하다 **play one's cards** 일을 처리하다, 계획을 실행하다 정답_(a)

Vocabulary

25

A The candidates for mayor this year have all been involved in major scandals.
B Yes, it's a shame anyone with a(n) _____ past can still run.

(a) sordid (b) elliptical
(c) scrupulous (d) conscientious

✽ 번역
A 올해 시장 선거 후보자들은 모두 대형 스캔들에 휘말린 전력을 갖고 있어요.
B 맞아요, 추악한 과거를 가진 사람이 출마할 수 있다니 부끄러운 일이에요.

(a) 추악한 (b) 생략된
(c) 세심한 (d) 양심적인

📖 기출 공략
스캔들을 가졌던 사람의 과거는 추악할(sordid) 것이므로 (a)가 정답이다. (a) sordid는 '추악한(squalid), 비도덕적인(immoral)'이란 의미로 쓰인다. It's a shame은 '~는 애석한[딱한] 일이다'란 뜻이다.
candidate 입후보자 **elliptical** 생략된, 타원형의 **scrupulous** 세심한, 꼼꼼한 **conscientious** 양심적인 정답_(a)

26

When the students heard they would have to do homework during the holidays, they were _____.

(a) trustworthy (b) annoyed
(c) clueless (d) fluent

✽ 번역
공휴일 기간에도 숙제를 해야 한다는 이야기를 듣고 학생들은 짜증이 났다.

(a) 신뢰할 수 있는 (b) 짜증 난
(c) 단서가 없는 (d) 유창한

📖 기출 공략
공휴일에도 해야 할 숙제가 있다면 짜증 나고 화날 것이다. 따라서 '화난, 짜증 난'이라는 뜻의 (b) annoyed가 정답이다. I was annoyed that they hadn't turned up(그들이 나타나지 않아 나는 짜증이 났다)와 같이 쓴다.
trustworthy 신뢰할 수 있는 **clueless** 단서가 없는 정답_(b)

27

If your current _____ is not satisfying, then you should look for a job that is more enjoyable and has a better future.

(a) position (b) trend
(c) order (d) state

✽ 번역
만약 현재의 직장이 만족스럽지 못하다면 좀 더 즐겁고 미래가 밝은 직업을 찾아야 한다.

(a) 직장 (b) 경향
(c) 순서 (d) 상태

📖 기출 공략
문맥상 빈칸에는 주절의 job과 같은 뜻의 단어가 필요하므로 (a)가 정답이다. position이 '위치, 자세'란 의미 외에도 이렇게 '직장, 직업'이란 뜻이 있음에 유의한다. She has a position in a bank(그녀는 은행에 근무하고 있다)와 같이 쓴다.
current 현재의 **enjoyable** 즐거운 정답_(a)

28

Canada's only transcontinental railroad _____ the eastern and western parts of the country was completed in 1885.

(a) bracing (b) matching
(c) including (d) connecting

✽ 번역
캐나다 동부와 서부를 연결하는 유일한 대륙 횡단 철도는 1885년에 완공되었다.

(a) 떠받치는 (b) 어울리는
(c) 포함하는 (d) 연결하는

📖 기출 공략
철도는 어떤 지역과 지역을 연결하는(connecting) 시설이므로 (d)가 정답이다. (b)의 match도 우리말로 '연결하다'라고 해석될 때가 있는데, 이때는 관련된 것끼리 짝을 맞춘다는 의미이므로 혼동하지 말자. The aim of the competition is to match the quote to the person who said it(이 겨루기의 목적은 인용구를 그 말을 한 사람과 연결시키는 것이다)와 같은 표현이 그 예이다.
transcontinental 대륙 횡단 **brace** 버팀대로 받치다, 떠받치다 정답_(d)

29

"Energetic" and "evolving" are two words that could be used to _____ the famous fashion brand Armani.

(a) describe
(b) contract
(c) employ
(d) apply

✱ 번역
'활기 넘치는'과 '진화하는'은 유명 패션 브랜드인 아르마니를 묘사할 때 사용될 수 있는 두 단어이다.

(a) 묘사하다
(b) 계약하다
(c) 고용하다
(d) 적용하다

📘 기출 공략
어떤 것의 특징을 잘 포착하여 말로 표현하는 것을 describe(to say what ... is like)라고 한다. 따라서 정답은 (a)이다.
evolve 진화하다, 발전하다

정답_(a)

30

The candidate's opponent in the debate made several good _____ that were difficult to argue against.

(a) plots
(b) notes
(c) goals
(d) points

✱ 번역
토론에서 상대 후보가 반박하기 어려운 몇 가지 좋은 지적을 했다.

(a) 음모
(b) 주석
(c) 목표
(d) 주장

📘 기출 공략
선택지 중에서 debate, argue against 등과 가장 관련 있는 단어는 points(주장, 지적)로, 이를 제외한 나머지를 빈칸에 넣으면 의미가 통하지 않는다. 따라서 (d)가 정답이다. make several points는 '몇 가지를 지적[주장]하다'란 뜻이다.
opponent (논쟁·경쟁 등의) 적수, 상대 **debate** 토론 **argue against** ~에 반대 의견을 말하다 **plot** 음모, 줄거리 **note** 기록, 주석

정답_(d)

31

For a refund, bring the item and the credit card used to _____ it to any one of our stores.

(a) take
(b) cover
(c) purchase
(d) accomplish

✱ 번역
환불받으시려면 어느 매장으로든 문제의 물품과 그것을 구입할 때 사용한 신용카드를 들고 오십시오.

(a) 가지다
(b) 덮다
(c) 사다
(d) 완수하다

📘 기출 공략
상식적으로 생각해도, 보통 환불을 받으려면 물건과 그것을 살 때 사용한 신용카드를 매장에 들고 가야 한다. 따라서 (c)가 정답이다.
refund 환불 **item** 물건 **purchase** 사다, 구입하다

정답_(c)

32

Fossils can _____ insights into life forms that lived tens of millions of years ago.

(a) provide
(b) consult
(c) enclose
(d) install

✱ 번역
화석은 수천만 년 전에 살았던 생물 형태에 대한 이해를 가져다 줄 수 있다.

(a) 제공하다
(b) 상담하다
(c) 에워싸다
(d) 설치하다

📘 기출 공략
'이해, 통찰'이라는 뜻의 insight는 보통 사람이 주어일 때는 gain[have] an insight into(~을 간파하다), 사물이 주어일 때는 provide[give] an insight into(~에 대한 이해를 가져다 주다)라는 표현을 많이 쓴다. 따라서 (a)가 정답이다.
fossil 화석 **insight** 이해, 통찰

정답_(a)

Vocabulary

33

With no _____ evidence, the judge could not convict the accused man.

(a) moral
(b) concrete
(c) dreadful
(d) indefinite

✹ 번역
구체적인 증거가 없어서 판사는 피고에게 유죄 판결을 내릴 수가 없었다.

(a) 도덕적인 (b) 구체적인
(c) 무시무시한 (d) 불분명한

📖 기출 공략
판사가 피고에게 유죄를 선고하지 못한 이유는 구체적인(concrete) 증거가 없었기 때문일 것이다. 따라서 (b)가 정답이다. (d) indefinite에서 접두어 in 없이 definite라면 (d)도 가능하다.
convict 유죄 판결을 내리다 **accused** 고소당한 정답_(b)

34

Research _____ the impact of work on family life often assumes that work is perceived differently by men and women.

(a) locating
(b) examining
(c) preventing
(d) transporting

✹ 번역
일이 가정 생활에 미치는 영향을 조사하는 연구를 보면, 일은 남자와 여자에게 각기 다르게 인식된다고 추정하는 경우가 많다.

(a) 찾아내다 (b) 조사하다
(c) 예방하다 (d) 수송하다

📖 기출 공략
주어는 Research, 동사는 assumes이며 빈칸부터 life까지가 Research를 수식하는 형용사구를 이루고 있다. 연구(research)는 보통 무엇을 '조사하는' 활동이므로 빈칸에는 '조사하는'에 해당하는 단어가 필요하다. 따라서 (b)가 정답이다.
assume 추정하다, 생각하다 **locate** ~의 위치를 알아내다
transport 수송하다 정답_(b)

35

The abundance of "spinster-finds-love" novels has critics of romance fiction _____ what the next trend will be.

(a) obtaining
(b) generating
(c) wondering
(d) moderating

✹ 번역
무수히 많은 '노처녀가 사랑을 찾는' 소설들은 다음에는 어떤 경향의 연애 소설이 나올지 연애 소설 비평가들을 궁금하게 만든다.

(a) 얻다 (b) 발생시키다
(c) 궁금해 하다 (d) 조정하다

📖 기출 공략
어렵게 보이지만 문장 구조만 잘 파악하면 의외로 쉽게 풀리는 문제이다. The abundance가 주어, has가 동사, critics가 목적어, 빈칸에는 목적보어가 필요하다. 이때 have는 '(목적어)가 ~하게 만들다'란 뜻이다. 선택지 중에 빈칸에 넣어 의미가 통하는 것은 (c)뿐이다.
abundance 풍부 **spinster** 미혼여자, 노처녀 **critic** 비평가 **trend** 추세, 동향 **generate** 발생시키다 **moderate** 조정하다 정답_(c)

36

Our website _____ news headlines and summaries from other sources, and it allows you to scan them all in one place.

(a) delegates
(b) compiles
(c) markets
(d) remits

✹ 번역
저희 웹사이트는 다른 여러 출처의 뉴스 헤드라인과 개요를 편집해서 한 장소에서 그 모두를 훑어 볼 수 있게 합니다.

(a) 대표를 뽑다 (b) 편집하다
(c) 출시하다 (d) 송금하다

📖 기출 공략
여러 출처의 뉴스 헤드라인과 개요를 한 자리에서 훑어 볼 수 있게 했다는 말에서 그 자료들을 한 데 모아 편집했다는 것을 알 수 있다. 이렇게 여러 출처에서 자료를 따와서 편집 혹은 편찬하는 것을 compile이라고 한다. 따라서 (b)가 정답이다.
summary 요약, 개요 **scan** 살피다, (대충) 훑어 보다 **delegate** 대표를 뽑다, 위임하다 **compile** 편집[편찬]하다 **market** 시장에 내놓다 **remit** 송금하다, 면제해 주다 정답_(b)

37

On New Year's Eve, people often sing the first _____ of the song "Auld Lang Syne" but do not know the rest.

(a) verse
(b) chord
(c) frame
(d) melody

✿ 번역
새해 전야에 사람들은 종종 '올드 랭 사인' 노래의 1절을 부르지만 나머지 가사는 모른다.
(a) 절 (b) 화음
(c) 한 장면 (d) 선율

📘 기출 공략
흔히 '시'로 알고 있는 verse에 노래의 '절'이란 뜻도 있음에 유의한다. 따라서 (a)가 정답이다. We will only sing the first verse of the national anthem(애국가는 1절만 부르겠습니다)과 같이 쓴다.
chord 화음 frame (영화·비디오의) 한 장면 **정답_(a)**

38

Some poets are best at dealing with upbeat themes, while others seem to prefer more _____ subjects.

(a) jovial
(b) elated
(c) belittled
(d) melancholy

✿ 번역
어떤 시인들은 긍정적인 주제를 가장 잘 다루는 반면, 어떤 시인들은 좀 더 구슬픈 주제를 선호하는 것 같다.
(a) 명랑한 (b) 마냥 행복해하는
(c) 과소평가된 (d) 구슬픈

📘 기출 공략
주절 뒤에서 반대·비교·대조를 나타내는 접속사 while(그런데, 한편)이 왔으므로 문맥상 빈칸에는 앞의 upbeat과 반대되는 말이 필요하다. 따라서 (d)가 정답이다. (a) jovial은 upbeat과 동의어이다. Some..., others...는 '몇몇은 ~, 나머지는 ~'란 뜻으로, 여러 개 중에서 몇 개와 나머지를 구분할 때 쓴다.
upbeat 쾌활한 jovial 명랑한 elated 마냥 행복해하는 belittle 얕보다 **정답_(d)**

39

Entrepreneurs must _____ strong leadership skills and determination if they want to succeed in business.

(a) imply
(b) direct
(c) possess
(d) transfer

✿ 번역
기업가들은 사업에 성공하려면 반드시 강한 리더십 기술과 결단력을 지녀야 한다.
(a) 암시하다 (b) 지시하다
(c) 지니다 (d) 옮기다

📘 기출 공략
사업에 성공하기 위해서 기업가들이 지녀야(possess) 할 자질에 대해 이야기하고 있다. 따라서 (c)가 정답이다. (c) possess는 '(물건을) 소유하다' 외에도 이렇게 '(능력·성질 등을) 지니다'란 뜻이 있다. He possesses courage(그는 용기가 있다)와 같이 쓴다.
entrepreneur 기업가 determination 결단력 possess 소유하다, 지니다 **정답_(c)**

40

One goal of discipline is to help children understand that their actions have _____.

(a) consequences
(b) attributions
(c) demands
(d) misuses

✿ 번역
규율의 한 가지 목표는 아이들이 자신의 행동에는 결과가 따른다는 것을 이해하게끔 돕는 것이다.
(a) 결과 (b) 속성
(c) 요구 (d) 오용

📘 기출 공략
규율을 통해 아이들이 배우는 것이 무엇인가를 생각하면 쉽게 풀 수 있는 문제이다. 내용상 (a)가 정답이다. Actions have consequences(행동에는 결과가 따른다)는 거의 관용적으로 쓰는 표현이므로 통째로 외워 두자.
discipline 규율, 훈육 consequence 결과, 중요성 attribution 속성, 권능 misuse 남용, 오용 **정답_(a)**

Vocabulary

41

This year, record numbers of Chinese tourists are _____ to destinations such as London and Cairo.

(a) idling
(b) relating
(c) flocking
(d) mingling

✳ 번역
올해, 기록적인 수의 중국인 관광객들이 런던과 카이로와 같은 곳에 모여들고 있다.
(a) 빈둥거리다
(b) 이야기하다
(c) 모여들다
(d) 혼합하다

📘 기출 공략
수많은 사람들이 어떤 장소로 몰려든다고 할 때 '몰려든다'에 해당하는 영어 단어가 바로 flock이다. 따라서 (c)가 정답이다. 속담 Birds of a feather flock together(유유상종)의 flock도 같은 뜻이다.
record 기록적인 **destination** 목적지 **idle** 빈둥거리다 **relate** 이야기하다 **flock** 떼지어 오다[가다] **mingle** 섞다   정답_(c)

42

Historically, a great leap in agricultural productivity _____ through new sources of power.

(a) met
(b) occurred
(c) improved
(d) transmitted

✳ 번역
역사적으로, 농업 생산성의 대약진은 새로운 동력원을 통해 일어났다.
(a) 만나다
(b) 일어나다
(c) 향상되다
(d) 전달하다

📘 기출 공략
우리말의 '대약진이 일어났다'를 영어로는 A great leap occurred로 표현한다. 따라서 (b)가 정답이다. (c) improved도 답이 될 것 같지만 leap에 이미 improvement의 뜻이 내포되어 있어 의미가 중복되고 있다.
leap 도약, 급증 **productivity** 생산성 **transmit** (물건 등을) 부치다, 보내다   정답_(b)

43

Bird lovers search for Great Gray Owls in the Bridger Mountains region, but these birds are rarely _____.

(a) spotted
(b) glanced
(c) checked
(d) watched

✳ 번역
새 애호가들이 브리저 산맥 지역에서 큰회색부엉이를 찾아보지만 이 새들은 좀처럼 발견되지 않는다.
(a) 발견되다
(b) 힐끗 보다
(c) 점검하다
(d) 감시하다

📘 기출 공략
두 문장이 but으로 연결되므로 but 뒤 문장은 앞 문장에 반하는 내용이 와야 한다. 즉, search for한 결과 '발견되지 않는다'라고 해야 자연스러우므로 (a)가 정답이다.
rarely 좀처럼 ~않다 **glance** 힐끗 보다   정답_(a)

44

Experts believe that the global increase in gambling addiction is in part _____ by a new generation of gambling machines.

(a) fueled
(b) endured
(c) conveyed
(d) dispatched

✳ 번역
전문가들은 전세계적으로 도박 중독자가 늘고 있는 것은 신세대 도박 기기들이 부채질한 데 일부 원인이 있다고 생각한다.
(a) 부채질된
(b) 견디어진
(c) 전달된
(d) 급파된

📘 기출 공략
빈칸에 선택지를 넣어 의미가 통하는 것은 (a)뿐이다. 원래 '연료를 공급하다'란 의미의 fuel이 '부채질하다'란 비유적인 뜻으로도 쓰이는 것은 뭔가에 기름을 끼얹는다고 상상하면 쉽게 이해가 될 것이다. 같은 뜻으로 add[give] fuel to를 쓰기도 하는데, 이때 fuel은 명사이다.
gambling 도박 **addiction** 중독 **dispatch** 급파[특파]하다   정답_(a)

45

The _____ of the lilac tree was covered in blossoms.

(a) lash
(b) stalk
(c) prong
(d) bough

✱ 번역
라일락 나무 가지는 꽃으로 덮여 있었다.
(a) 채찍 끈 (b) 줄기
(c) 갈래   (d) 가지

기출 공략
나무에서 꽃이 피는 부분은 가지(bough)이다. 따라서 (d)가 정답이다. '가지'를 나타내는 단어들이 몇 개 있는데, bough는 큰 가지, twig은 잔가지, branch는 줄기(trunk)에서 나는 가지를 말한다.
blossom 꽃 **lash** 채찍 끈 **stalk** 줄기 **prong** 갈래 정답_(d)

46

Despite assurances from police, everyone attending the economic conference should take _____ to avoid conflict with protesters.

(a) assertions
(b) exceptions
(c) precautions
(d) contraventions

✱ 번역
경찰의 장담에도 불구하고 경제 회담 참석자 모두는 시위자들과의 충돌을 피하기 위해 예방책을 취해야 한다.
(a) 주장   (b) 이례적인 일
(c) 예방책   (d) 위반 행위

기출 공략
첫 단어 Despite에 주목하자. 경찰이 자기들을 보호해 주겠다는 약속을 했어도 그들 나름대로의 안전책을 강구해야 한다고 말해야 자연스럽다. 따라서 (c)가 정답이다. take precautions는 '예방 조치를 취하다, 안전책을 강구하다'란 뜻이다.
assurance 확언, 장담 **conflict** 충돌 **protester** 시위 참가자
assertion 주장 **contravention** 위반, 위배 정답_(c)

47

Smallpox has been _____, so there is no longer any need for immunization.

(a) denuded
(b) procured
(c) eradicated
(d) scrutinized

✱ 번역
천연두는 근절되었기 때문에 더 이상 예방 주사를 맞을 필요가 없다.
(a) 벗기다   (b) 입수하다
(c) 근절하다   (d) 면밀히 조사하다

기출 공략
접속사 so(~해서)의 앞 문장은 원인을 나타내므로 더 이상 예방 주사를 맞을 필요가 없는 이유를 찾으면 된다. 따라서 (c)가 정답이다.
smallpox 천연두 **immunization** (면역) 예방 주사 **denude** (덮개 등을) 벗기다 **procure** 구하다, 입수하다 **eradicate** 근절하다
scrutinize 면밀히 조사하다 정답_(c)

48

Find out how popular our products are by reading these _____ reviews from satisfied customers.

(a) high
(b) rave
(c) gruff
(d) brash

✱ 번역
만족스러워 하는 고객들이 쓴 이 격찬하는 평을 읽고 우리 제품이 얼마나 인기가 있는지 실감하세요.
(a) 높은   (b) 극찬하는
(c) 걸걸한   (d) 자신만만한

기출 공략
만족스러워 하는 고객들은 제품에 대해서 격찬을 할 것이므로 (b)가 정답이다. rave review는 신문이나 잡지에서 특정 영화·책 등을 '극찬하는 기사'란 뜻으로, 관용적으로 쓰는 표현이다.
review 비평, 평론 **rave** 격찬의; 격찬하다 **gruff** (목소리가) 걸걸한
brash 자신만만한 정답_(b)

Vocabulary

49

Writing is a system for translating language sounds into visual symbols that can be produced on a physical _____.

(a) medium
(b) terrain
(c) arena
(d) slate

✿ 번역
글자는 말의 소리를 시각적인 기호로 바꾸기 위한 하나의 체계인데, 시각적인 기호는 물리적 수단을 통해 생성 가능하다.

(a) 수단 (b) 지형
(c) 경기장 (d) 점판암

📘 기출 공략
글자는 연필, 펜, 분필, 크레용 등 물리적인 수단(medium)을 통해 표출된다. 따라서 '(특정한 목적을 위한) 도구[수단]'을 뜻하는 (a) medium이 정답이다. 참고로 medium의 복수는 mass media처럼 '(대중 전달용) 매체'란 뜻일 때는 media로, 나머지 경우는 mediums이다.
writing 글자 **translate A into B** A를 B로 바꾸다 **physical** 물리적인 **terrain** 지형 **arena** 경기장, 공연장 **slate** 점판암, 슬레이트
정답_(a)

50

Strict federal sentencing guidelines have been adopted that _____ harsh penalties for weapons offenses.

(a) mandate
(b) hamper
(c) solicit
(d) avow

✿ 번역
총기류 범죄에 대해 가혹한 처벌을 지시하는 엄격한 연방 판결 지침이 채택되었다.

(a) 지시하다 (b) 방해하다
(c) 간청하다 (d) 맹세하다

📘 기출 공략
빈칸에 선택지를 넣어 의미가 통하는 것은 '명령하다, 지시하다'란 뜻의 (a) mandate뿐이다. 동의어로 order, command, instruct 등이 있다. The law mandates that imported goods be identified as such(법에 따르면 수입품은 그렇다는 것을 밝히도록 되어 있다)와 같이 쓴다.
sentence 판결을 내리다 **adopt** 채택하다 **harsh** 가혹한 **penalty** 처벌 **weapon** 무기, 병기 **offense** 범죄 (행위) **hamper** 방해하다 **avow** 맹세하다
정답_(a)

Reading Comprehension

45 minutes

1

Your Touchmatic Microwave Oven enables you to cook a wide variety of foods to perfection. With most dishes, you can simply use the default power settings. However, some foods can cook better at specific power levels. That is why your Touchmatic has 10 different power settings to select from—each one set to cook something different. For example, one setting is good for stews, while another is ideal for reheating pizza. So, before you cook, remember to check the user's manual to learn _____.

(a) how to cook a meal for a large family
(b) how to use different power settings
(c) how to test microwaveable dishes
(d) how to clean the oven properly

✽ 번역
터치매틱 전자레인지는 다양한 음식을 완벽하게 요리할 수 있도록 해줍니다. 대부분의 음식들은 그냥 기본 전력 설정을 이용하시기만 하면 됩니다. 그러나 몇몇 음식들은 특정 전력 수준에서 더 맛있게 요리될 수 있습니다. 이것이 바로 터치매틱에 선택 가능한 10가지 다른 전력 설정이 있는 이유인데, 각각 다른 요리를 하도록 맞추어져 있습니다. 예를 들어, 어떤 설정은 스튜 요리에 좋고, 또 다른 설정은 피자를 다시 데우는 데 이상적입니다. 그러므로, 요리하시기 전에 잊지 말고 사용 설명서를 확인하셔서 다양한 전력 설정을 이용하는 법을 숙지해 두십시오.

(a) 대가족을 위한 음식을 요리하는 법
(b) 다양한 전력 설정을 이용하는 법
(c) 전자레인지로 할 수 있는 요리를 테스트하는 법
(d) 전자레인지를 올바르게 청소하는 법

📘 기출 공략
전자레인지를 광고하는 글로, 각기 다른 10가지 전력 설정이 있어 다양한 요리를 할 수 있다는 내용이다. 그러므로 요리를 시작하기 전에 가장 먼저 해야 할 것은, 사용 설명서를 읽고 각각의 전력 설정에 어떤 요리가 적합한지를 숙지하는 일이 될 것이다. 따라서 (b)가 정답이다.

microwave oven 전자레인지 **perfection** 완벽, 완성 **default setting** (컴퓨터) 기본 설정 **stew** 스튜 **reheat** (식은 음식을) 다시 데우다 **user's manual** 사용 설명서 **microwaveable** 전자레인지로 요리할 수 있는

정답_(b)

2

In the second half of the 18th century, the Severn River, running through the valley of Coalbrookdale, England, was a major obstacle to the transportation of raw materials from one side of the valley to the other. A strictly limited number of bridges existed then, and so materials were moved by ferries. However, the ferries could not keep up with the pace of increased productivity as the region became more industrialized. Of course, the logical answer to the problem was _____.

(a) to build a major bridge
(b) halting production of ferries
(c) to divert the Severn river
(d) transporting more materials

✽ 번역
18세기 후반기에 영국 콜브룩데일 계곡을 관통해 흐르는 세번 강은 계곡 이쪽 편에서 저쪽 편으로 원자재를 수송하는 데 큰 장애물이었습니다. 당시에는 엄격하게 제한된 수의 다리들만이 존재했으며 자재들은 페리로 운반되었다. 그러나 페리는 그 지역이 점점 더 산업화되면서 빨라지는 생산 속도를 따라잡을 수 없었다. 물론, 이 문제에 대한 논리적인 해결책은 대형 교량을 건설하는 것이었다.

(a) 대형 교량을 건설하는 것
(b) 페리 생산을 중단하는 것
(c) 세번 강을 우회시키는 것
(d) 더 많은 자재를 수송하는 것

📘 기출 공략
물건 운반에 방해가 되었던 영국의 세번 강에 대한 글이다. 강의 이쪽 편에서 저쪽 편으로 기존의 배로 물건을 다 나를 수 없다면 교량을 설치하는 것이 하나의 좋은 방법이 될 수 있으므로 (a)가 정답이다. 더 많은 배를 띄우는 것도 한 방법이 될 수 있지만 선택지에 나와 있지 않다.

run through ~을 관통하다, ~을 통해 흐르다 **obstacle** 장애(물) **raw material** 원자재 **strictly** 엄격하게 **keep up with** ~을 따라잡다, ~에 뒤떨어지지 않다 **logical** 논리적인, 타당한 **halt** 중단시키다 **divert** 우회시키다

정답_(a)

Reading Comprehension

3

People in Arabic countries, parts of Africa, India, Sri Lanka and the Philippines often eat with their fingers. It is a practice that _____. For instance, people in these countries eat with their hands from a common platter, and guests are expected to do the same. It would be insulting to refuse. In addition, how the hand eating is done is also important. In northern India, for example, it is wrong to put fingers into any food beyond the second joint, whereas in southern India people may use their entire hand.

(a) is governed by rules
(b) occurs because of poverty
(c) applies to only certain foods
(d) is seen as uncultured in the West

✱ 번역
아랍국가들, 아프리카 일부 국가들, 인도, 스리랑카, 그리고 필리핀 사람들은 종종 손가락으로 음식을 먹는다. 이는 규칙에 따른 관습이다. 예를 들어, 이런 나라들의 사람들은 공동의 큰 접시에서 음식을 가져와 손으로 먹는데, 손님들도 똑같이 하기를 바란다. 이를 거부하는 것은 모욕적인 일일 것이다. 게다가, 손으로 먹는 방식도 중요하다. 가령, 북부 인도에서는 손가락 두 번째 관절 위로 음식을 대는 것은 잘못된 행위인 반면, 남부 인도에서는 손 전체를 사용해도 괜찮다.

(a) 규칙에 따른
(b) 빈곤 때문에 생긴
(c) 특정 음식에만 적용되는
(d) 서구에서는 교양 없다고 여겨지는

📘 기출 공략
일부 국가 사람들의 손으로 음식을 먹는 관습에 대한 글이다. 빈칸 뒤 문장에서 이 관습에는 반드시 지켜야 할 규칙이 있다는 것을 알 수 있다. 따라서 (a)가 정답이다. 나머지 선택지들은 전혀 나와 있지 않은 내용들이다.

platter (음식을 차려 내는 데 쓰는 서빙용) 큰 접시 **insulting** 모욕적인, 무례한 **joint** 관절 **whereas** 반면 **govern** 좌우하다 **uncultured** 교양 없는, 세련되지 못한

정답_(a)

4

Until recently, the home-improvement industry has been predominantly for men. However, there has been a sudden increase in home improvement books, videos, radio shows, TV spots and websites made just for women. Even websites not specifically for women now offer female-friendly links and columns alongside their traditional fare. Major do-it-yourself stores have also joined the bandwagon. They now carry products and tools _____.

(a) created for professionals of any trade
(b) designed especially for female customers
(c) that make home-improvements much easier
(d) that are cheaper but just as good as other brands

✱ 번역
최근까지 주택 개조 산업은 주로 남성을 위한 것이었습니다. 하지만 여성을 대상으로 한, 주택 개조를 위한 서적, 비디오, 라디오 프로그램, TV 스폿, 웹사이트가 급증하고 있습니다. 심지어 특별히 여성을 위한 것이 아니었던 사이트들조차 예전부터 해오던 내용물과 함께 여성 친화적인 링크와 칼럼을 제공하고 있습니다. 여기에 대형 DIY 점포들도 시류에 편승하고 있습니다. 이들은 현재 특별히 여성 고객들을 위해 설계된 제품과 도구들을 구비해 놓고 있습니다.

(a) 모든 전문직 종사자들을 위해 개발된
(b) 특별히 여성 고객들을 위해 설계된
(c) 주택 개조를 훨씬 더 쉽게 하게 하는
(d) 다른 상품들보다 더 저렴하지만 그것들만큼 품질이 우수한

📘 기출 공략
최근까지 남성을 위한 것이었던 주택 개조 산업이 이제는 점점 여성을 위한 산업으로 변모하고 있다는 내용이다. 빈칸 앞 문장에서 DIY 점포들도 유행을 따라가고 있다고 말하고 있으므로 그것들이 취급하는 제품과 도구들 역시 특별히 여성을 위해 설계된 것이라고 해야 자연스럽게 연결된다. 따라서 (b)가 정답이다.

home-improvement 주택 개조, 주거 개선 **predominantly** 대부분 **spot** TV · 라디오의 프로 중간에 나오는 광고나 뉴스 **fare** (극장 등의) 상연물, (텔레비전의) 프로 **do-it-yourself** 소비자가 자신이 원하는 물건을 스스로 만들 수 있도록 한 상품 **join the bandwagon** 시류에 편승하다(jump on the bandwagon) **carry** (가게에서 품목을) 취급하다 **trade** 직업, 일

정답_(b)

5

Sam Patch (1807-1829), known as the "Yankee Leaper," was America's first daredevil. He found fame by jumping from high places. In 1827, he jumped off an 88-foot-high platform into the Passaic River. Two years later, he jumped into Niagara Falls and survived. Those two jumps made him a celebrity. Next, he _____. This time it was from a platform 125 feet above the Genesee Falls, but he did not resurface. The next spring, his frozen body was found downriver.

(a) succeeded at a higher jump
(b) tried a different kind of stunt
(c) dived into Niagara Falls again
(d) attempted a more ambitious jump

✿ 번역
'점프하는 양키'로 알려진 샘 패치(1807~1829년)는 신체적으로 위험한 일에 도전한 최초의 미국인이었다. 그는 높은 곳에서 뛰어내림으로써 명성을 얻었다. 1827년에 그는 88피트 높이의 단에서 퍼세이크 강으로 뛰어내렸다. 2년 후, 그는 나이아가라 폭포로 뛰어들어 살아남았다. 이 두 번의 점프로 그는 유명인사가 되었다. 다음에 그는 좀 더 야심찬 점프를 시도했다. 이번에는 125피트 높이의 단에서 제니시 폭포로 뛰어내리는 것이었는데, 그는 다시는 수면 위로 떠오르지 않았다. 다음 해 봄, 얼어붙은 그의 시체가 강 하류에서 발견되었다.

(a) 좀 더 높은 점프에 성공했다
(b) 다른 종류의 곡예를 시도했다
(c) 나이아가라 폭포에 다시 뛰어들었다
(d) 좀 더 야심찬 점프를 시도했다

📘 기출 공략
높은 곳에서 점프를 해서 명성을 얻은 사람에 대한 글이다. 빈칸 앞에서는 88피트 높이에서 뛰어내렸고 빈칸 뒤에서는 125피트 높이에서 뛰어내린 것으로 보아 이 사람이 좀 더 위험한 점프에 도전했다는 걸 알 수 있다. 따라서 빈칸에는 좀 더 욕심을 냈다는 의미의 말이 들어가야 자연스러우므로 (d)가 정답이다.

Yankee 양키, 뉴잉글랜드 지방 사람 **daredevil** 무모한[저돌적인] 사람 **celebrity** 유명 인사, 명성 **resurface** 다시 수면 위에 떠오르다 **downriver** 강 하류에 **stunt** 묘기, 곡예 **ambitious** 야심찬

정답_(d)

6

Dear Mr. Meadows,

The purpose of this letter is to inform you that I will be leaving my position with New Planet Entertainment effective March 1. I plan to relocate to the New York City area to start my own consulting business. I appreciate both having been a part of the NPE team and having had the opportunities that I was given over the past several years. Please let me know _____. You can reach me at my desk at 867-5309 if you have any questions.

Sincerely,
Douglas Brown

(a) why you have terminated my contract
(b) how things are going at your company
(c) whom I should thank for this opportunity
(d) how I can be of help until my departure

✿ 번역
메도우즈 씨에게,

이 편지를 쓰는 목적은 제가 3월 1일부로 뉴 플래닛 엔터테인먼트(NPE)에서 사직함을 알리기 위해서입니다. 저는 뉴욕 쪽으로 가서 직접 컨설팅 사업을 운영할 생각입니다. 저는 제가 NPE 팀의 일원이었고, 지난 몇 년 동안 제게 주어진 기회들을 누린 것을 감사히 여기고 있습니다. 퇴사하기 전까지 제가 어떻게 하면 도움이 될 수 있을지 알려 주십시오. 의문 사항이 있으시면 제 자리 867-5309번으로 연락하시면 됩니다.

더글라스 브라운

(a) 왜 저와의 계약을 종결시켰는지
(b) 당신 회사에서 무슨 일이 벌어지고 있는지
(c) 이번 기회에 대해 누구에게 감사해야 할지
(d) 퇴사하기 전까지 제가 어떻게 하면 도움이 될 수 있을지

📘 기출 공략
자기 사업을 시작하기 위해서 다니던 회사에 사직을 표명하는 편지이다. 회사에서 많은 것을 누리고 떠나는 사람의 입장에서는 퇴사할 때까지 조금이라도 도움이 되는 방법을 찾고자 할 것이므로 (d)가 정답이다.

leave one's position 일을 그만두다 **effective** 시행되는, 발효되는 **relocate** 이전[이동]하다 **start one's own business** 자기 사업을 시작하다 **terminate** 종결시키다

정답_(d)

7

Before processed foods became common, humans consumed omega-3 and omega-6 fatty acids in almost equal amounts. Now there is a considerable imbalance. People seem to be consuming far too much omega-6 and not enough omega-3. This dietary imbalance may account for the increase in such diseases as asthma, coronary heart disease and various types of cancer. The imbalance of fatty acids may also lead to obesity, depression, dyslexia, hyperactivity and even tendencies toward violence. It is therefore essential that people _____.

(a) stop eating too many fatty foods
(b) take dietary supplements once a day
(c) eat a variety of vegetables and fruits
(d) consume balanced portions of fatty acids

8

According to a new study by researchers in Sweden, placebos, or plain sugar pills presented as medicine, can trick the mind into feeling not only less physical pain but less emotional pain as well. In a two-day experiment, 15 volunteers were asked to rate their reactions to disturbing pictures. They were given an anti-anxiety drug to reduce distress. When the exercise was repeated the following day, however, the anti-anxiety drug was secretly replaced with a placebo. Tests showed that it was also effective in reducing the subjects' stress levels. Researchers concluded from this that _____ some psychological stress.

(a) severe physical stress can lead to
(b) the mere expectation of relief can reduce
(c) graphic images in photos and movies cause
(d) simple anti-anxiety medication can alleviate

9

At his favorite neighborhood "costume café," Shunsuke Yamagata, a college student who proudly calls himself a nerd, smiles shyly at waitresses hurrying about wearing cat's ears and mini-dresses inspired by Japanese comics. The café is a dream come true for Yamagata, whose passion is collecting comics and cartoons. He giggles when addressed in the squeaky character voices that waitresses use to delight their fantasy-loving customers. Such businesses are springing up all over Japan to cater to thousands like Yamagata who _____.

(a) work in Japan's competitive animation industry
(b) visit Japan to experience its unique culture
(c) are obsessed with the world of animation
(d) love dressing up as cartoon characters

번역
야마가타 슌스케는 자신을 세상 물정 모르는 따분한 사람이라고 자랑스럽게 말하는 대학생이다. 그는 동네에서 자신이 가장 좋아하는 '코스프레 카페'에서, 일본 만화를 흉내 낸 고양이 귀와 미니드레스를 입고 부산스럽게 왔다갔다 하는 여종업원들을 향해 수줍은 미소를 짓는다. 이 카페는 만화와 카툰을 열정적으로 모으는 것이 취미인 야마가타에게는 꿈이 실현되는 곳이다. 그는 여종업원들이 환상을 사랑하는 손님들을 즐겁게 해주기 위해 사용하는 높고 깩깩거리는 만화 캐릭터 목소리로 말을 걸어오면 피식피식 웃는다. 야마가타처럼 만화의 세계에 푹 빠진 수천 명의 사람들의 비위를 맞추기 위해 일본 곳곳에서 이런 사업체가 속속 생겨나고 있다.

(a) 일본의 경쟁력 있는 만화 산업에 종사하는
(b) 독특한 문화를 경험하기 위해 일본을 방문하는
(c) 만화의 세계에 푹 빠진
(d) 만화 캐릭터처럼 옷 입기를 좋아하는

기출 공략
종업원들이 유명 만화나 게임에 등장했던 캐릭터 복장을 입고 포즈를 흉내 내거나 연기를 하는 일본의 '코스프레 카페'에 관한 내용이다. 빈칸에는 야마가타를 묘사하는 말이 와야 하는데, 코스프레 카페를 제일 좋아한다거나 만화와 카툰 수집이 취미라는 말에서 그가 평소에 만화의 세계에 푹 빠져 산다는 것을 짐작할 수 있다. 따라서 (c)가 정답이다.

costume 복장, 변장   **nerd** 세상 물정을 모르는 사람   **hurry about** 급히 왔다갔다 하다   **passion** 열정적으로 하는 취미 (활동)   **giggle** 피식 웃다, 킥킥거리다   **squeaky** 끼익[깩, 찍]하는 소리가 나는   **spring up** 갑자기 나타나다   **cater to** ~의 비위를 맞추다   **obsess** ~에 집착하게 하다
정답_(c)

10

The forefathers of Australia's Aborigines came from southeast Asia approximately 50,000 years ago. They developed in isolation, coming up with their unique cultures and hundreds of languages. That isolation is confirmed in the fact that no relationship can be found between these Aborigine languages and any other Asian languages. Indeed, their languages are unlike any others on earth. Thus, as is commonly acknowledged, the Aborigines _____.

(a) show as much diversity as Asian languages
(b) have undergone many linguistic changes
(c) were truly Australia's first inhabitants
(d) spread their culture across the region

번역
호주 원주민의 선조들은 약 5만 년 전에 동남아시아에서 건너왔다. 그들은 고립 속에서 발전해 가면서 독특한 문화와 수백 가지 언어를 만들어냈다. 이러한 고립은 원주민의 언어들과 다른 모든 아시아 언어들 사이에 전혀 연관성이 없다는 사실에서 분명히 드러난다. 실제로, 그들의 언어는 지구상의 다른 어떤 언어와도 같지 않다. 그러므로 누구나 인정하듯이, 원주민은 분명히 호주의 첫 거주민이었다.

(a) 아시아 언어들만큼 다양성을 보여준다
(b) 많은 언어상의 변화를 겪었다
(c) 분명히 호주의 첫 거주민이었다
(d) 그 지역 이곳저곳에 자신들의 문화를 퍼뜨렸다

기출 공략
호주 원주민의 역사와 언어에 관한 내용이다. 원주민의 언어들이 세상 모든 언어들과 다르다는 것은 원주민과 세상 간에 전혀 접촉이 없었으며, 이는 곧 원주민이 호주에 거주했던 첫 종족임을 의미한다. 따라서 (c)가 정답이다.

forefather 선조   **approximately** 대략   **isolation** 고립, 분리   **come up with** ~을 생각해내다   **linguistic** 언어의   **inhabitant** 거주자
정답_(c)

11

The Shaker religion is probably most known for its _____. Shakers lived as a large group known as a "family," but it was a segregated family. In a Shaker community, males and females lived in separate quarters and were not allowed to have any physical contact, and there were strict regulations with regard to their behavior when they were together. When a conversation between a male and a female was needed, it was carried out in the company of others. Even when they danced and "shook" during worship, the two genders always kept their distance.

(a) promotion of large families
(b) strong views on Christian worship
(c) avoidance of modern conveniences
(d) rigid separation of men and women

✽ 번역
셰이커교는 아마도 남녀의 엄격한 구분으로 가장 잘 알려져 있을 것이다. 셰이커 교도들은 '가족'으로 알려진 큰 집단을 이루고 살았지만 그것은 분리된 형태의 가족이었다. 셰이커교 공동체에서, 남자와 여자는 서로 독립된 거처에서 살았고, 어떠한 신체적인 접촉도 허용되지 않았으며, 함께 있을 때의 행동에 대한 엄격한 규정이 있었다. 남녀 사이에 대화가 필요하면 다른 사람이 있는 가운데 했다. 심지어 예배를 보는 동안에 춤추고 몸을 '흔들' 때에도 남녀는 항상 서로 거리를 두었다.

(a) 대가족을 장려하는 것
(b) 기독교 예배에 대한 강경한 견해
(c) 현대의 편리성을 피하는 것
(d) 남녀의 엄격한 구분

📋 기출 공략
셰이커교의 엄격한 남녀 분리에 대한 내용이다. 빈칸 뒤부터 끝까지 셰이커교 남녀가 어떻게 거리를 두고 살았는지 그 예들을 나열하고 있는데, 첫 문장에 is known for가 있는 것으로 보아 빈칸에는 전체를 아우를 수 있는 주제가 와야 자연스럽다. 따라서 (d)가 정답이다.

segregated 분리된, 격리된 **quarters** 숙소, 거처 **regulation** 규정, 규제 **with regard to** ~에 관하여 **carry out** 수행하다 **in the company of** ~와 함께 **gender** 성(性) **keep one's distance** 거리를 두다 **rigid** 엄격한

정답_(d)

12

By the 1930s, the big Hollywood movie studios had all become well-established. Each studio had set up its own business philosophy and a creative "personality" to go along with it. MGM produced lavish, star-oriented films, whereas Columbia Pictures was famous for relatively leaner productions. The clean family films created by Paramount were in stark contrast to Warner Brothers' more sensationalized, tough character movies. It was obvious to those who knew the studios that _____.

(a) their aim was to make money rather than art
(b) their films reflected their business approaches
(c) they made films according to common guidelines
(d) they were treating their actors and actresses poorly

✽ 번역
1930년대쯤에는, 할리우드 대형 영화사들은 모두 튼튼히 자리를 잡았다. 각 영화사들은 자신만의 경영 철학과 거기에 맞는 창조적인 '개성'을 내세웠다. MGM은 스타 위주의 호화로운 영화를 만든 반면, 콜롬비아 픽쳐스는 비교적 소규모 제작으로 유명했다. 파라마운트의 순수한 가족 영화는 워너 브라더스의 보다 선정적이고 강한 캐릭터 영화와 극명한 대조를 보였다. 영화사를 아는 사람들은 각각의 영화가 영화사들이 내세우는 경영 철학을 반영하고 있음을 대번에 알 수 있었다.

(a) 그들의 목적은 예술이라기보다는 돈을 버는 것임을
(b) 각각의 영화가 영화사들이 내세우는 경영 철학을 반영하고 있음을
(c) 그들은 일반적인 지침에 따라 영화를 만든다는 것을
(d) 그들이 남녀 배우들을 형편없이 대우하고 있다는 것을

📋 기출 공략
각 할리우드 대형 영화사들의 특징에 대한 내용이다. 빈칸 앞까지 대형 영화사들은 자신만의 철학을 가지고 있고 거기에 맞게 영화를 제작하고 있다고 말하고 있다. 따라서 영화사를 잘 아는 사람이 어떤 영화를 본다면 그 영화가 제작사의 철학을 반영하고 있음을 대번에 알 수 있을 것이므로 (b)가 정답이다.

well-established 확립된, 안정된 **lavish** 풍성한, 호화로운 **lean** 빈약한, (비용을) 절감한 **stark** 극명한 **sensationalized** 선정적인 **obvious** 명백한 **approach** 접근법, 처리방법

정답_(b)

13

Stable trade prices are vital to a national economy. Even if a certain product represents a minor share of the gross domestic commodity, fluctuations in its trade price can impact the entire economy. Cheaply imported grain, for example, results in cheap bread, and cheap bread frees up wages that can be spent on other goods. Of course, the reverse applies if prices increase. In this way, _____.

(a) local markets are hurt by free trade
(b) national economies can ensure prosperity
(c) trade can greatly affect a nation's economy
(d) grain prices become ever more unpredictable

✼ 번역
안정적인 무역 가격은 국가 경제에 매우 중요하다. 비록 어떤 제품이 총 국가 상품 중 미미한 부분을 차지한다 하더라도 그것의 무역 가격이 변동되면 전체 경제에 영향을 미칠 수 있다. 예를 들어, 저렴하게 수입한 곡물이 빵 가격을 낮추고, 저렴해진 빵은 그만큼 임금을 다른 상품에 쓸 수 있게 한다. 물론 가격이 상승하면 그 반대가 적용된다. 이런 식으로 무역은 국가 경제에 커다란 영향을 끼칠 수 있다.

(a) 자유 무역이 국내 시장에 타격을 입힌다
(b) 국가 경제는 번영을 보장할 수 있다
(c) 무역은 국가 경제에 커다란 영향을 끼칠 수 있다
(d) 곡물 가격을 예측하는 것이 어느 때보다도 더 어려워진다

📋 기출 공략
특정 상품의 무역 가격이 전체 경제에 커다란 영향을 미친다는 내용이다. 첫 문장에서 안정적인 무역 가격이 국가 경제에 매우 중요하다고 말한 다음 뒤이어 그 예를 들고 있다. 마지막 문장이 In this way로 시작하는 것으로 보아 빈칸에는 다시 한 번 주제와 유사한 진술이 반복될 가능성이 크다. 따라서 (c)가 정답이다.

vital 극히 중대한 **gross** 전체의 **commodity** 상품 **fluctuation** 변동 **grain** 곡물 **free up** ~을 해방하다 **reverse** 정반대 **ensure** 보장하다

정답_(c)

14

Maxine Hong's autobiographical work, *The Lost Immigrant*, has earned her the enmity of some critics. They object to its _____. It would seem, however, that these critics are approaching her work from the point of view of the dominant American culture. They perceive her book as they do perhaps because they have not truly experienced the obstacles she encountered as a newcomer to the US. Hong's traumatic experience is representative, she proclaims, and only those who have been in her shoes can judge that authoritatively.

(a) overt criticisms of early immigrants
(b) excessive use of secondary sources
(c) unfair condemnations of Chinese-Americans
(d) alleged exaggeration of immigrants' hardships

✼ 번역
맥신 홍의 자서전적 작품인 〈길 잃은 이민자〉가 일부 비평가들의 반감을 샀다. 그들은 이 책이 이민자들의 고난을 과장되게 주장하는 것에 반대한다. 하지만 이러한 비평가들은 지배적인 미국 문화의 관점에서 그녀의 작품에 접근하고 있는 것 같다. 그들이 그녀의 책을 이와 같이 인식하는 것은 아마도 그녀가 미국에 처음 왔을 때 부딪혔던 장애물들을 자신들은 진짜로 경험해 보지 못했기 때문일 것이다. 맥신 홍은 자신의 충격적인 경험은 대표적인 사례이며, 자기 입장에 있어 본 사람이 아니라면 이 책을 독단적으로 판단할 수 없다고 주장한다.

(a) 초기 이민자들을 공공연히 비난하는 것
(b) 2차 자료를 과도하게 사용하는 것
(c) 중국계 미국인들을 부당하게 비난하는 것
(d) 이민자들의 고난을 과장되게 주장하는 것

📋 기출 공략
빈칸 앞에 They object to가 있으므로 빈칸에는 비평가들이 반대하는 대상, 즉 맥신이 작품에서 말하고자 하는 바가 와야 한다. the obstacles she encountered as a newcomer to the US 혹은 Hong's traumatic experience란 말에서 맥신이 자신의 작품에서 이민자들의 고난을 나타내고 있다는 것을 알 수 있다. 따라서 그와 같은 맥락의 (d)가 정답이다.

autobiographical 자서전의 **enmity** 원한, 적대감 **dominant** 지배적인 **encounter** 부딪히다 **traumatic** 매우 충격적인 **representative** 대표적인 사례가 되는 **be in one's shoes** ~의 입장에 서다 **authoritatively** 위압적으로 **overt** 공공연한 **condemnation** 비난 **alleged** 주장된, ~라고들 말하는 **exaggeration** 과장 **hardship** 어려움, 곤란

정답_(d)

15

New studies from California show that attending a community college is highly beneficial for students interested in eventually transferring to a university. The studies, conducted by the University of California (UC) and California State University (CSU), have found that community college transfer students consistently do well in junior and senior year courses, and they graduate at an equivalent rate to those who begin their studies at the universities. _____, almost two-thirds of all CSU graduates and one-third of all UC graduates began their academic careers at a California community college.

(a) In fact
(b) Instead
(c) And yet
(d) Likewise

✤ 번역
캘리포니아의 새로운 연구 조사에 의하면 지역 전문대학에 다니는 것이 결국은 대학교로 편입하는 데 관심이 있는 학생들에게 매우 이로운 것으로 나타났습니다. 캘리포니아 대학교(UC)와 캘리포니아 주립 대학(CSU)이 공동으로 실시한 이번 조사에서, 지역 전문대학에서 온 학생들이 3, 4학년 과정에서 한결같이 성적이 좋고, 처음부터 대학교에서 공부를 시작한 학생들과 동일한 비율로 졸업하는 것으로 드러났습니다. 실제로, CSU 전체 졸업자들 중 거의 3분의 2와 UC 전체 졸업자들 중 3분의 1이 처음에 캘리포니아 지역 전문대학에서 학업을 시작했습니다.

(a) 실제로
(b) 그 대신에
(c) 그럼에도 불구하고
(d) 마찬가지로

📘 기출 공략
2년제 지역 전문대학에 다니는 것이 추후에 일반 대학교로 진학하려는 학생들에게 도움이 된다는 내용이다. 빈칸 뒤 내용은 빈칸 앞의 조사 결과에 대한 실제 사례이므로 (a)가 적절하다.
community college (2년제) 지역 전문대학 **transfer to** ~로 전학[이동]하다 **consistently** 한결같이 **do well** 잘하다, 성공하다 **equivalent** 동등한   정답_(a)

16

At Cars4U, we've eliminated the negotiation and haggling process, so your shopping experience is pleasant and hassle-free. Cars4U provides actual Porsche 911 prices. These are fixed transactional market values, not theoretical prices. _____, Cars4U lists out any rebates and incentives offered by the manufacturer for a particular automobile. Those discounts are then incorporated into the Porsche 911 prices. We also offer a great deal of research information, such as specs, photos and reviews to help you with your car selection. Visit Cars4U today.

(a) Instead
(b) What's more
(c) On the contrary
(d) In the meantime

✤ 번역
카스포유에서는, 협상과 흥정 과정을 없앴기에 고객님의 쇼핑은 즐겁고 번거롭지 않습니다. 카스포유는 포르쉐911에 대해서 실질 가격을 제시합니다. 이는 이론상의 가격이 아니라 정해진 시장 거래 가격입니다. 게다가, 카스포유는 특정 자동차에 대해서 제조사가 제공하는 어떠한 환불 금액이나 사례금을 배제하고 있습니다. 그러한 할인 혜택은 나중에 포르쉐911 가격에 포함됩니다. 저희는 또한 고객님이 차를 고르실 때 도움을 주고자 설명서, 사진, 논평과 같은 수많은 연구 자료를 제공합니다. 오늘 카스포유를 방문하세요.

(a) 그 대신에
(b) 게다가
(c) 반대로
(d) 그 동안에

📘 기출 공략
자동차 판매점이 포르쉐 911을 광고하는 글이다. 빈칸 앞에서 포르쉐 911을 시장 거래 가격으로 살 수 있다고 했고, 빈칸 뒤에서는 현재 제시된 가격에 자동차 제조회사가 주는 사례금이나 보상금이 포함되어 있지 않아서 나중에 그만큼 더 할인 혜택을 받을 수 있다고 선전하고 있으므로 빈칸에는 추가를 나타내는 (b)가 어울린다.
haggle (값 등을) 깎으려고 옥신각신하다 **hassle-free** 번거로운 일[혼란, 말다툼]이 없는 **transactional** 거래의 **theoretical** 이론상의 **list out** 배제하다 **rebate** 환불; 할인 **incorporate** 통합하다, 편입하다 **spec** 설명서, 사양   정답_(b)

17

A penguin's feet are particularly vulnerable to heat loss, so it has two vital bodily functions that help it maintain its body temperature. First, the rate of blood flow to the penguin's feet is controlled by a varying of the diameter of arterial vessels, thereby allowing less blood to flow to its feet as conditions grow colder. Second, blood vessels arranged at the top of the penguin's legs create a heat exchange, where heat from blood going to the feet passes cold blood coming back from the feet. In this way, the penguin's body is able to cyclically warm its own blood.

Q What is the passage mainly about?
(a) Why penguins expand their blood vessels
(b) Why penguins need to keep their feet warm
(c) How penguins preserve their body temperature
(d) How penguins exchange body heat with one another

18

When he published his first novel *Things Fall Apart* 60 years ago, Nigerian writer Chinua Achebe had only modest hopes for its success. Yet the novel has since sold over 11 million copies in some 50 countries and has been translated into many languages. It is arguably the most influential work of fiction by an African writer, and it still appears on college and high-school reading lists around the world.

Q What is the passage mainly about?
(a) Achebe's impressive literary career
(b) Renewed Interest in *Things Fall Apart*
(c) Achebe's influence on African writers
(d) The unexpected success of *Things Fall Apart*

Reading Comprehension

19

In the University of North Carolina's early days, servants kindled fires in students' rooms and chopped wood for their stoves. But this public state university, proud of being the nation's oldest, is not proud to disclose that those servants were slaves. The fact was recently unveiled when archivists were researching the university's first 100 years. Written documentation and pictures confirmed that slaves helped build campus buildings and labored on campus grounds. "This university was built by slaves and free blacks," the university's Chancellor, James Moeser, has admitted. Other documents demonstrate that many faculty members were also slave owners.

Q What is the best title for the passage?
(a) University Uncovers Past Links to Slavery
(b) Archivists Discuss Corruption at University
(c) Chancellor Critical of Discrimination Incident
(d) Slaves Who Built Schools are Finally Honored

❋ 번역
노스 캐롤라이나 대학교의 초창기에, 고용인들이 학생 휴게실에 불을 지피고 난로에 쓸 나무를 팼다. 하지만 미국에서 가장 오래된 역사를 자랑스러워하는 이 주립 공립학교는 그러한 고용인들이 노예였다는 사실을 밝히기에는 자존심이 허락하지 않았다. 이 사실은 최근에 기록 보관인들이 이 대학 초창기 100년 역사를 조사하면서 드러났다. 문서와 그림들을 통해 노예들이 캠퍼스 건물을 짓는 데 동원됐고 캠퍼스 부지에서 노동했음이 입증되었다. "이 대학교는 노예들과 자유 흑인들이 건설했습니다"라고 제임스 뫼저 총장이 시인했다. 대다수 교직원들이 역시 노예 소유주였음을 증명하는 서류들도 발견되었다.

Q 지문의 제목으로 가장 알맞은 것은?
(a) 대학교, 과거 노예제 연루 사실을 밝히다
(b) 기록 보관인들, 대학교 부패를 논의하다
(c) 총장, 차별 사건 비난
(d) 학교 건설 노예들, 마침내 추모되다

📘 기출 공략
노스 캐롤라이나 대학교의 건립 초기에 노예를 이용했다는 사실이 밝혀졌다는 내용이다. 따라서 이와 같은 맥락의 (a)가 제목으로 적절하다. (b)와 (c)는 사실 무근이며, (d)는 총장이 학교 건립에 흑인들이 기여한 점을 인정하긴 했지만 이 글의 제목으로 보기에는 너무 지엽적인 내용이다.

servant 고용인, 종업원 **kindle** (불을) 붙이다 **chop** (장작 같은 것을) 패다 **disclose** 폭로하다 **unveil** 발표하다 **archivist** 기록 보관인 **free black** 자유 흑인(노예가 아닌 자유로운 신분의 흑인) **chancellor** 총장, 학장 **faculty member** 교직원 **uncover** 폭로하다, 뚜껑을 벗기다 **corruption** 부패 **discrimination** 차별

정답_(a)

20

The ancestors of today's Inuit devised a number of games for recreation during the harsh arctic winters. Winter was a time when the Inuit were confined to their ice huts for extended periods of time to escape the winter darkness, excruciatingly cold temperatures and icy winds. Playing games helped stave off boredom, and offered them entertainment. The games also taught valuable skills, promoted physical exercise and provided a means of communicating Inuit culture, values and attitudes.

Q What is the passage mainly about?
(a) The impact of winter on Inuit customs
(b) The adept cultures of the Arctic region
(c) The origins and purpose of Inuit games
(d) The way the Inuit learned through games

❋ 번역
오늘날 이뉴잇족의 조상들은 북극의 혹독한 겨울 동안 즐길 오락을 위해 수많은 게임을 창안했다. 겨울은 이뉴잇족이 긴 시간 동안 얼음집에 틀어박혀서 동절기 암흑과 견딜 수 없을 정도로 찬 기온, 매우 차가운 바람을 피하는 때였다. 게임을 하는 것은 지루함을 막아 주고 그들에게 재미를 주었다. 게임은 또한 귀중한 기술을 가르쳤고, 육체 운동을 촉진했으며, 이뉴잇족의 문화와 가치, 태도를 공유하는 수단을 제공했다.

Q 지문의 주제는?
(a) 겨울이 이뉴잇족의 관습에 미친 영향
(b) 북극 지방의 능숙한 문화들
(c) 이뉴잇족 게임들의 기원과 목적
(d) 이뉴잇족이 게임을 통해 배운 생활 양식

📘 기출 공략
이뉴잇족이 게임을 발명해서 겨울을 보냈다는 내용이다. 이뉴잇족 조상들이 혹독한 겨울 동안 오락을 위해 수많은 게임을 고안했다는 첫 문장이 핵심이며, 이것에서 이뉴잇족 게임의 기원과 목적을 알 수 있다. 따라서 (c)가 주제로서 적절하다.

devise 창안[고안]하다 **harsh** 혹독한, 냉혹한 **arctic** 북극의 **confined to** ~에 갇힌 **excruciatingly** 극도로 **stave off** ~를 피하다 **adept** 능숙한

정답_(c)

21

In the past, historical studies of the United Kingdom largely focused on Anglo-Saxon and Norman history. However, British historians have come to realize that this led not simply to a neglect of the history of the greater British Isles, but also created a fundamental misunderstanding of the nature of the United Kingdom itself, as a culture and a polity. Accordingly, historians now strive to take a more holistic view of the British Isles as made up of peoples and cultures that have all mutually shaped the history of the United Kingdom.

Q What is the writer's main point about the United Kingdom?
(a) Its beginnings were more ancient than historians once thought.
(b) It has recently been receiving renewed attention from historians.
(c) Its historians have realized that past studies of it were too narrow.
(d) It has influenced world history more than any other nation.

✱ 번역
과거에는, 대영제국의 역사적 연구가 주로 앵글로색슨과 노르만 역사에 초점을 맞추어졌다. 하지만 영국 역사가들은 이는 더 광범위한 영국 제도의 역사를 간과하는 결과를 가져왔을 뿐만 아니라, 하나의 문화와 국가 조직으로서 대영제국 자체의 본질에 대한 근본적인 오해를 낳았음을 깨닫게 되었다. 그래서 역사가들은 이제, 영국 제도가 대영제국의 역사를 공통으로 형성한 민족들과 문화들로 이루어졌다는 좀 더 전체론적인 시각을 취하려고 노력하고 있다.

Q 대영제국에 대한 필자의 요지는?
(a) 대영제국은 역사가들이 생각했던 것보다 더 오래 전에 시작되었다.
(b) 대영제국은 최근 역사가들로부터 새로운 관심을 받고 있다.
(c) 역사가들은 대영제국에 대한 과거의 연구가 너무 협소했음을 깨달았다.
(d) 대영제국은 다른 어떤 나라들보다 더 많이 세계사에 영향을 주었다.

📘 기출 공략
대영제국에 대한 역사적 연구가 앵글로색슨과 노르만 중심 역사관에서 다른 모든 섬들을 포함한 통합적 역사관으로 바뀌고 있다는 내용이다. 두 번째 문장에서 과거의 앵글로색슨과 노르만 중심 역사관이 대영제국 자체의 본질을 호도하는 결과를 낳았다고 했으므로 (c)가 적절하다.
British Isles 영국 제도 **polity** 국가 조직 **strive to** ~하려고 분투하다 **holistic** 전체론의 **made up of** ~로 구성된 **mutually** 서로, 공통으로
정답_(c)

22

Critics often look down on the prolificacy of young up-and-coming artists, labeling their works as pop fiction or pop art with a dismissive tone. This mindset is not conducive to encouraging a new generation of artists, nor does it come from a valid critical apprehension or an innocent aspiration to categorize—rather, it stems from a desire of those in power within the artistic community, both critics and canonized artists alike, to preserve the status quo and protect their positions. It is a stance that does a great disservice to the cause of cutting-edge art.

Q What is the passage mainly about?
(a) Criticisms of pop fiction and pop art by powerful critics
(b) Young artists and their struggles with experimental art
(c) Elitism against rising artists in the artistic community
(d) Poor judgments by critics of today's youth culture

✱ 번역
비평가들은 종종 무시하는 어조로 전도유망한 젊은 예술가들의 작품을 대중 픽션 혹은 대중 예술이라 칭하면서 그들의 왕성한 창작 활동을 경시한다. 이런 사고방식은 신세대 예술가들을 격려하는 데 도움이 되지 못할 뿐 아니라, 정당하고 비판적인 우려나 분류를 지으려는 순수한 열망에서 비롯된 것도 아니다. 오히려, 비평가든 찬탄받는 예술가든, 예술계 내 기득권자들이 현상을 유지하고 자신의 지위를 지키려는 욕망에서 나온 것이다. 이는 첨단 예술이라는 대의에 큰 위해가 되는 자세이다.

Q 지문의 주제는?
(a) 대중 픽션과 대중 예술에 대한 영향력 있는 비평가들의 비판
(b) 젊은 예술가들과 그들의 실험 예술과의 전쟁
(c) 예술계에서 전도유망한 예술가들에 대해 적대적인 엘리트 의식
(d) 오늘날 젊은이 문화에 대한 비평가들의 잘못된 판단

📘 기출 공략
비평가들이 종종 떠오르는 예술가들을 무시하는 것은 예술계 내 기득권자들이 자신의 현 지위를 지키기 위해서라는 내용이다. 따라서 이를 다른 말로 잘 표현한 (c)가 주제로서 적절하다.
prolificacy 다산성 **up-and-coming** 전도가 유망한, 떠오르는 **dismissive** 무시[멸시]하는 **mindset** 사고방식 **conducive** 도움이 되는 **apprehension** 우려 **stem from** ~에서 생기다 **canonize** 신성시하다, 찬미하다 **status quo** 현 상태 **stance** 자세, 입장 **do A a disservice** A에게 몹쓸 짓을 하다, 해가 되다 **cutting-edge** 최첨단의
정답_(c)

23

Looking for an ideal summer holiday rental home near Barcelona? We have a fully refurbished 18th-century stone farmhouse that is now ready for lease in the beautiful foothills of Monserrat, a 45-minute drive from Barcelona. The house has a 15-meter three-lane swimming pool, three bedrooms, two bathrooms, a kitchen and a living room. Good restaurants are only a five-minute walk away. Both short and long leases are available, starting from $350 US per week. For more information, contact philipa.b@yahoo.com.

Q Which of the following is correct about the advertised property?
(a) It dates back to the 18th century.
(b) It is located 45 minutes from Monserrat.
(c) It features a large circular swimming pool.
(d) It is a short walk from Barcelona's city center.

✿ 번역
바르셀로나 근처에서 여름 휴가를 보내기에 이상적인 임대 주택을 찾고 계시나요? 저희는 바르셀로나에서 차로 45분 떨어진 몬세라트의 아름다운 작은 언덕 위에 완전히 새로 개장한 18세기 석조 농가를 보유하고 있으며 언제라도 임대차 계약이 가능합니다. 이 주택은 길이 15미터의 레인 3개를 갖춘 수영장, 침실 3개, 욕실 2개, 그리고 부엌과 거실이 각각 하나씩 있습니다. 멋진 레스토랑이 걸어서 5분 거리에 있습니다. 주당 미화 350달러부터 시작해 장기와 단기 임대 둘 다 가능합니다. 더 자세한 사항을 알고 싶으시면 philipa.b@yahoo.com으로 연락 주세요.

Q 광고되고 있는 주택에 대해 다음 중 옳은 것은?
(a) 18세기까지 거슬러 올라간다.
(b) 몬세라트에서 45분 떨어진 곳에 위치해 있다.
(c) 대형 원형 풀장이 특징이다.
(d) 바르셀로나 도심에서 걸어서 얼마 걸리지 않는다.

📖 기출 공략
새로 개장한 18세기 농가를 임대하는 광고이다. 18세기 석조 농가라고 했으므로 (a)가 정답이다. 몬세라트가 아니라 바르셀로나에서 45분 떨어진 곳에 있으므로 (b)와 (d) 둘 다 오답이다. 길이 15미터의 3레인 수영장을 갖추고 있다고 했으므로 (c) 역시 틀렸다.

refurbish 새로 꾸미다 **lease** 임대차 계약 **foothill** 작은 언덕
date back to ~까지 거슬러 올라가다   정답_(a)

24

Marvel at the underground wonderland of Crystal Cave! See a breathtaking exhibit of crystals that have been gradually and exquisitely etched by Mother Nature's hands through the ages. Witness centuries-old, milky white stalactites, stalagmites and dripstone formations that stand like the columns of a grand palace. Prepare to be dazzled by such marvels as the Cathedral Chamber, the Giant's Tooth and the Crystal Ballroom. Crystal Cave is a unique experience the whole family can share. Our one-hour tour is along concrete walkways and is supervised by a certified guide.

Q Which of the following is correct about Crystal Cave according to the advertisement?
(a) Visitors are taken on a guided half hour tour.
(b) The cave is home to dark colored stalactites.
(c) One feature of the cave is the Cathedral Chamber.
(d) The underground tour is recommended for adults only.

✿ 번역
크리스털 동굴의 놀라운 지하세계에 경탄하세요! 대자연의 손에 의해 대대로 서서히, 정교하게 식각된 크리스털이 숨막힐 듯이 펼쳐진 광경을 구경하세요. 수세기나 된 우윳빛 종유석과 석순, 점적석들이 편대를 이루어 마치 웅장한 궁궐의 기둥처럼 서 있는 모습을 보세요. 대성당 방, 거인의 이빨, 크리스털 무도회장과 같은 경이로운 대상에 황홀해질 준비를 하세요. 크리스털 동굴은 온 가족이 함께 할 수 있는 독특한 체험입니다. 우리의 1시간짜리 투어는 콘크리트로 된 보도를 따라 이루어지며 자격증 있는 가이드가 동행합니다.

Q 광고에 따르면 다음 중 크리스털 동굴에 대해 옳은 것은?
(a) 가이드가 딸린 반 시간짜리 투어이다.
(b) 동굴은 흑색 종유석의 본거지이다.
(c) 동굴의 특색 중 하나는 대성당 방이다.
(d) 이 지하세계 투어는 성인에게만 추천된다.

📖 기출 공략
관광지로서 종유석, 석순, 점적석 등이 있는 동굴을 광고하는 글이다. Prepare to be dazzled by 이하에서 (c)가 정답임을 알 수 있다. 흑색 종유석이 아니라 우윳빛 종유석(milky white stalactites)이라고 했으므로 (b)는 오답이다. 이 동굴은 온 가족이 함께 할 수 있는 1시간짜리 투어라고 했으므로 (a)와 (d)도 오답이다.

marvel 경탄하다, 경이로워하다 **breathtaking** 숨이 막히는
exquisitely 정교하게, 매우 아름답게 **etch** 식각하다, 아로새기다
Mother Nature (만물의 어머니 같은) 대자연 **through the ages** 몇 대에 걸쳐, 대대로 **stalactite** 종유석 **stalagmite** 석순
dripstone 점적석 **dazzle** 눈부시게[황홀하게] 하다   정답_(c)

25

Dear Mr. Black,

I would like to apply for the position of chief accountant at Sanders Enterprises, as posted in the August 20th issue of the *New York Times*. I believe that I am an ideal candidate for the position with my extensive experience as an accountant at Matheson Business Associates. In my current position, I perform the exact same tasks required for the advertised position. Please find enclosed my CV and three letters of reference. I look forward to hearing from you regarding an interview. I appreciate your time and consideration.

Sincerely,
Ken Jacobs

Q Which of the following is correct according to the passage?
(a) Sanders Enterprises needs a new salesperson.
(b) Sanders Enterprises was mentioned in a news article.
(c) Ken Jacobs is presently employed as an accountant.
(d) Mr. Black has already been offered an interview.

번역
블랙 씨에게,

저는 8월 20일자 〈뉴욕타임즈〉에 게재된 대로 샌더스 엔터프라이즈의 수석 회계사 직에 지원하기를 희망합니다. 저는 매드슨 비즈니스 연합에서 회계사로서 많은 경험이 있으므로 그 자리에 이상적인 후보라고 생각합니다. 제가 현재 맡고 있는 직위에서 수행하고 있는 업무는 광고하신 직위에서 요구하는 것과 정확히 일치합니다. 제 이력서와 추천서 3장을 동봉합니다. 면접에 대한 연락이 오기를 기대합니다. 시간을 내서 검토해 주셔서 감사합니다.

켄 제이콥스

Q 지문에 따르면 다음 중 옳은 것은?
(a) 샌더스 엔터프라이즈는 신입 영업사원이 필요하다.
(b) 샌더스 엔터프라이즈는 뉴스 기사에서 언급되었다.
(c) 켄 제이콥스는 현재 회계사로 고용되어 있다.
(d) 블랙 씨는 이미 면접 제의를 받았다.

기출 공략
수석 회계사를 찾는 구인 광고를 보고 지원하는 편지이다. 중반부의 In my current position, I perform the exact same tasks required for the advertised position에서 필자가 현재 회계사로 일하고 있음을 알 수 있으므로 (c)가 정답이다. 샌더스 엔터프라이즈의 구인 광고가 신문에 실린 것이지 기사에 언급된 것은 아니므로 (b)는 오답이다.

accountant 회계사 **find enclosed** ~을 동봉합니다 **CV** 이력서 (curriculum vitae) **reference** 추천서 (letter of recommendation)

정답 (c)

26

New Zealand's South Island Tours offers you phenomenal value for your money, with a 21-day tour for only $2,300. Explore New Zealand's South Island in a 49-seat, air-conditioned tour bus. Hotel accommodations with breakfast are included in the price. This tour takes a leisurely pace but has a comprehensive itinerary. Contact New Zealand's South Island Tours for more information and a detailed schedule. Please note that the tour is usually fully booked months in advance. Our next available tour departs in December.

Q Which of the following is correct according to the advertisement?
(a) The tour lasts about two weeks.
(b) Hotel accommodation and all meals are included.
(c) The tour schedule is available at the travel agency.
(d) All the tours are already fully booked for the year.

번역
뉴질랜드 사우스 아일랜드 투어는 단돈 2,300달러에 21일 투어라는, 여러분의 돈이 아깝지 않을 경이로운 상품을 제공합니다. 에어컨이 설치된 49인승 투어 버스를 타고 뉴질랜드의 사우스 아일랜드를 탐험해 보세요. 그 가격에는 조식 및 호텔 숙박비가 포함되어 있습니다. 이 투어는 여유롭게 진행되지만 여행 일정표는 다채롭습니다. 더 자세한 정보와 상세한 스케줄을 알고 싶으시면 뉴질랜드 사우스 아일랜드 투어에 연락하십시오. 이 투어는 대개 몇 달 전에 예약이 다 끝난다는 점을 명심하세요. 다음 투어는 12월에 출발합니다.

Q 광고에 따르면 다음 중 옳은 것은?
(a) 투어는 약 2주간 계속된다.
(b) 호텔 숙박 및 세 끼 식사가 포함되어 있다.
(c) 투어 스케줄은 여행사에 알아보면 된다.
(d) 올해의 모든 투어가 이미 예약이 끝났다.

기출 공략
뉴질랜드 사우스 아일랜드 투어를 광고하는 글이다. Contact New Zealand's South Island Tours for more information and a detailed schedule에서 (c)가 정답임을 알 수 있다. 이 투어는 대개 몇 달 전에 예약이 끝난다는 말은 아직 예약이 끝나지 않았으므로 얼른 신청하라는 뜻이므로 (d)는 오답이다.

phenomenal 경이적인 **leisurely** 느긋한 **comprehensive** 포괄적인, 종합적인 **itinerary** 여행 스케줄 **in advance** 미리

정답 (c)

Reading Comprehension

27

Each foot of a fly has two plump sticky footpads that give it the ability to adhere to a surface even when upside down. The footpads, called pulvilli, come equipped with tiny hairs that include spatula-like tips. Scientists once believed that the curved form of the hairs were what helped flies stick to ceilings and walls, but in fact, the hairs produce a glue-like matter composed of sugar and oil, which is what gives a fly its sticky walk.

Q Which of the following is correct about a fly's footpads according to the passage?
(a) A fly has a total of four, all of which are adhesive.
(b) Each one of them is shaped like a spatula.
(c) Their curved hairs make clinging to the walls possible.
(d) The glue-like substance from their hairs help flies stick.

※ 번역
파리는 각 발에 두 개의 오동통하고 끈적끈적한 각부가 있어 이로 인해 파리는 거꾸로 있을 때조차도 표면에 달라붙을 수 있다. 흡반이라 불리는 이 각부에는 가는 털이 나 있고, 그 털의 끝 부분은 주걱 모양으로 되어 있다. 과학자들은 예전에 파리가 이 털의 구부러진 형태 때문에 천장과 벽에 달라붙을 수 있다고 생각했다. 그러나 사실은, 이 털들이 당과 기름으로 이루어진 아교 같은 물질을 만들어내고, 이 물질 때문에 파리의 걸음이 끈적끈적한 것이다.

Q 지문에 따르면 파리의 각부에 대하여 옳은 것은?
(a) 파리의 각부는 총 네 개인데, 네 개 모두 끈적끈적하다.
(b) 모두 주걱처럼 생겼다.
(c) 구부러진 털 때문에 벽에 달라붙을 수 있다.
(d) 털에서 나온 아교 같은 물질 때문에 파리가 달라붙을 수 있다.

📖 기출 공략
파리가 벽이나 표면에 달라붙을 수 있는 이유를 설명하는 글이다. 마지막 문장 the hairs produce a glue-like matter 이하에서 (d)가 정답임을 알 수 있다. 첫 문장에서 각 발에 두 개의 각부가 있다고 했으므로 (a)는 오답이다. 각부에 나 있는 털의 끝 부분이 주걱 모양이라고 했으므로 (b)도 틀렸다.
plump 포동포동한 footpad 우주선 연착륙용 각부 adhere to ~에 들러붙다 pulvilli 흡반, 육반(단수 – pulvillus) spatula 주걱 curved 구부러진 adhesive 점착성의, 끈끈한   정답_(d)

28

To install your ceiling fan successfully, be sure to read the instructions and review the diagrams thoroughly before beginning. Since a typical fan draws about the same power as a light fixture, the electrical circuit should not become overloaded. But if your fan includes lights, be sure the circuit it uses has enough extra capacity to handle the load. If not, you must run a new circuit with a new circuit breaker from your home's main service panel or sub panel to the fan. If you are unfamiliar with how to do this, secure the services of a qualified licensed electrician to carry out the installation.

Q Which of the following is correct according to the instructions?
(a) Fans often exceed the power requirements for lights.
(b) More electrical output is needed for fans with lights.
(c) Service panels should be set up after fan installation.
(d) An electrician should be employed for all installations.

※ 번역
천장선풍기를 성공적으로 설치하기 위해서는, 그 전에 반드시 설명서를 읽고 도해를 꼼꼼히 살피도록 하십시오. 일반적인 천장선풍기는 조명기구만큼의 전력을 끌어당기므로 전기 회로에 과부하가 걸리지 않게 해야 합니다. 하지만 조명이 붙어 있는 선풍기라면 그것이 사용하는 회로는 반드시 그만큼의 부하를 처리할 수 있는 충분한 여유 용량이 필요합니다. 만약 여유 용량이 충분하지 않으면 고객님 가정의 두꺼비집에서 가져온 새로운 차단기로 새 회로를 작동시키거나 선풍기에 따로 배전반을 설치해야 합니다. 고객님이 이러한 설치 방법에 익숙치 않으시면, 설치를 수행할 수 있는 자격증을 소지한 전기기사로부터 서비스를 받도록 하십시오.

Q 설명서에 따르면 다음 중 옳은 것은?
(a) 선풍기는 종종 조명에 드는 전력 요구량을 초과한다.
(b) 조명이 붙어 있는 선풍기는 더 많은 발전량이 필요하다.
(c) 배전반은 선풍기 설치 후에 가설되어야 한다.
(d) 전체 설치를 위해서는 전기기사를 고용해야 한다.

📖 기출 공략
천장에 선풍기를 설치하는 방법을 설명한 글이다. 중반부의 if your fan includes lights, be sure the circuit it uses has enough extra capacity to handle the load에서 (b)가 정답임을 알 수 있다. 선풍기는 조명기구만큼의 전력을 소비한다고 했으므로 (a)는 오답이다.
diagram 도형, 도해 draw 빨아들이다 light fixture 조명기구 electrical circuit 전기 회로 overloaded 과부하된, 과적된 circuit breaker 차단기 main service panel 두꺼비집, 주 배전반 output 발전량   정답_(b)

29

The religious system of Zoroastrianism predates Christianity, Islam and Judaism, and its doctrines of one God, a dualistic universe of good and evil and a final day of judgment influenced those later religions. Zoroastrianism was once practiced across a vast area stretching from what is now Rome and Greece to India and Russia. Practitioners still exist, but their global population has dwindled to perhaps as few as 124,000. However, the precise number is difficult to know because of wildly diverging estimates in Iran, where the faith originated.

Q Which of the following is correct about Zoroastrianism according to the passage?
(a) It was established at the same time as Christianity.
(b) Its doctrines affected Jewish and Christian faiths.
(c) It still dominates in parts of India and Russia.
(d) It continues to grow in popularity.

30

Scotch whisky is indeed a global commodity, with healthy, expanding markets around the globe. The two major Scotch whisky markets are, interestingly, America and France; indeed, the French consume four times as much Scotch whisky as brandy. Also responsible for strong sales of Scotch whisky are emerging economies, such as those in Russia and China. Countries where a dramatic increase in Scotch whisky sales has been seen are Spain, Greece, Germany and South Africa. Indeed, Scotch whisky sales have doubled in South Africa over the last five years, reflecting that nation's economic growth.

Q Which of the following is correct according to the passage?
(a) More Scotch is drunk in China than in France.
(b) Brandy outsells Scotch by four to one in France.
(c) Russia represents a growing market for Scotch whisky.
(d) South Africa is the second largest market for Scotch whisky.

Reading Comprehension

31

The traditional Roman calendar featured 12 months with 30 days each, but because it inaccurately reflected the solar year, it had to be corrected periodically by adding an extra month. Seeking an alternative, Julius Caesar had the Julian calendar created based on 6 months of 30 days and 6 months of 31 days. Later revisions set it at 7 months with 31 days and 4 months with 30 days. Despite having a leap year rule, the Julian calendar year was still slightly too long. So, in 1582, Pope Gregory XIII decreed a modified calendar based on the Julian but with a more accurate leap year calculation. This is basically the calendar we use today.

Q Which of the following is correct according to the passage?
(a) The Julian calendar featured 12 months of 30 days each.
(b) Pope Gregory XIII introduced a revised calendar in 1582.
(c) Pope Gregory XIII was the first to propose a leap year rule.
(d) Julius Caesar's calendar was identical to today's calendar.

32

Because of their enormous size and speed, blue whales were safe from early whalers who were unable to pursue them in open boats nor kill them with hand harpoons. However, in 1864 a Norwegian, Sven Foyn, revolutionized the whaling industry by inventing the exploding harpoon gun. This, combined with motorized ships, meant that the whaling industry could hunt blue whales. By 1900, blue whales were being slaughtered by the thousands. The slaughter peaked in 1931, when over 29,000 were killed in one season. Not surprisingly, this massacre left the blue whales facing extinction, and whalers were forced to hunt other species.

Q Which of the following is correct according to the passage?
(a) Early whalers pursued blue whales in open boats.
(b) The whaling industry was revolutionized in 1900.
(c) In 1931 the number of blue whales killed reached near 29,000.
(d) Near extinction of blue whales made the whalers stop the slaughter.

33

Do you have what it takes to motivate and lead others? Do you enjoy teaching, supervising and helping a team develop and prosper? If so, our company has a position for you. DataWorks is looking for a Telecommunication Sales Manager with extensive experience in local or long-distance phone-plan sales. The position comes with an excellent salary, a car allowance, annual bonuses and exceptional fringe benefits. Submit your résumé along with at least two reference letters to jobapp@dataworks.com.

Q What type of person is best suited for the advertised position?
(a) A person seeking an entry-level position
(b) A person who has worked in customer support
(c) Someone who is good at negotiating with management
(d) Someone with previous experience as a sales manager

✽ 번역
당신은 다른 사람들에게 동기를 부여하고 그들을 지휘하는 데 필요한 것을 갖고 계십니까? 당신은 팀을 교육하고 감독하며 팀의 발전과 번영을 도와주는 것을 즐기십니까? 만약 그러시다면, 저희 회사에 당신에게 맞는 일자리가 있습니다. 데이터웍스는 지역 혹은 장거리 전화상품 영업에서 폭넓은 경험을 갖고 있는 통신영업 부장을 찾고 있습니다. 이 자리에는 고액 급여, 자동차 수당, 연간 보너스, 그리고 상당한 복지가 따릅니다. 이력서와 함께 두 장 이상의 추천서를 jobapp@dataworks.com에 제출하십시오.

Q 광고하는 일자리에 가장 적당한 유형의 사람은?
(a) 말단 직을 찾는 사람
(b) 고객 지원 일을 했던 사람
(c) 경영진과의 협상에 능숙한 사람
(d) 영업 부장 경력이 있는 사람

📘 기출 공략
경력 있는 통신영업 부장을 뽑는 구인 광고이다. 중반부에서 전화상품 영업 경험이 많은 사람을 찾고 있다고 했으므로 선택지 중에서는 (d)가 가장 적절하다. (a), (b), (c)는 언급하지 않은 내용들이다.
telecommunication (원거리) 전기통신 **phone-plan** 전화상품 **allowance** 비용, 수당 **exceptional** 특출한, 예외적인 **fringe benefits** 복리 후생 **entry-level** 초보자용의, 말단인   정답_(d)

34

When it comes to accommodation, Paris offers endless possibilities. There are nearly 1,500 hotels (and more than 75,000 hotel rooms) in the city, a large proportion of them small and privately owned. Prices range widely—a single room with shared shower and toilet might start at 35 euros per night, while a grand suite at a new five-star hotel can cost up to 15,000 euros. Travelers usually rely on the universal five-star rating system, but ratings can be deceptive. You might be surprised by what's available when you venture off the beaten path.

Q What is likely to be discussed next?
(a) Advice for finding the cheapest hotels in Paris
(b) Examples of unexpectedly pleasant lodgings
(c) Small hotels in Paris that should be avoided
(d) Possible problems with Parisian hotels

✽ 번역
숙박시설에 관한 한 파리는 끝없는 가능성을 제공한다. 이 도시에는 거의 1,500개의 호텔(7만 5천여 개 이상의 객실)이 있는데, 대부분 개인 소유의 조그만 호텔이다. 가격대는 천차만별이다. 공동 샤워장 및 화장실을 쓰는 1인실은 하룻밤에 최저 35유로부터 시작할 것이며, 반면 새로 생긴 별 다섯 개 등급 호텔의 그랜드 스위트룸은 최고 만 5천 유로를 지불해야 할 것이다. 여행자들은 대개 보편적인 별 다섯 개 만점 등급제에 따라 숙소를 고르지만 등급을 100퍼센트 믿을 수는 없다. 사람들이 많이 찾지 않는 곳으로 가서 뜻밖의 숙소를 발견하고 깜짝 놀랄지도 모른다.

Q 다음에 논의될 내용은?
(a) 파리에서 가장 저렴한 호텔을 찾는 데 필요한 조언
(b) 뜻하지 않게 기분 좋게 해주는 숙소의 예들
(c) 피해야 할 파리의 조그만 호텔들
(d) 파리 호텔들이 가지고 있을지도 모를 문제점들

📘 기출 공략
파리의 숙박시설에 대한 내용이다. 이런 유형의 문제는 항상 마지막 부분에 집중해야 한다. 마지막 부분에서 대부분의 여행자들은 별 다섯 개 만점 기준에 따라 숙소를 정하지만 그것이 늘 정확한 것은 아니며 점수가 낮아도 좋은 숙소가 많다고 말하고 있다. 따라서 다음에 이어질 내용은 (b)일 가능성이 크다.
when it comes to ~에 관해서라면 **accommodation** 숙박 설비 **range** 변동하다; ~에 걸치다 **share** 공유하다 **deceptive** 속이는, 믿을 수 없는 **venture** 과감히 나아가다 **off the beaten path[track]** 인적이 드문 **lodging** 임시숙소, 숙박   정답_(b)

35

Japanese literature today remains strongly influenced by Japan's two oldest surviving literary works. One of these is *The Kojiki Record of Ancient Matters*, a prose work assumed to have been written in 712. It was composed at the request of the emperor with the goal of recording and justifying imperial rule. The other is the *Manyo-shu (Collection of Ten Thousand Leaves)*, a 20-volume anthology of poems compiled around the year 770. It boasts some 4,500 poems by a number of male and female writers from virtually every walk of life. Many of these poems, which touch on a wide range of subjects, are known for their moving candor and bold simplicity.

Q What can be inferred from the passage?
(a) Japanese culture is increasingly reverting to its past.
(b) The *Kojiki* is more political in focus than the *Manyo-shu*.
(c) Prose is now more highly regarded than poetry in Japan.
(d) The *Manyo-shu* is more closely studied today than the *Kojiki*.

✽ 번역
오늘날 일본 문학은 현존하는 일본의 가장 오래된 문학 작품 두 편의 영향을 강하게 받고 있다. 하나는 712년에 쓰여진 것으로 추정되는 산문 작품인 〈고지키 고사기(古事記)〉이다. 이는 천황의 통치를 기록하고 정당화할 목적으로 천황의 요구에 의해 지어졌다. 다른 하나는 20권으로 된 시가집인 〈만요슈(만 개의 잎 모음)〉로, 770년경에 편찬되었다. 이는 각계 각층의 수많은 남성 및 여성 작가들이 쓴 4천 5백여 개의 시를 자랑한다. 다양한 주제를 다루고 있는 이들 시의 대부분은 심금을 울리는 솔직함과 지나칠 정도의 단순성으로 유명하다.

Q 지문에서 추론할 수 있는 것은?
(a) 일본 문화는 점점 과거로 돌아가고 있다.
(b) 〈고지키〉는 〈만요슈〉보다 더 정치적인 데 초점이 맞춰져 있다.
(c) 일본에서 산문은 이제 시보다 더 높이 평가받는다.
(d) 〈만요슈〉는 오늘날 〈고지키〉보다 더 자세히 연구되고 있다.

📖 기출 공략
일본 현대 문학은 일본의 가장 오래된 두 가지 고전 문학의 영향을 받고 있다는 내용이다. 〈고지키〉가 천황에 관한 작품인 반면 〈만요슈〉는 각계 각층의 사람들이 쓴 시집이므로 전자가 후자보다 더 정치적이라고 볼 수 있다. 따라서 (b)가 정답이다. (a), (c), (d)는 전혀 근거 없는 내용들이다.

prose 산문 **compose** 짓다, 작문하다 **imperial** 황제의
anthology 선집, 문집 **compile** 편찬하다 **virtually** 사실상
every walk of life 각계 각층의 사람들 **candor** 솔직 **revert to** ~로 되돌아가다

정답_(b)

36

Sociologists of religion are dedicated to studying the practices and roles of religions in society. They examine how religion affects society and vice versa. They also study the nature of the many religions that have emerged throughout recorded history. However, practitioners in this field are not necessarily religious. In fact, their theories and conclusions can be antithetical to the goals and purposes of a religion, which often makes them unpopular with religious devotees.

Q What can be inferred about sociologists of religion from the passage?
(a) Their field has less scope for research in the modern era.
(b) They tend to be biased towards some religions over others.
(c) Their research might cover the impact of religion on politics.
(d) They avoid criticizing certain religions for fear of retribution.

✽ 번역
종교사회학자는 사회에서 종교의 관행과 역할을 연구하는 일에 전념한다. 그들은 종교가 어떻게 사회에 영향을 끼치는지, 혹은 그 반대의 경우를 조사한다. 그들은 또한 역사가 기록된 이후 등장한 수많은 종교들의 본질을 연구한다. 하지만 이 분야 종사자들이 반드시 종교적이지는 않다. 실제로, 그들의 이론과 결론은 종교의 목적과 취지에 반대되기도 한다. 이 때문에 종종 그들은 종교를 열성적으로 믿는 사람들에게 인기가 없다.

Q 지문에 따르면 종교사회학자들에 대해 추론할 수 있는 것은?
(a) 그들 분야는 현대에 연구 범위가 더 좁다.
(b) 일부 종교에 치우치는 경향이 있다.
(c) 그들의 연구는 종교가 정치에 미치는 영향을 포함할 수 있다.
(d) 그들은 보복이 두려워 특정 종교들을 비판하려 하지 않는다.

📖 기출 공략
종교사회학자들의 연구 분야에 대한 내용이다. 두 번째 문장 They examine how religion affects society and vice versa에서 정치도 사회의 일종이므로 (c)가 정답이다. (a), (b), (d)는 사실 무근이다.

sociologist 사회학자 **dedicated to** ~에 전념하는 **vice versa** 반대로 **practitioner** 현역, 의사 **antithetical** 대조되는, 정반대의
devotee 헌신적인 추종자 **scope** 범위 **be biased toward** ~에 치우쳐 있다 **retribution** 보복

정답_(c)

37

Dear Editor,

The article by Barry Milton in your last issue, entitled "A Better Way to Fight Drug Abuse," is seriously misinformed. There is no evidence that harsher punishment deters people from using or selling drugs. It would be especially ridiculous to include "soft" drug use in such a scheme. In fact, a link has been shown between Hawaii's marijuana eradication efforts and the increase in that state of hard drug use. So, targeting soft drug dealers actually makes hard drug dealers richer. The logical solution is to be more lenient on soft drugs like marijuana and just combat the dealers of the hard, truly dangerous drugs.

Sincerely,
Spike Brady

Q What was the likely subject of Barry Milton's article?
(a) An argument for being lenient on some drugs
(b) An insight into the causes and effects of hard drug use
(c) A proposal to raise drug abuse penalties across the board
(d) A criticism of the government's policy of legalizing marijuana

✿ 번역
편집자께,

귀사의 최근 호에서 배리 밀턴이 쓴 '마약 남용과 싸우는 더 좋은 방법'이라는 제목의 기사에 실린 정보는 크게 잘못되었습니다. 더 가혹한 처벌을 하면 마약을 사용하거나 파는 행위가 사라질 거라는 증거는 전혀 없습니다. 그런 계획에 '중독성 없는' 마약 사용을 포함하는 것은 특히 어리석은 일로 보입니다. 실제로, 하와이 주의 마리화나 근절 노력과 그 주에서 중독성 마약 사용 증가 사이에는 연관성이 있었습니다. 그러므로, 중독성 없는 마약 거래상들을 표적으로 삼는 것은 실제로 중독성 마약 거래상들을 더 부자로 만듭니다. 논리적인 해결책은 마리화나와 같은 중독성 없는 마약에 대해서는 좀 더 관대해지고 중독성 있는, 진실로 위험한 마약을 거래하는 사람들과 전투를 벌이는 것입니다.

스파이크 브래디 드림

Q 배리 밀턴이 쓴 기사의 주제로 적절한 것은?
(a) 일부 마약에 대해서 관대해지자는 주장
(b) 중독성 마약 사용의 원인과 결과에 대한 통찰
(c) 마약 남용 벌칙을 전반적으로 강화하자는 제의
(d) 마리화나를 합법화하는 정부 정책에 대한 비판

📘 기출 공략
어떤 기사에 대해 반박하는 편지이다. 배리 밀턴이 쓴 기사의 핵심은 두 번째 문장의 harsher punishment deters people from using or selling drugs에 잘 드러나 있다. 따라서 마약 남용에 관한 처벌을 더욱 강화하자는 (c)가 적절하다.

misinform 잘못된 정보를 주다 **deter A from -ing** A가 ~하지 못하도록 단념시키다 **soft drug** 연성[중독성 없는] 마약 **scheme** 계획, 제도 **eradication** 근절 **hard drug** 중독성 마약 **lenient** 관대한 **combat** 전투, 싸움 **across the board** 전반에 걸쳐 **정답** (c)

38

In 1939, in Manitoba, Canada, Alfred Hole took in four orphaned goslings and decided to look after them. (a) That eventually led to what we now know as the Alf Hill Goose Sanctuary, a nature park frequented by various species of geese. (b) Throughout North America, non-migratory Canadian Geese populations have been on the rise. (c) As well as the geese and several beautiful nature walks, there are many displays on the history of the sanctuary. (d) From spring to fall, guides at the park also provide scheduled programs, activities and park information.

✿ 번역
1939년 캐나다 마니토바에서 알프레드 홀은 집 잃은 거위 새끼 네 마리를 집으로 데려와 돌보기로 결심했다. (a) 그것은 결국 현재 우리가 알고 있는 알프 힐 거위 보호구역, 즉 다양한 종의 거위가 사는 자연 공원의 탄생으로 이어졌다. (b) 북미 전체에 걸쳐 비이동성 캐나다 기러기 개체수가 증가하고 있다. (c) 거위와 몇몇 아름다운 자연 속의 산책로뿐만 아니라 보호구역의 역사를 소개하는 많은 전시가 있다. (d) 봄부터 가을까지, 공원 안내원들이 연간 계획된 프로그램 및 활동 그리고 공원 정보도 제공한다.

📘 기출 공략
알프 힐 거위 보호구역이 탄생한 배경과 현재의 모습을 설명하는 글이다. 모든 선택지가 알프 힐 거위 보호구역에 대해서 말하고 있는 반면 (b)는 엉뚱하게도 Canadian Geese, 즉 캐나다 기러기에 대해 설명하고 있어 글의 흐름에서 벗어난다. 따라서 (b)가 정답이다.

take in 숙박시키다 **orphan** 고아로 만들다 **gosling** 거위 새끼 **sanctuary** (조수) 보호구역 **frequent** 자주 다니다 **non-migratory** 비이동성의 **nature walk** 자연 관찰 산책 **정답** (b)

39

When renting out a house, you need to decide what kind of accommodation you want to provide. (a) If you intend your rental to be a vacation house, for example, then it needs to be fully furnished. (b) Keep in mind that renting a house is not about making friends, it's about managing an investment. (c) If you do not want to provide furniture, renting to long-term family tenants is probably your best option. (d) Families wanting to stay for several years are likely to have their own furniture and appliances.

✿ 번역
집을 임대할 때 당신은 어떤 유형의 숙소를 제공하기를 원하는지 정할 필요가 있다. (a) 예를 들어, 휴가용 집을 임대하고자 한다면 일체 가구를 완비해야만 한다. (b) 집을 임대하는 것은 친구를 사귀는 일이 아니라 투자를 관리하는 일이라는 것을 명심하라. (c) 만약 가구를 제공하고 싶지 않다면 가족 단위 세입자에게 장기 임대하는 것이 아마 최선의 선택일 것이다. (d) 몇 년 동안 체류하기를 원하는 가족은 가구와 가정용 기기를 직접 구비할 가능성이 크다.

📘 기출 공략
집을 임대할 때 어떤 유형의 숙소를 제공하기를 원하는지에 따라 가구를 비치해야 할지 여부가 결정된다는 내용이다. 하지만 (b)는 엉뚱하게도 집을 임대하는 것이 어떤 의미인지를 말하고 있어 글의 흐름에서 벗어난다.
rent out ~을 임대하다 **accommodation** 숙소 **tenant** 세입자, 임차인 **appliance** 가정용 기기   정답_(b)

40

Though I have taken pictures of vultures on many occasions, I've never heard a sound from them, as I've never gotten close enough. (a) Yet, I've had to spend excessive amounts of time in the Everglades to get good shots of my various traveling companions. (b) Then one day there I was, crouched over my low tripod in a parking lot in the Everglades, all ears in the midst of a flock of black vultures. (c) The sound they produced is not what I would call a grunt, hiss, coo or snarl, but rather a kind of soft, back-of-the-throat woof. (d) And as I kept taking pictures, I found myself enchanted with this new, mysterious sound that was unlike anything I had ever heard.

✿ 번역
나는 여러 차례에 걸쳐 독수리 사진을 찍어왔지만 독수리가 내는 소리를 한 번도 들어본 적이 없다. 왜냐하면 한 번도 그 소리를 들을 만큼 가까이 가본 적이 없었기 때문이다. (a) 하지만, 나는 나의 다양한 여행 동반자들을 잘 찍기 위해 에버글레이즈에서 지나칠 정도로 많은 시간을 보내야만 했다. (b) 그 후 어느 날, 나는 에버글레이즈의 한 주차장에서 낮은 삼각대 위로 몸을 웅크린 채 검은대머리독수리 떼에 열심히 귀를 기울이고 있었다. (c) 그들이 내는 소리는 나에게는 꿀꿀거리거나 쉬익 하거나 구구하고 울거나 으르렁거리는 소리가 아니라 일종의 부드럽고 목구멍에서 나는 컹 하는 소리처럼 들렸다. (d) 그리고 계속 사진을 찍으면서 나는 나 자신이 여태껏 한 번도 들어보지 못한 이 새롭고 신비스러운 소리에 매혹되어 있다는 것을 알아차렸다.

📘 기출 공략
도입부인 첫 문장에서 독수리가 내는 소리를 한 번도 들어본 적이 없다고 말하고 있으므로 이어지는 문장들에서는 십중팔구 독수리의 소리에 관한 내용이 전개될 것이다. 하지만 (a)는 독수리의 소리가 아니라 사진을 찍는 행위에 초점을 맞추고 있으므로 글의 흐름에서 벗어난다.
crouch 몸을 쭈그리다, 쭈그리고 앉다 **tripod** 삼각대 **in the midst of** ~가운데[중에] **black vulture** 검은대머리독수리 **grunt** (돼지의) 꿀꿀거리는 소리 **hiss** 쉬익 하는 소리 **coo** (비둘기가) 구구 우는 소리 **snarl** 으르렁거리는 소리 **woof** 컹(개가 크게 짖는 소리) **enchant** 황홀하게 하다   정답_(a)

Answer Keys

Listening Comprehension

1 (b)	2 (b)	3 (c)	4 (d)	5 (a)	6 (b)	7 (d)	8 (d)	9 (d)	10 (a)
11 (d)	12 (b)	13 (d)	14 (b)	15 (b)	16 (c)	17 (d)	18 (a)	19 (a)	20 (a)
21 (c)	22 (d)	23 (d)	24 (b)	25 (c)	26 (b)	27 (a)	28 (b)	29 (a)	30 (c)
31 (d)	32 (a)	33 (a)	34 (d)	35 (c)	36 (d)	37 (c)	38 (d)	39 (d)	40 (b)
41 (a)	42 (d)	43 (b)	44 (a)	45 (a)	46 (d)	47 (c)	48 (a)	49 (b)	50 (a)
51 (c)	52 (c)	53 (c)	54 (b)	55 (c)	56 (d)	57 (b)	58 (d)	59 (d)	60 (c)

Grammar

1 (d)	2 (a)	3 (a)	4 (b)	5 (a)	6 (d)	7 (b)	8 (c)	9 (d)	10 (a)
11 (c)	12 (a)	13 (d)	14 (a)	15 (b)	16 (b)	17 (c)	18 (d)	19 (d)	20 (b)
21 (b)	22 (b)	23 (c)	24 (d)	25 (b)	26 (c)	27 (b)	28 (c)	29 (c)	30 (b)
31 (b)	32 (d)	33 (c)	34 (a)	35 (c)	36 (c)	37 (b)	38 (c)	39 (d)	40 (b)
41 (a)	42 (c)	43 (d)	44 (c)	45 (c)	46 (d)	47 (b)	48 (d)	49 (d)	50 (d)

Vocabulary

1 (a)	2 (a)	3 (a)	4 (b)	5 (d)	6 (c)	7 (b)	8 (b)	9 (c)	10 (d)
11 (b)	12 (c)	13 (a)	14 (a)	15 (c)	16 (d)	17 (c)	18 (d)	19 (c)	20 (d)
21 (b)	22 (d)	23 (b)	24 (a)	25 (a)	26 (b)	27 (a)	28 (d)	29 (a)	30 (d)
31 (c)	32 (a)	33 (b)	34 (b)	35 (c)	36 (b)	37 (a)	38 (d)	39 (c)	40 (a)
41 (c)	42 (b)	43 (a)	44 (a)	45 (c)	46 (c)	47 (c)	48 (b)	49 (a)	50 (a)

Reading Comprehension

1 (b)	2 (a)	3 (a)	4 (b)	5 (d)	6 (d)	7 (d)	8 (b)	9 (c)	10 (c)
11 (d)	12 (b)	13 (c)	14 (d)	15 (a)	16 (b)	17 (c)	18 (d)	19 (a)	20 (c)
21 (c)	22 (c)	23 (a)	24 (c)	25 (c)	26 (c)	27 (d)	28 (b)	29 (b)	30 (c)
31 (b)	32 (d)	33 (d)	34 (b)	35 (b)	36 (c)	37 (c)	38 (b)	39 (b)	40 (a)

Listening Comprehension

55 minutes

1

M Hi, may I speak to Mary, please?
W _____

(a) This is she.
(b) Sure, I'll hold.
(c) Please wait for the beep.
(d) I'll give her the message.

✱ 번역
M 안녕하세요, 메리와 통화할 수 있을까요?
W _____

(a) 전데요.
(b) 물론이죠, 기다릴게요.
(c) 삐 소리가 날 때까지 기다려 주세요.
(d) 그녀에게 메시지를 전할게요.

📘 기출 공략
전화 통화에서 통화 대상을 찾는 May I speak to...?라는 말에 대해 '접니다'라는 응답 표현은 This is she[he]를 쓴다. 따라서 (a)가 정답이다. she[he] 다음에는 speaking이 생략되어 있다. I am을 쓰지 않는다는 것에 유의한다.

hold (끊지 않고) 기다리다 **beep** 삐 소리   정답_(a)

2

W May I borrow your pen for a moment?
M _____

(a) You didn't have one.
(b) I'd rather use a pencil.
(c) Certainly, here you are.
(d) No, don't worry about it.

✱ 번역
W 잠시 펜 좀 빌려도 될까요?
M _____

(a) 펜이 없었잖아요.
(b) 차라리 연필을 쓰겠어요.
(c) 물론이죠, 여기 있어요.
(d) 아니요, 그 부분은 걱정하지 말아요.

📘 기출 공략
May I borrow your...?는 물건을 빌릴 때 쓰는 부탁 표현이다. 부탁을 들어주어 물건을 전해주면서 하는 말로 (c)가 알맞다. here you are 대신 here it is를 쓸 수 있다.

for a moment 잠시 동안 **would rather** 차라리 ~하겠다 정답_(c)

3

M Excuse me. Don't I know you from somewhere?
W _____

(a) That's quite all right.
(b) Yes, I think we've met.
(c) No, I'm not well-known.
(d) I'm pleased to meet you.

✱ 번역
M 실례합니다. 우리 어디선가 만난 적 있지 않아요?
W _____

(a) 정말 괜찮아요.
(b) 네, 우리 만난 적이 있는 것 같네요.
(c) 아니요, 전 유명하지 않아요.
(d) 만나서 반가워요.

📘 기출 공략
Don't[Do] I know you from somewhere?는 Have[Haven't] we met before?와 같은 표현으로 '우리 어디선가 만난 적 있죠?'라는 뜻이다. 이에 대한 긍정의 답인 (b)가 알맞은 말이다. (c)는 유명한 사람이 아니라는 말이므로 어울리지 않는다.

well-known 잘 알려진, 유명한   정답_(b)

4

W Don't fret over the exam. You can retake it.
M _____

(a) It was a surprise test.
(b) That's good to know.
(c) I need to grade it.
(d) I'll take that one.

✱ 번역
W 시험 때문에 애태우지 말아요. 다시 볼 수 있어요.
M _____

(a) 그건 깜짝 시험이었어요.
(b) 그렇다면 다행이네요.
(c) 점수를 매겨야 해요.
(d) 그걸로 하겠어요.

📘 기출 공략
fret over는 '~에 대해 걱정하다, 안달하다'라는 뜻이다. (b) That's good to know는 상대방의 말을 듣고 '그렇다면 안심이다, 다행이다'라는 표현으로 쓰인다. exam과 유사한 어휘 test, grade를 활용한 (a)와 (c)는 모두 오답 함정이다.
fret over ~에 대해 초조해하다　**retake** 재응시하다, 탈환하다
surprise test 깜짝 시험　**grade** 등급을 매기다

정답_(b)

5

M Would you like to go bowling tonight?
W _____

(a) I'll have to pass this time.
(b) No, I've never been there.
(c) Yes, I've made other plans.
(d) I thought you were doing that.

✱ 번역
M 오늘 밤 볼링 치러 갈래요?
W _____

(a) 이번은 사양해야겠어요.
(b) 아니요, 거기 가본 적 없어요.
(c) 네, 다른 계획을 세웠어요.
(d) 그걸 할 거라고 생각했어요.

📘 기출 공략
Would you like to...?는 '~할래요?'라는 제안의 표현이므로 거절의 말인 (a)가 적절한 응답이다. pass this time은 '이번은 빠지겠다'라는 뜻으로, 거부 의사를 나타내는 표현이다. (c)는 다른 계획이 있다며 거절하는 것이므로 No가 되어야 적절하다.
pass 넘어가다

정답_(a)

6

W Sorry I'm late, but traffic was backed up.
M _____

(a) The traffic wasn't my fault.
(b) That's OK. I was late myself.
(c) You should have driven here.
(d) We'll meet another time, then.

✱ 번역
W 늦어서 미안해요. 차가 막혔어요.
M _____

(a) 교통체증 때문에 어쩔 도리가 없었어요.
(b) 괜찮아요. 저도 늦었어요.
(c) 여기로 운전해서 왔어야 했어요.
(d) 그럼 다른 때에 만나요.

📘 기출 공략
복잡한 교통 때문에 늦어 미안하다는 사과의 말에 대한 응답으로, 괜찮다는 표현인 (b)의 That's OK가 가장 적절하다. myself는 주어인 I를 강조하는 재귀대명사이다.
be backed up (교통이) 막히다　**should have p.p.** ~했어야 했다

정답_(b)

111

7

M We ought to change today's meeting schedule.
W _____

(a) I started it on schedule.
(b) It might be too late for that.
(c) Mention that at the meeting.
(d) That could happen to anyone.

❋ 번역
M 오늘 회의 스케줄을 바꿔야 해요.
W _____

(a) 전 스케줄대로 시작했어요.
(b) 그렇게 하기엔 너무 늦은지도 몰라요.
(c) 회의에서 그 얘기를 하세요.
(d) 그건 누구에게나 일어날 수 있어요.

기출 공략
ought to는 '~해야만 하다'라는 뜻이다. 회의 일정을 바꿔야 한다는 제안에 대해 너무 늦었을지도 모른다는 의견을 제시하는 (b)가 적절한 응답이다. It은 회의 일정을 바꾸는 일을 가리킨다.
ought to ~해야 한다   **on schedule** 스케줄에 맞게   **might be** ~일지도 모른다   **mention** 언급하다

정답_(b)

8

W Did you finish doing inventory?
M _____

(a) No, it'll take another day.
(b) We have a busy week ahead.
(c) I'm afraid we're out of stock.
(d) Yes, I'll get started right away.

❋ 번역
W 재고 조사는 끝냈어요?
M _____

(a) 아니요, 하루 더 걸릴 거예요.
(b) 우리는 바쁜 일주일을 앞두고 있어요.
(c) 유감스럽게도 재고가 없어요.
(d) 네, 당장 시작할게요.

기출 공략
do inventory는 '재고 조사를 하다'라는 뜻이다. 재고 조사를 끝냈는지 묻는 말에 대해 아직 못했고 하루가 더 걸린다는 말인 (a)가 가장 적절한 응답이다. It takes...는 '(시간이나 비용이) 걸린다'라는 표현이다. (b)의 ahead는 앞두고 있다는 내용이므로 적절하지 않다.
inventory 재고 조사   **ahead** 앞쪽에   **out of stock** 재고가 없는   **get started** 시작하다   **right away** 당장

정답_(a)

9

M Emily keeps trying to make me jealous.
W _____

(a) I'll inform her of your plans.
(b) She's always making excuses.
(c) You know, she's quite attractive.
(d) In that case, I'd stay away from her.

❋ 번역
M 에밀리는 계속 내가 질투하게 만들려고 해요.
W _____

(a) 그녀에게 당신 계획을 알려줄게요.
(b) 그녀는 항상 핑계를 대요.
(c) 그녀는 상당히 매력적이잖아요.
(d) 그런 경우, 나라면 그녀를 멀리하겠어요.

기출 공략
질투하게 만들려고 하는 에밀리의 행동에 대해 '그녀를 멀리하는 게 좋겠다'라고 자신의 의견을 제시하는 (d)의 응답이 가장 적절하다. 핑계를 댄다는 (b)의 판단은 내용과 무관하므로 답이 될 수 없다.
jealous 질투하는   **inform A of B** A에게 B를 알리다   **make an excuse** 핑계를 대다   **attractive** 매력적인   **stay away from** ~를 멀리하다

정답_(d)

10

W You're looking so fit and healthy, Tim!
M _____

(a) Yeah, I should start working out.
(b) I have been trying to get in shape.
(c) It's about time you took me seriously.
(d) That's disappointing after all I've done.

번역
W 너 아주 건강하고 좋아 보여, 팀!
M _____

(a) 그래, 운동을 시작해야겠어.
(b) 몸을 만들려고 노력해왔지.
(c) 이제 날 진지하게 생각할 때야.
(d) 내가 그렇게까지 했는데 실망스럽군.

기출 공략
look fit은 '몸이 건강하고 탄탄해 보인다'라는 뜻으로 쓰는 표현이다. get in shape는 '몸을 만들다, 체력을 단련하다'의 뜻이므로 몸을 만들려고 노력을 해왔다는 내용인 (b)가 알맞은 응답이다.
fit 건강한 **work out** 운동하다 **get in shape** 체력을 단련하다, 몸을 만들다 **It's about time** ~을 해야 할 때이다 **disappointing** 실망스러운

정답_(b)

11

M Are you allergic to any medications?
W _____

(a) None that I'm aware of.
(b) I've been sneezing a lot.
(c) I take aspirin occasionally.
(d) They're good for my health.

번역
M 알레르기 있는 약 있어요?
W _____

(a) 제가 아는 한 없어요.
(b) 재채기를 많이 했어요.
(c) 가끔 아스피린을 먹어요.
(d) 그것들은 제 건강에 좋아요.

기출 공략
(a)의 None은 no medication을 가리키는 말로, 아는 한 그런 약이 없다는 내용이 되어 적절한 응답이다. (b)는 알레르기 증상을 설명하는 내용이므로 알맞지 않다.
allergic to ~에 알레르기가 있는 **medication** 약물 **be aware of** ~을 알고 있다 **sneeze** 재채기하다 **aspirin** 아스피린 **occasionally** 가끔

정답_(a)

12

W Let's pay a visit to Grandma Saturday.
M _____

(a) But it'll cost her a fortune.
(b) Great idea. It's been a while.
(c) OK. See you when you return.
(d) She'll be thrilled to hear from you.

번역
W 토요일에 할머니 댁에 갑시다.
M _____

(a) 하지만, 그러면 그녀에게 큰돈이 들 거예요.
(b) 좋은 생각이에요. 꽤 오랜만이네요.
(c) 좋아요. 돌아오면 만나요.
(d) 당신 소식을 들으시면 아주 신이 나실 거예요.

기출 공략
제안에 대해 동의하는 표현이 (b)의 Great idea이다. It's been a while 다음에는 since we visited her가 생략되어 있다. 따라서 (b)가 정답이다. That's a great idea, That sounds good 등은 제안에 대한 동의의 응답이다.
pay a visit 방문하다 **cost A B** A에게 B(비용이나 시간)가 들다 **fortune** 큰돈 **while** 오랜 시간 **thrilled** 아주 신이 난 **hear from** ~에게서 연락을 받다, 소식을 듣다

정답_(b)

Listening Comprehension

13

M I think I deserve a huge bonus this year.
W _____

(a) Brace yourself for big changes next year.
(b) I was pretty surprised when I heard.
(c) Just be satisfied with what you get.
(d) No one mentioned anything to me.

✤ 번역
M 난 올해 보너스를 많이 받을 자격이 있다고 생각해요.
W _____

(a) 내년에 있을 큰 변화에 대비하세요.
(b) 들었을 때 상당히 놀랐어요.
(c) 받는 것에 그냥 만족하세요.
(d) 누구도 내게 아무 것도 말해주지 않았어요.

📘 기출 공략
deserve는 '~을 받을 만하다'라는 뜻의 동사이다. 보너스를 많이 받을 만하다는 말에 대해 상반되는 의견을 나타내는 (c)가 가능한 대답이다. 내년을 대비하라는 (a)의 말은 어울리지 않는 응답이다.
deserve ~을 받을 만하다 **huge** 막대한, 거대한 **brace** 대비하다, 기운을 내다

정답_(c)

14

W Is it dangerous to exercise in the park at night?
M _____

(a) You might find it awkward.
(b) The main thing is to keep at it.
(c) It should help to walk regularly.
(d) Not if you stick to well-lit areas.

✤ 번역
W 밤에 공원에서 운동하는 것이 위험한가요?
M _____

(a) 어색하다고 느낄지도 몰라요.
(b) 계속하는 게 중요하죠.
(c) 규칙적으로 걷는 데 도움이 될 거예요.
(d) 당신이 조명이 밝은 곳에만 있다면 그렇진 않아요.

📘 기출 공략
Not if는 if 이하라면 그렇지 않다는 말이다. stick to는 '~을 고수하다, 지키다'의 뜻이므로 (d)는 밝은 곳에만 있다면 위험하지 않다'는 내용이 되어 적절한 응답이다. (a)의 awkward는 '어색한, 거북한'의 뜻이므로 위험성을 묻는 질문에 어울리지 않는 내용이다.
awkward 어색한; 곤란한 **keep at** ~을 계속하다 **stick to** ~을 고수하다 **well-lit** 조명이 밝은

정답_(d)

15

M Listen, can we talk about a rather delicate matter?
W _____

(a) I'd rather not. It's pretty trivial.
(b) Thanks. I appreciate your input.
(c) Sure. No one can eavesdrop here.
(d) Bad idea. Let's keep it between us.

✤ 번역
M 있잖아요, 다소 민감한 문제에 관해 얘기 좀 할 수 있을까요?
W _____

(a) 그러지 않는 게 좋겠어요. 그건 상당히 사소해요.
(b) 고마워요. 조언해 주셔서 감사합니다.
(c) 좋아요. 여기선 아무도 엿들을 수 없어요.
(d) 안 좋은 생각이에요. 그건 우리 둘만의 비밀로 해요.

📘 기출 공략
delicate matter는 '민감한 문제'를 의미하므로 제안에 동의하면서 아무도 엿듣지 않을 것이라고 말하는 (c)가 적절한 대답이다. (a)의 I'd rather not은 '그러지 않는 게 낫겠다'는 거부의 말로, 응답으로 적절하나 사소하다는 뒤의 말이 내용에 맞지 않아 답이 될 수 없다.
delicate 민감한 **trivial** 사소한 **input** 조언 **eavesdrop** 엿듣다

정답_(c)

16

W How did the conference go?
M I don't even want to talk about it.
W Was it really that bad?
M _____

(a) It was the worst ever.
(b) There's no other way.
(c) It'll be very informative.
(d) I'm not looking forward to it.

번역
W 학회는 어떻게 진행되었나요?
M 그것에 관해선 얘기하고 싶지도 않아요.
W 정말 그렇게 나빴던 거예요?
M _____

(a) 최악이었어요.
(b) 다른 방법이 없어요.
(c) 아주 유익할 거예요.
(d) 고대하고 있지는 않아요.

기출 공략
that은 형용사 bad 앞에서 부사로 쓰여 '그렇게, 그 정도로'의 뜻을 나타낸다. 그렇게 나빴냐는 질문에 최악이었다고 대답하는 (a)가 정답이다. 여기서 ever는 최상급인 the worst를 뒤에서 강조하는 말로, '이제까지'의 뜻이다.

conference 학회, 회의 **that** (강조를 나타내어) 그 정도
informative 유익한   정답_(a)

17

M Please open your suitcase, ma'am.
W But I have nothing to declare.
M I still have to check. It's airport policy.
W _____

(a) OK. But it's just clothes.
(b) I'm here for a conference.
(c) It's an expensive suitcase.
(d) Well, I'm on my way home.

번역
M 손님, 여행 가방을 열어주세요.
W 하지만 신고할 것이 없는데요.
M 그래도 확인해야 합니다. 공항 규정이에요.
W _____

(a) 알겠어요. 그런데 이건 그냥 옷이에요.
(b) 학회 때문에 여기 왔어요.
(c) 이것은 비싼 여행 가방이에요.
(d) 음, 집에 가는 길이에요.

기출 공략
declare는 '(공항에서) 세관에 신고하다'라는 뜻이다. 세관에 신고할 물건을 적발해 내기 위한 공항 규정에 따라 짐 검사를 하려는 상황이므로 이에 응하며 옷뿐이라고 답하는 (a)가 적절한 응답이다. (b)는 방문 목적을 물을 때 가능한 응답이다.

suitcase 여행 가방 **declare** (세관에) 신고하다 **policy** 정책, 규정
on one's way 도중에   정답_(a)

18

W Can you watch my laptop for a minute?
M Sure. Where are you going?
W I'm just going to the bathroom.
M _____

(a) Thanks. I won't be long.
(b) You need a newer model.
(c) OK. I'll keep an eye on it.
(d) The battery might be dead.

번역
W 잠시만 제 노트북 좀 봐주실 수 있나요?
M 물론이죠. 어디 가세요?
W 화장실에요.
M _____

(a) 고마워요. 오래 걸리지 않을 거예요.
(b) 더 새로운 모델이 필요하군요.
(c) 알겠어요. 지켜보고 있을게요.
(d) 배터리가 나갔을지도 몰라요.

기출 공략
자신의 물건을 잠시 봐달라고 맡길 때 watch라는 동사를 쓰는데, 이와 같은 뜻의 어구인 keep an eye on을 써서 수락의 말을 한 (c)가 가장 적절한 응답이다. (a)는 노트북을 맡기는 여자가 해야 할 말이므로 답이 될 수 없다.

laptop 노트북 **bathroom** 화장실 **keep an eye on** ~을 계속 지켜보다 **dead** (배터리가) 다 닳아버린   정답_(c)

Listening Comprehension

19

> M Excuse me. Is there a post office nearby?
> W I think there's one farther along.
> M Oh? About how far?
> W _____

(a) It's open until five.
(b) Maybe a block away.
(c) You can park in front.
(d) I thought it was farther.

❋ 번역
M 실례합니다. 이 근처에 우체국이 있나요?
W 좀 더 가면 하나 있을 거예요.
M 그래요? 얼마나 멀리요?
W _____

(a) 5시까지 열어요.
(b) 한 블록 정도 더 가셔야 해요.
(c) 앞에다 주차하면 돼요.
(d) 더 멀었던 것 같아요.

📘 기출 공략
How far...?는 거리를 묻는 말이므로 '한 블록 떨어져 있을 것'이라는 (b)가 가장 알맞다. (d)에서 비교급 farther는 이미 언급된 거리에 대해 더 멀다는 의미이므로 알맞지 않다.
post office 우체국 **park** 주차하다   정답_(b)

20

> W I wish this movie would end.
> M It's only been half an hour.
> W I know, but it's pretty boring.
> M _____

(a) All right. It's up to you.
(b) Let me know in an hour, then.
(c) We don't have to see that one.
(d) Wow. You can be really critical.

❋ 번역
W 이 영화가 끝났으면 좋겠어요.
M 겨우 30분 지났는데요.
W 알아요, 하지만 아주 지루한걸요.
M _____

(a) 좋아요. 당신이 정해요.
(b) 그럼 한 시간 후에 알려주세요.
(c) 그걸 볼 필요는 없어요.
(d) 와. 아주 신랄하시군요.

📘 기출 공략
여자는 영화가 빨리 끝나길 바란다면서 아주 지루하다고 평가하고 있다. 이에 대해 '아주 신랄하시네요'라고 의견을 말하는 (d)가 가장 적절한 응답이다. 영화가 시작한 지 30분 지났다고 했으므로 (c)는 답이 될 수 없다.
It's up to you. 너에게 달려 있다.   **critical** 신랄한   정답_(d)

21

> M I didn't care for that opera.
> W Really? I enjoyed it a lot.
> M The soprano didn't quite hit all the high notes.
> W _____

(a) It's my first opera.
(b) Sure, I prefer classical music.
(c) Maybe, but she's got talent.
(d) I should've worked on them more.

❋ 번역
M 전 그 오페라 별로였어요.
W 정말이요? 난 아주 재미있던데요.
M 소프라노가 완벽하게 고음을 소화해내지 못했어요.
W _____

(a) 내 첫 오페라예요.
(b) 물론이죠, 난 고전 음악이 더 좋아요.
(c) 그럴 수도 있지만, 그녀는 재능이 있어요.
(d) 그것들에 더욱 애를 써야겠어요.

📘 기출 공략
오페라에 대해 남자는 별로였고 여자는 아주 재미있었다는 상반된 의견을 제시하고 있다. 소프라노가 고음을 잘 내지 못했다는 말에 대해 '글쎄'를 뜻하는 Maybe라는 애매한 응답으로 시작하여 재능이 있다는 상반된 점을 지적하는 (c)가 적절한 응답이다.
quite 완전히 **hit** (특정한 수준에) 이르다[달하다] **note** 음 **talent** 재능 **work on** ~에 애쓰다   정답_(c)

22

W What should we do this weekend?
M Nothing much. I'd prefer to relax.
W I thought we could go shopping.
M _____

(a) You were quite clever.
(b) OK, but not for too long.
(c) I hope you got a good deal.
(d) Why not? Shopping bores me.

✿ 번역
W 이번 주말에 무엇을 할까요?
M 별로요. 쉬는 게 더 좋을 것 같아요.
W 쇼핑을 가면 어떨까 생각했어요.
M _____

(a) 아주 현명했군요.
(b) 좋아요, 하지만 너무 오래 있지는 말아요.
(c) 잘 샀기를 바랍니다.
(d) 못할 거 있나요? 쇼핑은 지루해요.

📔 기출 공략
쇼핑을 가자는 제안의 말에 대해 '오랜 시간만 아니면 가겠다'는 동의의 응답인 (b)가 적절한 말이다. (d)의 Why not?은 '못할 거 있나요?'라는 말로 동의의 응답이지만 '지루하다'는 뒤의 내용이 맞지 않아 답이 될 수 없다.

get a good deal 잘 사다 **bore** 지루하게 하다 정답 (b)

23

M I lost my umbrella today.
W That's the second one this winter.
M Yeah, I left it on the bus again.
W _____

(a) It wasn't the same bus.
(b) You're so absent-minded.
(c) I'll check beneath the seat.
(d) But the forecast was incorrect.

✿ 번역
M 오늘 우산을 잃어버렸어요.
W 올 겨울 들어 두 번째로군요.
M 네, 또 버스에 두고 왔어요.
W _____

(a) 같은 버스는 아니었어요.
(b) 건망증이 아주 심하군요.
(c) 의자 아래를 확인해 볼게요.
(d) 하지만 예보는 틀렸어요.

📔 기출 공략
우산을 버스에 두고 내렸는데 이번 겨울에만 두 번째라는 내용에 유의한다. (b)의 absent-minded는 '건망증이 심한'이라는 뜻이므로 응답으로 가능하다. 지난 일을 얘기하고 있으므로 찾아보겠다는 (c)는 알맞지 않다. umbrella/ forecast를 서로 연관 지어 (d)를 선택하지 않도록 한다.

absent-minded 건망증이 심한 **beneath** ~아래 정답 (b)

24

W That novel you lent me was so violent.
M It's superbly written, though.
W But the subject matter turned me off.
M _____

(a) Really? I honestly cannot see the appeal.
(b) I guess it's not to everyone's taste.
(c) I was quite impressed by it, too.
(d) Yes, I figured you would agree.

✿ 번역
W 저에게 빌려준 소설, 아주 폭력적이더군요.
M 그래도 멋들어지게 쓰였잖아요.
W 하지만 전 그 소재가 딱 질색이에요.
M _____

(a) 그래요? 전 솔직히 매력을 느끼지 못하겠어요.
(b) 모든 사람의 취향에 맞는 것은 아닌 것 같군요.
(c) 저 역시 아주 감동을 받았어요.
(d) 네, 동의할 거라 생각했어요.

📔 기출 공략
소설에 대해 서로 다른 의견을 나누는 대화이다. 여자는 폭력적인 소재에 대해 반감을 표현하고 있으므로 '모든 사람에게 맞는 취향은 아닌 것 같다'는 (b)가 응답으로 가장 적절하다.

superbly 멋들어지게 **turn off** ~을 질색하게 만들다, ~의 흥미를 떨어뜨리다 **appeal** 매력 **figure** 생각하다, 판단하다 정답 (b)

25

M I just discovered a crack in our bathtub.
W Oh, we'd better get it repaired right away.
M You think we should replace the tub?
W _____

(a) No, we can buy a repair kit.
(b) I think the color is OK.
(c) I think you did a good job.
(d) Yes, we replaced it last month.

✼ 번역
M 욕조에 금이 가 있는 걸 방금 발견했어요.
W 아, 당장 수리하는 게 좋겠어요.
M 욕조를 바꿔야 할까요?
W _____

(a) 아니요, 수리 도구를 사면 돼요.
(b) 색깔은 괜찮은 것 같아요.
(c) 당신이 잘해냈던 것 같아요.
(d) 네, 지난달에 바꿨어요.

📘 기출 공략
여자의 말 중에 get it repaired는 '수리하다'라는 의미의 어구이며 여기서 it은 bathtub를 가리킨다. 욕조를 바꿔야 할지 묻는 말에 대해 수리 도구를 사면 된다는 대안을 제시하는 (a)가 적절하다. (d)는 과거의 일이므로 답이 될 수 없다.
crack 금 **right away** 당장 **replace** 바꾸다 **repair kit** 수리 도구 **do a good job** 훌륭히 임무를 완수하다
정답_(a)

26

W Your acting was excellent in tonight's performance.
M Actually, I forgot two of my lines.
W You're kidding! I didn't notice.
M _____

(a) I'm sure I can take care of that.
(b) Incidentally, I didn't notice, either.
(c) You should come and see the play.
(d) That's a relief. I thought it showed.

✼ 번역
W 오늘 밤 공연에서 당신 연기 아주 좋았어요.
M 사실, 대사 두 줄을 잊어버렸어요.
W 농담이죠! 눈치채지 못했는데요.
M _____

(a) 전 분명히 그걸 처리할 수 있어요.
(b) 그건 그렇고, 저도 눈치채지 못했어요.
(c) 와서 연극을 보셔야 해요.
(d) 그거 다행이네요. 표가 났을 거라 생각했어요.

📘 기출 공략
I didn't notice라는 여자의 말은 남자가 대사를 두 줄 잊어버린 것을 알아차리지 못했다는 뜻이다. 실수가 티가 나지 않았다는 뜻이므로 안심하는 말로 답하는 (d)가 적절한 내용이다. (a)는 자신의 실수를 이미 실토한 사람의 말로 알맞지 않다.
performance 공연 **line** 대사 **incidentally** 그건 그렇고 **That's a relief.** 다행이다.
정답_(d)

27

M How's it going with your taxes?
W These forms are incredibly complicated.
M It'd be easier to get a professional to do it.
W _____

(a) Just follow three simple steps.
(b) I'll get an accountant next year.
(c) You must've studied with a tutor.
(d) Maybe when I receive the refund.

✼ 번역
M 세무 업무는 어떻게 되어 가고 있어요?
W 이 양식들 굉장히 복잡하네요.
M 전문가를 고용하는 게 더 쉬울 거예요.
W _____

(a) 세 가지 간단한 단계를 따르세요.
(b) 내년에는 회계사를 고용할 거예요.
(c) 당신은 틀림없이 개인 강사에게 공부했을 거예요.
(d) 아마도 환불 받을 때예요.

📘 기출 공략
〈It'd be easier to+동사원형〉은 더 쉬운 방법을 제안하는 표현이다. 세금 양식이 복잡하니 전문가가 하도록 맡기는 것이 더 낫다는 의견이다. 이에 동의하며 내년에는 회계사에게 맡기겠다는 (b)가 적절한 응답이다.
incredibly 심히, 매우 **accountant** 회계사 **tutor** 개인 강사 **refund** 환불
정답_(b)

28

W Losing your grandfather to cancer must be devastating.
M Well, we knew it would happen sooner or later.
W How is your grandmother taking it?
M _____

(a) She's always very down-to-earth.
(b) Not too bad. She's hanging in there.
(c) It seems like she's taking it for granted.
(d) OK. She feels quite at home these days.

번역

W 암으로 할아버지를 잃어서 상심이 크시겠어요.
M 음, 조만간 그렇게 될 거라 생각하고 있었어요.
W 할머니께서는 어떻게 받아들이고 계세요?
M _____

(a) 항상 아주 현실적이세요.
(b) 나쁘지 않으세요. 잘 버티고 계세요.
(c) 당연하다고 여기시는 것 같아요.
(d) 좋아요. 요즘 아주 편안해 하세요.

기출 공략

할머니가 할아버지의 죽음을 잘 견디고 계신지 묻는 안부의 말이다. Not too bad는 '그렇게 나쁘진 않다'라는 말이고, hang in there는 '힘든 일에 굴하지 않고 잘 버틴다'라는 의미이므로 (b)가 적절한 답이다.

cancer 암 **devastating** 충격적인, 치명적인 **sooner or later** 조만간 **down-to-earth** 현실적인 **hang in there** 곤란을 견디다 **take ... for granted** ~을 당연하게 여기다

정답_(b)

29

M Hey, Cindy. Nice to see you're back at work.
W Thanks. Those 8 weeks went by fast.
M Is that the limit for maternity leave?
W _____

(a) Actually, I was hoping to stay longer.
(b) I'll have it specified in your contract.
(c) Well, any more would be unpaid.
(d) Yeah, quicker than I anticipated.

번역

M 이봐요, 신디. 복직해서 기뻐요.
W 고마워요. 8주가 금방 지나갔네요.
M 그게 최대 출산휴가 기간인가요?
W _____

(a) 사실, 더 오래 있기를 바랐어요.
(b) 계약서에 명시할게요.
(c) 음, 그 이상은 무급일 거예요.
(d) 네, 예상했던 것보다 더 빨리요.

기출 공략

남자의 질문에서 that은 8 weeks를 가리키고 maternity leave는 '출산휴가'를 의미하므로 최대 8주까지 쉴 수 있는지 묻는 내용이다. 그 이상의 휴가는 무급휴가가 된다는 (c)의 설명이 가장 적절한 응답이다.

go by 지나가다 **limit** 한도, 극한 **maternity leave** 출산휴가 **specify** 명시하다 **unpaid** 무급의 **anticipate** 예상하다

정답_(c)

30

W Why is that contract still on your desk? It should've been mailed!
M Since when is that my responsibility?
W It's written right there, on the folder.
M _____

(a) Oh, I didn't even notice that.
(b) If that's the case, put it on my desk.
(c) Don't worry. The folder's right here.
(d) Thank goodness. You had me worried.

번역

W 왜 계약서가 아직 책상 위에 있는 거죠? 우편으로 보냈어야죠!
M 그게 언제부터 제 책임인가요?
W 바로 거기, 폴더 위에 써 있잖아요.
M _____

(a) 아, 그걸 못 봤네요.
(b) 그런 경우라면, 제 책상 위에 둬요.
(c) 걱정하지 말아요. 폴더는 바로 여기 있어요.
(d) 다행이에요. 당신 때문에 걱정했잖아요.

기출 공략

계약서를 보내지 않은 일에 대한 지적이다. 그게 자신의 책임이냐고 묻자 폴더 위에 우편으로 보내라고 써주지 않았냐고 답했다. 이에 대해 놀라며 못 봤다고 답하는 (a)가 대화 흐름에 어울리는 응답이다.

contract 계약서 **responsibility** 책임, 책무 **Thank goodness.** 다행이네요.

정답_(a)

31

M Alicia's birthday is coming up.
W Yeah, I know. We should get her a gift.
M I don't know. She's really difficult to shop for.
W Then let's take her somewhere instead.
M Like where? What do you have in mind?
W Well, we could surprise her with a ski trip.

Q What are the man and woman mainly discussing?
(a) A friend's love of skiing.
(b) Plans for a shopping trip.
(c) What birthday gift to give.
(d) How they will pay for a ski trip.

✤ 번역
M 얼리샤의 생일이 다가오고 있어.
W 그래, 알아. 선물을 줘야 해.
M 모르겠어. 그 애는 뭘 사주기가 정말 힘들어.
W 그럼 대신에 어딜 데리고 가자.
M 어디? 무슨 계획이 있는데?
W 음, 스키 여행으로 놀래 줄 수 있을 거야.

Q 남자와 여자가 주로 의논하고 있는 것은?
(a) 친구의 스키 사랑.
(b) 쇼핑 여행 계획.
(c) 생일 선물로 무엇을 줄지.
(d) 스키 여행을 어떻게 지불할지.

📘 기출 공략
친구의 선물 사기가 힘들다는 의견을 듣고, 대신 스키 여행을 데리고 가자는 대안을 제시하고 있다. 친구의 생일 선물로 무엇을 줄지에 대한 의논이 주된 내용으로 알맞으므로 (c)가 정답이다.
come up 다가오다   **have in mind** 염두에 두다   정답_(c)

32

W Hello, may I speak with Mr. Carson?
M I'm sorry. Mr. Carson is away on business.
W Oh. Is there a number where I can reach him?
M He usually doesn't like to give it out.
W It should be OK. I'm his sister-in-law.
M Oh, in that case, it's 561-887-9040.

Q What is the woman mainly doing in the conversation?
(a) Confirming an appointment.
(b) Trying to contact Mr. Carson.
(c) Explaining who Mr. Carson is.
(d) Taking a message over the phone.

✤ 번역
W 여보세요, 카슨 씨와 통화할 수 있을까요?
M 죄송합니다. 카슨 씨는 출장 중입니다.
W 아, 연락할 수 있는 전화번호가 있을까요?
M 그분은 보통 알려주는 걸 원하지 않으세요.
W 괜찮을 거예요. 전 그의 처제거든요.
M 아, 그렇다면 알려드리죠. 561-887-9040이에요.

Q 여자가 대화에서 주로 하고 있는 것은?
(a) 약속 확정하기.
(b) 카슨 씨와 통화하려고 하기.
(c) 카슨 씨가 누구인지 설명하기.
(d) 전화로 메시지 받기.

📘 기출 공략
카슨 씨와 통화하려고 하지만 출장 중이라는 답을 듣는 상황이다. 두 번째 말에서는 연락할 수 있는 번호를 묻는다. give out은 '알리다, 드러내다'의 뜻이며, 결국 전화번호를 얻게 되므로 여자는 카슨 씨와 연락하려고 하는 중임을 알 수 있다. 따라서 (b)가 정답이다.
reach 연락이 닿다   **give out** 드러내다; 배포하다   정답_(b)

33

M Ruth, how did your poetry reading go?
W Terrible. It was a disaster.
M Was it really that bad? What happened?
W I was so nervous, I fumbled my words.
M Oh, I'm sure it wasn't that bad.
W It was, especially at the beginning.

Q What are the man and woman mainly discussing?
(a) A new poem the woman wrote.
(b) A critic's review of the woman's poetry.
(c) The woman's dislike of giving presentations.
(d) The woman's performance at a poetry reading.

❇ 번역
M 루스, 시 낭독은 어떻게 되었어요?
W 끔찍했어요. 엉망이었어요.
M 정말 그렇게 나빴어요? 무슨 일이었는데요?
W 너무 긴장해서 말을 더듬었어요.
M 아, 분명 그렇게 나쁘진 않았을 거예요.
W 나빴어요, 특히나 시작 부분에서는요.
Q 남자와 여자가 주로 논의하고 있는 것은?
(a) 여자가 쓴 새로운 시.
(b) 여자의 시에 대한 비평가의 평.
(c) 여자가 프레젠테이션을 싫어함.
(d) 여자의 시 낭독.

📘 기출 공략
How does A go?는 A가 어떻게 진행 중인지 묻는 말이다. 여자가 엉망이었다고 했고 당황해서 말을 더듬었다는 내용을 통해 여자의 시 낭독이 논의의 주된 내용임을 알 수 있다. 따라서 정답은 (d)이다.
disaster 재앙; 큰 실패   **fumble** 말을 더듬다   **critic** 평론가
review 논평   **dislike** 혐오
정답_(d)

34

M Did you ask the Andersons to dinner this Saturday?
W Yes, but they have tickets to a baseball game.
M That's too bad. Did they say when they'll be free?
W They're free Sunday, but they're out of town all next week.
M Well, we have to go to Andy's recital on Sunday, remember?
W You're right. I guess dinner will have to wait.

Q What are the man and woman mainly doing?
(a) Trying to schedule a dinner party.
(b) Preparing to attend a baseball game.
(c) Going over the next week's schedule.
(d) Discussing their plans for the evening.

❇ 번역
M 앤더슨 부부를 이번 토요일 저녁 식사에 초대했어요?
W 네, 하지만 야구 경기 티켓이 있대요.
M 유감이네요. 언제 시간이 나는지 말하던가요?
W 일요일에 시간이 나지만, 다음 주 내내 타지에 가 있을 거래요.
M 음, 일요일에는 앤디 연주회에 가야 하는 거 기억하죠?
W 맞아요. 저녁 약속을 연기해야겠네요.
Q 남자와 여자가 주로 하고 있는 것은?
(a) 저녁 모임 일정 잡기.
(b) 야구 경기에 참가할 준비하기.
(c) 다음 주 일정 점검하기.
(d) 저녁 계획 의논하기.

📘 기출 공략
토요일 저녁 식사 일정을 정하고 초대하는 과정을 상의하는 내용이다. 초대하려는 부부와 일정이 맞지 않아서 다음으로 미루기로 결론을 짓는 대화이므로 (a)의 저녁 모임 일정을 잡는 일이 답으로 적절하다.
recital 연주회   **go over** ~을 검토하다
정답_(a)

35

W Mr. Reese, I've got the results of your checkup.
M So, how am I doing, doctor?
W Well, your cholesterol is rather high.
M Oh, that's no good. What do you recommend?
W You'll need to make some dietary changes, for a start.
M Sure. Whatever they are, I can do them.

Q What is the conversation mainly about?
(a) Diet suggestions for the man.
(b) A cholesterol test and its results.
(c) The man's worries about his failing health.
(d) The man's health problem and how to solve it.

✿ 번역
W 리즈 씨, 건강검진 결과가 나왔어요.
M 그래서, 전 어떤가요, 선생님?
W 음, 콜레스테롤 수치가 다소 높아요.
M 아, 그거 안 좋군요. 무엇을 추천하시나요?
W 먼저, 식단을 좀 바꿔야 할 거예요.
M 알겠어요. 어떤 변화라도, 전 할 수 있어요.

Q 대화의 주된 내용은?
(a) 남자를 위한 식단 제안.
(b) 콜레스테롤 검사와 결과.
(c) 남자의 악화되는 건강에 대한 걱정.
(d) 남자의 건강 문제와 해결 방법.

📘 기출 공략
건강검진(checkup), 콜레스테롤 수치(cholesterol), 식단 변화 (dietary change) 등의 화제와 식단을 바꾸라는 의사의 권고 사항을 볼 때, 남자의 건강 문제와 해결책이 주된 내용이므로 (d)가 정답이다.
result 결과 **checkup** 건강검진 **cholesterol** 콜레스테롤 **dietary** 식단의 **for a start** 우선, 먼저 **failing** 약해 가는, 쇠하는

정답_(d)

36

M I hear you're buying a used car.
W Trying to, but I'm not sure what.
M Well, maybe I can help. My cousin owns a dealership.
W Really? Could he give me a good deal?
M Probably. I'll set up a meeting, if you want.
W Thanks, that'd be great.

Q What is the man mainly doing in the conversation?
(a) Offering to introduce a dealer to the woman.
(b) Giving advice to the woman about new cars.
(c) Trying to convince the woman to buy a car.
(d) Describing his cousin to the woman.

✿ 번역
M 중고차를 살 거라는 얘기가 들리던데요.
W 그러려고 하는데 무엇을 살지 잘 모르겠어요.
M 음, 제가 도울 수 있을 거예요. 제 사촌이 대리점을 하거든요.
W 그래요? 좋은 값으로 주실 수 있나요?
M 아마도요. 원하시면, 만날 약속을 잡을게요.
W 고마워요. 그러면 좋죠.

Q 남자가 대화에서 주로 하고 있는 것은?
(a) 여자에게 중개인 소개를 제의하기.
(b) 여자에게 새 차에 관해 조언하기.
(c) 여자에게 차를 사도록 설득하기.
(d) 사촌을 여자에게 묘사하기.

📘 기출 공략
여자는 중고차를 사려고 하고 dealership은 '중고차 대리점'을 가리키는 단어이므로 여자에게 대리점을 운영하는 자신의 사촌을 소개해 주는 것이 주된 내용임을 알 수 있다. 따라서 (a)가 정답이다.
used car 중고차 **dealership** 판매 대리점 **set up** (어떤 일이 있도록) 마련하다, 잡다 **dealer** 판매업자; 중개인 **convince** 설득하다

정답_(a)

37

W Do you keep a record of your expenses?
M I don't like to bother with that.
W Then how do you know how much you spend?
M I use different credit cards for different things.
W So you have a card for groceries and another for clothes?
M Right, and I just check their statements.

Q What is the conversation mainly about?
(a) Keeping track of spending.
(b) Cutting down on expenses.
(c) Using too many credit cards.
(d) Buying food and clothes on credit.

❋ 번역

W 지출 내역을 기록하세요?
M 그런 걸로 신경 쓰고 싶지 않아요.
W 그렇다면 돈을 얼마나 쓰는지 어떻게 알아요?
M 종류별로 다른 신용카드를 사용해요.
W 그럼 식료품을 위한 카드가 있고 옷을 위한 카드가 따로 있는 거예요?
M 맞아요, 그래서 그 내역서만 확인하면 돼요.

Q 대화의 주된 내용은?
(a) 소비 내역 파악하기.
(b) 지출 줄이기.
(c) 너무 많은 신용카드 사용하기.
(d) 신용카드로 음식과 옷 사기.

📗 기출 공략

여자의 말 중 keep a record of your expenses와 how do you know how much you spend 부분에서 소비 내역을 파악하는 방법에 관한 대화임을 알 수 있으므로 (a)가 정답이다. 남자는 각기 다른 신용카드로 내역을 파악한다고 답하고 있다.

keep a record of ~을 기록하다 **expense** 지출 **statement** 내역서, 계산서 **on credit** 외상으로; 신용카드로

정답_(a)

38

M Excuse me, how long is this flight today?
W It'll be roughly 10 hours.
M So, we'll be landing in Amsterdam in the morning?
W That's correct, sir.
M And how many meals are we getting?
W Two full meals, including a breakfast.

Q Which is correct about the man according to the conversation?
(a) His plane is departing from Amsterdam.
(b) His flight arrives at 10 in the evening.
(c) He is going to be served three meals.
(d) He will get breakfast on the flight.

❋ 번역

M 실례합니다만, 오늘 이 비행 시간은 얼마나 되나요?
W 대략 10시간일 것입니다.
M 그렇다면, 아침에 암스테르담에 도착하게 되나요?
W 맞습니다, 손님.
M 그럼 식사는 몇 번 제공되나요?
W 아침을 포함해서 두 번입니다.

Q 대화에 따르면 남자에 관해 옳은 것은?
(a) 남자가 탄 비행기는 암스테르담에서 출발한다.
(b) 남자가 탄 비행기는 저녁 10시에 도착한다.
(c) 세 끼 식사를 제공받게 될 것이다.
(d) 비행기에서 아침을 먹을 것이다.

📗 기출 공략

비행 정보에 관한 질문과 대답 내용이다. 남자가 탄 비행기는 암스테르담에 아침에 도착하게 되고, 비행 시간이 10시간 걸리며, 아침을 포함한 두 끼 식사를 제공받게 된다고 했으므로 옳은 정보는 (d)뿐이다.

roughly 대략 **land** 착륙하다 **full meal** 제대로 된 식사 **depart** 출발하다

정답_(d)

39

M Maria, have you seen Josh recently?
W I ran into him yesterday. Why?
M I was wondering if he's finished his thesis.
W He said he did and that he'll be graduating soon.
M Oh, that's great news. I should congratulate him.
W Yeah, you should give him a call.

Q Which is correct according to the conversation?
(a) The woman has not seen Josh lately.
(b) Josh has not yet completed his thesis.
(c) Josh has recently graduated.
(d) The woman suggests phoning Josh.

번역
M 마리아, 최근에 조쉬 본 적 있어?
W 어제 우연히 마주쳤는데. 왜?
M 그가 논문을 끝냈는지 궁금했거든.
W 끝내서 곧 졸업할 거라고 그러더라.
M 아, 좋은 소식이네. 축하해 줘야겠어.
W 그래, 그에게 전화해 줘.

Q 대화에 따르면 옳은 것은?
(a) 여자는 최근에 조쉬를 만나지 못했다.
(b) 조쉬는 아직 논문을 끝내지 않았다.
(c) 조쉬는 최근에 졸업했다.
(d) 여자는 조쉬에게 전화할 것을 제안한다.

기출 공략
여자는 조쉬를 어제 우연히 만났고, 조쉬는 논문을 끝내고 졸업을 앞두고 있으며, 여자는 남자에게 조쉬에게 축하 전화를 하라고 권하고 있으므로 옳은 것은 (d)이다.
run into ~를 우연히 만나다   **thesis** 논문   **graduate** 졸업하다
congratulate 축하하다   **lately** 최근에   정답_(d)

40

M Jane? Is that you? I thought you quit your job and went to Italy.
W Well, I did, but I had to come back.
M Was it different from what you'd expected?
W It was great, but I went through all my savings really fast.
M Oh, no. So what are you going to do?
W I guess I'll look for a new job here and start all over.

Q Which is correct about the woman according to the conversation?
(a) She was recently fired from her job.
(b) She did not enjoy living in Italy.
(c) She ran out of money in Italy.
(d) She recently got a new job.

번역
M 제인? 당신이에요? 직장 그만두고 이탈리아로 간 줄 알았어요.
W 음, 그랬는데 돌아와야만 했어요.
M 예상했던 것과 달랐나요?
W 좋긴 했는데 모아둔 돈을 너무 빨리 다 써버렸어요.
M 저런. 그래서 무엇을 할 거예요?
W 여기서 새로운 직장을 알아보고 처음부터 다시 시작할 생각이에요.

Q 대화에 따르면 여자에 관해 옳은 것은?
(a) 최근에 직장에서 해고되었다.
(b) 이탈리아에 사는 것이 즐겁지 않았다.
(c) 이탈리아에서 돈이 바닥났다.
(d) 최근에 새 직장을 잡았다.

기출 공략
여자는 직장을 그만두고 이탈리아에 갔다가 돌아온 상태이다. 돌아온 이유는 모아둔 돈을 다 써버렸기 때문이라고 했고 여기에서 새로운 직장을 알아보고 다시 시작하겠다고 했으므로 (c)가 옳은 내용이다.
saving 저축 예금   **start all over** 처음부터 다시 시작하다   **run out of** ~을 다 써버리다   정답_(c)

41

W Sorry I couldn't make the meeting today.
M That's OK. We just discussed changes to the office computer network.
W Great. It's time for some change.
M So, why couldn't you come to the meeting, if I may ask?
W I had to meet my lawyer over some legal troubles. It's kind of stressful.
M Well, if you ever want to get some lunch and talk, I'm here.

Q Which is correct according to the conversation?
(a) The woman was late to the meeting.
(b) The meeting was about rearranging the office.
(c) The woman had to see her lawyer over legal matters.
(d) The man wants to ask the woman's advice over lunch.

✽ 번역
W 오늘 회의에 못 가서 미안해요.
M 괜찮아요. 회사 컴퓨터 네트워크 변화에 대해 의논했어요.
W 잘됐군요. 바꿀 때가 됐죠.
M 그런데, 왜 회의에 못 왔는지 물어도 될까요?
W 법적인 문제로 변호사를 만나야 했어요. 좀 스트레스가 되네요.
M 음, 점심을 먹으면서 얘기하고 싶으시면 절 찾으세요.

Q 대화에 따르면 옳은 것은?
(a) 여자는 회의에 늦었다.
(b) 회의는 사무실 재배치에 관한 것이었다.
(c) 여자는 법적인 문제로 변호사를 만나야만 했다.
(d) 남자는 점심을 먹으면서 여자의 조언을 구하고 싶어 한다.

📘 기출 공략
make the meeting은 '회의에 가다'는 뜻으로, 여자는 회의에 가지 못 했고, 회의 주제는 회사 네트워크 변화에 관한 것이었으며, 여자는 변호 사를 만나느라 못 갔다고 했으므로 (c)가 옳은 정보이다.
make the meeting 회의에 가다 | **legal** 법적인 | **rearrange** 다시 배열하다
정답_(c)

42

M Well, what did you think of the exhibit?
W Oh, it was quite good, except there were too many photos to see in one visit.
M I liked it too, but I wish some of the photos had been blown up.
W The landscapes did seem a bit on the small side.
M The wildlife photos were exceptional, though.

Q Which is correct according to the conversation?
(a) The woman thinks there were too few pictures at the exhibit.
(b) The man would have liked some photos to be smaller.
(c) The woman thinks the landscape photos were too big.
(d) The man was impressed by the wildlife photos.

✽ 번역
M 음, 그 전시회 어땠어요?
W 아, 상당히 좋았어요, 한 번 방문에 볼 사진이 너무 많다는 점만 빼면요.
M 저도 좋았는데 사진 몇 개는 없었으면 했어요.
W 풍경 사진은 크기가 좀 작은 편인 것 같았어요.
M 그래도 야생 사진은 훌륭했어요.

Q 대화에 따르면 옳은 것은?
(a) 여자는 전시에 그림이 너무 적었다고 생각한다.
(b) 남자는 일부 사진이 더 작았으면 좋아했을 것이다.
(c) 여자는 풍경 사진이 너무 컸다고 생각한다.
(d) 남자는 야생 사진에 감명받았다.

📘 기출 공략
여자는 전시회에 사진이 너무 많고, 풍경 사진은 크기가 작은 편이라고 생각한다. 남자는 몇몇 사진은 없었으면 좋겠고, 야생 사진이 훌륭하다 고 평하고 있으므로 옳은 내용은 (d)이다.
exhibit 전시 | **blow up** 없애버리다 | **landscape** 풍경 | **on the small side** 작은 편인 | **wildlife** 야생 | **exceptional** 특출한
정답_(d)

43

M Excuse me. Do you know where the university Administration Building is?
W It's a little difficult to explain, but I can show you.
M Really? Are you going that way?
W Yeah, I'm heading that way to give a lecture.
M Great. I guess I asked the right person.
W Right, you were in luck.

Q What can be inferred from the conversation?
(a) The man and woman are close friends.
(b) The woman is a university instructor.
(c) The man often gets lost on campus.
(d) The woman is living on campus.

번역
M 실례합니다. 대학 행정관이 어디인지 아세요?
W 설명하긴 좀 어려운데 안내해 드릴 수는 있어요.
M 그러세요? 그쪽으로 가시나요?
W 네, 강의를 하러 그쪽으로 가는 중이에요.
M 잘됐네요. 딱 맞는 분에게 물었군요.
W 그래요, 운이 좋으셨네요.

Q 대화에서 추론할 수 있는 것은?
(a) 남자와 여자는 친한 친구이다.
(b) 여자는 대학 강사이다.
(c) 남자는 종종 캠퍼스에서 길을 잃는다.
(d) 여자는 캠퍼스에서 살고 있다.

기출 공략
남자가 대학 행정관 건물 위치를 묻고, 여자는 같은 방향으로 간다고 하면서 안내해 주겠다고 제안한다. I'm heading that way to give a lecture라는 말에서 그녀가 대학 강사임을 추론할 수 있다. 따라서 (b)가 정답이다.

administration 행정 **head** ~로 나아가다 **right** 적합한, 딱 맞는

정답_(b)

44

W Before exploring your career options, tell me, when are you most happy?
M Hmm. Probably when I'm doing something that engages my imagination.
W Are you able to do that in your current job?
M No, I'm happier at home spending time on hobbies.
W So, your job is tolerable but not so stimulating?
M Yeah, I have to find fulfillment outside of work.

Q What can be inferred about the man from the conversation?
(a) He usually feels lonely when not at work.
(b) He spends a lot of money on his hobbies.
(c) He would prefer a more challenging job.
(d) He complains endlessly about his work.

번역
W 직업 선택 사항을 탐색하기 전에, 언제 가장 행복한지 말해 보시겠어요?
M 음. 아마도 상상력을 자극하는 무언가를 할 때인 것 같아요.
W 현재의 직업에서 그렇게 할 수 있나요?
M 아니요, 집에서 취미 생활을 하면서 시간을 보낼 때 더 행복해요.
W 그렇다면, 직장이 견딜 만은 하지만 그렇게 고무적인 것은 아니군요?
M 네, 일 외의 것에서 성취감을 찾곤 해요.

Q 대화에서 남자에 관해 추론할 수 있는 것은?
(a) 보통 근무하지 않을 때 외로움을 느낀다.
(b) 취미 생활에 많은 돈을 소비한다.
(c) 더 도전적인 직장을 선호할 것이다.
(d) 자신의 일에 대해 계속 불평한다.

기출 공략
직업 선택과 관련하여 상담을 받는 내용이다. 남자는 상상력을 자극하는 일을 좋아하는데 직장에서는 충족되지 않고 일 외의 것에서 성취감을 찾는다고 했으므로 현 직장보다 더 도전적인 직장을 원한다는 (c)를 추론할 수 있다.

explore 탐색하다 **engage** 끌다 **tolerable** 참을 수 있는
stimulating 자극이 되는, 활기를 주는 **fulfillment** 실현, 성취
challenging 도전적인 **complain** 불평하다 **endlessly** 끝없이

정답_(c)

45

M Has anyone rented your other apartment yet?
W Unfortunately, no, and I'm starting to worry.
M Why? Is it costing you money?
W Yeah, I'm still paying off a mortgage on it.
M Oh, I see. You need the rent to cover your debt.
W That's right. I'm slowly going broke.

Q What can be inferred from the conversation?
(a) The man is also paying a mortgage.
(b) The woman is anxious to find a tenant.
(c) The man will rent the woman's apartment.
(d) The woman will borrow money from the man.

✱ 번역

M 당신의 다른 아파트에 아직 아무도 세들어 오지 않았어요?
W 불행히도 아직요. 그래서 걱정이 되기 시작해요.
M 왜요? 돈이 들어가나요?
W 네, 담보 대출금을 아직 갚는 중이에요.
M 아, 그렇군요. 대출금을 내려면 집세가 필요하군요.
W 맞아요. 서서히 파산해가고 있거든요.

Q 대화에서 추론할 수 있는 것은?
(a) 남자도 대출금을 갚고 있다.
(b) 여자는 세입자를 찾으려고 애쓰고 있다.
(c) 남자는 여자의 아파트에 세들 것이다.
(d) 여자는 남자로부터 돈을 빌릴 것이다.

📖 기출 공략

여자가 아파트를 세 놓으려고 하는데 아직 나가지 않아 걱정이고 그 대출금을 갚는 중이라 경제적으로 힘들다고 얘기하고 있으므로 여자는 세입자를 찾으려 애쓰고 있다는 (b)를 추론할 수 있다.

pay off ~을 갚다 **mortgage** 부동산 담보 대출(금) **debt** 빚 **go broke** 파산하다 **tenant** 세입자

정답_(b)

46

Welcome. This meeting is about recent market research indicating that consumer preferences are split 50-50 between us and our largest competitor. We need to change this situation. I suggest we develop an advertising campaign that shows our competitor cannot offer the same kinds of high-quality products we can. In other words, I want their products made less attractive to the public, so that ours look better.

Q What is the main idea of the talk?
(a) The company should hire more professionals.
(b) Market research needs to be conducted soon.
(c) Today's competition is the strongest in years.
(d) The company should advertise against rival products.

✱ 번역

환영합니다. 이 회의는 소비자 선호도가 우리와 최대 경쟁업체 사이에 50 대 50으로 나뉜다는 점을 제시한 최근의 시장 조사에 관한 것입니다. 이 상황을 바꿔야 합니다. 경쟁업체가 우리와 같은 종류의 고품질 제품을 제공하지 않는다는 것을 보여주는 광고 선전을 개발할 것을 제안합니다. 다시 말해서, 대중들에게 그들 제품이 덜 매력적으로 보이게 해서 우리 제품이 더 나아 보이게 만들어야 합니다.

Q 담화의 요지는?
(a) 회사는 더 많은 전문가를 고용해야 한다
(b) 시장 조사가 곧 시행되어야 한다.
(c) 오늘날 경쟁은 최근 몇 년간 가장 심하다.
(d) 회사는 경쟁 제품을 깎아내리는 광고를 해야 한다.

📖 기출 공략

소비자 선호도가 경쟁사와 50대 50이라는 시장 조사 결과를 바꾸기 위해 상대 회사 제품의 질이 우리 제품보다 낮다는 점을 부각하는 광고 선전을 해야 한다고 주장하는 내용이므로 요지는 (d)가 적절하다.

market research 시장 조사 **indicate** 나타내다, 제시하다 **consumer** 소비자 **preference** 선호도 **advertising campaign** 광고 선전 **attractive** 매력적인 **conduct** 시행하다 **rival** 경쟁의

정답_(d)

Listening Comprehension

47

When traveling, never let strangers talk you into carrying their baggage. A woman appearing innocent might approach you at an airport and say that she has more luggage than is allowed. Someone else might tell you he is too weak to carry his belongings and thus requires your assistance. These are common schemes used by drug smugglers. Countless foreigners are held prisoners in jail in Asian countries because they tried to aid a stranger. Play smart. Do not become the next victim.

Q What is the main point of the advertisement?
(a) Never carry the bags of others while traveling.
(b) Most criminals are skillful at fooling strangers.
(c) Many foreigners have been arrested for drugs in Asia.
(d) Always keep a close eye on your luggage at the airport.

✽ 번역
여행을 할 때, 짐을 운반해 달라는 낯선 사람의 말을 듣지 마세요. 순진해 보이는 여성이 공항에서 다가와 자신의 짐이 허용 범위보다 더 많다고 말할지도 모릅니다. 어떤 사람은 자신이 너무 약해서 짐을 들려면 도움이 필요하다고 말할지도 모릅니다. 이것들이 마약 밀수업자들이 흔히 쓰는 계략입니다. 수많은 외국인들이 낯선 사람을 도우려고 하다가 아시아 국가에서 감옥에 수감되어 있습니다. 현명하게 행동하세요. 다음 희생자가 되지 마세요.

Q 광고의 요점은?
(a) 여행 중에 다른 사람의 가방을 운반하지 말라.
(b) 대부분의 범죄자들은 낯선 사람을 속이는 기술이 뛰어나다.
(c) 많은 외국인들이 아시아에서 마약 때문에 체포되었다.
(d) 공항에서 항상 짐을 잘 살피도록 하라.

📖 기출 공략
낯선 사람이 짐을 대신 운반해 달라고 부탁하는 것은 아시아에서 빈번하게 발생하는 마약 밀수업자의 계략이라고 설명하고, 그 희생물이 되지 않도록 유의할 것을 당부하는 내용이므로 (a)가 요점으로 적절하다.

baggage 짐 **innocent** 순진한 **approach** 접근하다
belongings 소지품 **assistance** 도움 **scheme** 계략
smuggler 밀수꾼 **countless** 셀 수 없이 많은 **prisoner** 죄수
aid 돕다 **skillful** 능숙한 **arrest** 체포하다 **keep a close eye on** ~을 잘 지켜보다

정답_(a)

48

Earlier I told you that German immigrants adopted American customs after two or three generations. Well, this extended to some of them adopting new names during World War I. When war broke out, Americans began expressing anti-German feelings. It got so bad that many Germans decided to Americanize their names to avoid trouble. For instance, the name "Koenig" was directly translated as "King."

Q What is the main topic of the talk?
(a) Why German-Americans changed their names.
(b) What some German names mean in English.
(c) Famous German names in American history.
(d) Americans who descended from Germans.

✽ 번역
전에 독일 이민자들이 2~3세대 후에 미국 관습을 받아들였다고 했었죠. 음, 이것이 그들 중 일부가 1차 세계대전 중에 새로운 이름을 채택하는 데까지 이르게 되었습니다. 전쟁이 발발했을 때, 미국인들은 반 독일 감정을 표현하기 시작했습니다. 그것은 아주 심해서 많은 독일인들은 말썽을 피하기 위해 이름을 미국화하기로 결심했습니다. 예를 들자면, '왕(Koenig)'이라는 이름은 '왕(King)'으로 직역했습니다.

Q 담화의 소재는?
(a) 왜 독일계 미국인들이 이름을 바꾸었는지.
(b) 몇몇 독일 이름이 영어로 무슨 뜻인지.
(c) 미국 역사상 유명한 독일인 이름.
(d) 독일계 미국인.

📖 기출 공략
두 번째 문장에서 독일 이민자들이 이름을 바꿨다는 사실을 제시한다. 미국인들의 반 독일 감정을 피하기 위한 것이었다고 그 이유를 설명하고 있으므로 요지는 이름을 바꾼 이유인 (a)가 적절하다.

immigrant 이민자 **custom** 관습 **extend** 미치다, 확장하다
adopt 채택하다, 차용하다 **break out** 발발하다, 시작하다
translate 번역하다 **descend from** ~의 계통을 잇다, ~의 자손이다

정답_(a)

49

Some teachers here may already have recognized one of the biggest drawbacks of large classes: because grading essays is so time-consuming, teachers reduce or even eliminate writing assignments in large classes. Well, it is possible to incorporate meaningful writing assignments into your course without being swamped by papers to grade. Flexibility is the key. Set different due dates for different students or assign shorter essays.

Q What is the talk mainly about?
(a) Getting students' attention in a lecture.
(b) Including student writing in large classes.
(c) Grading students properly in large classes.
(d) Organizing a curriculum for a writing course.

❈ 번역
여기 계신 몇몇 교사들께서는 인원이 많은 수업의 가장 큰 단점을 이미 알고 계실 것입니다. 그것은 에세이를 채점하는 데에 시간이 많이 소요되기 때문에 인원이 많은 수업에서는 교사가 작문 과제를 줄이거나 심지어 없애기도 한다는 것입니다. 글쎄요, 채점할 리포트에 치이지 않고 강의에 의미 있는 작문 과제를 도입하는 것은 가능한 일입니다. 바로 융통성이 해답입니다. 학생별로 다른 마감 날짜를 정해주거나 더 짧은 에세이를 내주세요.

Q 담화의 요지는?
(a) 강의에서 학생들의 주목 끌기.
(b) 인원이 많은 수업에 작문 포함하기.
(c) 인원이 많은 수업에서 올바르게 채점하기.
(d) 작문 수업을 위한 교과 과정 조직하기.

📔 기출 공략
교사가 인원이 많은 수업의 단점으로 에세이를 채점하는 데 시간이 너무 많이 소비된다는 점을 들었고 그래서 작문 수업이 잘 시행되지 않는 현실을 문제시하고 있는 내용이다. 이에 대한 해결책을 제시하는 것으로 이어지는 담화이므로 (b)가 요지로 적절하다.

drawback 단점 **time-consuming** 시간이 소요되는 **eliminate** 삭제하다 **assignment** 과제 **incorporate** 도입하다 **be swamped by** ~이 밀어닥쳐 정신이 없다 **flexibility** 유연함, 융통성
정답_(b)

50

I am giving this talk to urge all Canadians to change their lifestyles. As you know, an ecological footprint is the amount of land it takes to support each person's consumption of natural resources—to grow their food, extract petroleum they use, et cetera. There are only about 2.2 hectares of productive land for each person on Earth, yet the average Canadian's ecological footprint is 7.8 hectares! We are being too extravagant with Earth's resources.

Q What is the main idea of the talk?
(a) The amount of productive land on earth is shrinking.
(b) The fragile ecosystems of Canada are under threat.
(c) Canada uses more resources than other countries.
(d) Canadians should reduce resource consumption.

❈ 번역
모든 캐나다인들이 생활 방식을 바꾸도록 독려하기 위해 이 말씀을 드립니다. 아시다시피, 생태 발자국 지수는 한 인간이 식량을 재배하고, 쓸 석유를 추출하는 등의 자연 자원 소비를 지원해 주는 데 필요한 땅의 크기입니다. 지구상에는 각 사람당 약 2.2헥타르의 생산성 있는 땅이 있지만, 캐나다인의 평균 생태 발자국 지수는 7.8헥타르입니다! 우리는 지구 자원을 너무 낭비하고 있습니다.

Q 담화의 요지는?
(a) 지구상에 생산성 있는 땅이 줄어들고 있다.
(b) 캐나다의 취약한 생태계는 위협을 받고 있다.
(c) 캐나다는 다른 나라들보다 더 많은 자원을 사용한다.
(d) 캐나다인들은 자원 소비를 줄여야 한다.

📔 기출 공략
담화의 의도가 첫 번째 문장에 드러나 있는데, 바로 캐나다 사람들의 생활 방식을 바꾸도록 촉구하는 것이 의도이다. 생태 발자국 지수를 들어 자원을 낭비하고 있는 현실을 문제시하고 있으며 요지는 자원 소비를 줄여야 한다는 (d)가 가장 적절하다.

urge 설득하다 **ecological footprint** 생태 발자국 지수 **natural resources** 자연 자원 **extract** 추출하다 **petroleum** 석유 **et cetera** 기타 등등 **hectare** 헥타르, 1만 평방미터 **extravagant** 낭비하는 **shrink** 줄어들다 **fragile** 취약한 **ecosystem** 생태계 **under threat** 위협을 받는
정답_(d)

Listening Comprehension

51

Attention, class. Next week we'll be discussing Kurt Vonnegut's *Slaughterhouse Five*. This novel had a great impact upon its release in 1969 and continues to be widely read. Its theme of rejecting inevitability captured America's transformative mood, coming out as it did against the backdrop of war in Vietnam, racial unrest, and cultural and social upheaval. Even today, as we face another unpopular war and continuing racial tensions, the novel resonates with its readers.

Q What is the main idea about *Slaughterhouse Five* in the talk?
(a) It accurately predicted 60s social upheavals.
(b) It is synonymous with radical political change.
(c) It has always won readers by its social relevance.
(d) It strongly criticized America's cultural transitions.

번역
주목하세요, 학생 여러분. 다음 주 우리는 커트 보니컷의 〈제5도살장〉에 대해 토론할 것입니다. 이 소설은 1969년 발간되어 큰 영향을 주었고 계속해서 널리 읽히고 있습니다. 주제로 다룬 불가피성의 거부는 베트남 전쟁과 인종적 불안, 문화적·사회적 격변이라는 배경에 맞서 생겨난 미국 내 변혁의 분위기를 포착했습니다. 오늘날까지도, 우리는 또 다른 알려지지 않은 전쟁과 지속적인 인종적 긴장에 직면해 있기에 이 소설이 독자들에게 반향을 불러일으키는 것입니다.

Q 담화에 나오는 〈제5도살장〉에 관한 요지는?
(a) 60년대 사회적인 격변을 정확히 예언했다.
(b) 급진적인 정치적 변화와 아주 밀접하다.
(c) 사회 문제와의 관련성 때문에 항상 독자를 끌었다.
(d) 미국의 문화적인 변동을 강하게 비판했다.

기출 공략
이 작품은 미국 내 사회적인 격변의 분위기를 다루는 소설로 소개되고 있다. 마지막 문장에서 이 소설은 문제가 되는 사회 현실 때문에 지속적으로 독자들에게 읽히고 있다고 지적하고 있으므로 요지로 적절한 것은 (c)이다.

slaughterhouse 도살장 **reject** 거부하다 **inevitability** 불가피성 **capture** 포착하다, 기록하다 **transformative** 변형의, 변혁의 **backdrop** 배경 **unrest** 불안, 불만 **upheaval** 격변, 대변동 **resonate** 반향을 불러일으키다 **accurately** 정확히 **predict** 예언하다 **synonymous** 아주 밀접한 **radical** 급진적인 **relevance** 관련성 **transition** 변이, 변천

정답_(c)

52

Picture that monthly envelope that normally comes with your electric bill, and then imagine that it does not contain a bill but rather a statement of credit. That is the Department of Energy's vision for homes and buildings of the future. By the year 2020, we wish to make this green vision a reality. Our goal is to have 120 percent energy-efficient buildings that demand so little energy—and generate so much of their own—that they give back to the grid.

Q What does the Department of Energy hope to accomplish?
(a) Reduce electricity bills by as much as 50 percent.
(b) Achieve energy self-sufficiency in buildings and homes.
(c) Build new homes and buildings that use more energy.
(d) Create new billing statements for energy users.

번역
일반적으로 전기 요금 청구서가 들어 있는 월간 봉투를 떠올려 보세요, 그런 다음, 요금 청구서가 아니라 신용 카드 사용서가 들어 있는 것을 상상해 보세요. 그것이 미래의 집과 건물에 관한 에너지부의 비전입니다. 2020년에 우리는 이 녹색 비전을 현실로 만들기를 바랍니다. 우리의 목표는 120퍼센트 에너지 효율 건물을 만드는 것인데, 이 건물은 아주 적은 에너지를 필요로 하며 스스로 아주 많은 에너지를 발생시켜서 시설망으로 돌려보냅니다.

Q 에너지부가 달성하기 바라는 것은?
(a) 전기 요금 청구서를 50퍼센트까지 줄이기.
(b) 건물과 가정에서 에너지 자급자족 실현하기.
(c) 더 많은 에너지를 사용하는 새로운 집과 건물 건축하기.
(d) 에너지 사용자를 위한 새로운 대금 사용 내역서 만들기.

기출 공략
에너지부의 목적은 Our goal로 시작하는 마지막 문장에 드러나 있다. 소량의 에너지를 소비하고 최대 에너지를 자력 발생시켜 되돌려줄 수 있는 120퍼센트 에너지 효율 건물과 집을 실현하는 것이라고 했으므로 에너지 자급자족 실현에 관한 (b)가 적절한 답이다.

electric bill 전기 요금 청구서 **statement of credit** 신용카드 사용서 **energy-efficient** 에너지 효율의 **generate** 발생시키다 **grid** 시설망, 배관망

정답_(b)

53

According to a recently released report on immigration, more African immigrants have arrived in the United States voluntarily since 1990, than the total number who were transported as slaves before 1807, when international slave trading was outlawed. Legal immigrants from Africa now number about 50,000 annually, which is more than in any of the peak years of slave transportation. Moreover, since 1990, more Africans have immigrated to the US than in the preceding two centuries.

Q Which is correct according to the news report?
(a) More slaves than immigrants have entered the US from Africa.
(b) International slave trading became illegal in 1907.
(c) About 50,000 immigrants now come from Africa every year.
(d) More Africans came to the US in the 1980s than since 1990.

✻ 번역

최근에 발간된 이민 관련 보고서에 따르면, 국제 노예 무역이 금지되었던 1807년 이전에 노예로 이송된 총 인원 수보다 더 많은 아프리카 이민자들이 1990년 이후 자발적으로 미국에 왔다고 합니다. 아프리카 출신의 합법적인 이민자들은 매년 약 50,000명에 이르는데, 이것은 노예 수송 전성기 때보다 더 많은 수치입니다. 더구나, 1990년 이후로 이전 2세기보다 더 많은 아프리카인들이 미국으로 이민을 왔습니다.

Q 뉴스 보도에 따르면 옳은 것은?
(a) 이민자보다는 노예들이 더 많이 아프리카에서 미국으로 들어왔다.
(b) 국제적인 노예 무역은 1907년에 불법화되었다.
(c) 약 50,000명의 이민자들이 매년 아프리카에서 온다.
(d) 1990년 이후보다 1980년대에 더 많은 아프리카인들이 미국에 왔다.

📘 기출 공략

노예로 수송된 이민자들보다 훨씬 더 많은 아프리카인들이 1990년 이후 미국에 들어왔고, 노예 무역이 불법화된 것은 1807년이라고 했고, 매년 50,000명 정도의 이민자들이 미국에 들어오고 있다고 했으므로 옳은 것은 (c)이다.

immigrant 이민자 **voluntarily** 자발적으로 **transport** 수송하다 **slave** 노예 **outlaw** 불법화하다 **legal** 합법적인 **annually** 매년 **peak** 정상 **preceding** 앞선, 이전의 **illegal** 불법의   정답_(c)

54

Hello and thank you for calling the Goodman catalog ordering service. Please choose the appropriate option from the following menu. If you are ordering from the winter clothing catalog, please press 1. For all other clothing orders, press 2. For Goodman camping equipment and other outdoor supplies, press 3. Stay on the line if you would like to talk to one of our sales associates. Online orders can be made at goodman.com.

Q Which is correct according to the message?
(a) Winter clothing can be ordered by pressing 2.
(b) Clothing orders can be placed by pressing 3.
(c) Outdoor supplies are currently unavailable for orders.
(d) Goodman catalog ordering service is also available online.

✻ 번역

안녕하세요, 굿맨 통신 주문 서비스에 전화주셔서 감사합니다. 다음 메뉴에서 해당되는 선택 사항을 골라 주세요. 겨울 의류 목록 중에서 주문하시려면 1번을 눌러 주세요. 다른 모든 의류 주문은 2번을 누르세요. 굿맨 캠핑 장비와 다른 야외 활동 물품은 3번을 누르세요. 저희 판매원과 통화를 원하시면 끊지 말고 기다리세요. 온라인 주문은 goodman.com에서 하실 수 있습니다.

Q 메시지에 따르면 옳은 것은?
(a) 겨울 의류는 2번을 눌러서 주문할 수 있다.
(b) 의류 주문은 3번을 눌러서 할 수 있다.
(c) 야외 활동 물품은 현재 주문이 가능하지 않다.
(d) 굿맨 통신 주문 서비스는 온라인으로도 가능하다.

📘 기출 공략

전화를 통한 통신 판매 서비스의 음성 안내이다. 겨울 의류 주문은 1번을 눌러서 주문할 수 있고, 다른 의류는 2번이고, 캠핑이나 야외 활동 장비는 3번을 눌러야 한다고 했고, 온라인 사이트 상에서 주문도 가능하다고 했으므로 옳은 것은 (d)뿐이다.

appropriate 적절한, 알맞은 **equipment** 장비 **supplies** 물품, 보급품 **associate** 조합원, 동료   정답_(d)

55

Ladies and gentlemen, I am honored to present this award of appreciation to Dr. Philip Lee for his efforts to increase access to life-saving drugs in this country. We are all committed to providing the best possible health care for our nation, but without Dr. Lee's dedication, standards would not be as good as they are today. This award also recognizes Dr. Lee's humanitarian efforts in Africa, helping to streamline the pharmaceutical system with considerable success.

Q Which is correct about Dr. Lee according to the talk?
(a) He is being awarded for developing a new life-saving drug.
(b) Healthcare standards have fallen despite his dedication.
(c) He is being recognized for his work in the Middle East.
(d) He made medicine distribution more effective in Africa.

✳ 번역
신사 숙녀 여러분, 이 나라에서 생명 구제 약품에 대한 접근성을 신장시킨 노력에 대해 필립 리 박사님께 감사패를 수여하게 되어 영광입니다. 저희는 우리나라에 가능한 최고의 건강 관리를 제공하는 데 전념하고 있지만 리 박사님의 헌신이 없었다면, 표준이 오늘날과 같이 우수할 수는 없을 것입니다. 이 상은 또한, 리 박사님이 아프리카에서 제약 체계 합리화를 상당히 성공적으로 도운 인도주의적인 노력을 표창하는 것이기도 합니다.

Q 담화에 따르면 리 박사에 관해 옳은 것은?
(a) 그는 생명을 살리는 새로운 약을 개발한 것으로 수상을 하고 있다.
(b) 건강 관리 표준은 그의 헌신에도 불구하고 하락했다.
(c) 그는 중동에서의 업적으로 인정받고 있다.
(d) 그는 아프리카 제약 유통망을 더 효과적으로 만들었다.

📘 기출 공략
업적은 첫 번째 문장에서 생명 구제 약품에 대한 접근성을 높인 것으로 제시되어 있다. 또, 마지막 문장에서 제약 체계의 합리화를 도운 노력이라고 평가하고 있는 것을 볼 때 약의 개발이 아니라 제약 유통망과 관련된 것임을 알 수 있으므로 옳은 것은 (d)뿐이다.
appreciation 감사 **access** 접근성 **be committed to** ~에 전념하다 **dedication** 헌신 **recognize** 인정하다, 표창하다 **humanitarian** 인도주의적인 **streamline** 합리화하다 **pharmaceutical** 제약의 **considerable** 상당한 **distribution** 유통
정답_(d)

56

Let me begin today by refreshing your memory on human teeth development. Like most mammals, humans grow two sets of teeth throughout their lives. The first is comprised of 20 small teeth known as the deciduous or "baby" teeth. These start growing approximately two months after conception, and they begin to grow above the gum line when an infant is six or seven months old. By age six, a second set of 32 larger, permanent teeth begin to emerge, ultimately displacing the deciduous teeth.

Q Which is correct according to the lecture?
(a) Having two sets of teeth is rare among mammals.
(b) Deciduous teeth start to develop in the mother's womb.
(c) People develop more deciduous than permanent teeth.
(d) Some people keep a few deciduous teeth all their lives.

✳ 번역
오늘은 인간의 치아 발달에 대한 기억을 되살리는 것으로 시작하겠습니다. 대부분의 포유류와 같이, 인간은 일생 동안 두 세트의 치아가 자랍니다. 첫 번째는 젖니, 또는 '유치'라고 알려진 작은 20개의 치아로 이루어져 있습니다. 이들은 임신 후 대략 2개월에 자라기 시작하고 영아가 6~7개월이 되면 잇몸 위로 자라기 시작합니다. 6세가 되면, 결국에는 젖니를 대신하게 되는 32개의 더 큰 영구치가 나타나기 시작합니다.

Q 강의에 따르면 옳은 것은?
(a) 두 세트의 치아를 갖는 것은 포유류 중에 드문 일이다.
(b) 젖니는 산모의 자궁에서 발달하기 시작한다.
(c) 사람들은 영구치보다 젖니가 더 많이 발달한다.
(d) 어떤 사람들은 평생 동안 몇 개의 젖니를 유지한다.

📘 기출 공략
포유류는 대부분 두 세트의 치아를 갖고, 젖니는 수정 후 약 2개월에 자라기 시작한다고 했으므로 자궁에 있을 때부터 발달하기 시작하고, 젖니는 6세가 되면 영구치가 나타난다고 했으므로 옳은 것은 (b)뿐이다.
refresh 기억을 되살리다 **mammal** 포유류 **be comprised of** ~로 이루어지다 **deciduous teeth** 젖니, 유치 **approximately** 대략 **conception** 임신 **gum** 잇몸 **permanent** 영구적인 **ultimately** 결국 **displace** 대신하다 **womb** 자궁
정답_(b)

57

Easter Island, located west of Chile, is best known for the giant stone heads called "moai" that dot its landscape. Almost 900 "moai" exist, and they average 13 feet tall and nearly 14 tons in weight. They were probably erected between 1400 and 1600 AD. Some researchers believe the moai represent important ancestors, such as chiefs; while others claim they may have acted as spiritual conduits between the people and their gods.

Q Which is correct about moai according to the lecture?
(a) They are small stone sculptures in Chile.
(b) Over 1,000 of them exist on Easter Island.
(c) Researchers think they represent common people.
(d) They may have connected people with their gods.

번역
칠레 서쪽에 위치한 이스터 섬은 '모아이'라고 불리는 거대한 돌로 된 두상으로 유명한데, 이 두상들은 풍경에 산재해 있습니다. 900개 가량의 '모아이'가 존재하고 평균 13피트 높이이며 무게가 14톤 가량 나갑니다. 그들은 아마도 AD 1400년에서 1600년 사이에 세워졌을 것입니다. 몇몇 연구자는 모아이가 추장과 같은 중요한 조상을 상징한다고 믿는 반면, 다른 이들은 사람과 신 사이의 영적인 전달자 역할을 했을지도 모른다고 주장합니다.

Q 강의에 따르면 모아이에 관해 옳은 것은?
(a) 칠레에 있는 작은 돌 조각상이다.
(b) 1,000개 이상이 이스터 섬에 존재한다.
(c) 연구자들은 그것이 일반인을 상징한다고 생각한다.
(d) 사람과 신을 연결했을지도 모른다.

기출 공략
모아이는 칠레에 있는 거대한 석상이고 900개 가량이 존재하며 중요한 조상을 상징하거나 신과 사람의 연결자 역할을 했을 것이라고 추측하므로 옳은 것은 (d)뿐이다.

dot ~에 산재하다 **erect** 세우다 **represent** 상징하다, 나타내다 **ancestor** 조상 **chief** 추장 **claim** 주장하다 **spiritual** 영적인 **conduit** 전달자 **sculpture** 조각상

정답_(d)

58

I would like to touch upon one of the most pressing concerns in the field of agricultural biotechnology. Agribusiness giants are standardizing plant cultivation, causing some plant varieties with poor aesthetics or disagreeable taste to become unavailable. Some may even face extinction. Now, any loss of genetic diversity is bad news. Without genetic diversity plant species do not have the ability to adapt to changing environments, such as new pests and diseases, and new climatic conditions.

Q What can be inferred from the lecture?
(a) A loss of some plant species may be beneficial.
(b) Agriculture as a business is on the decline worldwide.
(c) Most plant extinctions nowadays are caused by agribusinesses.
(d) Standardization may increase plants' vulnerability to climate change.

번역
농업 생명공학 분야의 가장 긴급한 문제 중 하나에 관해 이야기하려고 합니다. 기업 농업 대규모업체들은 작물 경작을 표준화하고 있는데, 이로 인해 미학적으로 좋지 않거나 맛이 나쁜 일부 작물 품종은 더 이상 이용할 수 없게 됐습니다. 일부는 심지어 멸종 위기에 처해 있기도 합니다. 자, 유전적 다양성 상실은 나쁜 소식입니다. 유전적 다양성 없이는, 작물 종은 새로운 해충이나 질병, 새로운 기후 조건과 같은 변화하는 환경에 적응하는 능력을 갖지 못합니다.

Q 강의에서 추론할 수 있는 것은?
(a) 일부 작물 종의 유실은 이로울 수도 있다.
(b) 기업형 농업은 전세계적으로 감소 추세이다.
(c) 오늘날 대부분의 작물 멸종은 기업형 농업에서 기인한다.
(d) 표준화가 기후 변화에 대한 작물의 취약성을 증가시킬 수도 있다.

기출 공략
대규모 기업 농업의 폐해에 관한 내용이다. 표준화된 작물 경작으로 일부 종들을 이용할 수 없게 되었고 심지어 멸종되어 유전적 다양성 상실을 가져왔다고 진단하고 있다. 이는 변화하는 환경에 대한 적응력이 없게 만든다고 했으므로 취약성을 증가시킨다는 (d)를 추론할 수 있다.

touch upon ~에 대해 다루다 **pressing** 긴급한 **field** 분야 **agricultural** 농업의 **biotechnology** 생물공학 **agribusiness** 기업식 농업 **cultivation** 재배 **variety** 품종 **aesthetics** 미학 **disagreeable** 불쾌한 **extinction** 멸종 **genetic diversity** 유전적 다양성 **pest** 해충 **climatic** 기후의 **beneficial** 이로운 **vulnerability** 취약성

정답_(d)

59

Attention, please. Following some recent complaints, airport security has decided to implement stricter rules on parking. All cars left unattended outside of airport terminal building entrances or exits will be subject to towing. Also, please make sure to load and unload passengers in the designated areas only. Loading or unloading outside the designated areas can result in a fine and/ or towing at the owner's expense.

Q What can be inferred about the airport from the announcement?
(a) Several unattended cars have been stolen.
(b) Cars get towed away from it on a daily basis.
(c) Luggage trolleys are being left in the way of traffic.
(d) People have left cars parked near terminal entrances.

✱ 번역
안내 말씀드립니다. 최근 불만 사항에 따라, 공항 보안대는 주차와 관련하여 더 강화된 규율을 실시하기로 결정했습니다. 공항 터미널 건물 입구나 출구 밖에 운전자가 없는 모든 차들은 견인 대상입니다. 또한, 반드시 지정 구역에서만 승객이 타고 내리도록 해주십시오. 지정 구역 밖에서의 승하차는 벌금 및/또는 차 주인 부담의 견인을 초래할 수 있습니다.

Q 공지에서 공항에 대해 추론할 수 있는 것은?
(a) 일부 운전자가 없는 차들이 도난을 당했다.
(b) 차는 일일 단위로 견인된다.
(c) 짐 운반차가 찻길에 놓여 있다.
(d) 사람들은 터미널 입구 가까이에 차를 주차해 두었다.

📗 기출 공략
주차 규율을 더 강화한다는 내용의 공지이다. 공항 터미널 건물의 입구나 출구 밖에 차를 주차하는 일이 빈번했기 때문에 이런 규정이 실시되는 것으로 추론할 수 있으므로 (d)가 알맞은 답이다.

complaint 불만 **security** 보안 **implement** 실시하다 **strict** 엄격한 **unattended** 주인 없는 **be subject to** ~의 대상이다 **tow** 견인하다 **make sure to** 반드시 ~하도록 하다 **unload** 차에서 내려주다 **designated** 지정된 **expense** 비용 **trolley** 운반차

정답_(d)

60

The next major issue I want to talk about is stalking, something that has risen sharply over the past two decades. The legal definition of stalking now is willful, malicious, repeated following and harassment. This was not an illegal activity in the United States until 1990, when the first anti-stalking law was passed. Before that, the most that police could do was arrest stalkers for a minor offense or suggest the victim obtain a restraining order.

Q What can be inferred from the talk?
(a) Stalking primarily happens to celebrities.
(b) Many people do not realize stalking is illegal.
(c) Stalkers are more sophisticated than in the past.
(d) People were not charged with stalking before 1990.

✱ 번역
제가 얘기하고자 하는 다음 주요 쟁점은 스토킹인데, 이것은 지난 20년 동안 급격히 증가했습니다. 현재 스토킹의 법적인 정의는, 의도적이고 악의가 있는 반복적인 미행이나 괴롭힘입니다. 스토킹은 최초로 스토킹 처벌법이 통과된 1990년 전까지는 미국에서 불법 행위가 아니었습니다. 그 이전에는, 경범죄에 대해 스토커를 체포하거나 희생자에게 접근금지명령을 얻도록 권하는 것이 경찰이 할 수 있는 최대한이었습니다.

Q 담화에서 추론할 수 있는 것은?
(a) 스토킹은 주로 유명인사들에게 발생한다.
(b) 많은 사람들이 스토킹이 불법이라는 것을 깨닫지 못한다.
(c) 스토커는 과거보다 더욱 노련해졌다.
(d) 1990년 이전에는 스토킹 혐의로 구속되지 않았다.

📗 기출 공략
미국에서 스토킹 처벌법이 통과된 것은 1990년이라고 했고, 이전까지는 불법 행위로 인식되지 않았으며 경찰이 최대로 가할 수 있는 것은 접근금지명령이라고 설명하고 있으므로 스토킹 혐의로 구속되지는 않았다는 (d)의 내용을 추론할 수 있다.

stalking 스토킹 **sharply** 급격히 **definition** 정의 **willful** 고의성의 **malicious** 악의가 있는 **harassment** 괴롭힘 **minor offense** 경범죄 **restraining order** 접근금지명령 **celebrity** 유명인사 **sophisticated** 노련한 **be charged with** ~으로 고소를 당하다

정답_(d)

Grammar

25 minutes

1

A Is anyone from the city council in favor of the proposal?
B As a matter of fact, quite a few members _____ shown support.

(a) has
(b) have
(c) has been
(d) have been

✽ 번역
A 시의회에서 그 제안에 찬성하는 사람이 있어요?
B 사실, 상당히 많은 의원들이 지지를 표명했어요.

📘 기출 공략
주어는 quite a few members로 복수이다. 동사 show는 '~을 나타내다, 보이다'의 뜻으로, support가 그 목적어인 능동의 관계이므로 빈칸에는 (b) have가 들어가야 한다.
city council 시의회　**in favor of** ~에 찬성하여　**proposal** 제안

정답_(b)

2

A Are there any job openings in the department for this semester?
B Yes, they _____ more lab assistants.

(a) are hiring
(b) had hired
(c) hired
(d) hire

✽ 번역
A 이번 학기 학과에 일자리 난 거 있나요?
B 네, 실험실 조교를 더 고용하는 중이에요.

📘 기출 공략
Are there...?로 현재의 상황에 대해 묻는 말이므로 역시 현재 시제로 답해야 한다. 따라서 현재 상황을 나타내는 현재진행형인 (a) are hiring이 정답이다. 현재 시제인 (d) hire는 현재 반복되는 일이나 습관, 또는 지속적인 성질이나 상태를 나타낼 때 쓰이므로 적절하지 않다.
job opening 취직 자리　**semester** 학기　**assistant** 조교

정답_(a)

3

A How was the visit to the dentist?
B It didn't hurt like last time, _____ it took a lot longer.

(a) or
(b) so
(c) once
(d) though

✽ 번역
A 치과에 다녀온 것은 어땠어요?
B 지난번처럼 아프지는 않았는데 시간이 훨씬 많이 걸렸어요.

📘 기출 공략
아프지 않았다는 것과 시간이 더 오래 걸렸다는 내용의 두 절을 연결할 수 있는 연결사가 되어야 한다. (d) though는 추가적으로 종속절을 이끌면서 '~이긴 하지만'을 뜻하므로 정답이 된다.
dentist 치과 의사　**hurt** 아프다

정답_(d)

4

A I lost some files when my PC crashed.
B _____ that from happening again, make backup copies.

(a) Prevent
(b) Prevented
(c) To prevent
(d) To be prevented

✽ 번역
A PC가 고장 나서 파일 몇 개를 잃었어요.
B 그런 일이 다시 생기지 않도록 백업 복사본을 만들어 두세요.

📘 기출 공략
접속사 없이 두 문장이 연결되어 있으므로 분사구문이나 to부정사구가 가능한 형태이다. 내용상 '~하기 위해서'의 의미가 되어야 적절하므로 (c) To prevent가 들어가야 한다.
crash (컴퓨터가) 갑자기 멈추다, 고장 나다　**backup copy** 백업 복사본

정답_(c)

Grammar

5

A Isn't graduate school very expensive?
B Yes, but I like to think _____ investment in my future.

(a) it as one of
(b) of it as an
(c) it of an
(d) as it of

❈ 번역
A 대학원은 몹시 비싸지 않나요?
B 그렇죠, 하지만 제 미래를 위한 투자의 하나라고 생각하고 싶네요.

기출 공략
think of A as B는 'A를 B로 생각하다[여기다]'라는 뜻의 어구로 정답은 (b)이다. it은 graduate school을 가리키며, 대학원을 투자로 여긴다는 내용이 된다.
graduate school 대학원　**investment** 투자　　정답_(b)

6

A Sorry, but you can't take photographs in the museum.
B Oh, I didn't see a sign saying _____.

(a) not to take
(b) not to do
(c) not to it
(d) not to

❈ 번역
A 미안합니다만, 박물관에서는 사진을 찍을 수 없습니다.
B 아, 그러면 안 된다는 표지판을 못 봤네요.

기출 공략
saying 이하는 a sign을 뒤에서 수식하는 형용사구이다. 동사 say는 '(게시·편지·책 등에) ~라고 쓰여 있다'라는 뜻으로 쓸 수 있다. to부정사의 부정은 to 앞에 not을 써야 하므로 not to do it이 되어야 하는데, to 이하가 반복되어 생략되는 경우 to만으로 대신하므로 (d) not to가 들어가야 한다.
take photograph 사진을 찍다　**sign** 표지판　**say** (게시·편지 등에) ~라고 쓰여 있다　　정답_(d)

7

A I spent almost 5,000 dollars on my trip to Johannesburg.
B That's almost the price of _____ !

(a) three vacations combined
(b) three combining vacations
(c) combined by three vacations
(d) vacations combining by three

❈ 번역
A 요하네스버그 여행에 거의 5,000달러를 썼어요.
B 그건 거의 휴가 세 번을 합한 가격인데요!

기출 공략
of는 동격을 나타내는 전치사로 the price에 해당하는 어구가 빈칸에 들어가야 한다. 동사 combine은 '연합시키다'의 뜻이고 three vacations와는 수동의 관계가 되므로 과거분사 형태로 뒤에서 수식하는 (a) three vacations combined가 알맞다.
combine 연합시키다　　정답_(a)

8

A Sue, what are you doing around 7 this evening?
B I _____ a walk with my dog.

(a) take
(b) have taken
(c) will be taking
(d) have been taking

❈ 번역
A 수, 오늘 저녁 7시쯤에 뭐 할 거예요?
B 개와 산책하고 있을 거예요.

기출 공략
what are you doing 이하는 현재진행형을 써서 가까운 미래의 계획을 묻는 말이다. 7시쯤엔 산책을 '하고 있는 중'일 것이라는 뜻으로 미래 진행형을 쓴 (c) will be taking이 적절한 형태이다.
around 대략, 약　**take a walk with** ~와 산책하다　　정답_(c)

9

A I get so thirsty after working out.
B Me, too. I like to have _____.

(a) something cold to drink
(b) to drink cold something
(c) cold something to drink of
(d) to drink of something cold

✹ 번역
A 운동을 하고 나니 목이 아주 말라요.
B 나도 그래요. 시원한 거 마시고 싶네요.

📘 기출 공략
have의 목적어는 something인데, -thing, -one, -body로 끝나는 명사를 수식하는 형용사는 뒤에 위치하므로 something cold의 어순이 된다. to drink는 명사인 something을 수식하는 to부정사로 명사 뒤에 와야 한다. 따라서 정답은 (a)이다.
thirsty 목마른   work out 운동하다   정답_(a)

10

A I hear Jennifer said some insulting things about me to her friends.
B That wouldn't have happened, if you _____ her names.

(a) had not called
(b) are not calling
(c) have not called
(d) were not calling

✹ 번역
A 제니퍼가 친구들에게 나에 대해 모욕하는 말을 했다고 들었어.
B 네가 그녀를 욕하지 않았다면 그런 일은 생기지 않았을 거야.

📘 기출 공략
과거 사실과 반대되는 내용은 가정법 과거완료를 써서 표현한다. 가정법 과거 완료는 〈If+주어+had p.p., 주어+조동사 과거형+have p.p.〉 형태가 되므로 (a) had not called가 들어가야 한다.
insulting 모욕적인   call A names A를 욕하다, A의 험담을 하다
                                                    정답_(a)

11

A I heard the bride insists on having the wedding on a boat.
B Very strongly. She _____ have it any other way.

(a) won't
(b) mustn't
(c) couldn't
(d) shouldn't

✹ 번역
A 신부가 결혼식을 배 위에서 하자고 고집한다고 들었어요.
B 아주 강하게요. 그녀는 다른 방식으로는 하지 않을 거예요.

📘 기출 공략
Very strongly라는 대답은 She insists on having the wedding on a boat very strongly를 줄인 말이다. 따라서 의지를 나타내는 조동사 will의 부정형인 (a) won't가 들어가야 알맞다.
bride 신부   insist on ~을 고집하다   정답_(a)

12

A Has your brother's move to the US worked out?
B Yes, except that he has the problem of not _____ English well.

(a) speaks
(b) to speak
(c) speaking
(d) to be speaking

✹ 번역
A 남동생이 미국으로 이사 가는 일은 잘되었나요?
B 네, 그가 영어를 잘 못한다는 문제를 제외하면요.

📘 기출 공략
of는 동격을 나타내는 전치사로 the problem과 동격인 명사구가 와야 한다. 전치사의 목적어로 -ing형을 써서 (c) speaking이 되고, 이것의 부정형은 speaking 앞에 not을 써준다.
move 이사   work out 잘되다   except ~을 제외하고   정답_(c)

Grammar

13

A How do you sell your coffee?
B We sell by _____.

(a) pound
(b) a pound
(c) its pound
(d) the pound

❉ 번역
A 커피를 어떻게 파세요?
B 파운드 단위로 팝니다.

📦 기출 공략
계량 단위명 앞에 쓰이는 전치사인 by 다음에 오는 명사 앞에는 정관사 the를 써야 하므로 (d) the pound가 정답이다. by the pound는 '파운드 단위로'라는 의미가 된다.
sell by ~의 단위로 팔다   정답_(d)

14

A Why are you in such a good mood?
B You won't believe _____.

(a) how wonderful I met a girl
(b) I met how wonderful a girl
(c) I met what a wonderful girl
(d) what a wonderful girl I met

❉ 번역
A 왜 그렇게 기분이 좋아요?
B 제가 얼마나 멋진 여자를 만났는지 믿지 못하실 거예요.

📦 기출 공략
감탄문이 동사 believe의 목적어로 오는 문장이다. What으로 시작하는 감탄문은 〈What+a(n)+형용사+명사+주어+동사〉의 어순이므로 (d)가 정답이다.
such a good mood 매우 기분 좋은   정답_(d)

15

A What did the news say about the automobile workers?
B _____ a salary cut, they went on strike.

(a) They feared
(b) It fearing
(c) Fearing
(d) To fear

❉ 번역
A 뉴스에서 자동차 노조에 대해 뭐라고 했나요?
B 임금이 삭감될까 봐 파업을 했다고요.

📦 기출 공략
연결사 없이 두 문장이 이어져 있으므로 빈칸에는 분사구문이나 to부정사구가 올 수 있다. 내용상 '~해서'라는 이유가 되어야 적절하므로 분사구문인 (c) Fearing이 정답이다.
automobile workers 자동차 노조 **cut** 삭감 **go on strike** 파업하다   정답_(c)

16

A I got accepted at two universities, but I don't know where to go.
B Just choose _____ you think is better for your future.

(a) that
(b) which
(c) whatever
(d) whichever

❉ 번역
A 두 대학에 합격했는데 어디로 가야 할지 모르겠어.
B 어디가 됐든 네 미래를 위해 더 좋은 곳이라 생각되는 것을 고르면 돼.

📦 기출 공략
동사 choose의 목적어가 되는 절을 이끌어야 한다. 선행사를 포함한 관계대명사로 명사절을 이끌어 '어느 것이든 ~한 것'이라는 뜻을 나타낼 수 있는 것은 (d) whichever이다.
get accepted 합격하다   정답_(d)

17

A You're out of breath! Did you run home?
B Yes, there was a school bully _____ me.

(a) chase
(b) chased
(c) chasing
(d) to chase

✿ 번역
A 숨이 가쁘구나! 집에 뛰어온 거니?
B 네, 학교에서 절 못살게 구는 애가 쫓아왔어요.

📖 기출 공략
there was a school bully라는 완전한 문장이 나와 있으므로 동사 chase는 현재분사인 (c) chasing의 형태로 a school bully를 뒤에서 수식하는 형용사로 쓰여야 한다. chasing 앞에는 〈관계대명사+be동사〉가 생략되어 있다.
out of breath 숨이 가쁜 **bully** 약자를 괴롭히는 사람 **chase** 쫓아오다
정답_(c)

18

A When should we do our homework together?
B Let's do it right after _____.

(a) school
(b) a school
(c) the school
(d) our school

✿ 번역
A 언제 같이 숙제를 할까?
B 방과 후에 바로 하자.

📖 기출 공략
건축물이나 장소가 그 자체가 아니라 본래의 기능이나 목적을 나타낼 때는 관용적으로 관사를 쓰지 않는다. 따라서 정답은 (a) school이다. after school(방과 후에) 외에도 go to bed(자러 가다), in hospital(입원 중인), go to college(대학에 다니다) 등이 이같은 형태의 표현이다.
right after ~후에 바로
정답_(a)

19

A Is there anything exciting on TV?
B Not _____ the moment.

(a) at
(b) in
(c) to
(d) on

✿ 번역
A TV에서 뭐 흥미진진한 거 하나요?
B 지금은 아니에요.

📖 기출 공략
한 시점을 나타내는 '순간'이라는 뜻으로 moment가 쓰일 때 관용적으로 정관사 the가 함께 와야 한다. '지금 이 순간에는'의 뜻으로 쓰이는 어구에는 그 앞에 전치사 (a) at을 쓴다.
moment 순간
정답_(a)

20

A When do you want to go out for dinner?
B Well, _____.

(a) choose to feel free whenever you like
(b) feel free to choose whenever you like
(c) free to choose whenever you like to
(d) choose free whenever you feel to

✿ 번역
A 언제 저녁 먹으러 가고 싶어요?
B 음, 언제든지 당신이 가고 싶은 때로 선택하세요.

📖 기출 공략
〈feel free to+동사원형〉은 '마음대로 ~해도 좋다'라는 뜻의 어구로, 정답은 (b)이다. whenever는 관계부사인 when에 ever가 붙은 형태로 at any time when과 같은 뜻으로 쓰인다.
feel free to 마음대로 ~해도 좋다
정답_(b)

Grammar

21

With all flights _____ full, getting a seat seems unlikely.

(a) far
(b) most
(c) much
(d) almost

❄ 번역
모든 비행기가 예약이 거의 다 차서 좌석을 구하지 못할 것 같다.

📘 기출 공략
unlikely는 '가능성이 별로 없는'의 뜻이므로 full을 수식하는 부사로는 '거의'를 의미하는 (d) almost가 들어가야 알맞다. most는 형용사의 최상급을 만드는 부사이므로 내용과 맞지 않는다.
unlikely 가망 없는 **정답_(d)**

22

Whether it rains or not, _____.

(a) the mail always gets delivered
(b) always gets delivered the mail
(c) delivered the mail always gets
(d) gets delivered the mail always

❄ 번역
비가 오든 오지 않든, 우편물은 항상 배달된다.

📘 기출 공략
whether는 '~이든 아니든'의 의미를 나타내는 부사절을 이끌고 있으므로 빈칸에는 주어와 동사가 있는 문장이 와야 한다. 주어는 the mail이고 동사는 gets delivered이므로 정답은 (a)이다.
whether or not ~이든 아니든 **deliver** 배달하다 **정답_(a)**

23

After the burglary last week, the elderly couple _____ to get a burglar alarm installed.

(a) was decided
(b) is decided
(c) decided
(d) decides

❄ 번역
지난주 절도 사건 이후, 노부부는 도난 경보기를 설치하기로 결정했다.

📘 기출 공략
동사 decide와 주어인 the elderly couple의 관계는 능동이며 과거 사건에 대한 내용이므로 (c) decided가 적절한 형태이다. 현재 시제인 decides는 반복되는 일이나 습관, 또는 지속적인 성질이나 상태를 나타낼 때 쓴다.
burglary 절도, 빈집털이 **elderly** 나이가 지긋한 **burglar alarm** 도난 경보기 **install** 설치하다 **정답_(c)**

24

_____ maturity, the adult sperm whales moved to higher latitudes where feeding was more productive.

(a) Reach
(b) Reached
(c) Having reached
(d) To have reached

❄ 번역
성장한 향유고래들은 성숙기에 도달하자 더 고위도 지역으로 이동했는데, 그곳은 먹이가 더 풍부했다.

📘 기출 공략
완전한 문장이 접속사 없이 이어지므로 빈칸에는 부사절을 만드는 분사구문이나 to부정사구가 가능하다. 내용상 때를 나타내는 분사구문의 형태로 Reaching 또는 주절의 시제인 moved보다 이전 시제를 강조하기 위해 완료 형태 (c) Having reached를 쓸 수 있다.
maturity 성숙기 **sperm whale** 향유고래 **latitude** 위도 **productive** 풍부한 **정답_(c)**

25

Children _____ run the risk of becoming unfit or overweight.

(a) watch television too much
(b) too much watching television
(c) who watch too much television
(d) who watching television too much

✿ 번역
TV를 너무 많이 보는 아이들은 건강하지 않거나 비만이 될 위험성이 있다.

📖 기출 공략
전체 문장의 주어는 Children이고 동사는 run이며 빈칸에는 Children을 수식하는 관계대명사절이 필요하다. 선행사가 Children이므로 적당한 관계대명사는 주격인 who이고, 동사 watch가 이어지는 (c)가 정답이다.

run the risk of ~의 위험이 있다 unfit 건강하지 못한 overweight 과체중의, 비만의
정답_(c)

26

Customers may take _____ two of the free gifts that are on display.

(a) any
(b) each
(c) some
(d) every

✿ 번역
고객들은 전시된 무료 사은품 중 아무것이나 두 가지를 가져도 된다.

📖 기출 공략
'무료 사은품 중 어느 것이든 두 개'를 의미하는 말이 되어야 하므로 다수 중 '어느 것이든'을 가리키는 단어인 (a) any가 알맞다. any two 다음에는 free gifts가 생략되어 있다.

on display 전시 중인
정답_(a)

27

No matter _____ while on exercises, he or she just has to keep going.

(a) how is a soldier tired
(b) how tired a soldier is
(c) tired how is a soldier
(d) is how tired a soldier

✿ 번역
군인은 훈련 중에 아무리 피곤하다고 하더라도 멈춰서는 안 된다.

📖 기출 공략
〈No matter+의문사〉는 '~과는 상관없이'라는 표현으로 '의문사+-ever'로 바꿀 수 있다. No matter는 뒤에 의문사+형용사[부사]+주어+동사'의 어순을 취하므로 (b)가 알맞다. '아무리 피곤하더라도'의 의미가 된다.

while ~동안에 keep going 계속하다 soldier 군인
정답_(b)

28

Although clearly _____, the boxer did not look discouraged.

(a) defeating
(b) defeated
(c) defeats
(d) defeat

✿ 번역
패배가 명백했지만 그 복서는 낙담한 것처럼 보이지 않았다.

📖 기출 공략
Although는 '비록 ~지만'의 뜻으로 부사절을 이끈다. 동사 defeat는 분사구문을 만들어 부사구로 쓰일 수 있는데 defeat는 '~를 패배시키다'의 뜻이므로 being defeated의 형태가 되어야 하며 이때 being은 일반적으로 생략된다. 따라서 정답은 (b)이다.

discouraged 낙담한 defeat 패배시키다, ~를 이기다
정답_(b)

Grammar

29

The new tax reform _____ to benefit low-income workers.

(a) supposes
(b) is supposed
(c) was supposing
(d) was being supposed

번역
새로운 세제 개혁은 저소득 근로자에게 혜택을 주기 위한 것이다.

기출 공략
〈be supposed to+동사원형〉은 '~한 결과가 의도되다, ~할 것으로 기대되다'의 뜻으로 쓰여 결과와 관련되어 기대되는 측면을 나타낼 수 있다. 주어는 The new tax reform으로 단수이므로 (b)가 정답이다. 새로운 세제 개혁의 의도나 예측이 to 이하에 드러나게 되는 표현이다.
tax reform 세제 개혁   **benefit** 이롭게 하다   **low-income** 저소득의
정답_(b)

30

By last Saturday, construction on the building _____.

(a) is being completed
(b) has been completed
(c) had been completed
(d) will have been completed

번역
지난 토요일에 건물 건축이 완공되었다.

기출 공략
전치사 by는 기한을 나타내는 단어와 같이 쓰여서 '~까지'라는 뜻으로 쓰인다. 과거의 때를 나타내는 last Saturday가 나왔으므로 과거나 과거완료의 시제가 가능하다. 과거완료인 (c) had been completed가 알맞다.
construction 건축   **complete** 완성하다
정답_(c)

31

Perhaps nothing is as surprising to the observer as the _____ of the Grand Canyon.

(a) yet vast intricate landscape
(b) vast yet intricate landscape
(c) vast landscape as yet intricate
(d) landscape as vast yet as intricate

번역
그랜드 캐니언의 광대하면서도 정교한 풍경만큼 보는 이에게 놀라운 것은 아마도 없을 것이다.

기출 공략
yet은 접속사로 '하지만, 그럼에도 불구하고'의 뜻으로 쓰인다. 여기서는 형용사인 vast와 intricate를 연결하고 있다. 같은 형용사뿐만 아니라 절도 연결할 수 있다. vast, intricate은 landscape를 수식하는 것이므로 그 다음에 landscape가 오는 어순이 되어야 한다. 따라서 (b)가 정답이다.
observer 관찰자   **vast** 광대한   **intricate** 복잡한
정답_(b)

32

Each business must decide _____ potential customers it wants to reach and how it wants to reach them.

(a) whom
(b) where
(c) which
(d) who

번역
각 기업은 어떤 잠재 고객들에게 접근하고 싶은지와 어떻게 그들에게 접근할 것인지 결정해야만 한다.

기출 공략
동사 decide의 목적어로 and로 연결된 두 의문사가 이끄는 절이 온 문장이다. it은 each business를 가리키고 빈칸을 포함한 potential customers가 의문사에 해당된다는 점을 볼 때 '어떤 잠재 고객'이라는 뜻의 어구가 되어야 하므로 (c) which가 적절한 의문사가 된다.
potential 잠재적인   **reach** 닿다, 이르다
정답_(c)

33

_____ to stay together, they might have become very successful.

(a) Managed the band
(b) The band had managed
(c) Had the band managed
(d) It had managed the band

번역
그 밴드가 함께 있기만 했더라도, 그들은 아주 성공했을 것이다.

기출 공략
주절의 might have become은 가정법 과거완료의 주절로 〈주어+조동사의 과거형+have p.p.〉 형태이다. 이때 If절은 〈If+주어+had+p.p.〉 형태가 오거나 If를 생략하고 had가 문장 앞으로 와서 (c)처럼 도치되어야 적절하다.

manage to 그럭저럭 ~하다

정답_(c)

34

For over 200 years, the Bill of Rights of the United States Constitution _____ as a barricade in defense of personal freedoms.

(a) are standing
(b) is standing
(c) have stood
(d) has stood

번역
200년이 넘는 세월 동안, 미국 헌법의 권리장전은 개인의 자유를 지키는 방어벽으로 자리해 왔다.

기출 공략
전치사 for 다음에 기간이 와서 '~동안'을 나타내는 표현과 함께 현재완료를 쓰면 현재까지 이어지는 지속되는 일을 나타낸다. 미국 헌법 권리장전의 자유 방어 역할이 현재까지 이어지므로 현재완료형인 (d) has stood가 알맞다.

Bill of Rights 권리장전 **constitution** 헌법 **barricade** 방어벽
in defense of ~를 지키기 위해

정답_(d)

35

By June, Tom _____ about 3,000 dollars and will be able to afford a trip to Europe.

(a) saves
(b) saved
(c) will be saving
(d) will have saved

번역
6월이 되면, 탐은 약 3,000달러를 모으게 되고 유럽으로 여행 갈 여유가 생길 것이다.

기출 공략
전치사 by는 기한을 나타내어 '~까지'의 뜻으로 쓰인다. 즉, 미래인 6월까지는 저축을 완료할 것임을 의미하게 된다. 미래 시점에 동작이 완료되는 경우이므로 미래완료인 (d) will have saved가 적절한 답이다.

afford ~할 (경제적) 여유가 있다 **save** 모으다

정답_(d)

36

_____ that competition in the telecommunications market has reduced costs.

(a) No indication is whatsoever there
(b) There is no indication whatsoever
(c) Indication is not whatsoever there
(d) Whatsoever is not there indication

번역
통신 시장에서의 경쟁이 비용을 줄였다는 징후는 하나도 없다.

기출 공략
부정문에서 강조 표현으로 명사나 대명사 뒤에 whatsoever 또는 whatever를 쓴다. 따라서 whatsoever가 명사인 indication 뒤에 와야 하므로 (b)가 적절한 어순이다.

competition 경쟁 **telecommunications** 통신 산업 **indication** 징후, 암시 **whatsoever** 조금의 ~도 (없는)

정답_(b)

Grammar

37

The student's budget did not permit him to buy _____ an expensive computer.

(a) really
(b) such
(c) too
(d) so

✿ 번역
그 학생의 예산으로는 그렇게 비싼 컴퓨터를 사는 것이 허용되지 않았다.

📖 기출 공략
'그처럼'의 뜻으로 강조를 나타내는 such는 ⟨such+관사+형용사+명사⟩ 어순으로 쓰인다. 같은 뜻으로 쓰이는 so는 ⟨so+형용사+관사+명사⟩의 어순으로 쓰인다는 것에 유의해야 한다. 따라서 정답은 (b)이다.
budget 예산　**permit** 허용하다　　　　　　　　　　정답_(b)

38

According to the spokesman for the Dalai Lama, the Tibetan spiritual leader was discharged from the hospital where he _____ tests for abdominal pain.

(a) will undergo
(b) is undergoing
(c) will be undergoing
(d) had been undergoing

✿ 번역
달라이 라마의 대변인에 따르면, 티베트의 영적인 지도자는 복통으로 검사를 받은 병원에서 퇴원했다고 한다.

📖 기출 공략
병원에서 퇴원한 시점은 was discharged라는 시제를 통해 과거임을 알 수 있다. 검사를 받은 시점은 이보다 더 과거이므로 과거완료를 쓴 (d) had been undergoing이 적절하다.
spokesman 대변인　**spiritual** 영적인　**discharge** 퇴원시키다
abdominal 복부의　**undergo** 받다, 경험하다　　　　　정답_(d)

39

There are several kinds of cholesterol, but _____ people should focus on are LDL and HDL.

(a) that
(b) each
(c) them
(d) those

✿ 번역
콜레스테롤은 몇 가지가 있는데, 주목해야 할 것은 LDL과 HDL이다.

📖 기출 공략
빈칸에는 people should focus on을 이끄는 ⟨선행사+관계대명사⟩가 와야 한다. (d)의 those는 those cholesterol을 가리키는 선행사이고 those 다음에는 목적격 관계대명사인 which가 생략되어 있으므로 (d)가 알맞은 답이다.
cholesterol 콜레스테롤　**focus on** ~에 집중하다　　정답_(d)

40

Scientists are evaluating _____ of a previously unknown species of prehistoric human ancestor.

(a) evidence
(b) evidences
(c) an evidence
(d) the evidences

✿ 번역
과학자들은 선사 시대의 인간 조상으로 이전에 알려지지 않은 종의 증거를 평가하는 중이다.

📖 기출 공략
evidence는 셀 수 없는 명사이고 of로 이어지는 수식어구가 있으므로 the evidence 또는 evidence의 두 가지 형태가 가능하다. 셀 수 없으므로 복수나 관사가 올 수 없음에 유의해야 한다. 따라서 (a) evidence가 정답이다.
evaluate 평가하다　**previously** 이전에　**prehistoric** 선사 시대의
ancestor 조상　　　　　　　　　　　　　　　　　　정답_(a)

41

(a) A It was fun coming over to see your new apartment.
(b) B I'm glad you enjoy it. I'm sorry that it was so messy.
(c) A Don't worry. I'm sure you'll be settled in soon.
(d) B Yeah, I should have everything unpacked by Sunday.

✿ 번역
(a) A 당신의 새 아파트를 보러 와서 즐거운 시간 보냈어요.
(b) B 즐거웠다니 기뻐요. 집이 몹시 너저분해서 미안해요.
(c) A 걱정하지 말아요. 곧 정리가 될 거예요.
(d) B 네, 일요일까지는 짐을 전부 풀게 될 거예요.

📘 기출 공략
It was fun 이하의 말을 통해 과거의 일에 대한 인사임을 알 수 있다. 이에 대한 응답으로 '즐거웠다니 기쁘다'는 말이 적절하며, 따라서 (b)의 enjoy를 과거 시제 enjoyed로 바꿔야 한다.
messy 엉망인   **be settled in** (새 집 따위에) 자리잡다   **unpack** 짐을 풀다
정답 (b) enjoy → enjoyed

42

(a) A Shall we meet for dinner next Saturday evening?
(b) B Oh, no. Unfortunately, Saturday isn't good to me.
(c) A Then, how about meeting up on Sunday?
(d) B OK. That would be great. Let's make it 7:30.

✿ 번역
(a) A 다음 주 토요일 저녁에 만나서 저녁 식사할까요?
(b) B 아, 저런. 안타깝지만, 토요일은 안 돼요.
(c) A 그럼, 일요일에 만나는 건 어때요?
(d) B 그래요. 그게 좋겠어요. 7시 30분으로 해요.

📘 기출 공략
시간 약속의 대화에서 가능한 시간을 말할 때 '(언제가) 좋다, 가능하다'는 말로 A is good for[fine with] me 등의 표현을 쓰므로 (b)의 to를 for로 바꿔야 한다.
meet up 만나다   **Let's make it** ~로 해요.
정답 (b) to → for

43

(a) A Why are you such nervous today?
(b) B I have a job interview tomorrow.
(c) A That explains it. Good luck.
(d) B Thanks. I need it.

✿ 번역
(a) A 오늘 왜 그렇게 긴장하고 있어요?
(b) B 내일 취업 면접이 있어요.
(c) A 그래서 그렇군요. 행운을 빌어요.
(d) B 고마워요. 제게 필요한 말이에요.

📘 기출 공략
'그렇게'라는 표현으로 such는 뒤에 주로 명사가 나오고, so는 형용사나 부사가 온다. 따라서 (a)에서 형용사인 nervous 앞의 such를 so로 바꿔야 한다.
explain 설명하다   **Good luck.** 행운을 빌어요.   **정답** (a) such → so

44

(a) A You should better not spend all of your allowance at once.
(b) B But there are so many things I want to buy.
(c) A Just remember that you won't get your next allowance until February.
(d) B You're right. Thanks for the reminder.

✿ 번역
(a) A 용돈을 한꺼번에 다 써버리면 안 돼.
(b) B 하지만 사고 싶은 것이 너무 많아.
(c) A 2월까지 다음 용돈을 받을 수 없다는 것을 기억해.
(d) B 맞아. 상기시켜 줘서 고마워.

📘 기출 공략
조동사 should는 충고나 제안의 표현으로 '~해야 한다'의 뜻을 나타낸다. had better 역시 '~하는 게 낫다'는 뜻으로 충고의 표현이다. 따라서 (a)의 should 뒤에 better를 빼고 should만 쓰거나 should를 had로 바꿔야 한다.
allowance 용돈   **reminder** 상기시키는 것
정답 (a) should better → should / had better

Grammar

45

(a) A Just yesterday I discovered some old oil paintings up in my mom's attic.
(b) B You just discovered them? You had never been in her attic before?
(c) A Yes, but hidden behind furniture, I never realized they were up there.
(d) B They could bring you a huge windfall. I'd get them appraised if I were you.

✲ 번역
(a) A 바로 어제 엄마의 다락방에서 오래된 유화 몇 점을 발견했어.
(b) B 이제야 발견했다고? 전에 그 다락방에 가본 적이 한 번도 없었어?
(c) A 응, 그게 가구 뒤에 숨겨져 있어서 거기 있는 줄 몰랐어.
(d) B 뜻밖의 횡재가 될지도 몰라. 나라면 감정을 받겠어.

📘 기출 공략
(c)의 but hidden behind furniture는 but 다음에 being이 생략된 분사구문인데 주절의 I와 주어가 다르기 때문에 구로 쓸 수 없고 but they were hidden behind furniture, so I never…와 같이 절로 쓰고 접속사로 연결해야 한다.
oil painting 유화   **attic** 다락(방)   **windfall** 뜻밖의 횡재
appraise 감정하다
정답 (c) but hidden behind furniture, I → but they were hidden behind furniture, so I

46

(a) When was the last time you accomplished something big? (b) Most likely you were engaged in an activity that stirred your passion. (c) Passion is a powerfully motivating force what can drive you to achieve your goals. (d) When driven by passion, you are more likely to succeed than when driven by other, external forces.

✲ 번역
(a) 마지막으로 큰 일을 달성한 것이 언제인가? (b) 열정을 자극하는 활동에 몰두했을 때일 가능성이 크다. (c) 열정은 목표를 이루도록 끌고 가는, 강력하게 동기를 부여하는 원동력이다. (d) 열정에 이끌리면, 다른 외적인 원동력에 의해 이끌릴 때보다 성공할 가능성이 더 크다.

📘 기출 공략
(c)의 what은 선행사를 포함하는 관계대명사임에 유의한다.
a powerfully motivating force를 선행사로 하는 주격 관계대명사가 들어가야 하므로 what을 that으로 바꿔야 한다.
accomplish 달성하다   **stir** 자극하다; 휘젓다   **motivating** 동기를 부여하는   **force** 원동력, 힘   **drive** 몰아가다   **external** 외적인
정답 (c) what → that

47

(a) Ex-convict Tyrone White now warns teenage students against joining gangs. (b) Until being released from prison, he has been speaking at schools about his criminal past. (c) His hope is that other youths will not make the same mistakes he did. (d) In his opinion, it is unlikely that they will after they hear what happened to him.

✲ 번역
(a) 전과자인 타이론 화이트는 십대 학생들에게 갱단에 가입하지 말라고 경고한다. (b) 그는 감옥에서 석방된 이래 자신의 전과에 대해 학교에서 연설을 해오고 있다. (c) 그의 희망은 다른 청소년들이 자신이 한 것과 같은 실수를 하지 않는 것이다. (d) 자신에게 일어난 일을 듣고 나면 그들이 그러지 않을 거라는 것이 그의 견해이다.

📘 기출 공략
until은 '~까지'라는 뜻의 접속사이다. (b)에서 내용상 '감옥에서 석방된 이래로'라는 뜻이 되어야 하므로 Until이 아니라 '~이래로'의 뜻인 Since를 써야 맞다.
ex-convict 전과자   **gang** 갱단, 폭력단   **release** 석방하다
prison 감옥   **criminal** 범죄의
정답 (b) Until → Since

48

(a) Because Andrew did not understand Stacey's mood swings, he avoided her, which just made matters worse. (b) He thought her bouts of emotional instability were an indication that something was wrong with her. (c) One minute she would appear to be happy, even euphoric, and the next then she was angry and depressed. (d) Stacey, meanwhile, felt she was misunderstood by Andrew and refused to see a psychiatrist.

❋ 번역
(a) 앤드류는 스테이시의 기분이 오락가락한다는 것을 이해하지 못했기 때문에 그녀를 피했는데 이것이 문제를 악화시켰다. (b) 그는 그녀의 감정적 불안정이 여러 차례 발생하는 것은 뭔가 문제가 있다는 암시라고 생각했다. (c) 한 순간 그녀는 행복하고 심지어 뭔가에 도취된 듯 보이기까지 하다가, 바로 다음 순간에는 화를 내고 우울해했다. (d) 한편, 스테이시는 앤드류가 오해한다고 생각하며 정신과 의사에게 가기를 거부했다.

📘 기출 공략
One minute과 연결되는 말로 and the next 다음에는 minute이 생략되어 있다. '바로 다음에는'의 표현으로 then을 쓰거나 the next (minute)을 쓸 수 있으므로 (c)에서 next 다음의 then을 빼야 한다.
swing 흔들리다 **make matters worse** 일을 악화시키다 **bout** 한 차례(의 일), 발작 **emotional** 감정적인 **instability** 불안정 **indication** 암시, 조짐 **euphoric** 극도로 기쁜, 도취된 듯한 **depressed** 우울한 **psychiatrist** 정신과 의사

정답 (c) next then she → next she

49

(a) Today's shuttle astronauts are usually in orbit only 250 miles above Earth's surface. (b) From that distance, they can view an amazingly detailed and ever-changing global panorama. (c) They can see the varying shades of blue and turquoise that mark the intermingling of oceans and rivers. (d) Such views are a dramatic reminder that two-thirds of Earth's surface are covered by water.

❋ 번역
(a) 오늘날 우주 왕복선 비행사는 일반적으로 지구 표면 위 불과 250마일 정도의 궤도에 있다. (b) 그 거리에서 그들은 놀라울 정도로 자세하고 변화무쌍한 지구 전망을 볼 수 있다. (c) 그들은 바다와 강의 혼합을 나타내는 파란색과 청록색의 다양한 색조를 볼 수 있다. (d) 그러한 전경은 지구 표면의 3분의 2가 물로 덮여 있다는 것을 극적으로 상기시켜 준다.

📘 기출 공략
지구 표면은 셀 수 있는 대상이 아니므로 그 3분의 2인 two-thirds of Earth's surface는 복수가 아니라 단수 동사로 받아야 한다. 따라서 (d)에서 surface 다음의 are를 is로 바꿔야 알맞은 형태가 된다.
astronaut 우주 비행사 **orbit** 궤도 **surface** 표면 **ever-changing** 변화무쌍한 **global** 지구의 **panorama** 파노라마, 전경 **varying** 다양한 **shade** 색조 **turquoise** 터키색의, 청록색의 **intermingle** 섞이다, 혼합되다 **reminder** 상기시켜 주는 것

정답 (d) Earth's surface are → Earth's surface is

50

(a) Cloning is the process of making a copy of an organism using its genetic material. (b) Scientists have so far managed to make clones of dogs, horses, sheep and cows, but not humans. (c) If scientists can clone humans, however, the clone would never be an exact copy. (d) Like identical twins, human clones would share DNA but not minds or memories.

❋ 번역
(a) 복제는 유전 물질을 이용하여 유기체의 복사본을 만드는 과정이다. (b) 과학자들은 현재 개와 말, 양, 소를 복제했지만 인간은 복제하지 못했다. (c) 그러나 과학자들이 인간을 복제할 수 있다 하더라도, 그 복제 인간은 정확히 같은 복사본은 되지 않을 것이다. (d) 일란성 쌍둥이처럼, 인간의 클론은 DNA를 공유하지만 정신이나 기억은 공유하지 않는다.

📘 기출 공략
현재의 사실과 다른 내용을 가정하는 문장이므로 (c)의 If절에는 동사 과거형이 와야 하므로 조동사인 can을 could로 바꿔야 알맞다. 주절에는 조동사의 과거형+동사원형인 would never be 형태임에 유의해야 한다.
cloning 복제 **organism** 유기체 **genetic** 유전적인 **material** 물질 **exact** 정확히 같은 **identical twins** 일란성 쌍둥이

정답 (c) can → could

Vocabulary

15 minutes

1

A Hi, Brad. I didn't think I'd see you at the mall.
B Oh, hi, Mandy. I didn't _____ you here either!

(a) greet   (b) catch
(c) expect   (d) welcome

❋ 번역
A 안녕, 브래드. 쇼핑몰에서 널 만나리라고는 생각하지 못했어.
B 아, 안녕, 맨디. 나도 네가 여기 있을 거라고는 생각하지 못했어!
(a) 인사하다   (b) 따라잡다
(c) 예상하다   (d) 환영하다

📘 기출 공략
'역시'라는 뜻의 either를 통해 앞의 think I'd see와 같은 뜻이 되는 단어가 빈칸에 들어가야 함을 알 수 있다. '~가 올 거라고 생각하다'라는 뜻으로 사람 목적어 앞에 동사 expect를 쓰므로 (c)가 정답이다.
mall 쇼핑몰, 상가   정답_(c)

2

A Do you need help with that box?
B Yes, I can't _____ it by myself.

(a) fix   (b) lift
(c) pile   (d) stick

❋ 번역
A 그 상자 옮기는 거 도와줄까요?
B 네, 저 혼자서는 들 수가 없어요.
(a) 고치다   (b) 들다
(c) 쌓다   (d) 찌르다

📘 기출 공략
help with 다음에 가방이나 짐을 뜻하는 단어가 오면 '~을 드는 것을 도와주다'라는 의미가 된다. 짐을 혼자서 들 수 없다는 응답이 가장 적절하므로 (b) lift가 알맞다.
by oneself 혼자서   **stick** 찌르다; 붙이다   정답_(b)

3

A Hello, Dr. Lupe's office. How may I help you?
B Hi, I'd like to make a(n) _____ to see Dr. Lupe.

(a) deal   (b) notice
(c) invitation   (d) appointment

❋ 번역
A 여보세요, 루페 박사님 사무실입니다. 무엇을 도와드릴까요?
B 안녕하세요, 루페 박사님과 만날 약속을 하고 싶어요.
(a) 거래   (b) 통지
(c) 초대   (d) 약속

📘 기출 공략
사무실에 전화해서 만날 약속을 정하는 대화에서 '시간 약속'을 뜻하는 단어로 (d) appointment를 쓴다. 진료나 상담과 같은 업무적인 약속을 가리키는 표현이다.
How may I help you? 무엇을 도와드릴까요?   **make an appointment** 시간 약속을 하다   정답_(d)

4

A Andrew is always breaking the house rules.
B I know. He never _____ them.

(a) tries   (b) does
(c) follows   (d) protects

❋ 번역
A 앤드류는 항상 내부 규칙을 위반해요.
B 알아요. 그는 절대 그것들을 따르지 않아요.
(a) 시도하다   (b) 하다
(c) 따르다   (d) 보호하다

📘 기출 공략
응답에서 them은 the house rules를 가리키고 빈칸에는 break와 반대되는 뜻의 단어가 들어가야 한다. 규칙이나 법률을 '지키다, 따르다'의 뜻으로 쓰이는 동사는 follow이므로 (c)가 적절하다.
break 위반하다   **house rule** 내부 규칙   정답_(c)

5

A I hear you passed your biology final!
B Yes, I'm really _____ that's over.

(a) settled
(b) relieved
(c) confused
(d) established

❄ 번역
A 생물학 기말 시험에 통과했다며!
B 응, 끝나서 정말 다행이야.

(a) 안정된
(b) 안도하는
(c) 혼란스러운
(d) 인정받는

📖 기출 공략
that은 biology final을 가리키는 말이며, 빈칸에는 기말 시험이 끝나서 느끼는 감정을 나타내는 표현이 들어가야 한다. '안심이 되는'이라는 뜻인 (b) relieved가 적절한 단어이다.
biology 생물학 **final** 기말 시험 **over** 끝이 난 **relieved** 안도하는
established 인정받는, 저명한   정답 (b)

6

A Do you promise to be home on time?
B Yes, you _____.

(a) drag your feet
(b) have my word
(c) cut to the chase
(d) go the extra mile

❄ 번역
A 시간에 맞춰 집에 오기로 약속하는 거죠?
B 네, 약속할게요.

(a) 늑장을 부리다
(b) 말을 믿다
(c) 바로 본론으로 들어가다
(d) 한층 더 노력하다

📖 기출 공략
질문에 대한 응답으로 '약속할게요'라는 말이 되면 적절하다. You 다음에 (b) have my word를 쓰면 '약속하다, 맹세하다'라는 뜻이다.
promise to ~하기로 약속하다 **on time** 시간에 늦지 않게 **drag one's feet** 꾸물거리다 **cut to the chase** 바로 본론으로 들어가다
go the extra mile 한층 더 노력하다   정답 (b)

7

A Is the Eurail pass best for exploring Europe by train?
B Oh, yes, you'll find it cheap and _____.

(a) plain
(b) basic
(c) comforting
(d) convenient

❄ 번역
A 기차로 유럽을 답사하는 데 유레일 패스가 가장 좋나요?
B 아, 네, 저렴하고 편리하다는 걸 아시게 될 거예요.

(a) 평이한
(b) 기본적인
(c) 위로가 되는
(d) 편리한

📖 기출 공략
best라고 표현했으므로 유레일 패스의 장점에 해당하는 단어가 나와야 자연스럽다. cheap과 연결될 수 있는 장점으로 '편리한'의 뜻인 (d) convenient가 적절하다. (c) comforting은 '위로가 되는, 격려가 되는'으로, 교통 수단의 장점으로는 어울리지 않는 단어이다.
Eurail pass 유레일 패스 **explore** 답사하다, 탐험하다   정답 (d)

8

A Don't forget to cut the lawn today.
B Yes, I'll have to get fuel for the _____.

(a) razor
(b) scissor
(c) mower
(d) clipper

❄ 번역
A 오늘 잔디 깎는 거 잊지 말아요.
B 네, 잔디 깎는 기계에 연료를 넣어야겠네요.

(a) 면도기
(b) 가위
(c) 잔디 깎는 기계
(d) 손톱깎이

📖 기출 공략
'잔디를 깎다'라는 뜻의 어구인 cut the lawn과 관련된 단어를 골라야 한다. fuel은 '연료'이므로 연료를 넣을 기계로 '잔디 깎는 기계'에 해당하는 단어인 (c) mower를 골라야 한다.
lawn 잔디 **fuel** 연료 **razor** 면도기 **clipper** 손톱깎이   정답 (c)

Vocabulary

9

A It looks like we'll land only 30 minutes behind schedule.
B Still, we'll have to hurry to catch our _____ flight.

(a) connecting (b) matching
(c) linking   (d) joining

❖ 번역
A 예정보다 겨우 30분 늦게 착륙할 것 같은데요.
B 그래도, 연결편 비행기를 타려면 서둘러야 할 거예요.
(a) 연결하는   (b) 어울리는
(c) 연결하는   (d) 합류하는

📘 기출 공략
연결 항공편을 나타낼 때는 connecting flight라는 표현을 쓰므로 (a)가 정답이다. 항공편과 관련된 용어로 in-flight announcement (기내방송), boarding pass(탑승권), baggage claim ticket(수하물 표), custom inspection(세관 검사) 등이 있다.
land 착륙하다 **behind schedule** 예정보다 늦게 **connecting flight** 갈아탈 비행기
정답_(a)

10

A You should put on a darker tie.
B But this is the darkest one I have in my _____.

(a) wear   (b) clothes
(c) fashions (d) wardrobe

❖ 번역
A 더 짙은 색 넥타이를 매는 게 좋겠어요.
B 하지만 이게 내 옷장에 들어 있는 가장 짙은 색 넥타이예요.
(a) 의복   (b) 옷
(c) 패션   (d) 옷장

📘 기출 공략
the darkest one 뒤에는 that이 생략되어 있고 one은 tie를 가리키는 말이므로 '옷장에 있는 것 중에서'라는 어구가 되어야 적절하므로 '옷장'이라는 단어인 (d) wardrobe가 들어가야 한다. (b) clothes는 '옷'을 가리키는 말이므로 적절하지 않다.
put on (옷을) 입다 **wardrobe** 옷장; (한 개인이 가지고 있는) 옷
정답_(d)

11

A Let's meet somewhere that's easy to find.
B How about the war memorial? It's the best-known _____ in the city.

(a) landmark (b) oversight
(c) guidepost (d) foundation

❖ 번역
A 찾기 쉬운 곳에서 만나요.
B 전쟁 기념관은 어때요? 도시에서 가장 유명한 명소죠.
(a) 명소   (b) 실수
(c) 이정표 (d) 기반

📘 기출 공략
somewhere that's easy to find에 해당하는 표현이 되어야 하므로 멀리에서도 눈에 잘 띄어 위치 파악에 도움이 되는 건축물이나 구조물을 의미하는 단어인 (a) landmark가 들어가야 한다.
memorial 기념관 **oversight** 실수 **guidepost** 이정표; 지침
정답_(a)

12

A Do you think I should take an umbrella?
B I would. I heard we might get a bit of a _____.

(a) flood   (b) liquid
(c) splash (d) drizzle

❖ 번역
A 우산을 가지고 가야 할까요?
B 나라면 그럴 거예요. 가랑비가 올지도 모른다고 들었거든요.
(a) 홍수   (b) 액체
(c) 방울   (d) 가랑비

📘 기출 공략
'약한 비, 가랑비'를 가리키는 단어는 (d) drizzle이다. 비와 눈과 관련된 표현으로 heavy rain(폭우), shower(소나기), downpour(폭우), sleet(진눈깨비), hail(우박), frost(서리), blizzard(눈보라) 등이 있다.
a bit of 약간의 **splash** 첨벙 소리; 방울
정답_(d)

13

A Pardon me. Am I headed the right way to get downtown?
B No, it's in the _____ direction.

(a) reverse (b) contrary
(c) opposite (d) backward

✿ 번역
A 실례합니다. 제가 도심으로 맞게 가고 있나요?
B 아니요, 반대 방향이에요.

(a) 뒤집힌 (b) 반대의
(c) 반대쪽의 (d) 뒤쪽의

📘 기출 공략
be headed는 '~로 향하다'의 뜻이므로 맞는 길로 가고 있는지 묻는 말이다. 방향과 관련되어 '반대의'라는 단어로는 (c) opposite을 써야 한다. (b) contrary는 생각이나 의견이 반대인 경우에 contrary ideas[view] 등으로 쓰인다.
be headed ~으로 향하다 **direction** 방향 **backward** 뒤쪽의, 뒤쪽으로
정답_(c)

14

A Do you enjoy dancing?
B If I weren't so _____, I might.

(a) clumsy (b) sneaky
(c) tacky (d) hasty

✿ 번역
A 춤추는 거 좋아하세요?
B 제가 서투르지만 않으면 그럴 수도 있겠죠.

(a) 서투른 (b) 비열한
(c) 초라한 (d) 서두르는

📘 기출 공략
I might (enjoy dancing)이라는 주절을 볼 때, 가정법의 If절은 현재 사실과 반대가 되어야 하므로 '서투른'의 뜻인 (a) clumsy가 가장 적절한 단어이다. (d) hasty는 '성급한, 서두르는'이라는 뜻이다.
clumsy 어색한, 서투른 **sneaky** 비열한 **tacky** 초라한 **hasty** 급한, 서두르는
정답_(a)

15

A Did you _____ the spare room?
B No, I'll go open the windows now.

(a) clear out (b) wind up
(c) free up (d) air out

✿ 번역
A 손님용 방 환기시켰어요?
B 아니요, 이제 가서 창문을 열어 놓을 거예요.

(a) 청소하다 (b) 마무리짓다
(c) 풀어주다 (d) 환기하다

📘 기출 공략
창문을 열겠다는 말을 통해 빈칸에는 '환기시키다'에 해당하는 어구가 들어가야 함을 짐작할 수 있다. 따라서 적절한 어구는 (d) air out이다. (a) clear out은 '청소하다, 치우다'라는 뜻이다.
spare room 손님용 방, 예비실 **wind up** 마무리짓다 **free up** 풀어주다
정답_(d)

16

A Are you enjoying the fried potatoes?
B No. They're too _____.

(a) slippery (b) choosy
(c) greasy (d) racy

✿ 번역
A 감자 튀김 맛있어요?
B 아니요. 기름이 너무 많아요.

(a) 미끄러운 (b) 까다로운
(c) 기름이 많은 (d) 향기로운

📘 기출 공략
맛이 없는 이유를 말해야 하므로 빈칸에는 '기름진, 느끼한'의 뜻인 형용사 (c) greasy가 들어가야 알맞다. greasy는 음식 이외에도 greasy hair[Jeans] 등의 표현으로도 쓰인다.
slippery 미끄러운 **racy** 향기로운
정답_(c)

Vocabulary

17

A How did your brother find your diary?
B He _____ through my dresser.

(a) strolled   (b) thumbed
(c) pondered   (d) rummaged

❇ **번역**
A 남동생이 네 일기를 어떻게 찾았지?
B 내 서랍장을 뒤졌어.
(a) 산책하다   (b) 훑어보다
(c) 곰곰이 생각하다   (d) 뒤지다

📘 **기출 공략**
through my dresser는 '서랍장 여기저기로'라는 뜻이므로 '뒤지다'의 뜻으로 쓰이는 동사 (d) rummaged가 알맞은 단어이다. rummage는 전치사 in이나 through와 같이 쓰인다.
dresser 화장대, 경대   **stroll** 산책하다   **thumb** 훑어보다
rummage 뒤지다, 샅샅이 찾다   정답_(d)

18

A Why don't we just buy a computer now and pay later?
B Yes, it's probably best to buy it on _____.

(a) offer   (b) credit
(c) warranty   (d) guarantee

❇ **번역**
A 컴퓨터를 지금 사고 지불은 나중에 하는 게 어때요?
B 네, 신용카드로 사는 것이 최선인 것 같네요.
(a) 제안   (b) 신용
(c) 보증   (d) 보장

📘 **기출 공략**
pay later라는 말을 고려할 때 빈칸은 '외상으로, 신용으로'라는 표현이 되어야 함을 알 수 있는데 전치사 on과 함께 쓰이는 on credit이 알맞은 어구이다. 신용 거래, 즉 신용카드로 산다는 의미이다. 따라서 (b)가 정답이다.
Why don't we...? ~하는 게 어때요?   정답_(b)

19

A I hate it when people spit in the street.
B Me, too. It's _____.

(a) brutal   (b) lavish
(c) morbid   (d) repulsive

❇ **번역**
A 거리에서 침 뱉는 사람이 싫어요.
B 저도요. 역겨워요.
(a) 잔인한   (b) 후한
(c) 병적인   (d) 역겨운

📘 **기출 공략**
B에서 거리에 침을 뱉는 것을 It으로 지칭하고 있다. A의 말에 동의하고 있으므로, I hate와 연결이 되는 말로 '역겨운, 혐오스러운'의 뜻인 (d) repulsive가 적절한 형용사이다. (c) morbid는 '병적인, 음울한'의 뜻이다.
spit 침을 뱉다   **lavish** 후한   **morbid** 병적인, 소름끼치는
repulsive 불쾌한, 혐오스러운   정답_(d)

20

A I heard you were all set to be married abroad.
B Yeah. I just need to get a proof of my current marital _____.

(a) class   (b) level
(c) status   (d) position

❇ **번역**
A 결혼해서 외국으로 갈 준비가 다 되었다고 들었어요.
B 네. 현재 혼인 관계 증명서만 있으면 돼요.
(a) 등급   (b) 수준
(c) 상태   (d) 위치

📘 **기출 공략**
공식적인 문서나 형식을 갖춘 말에서 '결혼 여부', 즉 결혼을 했는지를 묻는 표현으로 marital status를 쓰므로 정답은 (c)이다. status는 '상태', '신분' 등을 가리키는 말로, 설문 조사나 공식 문서 양식에서 많이 볼 수 있는 표현이다.
be set to ~할 준비가 되다   **proof** 증거   **marital status** 혼인 여부, 배우자 관계   정답_(c)

21

A The songs on this CD are so _____.
B I agree. It's quite comforting.

(a) scathing (b) seething
(c) soothing (d) salivating

✿ 번역
A 이 CD에 있는 노래들은 마음을 달래 줘요.
B 맞는 말이에요. 상당히 위로가 돼요.
(a) 통렬한 (b) 격렬한
(c) 위로하는 (d) 군침을 흘리는

📘 기출 공략
동의하는 내용이므로 '위안이 되는'의 뜻을 나타내는 comforting과 유사한 뜻을 지닌 (c) soothing이 적절하다. soothing은 '위로하는, 달래는'의 뜻으로, 걱정이나 불쾌감 등을 완화시켜 준다는 의미를 갖고 있다.
comforting 위안이 되는 **scathing** 통렬한, 냉혹한 **seething** 격렬한 **salivate** 침[군침]을 흘리다   정답 (c)

22

A I'm really nervous about teaching my first class.
B Don't _____. You'll do fine.

(a) push it (b) ditch it
(c) blow it (d) sweat it

✿ 번역
A 첫 수업을 가르칠 생각에 아주 긴장이 돼요.
B 걱정 마세요. 잘할 거예요.
(a) 무리하다 (b) 파다
(c) 퍼뜨리다 (d) 걱정하다

📘 기출 공략
be nervous about은 '~때문에 긴장이 되다'라는 뜻이고 You'll do fine이라는 말에서 격려하고 있음을 알 수 있다. 그러므로 '걱정하지 마'라는 관용 표현인 Don't sweat it이 적절하므로 정답은 (d)이다.
do fine 잘하다 **ditch** 파다 **sweat** 땀 흘리다; 걱정하다   정답 (d)

23

A I'm going to complain about having to do mandatory overtime.
B I wouldn't do that. You'll run the risk of seeming _____.

(a) refractory (b) moribund
(c) tractable (d) jocular

✿ 번역
A 의무적으로 초과 근무를 해야 하는 것에 대해 불만을 제기하려고 해요.
B 나라면 그러지 않겠어요. 다루기 힘들어 보일 위험성이 있으니까요.
(a) 다루기 힘든 (b) 다 죽어가는
(c) 다루기 쉬운 (d) 익살맞은

📘 기출 공략
불만을 제기하는 것을 만류하는 내용의 조언이다. <seem+형용사>는 '~한 것처럼 보이다'라는 뜻이며 빈칸에 적절한 형용사는 '다루기 힘든, 불량한'의 뜻인 (a) refractory이다.
mandatory 의무적인 **run the risk of** ~의 위험이 있다
refractory 다루기 힘든; 난치의 **moribund** 다 죽어가는 **tractable** 다루기 쉬운 **jocular** 유머러스한   정답 (a)

24

A I regret not investing in gold earlier, when the price was low.
B Well, if I were you, I wouldn't waste time _____ over what's past.

(a) straining (b) actuating
(c) ruminating (d) exacerbating

✿ 번역
A 더 일찍, 가격이 낮았을 때 금에 투자하지 않은 게 후회가 돼요.
B 음, 나라면 지나간 일을 되새기며 시간을 낭비하진 않을 거예요.
(a) 애쓰다 (b) 작동시키다
(c) 깊이 생각하다 (d) 악화시키다

📘 기출 공략
I regret not -ing는 '~하지 않은 것을 후회하다'라는 뜻이다. 나라면 지나간 일을 되새기면서 시간을 허비하지 않겠다는 충고의 내용이 되어야 적절하므로 '되새기다'라는 뜻의 동사인 ruminate를 써야 한다. 따라서 정답은 (c)이다.
strain 애쓰다; 당기다 **actuate** 작동시키다 **ruminate** 깊이 생각하다 **exacerbate** 악화시키다   정답 (c)

Vocabulary

25

A Robert's unusual behavior puts me off sometimes.
B Yes, he does have his _____.

(a) fortes (b) quirks
(c) lesions (d) baubles

번역
A 로버트의 유별난 행동에 때때로 화나요.
B 네, 정말 특이한 버릇들을 갖고 있죠.

(a) 장점 (b) 특이한 버릇
(c) 장애 (d) 값싼 물건

기출 공략
put A off는 'A를 화나게 하다, 싫어지게 하다'의 뜻이므로 좋지 않은 면을 지적하는 말임을 알 수 있다. unusual behavior와 관련되는 단어로는 사람의 이상한 습관이나 성격을 지칭하고 '특이한 버릇'을 의미하는 quirk을 골라야 한다. 따라서 (b)가 정답이다.
unusual 유별난 put off 싫어지게 하다 forte 장점 quirk 변덕; 기벽 lesion 장애, 손상 bauble 값싼 물건 **정답** (b)

26

Fortunately, all the passengers in the car _____ the accident because they were wearing seat belts.

(a) missed (b) survived
(c) destroyed (d) experienced

번역
다행스럽게도, 차 안의 모든 승객들은 안전벨트를 매고 있었기 때문에 사고에서 살아남았다.

(a) 피하다 (b) 살아남다
(c) 파괴하다 (d) 경험하다

기출 공략
안전벨트를 맸기 때문에 사고에서 살아남았다는 내용이 가장 자연스럽다. survive는 목적어로 사고나, 질병, 전쟁이 와서 그것으로 죽지 않고 살아남았다는 의미를 나타낸다. 따라서 (b) survived가 적절하다. 안전벨트를 맸다고 해서 사고를 피할 수는 없으므로 (a) missed는 적절하지 않다.
fortunately 다행히 passenger 승객 seat belt 안전벨트 **정답** (b)

27

In times of economic _____, the government needs to take strong steps to solve the country's financial problems.

(a) dilemma (b) plague
(c) crisis (d) riot

번역
경제공황기에 정부는 국가의 재정적인 문제를 해결하기 위한 강력한 조치를 취해야 한다.

(a) 진퇴양난 (b) 골칫거리
(c) 위기 (d) 반란

기출 공략
the country's financial problems를 제시하고 정부의 대책을 촉구하고 있는 내용이므로 현 시점을 '경제적 위기'로 지칭할 수 있고 '위기'는 (c) crisis라는 명사를 쓴다. (a) dilemma는 어떻게 해야 할지 결정하기 힘든 상황을 나타내는 단어이므로 적절하지 않다.
financial 재정적인 dilemma 진퇴양난 plague 골칫거리; 역병 **정답** (c)

28

Police are urging Internet users not to reveal _____ information such as bank account numbers or addresses unless they are sure a site is secure.

(a) common (b) personal
(c) general (d) minor

번역
경찰은 인터넷 사용자들에게 안전한 사이트라는 확신이 들지 않으면 은행 계좌 번호나 주소와 같은 개인 정보를 밝히지 말라고 권고하고 있다.

(a) 평범한 (b) 개인적인
(c) 일반적인 (d) 중요하지 않은

기출 공략
such as는 '~와 같은'의 뜻으로 예를 드는 표현이므로 은행 계좌 번호나 주소 같은 것을 포괄하는 단어를 골라야 한다. '개인 정보'를 뜻하는 personal information이 적합한 단어이므로 빈칸에 알맞은 답은 (b)이다.
urge 권고하다 reveal 밝히다 bank account 은행 계좌 secure 안전한 **정답** (b)

29

Historian Jason Sanders recently _____ new facts about Maya origins.

(a) directed
(b) designed
(c) decreased
(d) discovered

✿ 번역
역사학자인 제이슨 샌더스는 최근에 마야 기원에 관한 새로운 사실을 발견했다.

(a) 지휘하다
(b) 설계하다
(c) 축소하다
(d) 발견하다

📘 기출 공략
'새로운 사실'이라는 new facts가 목적어임을 고려할 때 동사로는 '발견하다'의 뜻인 discover가 와야 함을 알 수 있다. 따라서 (d)가 답이다. design은 '계획하다, 설계하다'의 뜻이므로 어울리지 않는다.
historian 역사학자 **origin** 기원   정답_(d)

30

An adult dog generally only requires one or two meals a day to get _____ nutrition for good health.

(a) ordinary
(b) sufficient
(c) occasional
(d) influential

✿ 번역
성견은 일반적으로 건강을 위해 충분한 영양분을 얻는 데 하루 한두 끼만 필요하다.

(a) 평범한
(b) 충분한
(c) 가끔의
(d) 영향력 있는

📘 기출 공략
한두 끼 식사만으로 건강을 위해 충분한 영양분을 얻을 수 있다는 내용이 적절하므로 '충분한'의 뜻인 (b) sufficient가 들어가야 한다. '보통의'라는 의미인 (a) ordinary는 내용과 어울리지 않는다.
meal 식사 **nutrition** 영양분 **occasional** 가끔의   정답_(b)

31

Most _____ of the movie has centered around its lack of originality.

(a) survey
(b) criticism
(c) deflation
(d) measurement

✿ 번역
영화에 관한 비난의 대부분은 독창성 부족에 집중되어 있다.

(a) 설문 조사
(b) 비난
(c) 통화 수축
(d) 측정

📘 기출 공략
'독창성 부족'에 집중되어 있는 개념으로 적절한 '비난, 비평'을 뜻하는 (b) criticism이 정답이다. (c) deflation은 경제 용어로 '통화 수축'을 의미하고, (d) measurement는 수치와 관련된 '측정'을 의미하므로 적절하지 않다.
center 집중하다 **lack** 부족 **originality** 독창성 **deflation** 가스 방출; 통화 수축   정답_(b)

32

Over two million _____ of the singer-songwriter's album have been sold.

(a) hits
(b) issues
(c) copies
(d) chapters

✿ 번역
그 가수 겸 작곡가의 앨범이 2백만 장 이상 팔렸다.

(a) 히트곡
(b) 호
(c) 장
(d) 챕터

📘 기출 공략
'음반'을 의미하는 album을 세는 단위가 빈칸에 와야 한다. 책, 잡지, 앨범, 영화, 소프트웨어 등의 수를 세는 '부'라는 단위로 copy를 쓰므로 (c)가 정답이다. two copies of the movie, a copy of the newspaper, three millions of the record 등으로 쓰인다. issue는 잡지나 신문 같은 정기 간행물의 '호'를 가리키는 단위이다.
singer-songwriter 가수 겸 작곡가   정답_(c)

Vocabulary

33

One trick that can be used by interior designers to make a room feel larger is _____ tiles diagonally from corner to corner.

(a) tying
(b) laying
(c) holding
(d) burying

✤ 번역
실내장식 디자이너들이 방이 더 넓게 느껴지도록 하는 데 쓰는 한 가지 속임수는 모서리를 잇는 대각선으로 타일을 배열하는 것이다.

(a) 묶다 (b) 배열하다
(c) 들다 (d) 묻다

📖 기출 공략
동사 lay는 '(바닥에) 깔다'라는 뜻으로, 목적어로는 bricks, cables, concrete, carpet 등이 쓰인다. tile 역시 표면에 까는 것이므로 동사 lay를 쓸 수 있어 (b)가 정답이 된다. bury는 '(땅에) 묻다'라는 뜻이다.
trick 속임수 **interior designer** 실내장식 디자이너 **diagonally** 대각선으로

정답 (b)

34

Once your real estate _____ is complete, our mortgage company will offer you a vacation package as a special gift.

(a) expenditure
(b) transaction
(c) commerce
(d) brokerage

✤ 번역
부동산 거래가 일단 성사되면 우리 주택 융자 회사에서는 특별 선물로 휴가 패키지를 제공해 드릴 것입니다.

(a) 지출 (b) 거래
(c) 상업 (d) 중개업

📖 기출 공략
부동산 거래나 매매를 가리키는 단어로 (b) transaction을 쓴다. transaction은 매매와 같은 사업적인 거래 행위를 의미한다.
(c) commerce는 '상업'이라는 뜻으로, 상품과 용역의 매매와 관련된 산업을 가리킨다.
real estate 부동산 **complete** 완료된 **mortgage** 주택 담보 대출 **transaction** 거래 **brokerage** 중개(업)

정답 (b)

35

These plants will _____ if they are put in rich soil and have access to sunlight and water.

(a) reside
(b) uphold
(c) expand
(d) flourish

✤ 번역
이 식물들은 비옥한 토양에 심겨져 햇볕과 물을 얻게 되면 잘 자랄 것이다.

(a) 거주하다 (b) 지탱하다
(c) 팽창하다 (d) 번성하다

📖 기출 공략
if절로 제시된 조건이라면 일어날 식물의 상태를 가리키는 동사가 와야 한다. (d) flourish는 '(동식물이) 무성하게 자라다, 잘 자라다' 또는 '(사업이) 번성하다'의 뜻으로 쓰인다. (b) uphold는 '유지시키다, 옹호하다'의 뜻이다.
soil 토양 **have access to** ~을 접하다, 얻다 **reside** 거주하다 **uphold** 지지하다 **flourish** 번창하다

정답 (d)

36

Not expecting such a great welcome, the singer was _____ at the applause she received upon entering the auditorium.

(a) illuminated
(b) promoted
(c) shocked
(d) spotted

✤ 번역
그 가수는 그처럼 큰 환영을 예상하지 못했기 때문에 강당으로 들어갈 때 자신이 받은 박수 갈채에 깜짝 놀랐다.

(a) 빛나다 (b) 홍보하다
(c) 깜짝 놀라다 (d) 발견하다

📖 기출 공략
예상하지 못했다는 말을 고려할 때 깜짝 놀랐다는 표현이 적절하다. '~에 깜짝 놀라다'라는 어구로 be shocked at을 쓰므로 (c)가 정답이다. (a) illuminated는 '조명을 받은, 빛나는'의 뜻이므로 알맞지 않다.
applause 박수 **auditorium** 강당 **spot** 발견하다; 더럽히다

정답 (c)

37

This textbook series is guaranteed to increase your _____ in English communication.

(a) competence
(b) edification
(c) usability
(d) latitude

✿ 번역
이 교재 시리즈는 영어 의사소통 능력을 틀림없이 증진시켜 줄 것이다.
(a) 능력
(b) 교화
(c) 유용성
(d) 허용 범위

📘 기출 공략
영어로 의사소통하는 능력을 지칭할 때 쓰는 '능력, 기술'은 (a) competence라는 단어를 쓴다. 특히 언어 능력을 가리킬 때 competence를 쓴다. (c) usability는 '유용성, 편리함'을 의미한다.
be guaranteed to 반드시 ~할 것이다 **edification** 계발, 교화
latitude 위도; 허용 범위   정답_(a)

38

_____ gloves can be used by doctors only once, and then must be discarded.

(a) Reachable
(b) Disposable
(c) Retractable
(d) Containable

✿ 번역
일회용 장갑은 의사가 한 번만 사용할 수 있으며, 그 이후엔 폐기해야 한다.
(a) 도달 가능한
(b) 일회용의
(c) 취소할 수 있는
(d) 수용할 수 있는

📘 기출 공략
used by doctors only once, and then must be discarded를 의미하는 형용사가 들어가야 한다. discard는 '버리다, 폐기하다'라는 뜻이다. 1회 사용 후 버리는 것은 '일회용의'라는 뜻의 (b) Disposable이다.
discard 버리다, 폐기하다 **disposable** 일회용의 **retractable** 취소할 수 있다   정답_(b)

39

Some spiders _____ their prey near by displaying attractively colored stripes on their bodies.

(a) lure
(b) fumble
(c) enslave
(d) contract

✿ 번역
일부 거미들은 몸체에 나 있는 매혹적인 색깔의 줄무늬를 보여주며 가까이에 있는 먹이를 유인한다.
(a) 유인하다
(b) 더듬어 찾다
(c) 노예로 만들다
(d) 계약하다

📘 기출 공략
prey는 '먹이'를 가리키는 말이므로 빈칸에는 '유인하다'라는 뜻의 (a) lure가 적절하다. (c) enslave는 '노예로 만들다'라는 뜻으로 화려한 줄무늬를 통해 할 수 있는 행동이 아니므로 답이 될 수 없다.
spider 거미 **prey** 먹이 **display** 보여주다 **stripe** 줄무늬 **lure** 유혹하다 **fumble** 더듬어 찾다 **enslave** 노예로 만들다   정답_(a)

40

A fan of murder mysteries, Brian could not _____ why his wife enjoyed reading romance novels so much.

(a) unfold
(b) fathom
(c) acquire
(d) beguile

✿ 번역
살인 미스터리물 팬인 브라이언은 아내가 왜 로맨스 소설을 아주 많이 즐겨 읽는지 이해할 수 없었다.
(a) 나타내다
(b) 이해하다
(c) 얻다
(d) 속이다

📘 기출 공략
(b) fathom은 '(오랜 생각 이후) 이해하다, 통찰하다'의 뜻으로 쓰인다. fathom out이나 fathom 다음에 의문사 why, how, where 등이 오는 형태로 쓰인다. (c) acquire는 '얻다, 획득하다'의 뜻이므로 적절하지 않다.
murder 살인 사건 **unfold** 펼치다; 나타내다 **fathom** 추측하다, 이해하다 **beguile** 속이다   정답_(b)

Vocabulary

41

After test digs are done to reveal the most promising areas, archaeologists will begin a full _____.

(a) manipulation (b) restoration
(c) fabrication   (d) excavation

✦ 번역
고고학자들은 가장 유망한 지역을 밝혀내기 위해 시험 발굴을 실시한 후에 정식 발굴을 시작할 것이다.
(a) 조작   (b) 복원
(c) 제작   (d) 발굴

📘 기출 공략
'시험 발굴'의 뜻인 test dig과 관련되고, 형용사 full과 함께 쓰여 '정식 발굴'을 뜻하는 단어로 적당한 것은 full excavation이다. 따라서 정답은 (d)이다. excavation은 dig보다 공식적인 단어로 고고학 용어로 많이 쓰인다.
dig 발굴 **archaeologist** 고고학자 **fabrication** 제작; 위조 **excavation** 발굴   정답_(d)

42

Andrea learned to be _____ from her mother, who always looked for bargains.

(a) frugal   (b) meager
(c) affluent   (d) diminutive

✦ 번역
안드레아는 항상 싼 물건을 찾으시는 어머니로부터 검소함을 배웠다.
(a) 검소한   (b) 빈약한
(c) 풍부한   (d) 작은

📘 기출 공략
bargain은 '(일반적인 가격보다) 싼 물건'을 의미하므로 '검소한'이라는 뜻의 (a) frugal이 어울리는 단어이다. (b) meager는 '빈약한'의 뜻으로, 음식이나 돈의 양을 나타내는 표현이며 meager food[income] 등으로 쓰인다.
bargain 싼 물건   정답_(a)

43

The meeting will run more smoothly if _____ interpretation of Russian and English is provided.

(a) simultaneous (b) exchanging
(c) desolate   (d) residual

✦ 번역
러시아어와 영어 동시통역이 제공된다면 회의가 더욱 부드럽게 진행될 것이다.
(a) 동시의   (b) 교환의
(c) 황량한   (d) 나머지의

📘 기출 공략
회의의 흐름을 원활하게 할 수 있는 것으로 적절한 것은 동시통역이다. '동시통역'을 나타내는 단어는 simultaneous interpretation이므로 정답은 (a)이다. simultaneous는 '동시에 발생하는'이라는 뜻이다.
smoothly 부드럽게 **interpretation** 통역 **desolate** 황량한; 쓸쓸한   정답_(a)

44

Some religious leaders complain that science has undermined spirituality and led to a more _____ society.

(a) secular   (b) mediocre
(c) entranced (d) conscientious

✦ 번역
일부 종교 지도자들은 과학이 영성을 해치고 더욱 세속적인 사회로 이끌었다고 불평한다.
(a) 세속적인   (b) 평범한
(c) 넋을 잃은 (d) 양심적인

📘 기출 공략
과학에 대한 불만을 나타내는 내용임에 유의한다. 영성을 해친다는 점과 연결될 수 있는 내용이 되어야 하므로 형용사는 '세속적인, 비종교적인'의 뜻인 (a) secular가 적절하다.
undermine 해치다 **spirituality** 영성 **secular** 세속의 **entranced** 넋을 잃은 **conscientious** 양심적인; 세심한   정답_(a)

45

Distinctive watermarks are often added to official documents such as transcripts, making them harder to _____.

(a) pursue
(b) detect
(c) shred
(d) forge

번역
특정한 투명 무늬가 성적 증명서와 같은 공식 문서에 첨가되는데, 이는 위조를 어렵게 만든다.

(a) 추구하다
(b) 탐지하다
(c) 조각으로 찢다
(d) 위조하다

기출 공략
특정한 투명 무늬가 문서에서 하는 역할이 making 이하이다. 특정 무늬가 위조를 어렵게 만든다는 내용이 적절하므로 '위조하다'라는 뜻인 (d) forge가 알맞다.
distinctive 독특한, 특정한 **watermark** (종이의) 투명 무늬 **transcript** 성적 증명서 **shred** 조각으로 찢다 **forge** 위조하다, 꾸며 내다
정답_(d)

46

Although 70 percent of the population remains rural, Indians are steadily _____ paddy fields for a city lifestyle.

(a) rebuking
(b) forsaking
(c) irrigating
(d) engaging

번역
인디언 인구의 70퍼센트가 시골에 남아 있긴 하지만, 그들은 계속 도시 생활을 하기 위해 농사를 그만두고 있다.

(a) 꾸짖다
(b) 저버리다
(c) 관개하다
(d) 고용하다

기출 공략
although가 '비록 ~지만'의 뜻임에 유의한다. 70퍼센트가 시골에 남아 있지만 농업을 버리고 도시 생활방식을 따르고 있다는 내용이 자연스러우므로 '버리다, 그만두다'의 뜻인 forsake의 진행형 (b) forsaking이 적절하다.
rural 전원의 **steadily** 꾸준히 **paddy** 벼, 쌀 **rebuke** 비난하다, 꾸짖다 **irrigate** 관개하다
정답_(b)

47

The *Car Buyer's Guide* includes everything you need to know about car shopping, including invaluable tips on _____ for the best possible price.

(a) gabbing
(b) haggling
(c) jabbering
(d) swaggering

번역
〈자동차 구매 안내서〉에는 가능한 최적의 가격을 흥정하는 귀중한 비법을 포함해서, 자동차 쇼핑에 관해 알아야 할 모든 것이 나와 있다.

(a) 수다를 떨다
(b) 흥정하다
(c) 재잘거리다
(d) 허풍떨다

기출 공략
car shopping에 관련된 내용이 되어야 하므로 '흥정하다'라는 의미의 haggle의 동명사형인 (b) haggling이 적절하다. haggle은 haggle over[with]과 같은 형태로 쓰인다. swagger는 '자랑하다'의 뜻이다.
gab 수다를 떨다 **haggle** 흥정을 하다 **jabber** 재잘거리다 **swagger** 호언장담하다
정답_(b)

48

Couples with children should only resort to divorce when they are so _____ that reconciliation is inconceivable.

(a) gravitated
(b) evacuated
(c) estranged
(d) gestated

번역
아이들이 있는 부부는 아주 소원해져서 화해를 상상할 수 없을 때에만 이혼에 호소해야 한다.

(a) 끌린
(b) 비운
(c) 소원한
(d) 임신한

기출 공략
so A that B는 '너무나 A해서 B하다'라는 어구이므로 화해를 상상할 수도 없는 상태의 원인이 될 수 있는 표현이 빈칸에 와야 한다. (c) estranged는 '소원해진, 사이가 틀어진'의 뜻이므로 so 다음에 들어갈 말로 적절하다.
resort to 호소하다 **reconciliation** 화해 **inconceivable** 상상할 수도 없는 **evacuate** (장소·집 등을) 비우다
정답_(c)

Vocabulary

49

To win formal debates, you must learn to quickly distinguish valid arguments from _____ ones.

(a) specious
(b) effectual
(c) morose
(d) ardent

✿ 번역

공식적인 논쟁에서 이기기 위해서는 정당한 주장과 그럴듯한 주장을 빠르게 구별하는 법을 배워야 한다.

(a) 그럴듯한
(b) 효과적인
(c) 시무룩한
(d) 열렬한

📘 기출 공략

distinguish A from B는 'A와 B를 구별하다'라는 뜻의 어구이므로 valid arguments와 상반된 단어가 되어야 함을 알 수 있다. 대명사 ones는 arguments를 가리키고 valid의 상반된 형용사로 가능한 것은 '그럴듯한, 외양만 좋은'이라는 뜻의 (a) specious이다.

valid 타당한, 정당한 **specious** 그럴듯한 **morose** 시무룩한, 성미 까다로운 **ardent** 열렬한

정답_(a)

50

The excellent navigational ability of bats can be _____ to their sensitivity to Earth's magnetic fields.

(a) positioned
(b) attributed
(c) modified
(d) justified

✿ 번역

박쥐의 뛰어난 항법 능력은 지구 자기장에 대한 민감성 덕분이다.

(a) 배치하다
(b) 결과로 보다
(c) 변경하다
(d) 정당화하다

📘 기출 공략

'~의 덕택이다'라는 뜻의 어구로 be attributed to를 쓸 수 있다. 문맥상 박쥐의 항법 능력이 지구 자기장에 대한 민감성 때문이라는 내용이 적절하므로 정답은 (b)이다.

navigational 항법의 **bat** 박쥐 **sensitivity** 민감성 **magnetic field** 자기장

정답_(b)

Reading Comprehension

45 minutes

1

As many as 24 published studies have shown a link between abortion and breast cancer. Some studies show that women who have had abortions have a 50 percent greater chance of getting cancer than those whose pregnancies were not terminated. One study found high instances of cancer among women who, in the former Soviet Union, had commonly used abortion as a means of contraception. Between 1960 and 1987, the rate of breast cancer among such women tripled. A similar phenomenon is found in other places where _____.

(a) women use faulty contraceptives
(b) abortion is a common practice
(c) there are low rates of cancer
(d) the birth rate is declining

✿ 번역

낙태와 유방암 사이의 관련성을 보여주는 연구가 무려 24개나 발표되었다. 일부 연구는 낙태를 한 여성이 임신 중절을 하지 않은 여성들보다 암에 걸릴 확률이 50퍼센트 더 높다고 제시한다. 한 연구는, 과거 소비에트 연방에서 피임의 방법으로 낙태를 흔히 이용한 여성들 중 많은 경우 암이 생겼다고 밝혔다. 1960년과 1987년 사이에 그와 같은 여성들의 유방암 비율은 세 배가 되었다. 유사한 현상이 낙태가 흔히 시행되는 다른 장소들에서도 발견된다.

(a) 여성들이 잘못된 피임도구를 사용하는
(b) 낙태가 흔히 시행되는
(c) 암 발병률이 낮은
(d) 출산율이 감소하는

📖 기출 공략

낙태를 한 여성의 암 발병률이 높다는 점을 제시하는 글이다. 소비에트 연방의 유산을 한 여성들의 유방암 비율이 높고 또한 급증하고 있다는 점을 밝히고, 이와 유사한 현상이라고 지칭하고 있음에 유의한다. 낙태가 흔히 시행되는 곳에서 이런 현상이 생긴다는 (b)의 내용이 빈칸에 알맞다.

abortion 낙태, 유산 **breast cancer** 유방암 **chance** 가능성, 확률 **pregnancy** 임신 **terminate** 중절하다 **means** 방법 **contraception** 피임 **triple** 세 배가 되다 **phenomenon** 현상 **faulty** 잘못된 **contraceptive** 피임도구

정답_(b)

2

Illegal immigration is once again at the forefront of state policy discussions. In examining the scope of the problem, the State of Michigan has issued a report which provides an objective estimate of the cost incurred by illegal immigrants who are in violation of federal and state law. The report also addresses weaknesses in the current ID system and the way in which these can impact homeland security. This alarming report ultimately finds that the State of Michigan should _____.

(a) act now to better secure its borders
(b) recognize the contributions of immigrants
(c) produce an estimate of lost revenues
(d) start categorizing immigrants differently

✿ 번역

불법 이민이 또 다시 정책 토론 중심에 놓여 있다. 문제 영역을 조사하는 가운데, 미시간 주는 연방법 및 주 입법을 위반한 불법 이민자들이 발생시키는 비용에 대한 객관적인 추산을 제공하는 보고서를 발간했다. 보고서는 또한 현 신분증 체계의 약점과 이것이 자국 보안에 영향을 주는 방식에 대해 다루고 있다. 이 걱정스러운 보고서는 궁극적으로 미시간 주가 국경을 더 잘 지키기 위해 이제는 나서야 한다는 점을 밝히고 있다.

(a) 국경을 더 잘 지키기 위해 이제는 나서다
(b) 이민자들의 공헌을 인식하다
(c) 세입 손실 추산을 산출하다
(d) 이민자들을 달리 범주화하기 시작하다

📖 기출 공략

이 보고서의 궁극적인 주장을 골라야 한다. 바로 앞 문장에서 보고서가 현 신분증 체계의 약점과 그 영향에 관해 다룬다는 점에 유의하면 (a)가 적절한 제안 내용임을 알 수 있다. 현재의 문제점을 해결하기 위해 주가 나서야 한다는 주장이다.

immigration 이민 **forefront** 중심 **scope** 범위, 영역 **issue** 발간하다 **objective** 객관적인 **estimate** 추정치, 추산 **incur** 발생하다 **violation** 위반 **federal** 연방의 **ultimately** 궁극적으로 **secure** 지키다 **border** 국경 **contribution** 공헌, 기여 **revenue** 세입, 수입 **categorize** 범주화하다

정답_(a)

Reading Comprehension

3

A new book by Clarke Snell and Tim Callahan, *Building Green*, provides green-minded home builders with 615 full-color pages of detailed explanations and how-tos. It chronicles, for example, the process of building a home with clay, cordwood, straw and organic roof materials. The two authors approach the book's projects from different perspectives: one from an environmentalist's point of view and the other from a seasoned commercial builder's. But it is a combination that covers all ground on the subject. At less than $20, this book is a bargain for _____.

(a) those looking to build their own suburban dream home
(b) experienced home builders interested in saving money
(c) anyone considering environmentally-friendly housing
(d) students and professionals of architecture and design

✽ 번역

클라크 스넬과 팀 칼라한의 새 책 〈친환경 건축〉은 친환경 주거 건축자에게 컬러로 인쇄된 615페이지의 상세한 설명과 요령을 제공한다. 예를 들어, 진흙과 장작 다발, 짚, 유기농 지붕 자재로 집을 만드는 과정을 열거한다. 두 저자는 저서의 작업을 다른 관점에서 접근하는데, 하나는 환경운동가의 관점이고 나머지 하나는 노련하고 상업적인 건축가의 관점이다. 하지만 이는 주제에 관한 모든 기반을 포괄하는 조합이다. 가격이 20달러가 안 되는 이 책은 환경 친화적인 주택을 고려하는 사람 모두를 위한 저렴한 상품이다.

(a) 교외에 위치한 자신이 꿈꾸던 집을 세우려는 사람
(b) 돈을 절약하는 데 관심이 있는 경험 많은 주택 건축자
(c) 환경 친화적인 주택을 고려하는 사람 모두
(d) 건축과 설계를 전공하는 학생과 전문가

📘 기출 공략

이 책을 추천하는 대상에 대한 설명이 나와야 한다. 친환경적인 방법으로 집을 만드는 방법에 관한 책이라고 소개했으므로 (c)가 적절하다. 교외에 위치한 집이 목표가 아니라 환경 친화적인 방법이 핵심이므로 (a)는 답이 될 수 없다.

how-to 요령 **chronicle** 열거하다 **cordwood** 장작다발
straw 짚 **organic** 유기농의 **perspective** 관점
environmentalist 환경운동가 **seasoned** 노련한, 경험이 많은
combination 조합 **bargain** (정상가보다) 싸게 사는 물건
suburban 교외의 **environmentally-friendly** 친환경적인
architecture 건축 정답_(c)

4

The way your furniture is arranged may dictate the kind of life you lead. If your living room is full of armchairs with strategically positioned reading lights, then you are likely to read a lot. If the most comfortable places to sit all face the TV, which is prominently situated in the living room, then you will spend considerable time watching TV. So, next time you redo your house or room, _____.

(a) look for indirect lighting fixtures to protect your eyes
(b) save money by visiting some local second-hand stores
(c) try to position furniture to suit the life you want to live
(d) remember it is OK to be bold and think outside the box

✽ 번역

가구를 배치하는 방식이 여러분이 살아갈 삶의 종류를 좌우하게 될지도 모릅니다. 전략적으로 배치한 독서 등이 달린 안락의자로 거실이 가득 차 있다면, 독서를 할 가능성이 높습니다. 가장 앉기 편안한 장소가 거실에서 눈에 띄게 자리하는 TV를 바라보게 되어 있다면, 상당한 시간을 TV를 보면서 보낼 것입니다. 따라서, 다음 번에 집이나 방을 재정비할 때 누리기 원하는 삶에 맞게 가구를 배치하도록 하십시오.

(a) 눈을 보호하도록 붙박이 간접 조명을 구하십시오
(b) 인근 중고 상점을 이용해서 돈을 절약하십시오
(c) 누리기 원하는 삶에 맞게 가구를 배치하도록 하십시오
(d) 새로운 사고를 하고 대담해도 괜찮다는 것을 기억하십시오

📘 기출 공략

첫 문장에서 주제를 제시하고 있다. 가구를 배치하는 방식에 따라 삶의 종류가 결정된다는 것인데 독서하기 좋은 배치와 TV 보기 좋은 배치를 대조시켜 설명하고 있다. 따라서 빈칸에는 살기 원하는 삶에 맞게 가구 배치를 하라는 (c)가 적절하다.

dictate ~을 좌우하다 **strategically** 전략적으로 **reading light** 독서 등 **prominently** 눈에 띄게 **redo** 다시 하다 **indirect** 간접의 **fixture** 붙박이 가구 **second-hand** 중고의 **position** 두다, 위치를 정하다 **think outside the box** 새로운 사고를 하다 정답_(c)

5

Dear Mr. Collins,

Please accept my heartiest congratulations on your achieving initial sales of 100,000 units. This accomplishment greatly impressed me and should fill you with confidence with regard to your future. No one else has achieved such a high level of sales in their first six months with our firm, and so arrangements are being made to present you with a token of my appreciation. My secretary will contact you shortly. I _____.

Sincerely yours,

J. H. Kim, CEO.

(a) hope that you will get well soon
(b) would like to hear from you again
(c) look forward to your continued success
(d) would be glad to have you on board with us

번역
콜린스 씨에게,

최초로 100,000개 판매를 달성하신 것에 대한 저의 진심 어린 축하를 받아주시기를 바랍니다. 저는 이 업적에 매우 감동했고, 귀하는 이 성취로 미래에 대한 자신감이 생기셨을 테지요. 저희 회사에 온 지 6개월 만에 그런 높은 수준의 판매고를 이룬 사람은 없었고, 귀하에게 감사의 표시를 전해드릴 계획에 대한 준비가 진행 중입니다. 제 비서가 곧 연락을 드릴 겁니다. 계속적인 성공을 고대합니다.

J. H. Kim, 최고경영자 드림

(a) 곧 회복되기를 바랍니다
(b) 다시 소식을 듣고 싶습니다
(c) 계속적인 성공을 고대합니다
(d) 우리와 함께 일한다면 기쁠 것입니다

기출 공략
놀라운 판매를 달성한 직원의 노고를 칭찬하고 격려하는 내용의 편지이다. 맺음말로 (c)의 지속적인 성공을 고대한다는 말이 가장 적절하다. 입사한 지 6개월이 되었다고 했으므로 앞으로 일하기를 바란다는 (d)는 내용에 맞지 않는다.

hearty 애정 어린, 진심으로 **unit** (상품의) 한 개[단위] **accomplishment** 업적 **confidence** 자신감 **with regard to** ~와 관련해서 **firm** 회사 **arrangement** 준비 **token** 상징, 표시 **appreciation** 감사 **shortly** 곧 **get well** 회복하다, 낫다 **on board** 승선한; 참여한

정답_(c)

6

This Public Announcement has been issued to _____. The Department of State advises US citizens to consider carefully the risks of travel to Nicaragua due to the unresolved political situation in the country. On November 9, 2008, municipal elections took place across Nicaragua. Physical violence between law enforcement and protesters followed and witnesses have reported numerous injuries. The situation remains fluid and risks to the personal safety of expatriates and tourists continue. Protections ordinarily afforded by the rule of law are not guaranteed.

(a) update tourists on the risks of natural disaster in Nicaragua
(b) inform travelers of the security situation in Nicaragua
(c) warn Americans to depart Nicaragua immediately
(d) notify residents of Nicaragua's municipal election

번역
이 공고는 여행자들에게 니카라과의 안보 상황을 알리기 위해 발표되었습니다. 미 국무부는 미국 시민들에게 니카라과의 해결되지 않은 정치적 상황 때문에 니카라과 여행의 위험성을 신중하게 고려하라고 조언합니다. 2008년 11월 9일, 니카라과 전역에 지방자치 선거가 치러졌습니다. 공권력과 저항 세력 사이의 물리적 폭력이 이어졌고 목격자들은 다수의 부상을 보고했습니다. 상황은 여전히 유동적이며 국외 거주자와 여행객의 신변 안전 위험은 계속되고 있습니다. 평상시 법률이 제공하는 보호는 보장할 수 없습니다.

(a) 여행객들에게 니카라과의 자연 재해 위험을 새로 알리기 위해
(b) 여행자들에게 니카라과의 안보 상황을 알리기 위해
(c) 미국인들에게 니카라과를 당장 떠날 것을 경고하기 위해
(d) 거주민들에게 니카라과의 지방자치 선거를 공지하기 위해

기출 공략
to 이하에는 공고의 목적이 나와야 한다. 니카라과가 지방자치 선거 이후 물리적 폭력 사태가 동반된 불안정한 정치적 상황에 있어 여행자들에게 위험성을 알리려는 내용이므로 (b)가 목적으로 적절하다.

announcement 공고 **unresolved** 해결되지 않은 **municipal election** 지방자치 선거 **enforcement** 공권력 **protester** 저항 세력 **fluid** 유동적인 **expatriate** 국외 거주자 **guarantee** 보장하다 **notify** 공지하다 **resident** 거주민

정답_(b)

7

Death rates in the Stone Age, like those of today, were highest among infants and dropped throughout childhood. Many early fatalities in certain groups were from infanticide and may have been the result of the parents' financial troubles. Furthermore, while fictional stories of Stone Age conditions probably overstated the dangers of wild-animal attacks, lions, hyenas and poisonous snakes were ever-present menaces and took a steady toll on human life, with _____.

(a) infanticide being most common
(b) children being especially vulnerable
(c) few means of defense being available
(d) mortality rates often being unaffected

번역
석기 시대 사망률은 오늘날과 마찬가지로 유아들이 가장 높았고 유년기를 거치면서 떨어졌다. 특정 집단 초기 사망자의 많은 경우가 유아 살해 때문이었으며, 부모의 재정적인 어려움의 결과였을지도 모른다. 더욱이, 석기 시대 상황에 관한 허구적인 이야기가 야생동물 공격의 위험을 과장했을지도 모르지만, 사자와 하이에나, 독사는 항상 위협적인 존재였고 인간의 생명을 지속적으로 빼앗아갔는데, 그 중에서도 특히 아이들이 희생되는 경우가 많았다.

(a) 유아 살해가 가장 흔했다
(b) 특히 아이들이 희생되는 경우가 많았다
(c) 가능한 방어책이 거의 없었다
(d) 대개 치사율은 영향을 받지 않았다

기출 공략
첫 문장에 요지가 제시되어 있다. 석기 시대에도 현재와 마찬가지로 유아 사망률이 가장 높다는 점을 지적하고 있다. 그 원인에 대한 설명으로 부모의 재정 문제와 야생동물의 위험성을 말하고 있다. 마지막 부연 설명에서 아이들이 특히 취약하다는 점을 언급해야 하므로 (b)의 내용이 들어가야 한다.

Stone Age 석기 시대 **fatality** 사망자 **infanticide** 유아 살해 **fictional** 허구적인 **overstate** 과장하다 **hyena** 하이에나 **poisonous** 독성의 **ever-present** 항시 존재하는 **menace** 위협 **take a steady toll on** ~에 지속적인 피해를 주다 **vulnerable** 취약한 **mortality rate** 치사율 **unaffected** 영향을 받지 않은 정답_(b)

8

Recent research has revealed that in some communication situations, _____. Indeed, this very point has become the central focus of an exciting new area of study known as kinesics. Research has revealed that over 700,000 possible expressions can be communicated through gesture, facial expression, eye contact and posture. Moreover, on certain occasions, these signals deliver much of the meaning communicated by speakers. When a speaker's body language is not consistent with their speech, listeners will simply go with what they perceive from their body language.

(a) gesture is often the key to comprehension
(b) people trust their eyes less than their ears
(c) non-verbal communication is not trustworthy
(d) speech and body coordination is closely related

번역
최근 연구에서 일부 의사소통 상황에서 흔히 몸짓이 이해의 핵심이 된다는 것이 밝혀졌다. 실제로, 바로 이 점이 동작학으로 알려진 흥미진진한 새로운 학문 분야의 중심 초점이 되었다. 연구에서 칠십만 개의 가능한 표현이 몸짓과 얼굴 표정, 눈 맞춤, 자세를 통해 의사 전달될 수 있다는 것이 밝혀졌다. 게다가, 어떤 경우에는 화자가 소통하려는 의미의 많은 부분을 이런 신호들이 전달해 준다. 화자의 몸짓 언어가 말과 일치하지 않을 때, 청자는 몸짓 언어에서 감지한 것을 선택할 것이다.

(a) 흔히 몸짓이 이해의 핵심이 된다
(b) 사람들이 귀보다 눈을 신뢰한다
(c) 비언어적 의사소통이 믿을 만하지 않다
(d) 말과 몸짓 조정은 밀접한 관련이 있다

기출 공략
빈칸에는 연구의 요지를 제시하는 문장이 들어가야 한다. 비언어적인 의사소통으로 가능한 표현의 수, 의사 전달에 있어서 이런 비언어적 행동이 큰 역할을 한다는 점, 말과 몸짓이 일치하지 않을 때 몸짓을 선택한다는 점을 설명하는 내용에 유의한다. 따라서 몸짓이 이해의 핵심 요건이 된다는 (a)가 요지로 적절함을 알 수 있다.

kinesics 동작학 **be consistent with** ~와 일치하다 **go with** ~을 선택하다, 고르다 **perceive** 감지하다 **comprehension** 이해 **non-verbal** 비언어적인 **trustworthy** 신뢰가 가는 **coordination** 조정, 공동 작용 정답_(a)

9

Modern British drama is said to have begun around 1890, and until the 1930s it _____. The Edwardian Age (1901-1910) had a distinctive political character, but its dramas were not significantly different from those before or that followed. The Great War period (1914-1918) infused British drama with new themes, but its basic forms and techniques largely remained the same. It was not until the Great Depression and the rise of capitalism and fascism in the 30s that any significant developments emerged.

(a) saw little change or innovation in its form
(b) was viewed as too radical by theater-goers
(c) could be divided into three distinct periods
(d) had a tremendous impact on American drama

✱ 번역

근대 영국 연극은 1890년 즈음에 시작되었다고 하며, 1930년대까지 형태에 있어서 변화나 개혁이 거의 없었다. 에드워드 시대(1901~1910년)는 정치적 성격이 두드러졌지만, 극은 이전이나 이후와 그다지 많이 다르지 않았다. 제1차 세계대전 기간(1914~1918년)은 영국 연극에 새로운 주제를 불어넣었지만, 기본적인 형태와 기법은 대체로 여전히 같았다. 1930년대 대공황과 자본주의 및 파시즘의 대두에 이르러서야 중대한 발전이 나타났다.

(a) 형태에 있어서 변화나 개혁이 거의 없었다
(b) 연극 팬들에 의해 너무 급진적이라고 평가되었다
(c) 세 가지 구별되는 기간으로 나누어질 수 있었다
(d) 미국 연극에 지대한 영향을 주었다

📑 기출 공략

1901~1910년 에드워드 시대라는 특색 있는 정치적 색깔에도 불구하고 변화가 없었고, 1914~1918년 사이에 전쟁이라는 새로운 주제의 등장에도 영국 연극 형태에는 큰 변화가 없었으며, 1930년대 즈음이 되어서야 중대한 발전을 보였다는 내용이므로 1930년대까지는 형태상의 변화가 거의 없었다는 (a)의 내용이 적절하다.

distinctive 두드러진 **significantly** 심하게, 상당히 **The Great War** 제1차 세계대전 **infuse** 불어넣다 **largely** 대체적으로 **Great Depression** 대공황 **rise** 대두, 봉기 **capitalism** 자본주의 **fascism** 파시즘 **emerge** 드러나다, 생기다 **innovation** 개혁 **radical** 급진적인 **theater-goer** 연극 팬   정답_(a)

10

Although research shows that workers generally lose enthusiasm for their jobs after the first couple of years of employment, employers should _____. Experts refer to this attitude shift as the "honeymoon effect," where enthusiasm remains high for the first year of employment but then drops over the next 2-3 years. Ironically, this is when most employees work at their optimum level, benefitting from the training they received upon being hired. This fact coupled with the potential financial burden of hiring and training new staff is thus a major incentive for employers to remotivate less enthusiastic workers.

(a) terminate any employees who lack motivation
(b) find ways to reinspire unenthusiastic workers
(c) begin large-scale hiring of fresh employees
(d) cut back on overly expensive training programs

✱ 번역

연구 결과는 직장인이 일반적으로 취직 후 첫 몇 년이 지나고 나면 직장에 대한 열정을 잃는다고 보여주지만, 고용주는 열정적이지 않은 직원을 다시 격려할 방법을 찾아야 한다. 전문가들은 이런 태도 변화를 '신혼여행 효과'라고 지칭하는데, 취직한 첫 해에는 열정이 높지만 다음 2~3년에 걸쳐 줄어든다는 것이다. 역설적으로, 이는 대부분의 직원들이 채용되면서 받은 교육 덕택으로 최상의 수준으로 일하는 때이다. 신입 직원을 채용하고 교육시키는 잠재적인 재정 부담과 결부된 이 사실은, 고용주가 덜 열정적인 직원을 다시 격려하게 만드는 주된 동기이다.

(a) 의욕이 부족한 직원을 해고하다
(b) 열정적이지 않은 직원을 다시 격려할 방법을 찾다
(c) 신입 직원의 대규모 고용을 시작하다
(d) 지나치게 많은 비용이 드는 교육 프로그램을 줄이다

📑 기출 공략

직원들이 취직한 지 2~3년이 지나면 열정을 잃게 되는 현실에서 고용주가 할 일에 대한 내용이 나와야 한다. 이 시기가 입사 후 받은 교육의 결과로 최상의 업무 능력을 나타낼 때이며 신입 직원을 고용하는 비용을 고려할 때, 고용주들은 열정을 잃은 기존 직원을 다시 격려하고자 한다고 설명하고 있으므로 (b)가 적절한 내용이다.

enthusiasm 열정 **expert** 전문가 **refer to A as B** A를 B로 부르다 **attitude shift** 태도 변화 **ironically** 역설적으로 **optimum** 최적 조건 **benefit from** ~의 혜택이다 **couple A with B** A와 B를 결부시키다 **incentive** 자극책, 동기 **remotivate** 다시 동기부여하다 **terminate** 해고하다 **reinspire** 다시 격려하다 **large-scale** 대규모의 **cut back on** ~을 줄이다 **overly** 지나치게   정답_(b)

11

Sometime in the near future, the Benbo College Theatre Department will _____. The College has obtained a storage facility of 11,800 square feet, some two-tenths of a mile from the main campus. This acquisition enables Benbo College to stage extra theatrical performances and offer more fine arts programs. The extra facilities will feature a backstage technical center for set design, production and rehearsal purposes. A patio theatre area will also be used for public theatre performances outdoors.

(a) add to the number of yearly theater performances it hosts
(b) increase arts offerings on campus and in the community
(c) be relocating to a facility slightly off the main campus
(d) expand its program for majors in theater design

✿ 번역
가까운 미래에, 벤보 대학 연극과는 캠퍼스와 지역사회에서의 예술 공연을 늘릴 것이다. 벤보 대학은 주 캠퍼스에서 0.2마일 떨어진 거리에 11,800 평방피트의 창고를 입수했다. 이 인수로 벤보 대학은 연극 공연을 추가적으로 상연하고 더 많은 미술 프로그램을 제공할 수 있게 된다. 추가적인 시설은 무대 설계와 제작, 그리고 리허설 용도로 쓰이는 무대 뒤 기술 센터가 특징적이다. 파티오 극장 구역은 또한 실외 공공 연극 공연에 사용될 것이다.

(a) 그것이 주최하는 연례 연극 공연 수를 늘릴 것이다
(b) 캠퍼스와 지역사회에서의 예술 공연을 늘릴 것이다
(c) 주 캠퍼스에서 약간 떨어진 시설로 이전할 것이다
(d) 무대 설계 전공자들을 위한 프로그램을 확대할 것이다

📖 기출 공략
이 대학이 새로 인수한 시설은 더 많은 연극 공연과 미술 프로그램을 제공하고 야외 공공 공연을 위해 활용된다고 설명했다. 벤보 대학이 캠퍼스와 지역사회에서의 공연을 늘릴 것이라는 (b)의 내용이 가장 적절하다. 일 년에 한 번 있는 행사 공연 수를 늘린다는 (a)는 시설과 관련된 내용이 아니므로 답이 될 수 없다.

storage facility 저장 시설 **acquisition** 인수, 입수 **fine arts** 미술 **rehearsal** 리허설, 예행 연습 **patio** 파티오, 테라스 **host** 주최하다 **offering** 공연 **relocate** 이전하다 **slightly** 약간 **expand** 확대하다

정답_(b)

12

Austrian researcher Irenäus Eibl-Eibesfeldt studied the facial expressions of a group of children who had been blind from birth. Amazingly, when he compared these facial expressions with those of sighted children, nearly identical expressions were produced for sadness, happiness, fear and anger. In fact, the same patterns of muscular activity were used to express emotion by both groups. Blind children could not have learned these behaviors through imitation. Thus, the research strongly suggests that emotional expression is _____.

(a) a manifestation of normal intelligence
(b) a genetic characteristic shared by all humans
(c) an acquired action in the case of blind children
(d) an example of different body languages across cultures

✿ 번역
오스트리아 연구원인 이레나우스 아이블-아이베스펠트는 선천적으로 시각장애를 가진 아동 집단의 얼굴 표정을 연구했다. 놀랍게도, 시력이 정상인 아이들과 얼굴 표정을 비교했더니 슬픔과 행복, 공포, 분노에 대해 거의 동일한 표정을 나타냈다. 실제로, 양쪽 집단이 감정을 표현할 때 같은 형태의 근육 움직임이 사용되었다. 시각장애아는 모방을 통해 이러한 행동을 배울 수 없었을 것이다. 따라서, 연구는 감정 표현이 모든 인간이 공유하는 유전적인 특징임을 강력하게 시사하고 있다.

(a) 정상적인 지능의 표시
(b) 모든 인간이 공유하는 유전적인 특징
(c) 시각장애아의 경우에 후천적인 행동
(d) 문화에 따라 다른 몸짓 언어의 예

📖 기출 공략
시각장애아가 정상 시력인 아동과 동일한 얼굴 표정으로 감정을 표현했다는 연구 내용이다. 선천성 장애아는 모방을 통해 배울 수 없으므로 감정 표현이 모든 인간이 가지는 유전적 특징이라는 (b)가 연구의 시사점으로 적절하다.

sighted 시력이 정상인 **muscular** 근육의 **manifestation** 표시, 징후 **acquired** 후천적인, 습득된

정답_(b)

13

Advertising Archives holds over four million British and American press advertisements and illustrations dating from the 19th century up to today. All products and services that have been advertised over the past 150 years have been collected, classified and catalogued in our rich collection. We have also _____, such as Romance, Self-Improvement, Sci-Fi, Innovations, Sports, Race and Religion, Politics, Westerns, and more.

(a) solicited ideas on topics
(b) created ads of various genres
(c) cross-referenced all ads by theme
(d) collected extensive literature in categories

✿ 번역

광고 기록 보관소는 19세기부터 현재까지의 영국과 미국의 언론 광고와 삽화 4백만 건 이상을 보유하고 있습니다. 지난 150년간 광고된 모든 상품과 서비스가 우리 풍성한 소장품에 수집되고 분류되고 목록으로 만들어져 있습니다. 우리는 또한 로맨스, 자기개발, 공상과학, 개혁, 스포츠, 인종과 종교, 정치, 서부 등등 주제별로 모든 광고를 상호 참조할 수 있게 했습니다.

(a) 주제에 관한 아이디어를 요청했다
(b) 다양한 장르의 광고를 제작했다
(c) 주제별로 모든 광고를 상호 참조할 수 있게 하다
(d) 범주별로 대규모의 문학을 수집했다

📖 기출 공략

보유 광고 자료의 연대를 소개하고 방대한 소장품이 수집되고, 분류되고, 목록으로 정리되어 있다고 설명한다. 빈칸은 이에 덧붙이는 내용이다. such as 다음에 다양한 주제가 소개되고 있으므로 주제별로도 모든 자료를 참조할 수 있게 정리했다는 (c)의 설명이 적절하다.

archive 기록 보관소 hold 보유하다 illustration 삽화 up to ~까지의 collection 소장품, 수집품 sci-fi 공상과학 solicit 간청하다, 구하다 genre 장르 cross-reference 상호 참가가 되게 하다 extensive 대규모의, 광범위한

정답 (c)

14

A tiny fossil skull excavated within 195-million-year-old Chinese sediments now provides proof that essential traits of mammal anatomy developed over 45 million years earlier than previously thought. The well-preserved fossil features several components of mammals; most importantly, there is no groove in the back of the jawbone. This demonstrates that the three bones of the middle ear were parted from the ancient animal's mandible. Such a separation can be observed in modern mammals but not in reptiles. The significance of this discovery is that it _____.

(a) proves that mammals lived among reptiles
(b) traces the development of hearing among reptiles
(c) changes the timeline for the evolution of mammals
(d) indicates that human ancestors did have a large brain

✿ 번역

1억 9천 5백만 년 전의 중국 퇴적물 안에서 발굴된 작은 화석 두개골은, 포유류 해부학적 구조의 핵심적인 특징이 이전에 생각했던 것보다 4천 5백만 년 이상 더 이전에 발달했다는 증거를 제공한다. 잘 보존된 화석은 몇 가지 포유류의 구성 요소를 가지고 있는데, 가장 중요한 것은 턱뼈 뒤쪽에 홈이 없다는 것이다. 이것은 중이에 있는 세 개의 뼈가 화석의 주인공인 그 고대 동물의 하악골에서 분화된 것임을 증명한다. 그와 같은 분화는 현대 포유류에서 관찰될 수 있지만, 파충류에서는 아니다. 이 발견의 중요성은 이것이 포유류 진화의 연대표를 바꾼다는 점이다.

(a) 포유류가 파충류 속에서 살았다는 것을 입증한다
(b) 파충류의 청각 발달을 밝혀낸다
(c) 포유류 진화의 연대표를 바꾼다
(d) 인류의 조상이 커다란 뇌를 가졌다는 것을 나타낸다

📖 기출 공략

첫 문장에서 발굴된 화석이 증명하는 사실을 찾을 수 있다. 포유류 해부학적 구조의 특징이 이전에 알고 있던 것보다 4천 5백만 년 이상 더 일찍 발달했다는 점이다. 마지막 문장에서 요약되는 발견의 의미는 포유류의 발달 연대가 바뀌는 것이므로 (c)가 적절한 내용이다.

skull 두개골, 해골 excavate 발굴하다 sediment 퇴적물 trait 특징 anatomy (동식물의) 해부학적인 구조 well-preserved 잘 보존된 component 구성 요소 groove 홈 jawbone 턱뼈 demonstrate 증명하다 mandible 하악골 separation 분화 reptile 파충류 significance 의미, 중요성 trace 추적하다 timeline 연대표 indicate 가리키다

정답 (c)

15

In the 16th century, superior varieties of plant species that already existed in Europe were found in the New World. For example, beans were found that were far plumper and richer. Before long, these were brought back to Europe and displaced the fibrous, chewy variety of beans grown there. _____, once Europeans got sight and taste of the fat, sumptuous strawberries that grew wild in America, they gladly abandoned the mushy little button strawberries that they were used to.

(a) And yet
(b) Likewise
(c) Therefore
(d) In contrast

✤ 번역
이미 유럽에 존재하던 식물 종의 우수 품종들이 16세기 신세계에서 발견되었다. 예를 들어, 콩은 훨씬 더 통통하고 기름기가 많았다. 오래지 않아 이들은 유럽으로 보내졌고 거기에서 재배되던 질긴 섬유질의 콩 품종을 대체했다. 마찬가지로, 유럽인들은 미국에서 야생으로 자라던 통통하고 큰 딸기의 모습과 맛을 보게 되자, 익숙했던 무르고 작은 단추 딸기를 흔쾌히 버렸다.

(a) 그럼에도 불구하고
(b) 마찬가지로
(c) 그래서
(d) 대조적으로

📖 기출 공략
연결사가 들어갈 앞 문장에서는 신세계에 있던 우수한 콩 품종이 유럽에 유입되면서 기존 유럽의 재래종을 대체했다는 내용이다. 빈칸 다음에는 신 품종 딸기 역시 기존 품종을 버리도록 했다는 내용이므로 '마찬가지로'의 뜻인 (b) Likewise가 적절하다.

variety 품종 **plump** 토실토실한 **displace** 대체하다 **fibrous** 섬유질의 **chewy** 질긴 **sumptuous** 풍만한, 호화로운 **abandon** 버리다 **mushy** 무른

정답_(b)

16

Copyright law seeks to achieve a balance between the rights of copyright owners and the interests of society. To this end, the fair use doctrine was worked out through numerous court decisions and was eventually codified in the Copyright Act of 1976. Fair use excludes the necessity to get permission or pay royalties for such purposes as news reporting, teaching and scholarships. The act does not clearly indicate, however, what is permitted and what is not. _____, the user must determine on a case-by-case basis whether or not his or her use is fair.

(a) Consequently
(b) Nonetheless
(c) Additionally
(d) Meanwhile

✤ 번역
저작권법은 저작권 소유주의 권리와 사회의 이익 사이의 균형을 이루고자 한다. 이 목적을 위해 공정한 사용 정책이 다수의 법원 판결을 통해 시행되었고 결국에는 1976년 저작권법으로 성문화되었다. 공정한 사용은 뉴스 보도와 교육, 학문의 목적에 대해서는 허락을 얻거나 저작권 사용료를 지불할 필요를 배제한다. 그러나, 이 법은 허용되는 것과 허용되지 않는 것을 명확하게 지시하지는 않는다. 결과적으로, 사용자는 자신의 사용이 공정한지 아닌지는 개개의 사안에 따라 결정해야만 한다.

(a) 결과적으로
(b) 그럼에도 불구하고
(c) 부가적으로
(d) 그 동안에

📖 기출 공략
저작권법은 허용되는 것과 허용되지 않는 것의 구분을 명확히 제시하지 않는다는 내용이 앞에 나온다. 뒤의 내용은 사용자가 개개의 사안에 따라 사용의 공정성을 판단해야 한다고 했으므로 앞의 내용에 대한 결과가 됨을 알 수 있다. 결과를 나타내는 (a) Consequently가 적절한 연결사이다.

copyright 저작권 **seek** 추구하다, 모색하다 **end** 목적 **doctrine** 정책, 주의 **numerous** 다수의 **court** 법원 **codify** 성문화하다 **exclude** 배제하다 **permission** 허락 **royalty** 저작권 사용료 **scholarship** 학문 **on a case-by-case basis** 개개의 사안에 따라

정답_(a)

17

Believing that the mentally ill were affected by the moon, the Romans coined the term "lunatic." They came up with this name because "luna" is Latin for moon. The Romans also thought that as the moon got fuller, lunatics became more and more insane. For centuries, people continued to have this belief. Today we know better, but the word "lunatic" is still sometimes used to describe a person with mental problems.

Q What is the passage mainly about?
(a) The lunatics of ancient Rome
(b) The origins of the word "lunatic"
(c) Ways the moon affects mental health
(d) Attitudes towards mental illness in Rome

✿ 번역

로마인들은 정신장애자가 달의 영향을 받는다고 믿어서 'lunatic(정신이상자)'라는 용어를 만들었다. luna가 라틴어로 달이기 때문에 이런 명칭을 생각해냈다. 로마인들은 또한 달이 차오를수록 정신이상자의 광기가 심해진다고 생각했다. 수세기 동안, 사람들은 줄곧 이렇게 믿었다. 오늘날 우리는 더 이상 이걸 믿지는 않지만, 'lunatic(정신이상자)'이라는 단어는 정신적인 문제를 가진 사람을 묘사할 때 여전히 종종 쓰인다.

Q 지문의 주된 내용은?
(a) 고대 로마의 정신이상자
(b) '정신이상자'라는 단어의 기원
(c) 달이 정신 건강에 영향을 주는 방식
(d) 로마의 정신병에 대한 태도

📋 기출 공략

'정신이상자'를 의미하는 lunatic이라는 단어가 로마인들이 정신이상자는 달의 영향을 받는다는 믿음에서 생긴 조어라고 한다. 이 단어는 오늘날 여전히 사용되고 있다는 설명이다. 이 단어의 기원에 관한 설명이므로 (b)가 요지로 적절하다.

mentally 정신적으로 **affect** 영향을 주다 **coin** (신어를) 만들다 **lunatic** 정신이상자 **come up with** ~을 생각해내다 **insane** 제정신이 아닌 **know better** (~할 만큼) 어리석지는 않다

정답 (b)

18

With the help of *Getting Into Universities* and a little luck, you can gain admission to the university of your choice. This book gives you a comprehensive overview of the entry process, from applications, financial aid and interviews to SATs, ACTs and waiting lists. It has the latest information on new admissions procedures, from revised early action plans to the way colleges are dealing with the new 2,400-point SAT. Take the mystery out of university entry—pick up a copy of *Getting Into Universities* today!

Q What is the advertised book mainly about?
(a) Deciding on a major in college
(b) Getting top scores to get into a university
(c) Selecting a university that is easy to enter
(d) Understanding university admissions processes

✿ 번역

〈대학 들어가기〉의 도움과 약간의 행운만 따라준다면 선택한 대학에 입학 허가를 받을 수 있습니다. 이 책은 신청과 학자금 지원, 면접에서부터 SAT와 ACT, 학과 대기자 명단까지, 입학 과정의 포괄적인 개요를 제공합니다. 개정된 조기 지원 제도에서부터 대학이 새로운 SAT 2,400점을 처리하는 방식까지, 새로운 입학 과정에 대한 최신 정보가 들어 있습니다. 오늘 〈대학 들어가기〉 한 부를 고르셔서 대학 합격의 신비를 벗겨보세요!

Q 광고되는 책의 주된 내용은?
(a) 대학 전공 결정하기
(b) 대학에 들어가기 위해 최고점 받기
(c) 들어가기 쉬운 대학 고르기
(d) 대학 입학 과정 이해하기

📋 기출 공략

책 내용에 대한 소개이다. 대학 입학 과정에 대한 포괄적인 정보를 제공하고 새로 바뀐 제도나 점수 처리 방식에 대한 최신 정보가 포함되어 있다는 내용이므로 요지는 (d)가 적절하다.

admission 입학 **comprehensive** 포괄적인 **overview** 개관 **entry** 입학 **application** 지원 **financial aid** 학자금 지원, 학비 융자 **waiting list** 학과 대기자 명단 **procedure** 과정, 절차 **revised** 개정된 **early action plan** 조기 지원 제도 **take the mystery out of** ~의 신비를 벗기다

정답 (d)

19

Enjoy perfect sunsets every day at Selosa Cove, Singapore's most exclusive marina residential community. Close to world-class leisure amenities and just minutes away from Singapore's Central Business District, Selosa Cove is the ideal location for your dream home. With breathtaking ocean views, magnificent waterways and a championship golf course, Selosa Cove truly is one of the world's most desirable addresses.

Q What is the advertisement mainly about?
(a) A coastal residential area in Singapore
(b) A Singapore-based business opportunity
(c) A first-class vacation package to Singapore
(d) A stay at Singapore's most luxurious resort

※ 번역
싱가포르 최고급 해안 주택 지역인 셀로사 코브에서 매일 완벽한 석양을 즐기세요. 세계 수준의 휴양 편의 시설에 가깝고 싱가포르 상업 중심지에서 단 몇 분 거리에 있는 셀로사 코브는 당신이 꿈꾸던 집으로 이상적인 위치입니다. 숨이 멎을 듯한 바다 전망, 훌륭한 수로와 챔피언십 골프 코스가 있는 셀로사 코브는 진정으로 세계에서 가장 선망되는 곳 중 하나입니다.

Q 광고의 주된 내용은?
(a) 싱가포르에 있는 해안 거주 지구
(b) 싱가포르에 근거를 둔 사업 기회
(c) 싱가포르로 가는 1등급 휴가 패키지
(d) 싱가포르의 가장 호화로운 휴양지에서의 체류

📘 기출 공략
첫 문장에 광고하는 대상이 제시되어 있다. 셀로사 코브라는 싱가포르 해안 거주 지구의 호화로운 시설, 좋은 위치, 전망과 휴양 시설에 관한 소개로 이루어져 있으므로 주된 내용은 (a)가 적절하다.

exclusive 고급의   marina 해안의   residential 주거의
amenities 편의 시설   district 지구   breathtaking 숨막힐 듯한
magnificent 훌륭한   desirable 탐나는, 선망하는   coastal 해안의

정답 (a)

20

Dear Ms. Burling-Ward

I am enjoying my time as a new employee at Stegner Publishing, and you in particular have been most welcoming and helpful. However, I wish to point out that the position you advertised and that I was interviewed for was Production Editor. Yet during my three weeks here, I have only done copyediting. After learning from the Director yesterday that this is not a training stage but my permanent position, I suspect there has been a misunderstanding. I hope we can meet soon to clarify this situation.

Sincerely,
Jacob Brodie

Q What is Jacob Brodie's main purpose for writing the letter?
(a) To express gratitude for help he received
(b) To apologize for misunderstanding his task
(c) To point out a discrepancy in his work duties
(d) To inquire about a new production editor's job

※ 번역
벌링 워드 씨에게
저는 스테그너 출판사에서 신입 직원으로 즐겁게 지내고 있고, 특히 귀하께서는 가장 환영을 해주셨고 도움을 주셨습니다. 하지만, 귀하가 광고하고 제가 면접을 한 직책은 제작 편집자였다는 점을 지적하고 싶습니다. 그런데, 여기서 3주 동안 제가 한 일은 원고 정리뿐이었습니다. 어제 관리자로부터 이것이 수습 단계가 아니라 제 영구적인 자리라는 것을 알게 되고 나서, 오해가 있었다는 의심이 드는군요. 빨리 만나서 이 상황을 명확히 하고 싶습니다.

제이콥 브로디 드림

Q 제이콥 브로디가 편지를 쓴 주된 목적은?
(a) 자신이 받은 도움에 대해 감사를 표현하려고
(b) 자신의 업무를 오해한 것에 대해 사과하려고
(c) 자신의 업무 직분에 있어서의 불일치를 지적하기 위해
(d) 새로운 제작 편집자의 업무에 대해 문의하기 위해

📘 기출 공략
신입 직원인 제이콥은 지원했던 직책과 다른 업무를 현재 하고 있는 상황인데 이것이 수습이 아니라 자신의 영구적인 직무인지 확인하고자 한다. 직무에 관한 불확실한 상황에 대해 만나서 오해를 바로잡고자 하므로 (c)가 글 쓴 목적으로 적절하다.

publishing 출판사   copyediting 원고 교열[정리]   permanent 영구적인   misunderstanding 오해   clarify 명백히 하다
gratitude 감사   apologize for ~에 대해 사과하다   discrepancy 불일치   duty 임무   inquire 문의하다

정답 (c)

21

The second half of the 19th century was the age of Realism, a time when painters sought to depict nature and contemporary life in an accurate and objective way. During this period, religious paintings tended to focus on the daily aspects of human experience to convey the presence of the divine, rather than on traditional subjects such as the cross or angels. For example, the Realist painter Jean-Francois Millet, in his painting called *The Angelus*, depicts a peasant couple in a field who have stopped work to pray in quiet devotion. Though poor laborers, they are presented as holy.

Q What is the writer's main point about the religious paintings of Realist painters?
(a) They showed the divine in everyday life.
(b) They often depicted major religious events.
(c) They were strongly influenced by the work of Millet.
(d) They were created using traditional painting techniques.

22

New research has found that damage to a certain part of the brain can stop the urge to smoke. The research was inspired by a man who had suffered brain damage during a stroke and simply "forgot" his smoking addiction. He stopped smoking without cravings or even a conscious desire to quit. The portion of his brain that sustained damage was the insula. The finding suggests that development of future aids to help people quit smoking should target this region of the brain.

Q What is the best title for the passage?
(a) Treatments for Stroke Damage Target the Insula
(b) Smoking Addiction Seen As a Major Cause of Strokes
(c) Certain Brain Regions More Severely Affected by Addictions
(d) Area of Brain Responsible for Smoking Addiction Discovered

23

Although a star in his native India since being awarded the 1998 Nobel Prize in Economics, Amartya Sen is otherwise little known outside of academic spheres in the West. Nevertheless, his theories have had a global impact. Sen has made major contributions to social choice theory, welfare economics, economic measurements and development economics. He has also conducted comprehensive research on the factors of famine and the fundamental mechanisms behind poverty.

Q Which of the following is correct about Amartya Sen according to the passage?
(a) He won the 1998 Nobel Peace Prize.
(b) He is the world's most famous economist.
(c) He contributed ideas on globalization theory.
(d) He has studied causes of famine and poverty.

번역
아마르티아 센은 1998년 노벨 경제학상을 수상한 이래 고국 인도에서는 유명인이었던 반면, 서구에서는 학계 밖에서는 거의 알려지지 않았다. 그럼에도 불구하고, 그의 이론은 세계적인 영향을 끼쳤다. 센은 사회적 선택 이론과 복지 경제학, 계량 경제학, 개발 경제학에서 주된 공헌을 했다. 그는 또한 기아의 요인과 빈곤을 형성하는 근본적인 메커니즘에 대해 포괄적인 연구를 진행했다.

Q 지문에 따르면 아마르티아 센에 관해 옳은 것은?
(a) 1998년 노벨 평화상을 수상했다.
(b) 세계에서 가장 유명한 경제학자이다.
(c) 세계화 이론에 대한 개념을 제공했다.
(d) 기아와 빈곤의 원인을 연구했다.

기출 공략
그는 1998년 노벨 경제학상을 수상했고, 서구에서는 학문 분야 외에서는 거의 알려져 있지 않으며, 세계적인 영향력을 끼쳤고, 기아와 빈곤의 요인에 대해 연구했다는 내용이므로 옳은 정보는 (d)뿐이다.
native 고향의   otherwise 그렇지 않으면   sphere 범위, 분야
contribution 공헌   welfare 복지   measurement 계량, 측정
conduct 수행하다   comprehensive 포괄적인   famine 기아
fundamental 근본적인   mechanism 메커니즘   globalization 세계화
정답_(d)

24

Archaeologists are hailing the discovery of well-preserved eight-million-year-old cypress trees at a mine in eastern Hungary. The discovery was made after coal miners uncovered some ancient trees that had turned to coal. Archaeologists then dug deeper and found 16 cypress trees preserved in sand. The find is exceptional, as all of the trees have kept their wooden structure and not turned into coal or become petrified. Scientists are taking steps to protect the trees, which cannot be exposed to air or sunlight.

Q Which of the following is correct about the 16 preserved trees according to the report?
(a) Miners led to their discovery.
(b) They were found buried in mud.
(c) Some of them had turned into coal.
(d) Sunlight is needed for them to survive.

번역
고고학자들은 잘 보존된 8백만 년 된 사이프러스 나무가 헝가리 동부의 한 광산에서 발견되자 환호하고 있다. 이것들은 석탄 광부가 석탄으로 변한 오래된 나무들을 캐내면서 발견된 것이다. 고고학자들은 더 깊이 파서 모래 속에 보존된 16그루의 사이프러스 나무를 발견했다. 이 발견이 이례적인 것은 모든 나무가 나무 구조를 유지하고 있고 석탄으로 바뀌거나 석화되지 않았기 때문이다. 과학자들은 나무를 보호하기 위한 조치를 취하고 있는데, 이 조치로 나무들은 공기나 햇볕에 노출될 수 없게 된다.

Q 보도에 따르면 보존된 16그루의 나무에 관해 옳은 것은?
(a) 광부들이 그 발견을 이끌었다.
(b) 진흙 속에 묻혀 있었다.
(c) 일부는 석탄으로 변했다.
(d) 햇볕은 그것들이 살아남는 데 필요하다.

기출 공략
석탄 광부들이 석탄으로 바뀐 나무를 캐내다가 발견했고, 진흙이 아니라 모래 속에 파묻혀 있었고, 16그루의 나무 모두 석탄으로 바뀌지 않고 나무 구조를 유지하고 있었으며, 공기나 햇볕에 노출될 수 없다고 했으므로 옳은 것은 (a)이다.
archaeologist 고고학자   hail 환호하며 맞다   well-preserved 잘 보존된   cypress 사이프러스 나무   uncover 캐내다   find 발견, 발굴   exceptional 이례적인   structure 구조   turn into ~으로 바뀌다   petrify 돌같이 굳게 하다   take a step 조치를 취하다
정답_(a)

25

The brain is made up of two cerebral hemispheres, one on the right and the other on the left. Generally, the left hemisphere controls the right side of the body, whereas the right hemisphere controls the left side. Similarly, sensory information from the right side of the body is taken in by the left hemisphere of the brain, while sensory input to the left side of the body is received by the right hemisphere. The corpus callosum, which is found in the longitudinal crevice that bridges the two hemispheres, allows them to communicate with each other. Without it, the two hemispheres would function independently.

Q Which of the following is correct according to the passage?
(a) The left hemisphere of the brain controls the left side of the body.
(b) The right hemisphere of the brain does not receive sensory input.
(c) The corpus callosum is located in between the two hemispheres.
(d) The corpus callosum enables the hemispheres to operate independently.

번역
대뇌는 두 개의 뇌 반구로 구성되어 있는데, 하나는 우측에 있고 나머지는 좌측에 있다. 일반적으로, 좌반구는 몸의 우측을 제어하는 반면, 우반구는 좌측을 제어한다. 비슷하게, 몸의 우측에서 온 감각 정보는 뇌의 좌반구에서 수용하는 반면, 몸의 좌측으로 가는 감각 정보는 우반구에서 수용한다. 세로로 난 틈에서 발견되는 뇌량은 두 반구를 연결하며, 두 반구가 서로 의사소통하도록 해준다. 그것이 없다면, 두 반구는 독립적으로 작용할 것이다.

Q 지문에 따르면 옳은 것은?
(a) 뇌의 좌반구는 몸의 좌측을 제어한다.
(b) 뇌의 우반구는 감각 정보를 수용하지 않는다.
(c) 뇌량은 두 반구 사이에 위치해 있다.
(d) 뇌량은 반구들이 독립적으로 작동할 수 있게 한다.

기출 공략
뇌의 좌반구는 몸의 우측을 제어하고, 뇌의 우반구는 몸의 좌측에서 온 감각 정보를 수용하고, 뇌량은 반구의 사이에 위치하고 두 반구가 의사소통하게 해준다고 했으므로 맞는 내용은 (c)뿐이다.

cerebral 뇌의 **hemisphere** 반구 **sensory** 감각의 **input** 입력, 정보 **corpus callosum** 뇌량 **longitudinal** 세로의 **crevice** 틈 **bridge** 연결하다 **function** 작용하다

정답_(c)

26

Cavities may become a thing of the past thanks to an unlikely source of medicine—tobacco. Doctors and researchers at Guy's Hospital in London have come up with what appears to be an effective cavity vaccine, derived from a genetically altered tobacco plant. The resulting vaccine is clear, odorless and tasteless, and it is not injected but applied directly to the teeth. However, the scientists believe that this vaccine will not be effective after a year.

Q Which of the following is correct about the vaccine according to the passage?
(a) It is made from common tobacco plants.
(b) It has a taste similar to chewing tobacco.
(c) It has to be applied directly to a patient's gums.
(d) It cannot prevent cavities for longer than a year.

번역
전혀 약의 원료가 될 것 같지 않은 담배 덕택으로 충치가 과거의 일이 될지도 모른다. 런던에 있는 가이 병원의 의사와 연구원들은 유전자 변형 담배 식물에서 추출한 효과적인 충치 백신으로 보이는 것을 고안해냈다. 그 결과 맑고, 향과 맛이 없으며, 주입하지 않고 치아에 직접 바르는 백신이 나왔다. 그러나, 과학자들은 이 백신이 1년이 지나면 효과가 없어질 것이라고 믿는다.

Q 지문에 따르면 백신에 관해 옳은 것은?
(a) 일반적인 담배 식물로 만들어졌다.
(b) 씹는 담배와 비슷한 맛이 난다.
(c) 환자의 잇몸에 직접 발라야 한다.
(d) 1년 이상 충치를 예방할 수 없다.

기출 공략
백신은 일반 담배 식물이 아니라 유전자 변형 담배 식물로 만들어졌고, 아무 맛이 나지 않고, 환자의 잇몸이 아니라 치아에 직접 발라야 하며, 1년 후에는 효과가 없을 것이라고 했으므로 옳은 것은 (d)뿐이다.

cavity 충치 **tobacco** 담배 **come up with** ~을 생각해내다 **vaccine** 백신 **derived from** ~에서 끌어낸 **genetically** 유전자 상으로 **altered** 변형된 **odorless** 무향의 **tasteless** 무맛인 **inject** 주입하다 **apply** 바르다 **gum** 잇몸

정답_(d)

Reading Comprehension

27

Even dietary supplements purchased at a reputable store may be unsafe. While most supplements are safe, studies have found a dozen that should not be on sale due to the dangers they pose to human health. These supplements include aristolochia, an herb associated with kidney failure and cancer, as well as chaparral, comfrey and kava, all of which could cause liver failure. Even so, these supplements said to be harmful can be purchased without difficulty over the Internet and in retail stores.

Q Which of the following is correct according to the passage?
(a) All dietary supplements are relatively safe.
(b) Kava and aristolochia are linked to kidney failure.
(c) Some harmful supplements are still on the market.
(d) Unsafe supplements can be purchased online only.

✿ 번역

평판이 좋은 상점에서 산 건강 보조식품이라고 하더라도 안전하지 않을 수 있다. 연구는 대부분의 보조식품이 안전하지만, 건강상에 위험을 초래할 수 있기에 판매돼서는 안 되는 12가지를 연구에서 밝혀냈다. 이들 보조식품에는 간 질환을 일으킬 수 있는 떡갈나무 덤불과 나래치치, 카바뿐만 아니라, 신장 질환 및 암과 관련이 있는 약초인 아리스토로키아가 포함된다. 그럼에도 불구하고, 유해하다고 알려진 이들 보조식품은 인터넷이나 소매점을 통해 어렵지 않게 구입할 수 있다.

Q 지문에 따르면 옳은 것은?
(a) 모든 건강 보조식품은 상대적으로 안전하다.
(b) 카바와 아리스토로키아는 신장 질환과 연관이 있다.
(c) 일부 유해한 보조식품이 여전히 시판되고 있다.
(d) 안전하지 않은 보조식품은 온라인에서만 구입할 수 있다.

📖 기출 공략

연구에서 안전하지 않은 보조식품이 밝혀졌고, 카바는 간 질환과 연관이 있으며, 유해하다고 여겨지는 보조식품들을 인터넷과 소매점에서 어렵지 않게 구입할 수 있다고 했으므로 옳은 정보는 (c)뿐이다.

dietary supplement 건강 보조식품 **reputable** 평판이 좋은 **pose** (위험성을) 내포하다 **associated with** ~와 관련된 **kidney** 신장 **failure** 질병, 질환 **liver** 간 **retail store** 소매점 **relatively** 상대적으로

정답 _(c)

28

Dear Mr. Henley

I am writing to apply for the advertised position of Human Resources Director. As my enclosed résumé outlines, I have had considerable experience in the area, including extensive training of human resources managers. I have also lectured on the subject before university students and professional associations. Although I am currently living overseas, I will be in Boston for one month beginning February 27. I would be glad to meet with you then to discuss your needs and my qualifications.

Yours sincerely,
Jacqueline Landon

Q Which of the following is correct about Jacqueline Landon according to the letter?
(a) She is looking for someone to head the Human Resources Department.
(b) She is practically a novice in training human resources managers.
(c) She has given talks to students and professionals.
(d) She will stay in Boston until late April.

✿ 번역

헨리 씨께,

광고하신 인사 본부장 직책에 지원하고자 편지를 드립니다. 동봉한 이력서 개요에서 보듯이 저는 폭넓은 인사팀 관리자 연수를 포함해서 이 분야에 상당한 경력이 있습니다. 또한 대학생과 전문가 단체를 대상으로 이 주제와 관련된 강의를 한 적도 있습니다. 현재 해외에 살고 있기는 하지만, 2월 27일부터 한 달 동안 보스턴에 머물 것입니다. 그때 만나 뵙고 귀하의 요구와 제 자격에 관해 의논하면 좋겠습니다.

재클린 랜던 드림

Q 편지에 따르면 재클린 랜던에 관해 옳은 것은?
(a) 인사팀을 이끌 사람을 찾고 있는 중이다.
(b) 인사팀 관리자 연수에는 실제적으로 초보이다.
(c) 학생과 전문가들에게 강연을 했다.
(d) 4월 후반까지 보스턴에 머물 것이다.

📖 기출 공략

재클린은 인사 본부장 직책에 지원하는 것이며, 폭넓은 인사팀 관리자 연수 경력이 있고, 학생과 전문가 단체를 대상으로 강의를 했었고, 2월 27일부터 한 달, 즉 3월 27일 정도까지 보스턴에 머물 것이므로 옳은 것은 (c)이다.

Human Resources 인사팀 **considerable** 상당한 **extensive** 폭넓은 **association** 단체, 연합 **qualification** 자격 요건 **head** 이끌다 **novice** 초보자

정답 _(c)

29

A senior nuclear expert has exposed efforts to steal a total of 88 pounds of radioactive substances from highly secured facilities in Russia over the last 10 years, hinting that its huge stocks are in greater danger than was previously thought. Western officials already know of 70 attempts to misappropriate nuclear materials. However, Viktor Kuznetsov, a former Russian top nuclear safety inspector, now insists that the authorities have concealed another 30 instances. Kuznetsov is concerned that terrorist groups could attain these nuclear materials.

Q What information have Russian officials hidden from the public?
(a) News of radioactive leaks from nuclear plants
(b) Lists of Russian contacts with Western nuclear experts
(c) Data on the quantity of nuclear materials still stocked
(d) Facts about attempted thefts of nuclear materials

✱ 번역
지난 10년간 러시아에서 매우 보안이 잘 되어 있는 시설에서 총 88파운드의 방사능 물질을 훔치려는 시도가 있었다는 사실을 한 수석 핵 전문가가 폭로했는데, 이는 그 방대한 비축량이 이전에 생각했던 것보다 더 위험한 상황임을 암시하는 것이다. 서구 관료들은 이미 핵 물질을 횡령하려 한 70건의 시도에 대해 알고 있다. 그러나, 전 러시아 수석 핵 보안 검열관 빅토르 쿠즈네쵸프는 관계당국이 또 다른 30건을 숨겼다고 주장한다. 쿠즈네쵸프는 테러리스트 집단이 이 핵 물질을 손에 넣을 수 있다는 점을 우려하고 있다.

Q 러시아 관료들이 대중에게 숨겼던 정보는?
(a) 핵 발전소에서 나온 방사능 누출에 관한 뉴스
(b) 서구 핵 전문가와 연계된 러시아 접선자 명단
(c) 아직까지 비축되어 있는 핵 물질의 양에 관한 데이터
(d) 핵 물질 절도 시도에 관한 사실

📘 기출 공략
첫 문장에서 러시아 수석 핵 전문가가 폭로한 사실이 제시되어 있다. 과거 10년간 방사능 물질을 훔치려는 시도에 관해 그 양과 알려진 회수, 알려지지 않은 회수 등의 정보를 알려준다. (d)가 숨겨왔던 정보에 대한 적절한 내용이다.

senior 수석의 **expose** 폭로하다 **radioactive** 방사성의 **secured** 안전한 **facility** 시설 **stock** 비축량 **misappropriate** 횡령하다 **nuclear material** 핵 물질 **inspector** 조사관, 검열관 **authorities** 관계 당국 **conceal** 숨기다 **attain** 손에 넣다 **leak** 누출 **plant** 발전소 **contact** 연락책, 접선자 **theft** 절도   정답 (d)

30

Yom Kippur, the Jewish day of repentance, is regarded as the holiest and most dignified Jewish holiday. Its rituals of fasting and praying are carried out even among the majority of non-practicing Jews. The number of people attending synagogue on this day is often double or even triple the regular number. In Israel, television broadcasts and public transportation are shut down and the airports are closed. With very little traffic around, children everywhere ride their bicycles out in the streets, which has led to Yom Kippur earning the nickname "Festival of Bicycles."

Q Which of the following is correct about Yom Kippur according to the passage?
(a) It celebrates the deliverance of the Jewish people.
(b) It is observed with rowdy banquets and songs.
(c) It draws larger crowds to worship than usual.
(d) It coincides with the "Festival of Bicycles."

✱ 번역
욤 키푸르라는 유대인 속죄의 날은 가장 신성하고 가장 고귀한 유대 명절로 여겨진다. 신앙을 실천하지 않는 대다수 유대인들까지도 금식과 기도 의식을 행한다. 이날 유대교 집회에 참석하는 인원은 평상시의 두세 배가 된다. 이스라엘에서는 텔레비전 방송과 대중 교통 운행이 중단되고 공항이 폐쇄된다. 주변 교통량이 거의 없기 때문에 아이들은 여기저기서 자전거를 타러 거리로 나오는데, 이 때문에 욤 키푸르는 '자전거 축제'라는 별명을 얻게 되었다.

Q 지문에 따르면 욤 키푸르에 관해 옳은 것은?
(a) 유대인들의 해방을 축하한다.
(b) 떠들썩한 연회와 노래를 하면서 지낸다.
(c) 보통 때보다 예배하는 무리가 더 많다.
(d) '자전거 축제'와 같은 날이다.

📘 기출 공략
이날은 유대인 속죄의 날이고, 금식과 기도를 하고, 평소 유대교 집회에 참여하는 인원의 세 배까지 참석을 하며, '자전거 축제'는 이날 교통이 통제되어 자전거를 많이 타서 생긴 별명이므로 옳은 것은 (c)이다.

repentance 속죄 **dignified** 고귀한 **fasting** 금식 **carry out** 실천하다 **non-practicing** 신앙을 실천하지 않는 **synagogue** 유대교 회당 **public transportation** 대중 교통 **shut down** 멈추다 **deliverance** 해방 **rowdy** 떠들썩한 **banquet** 연회 **worship** 숭배하다 **coincide with** ~와 동시에 일어나다   정답 (c)

Reading Comprehension

31

All Smitty's Gifts Online products are shipped throughout the United States using the Super Express courier service. Orders within the US are subject to delivery charges ranging from $4 to $20, depending on weight and destination. Please be aware that the minimum order amount for delivery is $30. All orders placed on Friday and Saturday are shipped Monday, or, for an additional $8, we can expedite your order so that it is shipped Saturday. International shipping is only available for selected items.

Q Which of the following is correct according to the passage?
(a) Delivery costs are uniform throughout the US.
(b) No shipping is available for orders under $30.
(c) Orders can be shipped Saturday for no extra charge.
(d) All items are eligible for shipping outside of the US.

✿ 번역
스미티스 기프트 온라인의 모든 상품은 초특급 운송 서비스를 이용하여 미국 전역에 배송됩니다. 미국 내 주문은 무게와 도착지에 따라 4달러에서 20달러까지 배송료가 부과됩니다. 배송을 위한 최소 주문 금액은 30달러라는 것을 알아 두세요. 금요일과 토요일에 받은 모든 주문은 월요일에 발송되거나, 8달러를 추가하시면 토요일에 배송되도록 신속히 주문을 처리해 드릴 수 있습니다. 국제 배송은 일부 품목에 한해서만 가능합니다.

Q 지문에 따르면 옳은 것은?
(a) 배달 비용은 미국 전역에 걸쳐 일정하다.
(b) 30달러 이하의 주문은 배송이 불가능하다.
(c) 주문은 추가 비용 없이 토요일에 배송될 수 있다.
(d) 모든 품목이 미국 국외로 배송될 수 있다.

📖 기출 공략
배달 비용은 무게와 도착지에 따라 다르고, 30달러 이상의 주문만 배송이 가능하고, 추가 비용을 내야 토요일에 배송되도록 처리가 가능하며, 미국 국외로 배송되는 품목은 제한적이라고 했으므로 옳은 것은 (b)이다.
courier service 운송 서비스 **be subject to** ~의 대상이다 **delivery charge** 배달료 **range from A to B** (범위가) A에서 B까지 이르다 **destination** 도착지 **be aware that** ~라고 알다 **minimum** 최소한의 **expedite** 신속히 처리하다 **uniform** 획일적인, 균일한 **be eligible for** ~할 자격이 있다   정답_(b)

32

Term papers must adhere to the following guidelines. First, plagiarism will not be tolerated. University policy states that students found guilty of plagiarism will be expelled. It is better to hand in work that is inelegantly written than to turn in something that is not authentic. Second, papers should be about 7-10 pages, but length can be negotiated. Third, the topic is to be chosen by you, but must be approved beforehand. Finally, extensions will be granted only if the request is submitted in writing at least one month in advance.

Q Which of the following is correct according to the instructions?
(a) Students who commit plagiarism may be suspended.
(b) No term paper more than 10 pages long will be accepted.
(c) The professor will assign a research topic to each student.
(d) Students may postpone the due date by a written request.

✿ 번역
기말 보고서는 다음과 같은 지침을 지켜야 합니다. 우선, 표절은 용인되지 않습니다. 표절로 판명된 학생은 퇴학당할 것이라고 대학 방침에 명시되어 있습니다. 본인이 직접 작성하지 않은 과제를 제출하는 것보다 촌스럽게 쓴 것을 제출하는 것이 더 낫습니다. 두 번째로, 보고서는 7~10페이지 정도가 되어야 하지만 길이는 협의하여 조정 가능합니다. 세 번째로, 주제는 여러분이 선택하지만 사전에 허락을 받아야 합니다. 마지막으로, 연장은 최소 한 달 전에 미리 요청서를 제출한 경우에만 허락됩니다.

Q 지침에 따르면 옳은 것은?
(a) 표절을 저지른 학생은 정학당한다.
(b) 10페이지 이상 길이의 기말 보고서는 받아들여지지 않을 것이다.
(c) 교수는 각 학생에게 연구 주제를 배정할 것이다.
(d) 학생은 서면 요청서를 통해 마감일을 연기할 수 있다.

📖 기출 공략
표절을 저지른 학생은 퇴학을 당하고, 7~10페이지 정도여야 하지만 협의 하에 조정이 가능하다고 했으므로 그 이상도 무방할 수 있으며, 주제는 본인이 선택하되 교수의 허락을 받아야 하며, 연기하기 위해서는 서면 요청서를 미리 제출해야 한다고 했으므로 옳은 것은 (d)이다.
term paper 기말 보고서 **adhere to** ~을 고수하다 **guideline** 지침 **plagiarism** 표절 **tolerate** 묵인하다 **expel** 퇴학시키다 **inelegantly** 우아하지[매력적이지] 못하게 **turn in** ~을 제출하다 **authentic** 진짜의 **beforehand** 미리 **extension** 연장 **grant** 허락하다 **in advance** 미리 **commit** 저지르다 **suspend** 정학시키다 **assign** 배정하다   정답_(d)

33

In colleges and universities across the US, new faculty members begin as lecturers or assistant professors and move up to associate professorships and, eventually, full professorships. To obtain these promotions they must conduct research, teach courses and publish a substantial number of books and articles. They also have to compete for grants to finance their research. Higher education is an extremely competitive field, and so academics must work long hours with great dedication to get ahead.

Q What can be inferred from the passage?
(a) University professors are largely underpaid.
(b) New faculty members are unlikely to have published much.
(c) Professors often find current research funding inadequate.
(d) Many faculty members prefer doing research than lecturing.

✿ 번역
미국 전역의 대학에서 신입 교수진은 시간 강사나 조교수부터 시작해서 부교수로 올라가고, 마침내 정교수가 된다. 이렇게 승진하려면 연구를 수행하고, 강의를 하고, 상당수의 저서와 논문을 출간해야 한다. 또한 연구비 재원을 마련할 보조금을 얻기 위해 경쟁해야 한다. 고등 교육은 경쟁이 심한 분야라서 교수들은 남들보다 앞서기 위해 대단한 헌신을 가지고 오랜 시간 연구해야만 한다.

Q 지문에서 추론할 수 있는 것은?
(a) 대학 교수들은 대체로 저임금이다.
(b) 신임 교수진은 출간을 많이 했을 가능성이 적다.
(c) 교수들은 종종 현재의 연구비가 불충분하다고 느낀다.
(d) 많은 교수진들은 강의보다 연구하기를 선호한다.

📖 기출 공략
신입 교수진이 승진해서 정교수가 되기 위해서는 상당한 수의 저서와 논문을 출간해야 한다고 했으므로 (b)의 초기에는 출간을 많이 했을 가능성이 적다는 점을 추론할 수 있다.

faculty 교수진   **lecturer** 시간 강사   **assistant professor** 조교수   **associate professorship** 부교수직   **substantial** 상당한   **article** 논문   **compete for** ~을 위해 경쟁하다   **grant** 보조금   **academic** 대학 교수진   **dedication** 헌신   **get ahead** 나아가다, 앞서 나가다

정답_(b)

34

People worldwide are concerned about the pervasive influence of Western culture. Some see it as becoming more dominant as a result of globalization and fear that it now threatens cultural diversity. Indeed, they increasingly use the terms "cultural hegemony" and "monoculturalism" with reference to the West. A Western cultural presence can be found across the globe in such things as movies, music, clothing and television. However, does the presence of Western pop culture products mean that a cultural takeover is in progress, or that it is occurring against the will of a local population?

Q What will most likely be discussed next?
(a) Cases which prove that people adopt Western culture voluntarily
(b) Influences of the American entertainment industry worldwide
(c) A way to promote domestic culture over imported culture
(d) A clarification of the expression "cultural hegemony"

✿ 번역
전세계인들은 서구 문화 영향력 확산에 대해 우려한다. 일부는 세계화의 결과로 더 두드러지게 되었다고 보고, 이제는 문화적 다양성을 위협하기까지 한다고 두려워한다. 실제로, 사람들은 서구와 관련하여 '문화적 헤게모니'와 '단일문화주의'라는 용어를 점점 더 많이 사용한다. 서구 문화의 존재는 영화와 음악, 의류, 텔레비전과 같은 것에서 전세계적으로 발견된다. 그러나, 서구 대중 문화 상품의 존재는 문화적 인수가 진행 중이라는 의미인가, 아니면 지역민의 의지에 반하여 일어나고 있다는 의미인가?

Q 다음에 논의될 가능성이 가장 높은 것은?
(a) 사람들이 서구 문화를 자발적으로 채택한다는 증거가 되는 예시
(b) 미국 오락 산업의 전세계적인 영향
(c) 수입 문화보다 자국 문화를 홍보하는 방법
(d) '문화적 헤게모니'라는 표현의 설명

📖 기출 공략
서구 문화가 전세계적으로 주도적인 문화가 된 현실과 그에 대해 우려하는 의견을 제시하고 있다. However 이하에서 지역민의 의지에 상반되는 것인지에 대해 새롭게 문제 제기를 하고 있음에 유의한다. 이것에 대한 반증으로 자발적으로 채택한다는 것을 증명하는 예시가 논의될 수 있으므로 (a)가 알맞다.

pervasive 확산되는   **globalization** 세계화   **threaten** 위협하다   **diversity** 다양성   **hegemony** 헤게모니, 주도권   **monoculturalism** 단일문화주의   **with reference to** ~와 관련하여   **presence** 존재, 실존   **globe** 지구   **takeover** 인수   **voluntarily** 자발적으로   **clarification** 설명, 해명

정답_(a)

Reading Comprehension

35

The *Voynich manuscript*, a 16th-century book written in an unknown language, may be nothing more than a hoax, according to linguist Gordon Rugg, head of the Knowledge Modeling Group at England's Keele University. Rugg used 16th-century techniques to generate random text that was as linguistically complex as that of the manuscript. By producing the same amount of text per page, he found that most pages of the manuscript could be replicated in one to two hours by one person. Rugg concluded that the manuscript's text is probably a hoax rather than some form of elaborate code.

Q What can be inferred about the *Voynich manuscript* from the passage?
(a) It was most likely not written in the 16th century.
(b) Rugg does not believe that it contains valuable information.
(c) It was written in a complex language that has now been lost.
(d) Rugg used computer analysis for his work on the manuscript.

번역
〈보이니치 문서〉는 알려지지 않은 언어로 쓰여진 16세기 책인데, 영국 킬 대학의 지식 모델링 단체 수장인 언어학자 고든 러그에 따르면, 속임수에 지나지 않을지도 모른다고 한다. 러그는 16세기 기술을 사용해서 그 문서만큼 언어학적으로 복잡한 무작위 텍스트를 만들었다. 페이지당 똑같은 양의 텍스트를 만들어냄으로써 그는 문서 대부분의 페이지가 한 사람에 의해 한두 시간 내에 복제된 것일 수 있음을 알아냈다. 러그는 그 문서의 텍스트가 정교한 암호 형태라기보다는 아마 속임수일 것이라고 결론지었다.

Q 지문에서 〈보이니치 문서〉에 관해 추론할 수 있는 것은?
(a) 16세기에 쓰여지지 않았을 가능성이 매우 높다.
(b) 러그는 그것이 귀중한 정보를 담고 있다고 믿지 않는다.
(c) 사멸된 복잡한 언어로 쓰여졌다.
(d) 러그는 문서에 관한 연구에 컴퓨터 분석을 사용했다.

기출 공략
언어학자 러그는 연구 결과, 〈보이니치 문서〉가 속임수일 거라고 결론지었고 텍스트를 복제한 것일 뿐이라고 주장했으므로 그는 거기에 귀중한 정보가 담겨 있다고 믿지 않는다는 (b)를 추론할 수 있다. 16세기에 대한 논쟁은 없었으므로 (a)는 답이 될 수 없다.

manuscript 문서 **hoax** 속임수 **linguist** 언어학자 **generate** 만들어 내다, 발생시키다 **replicate** 복제하다 **elaborate** 정교한 **code** 암호 **contain** 내포하다 **analysis** 분석 정답 (b)

36

We live in a time when people famous for being good at one thing decide they must be multitalented. And whether they are or not, they still get attention. Take Sir Paul McCartney, singer and songwriter, who, now also seeing himself as a poet, has just published a book of poetry. There is no denying McCartney's legacy, but it is unlikely this little collection will take the literary world by storm. It does not seem fair that a work no better or worse than those of thousands of "wannabes" should receive the spotlight just because its author is famous.

Q What can be inferred about the writer?
(a) He enjoys reading the latest in poetry.
(b) He believes in judging art on merit alone.
(c) He is a huge fan of Paul McCartney's poetry.
(d) He admires artists that try other professions.

번역
우리는 한 가지를 잘하는 것으로 유명한 사람들이 스스로 다재다능하다고 판단하는 시대에 살고 있다. 그리고 그렇든 그렇지 않든 상관없이 그들은 항상 관심을 받는다. 폴 매카트니를 예로 들어 보자. 가수이자 작곡가인 그는 스스로를 시인으로도 여겨 시집을 발간했다. 매카트니의 업적을 부인할 수는 없지만, 이 작은 시집이 문학계를 휩쓸 것 같지는 않다. 수천 명의 '지망생' 수준 이상도 이하도 아닌 작품이 저자가 유명하다는 이유만으로 주목을 받는 것은 공정하지 않은 것 같다.

Q 글쓴이에 관해 추론할 수 있는 것은?
(a) 최신작 시를 즐겨 읽는다.
(b) 예술을 실력만으로 판단해야 한다고 믿는다.
(c) 폴 매카트니 시의 열성팬이다.
(d) 다른 직업을 시도하는 예술가를 존경한다.

기출 공략
유명인이 스스로 다른 일도 잘할 것이라고 믿어 펼치는 일이 주목을 받는 현실을 지적하고 있다. 가수이자 작사 작곡가인 폴 매카트니가 시집을 내고 주목받는 일을 예로 들어 공정하지 않다고 비판하고 있으므로 예술은 실력만으로 판단해야 한다는 (b)의 내용을 추론할 수 있다.

multitalented 다재다능한 **songwriter** 작사 작곡가 **legacy** 유산 **collection** 작품 모음집 **literary** 문학의 **wannabe** 유명인을 동경하여 흉내내는 사람 **spotlight** 주목 **merit** 가치, 장점 정답 (b)

37

According to UNESCO, over 50 percent of the world's 6,900 languages are endangered, and one language disappears every two weeks on average. If nothing is done, 90 percent of the world's languages could go extinct in the next two centuries. The loss does not just extend to oral traditions. Written traditions are suffering neglect and, in some cases, physical disintegration. Like biodiversity in many parts of the planet, linguistic diversity is declining fast, but the media have done a better job of publicizing the former than the latter.

Q What does the writer suggest about linguistic diversity?
(a) Its loss is an unstoppable trend.
(b) It is closely linked with biodiversity.
(c) It does not receive the attention it deserves.
(d) Its decline is mainly due to human arrogance.

✿ 번역
유네스코에 따르면, 세계 6,900개 언어의 50퍼센트 이상이 사멸 위험에 처해 있고 평균적으로 2주마다 1개 언어가 사라지고 있다고 한다. 아무 조치가 없다면, 세계 언어의 90퍼센트가 다가오는 2세기 안에 사멸될 수도 있다. 사멸이 단지 구전에만 미치는 것이 아니다. 서전은 무시를 당하고 있고, 일부 경우에는 물리적인 붕괴를 겪고 있다. 지구의 많은 곳에서 생물 다양성이 그러하듯이, 언어 다양성이 빠르게 쇠퇴하고 있지만, 매체는 후자보다 전자를 더 많이 공표해왔다.

Q 글쓴이가 언어 다양성에 관해 제안한 것은?
(a) 사멸은 막을 수 없는 흐름이다.
(b) 생물 다양성과 밀접하게 연관되어 있다.
(c) 마땅히 받아야 할 주목을 받지 못하고 있다.
(d) 그것의 쇠퇴는 인간의 오만 때문이다.

📋 기출 공략
언어가 붕괴되는 현실이 심각하지만 매체는 생물 다양성 쇠퇴를 널리 알리는 데 보다 집중했고, 언어 다양성의 위험성은 간과했다고 평하고 있으므로 (c)의 내용이 적절하다.
endangered 사멸 위험에 처한 **on average** 평균적으로 **extinct** 사멸한 **extend** 확대하다 **neglect** 무시 **disintegration** 붕괴 **biodiversity** 생물 다양성 **unstoppable** 멈출 수 없는 **arrogance** 거만, 오만

정답_(c)

38

Several Spanish radio stations are available in this region for Spanish speakers. (a) KABQ features Spanish and English programming with news items in Spanish and English every hour. (b) KA's Channel 12 cable programming includes re-runs of *Bonanza* and *The Rockford Files*. (c) KALY features top 40 Spanish pop music with commentary in either English or Spanish. (d) And KARS is a country music station whose programming is exclusively in Spanish.

✿ 번역
이 지역에는 스페인어 사용자를 위한 스페인 라디오 방송국이 몇 개 있다. (a) KABQ는 매시간 스페인어와 영어로 된 뉴스 기사가 있는 스페인어와 영어 프로그램을 특징으로 한다. (b) KA의 12번 채널 케이블 프로그램에는 〈노다지〉와 〈록퍼드 파일〉 재방송이 포함되어 있다. (c) KALY는 영어나 스페인어로 논평이 들어간 스페인 팝 음악 톱 40이 특징적이다. (d) 그리고 KARS는 스페인어로만 프로그램이 편성된 컨트리 음악 방송국이다.

📋 기출 공략
첫 문장에서 스페인어 사용자를 위한 지역 방송국에 대한 소개임을 제시하고 방송국마다 스페인어와 관련된 프로그램을 알려주는 내용이다. 스페인어와 관련된 설명이 들어가지 않고 재방송 프로그램을 소개한 (b)는 흐름에 어울리지 않는다.
station 방송국 **feature** 특징으로 하다 **re-run** 재방송 **bonanza** 대행운, 노다지 **commentary** 논평 **exclusively** 배타적으로; 오로지

정답_(b)

39

In creating sculptural artwork to celebrate rock music, Shinro Ohtake decided to dispense with people. (a) The 43-year-old Japanese artist's installation features three electric guitars, a drum kit and some Marshall amps. (b) Marshall amps are a standard in the music industry, known for their quality and solid construction. (c) On a wooden stage, the instruments are connected to stands and are played by robotic arms attached to cables. (d) When operating, the installation gives an automated musical performance in honor of rock music.

✽ 번역
신로 오타케는 록 음악을 기념하는 조각 예술품을 사람 없이 제작하기로 결정했다. (a) 43세 일본 예술가의 설치 작품은 세 개의 전기 기타, 드럼 세트, 몇 개의 마샬 앰프를 특징으로 한다. (b) 마샬 앰프는 품질과 견고한 구조 때문에 음악 산업에 있어서 표준이다. (c) 나무로 된 무대에서 악기는 지지대에 연결되어 있고 전선에 이어진 로봇 팔로 연주된다. (d) 작동하면 설치 작품은 록 음악을 기리며 자동 음악 공연을 펼친다.

📘 기출 공략
록 음악을 기념하는 설치 작품에 대한 설명인데, 사람 없이 록 음악을 연주하는 설치 미술이라는 특징을 강조하고 있다. 설치물의 내용과 구조, 작동에 관한 소개인데, 마샬 앰프가 표준이 되는 앰프라는 (b)의 내용은 흐름에 맞지 않는다.

sculptural 조각의 **artwork** 예술품 **dispense with** ~없이 지내다 **installation** 설치 작품 **drum kit** 드럼 세트 **stand** 지지대 **robotic** 로봇의 **attach A to B** A를 B에 붙이다[달다] **cable** 전선 **automated** 자동의 **in honor of** ~을 기념하여

정답_(b)

40

Taking notes is very important in business negotiations. (a) Writing information down during negotiations engages other parts of your brain as well as your eyes and fingers while you listen. (b) This helps with concentration and remembering salient points, which might be difficult otherwise. (c) When you write, be sure to make your notes legible so you can go over them and reconstruct the negotiation in your head. (d) The legibility of your writing will invariably affect the faith and confidence your potential employers have in you.

✽ 번역
필기를 하는 것은 사업 협상에 있어 아주 중요하다. (a) 협상 중에 정보를 적는 것은 듣는 가운데 눈과 손가락뿐만 아니라 뇌의 다른 부분도 쓰게 한다. (b) 이것은 집중력과 두드러진 요점을 기억하는 데 도움이 되는데, 이는 그렇게 하지 않으면 어려울 수도 있다. (c) 필기할 때에는, 검토하고 머릿속에 협상을 다시 그려볼 수 있도록 반드시 알아볼 수 있게 하라. (d) 필기의 가독성은 잠재적인 고용주가 당신에게 갖는 신뢰와 확신에 반드시 영향을 줄 것이다.

📘 기출 공략
사업 협상 중에 필기를 하는 것의 중요성에 대한 내용이다. 협상에 도움이 되는 점과 주의할 점에 대해 설명하고 있는데, (d)는 취업 지원서에서 글씨를 잘 써야 하는 이유를 설명하는 내용이므로 흐름에 어울리지 않는다.

take notes 필기를 하다 **negotiation** 협상 **engage** 관여시키다 **concentration** 집중 **salient** 두드러진 **legible** 읽을 수 있는, 알아볼 수 있는 **go over** 검토하다 **reconstruct** 재건하다 **invariably** 반드시 **faith** 신뢰 **confidence** 확신 **potential** 잠재적인

정답_(d)

Answer Keys

Listening Comprehension

1 (a)	2 (c)	3 (b)	4 (b)	5 (a)	6 (b)	7 (b)	8 (a)	9 (d)	10 (b)
11 (a)	12 (b)	13 (c)	14 (d)	15 (c)	16 (a)	17 (a)	18 (c)	19 (b)	20 (d)
21 (c)	22 (b)	23 (b)	24 (b)	25 (a)	26 (d)	27 (b)	28 (b)	29 (c)	30 (a)
31 (c)	32 (b)	33 (d)	34 (a)	35 (d)	36 (a)	37 (a)	38 (d)	39 (d)	40 (c)
41 (c)	42 (d)	43 (b)	44 (c)	45 (b)	46 (d)	47 (a)	48 (a)	49 (b)	50 (d)
51 (c)	52 (b)	53 (c)	54 (d)	55 (d)	56 (b)	57 (d)	58 (d)	59 (d)	60 (d)

Grammar

1 (b)	2 (a)	3 (d)	4 (c)	5 (b)	6 (d)	7 (a)	8 (c)	9 (a)	10 (a)
11 (a)	12 (c)	13 (d)	14 (d)	15 (c)	16 (d)	17 (c)	18 (a)	19 (a)	20 (b)
21 (d)	22 (a)	23 (c)	24 (c)	25 (c)	26 (a)	27 (b)	28 (b)	29 (b)	30 (c)
31 (b)	32 (c)	33 (c)	34 (d)	35 (d)	36 (b)	37 (b)	38 (d)	39 (d)	40 (a)
41 (b)	42 (b)	43 (a)	44 (a)	45 (c)	46 (c)	47 (b)	48 (c)	49 (d)	50 (c)

Vocabulary

1 (c)	2 (b)	3 (d)	4 (c)	5 (b)	6 (b)	7 (d)	8 (c)	9 (a)	10 (d)
11 (a)	12 (d)	13 (c)	14 (a)	15 (d)	16 (c)	17 (d)	18 (b)	19 (d)	20 (c)
21 (c)	22 (d)	23 (a)	24 (c)	25 (b)	26 (b)	27 (c)	28 (b)	29 (d)	30 (b)
31 (b)	32 (c)	33 (b)	34 (b)	35 (d)	36 (c)	37 (a)	38 (b)	39 (a)	40 (b)
41 (d)	42 (a)	43 (a)	44 (a)	45 (d)	46 (b)	47 (b)	48 (c)	49 (a)	50 (b)

Reading Comprehension

1 (b)	2 (a)	3 (c)	4 (c)	5 (c)	6 (b)	7 (b)	8 (a)	9 (a)	10 (b)
11 (b)	12 (b)	13 (c)	14 (c)	15 (b)	16 (a)	17 (b)	18 (d)	19 (a)	20 (c)
21 (a)	22 (d)	23 (d)	24 (a)	25 (c)	26 (d)	27 (c)	28 (c)	29 (d)	30 (c)
31 (b)	32 (d)	33 (b)	34 (a)	35 (b)	36 (b)	37 (c)	38 (b)	39 (b)	40 (d)

Listening Comprehension

55 minutes

1

M Christine! It's good to see you again.
W _____

(a) I'm fine, thanks.
(b) Yes, it's been a while.
(c) OK, let me know when.
(d) I'll be seeing you soon.

❈ 번역
M 크리스틴! 다시 만나게 되어 반가워요.
W _____

(a) 전 잘 지내요, 고마워요.
(b) 네, 오랜만이네요.
(c) 좋아요, 언제인지 알려줘요.
(d) 곧 만납시다.

📘 기출 공략
만나서 나누는 인사말로 (b)의 It has been a while은 '시간이 좀 되었다,' 즉 만난 지 오래되었다는 말이다. (d) I'll be seeing you soon은 헤어질 때 하는 말로, '곧 봅시다'라는 뜻이다.   정답_(b)

2

W Hello, I'm calling to speak to Mr. Miller.
M _____

(a) Let's go and ask him.
(b) Please come back by 4.
(c) Sorry, he's not in right now.
(d) But he didn't leave any message.

❈ 번역
W 여보세요, 밀러 씨와 통화하고 싶은데요.
M _____

(a) 가서 그에게 물어봅시다.
(b) 4시까지 돌아오세요.
(c) 죄송합니다만 지금 안 계십니다.
(d) 하지만 그는 메시지를 전혀 남겨놓지 않으셨어요.

📘 기출 공략
I'm calling to speak to Mr. Miller는 May I speak to Mr. Miller?와 같은 말로 이에 적절한 대답은 (c)이다.
right now 곧, 당장에   **message** 전하는 말   정답_(c)

3

M Thank you for coming to the party.
W _____

(a) Thank you for inviting me.
(b) I'll try to make it on time.
(c) I can bring some snacks.
(d) I can come earlier.

❈ 번역
M 파티에 와주셔서 감사합니다.
W _____

(a) 초대해 주셔서 감사합니다.
(b) 제시간에 도착하도록 할게요.
(c) 스낵을 좀 가져갈 수 있습니다.
(d) 좀 더 일찍 올 수 있습니다.

📘 기출 공략
파티에 막 도착한 사람에게 하는 감사의 인사말에 대해 (a)가 적절한 대답이다. (c)는 파티 계획을 세울 때 할 수 있는 표현이다.
make it (장소에) 이르다, 나타나다   **on time** 제시간에   정답_(a)

4

W Do you like to grow plants?
M _____

(a) Well, I haven't seen that many.
(b) Yes, I'd rather plant mine in spring.
(c) Sure, I have a passion for gardening.
(d) Thanks, I could use a few extra seeds.

✿ 번역

W 식물 기르는 것을 좋아하나요?
M _____

(a) 글쎄요, 저는 그렇게 많이는 보지 못했어요.
(b) 네, 제 것은 차라리 봄에 심는 게 낫겠어요.
(c) 물론이죠, 정원 가꾸는 것을 아주 좋아해요.
(d) 고마워요, 씨앗이 좀 더 필요할 거예요.

📘 기출 공략

상대방에게 식물 재배를 좋아하냐고 묻고 있으므로, (c)가 대답으로 적절하다.

would rather 차라리 ~하는 게 좋다 **have a passion for** ~을 매우 좋아하다 **could[can] use** ~을 얻을 수 있으면 좋겠다, 필요하다

정답_(c)

5

M Why are you upset with your landlord?
W _____

(a) I've never met him before.
(b) He wants to put the rent up.
(c) We're moving out of his apartment.
(d) He's two months behind on his rent.

✿ 번역

M 집주인한테 왜 화가 나신 거예요?
W _____

(a) 전에 그를 한 번도 만난 적이 없어요.
(b) 그가 집세를 올리고 싶대요.
(c) 우리는 그의 아파트에서 이사를 나갈 거예요.
(d) 그는 집세가 두 달이나 밀렸어요.

📘 기출 공략

상대방이 집주인에게 화가 난 이유를 물었으므로, 이유를 말하는 (b)가 대답으로 적절하다. landlord와 연관 지어 apartment, rent만 듣고 (c)나 (d)를 선택하지 않도록 한다

landlord 집주인 **put up** (값 등을) 올리다 **rent** 집세, 방세

정답_(b)

6

W Honey, don't forget to pick Danny up after work.
M _____

(a) Don't worry. I won't.
(b) I haven't seen him all day.
(c) I'll remember to remind him.
(d) But he's more forgetful than me.

✿ 번역

W 여보, 일 끝나고 대니 태우러 가는 거 잊지 말아요.
M _____

(a) 걱정 말아요. 안 잊어버릴 테니까.
(b) 하루 종일 그를 보지 못했어요.
(c) 그에게 상기시키는 거 잊지 않을게요.
(d) 하지만 그는 나보다 더 잘 잊어버리잖아요.

📘 기출 공략

pick A up은 'A를 도중에 태우다'라는 표현이므로 잊지 않고 태우러 가겠다는 (a)가 대답으로 적절하다. (c)의 〈remember to+동사원형〉은 '~하는 것을 명심하다'라는 뜻으로 don't forget to에 대한 적절한 응대이기는 하지만, him이 어색하다.

remind ~에게 생각나게 하다 **forgetful** 잘 잊는

정답_(a)

Listening Comprehension

7

> M Excuse me, but this coffee is not hot enough.
> W _____

(a) Sorry, I'll bring you another one.
(b) I've heard similar complaints.
(c) I wouldn't mind a cold drink.
(d) Well, I knew you'd like it.

❉ 번역
M 잠깐만요, 이 커피는 그다지 뜨겁지 않네요.
W _____

(a) 죄송합니다, 새로 가져다 드리겠습니다.
(b) 비슷한 불평을 들은 적이 있습니다.
(c) 찬 음료도 괜찮아요.
(d) 당신이 그것을 좋아할 줄 알았어요.

📦 기출 공략
커피가 뜨겁지 않다는 불만을 제기하고 있으므로 (a)가 적절한 대답이다. not hot enough는 '충분히 뜨겁지 않은,' 즉 덜 뜨겁다는 말로 enough가 뒤에서 hot을 수식하는 것에 유의한다.
similar 비슷한 **complaint** 불평 **mind** 신경 쓰다, 꺼리다 **정답**_(a)

8

> W I wish I could lose weight somehow.
> M _____

(a) Tell me how you did it.
(b) It's less than you think.
(c) Just exercise and eat less.
(d) That much isn't necessary.

❉ 번역
W 어떻게든지 해서 체중을 줄였으면 좋겠어요.
M _____

(a) 어떻게 그렇게 했는지 말씀해 주세요.
(b) 당신이 생각하는 것보다 적어요.
(c) 그냥 운동하고 음식을 줄이세요.
(d) 그렇게 많이는 필요 없어요.

📦 기출 공략
I wish는 사실과 반대되는 상황에 대한 바람을 나타낸다. 즉 현재 체중을 줄인 상태가 아니므로 (a)는 오답이며, (c)가 대답으로 적절하다.
weight 체중 **somehow** 어떻게든지 해서 **정답**_(c)

9

> M Would you like some more wine?
> W _____

(a) Yes, I've had more than enough.
(b) I didn't have time to try every kind.
(c) I'd better not. I've already had too much.
(d) But I'm nearly finished with my first glass.

❉ 번역
M 포도주 좀 더 드실래요?
W _____

(a) 네, 전 너무 많이 먹었어요.
(b) 모든 종류를 먹어 볼 시간이 없었어요.
(c) 그러지 않는 게 나을 것 같네요. 이미 너무 많이 마셨어요.
(d) 하지만 첫 잔을 거의 다 마셨어요.

📦 기출 공략
(a)의 more than enough는 '충분한 것보다 많은', 즉 '너무 많다'는 의미이다. 이 말 앞에 거절하는 표현이 나왔으면 답이 될 수 있으나, Yes와는 어울리지 않는다. 정답은 (c)이다.
kind 종류 **정답**_(c)

10

W Andrea seemed pretty upset about what I said.
M _____

(a) She had no way of knowing that.
(b) I suggest you apologize to her.
(c) She says the strangest things.
(d) I'm not sure who said that.

❄ 번역

W 안드레아가 내가 한 말 때문에 꽤 화가 난 것 같아.
M _____

(a) 그녀가 그것을 알 턱이 없었어.
(b) 그녀에게 사과하는 게 좋을걸.
(c) 그녀는 아주 이상한 말들만 해.
(d) 누가 그런 말을 했는지 잘 모르겠어.

📘 기출 공략

안드레아가 나 때문에 화가 난 것 같다는 말에 사과하라고 제안하는 (b)가 적절한 대답이다. (a)는 고난도 표현 had no way를 사용했지만 전혀 연관이 없다.

upset 화가 난 **have no way of -ing** ~할 방법이 없다 **suggest** 권하다, 제안하다 **apologize** 사과하다   정답 (b)

11

M Annie? It's William calling. Are we still on for tonight?
W _____

(a) Well, I'm still waiting for it.
(b) Sure. We all had a great time.
(c) Probably. That was the forecast.
(d) Absolutely, if that's OK with you.

❄ 번역

M 애니? 나 윌리엄이야. 오늘 밤 만나는 거 아직 유효한 거지?
W _____

(a) 글쎄, 난 아직 그걸 기다리고 있어.
(b) 물론이지. 우리 모두 아주 즐거운 시간을 보냈어.
(c) 아마도. 그건 예측이었어.
(d) 그렇고 말고, 너만 괜찮다면.

📘 기출 공략

Are we still on for tonight?은 '오늘 밤 약속이 아직 유효한가'라는 뜻으로, 일정이나 약속을 확인할 때 사용하는 표현이다. 이에 대한 대답으로 (d)가 적절하다. 질문에 나온 I'm still ... for를 비슷하게 반복한 (a)는 전형적인 오답 함정이다.

forecast 예측, 예보 **absolutely** 그렇고 말고   정답 (d)

12

W Kathy looks kind of down today.
M _____

(a) We'll find that out soon enough.
(b) Something must have fallen off.
(c) I don't think it's the right occasion.
(d) Hopefully nothing bad has happened.

❄ 번역

W 캐시가 오늘 좀 우울해 보이네.
M _____

(a) 우리는 그것을 곧 알아낼 거야.
(b) 무언가 떨어진 게 틀림없어.
(c) 적당한 때라고 생각하지 않아.
(d) 나쁜 일이 없었어야 할 텐데.

📘 기출 공략

look down은 '우울해 보이다'라는 표현으로, down이 '아래로'란 뜻이 아니라 '우울한'이라는 의미의 형용사로 쓰인 것이므로 (b)는 어긋난다. Hopefully를 사용하여 바람을 나타낸 (d)가 정답이다.

down 풀이 죽은, 우울한 **occasion** 때, 경우 **hopefully** 바라건대, 아마   정답 (d)

Listening Comprehension

13

M Professor Lauren, is there a prerequisite for your course?
W _____

(a) You'll gain experience in the lab.
(b) I doubt I have a choice in the matter.
(c) You need to have taken Biology 101.
(d) I'm teaching two courses this semester.

✿ 번역
M 로렌 교수님, 교수님 강좌를 수강하기 위해 꼭 먼저 들어야 할 과목이 있나요?
W _____
(a) 자네는 연구실에서 경험을 얻을 것이네.
(b) 이 문제에서 내게 선택의 여지가 없는 것 같군.
(c) 생물학 개론을 들었으면 좋지.
(d) 나는 이번 학기에 두 강좌를 가르칠 것이네.

📘 기출 공략
학생이 교수에게 강좌에 관해 질문하는 상황으로, prerequisite은 어떤 과목을 듣기 위해서 먼저 필수적으로 수강해야 하는 과목을 말한다. (c)가 적절한 대답이다.
prerequisite (다른 과목을 취득하기 위한) 필수 과목 **lab** 연구실, 실험실 **biology** 생물학 **101** 기초 과정의, 개론의
정답_(c)

14

W How dare Sara talk back to me like that!
M _____

(a) Talking to her wasn't easy at all.
(b) No need to get worked up about it.
(c) I know. It was a lengthy discussion.
(d) But she can usually speak up for herself.

✿ 번역
W 어떻게 사라가 감히 내게 그렇게 말대꾸를 할 수 있어?
M _____
(a) 그녀에게 말하는 것은 정말 쉽지가 않았어.
(b) 그걸로 흥분할 필요 없어.
(c) 알아. 그건 장황한 토론이었어.
(d) 하지만 그녀는 대체로 자기 자신을 변호할 수 있어.

📘 기출 공략
talk back to me는 '나에게 말대꾸하다'라는 뜻이고, 조동사 dare를 사용하였으므로 여자가 화가 난 상태를 짐작할 수 있다. (b)의 get worked up은 '흥분하다, 소동을 부리다'라는 표현으로, 화난 여자에게 할 수 있는 적절한 대답이다.
talk back 말대답하다 **get worked up** 흥분하다, 소동을 부리다 **lengthy** 장황한, 말이 많은 **speak up for** ~을 강력하게 변호하다
정답_(b)

15

M Julia, I was wondering if you could lend me $500.
W _____

(a) I'm afraid that's out of the question.
(b) I can't always be responsible for you.
(c) Go over your spending plan regularly.
(d) It's not too late to ask around for more.

✿ 번역
M 줄리아, 내게 500달러를 빌려줄 수 있나요.
W _____
(a) 안됐지만 불가능해요.
(b) 제가 항상 당신을 책임질 수 없어요.
(c) 당신의 지출 계획을 정기적으로 검토하세요.
(d) 더 많은 돈을 구하려고 이리저리 알아보기에 너무 늦은 것은 아닙니다.

📘 기출 공략
돈을 빌려달라는 부탁에 적절한 대답은 (a)이다. out of the question은 '말이 안 되는, 불가능한'의 뜻으로 out of question(의심의 여지가 없는, 확실한)과 구별할 수 있어야 한다.
out of the question 불가능한, 의논해 봐야 소용없는 **go over** 검토하다 **ask around** 이리저리 알아보다
정답_(a)

16

W What are your plans for this summer?
M I'm thinking of going to New York.
W Really? What are you going to do there?
M _____

(a) I'll see you there.
(b) Probably by train.
(c) Shopping and sightseeing.
(d) I know it will be expensive.

번역

W 올 여름 무슨 계획이 있나요?
M 뉴욕에 가려고 생각하고 있어요.
W 정말요? 거기서 무얼 하려고요?
M _____

(a) 거기서 뵙죠.
(b) 아마 기차로 갈 거예요.
(c) 쇼핑이랑 관광이요.
(d) 돈이 많이 들 거라는 거 알고 있어요.

기출 공략

뉴욕에서 뭐 할 거냐란 물음에 구체적으로 할 일을 말한 (c)가 대답으로 적절하다. 교통 수단이나 비용에 관해 질문한 것이 아니므로 (b), (d)는 오답이다.

sightseeing 관광   정답_(c)

17

M Oh, Jessica! Hi. I'm so glad I ran into you!
W Hi, Tony. What's up?
M Can I borrow your notes to study for tomorrow's exam?
W _____

(a) I'm glad to meet you, too.
(b) No problem. Here they are.
(c) I didn't take an exam today.
(d) Sure. I'll give you some hints.

번역

M 오, 제시카! 안녕. 널 만나게 돼서 너무나 반가워!
W 안녕, 토니. 무슨 일이야?
M 내일 시험 공부를 위해 네 노트를 빌릴 수 있니?
W _____

(a) 나도 만나서 반가워.
(b) 물론이지. 여기 있어.
(c) 난 오늘 시험을 치지 않았어.
(d) 물론이지. 내가 몇 가지 힌트를 줄게.

기출 공략

What's up?은 '무슨 일이야? 어떻게 지내?'란 뜻의 격식 없는 인사말로 쓰인다. 노트를 빌려달라는 부탁에 대해 (b)가 적절한 답이다.

run into ~를 우연히 만나다   **hint** 암시, 조언   정답_(b)

18

W Hello. I'd like to make an appointment with Dr. Brown.
M I'm afraid he's on vacation until the 12th.
W Oh. Is there another doctor available, then?
M _____

(a) You do need to see a doctor.
(b) It's best to make an appointment.
(c) Dr. Thomas is free this afternoon.
(d) Dr. Brown is in Spain for two weeks.

번역

W 여보세요. 브라운 선생님에게 예약을 하고 싶은데요.
M 그는 12일까지 휴가예요.
W 오, 그러면 다른 의사 선생님과는 가능한가요?
M _____

(a) 당신은 의사의 진찰을 꼭 받아야 합니다.
(b) 예약을 하는 게 최선입니다.
(c) 토마스 선생님이 오늘 오후에 시간이 납니다.
(d) 브라운 선생님은 2주간 스페인에 계십니다.

기출 공략

예약하고자 하는 의사가 없다는 말에 그럼 다른 의사에게 진찰을 받을 수 있냐는 질문이므로 정답은 (c)이다. (d)는 브라운 선생이 부재 중인 이유를 설명하는 말로 가능하다.

make an appointment 예약하다   정답_(c)

Listening Comprehension

19

M What's wrong with my MP3 player?
W Oh, sorry. I dropped it, and it stopped working.
M Why didn't you tell me earlier?
W _____

(a) I downloaded a song for you.
(b) I couldn't find it. That's why.
(c) I think mine is working fine.
(d) I was going to, but I forgot.

✱ 번역
M 내 MP3에 무슨 문제가 있지?
W 오, 미안해. 내가 떨어뜨렸는데 작동이 안돼.
M 왜 일찍 말하지 않았어?
W _____

(a) 네게 들려줄 노래를 다운로드했어.
(b) 그걸 찾을 수가 없었어. 그 때문이야.
(c) 내 것은 작동이 잘되고 있는 것 같아.
(d) 그러려고 했는데 잊어버렸어.

📘 기출 공략
MP3가 고장이 난 이유를 왜 말하지 않았느냐는 추궁에 대한 대답으로 (d)가 적절하다.

download 다운로드하다   정답_(d)

20

W Excuse me. Where can I find the bread, please?
M It's in aisle three, across from the dairy section.
W OK, but which way is aisle three?
M _____

(a) It's just over there to your right.
(b) I have no idea where the bread is.
(c) You left it on the shelf behind you.
(d) You're not asking the right question.

✱ 번역
W 죄송합니다만, 빵은 어디에 가면 있죠?
M 3번 통로에 있어요. 유제품 코너 맞은 편이에요.
W 알겠습니다, 그런데 3번 통로가 어느 방향이죠?
M _____

(a) 바로 저쪽 손님 오른편에 있어요.
(b) 빵이 어디 있는지 모르겠어요.
(c) 당신이 당신 뒤쪽 선반에 그것을 두었습니다.
(d) 엉뚱한 질문을 하고 있군요.

📘 기출 공략
식료품 가게에서의 대화이다. 3번 통로의 방향을 묻고 있으므로 (c), (d)는 오답이고, (b)는 첫 질문에 대한 대답이라면 가능하다. (a)가 적절한 대답이다.

aisle 통로   **dairy** 유제품   **section** 구간, 구획   **shelf** 선반   정답_(a)

21

M Hey, Melanie. Congratulations.
W What for?
M You got all A's, didn't you?
W _____

(a) Actually, I have one B.
(b) I can't make any promises.
(c) I hope I do well in the final.
(d) Don't worry. You'll get all A's.

✱ 번역
M 안녕, 멜라니. 축하해.
W 뭘?
M 전과목 A 받았다며?
W _____

(a) 사실, 하나는 B 받았어.
(b) 난 어떤 약속도 할 수 없어.
(c) 기말 시험을 잘 보면 좋겠어.
(d) 걱정 마. 넌 전과목 A를 받을 거야.

📘 기출 공략
전과목 A를 받아서 축하한다는 말에 한 과목은 B를 받았다고 대답하는 (a)가 응답으로 자연스럽다. (b)는 관련 없는 내용이고, (c), (d)는 미래에 관한 이야기이므로 오답이다.

actually 사실은   **final** 기말 시험   정답_(a)

22

W David, have you started working out like you said you would?
M Yes, I joined that gym near the station last weekend.
W Hey, that's where I go.
M _____

(a) OK, but it won't be easy.
(b) I promise I'll exercise harder.
(c) I'm surprised you work there.
(d) Then, I might see you there sometime.

✱ 번역
W 데이비드, 네가 말한 대로 운동 시작했니?
M 응, 지난 주말에 역 근처에 있는 헬스장에 등록했어.
W 어머, 그곳은 내가 다니는 곳이야.
M _____

(a) 알겠어, 하지만 쉽지 않을 거야.
(b) 더욱 열심히 운동할 것을 약속할게.
(c) 네가 거기서 일하다니 놀랍구나.
(d) 그러면 이따금 그곳에서 널 볼 수도 있겠구나.

기출 공략
남자가 등록한 헬스장과 같은 헬스장에 다니고 있다고 여자가 언급하고 있다. (c)는 work out이 아니라 work라고 했으므로 혼동하지 않도록 하자. (d)가 적절한 대답이다.

work out 운동하다 **gym** 헬스장, 체육관

정답_(d)

23

M Too bad our baseball team won't make the finals.
W I know. It's disappointing.
M I guess there's always next season.
W _____

(a) I thought it was in season now.
(b) But that's what we said last year.
(c) Tickets might be more expensive by then.
(d) Let's go to their finals match this weekend.

✱ 번역
M 우리 야구팀이 결승전에 올라가지 못하다니 정말 유감이야.
W 알아. 실망스러워.
M 언제나 다음 시즌이 있잖아.
W _____

(a) 나는 지금이 제철이라고 생각했어.
(b) 하지만 작년에도 우리는 그렇게 말했지.
(c) 그때는 표가 더 비쌀지도 몰라.
(d) 이번 주말에 결승전 보러 가자.

기출 공략
자기 팀이 결승전에 올라가지 못한 아쉬움을 표현하며 다음 시즌을 기대하자는 말에 작년에도 그렇게 말했다는 (b)가 알맞은 응답이다. 표에 관한 언급은 없으므로 (c)는 오답이고, in season은 '(과실·어류 등이) 한창인, 제철인'이라는 뜻이다.

final 결승전 **disappointing** 실망시키는 **in season** 한창인, 제철인 **match** 시합

정답_(b)

24

W Good afternoon. You must be Ben Duncan.
M Yes, hi. Was it you I spoke to on the phone about the job?
W That's right. I'm Susan Phillips.
M _____

(a) Nice to meet you. My name is Ben Duncan.
(b) I'm glad we can talk face to face.
(c) It sounded urgent on the phone.
(d) I'm happy I could be of help.

✱ 번역
W 안녕하세요. 벤 던컨 씨죠.
M 네, 안녕하세요. 일자리 건으로 제가 통화한 사람이 당신입니까?
W 맞아요. 전 수잔 필립스라고 합니다.
M _____

(a) 만나서 반가워요. 제 이름은 벤 던컨입니다.
(b) 직접 뵙고 이야기하게 돼서 반갑습니다.
(c) 전화로는 급한 일 같았어요.
(d) 제가 도움이 될 수 있다니 기쁩니다.

기출 공략
서로 이미 전화로 대화를 나눈 상황이므로 (a)는 오답이고, 얼굴을 직접 보고 대화하게 돼서 기쁘다는 (b)가 정답이다.

face to face 대면하여, 마주 보고 **urgent** 긴급한, 절박한

정답_(b)

Listening Comprehension

25

M Why don't we see that new Ridley Scott movie tonight?
W That sounds good. Will you come and pick me up?
M OK. It starts at 8. So, what if I come by at 7?
W _____

(a) All right. I'll be home by 8.
(b) I think I saw that movie before.
(c) OK, I'll pick up the movie on the way.
(d) Make it 6, so we'll have time for dinner.

✽ 번역
M 우리 오늘 밤 리들리 스콧의 신작 영화를 보러 가지 않을래요?
W 그거 좋은데요. 날 태우러 오실래요?
M 네. 8시에 시작하니까, 7시에 태우러 가면 어떨까요?
W _____

(a) 좋아요. 8시까지 집에 와 있을게요.
(b) 난 그 영화를 전에 본 것 같아요.
(c) 네, 가는 길에 영화를 빌려 갈게요.
(d) 6시로 해요. 그래야 저녁 먹을 시간이 날 거예요.

📘 기출 공략
영화를 보러 가자는 약속을 하고 7시에 태우러 가겠다는 남자의 제안에 적절한 응답은 (d)이다. (a)는 시간이 알맞지 않아서 오답이다.
come by 잠깐 들르다 **on the way** 도중에 **make it** 만나다

정답_(d)

26

W I'm going to break up with my boyfriend.
M Why? I thought you two were getting along well together.
W We were, but then he changed.
M _____

(a) I told you it would fix itself.
(b) He should've asked you out first.
(c) It wasn't what she recommended.
(d) Things like that happen in relationships.

✽ 번역
W 남자친구하고 헤어질 거야.
M 왜? 너희 둘 잘 지내는 줄 알았는데.
W 그랬었지, 그런데 그가 변했어.
M _____

(a) 그 일은 저절로 해결될 거라고 내가 말했잖아.
(b) 그가 먼저 네게 데이트 신청을 했어야 했어.
(c) 그것은 그녀가 추천한 것이 아니었어.
(d) 인간 관계에서 그런 것은 흔히 일어나는 일이지.

📘 기출 공략
남자친구가 변했기 때문에 헤어지려 한다는 말에 적절한 응답은 (d)이다. **get along well together**는 서로 잘 맞아 사이가 좋다는 의미이다.
break up with ~와 결별하다 **fix** 고치다, 해결하다 **ask out** ~에게 데이트 신청을 하다 **recommend** 추천하다

정답_(d)

27

M Here, have a piece of this cake I bought.
W No thanks, I'm watching my weight.
M Are you sure? It's delicious.
W _____

(a) There is one more piece.
(b) Please don't tempt me like that.
(c) I'll put aside an extra piece for later.
(d) I'll have another helping if you insist.

✽ 번역
M 자, 내가 산 케이크 한 조각 먹어 봐.
W 고맙지만 사양할게. 체중에 신경 쓰고 있거든.
M 정말이야? 맛있는데.
W _____

(a) 한 조각 더 있어.
(b) 제발 그렇게 날 유혹하지 마.
(c) 나중에 먹을 것으로 한 조각 남겨둘게.
(d) 네가 정 그러면 한 그릇 더 먹을게.

📘 기출 공략
다이어트 중인 여자가 케이크를 거절하자 남자가 맛있다고 말하는 상황이다. 따라서 (b)가 적절한 대답이다. (c)는 케이크를 전하는 남자가 할 수 있는 말이고, (d)는 another 때문에 음식을 먹은 후에 할 수 있는 말이므로 부적절하다.
tempt (식욕을) 당기게 하다, 유혹하다 **extra** 여분의 **helping** (음식물) 한 그릇

정답_(b)

28

W We need more trees in our yard.
M More trees? What for?
W We need more privacy from our neighbors.
M _____

(a) Then, let's step into the shade.
(b) That might prove a bit costly.
(c) But the yard is tidy enough.
(d) You can't just repot them.

번역
W 우리 마당에 나무가 더 있어야 해요.
M 더 많은 나무라고요? 뭐 때문에요?
W 이웃들로부터 우리의 사생활을 더욱 보호할 필요가 있어요.
M _____
(a) 그렇다면, 그늘 안으로 들어갑시다.
(b) 그러려면 비용이 좀 들 것 같은데요.
(c) 하지만 마당은 충분히 말끔한데요.
(d) 당신은 그것들을 옮겨 심을 수 없어요.

기출 공략
사생활 보호를 위해 마당에 나무가 더 많이 필요하다는 여자의 제안에 비용이 좀 들 수도 있다고 말하는 (b)가 적절하다. (c)는 '마당을 청소하자'라고 했을 때 가능한 응답이다.
costly 비용이 많이 드는 **tidy** 정돈된, 말쑥한 **repot** (식물을) 딴 화분에 옮겨 심다

정답_(b)

29

M Your big job interview is today, isn't it?
W Yeah, I'm heading out soon.
M Got any pre-interview jitters?
W _____

(a) It's crucial for the interview, though.
(b) It'll be conducted elsewhere today.
(c) I'll know more after the interview.
(d) Actually, I feel surprisingly calm.

번역
M 오늘 중요한 면접 보는 날 아니야?
W 응, 곧 출발할 거야.
M 면접 전에 뭐 초조한 거라도 있니?
W _____
(a) 하지만 그건 면접에 있어서 중요해.
(b) 오늘 다른 곳에서 실시될 거야.
(c) 면접 후에 더 많은 것을 알게 될 거야.
(d) 실은 놀라울 정도로 평안해.

기출 공략
get the jitters는 '긴장하다, 안절부절못하다'라는 뜻이다. 면접 전에 떨리냐는 질문이므로, (d) 이외의 대답은 문맥에 맞지 않다. 대화에 나오는 interview를 반복해서 언급한 (a)와 (c)는 오답 함정일 뿐이다.
head out 출발하다 **jitter** 신경과민, 초조 **crucial** 중대한 **conduct** 실시하다

정답_(d)

30

W Do you remember Rachel Campbell from high school?
M Sure, what about her?
W She called me out of the blue the other day.
M _____

(a) I knew she was feeling down.
(b) I'll handle the call, if you like.
(c) Yeah, I said you'd give her a call.
(d) Wow, I wonder what she's been up to.

번역
W 고등학교 때 레이첼 캠벨 기억나?
M 물론, 걔가 왜?
W 며칠 전 뜻밖에 내게 전화를 했어.
M _____
(a) 걔가 우울해한 것 알고 있었어.
(b) 괜찮다면 내가 전화 받을게.
(c) 응, 네가 걔에게 전화를 할 거라고 말했어.
(d) 와, 걔 어떻게 지냈는지 궁금해.

기출 공략
고등학교 동창으로부터 뜻밖의 전화를 받았다는 말에 그녀가 어떻게 지냈는지 궁금하다고 말하는 (d)가 응답으로 적절하다. what she has been up to는 '그녀가 어떻게 지냈는지'라는 뜻이다.
out of the blue 뜻밖에, 불시에 **the other day** 일전에, 며칠 전에

정답_(d)

Listening Comprehension

31

W I've got a computer problem. Can you help?
M Sure. What's wrong?
W I can't seem to get any Internet access.
M Let me have a look. Mmm... I see what you mean.
W What could it be?
M Nothing serious. Just a loose cable.

Q What is the main topic of the conversation?
(a) An Internet connection problem.
(b) An interesting Internet site.
(c) A computer that is too old.
(d) A new computer program.

✿ 번역
W 내 컴퓨터에 문제가 있네요. 도와주실 수 있어요?
M 물론이죠. 뭐가 잘못됐나요?
W 인터넷 접속이 안 되는 것 같아요.
M 한번 봅시다. 음, 무슨 문제인지 알겠어요.
W 무슨 일인데요?
M 별거 아니에요. 그냥 케이블 연결 부위가 헐거워져서 그래요.

Q 대화의 주제는?
(a) 인터넷 연결 문제.
(b) 흥미 있는 인터넷 사이트.
(c) 너무 낡은 컴퓨터.
(d) 새로운 컴퓨터 프로그램.

🔲 기출 공략
인터넷 접속(access)이 안 돼서 컴퓨터를 좀 봐 달라는 여자의 요청에 남자가 뭐가 문제인지를 조사하는 내용의 대화이므로 (a)가 주제로 적절하다.

access 접근 **loose** 헐거운 **cable** 케이블 **connection** 연결
site (컴퓨터) 사이트   정답_(a)

32

M Have you traveled a lot, Monica?
W Yes, I've been to 19 different countries.
M That many? Have you been to Italy, then?
W Yes, I've been there twice.
M What about Greece?
W Well, no, I haven't been there yet.

Q What are the man and woman mainly talking about?
(a) Countries the woman has visited.
(b) Good countries for sightseeing.
(c) Plans for the next vacation.
(d) Difficulties with traveling.

✿ 번역
M 여행을 많이 해보았나요, 모니카?
W 네, 저는 19개국을 여행했어요.
M 그렇게 많이요? 그러면, 이탈리아에도 가보았나요?
W 네. 거기는 두 번이나 가보았지요.
M 그리스는요?
W 아뇨, 거기는 아직 못 가봤어요.

Q 남녀의 주된 대화 내용은?
(a) 여자가 방문했던 나라들.
(b) 관광하기에 멋진 나라들.
(c) 다음 휴가 계획들.
(d) 여행하는 데 있어서의 어려움들.

🔲 기출 공략
경험을 나타내는 현재완료 형태의 동사를 여러 차례 사용한 점에 유의한다. 전반적으로 여자가 가보았던 나라들이 열거되고 있으므로 (a)가 정답이다. 여행국을 언급했을 뿐이므로 (b)는 거리가 멀다.

sightseeing 관광   정답_(a)

33

M We should get a second car.
W I agree, but can we afford it?
M We can, if we take out a loan.
W What about the cost of insurance and gas?
M I think we could manage, if we got a small car.
W OK, then, let's look at some models.

Q What are the man and woman mainly discussing?
(a) Whether they can buy a second car.
(b) How they will pay off a car loan.
(c) What model of car they will buy.
(d) Why they need a small car.

✿ 번역
M 우리, 차 한 대 더 사야겠어.
W 찬성이긴 한데, 그럴 형편이 될까?
M 대출을 하면 가능하지.
W 보험료와 기름값은 어떻게 하지?
M 소형차를 사면 그럭저럭 감당할 수 있을 거야.
W 좋아, 그러면 몇 가지 모델을 살펴 보자고.
Q 남녀는 주로 무엇에 대해 논의하고 있나?
(a) 차 한 대 더 살 수 있을지.
(b) 차 대출금을 어떻게 갚아야 할지.
(c) 어떤 모델의 차를 살지.
(d) 왜 작은 차가 필요한지.

📖 기출 공략
차를 한 대 더 사자는 남자의 제의에 여자가 찬성하고, 여유가 없기 때문에 대출을 해서 소형차를 사자는 쪽으로 의견을 모으는 대화이다. (d)에 대한 언급도 잠깐 나오지만 전체 대화의 주제는 (a)이다.
take out loan 대출을 받다 **insurance** 보험(금) **pay off** ~을 갚다
정답_(a)

34

W Ugh, deadlines are terrible.
M There's no avoiding them for a journalist.
W But if I had a couple more hours for this article, it'd be much better.
M All journalists wish they could have more time.
W Even you, with all of your experience?
M Oh, sure. Deadlines give me a lot of stress.

Q What is mainly being discussed?
(a) The deadline that the woman missed.
(b) The burden of meeting deadlines.
(c) The man's skills at journalism.
(d) The due date of an article.

✿ 번역
W 휴, 마감 시간을 맞추는 것은 끔찍해요.
M 기자들에게는 어쩔 수 없는 일이죠.
W 하지만 한두 시간만 더 있으면 이 기사를 훨씬 더 잘 쓸 수 있을 텐데요.
M 모든 기자들은 시간이 좀 더 있으면 하고 바라지요.
W 경험 많은 당신도 그러세요?
M 물론이죠. 마감 시간은 내게도 엄청 스트레스예요.
Q 주된 논의 내용은?
(a) 여자가 지키지 못한 마감 시간.
(b) 마감 시간을 맞추어야 하는 부담감.
(c) 남자의 능숙한 기사 집필.
(d) 기사 마감 일자.

📖 기출 공략
기사 마감 시간을 앞둔 여자의 스트레스를 남자도 충분히 공감한다는 내용의 대화이다. 마감 시간을 어겼거나 마감 일자를 언급한 것이 아니므로 (a), (d)는 오답이다. 마감 시간에 대한 스트레스를 집중적으로 말하고 있으므로 (b)가 정답이다.
journalist 저널리스트, 기자 **article** 기사 **burden** 부담 **meet** (기한 등을) 지키다 **due date** 마감일
정답_(b)

35

M Olivia, have you seen my car keys?
W No dear, did you look on the kitchen counter?
M Yeah, but they weren't there. They weren't on my dresser, either.
W Why don't you check your pants pockets?
M Good idea. But where are my pants?
W I put them in the laundry basket.
M OK, I'll check.

Q What is mainly taking place in the conversation?
(a) The man is looking for his keys.
(b) The woman is gathering the laundry.
(c) The man is asking where his pants are.
(d) The woman is washing the man's pants.

✿ 번역
M 올리비아. 내 차 열쇠 봤어요?
W 아니요, 여보. 부엌 조리대 위 찾아봤어요?
M 네, 하지만 거기에 없었어요. 내 화장대 위에도 없고요.
W 바지 호주머니를 살펴보는 게 어때요?
M 좋은 생각이에요. 근데 내 바지는 어디에 있죠?
W 세탁 바구니에 넣었어요.
M 알았어요. 살펴볼게요.
Q 대화에서 주로 벌어지고 있는 일은?
(a) 남자가 열쇠를 찾고 있다.
(b) 여자가 세탁물을 모으고 있다.
(c) 남자가 그의 바지가 어디 있는지 묻고 있다.
(d) 여자가 남자의 바지를 세탁하고 있다.

📖 기출 공략
남자의 처음 말이 자동차 열쇠를 찾고 있고, 그것의 행방과 관련된 대화가 이루어지고 있으므로, (a)가 적절한 답이다. (c)도 언급되고 있긴 하지만 대화에서 벌어지고 있는 주된 일이 아니다.
kitchen counter 부엌 조리대 **dresser** 화장대 **laundry** 세탁물
gather 모으다   정답_(a)

36

M Are you ready for your trip to Hawaii?
W Yeah, everything's organized.
M How will you get to the airport?
W Oh, I guess I'll just take the subway or a bus.
M Why don't I give you a ride to the airport?
W Could you? That would be great!

Q What is the conversation mainly about?
(a) Taking a flight to Hawaii.
(b) Getting out to the airport.
(c) Driving with a friend in Hawaii.
(d) Visiting someone at the airport.

✿ 번역
M 하와이로 여행 갈 준비됐어?
W 응, 모든 것이 준비됐어.
M 공항은 어떻게 갈 거야?
W 오, 그냥 지하철이나 버스로 갈 생각이야.
M 공항까지 내가 태워다 주는 건 어때?
W 그럴 수 있어? 그러면 좋지!
Q 대화의 주된 내용은?
(a) 하와이로 비행기 타고 가기.
(b) 공항까지 가기.
(c) 하와이에서 친구와 드라이브하기.
(d) 공항에서 누군가를 방문하기.

📖 기출 공략
하와이 여행을 앞둔 여자가 공항까지 지하철이나 버스로 갈 거라고 말하자 남자가 자기 차로 데려다 주겠다고 했으므로, 공항까지의 교통편이 주 화제임을 알 수 있다. 따라서 정답은 (b)이다.
organize 준비하다, 조직하다 **give A a ride** A를 태워 주다 **take a flight** 비행기를 타다   정답_(b)

37

M Your new apartment looks really nice. Did it set you back much?
W Yeah, I really had to stretch my finances to buy it.
M Was it wise to spend so much?
W Well, I've always wanted a fancy apartment.
M Yeah, but it's going to be expensive to maintain.
W I know. I'll just have to make some sacrifices.

Q What is the conversation mainly about?
(a) The difficulty of getting finances to buy an apartment.
(b) The trouble the woman has with her new apartment.
(c) The high cost of the woman's new apartment.
(d) The woman's love of luxurious apartments.

✿ 번역
M 당신 새 아파트 정말 멋져 보이네요. 돈이 많이 들었나요?
W 네, 이 집을 사는 데 정말 경제적으로 큰 부담이 되었어요.
M 그렇게 많은 돈을 들이는 게 현명했을까요?
W 글쎄요, 전 멋진 아파트를 늘 원했거든요.
M 네. 하지만 유지 비용이 만만치 않을 거예요.
W 알아요. 약간의 희생을 감수해야만 할 거예요.

Q 대화의 주된 내용은?
(a) 아파트를 사기 위한 자금 조달의 어려움.
(b) 새 아파트에 생긴 문제.
(c) 여자가 구입한 새 아파트의 고비용.
(d) 여자의 고급 아파트 애호.

📘 기출 공략
여자의 새 아파트를 보고 남자가 걱정스럽게 하는 말이 주로 비용과 관련된 내용이다. 따라서 정답은 (c)이다. (a)는 대화 내용의 일부로 주된 내용이라 할 수 없다.
set A back B A에게 B의 비용을 들이게 하다   **stretch** 부담을 주다   **finance** 자금, 재원   **fancy** 멋진, 대단히 좋은   **luxurious** 호사스러운, 고급의

정답 (c)

38

W Excuse me, sir. We're serving the in-flight lunch now.
M Oh, uh, sorry, I dozed off.
W Which would you like sir, the salmon or the pasta?
M I'll have the pasta, please.
W All right. Here you are. Would you like a drink with that?
M I'll have tomato juice, please.
W Certainly. One moment. There you go.

Q Which is correct about the man in the conversation?
(a) He was sleeping before lunch.
(b) He wants another orange juice.
(c) He is disappointed with the lunch.
(d) He wants to have salmon for lunch.

✿ 번역
W 실례합니다. 지금 기내 점심 식사를 드리고 있어요.
M 오, 미안해요. 졸고 있었어요.
W 연어나 파스타 중 어느 것을 원하십니까?
M 파스타로 주세요.
W 알겠습니다. 여기 있습니다. 음료수도 같이 드릴까요?
M 토마토 주스로 주세요.
W 네. 잠시만요. 여기 있어요.

Q 남자에 관해 옳은 것은?
(a) 점심 전에 자고 있었다.
(b) 오렌지 주스를 한 잔 더 원한다.
(c) 점심을 못마땅해한다.
(d) 점심으로 연어를 원한다.

📘 기출 공략
기내식을 배식하고 있는 승무원과 승객 간의 대화이다. 파스타와 토마토 주스를 먹는다고 했으므로 (b), (d)는 오답이고, 승무원이 점심을 갖고 오기 전에 졸고 있었으므로 (a)가 정답이다.
in-flight 비행 중의   **doze off** 꾸벅꾸벅 졸다

정답 (a)

Listening Comprehension

39

W Do you have any plans for winter vacation?
M I'm going to Thailand for three weeks.
W I've never been there. So, what are you going to do there?
M I think I'll lie around on the beach all day.
W That sounds great. I wish I could do that.
M Well, start saving up.

Q Which is correct according to the conversation?
(a) The man is going to be in Thailand for over a month.
(b) The man plans to spend his vacation at a beach.
(c) The woman has visited Thailand many times.
(d) The woman has been saving for a vacation.

❋ 번역
W 겨울 휴가 계획이라도 있니?
M 3주 동안 태국에 갈 거야.
W 난 거기에 가보지 못했어. 그래, 거기서 무얼 하려고?
M 해변에서 하루 종일 뒹굴려고 해.
W 그거 좋겠다. 나도 그렇게 할 수 있으면 좋겠어.
M 돈을 모으기 시작해 봐.

Q 대화 내용과 일치하는 것은?
(a) 남자는 한 달 넘게 태국에서 지낼 것이다.
(b) 남자는 해변에서 휴가를 보낼 계획이다.
(c) 여자는 태국에 여러 번 방문했다.
(d) 여자는 휴가를 위해 돈을 모으고 있다.

📘 기출 공략
남자의 휴가 여행에 관한 대화이다. 태국에서 3주 동안 해변에서 지낼 거라고 했으므로 (a)는 오답이고, (b)가 정답이다. 여자는 태국에 한 번도 가본 적이 없고, 남자가 여자에게 돈을 모으라고 했으므로 (c)와 (d)도 오답이다.
save up 돈을 모으다   정답_(b)

40

M Did you get the new credit card you applied for?
W No, I didn't.
M Really? What happened?
W They turned me down because my credit history is too short.
M That's too bad. You might need to get someone to co-sign.
W Probably, but it's a hassle.

Q Which is correct about the woman according to the conversation?
(a) Her credit card has to be paid off very soon.
(b) Her credit card application was rejected.
(c) She turned down a credit card offer.
(d) She has too much credit card debt.

❋ 번역
M 신청한 신용카드 받았어요?
W 아니요, 받지 못했어요.
M 정말이에요? 왜요?
W 제 신용 이력이 너무 짧아 거절당했어요.
M 정말 안됐군요. 공동 서명해 줄 누군가가 필요할 것 같네요.
W 아마도요, 하지만 성가신 일이죠.

Q 여자에 관해 옳은 것은?
(a) 신용카드 대금을 곧 지불해야 한다.
(b) 신용카드 신청이 거절되었다.
(c) 신용카드를 만들라는 제의를 거절했다.
(d) 너무 많은 신용카드 빚이 있다.

📘 기출 공략
신용카드 신청이 거부당한 이유가 신용 이력이 너무 짧기 때문이라고 말하고 있으므로, (c), (d)는 어긋나며, (b)가 적절한 답이다. 신용카드 대금에 대한 언급은 없었으므로 (a)도 제외된다.
apply for 신청하다 **turn down** 거절하다 **co-sign** 공동 서명하다
hassle 번거로운 일 **debt** 빚   정답_(b)

41

M Why are there so many people on the platform?
W I don't know. The subway train is late for some reason.
M Maybe there was an accident up the line.
W Yeah, that's possible. I wish they'd tell us what's happening.
M I'd say it might be a long wait.
W Yeah. Let's go up and get a taxi.

Q Which is correct according to the conversation?
(a) The man arrived late at the station.
(b) The woman saw an accident on a train.
(c) The man does not want to wait for a taxi.
(d) The woman is unsure why the train is late.

✿ 번역
M 플랫폼에 왜 저렇게 많은 사람들이 있지요?
W 모르겠어요. 무슨 이유인지 지하철이 늦는군요.
M 아마 저 위 선로에 사고가 있었나 봐요.
W 네, 그럴 수 있겠네요. 무슨 일인지 알려줬으면 좋겠어요.
M 오래 기다려야 할 것 같은데요.
W 네. 가서 택시를 탑시다.

Q 대화 내용과 일치하는 것은?
(a) 남자가 역에 늦게 도착했다.
(b) 여자는 기차에 발생한 사고를 보았다.
(c) 남자는 택시를 기다리고 싶어 하지 않는다.
(d) 여자는 왜 기차가 늦는지 확실히 알지 못한다.

📋 기출 공략
사고가 났을 거라고 추측하고 있고, 택시를 타러 가자고 했으므로 (b), (c)는 오답이고, (d)가 정답이다. (a)는 이 대화로는 알 수 없는 내용이다.

platform (정거장의) 플랫폼 **unsure** 불확실한   정답_(d)

42

W Mr. Lee, your prescription is ready.
M Thank you. Now, how should I take these?
W Two tablets after each meal. It's on the label, right here.
M And how many days do I have to take them?
W You have enough for seven days, as your doctor recommended.
M OK, then. Thank you.

Q Which is correct about Mr. Lee according to the conversation?
(a) He has to go see a doctor.
(b) He must take two tablets a day.
(c) He needs to take pills after meals.
(d) He got two weeks' worth of tablets.

✿ 번역
W 이 선생님, 처방약이 준비되었습니다.
M 고맙습니다. 어떻게 먹어야 되나요?
W 매끼 식사 후 두 알씩이요. 라벨에 써 있어요. 바로 여기요.
M 며칠 동안 먹어야 하나요?
W 의사가 권한 대로 7일 동안 드십시오.
M 알겠습니다. 고마워요.

Q 이 씨에 대해 옳은 것은?
(a) 의사의 진찰을 받아야 한다.
(b) 하루에 약을 두 알씩 먹어야 한다.
(c) 식후에 약을 먹어야 한다.
(d) 두 주치 알약을 받았다.

📋 기출 공략
처방약 복용에 관한 대화이다. (a)는 이미 진찰을 받았으므로 오답이고, 매끼 식후 2알이므로 (b)가 아닌 (c)가 정답이다. 7일 동안의 약이므로 (d)도 오답이다.

prescription 처방약 **tablet** 정제, 알약 **label** 라벨
recommend 권하다 **pill** 알약   정답_(c)

43

M Hi, Amy. This is James calling.
W Oh, hi, James. How are you?
M Good. Say, did you get a cat? I can hear one in the background.
W That's my neighbor's. I'm looking after him for a few days.
M But aren't you allergic to cats?
W I used to be, but not so much these days.

Q What can be inferred from the conversation?
(a) The man has never liked cats.
(b) The neighbor has several cats.
(c) The woman does not own a cat.
(d) The cat has kept the woman busy.

✵ 번역
M 안녕, 에이미. 나 제임스야.
W 오, 안녕, 제임스. 잘 지내?
M 응, 그런데 너, 고양이 샀어? 전화 너머로 고양이 소리가 들리는데.
W 이웃 사람 거야. 며칠 동안 돌보고 있어.
M 하지만 너 고양이 알레르기 있지 않아?
W 그랬었지. 하지만 요즘은 그다지 심하지 않아.

Q 대화에서 추론할 수 있는 것은?
(a) 남자는 고양이를 좋아한 적이 한 번도 없었다.
(b) 이웃 사람은 고양이를 여러 마리 갖고 있다.
(c) 여자는 고양이를 기르고 있지 않다.
(d) 여자는 고양이 때문에 계속 바쁘다.

📦 기출 공략
이 대화만으로는 (a), (b)는 알 수 없고, (d)도 언급되지 않은 내용이다. 이웃 고양이를 임시로 돌보고 있으므로 (c)가 정답이다.

background 배경 **allergic to** ~에 알레르기가 있는

정답_(c)

44

M Can I use your printer?
W You can, but how many pages are you going to print out?
M About 50.
W In that case, you'd better use the printer in the next room.
M You mean the one in Dr. Stanton's office?
W Yes, it's a laser printer, and it's much faster than this one.
M OK. Thanks.

Q What can be inferred from the conversation?
(a) The woman does not have a laser printer.
(b) The printer in Dr. Stanton's office is new.
(c) The man usually uses his own printer.
(d) The man has just run out of paper.

✵ 번역
M 프린터를 써도 되나요?
W 네, 그런데 몇 페이지를 프린트하시려고요?
M 50장 정도요.
W 그렇다면 옆 방 프린터를 사용하는 게 낫겠군요.
M 스탠턴 박사 사무실에 있는 것 말씀인가요?
W 네. 그건 레이저 프린터라서 이것보다 훨씬 빨라요.
M 알겠어요. 고마워요.

Q 대화에서 추론할 수 있는 것은?
(a) 여자는 레이저 프린터를 갖고 있지 않다.
(b) 스탠턴 박사 사무실의 프린터는 새 것이다.
(c) 남자는 보통 자기 프린터를 사용한다.
(d) 남자는 막 종이가 다 떨어졌다.

📦 기출 공략
남자가 여자의 프린터를 사용하려다가 옆 방 것을 쓰는 게 좋을 거라는 의견을 듣는다. 레이저 프린트가 새 것이라는 것은 알 수 없기 때문에 (b)는 답이 아니고 (c), (d)도 대화에서 언급되지 않았다. 정답은 (a)이다.

laser printer 레이저 프린터 **run out of** ~가 다 떨어지다, 바닥나다

정답_(a)

45

M Sue, have you finished the finance report I asked for yet?
W Umm, I'm just about done with it.
M But I requested it two days ago.
W I know. I'm sorry. I've been swamped with Tim's orders.
M OK, well, when will you have it done?
W If nobody else bugs me, I'll get it to you in an hour.

Q What can be inferred about the woman from the conversation?
(a) She has little experience doing reports.
(b) She usually finishes her work on time.
(c) She is not good at setting priorities.
(d) She gets work from several people.

번역
M 수, 내가 요청한 재무 보고서 끝냈나요?
W 음, 거의 끝냈어요.
M 하지만 이틀 전에 부탁했잖아요.
W 알아요. 죄송해요. 팀이 지시한 일로 정신 없이 바빴어요.
M 좋아요, 언제 그걸 마칠 건가요?
W 다른 사람이 성가시게만 하지 않으면 1시간 내에 갖다 드릴게요.
Q 여자에 관해 추론할 수 있는 것은?
(a) 보고서 작성 경험이 거의 없다.
(b) 보통 제시간에 작업을 끝낸다.
(c) 일의 우선 순위를 잘 정하지 못한다.
(d) 여러 사람으로부터 일을 맡는다.

기출 공략
여자는 남자가 요청한 재무 보고서 작성뿐만 아니라 팀이 지시한 일 때문에 정신 없이 바쁜 상황이다. 그리고 여자의 마지막 말 If nobody else bugs me에서 평소 다른 사람으로부터 일을 많이 맡는다는 것을 느낄 수 있다. 따라서 정답은 (d)이다.
finance report 재무 보고서　**be swamped with** ~로 바빠 정신을 못 차리다　**bug** 괴롭히다, 귀찮게 하다　**priority** 우선 사항, 우선권

정답_(d)

46

Welcome aboard the USS Reginald. The Reginald is a Class VII Destroyer that was built in 1998 at its home port of Norfolk, Virginia. This ship is equipped with state-of-the-art weaponry and has the most advanced command and control combat management system available in the world today. Please feel free to have a look around the designated areas and to ask any questions you may have. Thank you.

Q What is the speaker mainly doing in the announcement?
(a) Welcoming visitors to a warship.
(b) Giving orders to sailors on a ship.
(c) Describing exhibits in a war museum.
(d) Explaining the mission of a destroyer.

번역
유에스에스 레지널드 호 승선을 환영합니다. 레지널드 호는 모항인 버지니아 노펙에서 1998년에 건조된 클래스 7 구축함입니다. 이 배는 최첨단 무기를 장착하고 있으며 오늘날 세계에서 가능한 가장 진보된 지휘 통제 전투 운영 시스템을 갖추고 있습니다. 지정된 구역을 자유롭게 둘러보시고 질문이 있으시면 무엇이든 물어보십시오. 감사합니다.
Q 안내 방송에서 화자가 주로 하고 있는 것은?
(a) 전함 방문객들 환영하기.
(b) 배의 선원들에게 명령하기.
(c) 전쟁 박물관의 전시품 설명하기.
(d) 구축함의 임무 설명하기.

기출 공략
구축함을 관람하러 온 방문객들을 환영하면서 배에 대해 설명해주고 있다. 따라서 (a)가 정답이다. 환영사 담화문에 전형적으로 등장하는 Welcome, Please feel free to, ask any questions 등의 어구만 알아들어도 쉽게 정답을 고를 수 있는 유형이다.
destroyer 구축함　**home port** 모항(선박이 등록된 항구)　**be equipped with** ~을 갖추고 있다　**state-of-the-art** 최첨단의　**weaponry** 무기류　**command** 지휘, 지배　**designated** 지정된　**warship** 전함, 군함　**exhibit** 전시품　**mission** 임무

정답_(a)

47

Let me stress to all of you that running a fundraiser has a lot in common with running a business. Both require the same time and talent to set goals and reach financial objectives. Both ventures need leadership and have the same goal of making money! So, approach your fundraising project as a business owner would, and you'll be more successful.

Q What is the speaker's main point about fundraising?
(a) It should be run as if it were a business.
(b) Its goals are best met by making money.
(c) Special training is required to succeed at it.
(d) Volunteers for it should have business experience.

❋ 번역
여러분 모두에게 역설하고 싶은 점은, 기금 모금 기관을 운영하는 것이 사업을 운영하는 것과 많은 공통점이 있다는 것입니다. 둘 다 목표를 설정하고 재정적 목표에 도달하기 위해 동일한 시간과 재능을 필요로 합니다. 두 모험적인 사업은 통솔력이 필요하고 돈을 벌어들이는 동일한 목표를 갖고 있습니다. 그러므로, 여러분은 사업주가 하는 것처럼 기금 모금업에 접근하십시오. 그러면 더욱 성공할 것입니다.

Q 기금 모금에 관한 화자의 요지는?
(a) 사업처럼 운영되어야 한다.
(b) 돈 버는 것이 최고 목표이다.
(c) 그것에 성공하기 위해서 특별한 훈련이 필요하다.
(d) 그것을 하는 자원 봉사자들은 사업 경험이 있어야 한다.

📘 기출 공략
기금 모금 기관 운영과 사업 경영은 많은 공통점이 있다고 했으며, 마지막 문장에서 마치 사업주가 하는 것처럼 기금 모금업에 접근하라고 했으므로 (a)가 정답이다. 기금 모금 사업의 목표가 돈을 버는 것이라는 언급이 있긴 하지만 최고 목표가 아닐 뿐더러 그것의 핵심 사항도 아니므로 (b)는 오답이다.

stress 강조하다, 역설하다 **fundraiser** 기금 조성자, 기금 모금 행사 **financial** 재정상의 **objective** 목표 **venture** 모험적 사업, 투기 **approach** 접근하다 **volunteer** 자원 봉사자   정답_(a)

48

One thing first-year med students must remember is that fever itself is not an illness; it's a symptom of one. It occurs as a result of illness and is a defense mechanism that helps increase the production of antibodies to rid the body of toxins. It can work with antibiotic medications to shorten an illness and make it less contagious. In short, fever is a sign of the body attempting to ward off illness, so it is a good idea to let it run its course.

Q What is the main idea of the lecture?
(a) Several benefits can come from a fever.
(b) It is dangerous to leave a fever untreated.
(c) Fever should not be treated as an illness.
(d) Fever makes an infection less contagious.

❋ 번역
의과 대학 1년생이 기억해야 할 한 가지는 열 자체는 질병이 아니라 질병의 한 증상이라는 것입니다. 열은 질병의 결과로 발생하는 것이며, 독소를 없애기 위해 항체 생산을 증가시키도록 돕는 방어기제입니다. 열은 항생제와 함께 작용하여 질병 기간을 단축시키고 덜 전염되도록 합니다. 요컨대 열은 질병을 격퇴하려고 하는 몸의 신호이므로 그대로 내버려 두는 것이 좋습니다.

Q 강의의 주제는?
(a) 열로 인해 여러 이점이 생길 수 있다.
(b) 열을 치료하지 않고 두면 위험하다.
(c) 열을 질병으로 취급해서는 안 된다.
(d) 열은 병을 덜 전염시킨다.

📘 기출 공략
일반적으로 열은 병이 아니라 오히려 항체 생산을 돕는 몸의 방어기제이므로 그냥 그대로 두어야 한다는 내용이다. 따라서 (c)가 주제로 적절하다. (a), (d)도 담화에서 언급된 세부내용이기는 하지만 주제로는 불충분하다.

med 의학의(medical) **symptom** 증상 **defense mechanism** 방어기제 **antibody** 항체 **toxin** 독소 **antibiotic** 항생 작용의 **shorten** 단축하다 **contagious** 전염성의 **ward off** 막다, 격퇴하다 **infection** 전염병, 감염   정답_(c)

49

Today's lecture focuses on the heroines of Shakespeare's plays. Feminism and women's rights were not a part of his era, yet Shakespeare insightfully explores women's issues through his depiction of how heroines come up against a social structure largely determined by men. It might be argued that he is even cynical towards his society's values, for example, when one of his heroines has to disguise herself as a man so that men will listen to her views.

Q What is the main point of the lecture?
(a) Shakespeare's forward thinking contributed to feminism.
(b) Shakespeare was cynical about the idea of women in power.
(c) Shakespeare's heroines succeed because of an inner strength.
(d) Shakespeare was critically aware of inequalities faced by women.

✿ 번역

오늘 강의는 셰익스피어 극의 여주인공들에 초점을 두겠습니다. 페미니즘과 여성의 권리는 그 당시 시대에는 찾아볼 수 없는 것이었지만, 셰익스피어는 주로 남자들에 의해 결정된 사회 구조에 여자 주인공들이 어떻게 부딪쳤는지를 묘사함으로써 여성 문제를 통찰력 있게 탐색합니다. 예를 들어, 그의 한 여주인공이 남자들이 자신의 의견을 듣도록 하기 위해 남장을 해야만 하는 장면 등을 볼 때, 그가 사회 가치들에 대해 심지어 냉소적이기까지 했다고도 주장할 수 있습니다.

Q 강의의 주제는?
(a) 셰익스피어의 진보적 사고가 페미니즘에 기여했다.
(b) 셰익스피어는 권력을 가진 여성이란 개념에 냉소적이었다.
(c) 셰익스피어의 여주인공들은 내적인 힘 때문에 성공한다.
(d) 셰익스피어는 여성들이 직면한 불평등을 비판적으로 인식하였다.

📖 기출 공략

(a)는 가능성은 있으나 언급되지 않았고, (b)는 여성 문제에 민감했던 셰익스피어의 생각과 상반되는 내용이다. (c)는 셰익스피어의 한 여주인공이 남자의 관심을 끌기 위해 남장을 했다는 말에서 틀린 답임을 알 수 있다. 셰익스피어는 여성의 불평등을 직시한 작가라고 했으므로 (d)가 정답이다.

heroin 여주인공 **feminism** 페미니즘, 남녀평등주의 **insightfully** 통찰력 있게 **depiction** 묘사, 서술 **come up against** (곤란·반대에) 부딪히다 **cynical** 냉소적인 **disguise** 변장하다 **contribute to** ~에 기여하다 **inner** 내부의 **critically** 비판적으로 **inequality** 불평등

정답 (d)

50

There was a great deal of change in the English language before Old English became Modern English. Some changes occurred in grammar, but the most dramatic changes occurred in vocabulary. You may be surprised to hear that only about 20% of Modern English vocabulary can be traced to the native words of Old English. Words added to English from foreign sources, such as Latin, Greek or Old Norse, make up about 80% of the total Modern English vocabulary.

Q What is the main topic of the lecture?
(a) The reason why Old English has changed.
(b) The borrowed words used most in English.
(c) The development of vocabulary in Old English.
(d) The history behind Modern English vocabulary.

✿ 번역

고대 영어가 현대 영어로 되기 전까지 영어에는 아주 많은 변화가 있었습니다. 일부 변화는 문법에서 일어났으나 가장 극적인 변화는 어휘에서 발생하였습니다. 현대 영어 어휘의 단 20퍼센트만이 고대 영어의 본래 단어에 그 어원이 있다는 것을 알면 놀랄지도 모릅니다. 라틴어, 그리스어 고대 스칸디나비아어와 같은 외국 출처 단어들이 총 현대 영어 어휘의 약 80퍼센트를 차지하고 있습니다.

Q 강의의 소재는?
(a) 고대 영어가 변한 이유.
(b) 영어에서 가장 많이 사용되는 차용어.
(c) 고대 영어에서 어휘의 발전.
(d) 현대 영어 어휘의 형성 역사.

📖 기출 공략

지금의 영어 어휘가 형성된 발자취를 따라가는 글이므로 (d)가 정답이다. 마지막 문장에서 차용어에 대해 설명하고 있지만 전체적인 소재는 아니므로 (b)는 오답이다.

dramatic 극적인 **trace** (출처를) 거슬러 올라가다, 흔적을 발견하다 **native** 본래의 **source** 출처 **Old Norse** 고대 스칸디나비아 말 **make up** 차지하다

정답 (d)

51

In political news, Democrats stated today that the President's tax cut will cause a shortfall for the social security system and that this is further proof of his lack of credibility. The Democrats labeled the President's tax plan as nothing more than political grandstanding, and are demanding he produce a tax alternative that will not endanger the nation's welfare system. In response, the President said that the Democrats have done their math wrong and that they are relying on erroneous figures.

Q What is the main idea of the news report?
(a) The President is rejecting statements made by the Democrats.
(b) The Democrats are insisting that the President is incompetent.
(c) The President's tax plan is causing welfare recipients to suffer.
(d) The Democrats are criticizing the President over a proposed tax plan.

✽ 번역
정치 뉴스입니다. 민주당은 오늘 대통령의 감세안은 사회보장제도의 적자를 야기할 것이며 이는 그의 신뢰성 결핍을 또 한 번 증명해주는 일이라고 말했습니다. 민주당은 대통령의 세금안이 유리한 정치적 입지를 얻으려는 행위에 지나지 않는 것이라고 일축하면서 대통령이 국가의 복지제도를 위험에 빠뜨리지 않을 세금 대안을 마련할 것을 요구하고 나섰습니다. 이에 대해 대통령은 민주당이 수치를 잘못 계산했으며 틀린 숫자에 의존하고 있다고 반박했습니다.

Q 뉴스 보도의 주제는?
(a) 대통령은 민주당의 성명을 부인하고 있다.
(b) 민주당은 대통령이 무능하다고 주장하고 있다.
(c) 대통령의 세금안이 복지제도 수혜자들을 고통스럽게 하고 있다.
(d) 민주당은 대통령이 제안한 세금안을 비판하고 있다.

📖 기출 공략
민주당이 대통령의 감세안을 비판하자 대통령이 이를 반박한다는 내용의 뉴스이므로 (d)가 전체 담화문 내용을 아우르는 주제로 알맞다. 대통령의 감세 정책이 사회보장제도의 적자를 야기할 것이라는 주장은 앞으로 맞을지 안 맞을지 모르는 일이므로 (c)은 오답이다.

Democrat 민주당원 **tax cut** 감세 **shortfall** 부족액, 적자 **social security system** 사회보장제도 **proof** 증거 **credibility** 신뢰성 **label A as B** A를 B라고 부르다 **grandstanding** 유리한 입지를 얻으려는 행위 **alternative** 대안 **welfare** 복지 **in response** 반응하여 **erroneous** 잘못된 **incompetent** 무능한 **recipient** 수령인

정답_(d)

52

OK, let's get this meeting started. I wanted to speak to you all about the talks we will be having with Forex executives concerning the proposed merger, so that all employees will be aware of what's going on. Rest assured, in our negotiations, we'll do our best to see that none of you will lose your job. Your position may change after the merger—we can't really control that—but we will make it clear that downsizing is not an option.

Q What is the speaker mainly doing in the talk?
(a) Convincing employees that their jobs will not change.
(b) Assuring employees that their employment is secure.
(c) Persuading executives to go ahead with the talks.
(d) Soliciting support for the company's merger.

✽ 번역
자, 회의를 시작합시다. 저는 여러분 모두에게 합병 제의 건을 놓고 우리 회사가 포렉스 사 임원들과 가질 대담에 관해 설명드리고 싶었습니다. 그럼 일이 어떻게 돌아가는지 모든 직원들도 알게 되겠죠. 장담하건대, 이 협상에서 우리는 여러분 중 어느 누구도 일자리를 잃지 않도록 최선을 다할 것입니다. 합병 후에 여러분의 직책에 변화가 있을 수도 있지만, 사실 우리가 그것까지는 관리할 수 없습니다. 하지만 인원 감축이 발생하지 않을 것이라는 것은 말할 수 있습니다.

Q 화자가 말하고자 하는 핵심은?
(a) 직원들에게 그들의 일자리에 변동이 없을 거라고 납득시키기.
(b) 직원들에게 고용 안정을 확신시키기.
(c) 경영진에게 대담을 진행하도록 설득하기.
(d) 회사 합병 지지를 호소하기.

📖 기출 공략
회사의 합병을 앞두고 직원들에게 고용 안정 보장을 약속하는 내용의 담화이다. 일자리를 잃을 사람이 없을 것이고, 인원 감축이 선택 사항이 아님을 재차 강조하고 있으므로 (b)가 적절한 답이다. (a)는 can't really control과 반대되는 내용이다.

executive 경영진 **concerning** ~에 관하여 **merger** (기업의) 흡수 합병 **rest assured** 확신해도[믿어도] 된다 **negotiation** 협상 **downsizing** 인원 삭감 **convince** 납득시키다 **persuade** 설득하다 **solicit** 간청하다

정답_(b)

53

The motto of the NY DJ Academy is simple: education and access. NY educates budding DJs and enthusiasts in deejaying by supplying them with the right equipment, providing them with the right curriculum and giving them access to world famous DJ instructors. At NY, we aim to unify, legitimize, validate and extend the role and importance of deejaying by teaching it as an art form, as a hobby and as a profession, and by educating the public of its merits.

Q Which is correct about the NY DJ Academy?
(a) It trains people to become DJ instructors.
(b) It supplies equipment to the music industry.
(c) It instructs students on the art of deejaying.
(d) It hosts free promotional events for the public.

❄ 번역

뉴욕 디제이 아카데미의 모토는 간단합니다: 교육과 접근입니다. 뉴욕 디제이 아카데미는 올바른 장비와 올바른 교과과정을 제공하고 세계적으로 유명한 디제이 강사들에게서 직접 배울 수 있도록 함으로써 신진 디제이와 디제이 열성가들을 교육시킵니다. 뉴욕 디제이 아카데미는, 디제이를 하나의 예술 형식으로, 취미로, 직업으로 가르침으로써, 그리고 대중들에게 그것의 장점을 교육시킴으로써 디제이의 역할과 중요성을 통일하고 정당화하고 입증하고 확대하는 것을 목표로 합니다.

Q 뉴해 디제이 아카데미에 관해 옳은 것은?
(a) 사람들을 훈련시켜 디제이 강사가 되게 한다.
(b) 음악업계에 장비를 제공한다.
(c) 학생들에게 디제이 기술을 가르친다.
(d) 일반인을 위한 무료 홍보 행사를 개최한다.

📋 기출 공략

세계적으로 유명한 강사들이 직접 디제이 기술을 가르치므로 (c)가 정답이다. 디제이 기술을 가르치는 강사를 만들기 위해 훈련시키는 것은 아니므로 (a)는 오답이다. (b), (d)는 언급이 안 된 내용이다.

motto 좌우명 access 이용[접근]권 budding 신진의, 신참의 enthusiast 열성적인 사람, 열광자 deejay DJ를 하다 equipment 장비 curriculum 교과과정 unify 통일하다 legitimize 정당화[합법화]하다 validate (정당성을) 입증하다 profession 직업 merit 이점 host 주최하다 promotional 홍보의, 판촉의   정답_(c)

54

I'm here today to talk about diabetes. Diabetes occurs when the body no longer makes, or is unable to use, insulin, which is a type of hormone. Usually, insulin helps transfer glucose, or sugar, into cells to provide them with energy. However, when insulin is not present or is ineffective, the glucose cannot be absorbed by cells and blood sugar levels rise. That's when you have diabetes. If untreated, high blood sugar levels can cause damage to the eyes, nerves, kidneys and other vital organs.

Q Which is correct according to the talk?
(a) Insulin prevents the absorption of glucose.
(b) Insulin causes our blood sugar levels to rise.
(c) Excessive blood sugar levels damage nerves.
(d) Diabetes can result from excessive hormones.

❄ 번역

저는 오늘 당뇨병에 관해 말씀 드리려고 이 자리에 섰습니다. 당뇨병은 신체가 일종의 호르몬인 인슐린을 더 이상 만들지 못하거나 이용할 수 없을 때 발생합니다. 보통 인슐린은 세포에 에너지를 공급하기 위해 포도당, 즉 당을 세포에 전달하는 것을 돕습니다. 그러나 인슐린이 없거나 효력이 없으면 포도당은 세포에 흡수될 수 없으며 혈당 수치가 올라갑니다. 바로 그때 당뇨병이 생깁니다. 만일 치료받지 않으면 고혈당 수치는 눈, 신경, 신장, 그리고 다른 중요 기관들에 해를 가할 수 있습니다.

Q 대담 내용에 대해 옳은 것은?
(a) 인슐린은 포도당 흡수를 막는다.
(b) 인슐린은 혈당 수치를 높게 만든다.
(c) 과도한 혈당 수치는 신경을 상하게 한다.
(d) 당뇨병은 과도한 호르몬 때문에 발생할 수 있다.

📋 기출 공략

당뇨병의 원인과 신체에 미치는 영향을 설명하고 있다. 인슐린이 포도당을 세포에 전달하는 역할을 하고, 혈당 수치는 인슐린이 없거나 효력이 없을 때 올라가므로 (a), (b)는 오답이다. 고혈당 수치가 눈, 신경, 신장 등에 해를 가할 수 있다는 마지막 문장에서 (c)가 정답임을 알 수 있다.

diabetes 당뇨병 insulin 인슐린 glucose 포도당 ineffective 효과 없는 absorb 흡수하다 kidney 신장 vital 생명 유지에 필수적인 organ 기관 absorption 흡수 excessive 과도한   정답_(c)

55

As I mentioned before, early humans did not have historical records or sciences to turn to for explanations of the world around them. Thus, they created myths to explain things that defied their understanding. The Old Testament's story of Babel, for example, was a myth that explained for them why different languages existed on earth. This tendency—creating fantastical stories for what is not understood—has existed in all human societies from primitive times onwards.

Q Which is correct according to the lecture?
(a) A single language once existed among all humans.
(b) Ancient myths invariably have some basis of truth.
(c) Myth-making was a part of culture among early humans.
(d) Different ancient societies often invented similar myths.

번역
전에 언급하였듯이, 초기 인류는 자기 주변 세계를 설명해줄 수 있는 역사적 기록이나 과학이 없었습니다. 그래서 그들은 자신들이 도저히 이해할 수 없는 것들을 설명하기 위해 신화를 만들어 냈습니다. 예를 들어, 구약성서의 바벨탑 이야기는 그들에게는 세상에 다른 언어들이 존재하는 이유를 설명해주는 신화였습니다. 이러한 경향, 즉 이해할 수 없는 것에 대한 공상적 이야기를 만들어 내는 것은 원시 시대부터 줄곧 모든 인간 사회에 존재해 왔습니다.

Q 강의 내용에 대해 옳은 것은?
(a) 한때 모든 인류는 하나의 언어를 갖고 있었다.
(b) 고대 신화는 언제나 어떤 진실에 기반을 두고 있다.
(c) 신화 창조는 초기 인류에게는 문화의 일부였다.
(d) 여러 다른 고대 사회는 종종 유사한 신화를 만들어 냈다.

기출 공략
초창기 인류가 신화를 창조한 배경을 설명하고 있다. 마지막 문장에서 이해할 수 없는 것에 대한 공상적 이야기를 만들어 내는 것은 원시 시대부터 모든 인간 사회에 존재해 왔다고 했으므로 (c)가 정답이다. different languages, not have historical records를 통해 (a)와 (b)는 반대 진술임을 알 수 있다.

turn to ~에 의지하다 **myth** 신화 **defy** ~을 허용하지 않다, 좌절 시키다 **tendency** 경향 **fantastical** 공상적인 **primitive** 원시의 **onwards** 앞으로, 나아가서 **invariably** 항상, 변함 없이 정답 (c)

56

Win a millionaire's vacation at the Paradise Island Resort in the Bahamas! By purchasing any item worth over $100 at any Big-Mart store, you automatically get the chance to win an all-expenses-paid vacation of a lifetime for two, valued at over $150,000. For 8 days and 7 nights, you will stay in the renowned 4,800-square-foot Presidential Suite, with a personal concierge, a limo and a 50-foot cabin cruiser all on standby. Enter the contest at any Big-Mart store now!

Q Which is correct about the contest according to the advertisement?
(a) Two resort prizes can be won.
(b) It has a prize of living in luxury for 8 days.
(c) Shoppers are restricted to one entry each.
(d) Shoppers can win store items worth over $100.

번역
바하마에 있는 파라다이스 아일랜드 리조트에서 백만장자만 가능한 휴가를 누릴 수 있는 행운을 잡으세요! 어떤 빅마트 지점에서든 100달러 이상의 물품을 구입하시면 15만여 달러에 상당하는, 두 사람분의 모든 비용이 전액 무료인 평생 꿈꿔 온 휴가에 당첨될 기회를 자동적으로 얻게 됩니다. 7박 8일 동안 유명한 4,800평방 피트의 프레지덴셜 스위트룸에서 묵을 것이며, 개별 안내인과 리무진, 그리고 50피트의 유람용 보트 일체가 대기 중일 것입니다. 빅마트 어떤 지점에서든지 지금 이벤트에 참여하십시오!

Q 광고에 나오는 이벤트에 대해 옳은 것은?
(a) 두 개의 리조트 상품을 탈 수 있다.
(b) 8일 동안 호화롭게 지낼 상품을 준다.
(c) 쇼핑객들은 한 사람에 한 번으로 참가가 제한된다.
(d) 쇼핑객들은 100달러 이상의 마트 물건을 상으로 탈 수 있다.

기출 공략
두 사람분의 비용이 일체 무료라 했으므로 (a)는 오답이며, (c)는 언급되지 않았으며, 빅마트에서 100달러 이상의 물품을 구매하면 8일간의 호화로운 리조트 여행권을 탈 수 있는 기회를 준다고 했으므로 (d)는 오답이다. 따라서 (b)가 정답이다.

resort 리조트, 휴양지 **automatically** 자동적으로 **renowned** 명성이 있는 **concierge** (호텔의) 안내인 **limo** 리무진 **cabin cruiser** 유람용 보트 **on standby** 대기 중인 **in luxury** 호화롭게 **restrict** 제한하다 **entry** 참가, 입장 정답 (b)

57

Let's begin our Western Philosophy course by jumping back to the sixth century BC, when conceptual thought about the real nature of the universe and of human life emerged. This transition from superstition toward explanation is materialized in the old Greek thinkers, of whom the Pythagoreans were among the most important. They supported Pythagoras' view that all aspects of the universe followed arithmetic ratios and a regularity order, and they further maintained that the goal of humans was to live in harmony with that natural regularity.

Q Which is correct according to the lecture?
(a) Ancient philosophy underpinned the tenets of superstitious thought.
(b) Pythagoreans were the first ancient Greeks to pursue abstract thinking.
(c) Philosophy emerged in ancient cultures around the world simultaneously.
(d) Some early philosophers saw reality in terms of mathematical relationships.

✱ 번역
이번 서양철학 강의는 우주와 인간 삶의 본질에 대해 개념적인 사고가 나타난 BC 6세기로 거슬러 올라가 시작하겠습니다. 미신에서 설명으로의 이러한 변천이 고대 그리스 철학가들 사이에서 구체화되었는데, 그 중에서 피타고라스 학파가 중심이 되었습니다. 그들은 우주의 모든 양상은 산술적 비율과 규칙의 질서를 지킨다는 피타고라스의 견해를 지지하였고, 더 나아가 인간의 목표는 그러한 자연의 규칙과 조화 속에 사는 것이라고 주장하였습니다.

Q 강의 내용에 대해 옳은 것은?
(a) 고대 철학은 미신적 사고의 교리를 지지하였다.
(b) 피타고라스 학파는 추상적 사고를 추구한 최초의 고대 그리스인들이었다.
(c) 철학은 전세계 고대 문화에 동시에 나타났다.
(d) 일부 초기 철학자들은 현실을 수학적 관계 측면에서 보았다.

📘 기출 공략
고대 철학은 미신을 벗어나는 과정이었으므로 (a)는 오답이며, 전세계적으로 나타난 것이 아니라 그리스를 중심으로 나타난 것이어서 (c)도 오답이다. 피타고라스 학파는 우주의 모든 양상들은 산술적 비율을 지킨다는 피타고라스의 견해를 따랐으므로 (d)가 정답이다.
conceptual 개념상의 emerge 나타나다 transition 변화, 추이 superstition 미신 materialize 구체화하다 Pythagorean 피타고라스의 학설 신봉자 arithmetic 산수의 ratio 비율 regularity 질서 maintain 주장하다 underpin 지지하다 tenet 교리 pursue 추구하다 simultaneously 동시에 in terms of ~면에서

정답_(d)

58

The first thing on the agenda at this board meeting is company travel expenses. Up until now, we have relied on employees to judge what is or isn't a legitimate travel expense—and I'm confident none has willfully wasted money on luxuries during business trips. However, a situation has arisen, where what an employee saw as reasonable expenditure was not regarded as such by the management. To avoid such disputes, we need clearer policies that set out what can and can't be reimbursed.

Q What can be inferred about the company from the talk?
(a) Its employees receive a generous salary.
(b) It will put a stop to employee business trips.
(c) It lacks detailed guidelines on travel expenses.
(d) Its travel expense records will be examined again.

✱ 번역
이번 이사회의 첫 의제는 출장 경비입니다. 지금까지 우리는 어떤 것이 정당한 출장 경비인지 아닌지의 판단을 고용인들에게 의존하였습니다. 그리고 저는 아무도 출장 시 고의적으로 사치스러운 데에 돈을 낭비하지 않았다고 확신하고 있습니다. 그러나, 한 직원이 합당한 지출이라고 본 것을 경영진은 그렇게 간주하지 않는 상황이 발생했습니다. 그러한 논란을 피하기 위해 지급 항목과 비지급 항목을 명확히 규정할 방침이 필요합니다.

Q 담화에 나오는 회사에 대해서 추론할 수 있는 것은?
(a) 회사 직원들은 후한 급여를 받고 있다.
(b) 회사는 직원들의 출장을 중지시킬 것이다.
(c) 회사는 출장 경비에 관한 상세한 지침이 없다.
(d) 회사의 출장 경비 기록이 다시 검토될 것이다.

📘 기출 공략
출장 경비에 관한 이사회 안건을 발표한 내용이다. 어떤 경비가 적법한 지출인지 아닌지를 정할 방침을 마련해야 한다는 논지이므로 (c)가 적절한 답이다. 급여나 출장 중지, 출장 경비 기록은 언급되지 않았다.
agenda 안건, 의제 board meeting 이사회 (회의) legitimate 정당한, 적법한 confident 확신하는 willfully 고의적으로 expenditure 지출, 소비 dispute 논란 policy 방침 reimburse 상환하다 generous 후한

정답_(c)

Listening Comprehension

59

Everyone at this conference today needs to redouble their efforts against illiteracy. It is indeed urgent, when roughly 20% of adults—perhaps as many as 7 million people—do not even have functional literacy. Without basic reading ability, they cannot accomplish routine tasks like finding a plumber in the telephone directory. These people are getting left further and further behind, especially now with the world's increasing dependence on the Internet. The question is what should be done to educate them.

Q What can be inferred from the speech?
(a) Studies in functional literacy have made many advances.
(b) Higher literacy is a by-product of the age of technology.
(c) Functional illiteracy inhibits the proper use of computers.
(d) Adult education is unlikely to counter functional illiteracy.

✤ 번역
오늘 학회에 참가한 모든 사람은 문맹 퇴치 노력을 배가할 필요가 있습니다. 성인의 대략 20퍼센트인 7백만 명 정도가 기능적 문맹인 점을 감안해 볼 때 이는 매우 절박한 일입니다. 기본적인 읽기 능력 없이는 전화 번호부에서 배관공을 찾는 것과 같은 일상적인 일도 수행할 수 없습니다. 이런 사람들은 특히 세계가 인터넷에 점점 더 의존하고 있는 현 상황에서 더욱 더 뒤처지고 있습니다. 문제는 이들을 교육하기 위해 무엇을 할 것인가입니다.

Q 연설에서 추론할 수 있는 것은?
(a) 기능적 문맹에 대한 연구가 많은 진전을 이루었다.
(b) 읽고 쓰는 능력이 향상된 것은 기술 시대의 부산물이다.
(c) 기능적 문맹이 컴퓨터를 제대로 사용할 수 없게 한다.
(d) 성인 교육으로 기능적 문맹이 퇴치될 것 같지 않다.

📒 기출 공략
일상 생활을 어렵게 만드는 기능적 문맹이 인터넷 시대에 들어와서는 더욱 더 문제가 되므로 시급히 대책을 세워야 한다는 내용이다. 따라서 (c)가 정답이다.
conference 학회, 회의 **redouble** 배가하다, 강화하다 **illiteracy** 문맹 **urgent** 절박한 **roughly** 대략 **functional literacy** 기능적 문해(사회생활에 불편함이 없을 정도로 읽기·쓰기·셈하기에 숙달한 상태) **routine** 일상의 **plumber** 배관공 **by-product** 부산물 **inhibit** 방해하다, 억제하다 **counter** 대항하다   정답 (c)

60

And now to local news. According to newly released statistics, nearly half the people who earn teaching degrees in this state do not end up teaching at local state schools. The statistics further show that, of the teachers who begin their careers in local schools, one third leave within four years. The reasons cited for quitting included lower-than-average pay and poor administrative support. The Office of Education has announced that measures to increase teacher retention will be considered in response to the findings.

Q What can be inferred about the state's education system?
(a) It has fewer schools than surrounding states.
(b) It has failed to adopt career incentives for teachers.
(c) It will concentrate more spending on teacher training.
(d) It will begin recruiting new teachers from other states.

✤ 번역
이제 지역 뉴스입니다. 새롭게 발표된 통계에 따르면 우리 주에서 교사 학위를 취득하는 사람들의 거의 절반은 주 소재의 학교에서 교직을 잡지 못하는 것으로 나타났습니다. 이 통계는 더 나아가 지역 학교에서 교직을 시작한 교사의 3분의 1은 4년 이내에 그만둔다는 것을 보여줍니다. 그 이유로 언급되는 것에는 평균보다 낮은 임금과 형편없는 행정상의 지원이 포함됩니다. 교육청은 이러한 결과에 대한 대응책으로 교사의 교직 유지 증대 방책을 모색하겠다고 발표했습니다.

Q 주 교육 제도에 관해 추론할 수 있는 것은?
(a) 주변 다른 주들보다 학교 수가 적다.
(b) 교사들을 위한 직업 장려금을 채택하지 않았다.
(c) 교사 교육에 더 많은 지출을 집중할 것이다.
(d) 다른 주 출신의 교사들을 새로 모집하기 시작할 것이다.

📒 기출 공략
교사들이 교직을 이탈하는 이유는 상대적으로 낮은 보수와 지원이라고 했으므로, (b)를 추론할 수 있다. (c)는 교사 교육에 대해서가 아니라 교사에 대해 지출을 집중한다고 했다면 가능한 추론 내용이다.
release 발표하다 **cite** 언급하다, 인용하다 **administrative** 행정상의 **measure** 방책, 조치 **retention** 유지, 보존 **adopt** 채택하다 **incentive** 혜택, 장려금 **recruit** 신참자를 모집하다   정답 (b)

Grammar

25 minutes

1

A Who do you think is our club's best tennis player?
B Jonathan Coleman. He just keeps _____.

(a) wins
(b) to win
(c) winning
(d) having won

❖ 번역
A 우리 클럽에서 누가 가장 테니스를 잘 친다고 생각해?
B 조나단 콜먼이지. 계속 이기기만 하잖아.

📘 기출 공략
'계속하여 ~하다'라는 표현은 keep -ing 형태로 쓴다. 현재 계속되는 것이므로 (d)의 완료형을 쓸 이유가 없다. 정답_(c)

2

A Let's meet at 2 o'clock in front of the mall entrance.
B OK, _____ you there.

(a) I see
(b) I'll see
(c) I've seen
(d) I'm seeing

❖ 번역
A 쇼핑 센터 입구 앞에서 2시에 만나자.
B 그래, 거기서 볼게.

📘 기출 공략
앞으로 만날 약속은 미래 시제가 적합하다. 일상 대화에서 I'll을 빼고 그냥 See you라고 하기도 한다.
mall 쇼핑 센터 **entrance** 입구 정답_(b)

3

A What's the name of that singer on the radio?
B Sorry, I have no idea _____ the singer is.

(a) who
(b) which
(c) whom
(d) whatever

❖ 번역
A 라디오에 나오는 저 가수 이름이 뭐지?
B 미안, 누구인지 모르겠어.

📘 기출 공략
가수 이름을 묻는 질문에 누구인지 모르겠다고 대답하는 것이 자연스러우므로 (a) who가 정답이다. 이때 who는 is의 주격보어로 쓰인 것이며, (c)의 whom은 목적격이라서 적절하지 않다. 정답_(a)

4

A Why are you smiling?
B I was thinking of a joke _____.

(a) me my brother told
(b) my brother told me
(c) my brother to me told
(d) to me my brother told

❖ 번역
A 왜 웃고 있어?
B 내 동생이 말해준 농담을 생각하고 있었어.

📘 기출 공략
'A에게 B를 말하다'는 tell A B이다. 선행사인 a joke를 수식하는 관계대명사절은 (which[that]) my brother told me로 이어지므로 정답은 (b)이다.
joke 농담 정답_(b)

Grammar

5

A Good afternoon. I'm Brian. I called earlier about your job ad.
B Of course. _____ you.

(a) I expect
(b) I'm expecting
(c) I've been expecting
(d) I'll have been expecting

✿ 번역
A 안녕하세요. 저는 브라이언입니다. 구인 광고 때문에 일전에 전화했었어요.
B 맞아요. 기다리고 있었어요.

📖 기출 공략
A가 전화를 이미 했었고, 이후에 B가 계속 기다렸다는 의미에 적합한 시제는 현재완료 진행형이므로 정답은 (c)이다.
ad 광고(advertisement) **expect** 기대하다   정답_(c)

6

A I'm too sick to go on the school field trip today.
B Then, I'll tell your teacher _____.

(a) your coming to it not
(b) to it your not coming
(c) aren't you coming
(d) you aren't coming

✿ 번역
A 오늘 너무 아파서 현장 학습 못 가겠어요.
B 그러면, 네 선생님에게 못 간다고 말할게.

📖 기출 공략
가까운 미래를 나타내는 시제는 be -ing 형태로 쓸 수 있으므로 (c)와 (d) 중에 선택해야 한다. tell은 〈tell+목적어+that절〉 형태로 쓰이므로 빈칸에는 절이 와야 한다. 따라서 정답은 (d)이다.
field trip 현장 학습   정답_(d)

7

A I think I'll submit these photos to the model agency.
B But not one of them _____ a full-body shot.

(a) is
(b) are
(c) was
(d) were

✿ 번역
A 이 사진들을 모델 에이전시에 보낼 생각이야.
B 하지만 그것들 중에 전신 사진은 하나도 없잖아.

📖 기출 공략
주어인 one of them이 단수이므로 단수형 동사가 와야 하며, 현재의 모습을 말하고 있으므로 정답은 (a) is이다.
submit 제출하다 **model agency** 모델 (알선) 회사 **shot** 촬영, 사진   정답_(a)

8

A Susan can't go to the mall with us today.
B Really? That's _____.

(a) shame
(b) a shame
(c) the shame
(d) one shame

✿ 번역
A 수잔은 오늘 우리랑 쇼핑몰에 못 가.
B 그래? 유감이네.

📖 기출 공략
shame은 '수치'라는 추상명사로 쓰기도 하지만, 관사를 붙인 a shame은 '유감스런 일'이라는 뜻이다. 따라서 (b) a shame이 빈칸에 적절하다.
shame 수치, 유감스런 일   정답_(b)

9

A Will you come skiing this weekend?
B Well, I probably _____, if not for an assignment I have due.

(a) will
(b) was
(c) would
(d) am going to

번역
A 이번 주말에 스키 타러 갈래?
B 글쎄, 제출해야 할 과제물만 없다면 갈 텐데.

기출 공략
if not for는 if it were not for를 축약한 가정법 구문이므로, 이에 알맞은 주절의 동사는 (c) would이다.
assignment 숙제, 과제 **due** ~하게 되어 있는; 만기가 된 **정답_(c)**

10

A Can I use your calculator?
B Only if you promise _____ me your class notes.

(a) lend
(b) to lend
(c) lending
(d) to have lent

번역
A 네 계산기 써도 되니?
B 네 수업 노트 빌려준다고 약속하면.

기출 공략
promise 동사 뒤에는 목적어로 to부정사가 필요하며, 현재에 약속하는 것이므로 (b)가 정답이다.
calculator 계산기 **only if** ~의 경우에만 **정답_(b)**

11

A What do you think of the government's new tax proposal?
B I _____.

(a) approve it not at all
(b) don't at all approve it
(c) approve not at all of it
(d) don't approve of it at all

번역
A 정부의 새 세금안을 어떻게 생각해?
B 전혀 찬성하지 않아.

기출 공략
'찬성하다'의 의미로 approve (of)를 사용하며, '전혀'의 의미인 at all은 보통 문장 맨 마지막에 온다. 일반동사 approve의 부정형은 don't approve이므로 정답은 (d)이다.
government 정부 **tax** 세금 **proposal** 계획, 제안 **approve** 찬성하다 **정답_(d)**

12

A Can you help me with this calculation?
B Sorry, I'm not _____ good at math.

(a) far
(b) any
(c) such
(d) rather

번역
A 이 계산 좀 도와줄 수 있니?
B 미안, 난 수학을 전혀 못해.

기출 공략
be good at은 '~을 잘하다'의 뜻으로 부정형은 be no[not any] good at이다. 따라서 정답은 (b)이다.
calculation 계산 **rather** 다소, 약간 **정답_(b)**

Grammar

13

A Do you know _____ at the ceremony?
B We have to be there by 6 pm.

(a) are we when expected to arrive
(b) we are expected to arrive when
(c) when we are expected to arrive
(d) to arrive when we are expected

✿ 번역
A 우리가 언제 식에 도착하기로 되어 있는지 아니?
B 오후6시까지 가야 해.

📘 기출 공략
타동사의 목적어로 쓰이는 간접의문문은 〈의문사+주어+동사〉의 어순이다. 따라서 (c)가 정답이다.
ceremony 의식   **be expected to** ~할 것으로 기대되다   **정답**_(c)

14

A Enjoy your trip, and don't forget to call.
B Don't worry. I'll phone you as soon as I _____.

(a) am arriving
(b) will arrive
(c) arrived
(d) arrive

✿ 번역
A 즐거운 여행하고. 전화하는 거 잊지 마.
B 걱정 마. 도착하는 대로 전화할게.

📘 기출 공략
as soon as와 같은 시간을 나타내는 부사절에서는 현재 시제가 미래 시제를 대신하므로 (d) arrive가 정답이다.
phone ~에게 전화를 걸다   **as soon as** ~하자마자   **정답**_(d)

15

A What did the President say in his speech?
B I didn't hear it, so I have no idea _____.

(a) what was about it
(b) what it was about
(c) that it was of what
(d) of what about it was

✿ 번역
A 대통령이 연설에서 뭐라고 말했니?
B 안 들어서 무엇에 관한 내용이었는지 모르겠어.

📘 기출 공략
have no idea는 목적어를 취하는 타동사 역할을 하는데, 의문사가 뒤에 왔으므로 목적어로 간접의문문 형태를 취해야 한다. 따라서 〈의문사+주어+동사〉의 어순으로 구성된 (b)가 정답이다.
speech 연설   **정답**_(b)

16

A Do I need to take any tests, Doctor?
B No, you _____.

(a) don't need
(b) don't need to
(c) don't need to do
(d) don't need to take

✿ 번역
A 제가 검사를 받아야 하나요, 선생님?
B 아니요, 그럴 필요 없어요.

📘 기출 공략
부정사의 반복을 피하기 위해 쓰는 소위 대부정사 문제이다. 즉 원래 문장은 No, you don't need to take any tests인데 take any tests는 앞에서 언급되었으므로 생략할 수 있다. 따라서 (b)가 정답이다.
정답_(b)

17

A I mentioned to Bradley that you're planning to quit your job.
B But I didn't want him to know. You _____ have told him.

(a) mustn't
(b) couldn't
(c) wouldn't
(d) shouldn't

번역
A 브래들리에게 네가 직장을 그만두려고 한다고 말했어.
B 그가 알기를 원치 않았는데. 말하지 말지 그랬어.

기출 공략
이미 행한 일에 대해 후회하거나 비판하는 의미를 표현할 때는 〈should+have+p.p.〉 구문을 사용한다. 따라서 (d)가 정답이다.
mention 언급하다, 말하다   **quit** 그만두다   정답_(d)

18

A The kids are making too much noise. I can't read.
B OK, I'll go _____.

(a) ask be quiet to them
(b) to be quiet ask them
(c) ask them to be quiet
(d) to them ask to be quiet

번역
A 아이들이 너무 시끄러워. 책을 읽을 수가 없어.
B 알았어. 가서 아이들에게 조용히 하라고 말할게.

기출 공략
〈go+동사원형〉은 '가서 ~하다'의 의미이며, 동사 ask는 뒤에 〈목적어+to+동사원형〉의 형태로 '(목적어)에게 ~하도록 요청하다'라는 뜻으로 쓰인다. 따라서 정답은 (c)이다.
make a noise 소란을 피우다, 시끄럽게 굴다   정답_(c)

19

A What power management options does this laptop have?
B It can run on battery power _____ 10 hours.

(a) during
(b) across
(c) until
(d) for

번역
A 이 노트북은 어떤 절전 기능이 있나요?
B 배터리가 10시간 지속될 수 있어요.

기출 공략
during 다음에는 때를 나타내는 명사가 오지만, for 다음에는 구체적인 기간을 나타내는 명사가 온다. 따라서 정답은 (d)이다.
power management (컴퓨터 등의) 절전 기구   **option** 선택권, 옵션   **run** 작동하다, 계속 움직이다   정답_(d)

20

A All political candidates are primarily concerned about the public good.
B Oh, come on, you _____.

(a) expect we can't believe
(b) can't expect us believe that
(c) can't expect us to believe that
(d) can't expect we are of that belief

번역
A 모든 정치 후보자들은 공익에 우선적으로 관심을 가지고 있지.
B 아이, 말도 안 돼. 우리가 그 말을 믿을 거라고 기대하진 않겠지.

기출 공략
동사 expect는 'A가 ~하는 것을 기대하다'라는 의미로 쓸 때는 〈expect+A+to+동사원형〉 형태가 되어야 한다. 따라서 정답은 (c)이다.
candidate 후보자   **be concerned about** ~에 대해 염려하다
public good 공익   정답_(c)

Grammar

21

The ancient Samnites _____ as barbaric people in history textbooks.

(a) portrayed
(b) had portrayed
(c) have been portrayed
(d) will have been portrayed

✱ 번역
고대 삼니움족은 역사책에 야만인으로 묘사되어 있다.

📖 기출 공략
주어와 동사가 수동 관계이므로 수동태를 써야 하며, 시제는 현재 이러한 묘사가 지속되고 있다고 추정할 수 있으므로 (c)의 현재완료 형태가 적절하다.
ancient 고대의, 옛날의   **Samnite** (고대 이탈리아 남부의) 삼니움 사람
barbaric 미개한, 야만적인   **portray** 묘사하다, 그리다   **정답_(c)**

22

Always keep some business cards handy to give to people so that they can _____.

(a) to you contact more easily
(b) more easily to you contact
(c) more easily you contact
(d) contact you more easily

✱ 번역
사람들이 당신에게 더 쉽게 연락할 수 있게, 건네 줄 수 있는 명함을 항상 가까이 준비해 두어라.

📖 기출 공략
일반적으로 〈타동사+목적어+부사〉 순이므로 (d)가 정답이다.
business card 명함   **handy** 가까운[이용하기 편한] 곳에 있는
contact 연락하다, 접촉하다   **정답_(d)**

23

To avoid hurting someone's feelings, it is better to leave some things _____.

(a) unsaid
(b) to unsay
(c) unsaying
(d) have unsaid

✱ 번역
남의 감정을 상하게 하는 것을 피하기 위해 어떤 말은 하지 않는 게 낫다.

📖 기출 공략
'A를 ~한 상태로 내버려두다'의 뜻으로 〈leave A(사물목적어)+과거분사(목적보어)〉 구문을 쓴다. 여기서 목적어와 목적보어는 수동의 관계이므로 목적보어가 과거분사형이 된 것이다. 따라서 (a)가 정답이다.
avoid 피하다   **hurt** 아프게 하다   **정답_(a)**

24

The pay rate at our company is similar to _____ of other companies.

(a) this
(b) one
(c) that
(d) those

✱ 번역
우리 회사 급여는 다른 회사와 비슷하다.

📖 기출 공략
단수형 pay rate의 반복을 피하기 위해 이를 대신해서 사용하는 대명사는 (c) that이다.
pay rate (시간 단위당) 급여   **similar** 비슷한   **정답_(c)**

25

_____ the basics of algebra, the boy struggled to finish his math homework.

(a) Not to have known
(b) Having known not
(c) Not knowing
(d) Not to know

번역
대수의 기초를 몰랐기 때문에 소년은 수학 숙제를 끝내기 위해 골머리를 앓았다.

기출 공략
분사구문의 부정은 부정어를 분사 앞에 붙이며, 주절과 같은 시점이므로 (c)의 단순시제가 적합하다.
algebra 대수 struggle 고군분투하다, 애써 노력하다   정답_(c)

26

Rebecca loves to chat with her sister, _____ ideas are always interesting.

(a) which
(b) whom
(c) whose
(d) of which

번역
레베카는 언니와 담소 나누는 것을 좋아하는데, 언니의 생각은 항상 흥미롭다.

기출 공략
관계대명사의 계속적 용법이 사용된 문장이며, 선행사인 her sister의 ideas이므로 소유격 관계대명사인 (c) whose가 정답이다.   정답_(c)

27

Hardly _____ before noon.

(a) ever arrives the mail
(b) the mail ever arrives
(c) does the mail arrive ever
(d) ever does the mail arrive

번역
우편은 정오 전에는 거의 도착하지 않는다.

기출 공략
부사구(Hardly ever)라는 부사구가 문두에 나오면, 이어지는 문장은 주어와 동사가 도치되는데 이때 do나 does가 주어 앞에 사용된다. 따라서 (d)가 정답이다.
hardly 거의 ~않다   정답_(d)

28

Consistency and predictability _____ essential to maintaining discipline.

(a) is
(b) are
(c) is to be
(d) are to be

번역
일관성과 예측 가능성은 규율을 유지하는 데 필수적이다.

기출 공략
두 개의 추상명사가 and로 연결되어 복수 주어가 되었으므로 동사는 복수형인 (b) are가 적합하다.
consistency 일관성 predictability 예측 가능성 maintain 유지하다 discipline 규율   정답_(b)

Grammar

29

In most cultures, there are differing opinions _____ correct and proper social conduct.

(a) on what constitutes for
(b) for what constitutes on
(c) on what constitutes
(d) what constitutes

✦ 번역
대부분 문화에서 무엇이 옳고 적절한 사회적 행위를 구성하는가에 대해서는 서로 다른 의견이 존재한다.

📘 기출 공략
'A에 관한 의견'은 'opinion on A'가 적절하며 동사 constitute는 타동사로서 뒤에 바로 목적어가 온다. 따라서 정답은 (c)이다.
proper 적절한 **conduct** 행위 **constitute** 구성하다 정답_(c)

30

Low-income families cannot pay for _____ like piano lessons or golf lessons for their children.

(a) luxury
(b) luxuries
(c) the luxury
(d) other luxuries

✦ 번역
저소득 가정은 자녀를 위해 피아노 레슨이나 골프 레슨과 같은 사치 품목에 비용을 지불할 여력이 없다.

📘 기출 공략
피아노 레슨이나 골프 레슨 같은 사치 품목이라는 의미가 문맥상 적절한데, (a) luxury(사치)가 보통 명사화된 복수형 (b) luxuries가 올바른 형태이다.
low-income 저소득의 **luxury** 사치, 사치품 정답_(b)

31

A bottle of wine together with some chocolates _____ a nice birthday gift.

(a) are being
(b) is being
(c) are
(d) is

✦ 번역
초콜릿을 곁들인 와인 한 병은 좋은 생일 선물이다.

📘 기출 공략
with some chocolates는 A bottle of wine을 수식하는 전치사구이며 주어는 A bottle of wine이다. 주어가 단수이므로 동사도 단수인 (d) is가 와야 한다.
gift 선물 정답_(d)

32

Exports from the New World were principally sugar, coffee, tobacco, chocolate and cotton, all of _____ required heavy labor to produce.

(a) that
(b) who
(c) which
(d) whom

✦ 번역
신세계로부터의 수출품은 주로 설탕, 커피, 담배, 초콜릿, 면화였으며, 이것들은 모두 생산하려면 중노동이 필요한 것들이었다.

📘 기출 공략
주절과 종속절을 연결하는 계속적 용법의 관계대명사를 사용한 문장이다. 사람이 아닌 사물을 받는 관계대명사 (c) which가 적절하다. (a) that은 전치사와 함께 쓰지 못하므로 오답이다.
export 수출, 수출품 **principally** 주로 **tobacco** 담배 **cotton** 면화 **heavy labor** 힘든[중대한] 일 정답_(c)

33

The couple was late for breakfast, but it _____ in the hotel restaurant when they walked in.

(a) will still be served
(b) has still been served
(c) had still been served
(d) was still being served

✿ 번역
부부는 아침식사에 늦었지만 그들이 들어갔을 때 호텔 식당에서 여전히 아침식사가 제공되고 있었다.

기출 공략
시제를 묻는 문제이다. 부부가 식당에 간 시점에 아침식사가 여전히 제공되고 있었다는 의미이므로 (d)의 과거진행형이 적절하다.
couple 부부, 한 쌍 **serve** 제공하다   정답_(d)

34

The professor requires that our working outline _____ continually revised in the process of writing the essay.

(a) had been
(b) being
(c) was
(d) be

✿ 번역
교수님은 우리가 논문을 써가는 과정에서 잠정적인 개요를 계속적으로 수정할 것을 요구한다.

기출 공략
제안·명령·요구·주장을 나타내는 동사 다음의 that절에 '앞으로 ~해야 한다'라는 뜻이 올 때는 〈should + 동사원형〉 또는 should가 생략된 동사원형이 와야 하므로 (d) be가 정답이다.
working 잠정적으로 정한 **outline** 개요, 대의 **continually** 계속적으로 **revise** 수정하다   정답_(d)

35

The cookie jar was put _____ the shelf above the table so that the children could not reach it easily.

(a) at
(b) to
(c) in
(d) on

✿ 번역
아이들의 손이 쉽게 닿지 않도록 쿠키통을 테이블 위쪽 선반 위에 놓았다.

기출 공략
어떤 물체 위에 얹혀 있는 상태를 표현하는 전치사인 (d) on이 정답이다. (a) at은 지점, (b) to는 움직이는 방향, (c) in은 안쪽을 나타내는 전치사이다.
jar 단지, 병 **shelf** 선반 **reach** ~에 닿다   정답_(d)

36

Since the piece was so unpopular, the violinist thought _____.

(a) learning not worth her time
(b) it to learn not worth her time
(c) it was not worth her time to learn
(d) learning it not her time worth

✿ 번역
그 곡은 너무나 인기가 없어서 바이올리니스트는 그것을 배우는 데 시간을 들일 가치가 없다고 생각했다.

기출 공략
목적절의 올바른 순서를 묻는 문제이다. 주어 it과 동사 was가 먼저 오며 보어인 worth, 그 다음에 worth의 목적어인 her time 순으로 와야 하므로 (c)가 정답이다.
piece (예술 등의) 작품 **unpopular** 인기가 없는 **worth** ~할 가치가 있는   정답_(c)

Grammar

37

Calls from public phone booths will cut out after a warning beep _____ you put more coins in the slot.

(a) if
(b) till
(c) once
(d) unless

번역
공중전화 부스에서 건 전화는 투입구에 동전을 더 넣지 않으면 경고음이 난 뒤 끊어진다.

기출 공략
문맥상 동전을 넣지 않으면 전화가 끊어진다는 말이므로 (a) if와 (c)는 오답이며 if not에 해당하는 (d) unless가 적합하다.
public phone booth 공중전화 부스 **cut out** (전기 따위가) 끊어지다 **warning** 경고 **beep** 삑 하는 소리 **slot** (동전 등의) 투입구
정답_(d)

38

Many people believe that taking _____ for relaxation after work is necessary for the sake of good mental health.

(a) time
(b) a time
(c) one time
(d) every time

번역
많은 사람들은 일을 한 후 휴식 시간을 가지는 것이 정신 건강을 위해 필수적이라고 생각한다.

기출 공략
관용구 take time은 '천천히 하다'의 의미로, 뒤에 for relaxation을 붙이면 '휴식 시간을 갖다'란 뜻이 된다. 따라서 (a)가 정답이다.
relaxation 휴식 **for the sake of** ~을 위해 **mental** 정신의
정답_(a)

39

_____, the man left the casino in despair, worried about how he was going to pay his bills.

(a) Lost all of his money
(b) Had lost all of his money
(c) His losing all of his money
(d) Having lost all of his money

번역
모든 돈을 잃은 그 남자는 생활비를 어떻게 지불할지를 걱정하면서 절망 속에 카지노를 떠났다.

기출 공략
분사구문에서 돈을 잃은 시점이 카지노를 떠난 시점보다 먼저이므로 완료 시제를 써야 한다. 따라서 (d)가 정답이다.
casino 카지노 **in despair** 절망하여 **bill** 청구서
정답_(d)

40

_____ should appropriate music and video in the way he did for such a subtle critique of capitalism.

(a) How it was astounding that the artist
(b) How astounding it was the artist
(c) How astounding for the artist
(d) How the artist astounding

번역
그 예술가가 음악과 비디오를 그런 식으로 전용하여 자본주의를 은근히 비판하는 것이 얼마나 놀라운가.

기출 공략
감탄문 〈How+형용사[부사]+주어+동사〉의 어순을 파악하는 문제이다. 따라서 (b)가 정답이다.
appropriate 전용하다, 도용하다 **subtle** 미묘한, 포착하기 힘든 **critique** 비평, 비판 **capitalism** 자본주의 **astounding** 몹시 놀라게 하는
정답_(b)

41

(a) A How was the club picnic on Saturday?
(b) B It is cancelled because not enough people could go.
(c) A That's too bad. It would've been fun.
(d) B I know. But we can always schedule another.

✿ 번역
(a) A 토요일에 동아리 소풍은 어땠니?
(b) B 충분히 많은 사람이 가지 못해 취소됐어.
(c) A 안됐다. 재미있었을 텐데.
(d) B 알아. 하지만 언제든 또 다른 소풍을 계획할 수 있어.

📘 기출 공략
(b)에서 주절과 종속절(could)의 시제가 일치해야 한다. 과거 시점의 일이므로 is는 was로 바뀌어야 한다.
cancel 취소하다   **schedule** (특정 일시에) 예정하다

정답_(b) is → was

42

(a) A It looks like we're going to be late for the concert.
(b) B Don't worry. We can get to the concert hall in time.
(c) A Are you sure? The traffic is much heavy in this area.
(d) B It's OK. I know a shortcut that will get us there quickly.

✿ 번역
(a) A 콘서트에 늦을 것 같군.
(b) B 걱정 마. 제시간에 콘서트 홀에 도착할 거야.
(c) A 확실해? 이 지역은 교통이 매우 혼잡해.
(d) B 괜찮아. 그곳에 빨리 갈 수 있는 지름길을 알아.

📘 기출 공략
(c)에서 교통이 혼잡하다는 의미의 형용사 heavy를 수식하는 것은 much가 아니라 very가 돼야 한다. much는 보통 과거분사나 동사를 수식하는 강조 부사이다.
traffic 교통량   **shortcut** 지름길

정답_(c) much → very

43

(a) A Any idea what tomorrow's staff meeting is about?
(b) B I'm not sure, but it can be good news.
(c) A Do you suppose it's about a new engineering department?
(d) B Possibly, since that's been on the agenda for a while.

✿ 번역
(a) A 내일 직원 회의가 무엇에 관한 것인지 아니?
(b) B 확실히 모르지만 좋은 소식일 거야.
(c) A 새 엔지니어링 부서에 관한 것이라 생각해?
(d) B 아마도. 왜냐하면 그 문제가 한동안 안건이었거든.

📘 기출 공략
(b)에서 I'm not sure라고 확실히 모르겠다고 한 후 내일 있을 회의가 좋은 소식일지도 모른다는 막연한 추측을 표현하는 조동사는 can보다 might가 적합하다.
staff 직원, 사원   **agenda** 안건, 의제

정답_(b) can → might

44

(a) A Mister Governor, what's your opinion of what the senator said about you?
(b) B I can't excuse it, and I'll never accept his apologize for it.
(c) A Is that because of the personal nature of the senator's remarks?
(d) B Yes, they were shameful and not becoming of a public official.

✿ 번역
(a) A 상원의원이 주지사님에 대해 한 말을 어떻게 생각하십니까?
(b) B 난 그 말을 용서할 수 없으며 그 말에 대한 사과도 결코 받아들이지 않을 것입니다.
(c) A 그것은 상원의원의 말이 사적인 것이기 때문인가요?
(d) B 그래요. 그의 말은 치욕적이며 공직자에 적합한 것이 아니었습니다.

📘 기출 공략
(b)에서 accept의 목적어 자리에 his+명사가 와야 한다. 따라서 동사 apologize를 명사 apology로 고쳐야 한다.
governor 주지사   **senator** 상원의원   **remark** 소견, 설명   **shameful** 창피스러운   **becoming of** ~에 어울리는   **official** 공직에 있는

정답_(b) apologize → apology

Grammar

45

(a) A Growing up, my mother encouraged me to play sports.
(b) B So, what did you play, some kind of team sport?
(c) A No, I liked individual sports, especially tennis.
(d) B Oh, I can play tennis, too. We should have a game sometime.

❋ 번역
(a) A 내가 자랄 때 엄마는 내게 운동을 하라고 격려했지.
(b) B 그래서 무슨 운동을 했니? 단체 경기 같은 거?
(c) A 아니. 나는 개인 운동을 좋아했어. 특히 테니스.
(d) B 아, 나도 테니스 쳐. 언제 우리 게임 한번 하자.

📘 기출 공략
(a)에서 분사구문 Growing up의 주어는 주절의 주어인 my mother가 아니라 I이므로 분사구문의 주어를 생략할 수 없다. 따라서 <접속사+주어+동사>를 그대로 두어야 한다. When I was growing up으로 볼 수 있겠다.
encourage 격려하다 **individual** 개인적인

정답 (a) Growing up → When I was growing up

46

(a) California's Salton Sea is an inland lake created nearly a century ago when floodwaters filled up a dry basin in the desert. (b) Since then, salt from desert soil and fertilizers from nearby farms have been washed into it. (c) This has caused the lake to become about 25% salty than the Pacific Ocean. (d) Some experts warn that, if conditions worsen as expected, all fish species in the lake will die off within 15 years.

❋ 번역
(a) 캘리포니아의 솔턴호는 거의 1세기 전 사막의 건조한 분지에 홍수가 밀려와 만들어진 내륙의 호수이다. (b) 그 이후로 사막 토양에서 염분이, 근처 농지에서 비료가 씻겨 들어왔다. (c) 이 때문에 이 호수는 태평양보다 25%나 더 짠 물이 되었다. (d) 일부 전문가들은 상황이 예상대로 악화된다면 호수의 모든 어종이 15년 안에 멸종할 것이라고 경고한다.

📘 기출 공략
(c)에서 than이 있으므로 salty를 비교급으로 바꿔야 한다. 즉 saltier than이 적합하다.
inland 내륙의 **floodwater** 홍수 **basin** 웅덩이, 분지 **soil** 흙, 토양 **fertilizer** (화학) 비료 **wash** (물이) 밀려오다 **species** (생물의) 종 **die off** 하나하나씩 죽어 가다

정답 (c) salty → saltier

47

(a) George Washington's actions and achievements made him a central figure in the founding of the United States of America. (b) Washington led the Continental Army to victory over Britain in the American Revolutionary War, which ended in 1783. (c) He was also of the first United States President from 1789 to 1797. (d) Because of his central role in the founding of the US, Washington is called the father of his country.

❋ 번역
(a) 조지 워싱턴의 활동과 업적은 그를 미국 건국에서 중심적인 인물로 만들었다. (b) 워싱턴은 1783년에 끝난 미국 독립전쟁에서 대륙군을 지휘해 영국과의 전쟁을 승리로 이끌었다. (c) 그는 또한 1789년부터 1797년까지 재임한 미국의 초대 대통령이었다. (d) 미국 건국에서 그가 맡은 중추적 역할 때문에 워싱턴은 건국의 아버지라 불린다.

📘 기출 공략
(c)에서 초대 대통령이란 의미가 되려면 of the first United States President에서 of는 불필요하므로 삭제해야 한다.
achievement 업적 **central figure** 중심[주요] 인물 **founding** 창립 **Continental Army** (미국 독립전쟁 당시의) 대륙군 **revolutionary** 혁명의

정답 (c) also of the → also the

48

(a) Some people still fall for alternative therapies regardless of the scientific evidence that might exist against them. (b) Many are fooled by the allure of words like "natural remedy," "safe alternative" or even "miracle cure." (c) The terminally ill, for example, attract to the false hope that trying something unconventional might save them. (d) Unfortunately, there is little evidence that alternative medicines can help them or anyone else with a truly serious medical problem.

✤ 번역
(a) 대체 요법을 부정하는 과학적 증거가 있음에도 불구하고 일부 사람들은 여전히 그것에 속아 넘어간다. (b) 많은 사람이 자연 치유, 안전한 대안, 혹은 심지어 기적의 치유와 같이 유혹하는 말에 속는다. (c) 예를 들어, 말기 환자들은 색다른 무언가를 시도하면 자신들이 살아날 수 있을 것이라는 잘못된 희망에 이끌린다. (d) 불행히도, 대체 의학이 그들 혹은 다른 진짜 심각한 병을 가진 사람을 도울 수 있다는 증거는 거의 없다.

기출 공략
(c)에서 '(사람이 무엇에) 이끌리다'라는 의미로 동사 attract를 사용할 때에는 수동태 are attracted to가 적합하다. (c)의 terminally ill은 '죽을 병에 걸린'이라는 뜻이며 〈the+형용사〉는 복수 보통명사를 나타내므로 복수 동사 are를 사용했다.

fall for ~에게 속다   **alternative therapy** 대체 요법   **regardless of** ~을 개의치 않고   **fool** 속이다   **allure** 유혹, 매력   **remedy** 치료   **terminally ill** (병의) 말기인   **unconventional** 색다른, 독특한

정답_(c) attract → are attracted

49

(a) According to a recent productivity study at Harvard, taking a nap at work may be a productive thing to do. (b) Thirty people in the study were tested four times a day on how quickly they could process information. (c) It was found that the people who napped for half an hour during the day did better than those who stayed awake the whole day. (d) Indeed those who did not take a nap showed a decline of 50% in their ability to process information.

✤ 번역
(a) 최근 하버드 대학교에서 실시된 생산성 연구에 따르면 직장에서 낮잠을 자는 것이 생산적인 일이 될 수도 있다고 한다. (b) 연구에서 30명이 얼마나 빨리 정보를 처리하는지 하루에 4번 실험을 했다. (c) 낮 동안 30분간 잠을 잔 사람은 하루 종일 깨어 있는 사람보다 성적이 더 좋다는 사실을 발견했다. (d) 실제로, 낮잠을 자지 않은 사람은 정보 처리 능력이 50% 하락한 것으로 나타났다.

기출 공략
(c)에서 It은 앞에서 언급한 연구(the study)를 가리키므로 It found that이라고 해야 한다.

productivity 생산성   **take a nap** 잠깐 낮잠 자다   **process** 처리하다   **decline** 감소

정답_(c) was found → found

50

(a) Angela Rixon is a celebrated author of books about animals. (b) Her interest in animals, however, extends beyond authorial one. (c) She also works as a professional animal photographer for naturalist magazines. (d) So, she often goes on photographic safaris through Africa and South America.

✤ 번역
(a) 앤젤라 릭슨은 동물에 관한 책을 쓴 유명한 작가이다. (b) 그러나 그녀의 동물에 대한 관심은 작가로서의 관심을 뛰어넘는다. (c) 그녀는 또한 자연 관련 잡지에 사진을 제공하기 위해 전문 동물 사진가로 일한다. (d) 그래서, 그녀는 종종 아프리카와 남아메리카 곳곳에서 사진 촬영 사파리 여행을 한다.

기출 공략
(b)에서 one은 앞에 나온 명사 interest의 대명사인데 앞에 형용사(authorial)가 쓰였으므로 관사 an이 형용사 앞에 와야 한다. TEPS 문법 문제 중 최고난도 유형 중 하나라고 볼 수 있겠다.

celebrated 유명한   **extend** 미치다, 넓어지다   **authorial** 작가[저자]의   **professional** 전문적인   **safari** 사파리 여행

정답_(b) beyond authorial → beyond an authorial

Vocabulary

15 minutes

1

A You won't be able to take that bag on board our flight. It won't fit into the overhead compartment.
B Why not? It's not that _____.

(a) fat
(b) big
(c) great
(d) rough

❊ 번역
A 저 가방은 비행기 안으로 가져가실 수 없습니다. 위쪽 짐칸에 안 들어갑니다.
B 왜 안 되죠? 그다지 크지 않은데요.
(a) 살찐 (b) 큰
(c) 거대한 (d) 거친

📘 기출 공략
fit into는 '~에 딱 들어가다'이고, overhead compartment는 비행기 좌석 위의 승객 짐을 넣는 공간을 가리킨다. 못 들어가는 것은 보통 크기가 맞지 않기 때문이므로 (b) big이 적절하다.
on board the flight 기내에 **overhead** 머리 위의
compartment (물건 보관용) 칸   정답_(b)

2

A I'm not sure where we can catch the airport bus.
B Wait. I'll ask at the information _____.

(a) title
(b) desk
(c) suite
(d) block

❊ 번역
A 어디에서 공항 버스를 탈 수 있는지 모르겠어.
B 잠깐만. 내가 안내소에 물어볼게.
(a) 제목 (b) 접수처
(c) 스위트룸 (d) 구역

📘 기출 공략
공항이나 역 등의 안내소는 information desk라고 하므로 (b)가 정답이다.
title 표제 **suite** (호텔의) 스위트룸 **block** 구역   정답_(b)

3

A Hi Alice! I haven't seen you for a while.
B Oh, well, I've been _____ busy.

(a) doing
(b) holding
(c) keeping
(d) enjoying

❊ 번역
A 안녕, 앨리스! 오랜만이네.
B 그래. 계속 바빴어.
(a) 하다 (b) 지니다
(c) 계속하다 (d) 즐기다

📘 기출 공략
보어인 busy와 함께 쓰이는 동사는 keep이므로 (c) keeping이 정답이다. keep busy는 '계속 바쁘다'라는 뜻으로, 현재완료 진행형으로 많이 쓰인다.
keep busy 계속 바쁘다   정답_(c)

4

A Do you need a bag for your groceries?
B No, I've _____ my own.

(a) raised
(b) traced
(c) sought
(d) brought

❊ 번역
A 식료품을 넣을 봉투가 필요한가요?
B 아니요, 제 것을 가져왔어요.
(a) 올리다 (b) 추적하다
(c) 추구하다 (d) 가져오다

📘 기출 공략
my own 뒤에 bag이 생략되어 있다. '봉투 필요하느냐'라는 계산원의 물음에 No라고 대답했으므로 자기 것을 가져왔다고 해야 자연스럽다. 따라서 (d) brought이 정답이다.
groceries 식료품 **raise** 올리다 **trace** 추적하다   정답_(d)

5

A Excuse me. Can you tell me where the closest post office is?
B On the lower _____ of the mall.

(a) rank (b) level
(c) layer (d) surface

번역
A 죄송합니다만 가장 가까운 우체국이 어디인지요?
B 쇼핑 센터 아래층에 있어요.

(a) 등급 (b) 층
(c) 막 (d) 표면

기출 공략
건물의 층을 말하므로 (b) level이 적절하다. (c) layer는 겹겹이 쌓인 막을 의미한다.
rank 등급 **level** (건물의) 층 **layer** 막, 층 **surface** 표면

정답_(b)

6

A Let's see Charlie before he goes overseas.
B Yes, we shouldn't _____ saying goodbye.

(a) miss (b) pass
(c) lose (d) fail

번역
A 찰리가 해외에 가기 전에 만납시다.
B 네, 작별 인사를 빠뜨리면 안 되죠.

(a) 빠뜨리다 (b) 지나다
(c) 잃다 (d) 실패하다

기출 공략
say goodbye는 '작별 인사를 하다, 이별을 고하다'라는 뜻이므로, 이별할 기회를 놓쳐선 안 된다는 말이 응답으로 적절하다. 따라서 정답은 (a) miss이다.
miss 빠뜨리다, 놓치다

정답_(a)

7

A It's $99 a year to get the *Times* newspaper delivered.
B Wow. That's an expensive _____.

(a) registration (b) information
(c) subscription (d) membership

번역
A 〈타임즈〉 신문을 받아 보시는 데 1년에 99달러 듭니다.
B 와. 구독료가 비싸네요.

(a) 등록비 (b) 정보
(c) 구독료 (d) 회원권

기출 공략
신문을 구독하는 요금을 말하고 있으므로 (c) subscription이 정답이다. 신문이나 잡지 등 정기간행물을 '정기 구독하다'는 subscribe to[for]로 표현한다.
deliver 배달하다 **registration** 등록 **subscription** 구독료 **membership** 회원권

정답_(c)

8

A Ever since Judy gained weight, she's become more _____.
B Yeah. She seems to avoid going out with people.

(a) invalid (b) indulgent
(c) introverted (d) inexplicable

번역
A 주디가 체중이 증가한 후로 더 내성적이 되었어.
B 그래. 사람 사귀는 것을 피하는 것 같아.

(a) 병약한 (b) 멋대로 하게 놔두는
(c) 내성적인 (d) 설명할 수 없는

기출 공략
go out with는 '~와 교제하다, 데이트하다'라는 뜻이고, avoid는 뒤에 동사가 올 때 목적어로 동명사를 취한다. 교제를 피하는 사람은 내성적이라고 할 수 있으므로 (c)가 정답이다.
gain weight 체중이 늘다 **avoid** 회피하다 **invalid** 병약한 **indulgent** 멋대로 하게 하는, 관대한 **introverted** 내성적인 **inexplicable** 설명할 수 없는

정답_(c)

Vocabulary

9

A I'd like to open a savings account.
B OK. Please _____ this form.

(a) fill out   (b) sign in
(c) turn up   (d) sort out

✿ 번역
A 보통예금 계좌를 개설하려고 하는데요.
B 알겠습니다. 이 양식을 작성하십시오.

(a) 작성하다   (b) 등록하다
(c) 나타나다   (d) 정리하다

📖 기출 공략
fill out a form은 '서식 용지에 기입하다'라는 뜻으로, 은행 계좌를 개설하고 싶다는 고객의 요청에 적절한 대답이 된다. 따라서 정답은 (a)이다. sign in은 '서명하여 등록하다', turn up은 '나타나다; 발굴하다', sort out은 '~를 정리하다'의 뜻이다.
savings account 보통예금 계좌 **form** 서식, 양식 **fill out** 기입하다, 작성하다 **sort out** ~를 정리하다   정답_(a)

10

A How come you got home so late?
B I'm sorry, I was _____ at the office.

(a) delayed   (b) caught
(c) seized   (d) fixed

✿ 번역
A 왜 이렇게 늦게 귀가했니?
B 죄송해요. 사무실에서 지체되었어요.

(a) 지연시키다   (b) 붙잡다
(c) 움켜잡다   (d) 고정시키다

📖 기출 공략
일 때문에 사무실에서 지체되었다는 의미이므로 (a) delayed가 알맞다. I got held up at the office와 같은 뜻이다.
delay 지체시키다 **seize** 붙들다 **fix** 고정시키다   정답_(a)

11

A Why do birds _____?
B To get to warmer regions where there is food.

(a) glide   (b) hover
(c) journey   (d) migrate

✿ 번역
A 왜 새들은 이동을 하죠?
B 먹이가 있는 더 따뜻한 지방으로 가기 위해서요.

(a) 미끄러지듯 나아가다   (b) 공중을 맴돌다
(c) 여행하다   (d) 이동하다

📖 기출 공략
'사람이나 동물이 한 지방에서 다른 지방으로 이주하다'라는 뜻의 동사로는 (d) migrate를 쓴다. (b) hover는 '(새나 헬리콥터 등이) 공중에 떠 있다'라는 뜻이다.
region 지방, 지역 **glide** 미끄러지듯 나아가다 **hover** 공중에 떠 있다, 공중을 맴돌다 **migrate** 이동하다   정답_(d)

12

A Professor, could you tell us when our assignment is _____?
B You must hand it in by next Wednesday.

(a) set   (b) due
(c) over   (d) final

✿ 번역
A 교수님, 과제 마감일이 언제인지 말씀해 주시겠습니까?
B 다음 주 수요일까지 제출해야 됩니다.

(a) 준비가 된   (b) 마감 예정의
(c) 끝나는   (d) 최종의

📖 기출 공략
(b) due는 '마감 예정인, 만기가 된'의 뜻으로, 보통 when과 함께 쓰여 마감 시간이나 마감 예정일 등을 물을 때 사용한다. hand in은 '건네주다, 제출하다'의 뜻이다.
assignment 과제, 숙제 **due** 만기가 된, 마감 예정인 **final** 최종의   정답_(b)

13

A Our credit card debt is too high.
B I know. We should cut back on _____.

(a) expenses
(b) accounts
(c) budget
(d) prices

✿ 번역
A 신용카드 빚이 너무 많아.
B 알아. 우리는 지출을 줄여야 해.

(a) 지출 (b) 계산
(c) 예산 (d) 가격

📘 기출 공략
cut back on은 '~을 줄이다'의 뜻이므로, 이 대화에서는 지출 (expenses)을 줄여야 한다는 내용이 적절하다. 따라서 (a)가 정답이다. 예산을 삭감한다는 표현은 cut budget이다.
debt 빚 **cut back** 축소하다, 삭감하다 **expense** 지출, 비용 **account** 계산(서) **budget** 예산

정답_(a)

14

A Are you sure you can't finish your thesis by next month?
B I'm afraid so. It's not _____.

(a) flexible
(b) feasible
(c) credible
(d) malleable

✿ 번역
A 다음 달까지 논문을 끝낼 수 없는 게 확실합니까?
B 아무래도 그럴 것 같습니다. 실행 불가능합니다.

(a) 융통성 있는 (b) 실행 가능한
(c) 신뢰할 수 있는 (d) 펴 늘일 수 있는

📘 기출 공략
(b) feasible은 possible과 같은 의미로 '실현 가능성이 있는'의 뜻이다. 여기서 not과 함께 쓰여 논문을 끝낼 가능성이 없음을 나타낸다.
thesis 논문 **flexible** 융통성 있는, 유연성 있는 **feasible** 실행 가능한, 있을 법한 **credible** 신뢰할 수 있는 **malleable** 펴 늘일 수 있는

정답_(b)

15

A The TV screen is too bright.
B Then, just _____ the contrast.

(a) place
(b) adjust
(c) stretch
(d) tighten

✿ 번역
A TV 화면이 너무 밝아요.
B 그러면 명암을 조정해 봐요.

(a) 두다 (b) 조정하다
(c) 늘이다 (d) 죄다

📘 기출 공략
텔레비전 화면의 밝기를 '조절한다'는 뜻의 동사는 (b) adjust이다.
contrast (TV 화면의) 명암 **adjust** 조정하다 **stretch** 늘이다 **tighten** (바짝) 죄다

정답_(b)

16

A I can help you put your new bookshelves together.
B Thanks, I have no idea how they should be _____.

(a) jointed
(b) knotted
(c) composed
(d) assembled

✿ 번역
A 새 책장 조립하는 걸 도와드릴게요.
B 고마워요. 어떻게 조립해야 하는지 모르겠어요.

(a) 접합하다 (b) 매듭을 묶다
(c) 구성하다 (d) 조립하다

📘 기출 공략
여러 부분을 맞추어 전체를 조립한다는 뜻의 동사는 assemble이므로 (d)가 정답이다. joint는 '맞춰 끼우다; 이음매'라는 뜻이다.
joint (이음매에서) ~을 접합하다 **knot** 매듭을 짓다 **compose** 구성하다 **assemble** 조립하다

정답_(d)

Vocabulary

17

A That opera was great, wasn't it?
B Yes, it deserved a standing _____.

(a) ovation
(b) attention
(c) recognition
(d) confirmation

번역
A 그 오페라 대단했어, 그렇지?
B 응, 기립 박수를 받을 만했어.

(a) 갈채   (b) 주목
(c) 인정   (d) 확인

기출 공략
standing ovation은 '기립 박수'로, 정답은 (a)이다. get[receive] a standing ovation은 '기립 박수를 받다'라는 뜻이다.
deserve ~을 받을 만하다 **ovation** 갈채 **attention** 주목
recognition 인정, 표창 **confirmation** 확인   정답_(a)

18

A Hi, I'm calling to speak to Richard Swain. Is he in his office?
B He just went out for a lunch _____.

(a) term
(b) break
(c) phase
(d) session

번역
A 여보세요, 리처드 스웨인과 통화하려고 전화했습니다. 사무실에 계십니까?
B 점심 시간이라 방금 막 나갔는데요.

(a) 기간   (b) 휴식 시간
(c) 단계   (d) (활동) 기간

기출 공략
(b) break는 a short period of time의 뜻으로 lunch[coffee, tea] break 등으로 쓰인다. Let's take a break는 '잠시 휴식하자'라는 뜻이다.
term 기간 **phase** 단계, 국면 **session** (활동) 기간   정답_(b)

19

A When did you start snowboarding?
B Oh, I _____ last winter.

(a) set it out
(b) took it up
(c) shoved it off
(d) played it down

번역
A 언제 스노보드를 타기 시작했나요?
B 지난 겨울에 시작했어요.

(a) 출발하다   (b) 시작하다
(c) 밀쳐내다   (d) 경시하다

기출 공략
'(악기·스포츠 등을) 배우기 시작하다'라는 표현으로는 take up이라는 어구를 사용한다. 따라서 (b)가 정답이다.
set out (일을) 시작하다; 출발하다 **take up** (재미로) ~을 배우다
shove off 밀치다 **play down** 경시하다   정답_(b)

20

A We need to encourage our employees to work hard.
B Perhaps we should offer more _____, then.

(a) potentials
(b) incentives
(c) disciplines
(d) credentials

번역
A 우리는 직원들이 열심히 일하도록 격려할 필요가 있어요.
B 그렇다면 아마 더 많은 장려금을 주어야 할 거예요.

(a) 잠재력   (b) 장려금
(c) 훈련   (d) 보증서

기출 공략
회사 등에서 직원을 격려하기 위해 주는 것이 incentive이다. 따라서 (b)가 빈칸에 알맞다.
potential 잠재력, 가능성 **incentive** 장려금 **discipline** 훈련, 규율 **credential** 보증서   정답_(b)

21

A Why does Eliot have to see a psychiatrist?
B Because he still has _____ of depression.

(a) gouts   (b) strains
(c) shields   (d) episodes

✻ 번역
A 엘리엇이 왜 정신과 의사를 만나야 하지요?
B 여전히 우울증 증상이 나타나고 있기 때문이에요.

(a) 통풍   (b) 긴장
(c) 방패   (d) 증상의 발현

📘 기출 공략
정신과를 찾아야 하는 이유는 우울증 증상이 있기 때문이라고 해야 자연스럽다. 따라서 (d)가 정답이다. episode는 '사건, 에피소드'의 뜻 외에 여기서처럼 '특정 질환 증상의 발현'이란 의미가 있다.
psychiatrist 정신과 의사   **depression** 우울증   **gout** 통풍
strain (심신의) 긴장   **shield** 방패, 방어물   **episode** 증상의 발현

정답_(d)

22

A Looking back, what do you think of your time at college?
B In _____, I should've majored in something else.

(a) forecast   (b) hesitance
(c) hindsight   (d) compromise

✻ 번역
A 되돌아봤을 때, 넌 대학 시절을 어떻게 생각해?
B 지나고 나서 보니까, 나는 전공을 다른 것으로 선택했어야 했어.

(a) 예상   (b) 주저
(c) 뒤늦은 깨달음   (d) 타협

📘 기출 공략
major in은 '~을 전공하다'이고, 〈should have+p.p.〉는 '~했어야만 했다'로 과거 사실에 대한 후회를 나타낸다. looking back과 관련된 어구는 '지나고 나서 보니까'라는 뜻인 in hindsight가 적절하다. 따라서 (c)가 정답이다.
major in ~을 전공하다   **forecast** 예상   **hesitance** 주저
hindsight 뒤늦은 깨달음   **compromise** 타협

정답_(c)

23

A After I lost my job, I found an even better one.
B In that case, losing your job was _____.

(a) salt in the wound   (b) a shot in the dark
(c) beating a dead horse   (d) a blessing in disguise

✻ 번역
A 저는 직장을 잃고 나서 훨씬 더 나은 직장을 구했어요.
B 그렇다면 직장을 잃은 것이 전화위복이었네요.

(a) 설상가상   (b) 어림짐작
(c) 헛수고   (d) 전화위복

📘 기출 공략
(a) salt in the wound는 상처에 소금을 넣는다, 즉 '설상가상, 불난 데 부채질하디'라는 의미이다. (b) a shot in the dark는 '어림짐작, 추측', (c)의 beat a dead horse는 '다 끝난 문제를 논하다, 헛수고하다', (d) a blessing in disguise는 '불행해 보이나 실은 행복한 것, 전화위복'의 뜻이다.
wound 상처   **shot** 발포   **blessing** 축복   **disguise** 위장, 가장

정답_(d)

24

A I can't believe John still hasn't decided on which car to buy.
B I know. He's been _____ between two options.

(a) identifying   (b) vacillating
(c) resisting   (d) settling

✻ 번역
A 존이 아직도 어떤 차를 살지 결정하지 못했다니 믿을 수가 없어!
B 알아. 그는 두 가지 선택 사이에서 망설이고 있어.

(a) 확인하다   (b) 망설이다
(c) 저항하다   (d) 정하다

📘 기출 공략
between two options는 '양자 선택 사이에서'의 뜻이므로 문맥상 망설이고 있다고 해야 자연스럽다. 따라서 vacillate의 현재분사 (b) vacillating이 정답이다.
option 선택권   **identify** 확인하다   **vacillate** 흔들리다, 망설이다
resist 저항하다   **settle** 정하다

정답_(b)

Vocabulary

25

A Alec seems to be short of money all the time.
B It's because he lives beyond his ＿＿＿＿＿.

(a) means
(b) accord
(c) prestige
(d) supplies

❖ 번역
A 알렉은 언제나 돈이 부족해 보여.
B 그건 그가 자기 수입을 초과해서 살기 때문이야.
(a) 수입　　　　　　　(b) 일치
(c) 위신　　　　　　　(d) 지출

📘 기출 공략
mean은 복수 형태로 써서 '수입, 재산'의 뜻을 나타내므로 (a)가 정답이다. beyond one's means는 '분수에 넘치는, 버는 것 이상의'라는 뜻이다.
means 수입, 재산　**accord** 일치, 조화　**prestige** 위신, 명성
supplies (개인의) 지출　　　　　　　　　　　　　정답_(a)

26

All of the latest DVD releases are now ＿＿＿＿＿ on our website.

(a) available
(b) treatable
(c) possible
(d) reliable

❖ 번역
현재 우리 웹사이트에서 모든 최신 DVD 출시작들을 입수할 수 있습니다.
(a) 입수 가능한　　　　(b) 치료할 수 있는
(c) 가능한　　　　　　(d) 신뢰할 수 있는

📘 기출 공략
release가 복수 형태로 쓰여 '출시품'의 뜻을 나타낸다. 따라서 빈칸에는 입수할 수 있다는 뜻의 (a) available이 와야 자연스럽다.
release 배포, 개봉　**available** 입수[구매]할 수 있는　**treatable** 치료할 수 있는　**reliable** 신뢰할 수 있는　　　　　정답_(a)

27

Unlike traditional golf, speed golf ＿＿＿＿＿ about an hour to play.

(a) takes
(b) goes
(c) puts
(d) gets

❖ 번역
전통적인 골프와 달리 스피드 골프는 경기하는 데 약 한 시간이 걸린다.
(a) 걸리다　　　　　　(b) 가다
(c) 놓다　　　　　　　(d) 얻다

📘 기출 공략
'(시간이) 걸리다'라는 뜻의 동사는 take이므로 정답은 (a)이다.
traditional 전통적인, 일반적인　　　　　　　　정답_(a)

28

The old woman had never flown in a plane before, so she was feeling nervous and ＿＿＿＿＿.

(a) bored
(b) frozen
(c) beaten
(d) scared

❖ 번역
그 나이 든 여자는 전에 비행기를 타보지 못했기 때문에 불안해하고 겁을 먹었다.
(a) 지루한　　　　　　(b) 얼어붙은
(c) 두들겨 맞은　　　　(d) 겁먹은

📘 기출 공략
비행기를 탄 경험이 없어서 불안해하므로, 유사한 마음 상태를 나타내는 (d) scared가 빈칸에 알맞다.
fly 비행기로 가다　**beaten** 두들겨 맞은; 지쳐 빠진　　정답_(d)

29

China's rapid economic growth has greatly _____ the economies of other countries around the world.

(a) forced
(b) scaled
(c) affected
(d) managed

✿ 번역
중국의 급격한 경제 성장은 전세계 다른 나라의 경제에 막대한 영향을 끼쳤다.

(a) 강요하다
(b) 평가하다
(c) 영향을 미치다
(d) 관리하다

📘 기출 공략
문맥상 '영향을 미치다'란 뜻의 (c) affected가 정답이다. manage는 '관리하다'의 의미이므로 부적합하며, force는 '강요하다'의 의미로 역시 오답이다.
scale 평가하다 **affect** 영향을 미치다 정답_(c)

30

Your blood type is the result of the gene combination that you _____ from your parents.

(a) assigned
(b) inherited
(c) deserved
(d) appointed

✿ 번역
당신의 혈액형은 부모에게서 물려받은 유전자 결합의 결과이다.

(a) 할당하다
(b) 물려받다
(c) 받을 만하다
(d) 지명하다

📘 기출 공략
유전자(gene)와 부모가 언급되었고, 전치사 from이 왔으므로 (b) inherited가 문맥상 적절하다.
gene 유전자 **combination** 조합, 결합 **assign** 할당하다 **inherit** 물려받다 **appoint** 지명하다 정답_(b)

31

A student who repeatedly violates the student code of behavior should be _____ from the school.

(a) chased
(b) banned
(c) separated
(d) discouraged

✿ 번역
학생 행동 규범을 반복적으로 어긴 학생은 퇴학시켜야 한다.

(a) 추적하다
(b) 금지하다
(c) 분리하다
(d) 단념시키다

📘 기출 공략
학칙을 어긴 학생에게는 퇴학 처분을 내린다고 해야 자연스러우므로 (b)가 정답이다.
violate 어기다, 침해하다 **code** 규범, 규약 **chase** 추적하다 **ban** 금지하다 **separate** 분리하다 **discourage** 실망시키다, 단념시키다 정답_(b)

32

Take note that the skins of refrigerated bananas will _____ black.

(a) age
(b) turn
(c) come
(d) switch

✿ 번역
바나나를 냉장 보관하면 껍질이 검게 변한다는 것을 유의하라.

(a) 숙성하다
(b) 변하다
(c) 오다
(d) 교체하다

📘 기출 공략
take note that[of]은 '~을 주의하다'의 뜻이고, (b) turn은 '(성질이나 외관 등이) 변하다'라는 뜻이다. 문맥상 바나나 껍질 색깔이 검게 변하는 것이므로 (b)가 정답이다. (a) age는 '(치즈 등이) 숙성하다, 묵다'의 뜻이다.
age (치즈 등이) 숙성하다, 묵다 **refrigerate** 냉장[냉동]하다 정답_(b)

Vocabulary

33

Woodwork, folk painting and pottery are _____ in which the artist has a great deal of talent.

(a) crafts (b) makes
(c) articles (d) products

✿ 번역
목재 세공과 민속화, 도기 제조는 그 예술가가 대단한 재능을 가지고 있는 수공예이다.
(a) 수공예 (b) 생산량
(c) 물품 (d) 생산품

📔 기출 공략
목재 세공, 민속화, 도기 제조는 모두 수공예에 속하므로 (a)가 정답이다. (c) articles나 (d) products는 구체적 물품을 의미하므로 오답이다.
woodwork 목재 세공 **pottery** 도기 (제조) **craft** 수공업, 수공예
make 제조, 생산량 **article** 물품 정답_(a)

34

The king's son _____ to the throne after the death of the king.

(a) inclined (b) acceded
(c) inspired (d) attached

✿ 번역
왕이 죽고 난 후에 그의 아들이 왕좌를 계승했다.
(a) 기울이다 (b) 계승하다
(c) 고취하다 (d) 부착하다

📔 기출 공략
incline to는 '~하는 경향이 있다', accede to는 '~을 계승하다', attach to는 '~에 부착하다, 붙이다'의 뜻이다. 문맥상 빈칸에 알맞은 단어는 (b)이다.
throne 왕좌 **incline** 기울이다; (마음을) ~으로 향하게 하다
accede 계승하다 **inspire** 고취하다 정답_(b)

35

Until more _____ can be raised, development of the rapid transit train and other costly projects will have to be suspended.

(a) funds (b) trusts
(c) charities (d) currencies

✿ 번역
더 많은 기금이 모금될 때까지 고속 수송 열차와 다른 고비용의 프로젝트 개발은 중단되어야 할 것이다.
(a) 기금 (b) 신탁 재산
(c) 자선 기금 (d) 통화

📔 기출 공략
어떤 일에 필요한 돈을 모은다는 의미의 표현은 raise funds가 적합하므로 (a)가 정답이다. (c)의 charity는 자선 행위나 자선 기금의 의미이고, (d)의 currency는 사용되는 화폐란 의미이므로 적합하지 않다.
rapid transit 고속 수송 **costly** 값비싼 **suspend** 중지하다
fund 기금, 재원 **trust** 신탁 재산 **charity** 자선 기금 정답_(a)

36

The government should _____ a voucher system to help unemployed people pay for job training.

(a) implant (b) deprive
(c) initiate (d) reckon

✿ 번역
정부는 실업자들에게 직업 훈련 비용을 지원해주는 바우처 제도를 시작해야 한다.
(a) 이식하다 (b) 박탈하다
(c) 시작하다 (d) 세다

📔 기출 공략
(c) initiate는 start, begin과 같은 뜻의 동사로, 문맥상 (c)가 정답이다. 바우처 제도란 정부가 실업자에게 바우처(이용권)를 지원하여 직업 훈련을 받도록 하는 재취업 지원 제도이다.
voucher 증서, 상품권 **implant** 이식하다, 심다 **deprive** 박탈하다
reckon 세다 정답_(c)

37

Air quality is _____ in big cities of developing countries, where environmental care is often sacrificed for economic wealth.

(a) defusing
(b) corrupting
(c) extenuating
(d) deteriorating

✿ 번역
경제적 부를 위해 환경 보호가 종종 희생되는 개발도상국 대도시 공기의 질은 악화되고 있다.

(a) 진정시키다
(b) 타락하다
(c) 경감하다
(d) 악화되다

📘 기출 공략
공기의 질과 같이 어떤 사물의 상태가 나빠진다는 의미의 자동사로 적절한 것은 deteriorate이다. 따라서 정답은 (d)이다. corrupt는 '도덕적으로 타락하다'라는 의미이다.
sacrifice 희생하다 **defuse** (긴장·위험 등을) 진정시키다 **corrupt** 타락하다 **extenuate** 경감하다, 얕보다 **deteriorate** 악화되다
정답_(d)

38

Studies on identical twins have found a strong _____ between genetics and obesity.

(a) correlation
(b) implication
(c) justification
(d) contradiction

✿ 번역
일란성 쌍둥이에 대한 연구에서 유전적 특질과 비만 간의 밀접한 상관관계가 밝혀졌다.

(a) 상관관계
(b) 함축
(c) 정당화
(d) 모순

📘 기출 공략
identical twins는 '일란성 쌍둥이'라는 뜻이다. 문맥상 between 뒤의 두 사항 사이의 상관관계라는 의미의 (a) correlation이 적절하다.
genetics 유전적 특질[현상] **obesity** 비만 **correlation** 상관관계 **implication** 함축 **justification** 정당화 **contradiction** 모순
정답_(a)

39

Opponents of capital punishment say that it does not necessarily _____ crime.

(a) deter
(b) arrest
(c) foster
(d) defend

✿ 번역
사형제도 반대자들은 그것이 반드시 범죄를 억제하는 것은 아니라고 말한다.

(a) 단념시키다
(b) 체포하다
(c) 촉진하다
(d) 방어하다

📘 기출 공략
not necessarily는 '반드시 ~한 것은 아니다'라는 부분 부정의 뜻이다. 사형제가 범죄 억제에 완전한 역할을 하지는 않는다는 의미이므로 (a) deter가 적절하다.
opponent 반대자 **capital punishment** 사형 **deter** 단념시키다 **foster** 촉진하다 **defend** 방어하다
정답_(a)

40

The luncheon was a great success with much laughter and _____ because of the many humorous stories told.

(a) piety
(b) gaiety
(c) sobriety
(d) instability

✿ 번역
오찬회는 재미있는 많은 이야기가 풍성한 웃음과 쾌활함을 주어 큰 성공을 거두었다.

(a) 경건
(b) 쾌활
(c) 절제
(d) 불안정

📘 기출 공략
laughter와 유사한 의미를 가진 단어가 내용상 어울리므로, (b) gaiety가 적절하다.
luncheon 오찬(회), 점심 **piety** 경건, 신앙심 **gaiety** 쾌활 **sobriety** 절제 **instability** 불안정
정답_(b)

Vocabulary

41

Although the medieval cornet evolved into what we call a trumpet, it differed immensely from its modern _____.

(a) identity
(b) emulator
(c) illustration
(d) counterpart

✤ 번역
비록 중세의 코넷이 이른바 트럼펫으로 발전되었지만, 그것에 대응되는 근대의 것과는 판이하게 달랐다.

(a) 동일한 물건
(b) 경쟁자
(c) 실례
(d) 대응되는 물건

📘 기출 공략
what we call은 '이른바, 소위'의 뜻으로 what is called로도 쓰인다. (d) counterpart는 다른 장소나 상황에서 어떤 사람·사물과 동일한 지위나 기능을 갖는 상대를 뜻한다.
medieval 중세의 **cornet** (악기) 코넷 **evolve** 진화하다 **immensely** 막대하게, 굉장히 **identity** 동일한 물건 **emulator** 경쟁자 **illustration** 실례 **counterpart** 대응되는 물건[사람]
정답_(d)

42

This street is _____ as a vehicle-free zone on weekends from 8 am to 9 pm.

(a) imposed
(b) resolved
(c) confined
(d) designated

✤ 번역
이 거리는 주말 오전 8시부터 오후 9시까지는 차량 통행 금지 구역으로 지정되어 있다.

(a) 부과하다
(b) 결의하다
(c) 제한하다
(d) 지명하다

📘 기출 공략
vehicle-free(자동차가 없는)의 -free는 '~가 면제된, ~가 없는'의 뜻으로 tax-free, pollution-free, charge-free 등 주로 명사 뒤에 붙여서 사용한다. 문맥상 빈칸에는 '지정된'이란 뜻의 (d) designated가 적절하다.
vehicle-free zone 차없는 거리 **impose** 강제하다, 부과하다 **resolve** 결의하다 **confine** 제한하다
정답_(d)

43

The samurai culture that emerged in 12th-century Japan _____ prominent well into the modern era.

(a) held
(b) lasted
(c) pressed
(d) remained

✤ 번역
12세기 일본에 등장한 사무라이 문화는 근대에 들어와서도 계속 두드러지게 남아 있었다.

(a) 잡다
(b) 지속하다
(c) 압박하다
(d) 남다

📘 기출 공략
문맥상 12세기부터 근대까지 계속 남아 있었다고 해야 자연스러우므로 (d) remained가 정답이다. (b)의 last는 '일정 기간 동안 계속하다'는 의미이다.
samurai 사무라이 **emerge** 나타나다 **prominent** 중요한, 현저한 **era** 시대 **remain** 남아 있다
정답_(d)

44

Even though the volunteer army was insufficiently trained, they were able to _____ the enemy and claim victory.

(a) impel
(b) defeat
(c) scrape
(d) agitate

✤ 번역
의용군은 훈련이 부족했지만 적을 처부수고 승리를 차지할 수 있었다.

(a) 몰아대다
(b) 처부수다
(c) 문지르다
(d) 동요시키다

📘 기출 공략
'승리를 차지했다(claim victory)'라는 표현이 뒤에 나오므로 앞에는 '적을 물리쳤다'라는 말이 와야 자연스럽다. 따라서 정답은 (b) defeat 이다.
volunteer army 의용군 **insufficiently** 불충분하게 **claim** 차지하다 **impel** 몰아대다 **defeat** 처부수다 **scrape** 문지르다 **agitate** 동요시키다
정답_(b)

45

Candidate Brown demonstrated his quick wit once again with a brilliant _____ against his opponent's argument.

(a) retort (b) fallacy
(c) conjecture (d) controversy

❖ 번역
브라운 후보는 상대 후보의 주장에 대해 번뜩이는 반박의 말을 함으로써 다시 한번 그의 재빠른 재치를 보여주었다.

(a) 반박의 말 (b) 궤변
(c) 추측 (d) 논쟁

📘 기출 공략
상대방의 주장에 대한 반박의 말, 또는 대꾸는 (a) retort이다.
wit 재치, 기지 **brilliant** 번쩍이는, 훌륭한 **retort** 반박, 말대꾸 **fallacy** 궤변 **conjecture** 추측 **controversy** 논쟁
정답_(a)

46

The CEO _____ the employee for his excellent accomplishments.

(a) lauded (b) melded
(c) exerted (d) boasted

❖ 번역
최고 경영자는 뛰어난 실적을 올린 그 직원을 칭찬했다.

(a) 칭찬하다 (b) 섞다
(c) 노력하다 (d) 자랑하다

📘 기출 공략
경영자는 뛰어난 실적을 올린 직원을 당연히 칭찬할 것이므로 (a) lauded가 정답이다.
accomplishment 실적, 공적 **laud** 칭찬하다 **meld** 섞다 **exert** (힘 등을) 쓰다, 노력하다 **boast** 자랑하다
정답_(a)

47

In the midst of the scandal, Senator Daniels made several misleading statements that further _____ the truth.

(a) demystified (b) obfuscated
(c) irradiated (d) abhorred

❖ 번역
추문에 휩싸인 와중에 다니엘 상원의원은 진실을 더욱 흐리게 만들어 오도하는 발언을 몇 가지 했다.

(a) 신비감을 없애다 (b) 흐리게 하다
(c) 밝히다 (d) 혐오하다

📘 기출 공략
misleading statements를 하므로 진실(truth)을 더욱 알지 못하게 하는 것이므로 (b) obfuscated가 적절하다.
scandal 스캔들, 추문 **misleading** 오도하는, 현혹시키는 **statement** 진술 **demystify** 신비감을 없애다 **obfuscate** (판단 등을) 흐리게 하다 **irradiate** 밝히다 **abhor** 혐오하다
정답_(b)

48

Fans of the novelist will no doubt be _____ to learn that his latest effort is hugely disappointing.

(a) corpulent (b) audacious
(c) distraught (d) annihilated

❖ 번역
그 소설가의 팬들은 그의 최근 작품이 대단히 실망스러운 것을 알게 되면 분명히 곤혹스러워 할 것이다.

(a) 뚱뚱한 (b) 대담한
(c) 곤혹스러운 (d) 전멸한

📘 기출 공략
어떤 소설가의 팬들이 그 작가의 최근 작품이 별로 좋지 않은 것을 알게 될 때, 그들의 마음은 당연히 곤혹스러울 것이므로 (c) distraught가 가장 적합하다.
effort (문학·예술 따위의) 노작, 역작 **hugely** 대단히 **corpulent** 뚱뚱한 **audacious** 대담한 **distraught** (마음이) 곤혹스러운 **annihilate** 전멸시키다
정답_(c)

Vocabulary

49

Maurice was severely _____ by the military tribunal because he had left the army base without permission.

(a) rebuked
(b) inhibited
(c) smudged
(d) depreciated

✿ 번역
모리스는 무단으로 군 기지를 이탈하였기 때문에 군사 재판에서 중징계를 받았다.
(a) 징계하다 (b) 억제하다
(c) 더럽히다 (d) 가치가 떨어지다

📦 기출 공략
without permission은 '허가 없이, 무단으로'이고, military tribunal 는 '군사 재판소'이다. 재판으로 처벌을 받는 것이므로 (a) rebuked가 알맞다.
tribunal 재판소, 법정 **army base** 군사 기지 **rebuke** 징계하다
inhibit 억제하다 **smudge** 더럽히다 **depreciate** 가치를 떨어뜨리다, 평가절하하다
정답_(a)

50

Although the piranha is known as a _____ predator, its threat to humans has been exaggerated.

(a) combustive
(b) ferocious
(c) noxious
(d) tedious

✿ 번역
피라냐는 잔인한 포식자로 알려져 있지만, 인간에 대한 위협은 과장되었다.
(a) 연소성의 (b) 잔인한
(c) 유독한 (d) 지루한

📦 기출 공략
접속사 Although로 연결되어 있으므로 주절과 종속절의 내용이 상반된다는 것에 유의한다. 문맥상 정답은 (b) ferocious이다. 피라냐 자체가 유독한 동물은 아니므로 (c) noxious는 정답이 아니다.
piranha 피라냐(살아 있는 동물을 공격하여 먹는 남미산 작은 민물고기)
predator 포식자, 포식동물 **exaggerate** 과장하다 **combustive** 연소성의 **ferocious** 잔인한 **noxious** 유독한 **tedious** 지루한
정답_(b)

Reading Comprehension

45 minutes

1

Many valuable archaeological discoveries _____. For example, in 1940, when four boys were exploring the woods in southwestern France, they came across a small hole in the ground. Upon entering the hole, they discovered a narrow pathway that guided them to an array of underground rooms with animal paintings on the walls and ceilings. This chance discovery was of what we now know as the caves at Lascaux, which represent some of the most significant prehistoric paintings around the globe.

(a) are buried underground
(b) are turning out to be fakes
(c) are discovered by chance
(d) are being destroyed by humans

✽ 번역
많은 귀중한 고고학적 발견물은 우연히 발견된다. 예를 들어, 1940년에 프랑스 남서부에서 4명의 소년이 숲을 탐험하던 중 땅속에서 조그마한 구멍이를 우연히 발견했다. 그 구멍으로 들어섰을 때 그들은 벽과 천장에 동물 그림이 그려진 일련의 지하 방들로 이어지는 좁은 통로를 발견했다. 이 우연한 발견이 우리가 현재 알고 있는 라스코 동굴인데, 이것은 전세계에서 가장 중요한 선사 시대 그림을 대표하고 있다.

(a) 땅속에 묻혀 있다
(b) 위조물로 판명되고 있다
(c) 우연히 발견된다
(d) 인간에 의해 파괴되고 있다

📖 기출 공략
두 번째 문장부터 일례로 그 유명한 라스코 동굴이 우연히 발견된 과정을 묘사하고 있다. 따라서 우연히 발견된다는 (c)가 정답이다.
archaeological 고고학의 **explore** 탐험[답사]하다 **pathway** 작은 길, 경로 **array** 정렬, 배열 **cave** 동굴 **represent** 대표[대신] 하다 **significant** 중요한 **prehistoric** 선사 시대의 **fake** 위조품

정답 _(c)_

2

Dear Circulation Editor:

I wish to cancel my subscription to *The Coloradoan*. The reason I do not wish to continue receiving your newspaper is that its delivery is always late. I spoke on the phone to one of your staff members, Karl Madsen, two weeks ago about this problem, and he assured me that he would sort it out. However, your newspaper is still _____.

Sincerely,
Thomas Stone

(a) much too expensive
(b) of the lowest quality
(c) not stating the real facts
(d) not being delivered on time

✽ 번역
신문 보급 담당자님께

저는 콜로라도언 지 구독을 취소하길 원합니다. 귀사의 신문을 계속 받아보기를 원하지 않는 이유는 신문 배달이 항상 늦기 때문입니다. 저는 전화로 2주 전에 칼 매드슨이라는 직원과 이 문제에 대해 이야기했고, 그는 이것을 해결해 주겠다고 장담했습니다. 그러나 귀사의 신문은 여전히 제시간에 배달되지 않고 있습니다.

토마스 스톤

(a) 너무 비쌉니다
(b) 품질이 최악입니다
(c) 실제 사실을 전하지 않고 있습니다
(d) 제시간에 배달되지 않고 있습니다

📖 기출 공략
배달이 항상 늦어서 신문 구독을 취소하는 통지문이다. However는 역접의 접속사이므로 앞 문장과는 반대되는 내용이 온다는 것에 유의한다. 따라서 직원에게 배달 지연 문제를 설명했다는 앞 문장에 반대되는 말로 빈칸에는 여전히 배달이 늦어지고 있다는 내용이 와야 자연스럽다. 따라서 정답은 (d)이다.
circulation 유통, 보급 **subscription** 구독 **delivery** 배달 **assure** 보증하다 **sort out** (분생·문제 등을) 해결하다 **quality** 품질

정답 _(d)_

Reading Comprehension

3

In order to design better waterproof fabrics, scientists examined the waxy surface of the lotus leaf, one of nature's most waterproof materials. They found that it had many microscopic bumps that trap air and prevent water from sticking to its surface. Eventually, they were able to create a similar effect by making a coating with anti-wetting properties, but the way it was done was expensive. Then, a team of Turkish scientists found a cheaper way, creating a gel coating that _____.

(a) makes Turkish fabrics last longer
(b) mimics the surface of a lotus leaf
(c) makes fabrics more breathable
(d) is able to absorb a lot of water

❋ 번역
좀 더 향상된 방수 직물을 만들기 위해 과학자들은 자연에서 가장 방수가 잘 되는 물질 중의 하나인 연잎의 미끈한 표면을 조사하였다. 과학자들은 그것에 공기를 가두어 그 표면에 물이 달라붙지 않도록 하는 극미한 융기가 있다는 것을 발견하였다. 마침내 그들은 방수성을 가진 피복제를 만들어 유사한 효과를 내게 할 수 있었지만 그러한 방법은 비용이 많이 들어갔다. 그래서, 터키 과학자 팀은 더욱 값싼 방법을 찾아냈는데 연잎 표면을 흉내 낸 젤 형태의 피복제를 만들어냈다.

(a) 터키산 직물의 수명이 더욱 오래 가게 하는
(b) 연잎 표면을 흉내 낸
(c) 직물에 더욱 많은 통기성을 주는
(d) 많은 물을 흡수할 수 있는

📖 기출 공략
방수 기능이 있는 직물을 만들기 위한 과학자들의 연구 내용을 밝힌 글이다. 결론은 연잎 표면과 관련된 것이어야 하므로 (b)가 적절한 답이다. waterproof가 주제이므로 (c)의 통기성은 관련이 없고, (d)는 상반되는 내용이다.

waterproof 방수의 **fabric** 직물 **waxy** 밀랍 같은 **surface** 표면 **lotus** 연꽃 **microscopic** 극히 작은, 현미경에 의한 **bump** 융기, 혹 **trap** 막다, 가두다 **eventually** 결국은 **coating** 피복제 **property** 특성, 성질 **gel** 젤 **mimic** 모방하다 **breathable** 호흡할 수 있는 **absorb** 흡수하다

정답_(b)

4

Twenty years ago, on the streets of Philadelphia, a nun called Sister Mary Scullion decided to create an organization to provide shelter for all of Philadelphia's homeless people. "We can't walk by people living on the street and think that it's OK," she once told reporters. "It's not OK. It degrades me as well as the person who's on the street." The organization she founded was a great success. It helped reduce _____.

(a) the number of unemployed people
(b) the high rate of crime in Philadelphia
(c) the social causes that lead to homelessness
(d) the city's homeless population significantly

❋ 번역
20년 전 필라델피아 거리에서, 메리 스컬리온이라는 수녀가 모든 필라델피아 노숙자들을 위한 쉼터를 제공할 단체를 만들기로 결심했다. 그녀는 기자들에게 다음과 같이 말했다. "우리는 거리에서 사는 사람들을 지나치면서 그건 괜찮다고 생각할 수 없습니다. 절대 괜찮은 것이 아니죠. 그건 거리에 있는 사람들뿐만 아니라 저를 비하하는 것입니다." 그녀가 설립한 단체는 대단한 성공을 거두었다. 그것은 도시 노숙자 인구를 두드러지게 감소시키는 데 도움을 주었다.

(a) 실업자의 수를
(b) 필라델피아의 높은 범죄율을
(c) 노숙으로 이르게 하는 사회적 요인을
(d) 도시 노숙자 인구를 두드러지게

📖 기출 공략
필라델피아의 노숙자를 위한 쉼터를 설립한 수녀에 대한 글이다. 마지막 문장의 주어는 앞 문장의 The organization을 가리키므로 그것이 무엇이 줄어들게 도와주었는지를 추론하면 된다. 노숙자 쉼터는 결국 노숙자 인구를 줄어들게 하므로 (d)가 정답이다.

nun 수녀 **shelter** 피난처 **reporter** 기자 **degrade** 격하하다 **found** 설립하다 **population** 인구, 주민 **significantly** 두드러지게, 상당히

정답_(d)

5

In the late 1600s, ships would arrive at the West African port of Whydah with the purpose of _____. Captains and crews would be welcomed by the king of Whydah and then taken to his residence. It was there that a price for slaves, who had often been captured by fellow Africans, was negotiated. Once a price was established, the ship's doctor would carefully inspect the naked captives to be sure that they were of sound body, young and free of disease. The slaves were then shipped to the New World.

(a) purchasing slaves
(b) exploring Africa's interior
(c) establishing another colony
(d) negotiating an end to slavery

✲ 번역
1600년대 말에 서아프리카 위다 항구에 노예를 구입할 목적으로 배들이 도착하곤 했다. 선장들과 선원들은 위다의 왕에게 환영을 받은 후 왕의 저택으로 안내되었다. 노예들은 동료 아프리카인들에 의해 종종 생포되었는데 그들의 가격이 협상되었던 곳이 바로 그곳이다. 가격이 매겨지자마자 배의 의사들이 그 벌거벗은 포로들이 건강한 몸인지 젊고 병이 없는지를 확인하기 위해 자세히 검사하곤 했다. 이 노예들은 그리고 나서 배에 실려 신대륙으로 보내졌다.

(a) 노예를 구입할
(b) 아프리카 오지를 탐험할
(c) 또 다른 식민지를 설립할
(d) 노예제 폐지를 협상할

기출 공략
배가 서아프리카에 오는 목적을 알아내는 문제이다. 노예 포획과 노예 가격 협상, 그리고 마지막으로 노예들이 신세계로 가는 배에 태워진다는 내용이 이어지므로 (a)가 정답이다.
purpose 목적 **crew** 선원 **residence** 저택 **capture** 포획[생포]하다 **negotiate** 협상하다 **establish** 정하다 **inspect** 검사하다 **captive** 포로 **interior** 오지 **colony** 식민지 **slavery** 노예제도

정답_(a)

6

In the Chicago Metropolitan area, _____. After an early spell of warm spring weather, the cold temperatures and flurries Wednesday caught many off-guard. Gusty winds throughout the area sent plant owners rushing to shield spring bulbs from the cold. According to the National Weather Service, temperatures of around 30 degrees Fahrenheit will continue through to the weekend and will gradually reach up to 50 degrees Fahrenheit by early next week.

(a) a storm has left citizens without power
(b) cold weather has returned for the week
(c) spring has finally arrived to warm things up
(d) low temperatures mark the beginning of winter

✲ 번역
시카고 대도시권에 추운 날씨가 주중에 다시 찾아왔습니다. 주초에 따뜻한 봄 날씨를 잠깐 보인 후, 수요일에 차가운 기온과 눈보라가 많은 사람들의 허를 찔렀습니다. 이 지역 전체에 휘몰아치는 바람 때문에 식물을 가꾸는 사람들은 서둘러 봄 구근을 추위로부터 보호하는 조치를 취했습니다. 국립기상청은 화씨 30도 가량의 기온이 주말까지 이어지다가 다음 주 초까지 기온이 점차적으로 50도까지 상승할 것이라고 예상했습니다.

(a) 폭풍우가 시민들을 무기력하게 만들었습니다
(b) 추운 날씨가 주중에 다시 찾아왔습니다
(c) 마침내 봄이 와 만물이 따뜻해졌습니다
(d) 낮은 기온이 겨울의 시작을 알립니다

기출 공략
따뜻한 봄 날씨가 잠깐 이어지다가 갑작스럽게 추위가 몰아쳤다는 내용의 일기 예보이다. the cold temperatures ... caught many off-guard라는 말에서 정답인 (b)를 찾을 수 있다.
metropolitan 대도시의 **spell** 한 차례, 잠시 동안 **flurry** 눈보라, 질풍 **catch A off-guard** A의 허를 찌르다 **gusty** 세찬, 돌풍의 **shield** 감싸다, 막다 **bulb** 구근, 알뿌리 **Fahrenheit** 화씨 **gradually** 서서히

정답_(b)

7

The Ellison Academy is once again _____. All applicants are welcome. We are looking for promising young actors anxious to develop their craft in a play of social importance. The story revolves around the play's namesake, a performer named Dinah who worked at the Sahara Hotel in Las Vegas in the 50s. After being turned away at the "whites-only" entrance, Dinah comes to head an anti-racism protest. Call 123-3245 by October 12th for more detail on the time and date as well as the venue for the audition.

(a) gearing up for its annual fall production of Dinah
(b) holding auditions for those who wish to attend the academy
(c) organizing a large protest in the memory of Dinah
(d) set to stage a historic reenactment in Las Vegas

번역
엘리슨 아카데미는 본원에 입학하고 싶은 사람을 위해 다시 한 번 오디션을 개최합니다. 모든 지원자를 환영합니다. 우리는 사회적 중요성을 띠는 연극에서 기량을 발전시키고자 열망하는 유망한 젊은 배우를 찾고 있습니다. 연극은 연극 제목과 동명인이자 50년대 라스베이거스 사하라 호텔에서 일했던 디나라는 배우를 중심으로 전개됩니다. 백인 전용 출입문에서 쫓겨난 뒤 디나는 반인종차별 운동을 지휘하게 됩니다. 오디션 장소뿐 아니라 시간과 날짜에 관한 더 자세한 내용을 알고 싶다면 10월 12일까지 123-3245번으로 전화주세요.

(a) 디나의 가을 연례 제작을 준비합니다
(b) 본원에 입학하고 싶은 사람을 위해 오디션을 개최합니다
(c) 디나를 기념해서 대규모 항의 집회를 조직합니다
(d) 라스베이거스에서 역사적인 재현 공연을 준비합니다

기출 공략
초반의 All applicants are welcome. We are looking for promising young actors와 오디션 장소, 시간, 날짜를 알고 싶으면 123-3245번으로 연락하라는 마지막 문장에서 (b)가 빈칸에 적절한 내용임을 추론할 수 있다.

applicant 지원자 **promising** 유망한 **craft** 솜씨, 기교 **revolve around** ~을 중심으로 전개하다 **namesake** 이름이 같은 사람[것] **performer** 배우, 연예인 **turn A away** (~에 들어오지 못하게) A를 쫓아 보내다 **racism** 인종차별주의 **protest** 항의 **venue** 개최지 **audition** 오디션 **gear up** 준비를 갖추다 **historic** 역사적으로 유명한 **reenactment** 재현, 재연

정답_(b)

8

Traditional print newspapers were initially slow to embrace the Internet. Some were ignorant or skeptical of its potential and ignored it; others saw it as a threat but were too slow to act. Consequently, none was ready for the massive social shift away from print media to online news. Some collapsed and others were sold, while the survivors poured resources into the online side of their businesses. Some are still catching up. Certainly now, the industry _____.

(a) realizes that nothing can replace good journalism
(b) seeks to attract readers back to print newspapers
(c) makes huge sums of money through advertising
(d) recognizes that the new frontier is online news

번역
전통적인 종이 신문들은 처음에는 인터넷을 받아들이는 속도가 느렸다. 어떤 신문들은 인터넷의 잠재력에 대해 무지했거나 회의적이었고 그것을 무시하였다. 또 다른 신문들은 그것을 위협적인 것으로 보았으나 행동을 취하는 것이 너무나 느렸다. 결과적으로 아무도 인쇄 형태의 미디어에서 온라인 뉴스로의 대규모 사회적 변화에 대해 준비를 하지 않았다. 어떤 신문들은 도산했고 어떤 신문들은 매각된 반면 살아남는 신문들은 온라인 방면에 많은 재원을 쏟아부었다. 어떤 신문들은 아직도 추세를 따라잡으려고 노력하고 있다. 확실히 지금, 신문 업계는 새로운 미개척 영역이 온라인 뉴스라는 것을 인식하고 있다.

(a) 어떤 것도 훌륭한 저널리즘을 대체할 수 없다는 것을 인식하고 있다
(b) 독자들을 종이 신문으로 다시 끌어들이려고 하고 있다
(c) 광고를 통해 거액의 돈을 벌고 있다
(d) 새로운 미개척 영역이 온라인 뉴스라는 것을 인식하고 있다

기출 공략
종이 신문들이 예전에는 온라인 쪽으로의 행보가 느렸지만 지금은 그쪽으로 많은 노력을 기울이고 있다는 내용이므로 (d)가 현재 신문 업계가 인터넷을 바라보는 시각으로 적절하다.

initially 초기에 **embrace** 받아들이다, 껴안다 **ignorant** 모르는 **skeptical** 회의적인 **potential** 잠재력 **threat** 위협 **consequently** 그 결과로서 **massive** 대규모 **shift** 변천, 추이 **collapse** 붕괴하다 **survivor** 생존자 **catch up** 따라잡다 **frontier** 미개척 영역

정답_(d)

9

Charles Rosen's *The Classical Style* is a must-have for all classical music lovers. In the book, Rosen concentrates on the compositions of Haydn, Mozart and Beethoven to identify the characteristics of the classical style. He analyzes different genres and musical forms with unparalleled expertise to create a multi-faceted picture of how these three great composers helped develop the classical style by solving the musical and formal problems of the earlier Baroque period. This book _____.

(a) will be enjoyed more by laypeople than music lovers
(b) is so complex that at times it is difficult to get through
(c) will satisfy readers interested in biographical highlights
(d) is highly recommended as a milestone in musical analysis

✱ 번역
찰스 로젠의 〈고전주의 양식〉은 모든 클래식 음악 애호가들이 꼭 봐야 할 서적이다. 이 책에서 로젠은 고전 양식의 특징을 밝히기 위해 하이든, 모차르트, 베토벤의 작품들에 집중하고 있다. 그는 이들 세 명의 위대한 작곡가들이 이전 바로크 시대의 음악 및 형식상의 문제를 풀어나감으로써 고전주의 양식을 발전시킨 방법을 다방면으로 묘사하기 위해, 매우 뛰어난 전문 지식을 가지고 여러 가지 장르 및 음악 양식을 분석해 보이고 있다. 이 책은 음악 분석에 있어서 획기적인 것으로 강력 추천되고 있다.

(a) 음악 애호가보다 일반인들이 더욱 즐겨 볼 것이다
(b) 아주 복잡하여 때로 이해하기 어렵다
(c) 인물 전기의 주요 사건에 관심이 있는 독자들을 만족시킬 것이다
(d) 음악 분석에 있어서 획기적인 것으로 강력 추천되고 있다.

📖 기출 공략
고전주의 음악이 태어난 배경을 묘사하기 위해 저자가 탁월한 전문 지식을 가지고 여러 가지 장르 및 음악 양식을 분석하고 있는 책을 소개하는 글이므로 (d)가 가장 적절하다.

must-have 필수품 concentrate 집중하다 composition 작곡, 작품 identify 식별하다 characteristic 특색, 특징 unparalleled 비할 바 없는 expertise 전문적 기술[지식] multi-faceted 다방면에 걸친 laypeople 보통 사람들 biographical 전기적인 highlight 주요 사건, 가장 흥미 있는 부분 milestone 이정표, 획기적인 사건

정답 (d)

10

In a polar wasteland, where there is extreme variation in daylight hours, it is not easy to guess the time of day. But knowing the precise time is paramount for polar explorers for tasks such as accurate navigation. That is why the Time Explorer is their timepiece of choice. Instead of a regular 12-hour revolution of the hour hand, Time Explorer's hour hand completes a revolution every 24 hours. This allows you to _____. With a Time Explorer, you can know what time it is no matter where you are.

(a) tell the time in a different time zone
(b) use it as you would use a compass
(c) use the watch in any temperature
(d) tell whether it is night or day

✱ 번역
극지의 불모지는 낮 시간이 극도의 편차를 보이기 때문에 시간을 추측하는 것이 쉽지가 않습니다. 하지만 정확한 시간을 아는 것은 정밀한 항해술과 같은 임무를 수행하는 극지 탐험가들에게는 아주 중요합니다. '타임 익스플로러'라는 시계를 선택한 이유가 바로 그것입니다. 시침이 보통 12시간 회전하는 대신 '타임 익스플로러'의 시침은 24시간을 회전합니다. 이 때문에 당신은 밤인지 낮인지를 알 수 있습니다. '타임 익스플로러'는 당신이 어디에 있든 관계없이 시간을 알려 줍니다.

(a) 다른 시간대의 시간을 알 수 있습니다
(b) 그것을 나침반을 사용하는 것과 같이 사용할 수 있습니다
(c) 어떤 온도에서든 시계를 사용할 수 있습니다
(d) 밤인지 낮인지를 알 수 있습니다

📖 기출 공략
타임 익스플로러는 일반 시계와 달리 시침이 24시간을 회전하는 특징을 강조하고 있다. 따라서 밤과 낮을 추측해서 구별할 필요가 없다는 (d)의 내용이 적절하다.

polar 극지의 wasteland 불모지 variation 변화, 편차 daylight 낮 precise 정확한 paramount 다른 무엇보다 중요한 accurate 정확한 navigation 항법 timepiece 시계 revolution 회전 compass 나침반

정답 (d)

11

The majority of the personages that we see in Wordsworth's poems are lonely in one way or another. They do not share common features with the social types found in the poetry of other Romantic poets, types like Byron's Don Juan or Childe Harolde. Maybe it is because Wordsworth himself was a fairly solitary individual. While he did enjoy interacting with a select few individuals such as his beloved sister Dorothy, he seemed happiest _____.

(a) if literary critics praised his poetry
(b) among other poets whom he respected
(c) when his only company was himself
(d) in the company of family members

번역
워즈워스의 시에 나오는 대다수 인물들은 이래저래 고독하다. 그들은 바이런의 돈 주앙이나 차일드 해롤드와 같이, 다른 낭만주의 시인들의 시에서 발견되는 사교적 타입과는 다른 특징을 갖고 있다. 아마도 그것은 워즈워스 자신이 상당히 고독한 인물이었기 때문일 것이다. 그는 자신의 사랑스런 여동생 도로시와 같은 몇몇 선별적인 사람과의 교류를 즐기기는 했지만 그의 유일한 벗이 자기 자신일 때 가장 행복한 듯했다.

(a) 문학 비평가들이 그의 시를 칭찬하면
(b) 그가 존경했던 다른 시인들과 함께 있을 때
(c) 그의 유일한 벗이 자기 자신일 때
(d) 가족들과 함께 있을 때

기출 공략
고독했던 워즈워스 작품 속 인물과 작가 자신의 성향에 대한 글이다. 역접의 접속사 while이 이끄는 절과 주절은 상반되는 내용이어야 한다. 즉, 몇몇 선별적인 사람들과 교류를 즐기기는 했지만 혼자 있을 때가 가장 행복했다는 (c)가 가장 자연스럽다.

majority 대다수 personage (문학 작품의) 인물 in one way or another 그럭저럭, 어떻게 해서든 feature 특징 fairly 상당히 solitary 고독한 interact 상호 작용하다, 교류하다 beloved 총애받는; 사랑하는 critic 비평가

정답 (c)

12

Recently, a study was done in Britain on _____. The study, which looked at 2,954 high schools and 979 primary schools, showed that boys and girls performed better academically at single-sex schools than their peers at co-ed ones. It further showed that students in single-sex schools tended to perform better in subjects not traditionally associated with their gender; girls' skills in math and science improved, as did boys' skills in subjects like arts and literature.

(a) the ways boys and girls differ in school
(b) the way single-sex classrooms affect girls
(c) how single-sex schools benefit boys and girls
(d) how to improve weak subjects for boys and girls

번역
최근에, 남녀 공학이 아닌 학교가 청소년들에게 어떻게 이로운지에 대한 연구가 영국에서 실시되었다. 2,954개 고등학교와 979개 초등학교를 조사한 이 연구에서 남녀 공학이 아닌 학교의 학생들이 남녀 공학 학교의 동료 학생들보다 성적이 우수한 것으로 밝혀졌다. 또 하나 밝혀진 사실은, 남녀 공학이 아닌 학교 학생들은 일반적으로 그들의 성별과 관련 없는 과목 성적이 더욱 뛰어난 경향을 보여 주었다. 즉 미술과 문학 같은 과목에서는 남학생들이, 수학과 과학에서는 여학생들의 성적이 향상되었다.

(a) 학교에서 남학생과 여학생의 서로 다른 면들
(b) 남녀 분리 학급이 여학생들에게 영향을 미치는 방식
(c) 남녀 공학이 아닌 학교가 청소년들에게 어떻게 이로운지
(d) 남녀 학생들이 취약한 과목을 향상시키는 방법

기출 공략
남녀 공학과 그렇지 않은 경우 학생들의 학업 성취도에 관한 연구 내용이다. 남녀 공학이 아닌 경우 더 우수한 학업 성적을 낸다고 했으므로 (c)가 정답이다.

primary school 초등학교 perform 수행하다 academically 학문적으로 peer 동료 co-ed 남녀 공학 (학교) tend to ~하는 경향이 있다 gender 성별 benefit ~에게 이롭다 improve 향상시키다

정답 (c)

13

I was ten years old when packaged instant noodles were introduced in Japan. I dismissed them as impractical luxury items because they cost 35 yen, six times the cost of a bowl of fresh noodle soup at our neighborhood eatery. But now, 40 years later, the contrary is true. Today, a bowl of fresh noodles in Tokyo costs around 800 yen, while I can buy a packet of ramen for 100 yen. _____, instant ramen is very easy to cook, which is why I always have a stock of it in my pantry.

(a) Besides being so cheap and practical
(b) Now that it is not considered a luxury item
(c) Although something that I did not enjoy that much
(d) Even though its price has become three times higher

✿ 번역
포장된 즉석 면이 일본에 처음 도입되었을 때 나는 열 살이었다. 나는 그것을 비현실적인 사치 품목으로 치부해 버렸는데, 왜냐하면 가격이 부근 식당에서 파는 신선한 우동 가격의 6배인 35엔이었기 때문이었다. 하지만 40년이 지난 지금은 정반대가 되었다. 현재 도쿄의 신선한 우동 한 그릇이 800엔 가량 하는 반면에 라면은 한 묶음에 100엔에 살 수 있다. 값싸고 실용적이라는 것 외에도, 즉석 라면은 요리하기가 매우 쉬운데, 그것이 내가 찬장에 항상 라면을 쌓아두는 이유이다.

(a) 값싸고 실용적이라는 것 외에도
(b) 그것이 사치품으로 간주되니 않으니까
(c) 비록 내가 그다지 즐긴 것은 아니지만
(d) 비록 그 가격이 3배나 높아졌지만

📋 기출 공략
라면이 처음 도입된 때와 지금의 가격이 역전된 상황을 말하고 있다. 문맥상 빈칸에는 앞에서 말한 라면의 장점이 들어가야 자연스러우므로 (a)가 정답이다.

packaged 포장된 instant 즉석의 dismiss 일축하다
impractical 비현실적인 eatery 간이식당 contrary 정반대, 모순
packet 한 묶음 ramen 라면 stock 축적, 저장 pantry 찬장, 식료품 저장실 besides ~외에도

정답_(a)

14

An emerging field of neuroscience concerns how _____. Central to this field are "mirror neurons," a class of brain cells that appear to help us sense what others might feel. When we perceive or sense the emotion or even intentions of another person, these neurons stimulate the parts of our brain associated with what we have perceived or sensed. In a way, the behavior of others is replicated or "mirrored" within our own minds by these neurons. Mirror neurons may explain our feelings of empathy and our understanding of the feelings of another person.

(a) people manipulate each other's feelings
(b) social networking is handled by the brain
(c) neurons are to blame for emotional stress
(d) one person's emotion may affect another's

✿ 번역
신경과학에서 새롭게 부상하는 분야는 어떻게 한 사람의 감정이 다른 사람의 감정에 영향을 미치는지에 관한 것이다. 이 분야의 중심에는 거울 뉴런이 있는데, 이것은 다른 사람이 느끼는 감정을 자신도 느끼도록 돕는 것으로 보이는 일종의 뇌 세포들이다. 우리가 다른 사람의 감정이나 심지어 그들의 의도를 인식하거나 느끼게 되면 이런 뉴런들이 우리가 인식했거나 느꼈던 것과 연관이 있는 뇌 부위를 자극한다. 어떤 면에서는, 다른 사람의 행동이 이런 뉴런들에 의해 우리 마음 속에 복사되거나 비추어진다고 볼 수도 있다. 우리가 타인과 공감하고 타인의 감정을 이해할 수 있는 것은 이러한 거울 뉴런 때문인지도 모른다.

(a) 사람들이 서로의 감정을 조정하는지
(b) 뇌가 소셜 네트워킹을 다루는지
(c) 뉴런이 감정적 스트레스에 대한 책임이 있는지
(d) 한 사람의 감정이 다른 사람의 감정에 영향을 미치는지

📋 기출 공략
우리의 뇌가 거울 뉴런을 통해 다른 사람의 감정이나 의도를 인지하고 느끼는 방식을 언급하는 글이므로 (d)가 정답이다. 타인의 감정에 공감은 하지만 의도적으로 조정한다는 말은 언급되지 않았으므로 (a)는 오답이다.

emerging 떠오르는 neuroscience 신경과학 perceive 감지하다 intention 의도 stimulate 자극하다 associated with ~와 연관된 replicate 복사하다 empathy 감정 이입, 공감 manipulate 조작하다 be to blame for ~에 대한 책임을 마땅히 지다 affect 영향을 미치다

정답_(d)

15

Investing with Triple Top Investments could be the best choice you ever make. Our investment packages have a proven track record and can make up to 20% annually for our customers, depending on their investment portfolio. _____, all of our packages are registered, meaning that investors can feel assured by our pledge to protect them against any loss. Triple Top Investments—making profit the smart way.

(a) And yet
(b) In addition
(c) For instance
(d) Despite that

16

In spite of America's so-called "War on Drugs," the demand for cocaine is still high, and the drug has become less expensive. Drug lords have discovered creative channels to eliminate middlemen, and dealers will readily work the street corners for lower pay. _____, the Free Trade Agreement has made smuggling easier, as drugs transported in trucks and commercial vehicles continually move across the Mexican border undetected.

(a) As a result
(b) Meanwhile
(c) By contrast
(d) Nevertheless

17

Arkansas annually attracts over 30,000 visitors from across the nation and abroad. They are drawn to many outdoor adventures and to its natural beauty, as seen in the state's waterfalls, forested mountain trails and scenic drives. You can even dig for keeper diamonds at a public diamond mine. Arkansas, The Natural State, is a must-see vacation destination.

Q What is the advertisement mainly about?
(a) Attractions of Arkansas
(b) A public diamond mine
(c) Nature parks in Arkansas
(d) An adventure tour package

❈ 번역

아칸소는 매년 3만 명 이상의 국내외 방문객들을 유치하고 있습니다. 방문객들은 많은 야외 모험 활동이나, 이 주의 폭포, 숲이 우거진 산악 오솔길, 경치 좋은 드라이브 길 등에서 볼 수 있는 자연의 아름다움에 이끌립니다. 심지어 공공 다이아몬드 광산에서 소장 가치가 있는 다이아몬드를 파낼 수도 있습니다. 자연의 주 아칸소는 꼭 가봐야 할 휴양지입니다.

Q 광고문의 주제는?
(a) 아칸소의 관광 명소
(b) 공공 다이아몬드 광산
(c) 아칸소의 자연 공원
(d) 모험 여행 패키지

📘 기출 공략

관광객 유치를 위해 아칸소를 홍보하는 광고이다. 마지막 문장의 a must-see vacation destination이 핵심어이므로, (a)가 정답이다.
attract 유치하다 waterfall 폭포 forested 숲으로 뒤덮인 trail 오솔길, 산길 scenic 경치가 좋은 keeper 소장 가치가 있는 must-see 꼭 봐야 하는 destination 목적지 attraction 관광 명소

정답_(a)

18

Some critics have stated that the Peter Shaffer and Milos Forman film on Mozart, *Amadeus*, led us to a deeper appreciation of the composer and his art. I beg to differ. The film was essentially based on popular myths and Mozart's letters, which are hardly the sum of the man. The resulting depiction of Mozart will leave most with the impression that he was childish and vulgar. If you hope for a better understanding of Mozart and his genius, you will not find it in *Amadeus*. It has no deeper purpose other than to entertain, as the film makers intended.

Q What is the main idea about *Amadeus* in the passage?
(a) It gives a distorted portrait of Mozart.
(b) It deviates from the details in Mozart's letters.
(c) It accurately presents aspects of Mozart's daily life.
(d) It is as entertaining as the film-makers had intended.

❈ 번역

일부 비평가들은 피터 셰퍼와 밀로스 포만이 감독한 모짜르트에 관한 영화 〈아마데우스〉로 사람들이 작곡가 모짜르트와 그의 예술에 대해 더 깊은 이해를 할 수 있었다고 말합니다. 저는 다른 의견입니다. 이 영화는 본래 대중적인 속설과 모짜르트의 편지를 바탕으로 만든 것으로, 이는 그 사람의 전부가 아닙니다. 그 결과 묘사된 모짜르트는 유치하고 천박하다는 인상을 대부분 사람들에게 남길 것입니다. 모짜르트와 그의 천재성에 대한 더 나은 이해를 원한다면 〈아마데우스〉에서는 찾지 못할 것입니다. 영화 제작자들이 의도했던 대로 그것은 즐겁게 해주는 것 외에 더 깊은 목적은 없습니다.

Q 지문에 나타난 〈아마데우스〉에 관한 주된 생각은?
(a) 모짜르트를 왜곡되게 묘사한다.
(b) 모짜르트 편지의 세부 내용과 맞지 않다.
(c) 모짜르트의 일상 생활 모습을 정확하게 제시한다.
(d) 영화 제작자들이 의도한 대로 재미있는 영화다.

📘 기출 공략

영화가 모짜르트의 삶을 제대로 묘사하지 못한다는 비판의 글이므로 (a)가 정답이다. (c)는 이 글과 반대되는 내용이다. (d)는 영화가 재미있는 것은 사실이나 이 글의 중심 내용은 아니다.
critic 비평가 appreciation 평가, 감상 composer 작곡가 beg 당연한 일로 생각하다 myth 통념 depiction 묘사 impression 인상 childish 유치한 vulgar 천박한 entertain 즐겁게 하다 intend 의도하다 distort 왜곡하다 portrait 묘사 deviate 벗어나다 aspect 측면; 양상

정답_(a)

19

When hiking on long treks over rough, winter terrain, weather conditions and the nature of the terrain will generally dictate the distance you travel. With good weather over gentle terrain, you can cover 20 miles in a day. However, if the weather changes for the worse and if you strike snow flurries and slippery terrain, you might be lucky to go five miles. So, don't bank on making it to any preplanned destination at a set time. Also, to protect yourself against unforgiving elements, always carry your shelter with you.

Q What is the main point about winter hiking?
(a) Arrange for lodgings ahead of time.
(b) Make sure you take the best equipment.
(c) Be prepared to be delayed by bad weather.
(d) Do not go trekking if the weather is severe.

번역

거칠고 추운 지형에서 장거리를 도보 여행할 때, 날씨와 지형의 성격에 의해 일반적으로 당신이 여행할 수 있는 거리가 결정된다. 부드러운 지형에 좋은 날씨면 당신은 하루에 20마일을 여행할 수 있다. 그러나 날씨가 나빠지면, 그리고 눈보라와 미끄러운 지형을 만나면 그나마 운이 좋아야 5마일을 갈 수 있을 것이다. 따라서 미리 계획한 목적지에 정한 시간에 도착할 것을 기대하지 말라. 또한 무자비한 자연의 힘에 대해 당신을 보호할 수 있는 엄호물을 항상 가지고 다녀라.

Q 겨울 도보 여행에 대한 주된 내용은?
(a) 미리 숙박할 곳을 준비하라.
(b) 반드시 최고의 장비를 가지고 가라.
(c) 악천후로 지연될 것에 대비하라.
(d) 날씨가 나쁘면 도보 여행을 가지 마라.

기출 공략

도보 여행 시 기상이 악화되거나 나쁜 지형을 만나면 시간이 지체되므로 미리 대비하라는 내용이다. 따라서 (c)가 정답이다.

trek 도보 여행 **rough** 거친 **terrain** 지형, 지대 **dictate** 지시하다, 결정하다 **flurry** 눈보라 **slippery** 미끄러운 **bank on** ~에 의존하다, 확신하다 **preplan** ~을 미리 계획해 두다 **destination** 목적지 **unforgiving** 용서하지 않는 **shelter** 보호물, 엄폐물 **lodging** 숙박소 **equipment** 장비

정답_(c)

20

The University of Chicago changed education in the US by establishing the country's first university extension program for adults. It was the brainchild of the university's first president, William Harper, who believed that education was "evidence of, and the surest means toward, the higher civic life." The program embodied Harper's desire to extend teaching, research and intellectual discussion into the broader community by opening classes to the public. Thus, in October, 1892, those in the community who had difficulty in getting a higher education were able to partake in university classes for the first time.

Q What is mainly being discussed about the University of Chicago in the passage?
(a) Its efforts to improve the lives of people
(b) Its continued support of community groups
(c) Its introduction of extended education to the public
(d) Its beginnings under the leadership of William Harper

번역

시카고 대학은 전국에서 최초로 일반 성인을 대상으로 하는 대학 공개 강좌 프로그램을 설립함으로써 미국 교육을 변화시켰다. 이것은 이 대학 초대 총장인 윌리엄 하퍼의 아이디어였는데, 그는 교육은 고급 시민 생활의 증거이며 그것을 향해 나아가는 가장 확실한 수단이라고 믿었다. 이 프로그램은 대중에게 강좌를 개방함으로써 강의, 연구, 그리고 지적인 토론을 보다 광범위한 지역 사회로 확장하려는 하퍼의 바람을 구현하였다. 그리하여, 1892년 10월에 고등 교육을 받는 데 어려움을 겪었던 지역민들이 처음으로 대학 수업에 참여할 수 있었다.

Q 시카고 대학에 관해 주로 말하고 있는 것은?
(a) 사람들의 삶을 향상시키려는 노력
(b) 지역 사회 단체에 대한 시카고 대학의 계속적인 지원
(c) 일반인에게 교육 확대 프로그램 실시
(d) 윌리엄 하퍼의 지휘 하에 시카고 대학의 출범

기출 공략

시카고 대학의 최초 성인 평생 교육 프로그램의 도입 목적과 노력을 소개하는 글이므로 (c)가 정답이다. 대학의 초대 총장인 하퍼의 지도 하에 시작된 것은 시카고 대학이 아니라, 평생 교육 프로그램이므로 (d)는 오답이다.

extension 대학 공개 강좌의 **brainchild** 창작안, 아이디어 **civic** 시민의, 시의 **embody** 구체화하다 **intellectual** 지적인 **partake** 참여하다 **introduction** 도입

정답_(c)

21

Although the demise of every civilization is unique, striking similarities exist in the causal processes and the human response to them. For example, human societies have tended to be fixed in their responses to ecological conditions around them, losing the ability over time to react or adapt to environmental change. They have sometimes failed to foresee or reverse unsustainable behavior, helplessly applying small-scale, short-term solutions to large-scale problems. Thus, for many civilizations, decline was inevitable—it was just a matter of time.

Q What is the main topic about human societies in the passage?
(a) They invariably ignore large-scale ecological problems.
(b) They respond to problems by believing things will get better.
(c) They are responsible for the protection of Earth's environment.
(d) They bring on their own demise by reacting too quickly to change.

❈ 번역
비록 모든 문명의 몰락은 독특하지만 그 인과 과정과 이 과정에 대한 인간의 반응에는 현저한 유사성이 존재한다. 예를 들어, 몰락한 인간 사회를 보면 그들은 주위 생태학적 환경에 대한 반응이 고정되는 경향이 있어서 시간이 지나면서 환경 변화에 반응하거나 적응하는 능력이 상실되었다. 때때로 그들은 지지할 수 없는 행동을 예측하거나 바꾸는 데 실패하였고, 대규모의 문제에 무기력하게도 소규모의 단기적인 해법을 적용하였다. 따라서 많은 문명들에서 몰락은 불가피하였다. 그것은 단지 시간 문제였다.

Q 인간 사회에 대한 요지는?
(a) 중대한 생태학적 문제를 늘상 무시한다.
(b) 상황이 나아질 것이라고 믿음으로써 문제에 반응한다.
(c) 지구 환경을 보호할 책임이 있다.
(d) 변화에 너무 빨리 반응함으로써 몰락을 자초한다.

📋 기출 공략
인간 사회가 환경 문제와 같이 중요한 문제에 늘 적극적으로 대처하지 못하고 단기적인 해법에 의존함으로써 한결같이 몰락하게 되었다고 하였으므로 (a)가 정답이다. 문제가 나아질 것으로 믿는다는 언급은 없으므로 (b)는 정답이 아니다.

demise 소멸, 종말 **civilization** 문명 **similarity** 유사성 **causal** 인과의 **response** 반응 **ecological** 생태학적인 **adapt** 적응하다 **foresee** 예견하다 **reverse** 역전시키다, 바꾸다 **unsustainable** 지지할 수 없는 **decline** 쇠퇴, 몰락 **inevitable** 피할 수 없는 **invariably** 변함없이 **protection** 보호

정답_(a)

22

The sixteenth and seventeenth centuries saw dramatic changes in Europe. Reformation ideas, with their emphasis on individual liberty, were applied to areas outside of religion, and this led to social and political dissent. For example, concepts of individualism threatened monarchic rule, prompting political philosophers to justify the monarchy's authority by citing two doctrines: "natural law" and "the Divine Right of Kings." Both doctrines upheld the idea of absolutism, where a monarch rules with unshared power. However, such doctrines could not soften the impact of the Reformation or mend the political and social divisions it created.

Q What is the main idea of the passage?
(a) Reformation changes had a profound effect on political thinkers.
(b) Political dissenters were responsible for creating the Reformation.
(c) Philosophers during the Reformation sought to justify absolutism.
(d) Reformation concepts gave rise to political unrest and social change.

❈ 번역
유럽은 16~17세기에 급격한 변화를 겪었다. 종교개혁 사상은 종교 외 영역에도 적용되었는데, 개인의 자유를 강조한 점과 더불어 이는 사회적·정치적 반대를 불러 일으켰다. 예를 들어, 개인주의 개념은 군주제 통치를 위협했고, 이는 정치 철학자들로 하여금 두 개의 신조인 자연법과 왕권신수설을 인용하게 함으로써 군주의 권위를 정당화하도록 자극하였다. 두 신조는 군주가 독점적 권력을 가지고 통치하는 절대주의 사상을 지지했다. 그러나 그러한 신조들이 종교개혁의 영향력을 누그러뜨리거나 종교개혁으로 야기된 정치적·사회직 분열을 제자리로 돌려놓을 수는 없었다.

Q 지문의 주제는?
(a) 종교개혁기의 변화는 정치 사상가들에게 심오한 영향을 미쳤다.
(b) 정치적 반대자들 때문에 종교개혁이 일어났다.
(c) 종교개혁기 철학자들은 절대주의를 정당화하려고 시도했다.
(d) 종교개혁 사상은 정치적 불안과 사회 변화를 초래했다.

📋 기출 공략
종교개혁이 사회적, 정치적으로 미친 영향을 설명하는 글이므로 (d)가 정답이고, (a)와 (c)는 그 영향의 일부 내용에 불과하다.

Reformation 종교개혁(기) **emphasis** 강조 **liberty** 자유 **dissent** 불찬성, 이의 **concept** 개념 **threaten** 위협하다 **monarchic** 군주제의 **prompt** 자극하다 **justify** 정당화하다 **authority** 권위 **doctrine** 신조, 주의 **uphold** 떠받치다, 지지하다 **absolutism** 절대주의 **impact** 영향 **mend** 고치다 **division** 분열 **profound** 심오한 **unrest** 불안

정답_(d)

23

Established in 1701 by French fur traders, Detroit is the largest city in the American state of Michigan. Located in Wayne County, Detroit is an important port city on the Detroit River in the American Midwest. In 2005, Detroit ranked 11th among the most populous cities in America, with a population of 886,675. However, this is less than half the number it boasted in 1950, and in fact the city now leads the nation in declining urban population.

Q Which is correct about Detroit according to the passage?
(a) It was founded by the Michigan Indians.
(b) It was the 11th largest US city in 1950.
(c) It has fewer residents than it used to have.
(d) It is located in the west of the United States.

번역
1701년에 프랑스 모피 무역업자들에 의해 세워진 디트로이트는 미국 미시간 주의 최대 도시이다. 웨인 카운티에 위치한 디트로이트는 미국 중서부의 디트로이트 강을 끼고 있는 중요한 항구 도시이다. 2005년에 디트로이트는 인구 886,675명으로 미국에서 11번째로 인구가 많은 도시였다. 그러나 이는 1950년에 자랑하던 인구의 절반도 안 되는데, 사실 디트로이트는 현재 미국에서 가장 많이 인구가 감소하고 있는 도시이다.

Q 디트로이트에 관해 옳은 것은?
(a) 미시간 인디언에 의해 세워졌다.
(b) 1950년에 미국에서 11번째로 큰 도시였다.
(c) 과거보다 거주자가 더 적어졌다.
(d) 미국 서부에 위치한다.

기출 공략
디트로이트는 2005년 기준으로 미국에서 11번째로 인구가 많은 도시이므로 (b)는 오답이다. 현재는 1950년에 비해 절반도 안 되는 인구를 가지고 있으므로 (c)가 정답이다.
fur 모피 **rank** 지위를 차지하다 **populous** 사람 수가 많은 **boast** 자랑하다 **decline** 감소하다; 거절하다 **resident** 거주자, 주민

정답_(c)

24

Many students dream of taking extravagant vacations after graduating from college. But when Alex Tehrani graduated from the Tisch School of the Arts' photography program, he headed for the war-ravaged country of Angola. After 30 years of civil war, the country was finally at peace, and Tehrani's plan was to photograph the first democratic election ever to be held there. However, peace did not last long, and he ended up photographing the country's descent into more violence. In the process, he gained a reputation for merging artistic elegance with a documentary style.

Q Which of the following is correct about Alex Tehrani?
(a) He photographed violent conflicts in Angola.
(b) He went to Angola to report on a civil war.
(c) He vacationed in Angola after graduating.
(d) He studied photography while in Angola.

번역
많은 학생들이 대학을 졸업한 뒤 사치스런 휴가를 떠나는 것을 꿈꾼다. 그러나 앨릭스 테라니는 티쉬 예술학교 사진학과를 마친 후, 전쟁으로 폐허가 된 나라 앙골라로 향했다. 30년간의 내전 뒤 앙골라는 마침내 평화를 찾았고, 테라니의 계획은 그곳에서 역사상 최초로 실시되는 민주 선거 사진을 찍는 것이었다. 그러나 평화는 오래 지속되지 않았고, 그는 결국 앙골라가 더 많은 폭력으로 전락하는 장면을 찍게 되었다. 그 과정에서 그는 다큐멘터리 스타일에 예술적인 우아함을 더해 유명 인물이 되었다.

Q 앨릭스 테라니에 대해 옳은 것은?
(a) 앙골라의 폭력적인 충돌 장면을 사진에 담았다.
(b) 내전을 보도하기 위해 앙골라로 갔다.
(c) 졸업 후 앙골라에서 휴가를 보냈다.
(d) 앙골라에 있는 동안 사진술을 공부했다.

기출 공략
그는 전쟁을 보도하기 위해서가 아니라 민주 선거를 사진에 담기 위해 앙골라에 갔으므로 (b)는 오답이다. 후반부의 he ended up photographing the country's descent into more violence에서 (a)가 정답임을 알 수 있다.
extravagant 사치스러운, 낭비하는 **photography** 사진술 **head for** ~로 향하다 **ravage** 파괴[약탈]하다 **descent** 전락, 하강 **reputation** 명성 **merge** 합치다 **elegance** 우아, 고상 **documentary** 다큐멘터리의, 기록적인 **conflict** 충돌

정답_(a)

25

Dear Kathy,

Sorry for the delayed response to your invitation of a few days ago. I didn't reply straight away because I wanted to find out whether my wife was able to attend. We are both glad that you invited us on your annual ski trip, but, while we would like nothing more than to join you again this year, we are going to have to pass. Unfortunately, my wife's asthma is proving to be quite a burden. Hopefully things will be better next year and we'll be able to join you then.

Bye for now,
Eric

Q Which of the following is correct according to the email?
(a) Eric will attend Kathy's ski trip.
(b) Kathy hosts a ski trip every year.
(c) Eric's wife is slowly recovering from asthma.
(d) Kathy sent an invitation to Eric's wife a week ago.

번역
캐시에게,

며칠 전 너의 초대에 대한 답장이 늦어 미안해. 내가 바로 답을 하지 않은 것은 아내도 갈 수 있는지 먼저 알아보고 싶었기 때문이야. 네가 매년 가는 스키 여행에 우리를 초대해 줘서 우린 둘 다 기뻐하고 있어. 하지만 우린 올해도 정말 너와 같이 가고 싶지만 사양해야겠어. 불행히도 아내의 천식이 큰 부담이 되거든. 바라건대 내년에는 상황이 나아져서 같이 갈 수 있었으면 좋겠어.

그럼 이만 안녕,
에릭

Q 이메일에 따르면 옳은 것은?
(a) 에릭은 캐시의 스키 여행에 같이 갈 것이다.
(b) 캐시는 매년 스키 여행을 주최한다.
(c) 에릭의 아내는 천식에서 서서히 회복되고 있다.
(d) 캐시는 에릭의 아내에게 일주일 전에 초대장을 보냈다.

기출 공략
중반부의 you invited us on you annual ski trip이라는 말에서 (b)가 정답임을 알 수 있다.
response 응답 attend 참석하다 annual 일년마다의 asthma 천식 burden 부담, 걱정 recover 회복하다
정답_(b)

26

A Bangladeshi economist, Muhammad Yunus, and the bank he founded 30 years ago were jointly awarded the Nobel Peace Prize in 2006. Yunus founded his banking system so that tiny loans could be given to millions of people that no commercial bank would bother with, mainly the rural poor in Bangladeshi villages. Most of the low-interest microloans, as they are called, go to women, who use them to start their own profit-making enterprises, mainly in agriculture, crafts or services. Yunus' banking success in combating poverty has inspired similar schemes across the developing world.

Q Which of the following is correct about Muhammad Yunus' bank?
(a) Its loans go exclusively to women.
(b) It lends money to the poor interest-free.
(c) It has given farmland to villagers in Bangladesh.
(d) Its methods are being copied in other poor nations.

번역
방글라데시 경제학자 무하마드 유누스와 그가 30년 전 설립한 은행이 공동으로 2006년 노벨 평화상을 수상하였다. 유누스는 상업적 은행들은 전혀 거들떠보지 않는 수백만의 사람들, 주로 가난한 방글라데시 시골 마을 사람들에게 소규모 대출을 해주는 은행을 설립했다. 대부분의 이른바 저금리 소액융자는 여성들에게 제공되는데, 이들은 이 융자금을 주로 농업, 수공업, 혹은 서비스 분야에서 자신의 이익 창출 사업을 시작하기 위해 사용한다. 가난을 퇴치하는 데 있어서 유누스 은행의 성공은 개발도상국들이 이와 유사한 계획을 세우는 계기를 만들어 주었다.

Q 유누스 은행에 관해 옳은 것은?
(a) 여성들에게만 융자를 해준다.
(b) 돈을 가난한 사람에게 무이자로 빌려준다.
(c) 방글라데시 마을 주민들에게 농토를 주었다.
(d) 다른 가난한 국가들이 그 방법을 모방하고 있다.

기출 공략
소액융자의 대상이 주로 여성이지만 전적으로 여성에게만 대출되는 것은 아니며, 저금리이지 무이자는 아니므로 (a), (b)는 오답이다. 유누스 은행의 성공은 다른 개발도상국들이 유사한 계획을 세우는 데 힘을 불어넣어 주었다는 마지막 문장에서 (d)가 정답임을 알 수 있다.
jointly 공동으로 tiny 소규모의 loan 대부, 융자 bother 걱정하다, 고민하다 microloan 소액융자 profit 수익 enterprise 사업, 기업 agriculture 농업 craft 수공업 combat 싸우다 inspire 영감을 주다, 고무시키다 scheme 계획 exclusively 배타적으로, 독점적으로 farmland 농지 copy 모방하다
정답_(d)

Reading Comprehension

27

To Whom It May Concern:

I am responding to your newspaper advertisement for a Managing Editor. As you can see from my résumé, I have many years of experience as an editor, proofreader and layout designer. My résumé also shows that I have worked as a copy editor for sports and technology magazines. I am currently Production Editor at *Newsline Magazine*, but I feel that it is time to advance my career to a managerial position. I am confident I would be ideal for the position of Managing Editor at your magazine. Thank you for your consideration, and I look forward to hearing from you.

Sincerely,
April Armond

Q Which of the following is correct about the writer?
(a) She wants to work for a magazine publisher.
(b) Her experience as a proofreader is limited.
(c) Her goal is to become a production editor.
(d) She writes articles for several magazines.

번역
담당자에게,

편집부장을 구하는 귀사의 신문 광고를 보고 답을 보냅니다. 제 이력서를 보시면 아시겠지만 저는 편집자, 교정인, 지면 레이아웃 디자이너로서 다년간의 경험이 있습니다. 이력서를 보시면 저는 또한 스포츠와 기술 잡지 원고 편집자로도 일했습니다. 현재 저는 〈뉴스라인 매거진〉의 제작 편집자이지만 관리직으로 저의 경력을 발전시킬 시점이라고 생각합니다. 저는 귀 잡지의 편집부장 직책에 적임자라고 자신합니다. 배려에 감사드리며 귀하로부터 답을 듣기를 고대합니다.

에이프릴 아몬드

Q 글쓴이에 대해 옳은 것은?
(a) 잡지사에서 일하고 싶어 한다.
(b) 교정자로서의 경험이 제한적이다.
(c) 그녀의 목표는 제작 편집자가 되는 것이다.
(d) 여러 잡지 기사를 쓴다.

기출 공략
글쓴이의 목표는 편집자에서 관리직으로 오르는 것이고, 잡지 기사를 쓴다는 말은 없으므로 (c), (d)는 오답이다. (a)의 잡지사에서 일하고 싶다는 내용이 정답이다.

managing editor 편집부장 **résumé** 이력서 **proofreader** 교정인 **layout designer** 지면 레이아웃 디자이너 **copy editor** 원고 편집자 **currently** 현재 **production editor** 제작 편집자 **managerial** 관리의 **consideration** 고려, 참작   정답 (a)

28

More than three decades after Chicago banned phosphate-laden detergents that caused foul-smelling algae to flourish and choke up lakes and rivers, dish-washing liquids containing phosphates are still on supermarket shelves. The ban on phosphates was implemented by Mayor Richard J. Daley in 1971, and it became the model for efforts that helped revive the Great Lakes. However, the city's current administration rarely enforces the ban, even though its mayor promotes Chicago as one of the nation's most environmentally friendly cities.

Q Which of the following is correct about Chicago according to the passage?
(a) Its current mayor is working to revive the Great Lakes.
(b) Its stores no longer sell phosphate-laden detergents.
(c) Its lakes were choked with algae in the early 1970s.
(d) Its rivers recently started emitting foul odors.

번역
악취가 나는 조류를 번성시켜 호수와 강을 질식시키게 만든 인산염이 가득한 세제를 시카고가 금지한 지 30여 년이 지난 지금, 인산염을 함유한 식기 세제가 여전히 슈퍼마켓 선반에 진열되어 있습니다. 인산염 규제 정책은 1971년 리처드 제이 달리 시장에 의해 실시되었고, 이것은 5대호를 살리기 위한 노력의 모델이 되었습니다. 그러나 시카고 현 행정부는 이 규제를 거의 집행하지 않고 있는데, 그럼에도 불구하고 시장은 시카고를 미국에서 가장 환경 친화적인 도시 중 하나로 홍보하고 있습니다.

Q 지문에 나타난 시카고에 대해 옳은 것은?
(a) 현 시장은 5대호를 살리기 위해 노력하고 있다.
(b) 이 도시의 가게들은 더 이상 인산염이 함유된 세제를 판매하지 않는다.
(c) 1970년대 초 조류가 이 도시의 호수들을 질식시켰다.
(d) 이 도시의 강들은 최근 악취를 뿜기 시작했다.

기출 공략
(a)는 언급되지 않았으며, 인산염이 함유된 세제가 여전히 판매되고 있으므로 (b)는 오답이다. 1971년 당시 상황을 설명한 (c)가 정답이다.

ban 금지하다 **phosphate** 인산염 **laden** 적재한 **detergent** 세제 **foul** 더러운 **algae** 조류(藻類) **flourish** 번성하다 **choke up** 질식시키다, 막히게 하다 **contain** 포함하다 **implement** 이행[실행]하다 **Great Lakes** 미국과 캐나다 국경의 5대호 **administration** 행정부 **enforce** 법을 집행하다 **promote** 홍보하다 **environmentally friendly** 환경 친화적인 **revive** 소생시키다 **emit** 발산하다   정답 (c)

29

Recently, a small number of psychologists began to consider fame as more than a shallow cultural phenomenon, exploring it as a significant motivator of human behavior. By ranking fame with other goals and measuring its psychological effects, they found that people with an overriding desire to be widely known differ from those who primarily covet wealth and influence. Fame-seeking behavior appears rooted in a desire for social acceptance and reassurance promised by wide renown.

Q Which of the following is correct according to the passage?
(a) Fame has long been studied by psychologists.
(b) Desire for fame is linked to a desire for wealth.
(c) People seek fame due to a longing for acceptance.
(d) Fame is the strongest motivator in human societies.

✤ 번역
최근 소수의 심리학자들이 명성을 하나의 단순한 문화적 현상 이상의 것으로 고려하기 시작했다. 즉 그것을 인간의 행동에 중요한 동기를 부여하는 것으로 탐구하기 시작한 것이다. 심리학자들은 명성을 다른 목표들과 나란히 제시하고 그것의 심리적인 영향을 측정하는 방식을 통해, 최우선적으로 널리 알려지고 싶은 욕망을 가진 사람은 주로 부와 영향력을 탐내는 사람과 다르다는 것을 발견했다. 명성을 추구하는 행동 이면에는 널리 명성을 떨치면 뒤따르는 사회적 인정과 신뢰를 받으려는 욕구가 깔려 있는 것 같다.

Q 지문에 대해 옳은 것은?
(a) 명성은 심리학자들에 의해 오래 연구되었다.
(b) 명성에 대한 욕망은 부에 대한 욕망과 관련 있다.
(c) 사람들은 인정에 대한 갈망 때문에 명성을 추구한다.
(d) 명성은 인간 사회의 가장 강한 동기 부여자이다.

📖 기출 공략
명성을 추구하는 행동 이면에는 사회적 인정과 보증을 받으려는 욕구가 깔려 있다는 마지막 문장에서 (c)가 정답임을 알 수 있다. 명성이 인간 행동의 중요한 동기가 된다고 했지 가장 강하게 동기를 부여하는 것이라고는 하지 않았으므로 (d)는 오답이다.

psychologist 심리학자 **fame** 명성 **shallow** 피상적인, 단순한 **phenomenon** 현상 **significant** 중대한, 의미심장한 **motivator** 동기를 부여하는 것[사람] **effect** 영향 **overriding** 최우선적인 **primarily** 주로, 원래 **covet** 탐하다 **rooted** 뿌리를 박은 **acceptance** 용인, 인정 **reassurance** 안심시키는 말[행동]; 확신 **renown** 명성 **be linked to** ~와 관련되다

정답_(c)

30

Lakewood City Council has enacted a smoking ban for public places, including parks, Forest Park Beach and Market Square, effective February 1. The ordinance further prohibits smoking in all enclosed public areas and places of employment. Excluded from the ban are public sidewalks and parking lots. A smoking ban for all clubs, bars and restaurants is being considered for next spring. This ban is similar to legislation enacted in a number of communities throughout the State of Illinois.

Q Which of the following is correct as of February 1 according to the passage?
(a) Smoking is banned in Lakewood's enclosed public areas.
(b) Smoking bans are now in effect throughout Lakewood.
(c) Smoking in Lakewood's parking lots is prohibited.
(d) Smoking is banned in Lakewood's bars and clubs.

✤ 번역
레이크우드 시의회는 2월 1일자로 실시되는 공원, 포레스트 파크 해변, 마켓 광장을 포함한 공공 장소에서의 흡연 금지법을 제정하였다. 이 법령은 또한 밀폐된 모든 공공 구역과 직장에서의 흡연도 금지한다. 금지 대상에서 제외된 곳은 공용 보도와 주차장이다. 모든 클럽과 바와 식당에 대한 흡연 금지는 내년 봄에 시행을 검토 중이다. 이 규제는 일리노이 주 전역에 다수의 공동체에서 시행되는 법과 유사하다.

Q 지문에 따르면 2월 1일자로 실시되는 내용으로 옳은 것은?
(a) 레이크우드 시의 밀폐된 공공 구역에서의 흡연이 금지된다.
(b) 흡연 규제는 현재 레이크우드 시 전역에서 시행 중이다.
(c) 레이크우드 시의 주차장에서 흡연이 금지된다.
(d) 레이크우드 시의 바와 클럽에서 흡연이 금지된다.

📖 기출 공략
레이크우드 시의 모든 장소에서 흡연을 규제하는 것은 아니고, 주차장은 여전히 흡연 가능 구역이며, 바와 클럽은 내년 봄에 시행을 검토 중이라고 했으므로 (b), (c), (d)는 오답이다. 밀폐된 공공 구역과 일터에서 금연법이 시행된다고 하였으므로 (a)가 정답이다.

enact 법제화하다 **square** 광장 **effective** 시행[발효]되는 **ordinance** 법령, 조례 **enclosed** 밀폐된 **exclude** 제외하다 **sidewalk** 보도 **legislation** 법률, 입법 **prohibit** 금지하다

정답_(a)

31

In 1940, Walt Disney released *Fantasia*, a movie combining the music of Tchaikovsky, Stravinsky, Beethoven and others with imaginative and artistically-choreographed animation. The reviews were generally positive, but the film performed poorly at the box office. Some griping about Disney ensued as well, not least from Stravinsky, who was outraged that Disney had used a cut version of his *Rite of Spring* for the film. But Disney dismissed this criticism, saying that Stravinsky had originally approved of the use of his music in the film.

Q Which of the following is correct according to the passage?
(a) Disney had new songs composed for *Fantasia*.
(b) *Fantasia*'s animation was too outdated for audiences.
(c) Stravinsky's music was used without his permission
(d) Film reviewers gave *Fantasia* good reviews for the most part.

✱ 번역
1940년 월트 디즈니는 차이코프스키, 스트라빈스키, 베토벤 등과 같은 음악가들의 음악에 상상력이 넘치고 예술적 안무를 가미한 만화영화 〈판타지아〉를 발표하였다. 평은 전반적으로 긍정적이었지만 흥행에는 실패했다. 또한 디즈니 사에 대한 일부 불만도 뒤따랐는데, 특히 스트라빈스키는 디즈니가 그의 〈봄의 제전〉의 편집 버전을 영화에 사용한 것에 분노하였다. 그러나 디즈니는 스트라빈스키가 영화에 그의 음악을 사용하는 것을 허락했다고 주장하면서 이런 비난을 일축했다.

Q 지문에 대해 옳은 것은?
(a) 디즈니는 〈판타지아〉에 삽입한 새 음악을 작곡했다.
(b) 〈판타지아〉의 만화는 관객들에게는 너무 시대에 뒤떨어졌다.
(c) 스트라빈스키의 음악이 그의 허락 없이 사용되었다.
(d) 영화평론가들은 대체로 영화에 대해 좋은 평을 했다.

📖 기출 공략
영화 음악은 기존 유명 음악가의 곡을 사용했고, 디즈니 사가 스트라빈스키의 허락을 받았다고 했으므로 (a), (c)는 오답이다. 영화의 흥행은 저조했지만 평은 긍정적이었다고 했으므로 (d)가 정답이다.

release 개봉하다　**combine** 결합하다　**artistically** 예술적
choreograph 안무하다, 춤을 편성하다　**review** 비평, 논평
griping 불평　**ensue** 잇따라 일어나다　**not least** 특히, 그 중에서도
outraged 분노한　**dismiss** 기각하다　**compose** 작곡하다
outdated 구식의　**permission** 허락　　　　　　정답 (d)

32

Stuttering, an ailment characterized by disturbances in speech fluency, afflicts an estimated 3 million Americans. It is usually treated through speech therapy, but now scientists have developed a promising drug called pagoclone to control it. It works by reducing anxiety and the brain's dopamine levels, thus allowing for a more free-flowing thought process. These actions enable stutterers to have fewer inhibited speech patterns. Although not the first stuttering drug developed, pagoclone does not have the side-effects other drug treatments have.

Q Which of the following is correct according to the passage?
(a) Pagoclone works best in conjunction with therapy.
(b) Previous drug treatments produced similar side-effects.
(c) Pagoclone helps stutterers by lowering their anxiety levels.
(d) Non-stutterers have higher dopamine levels than stutterers.

✱ 번역
말의 유창성에 문제가 있는 것으로 특징지어지는 말더듬은 3백만 명으로 추산되는 미국인들이 겪고 있는 질환이다. 말더듬은 대개 언어 치료법을 통해 치료되지만 과학자들은 이제 이를 통제하는 파고클론이라 불리는 유망한 의약품을 개발했다. 이 약품은 불안과 뇌의 도파민 수준을 줄임으로써 작용하는데, 이렇게 되면 보다 자유로운 사고의 흐름이 가능해지고, 말의 패턴이 덜 억제되게 된다. 비록 파고클론이 최초로 개발된 말더듬 치료제는 아니지만 다른 치료제에서 나타나는 부작용이 없다.

Q 지문에 대해 옳은 것은?
(a) 파고클론은 치료와 병행하면 가장 효과적이다.
(b) 이전의 치료제도 비슷한 부작용을 낳았다.
(c) 파고클론은 말더듬이의 불안 정도를 낮추어 줌으로써 도움을 준다.
(d) 말을 더듬지 않는 사람은 말더듬이보다 도파민 수준이 더 높다.

📖 기출 공략
파고클론은 부작용이 없다고 하였으므로 (b)는 오답이며, 이 약품이 불안과 도파민 수준을 낮춤으로써 말더듬을 치료한다고 하였으므로 (c)가 정답이다.

stuttering 말더듬기, 구음 장애　**ailment** 병　**disturbance** 혼란, 장애　**fluency** 유창함　**afflict** 괴롭히다　**therapy** 치료, 요법
promising 유망한　**pagoclone** 파고클론　**dopamine** 도파민(뇌 속의 신경 전달 물질)　**inhibit** 억제하다, 금지하다　**side-effect** 부작용　**in conjunction with** ~와 함께　　　　　　정답 (c)

33

Near the end of the 1800's, an extreme religious organization endeavored to drive Christians and foreigners from China. This organization called itself the Fists of Righteous Harmony, since its members were skilled in a conventional type of hand-to-hand combat, but they became better known simply as the Boxers. Their members practiced clandestine ceremonies held exclusively for members, including one practice that was supposed to make their bodies bulletproof. Such rituals and beliefs contributed to making them fearless and impetuous fighters.

Q Which of the following is correct about the Boxers?
(a) They preferred Christians to other foreigners.
(b) They trained to fight in the boxing ring.
(c) They believed that bullets could not harm them.
(d) They wished to preserve Chinese martial arts

✤ 번역
1800년대 말경에 극단적인 종교 단체가 기독교도와 외국인을 중국에서 몰아내려 노력하였다. 이 단체는 그 회원들이 전통 무술에 능숙했기 때문에 스스로를 '정의로운 조화의 주먹'이라 불렀지만 그냥 '복서들'이란 이름으로 더 잘 알려졌다. 이들은 오직 회원들만 참여하는 비밀스러운 의식을 거행했는데, 이 중에는 이들의 몸을 총알이 뚫지 못하게 만든다고 믿는 의식도 있었다. 그러한 의식과 신념은 그들을 두려움이 없고 맹렬한 전사로 만드는 데 기여했다.

Q '복서들'에 관해 옳은 것은?
(a) 다른 외국인보다 기독교도를 더 좋아했다.
(b) 복싱 링에서 싸우도록 훈련받았다.
(c) 총알이 그들을 해치지 못한다고 믿었다.
(d) 중국 무술을 보존하기를 원했다.

📘 기출 공략
외국인과 기독교인 모두를 몰아내려 하였으므로 (a)는 오답이며, 방탄 의식을 통해 총알을 막을 수 있다고 믿었으므로 (c)가 정답이다.

endeavor 노력하다 fist 주먹 righteous 정의의 conventional 전통적인 hand-to-hand 육박전의 combat 전투, 논쟁 clandestine 은밀한 exclusively 배타적으로, 오로지 bulletproof 방탄의 ritual 의식 contribute to ~에 기여하다 impetuous 맹렬한 martial art 무술

정답_(c)

34

My twelve-year-old daughter won a writing contest last year, and she wants to do it again this year. I'm thrilled to see her so excited about writing because I work as a writer myself. But as a writer, I know about winning contests and about losing them. I know how upsetting it is when something I've worked on so hard is rejected by publishers. What if my daughter doesn't win the contest again? It'll upset her, sure, yet it'll be good for her, too. It'll help her learn what being a writer is all about.

Q What can be inferred about the writer?
(a) She is embarking on a new career as a writer.
(b) She is hopeful her daughter will give up the contest.
(c) She has faced challenges during her writing career.
(d) She fears her daughter's writing is better than her own.

✤ 번역
12살짜리 내 딸은 작년 글쓰기 대회에서 우승했고, 올해에도 다시 1등을 차지하고 싶어 한다. 내 자신이 작가로 활동하기 때문에 나는 딸이 글쓰기에 그토록 흥미를 가지는 것을 보면 감격스럽다. 그러나 작가로서 나는 대회에서 우승하는 것과 그렇지 못한 것이 어떤 것인지를 안다. 나는 내가 그토록 열심히 매진해 온 작품이 출판사에 의해 거절당할 때 얼마나 속상한지 안다. 만약 내 딸이 다시 대회에서 우승하지 못하면 어찌되나? 그건 분명 딸을 속상하게 할 것이다. 그러나 그것은 또한 그녀에게 좋은 약이 될 것이다. 그것은 작가가 된다는 것이 어떤 것인지를 아는 데 도움이 될 것이다.

Q 작가에 대해 추론할 수 있는 것은?
(a) 작가로서 새로운 경력에 도전하고 있다.
(b) 딸이 대회를 포기하기를 희망한다.
(c) 작가로서의 삶을 살아오는 동안 어려움을 겪었다.
(d) 딸의 글이 자신의 글보다 나을까 봐 두려워한다.

📘 기출 공략
딸이 대회에서 1등을 하지 못하더라도 유익한 경험이 되리라고 한 것에서 딸이 대회를 포기하기를 희망한다는 (b)는 옳지 않은 설명이다. 출판사에 의해 작품이 거절당한 경험이 있었다는 말에서 작가로 살면서 어려움을 겪었음을 알 수 있으므로 (c)가 정답이다.

thrill 감격시키다 upsetting 속상하게 하는 reject 거절하다 embark on ~에 착수하다 challenge 도전

정답_(c)

35

The disability of dyslexia, characterized by difficulties in reading, writing and spelling, was misunderstood in the past. Some people blamed it on a lack of intelligence, but dyslexic people can be highly intelligent and gifted in many areas. Other people blamed dyslexia on a lack of motivation. However, we now know that it is a biological condition, and scientists are getting closer to confirming the key areas of the brain that are associated with it. This will lead to new insights which will help in developing new therapies.

Q What can be inferred from the passage?
(a) Dyslexia can be prevented with early diagnosis.
(b) Research has changed people's opinions on dyslexics.
(c) Symptoms of dyslexia can vary from person to person.
(d) Motivation training can reduce the symptoms of dyslexia.

※ 번역
읽기, 쓰기 및 철자법에 어려움을 겪는 것으로 특징지어지는 난독증은 과거에 잘못 이해되었다. 일부 사람들은 이것을 지능 부족 탓으로 돌렸지만 난독증 환자는 매우 총명하며 다방면에 걸쳐 재능이 있을 수 있다. 어떤 사람은 난독증을 동기 부족 탓으로 돌렸다. 그러나 우리는 이제 이것이 생물학적 이상이라는 것을 인식했으며, 과학자들은 난독증과 연관되는 뇌의 핵심 부위를 확인하는 데 점점 더 가까워지고 있다. 이것은 새로운 치료법을 개발하는 데 도움이 될 새로운 통찰을 가져다 줄 것이다.

Q 지문에서 추론할 수 있는 것은?
(a) 난독증은 초기 진단으로 예방할 수 있다.
(b) 연구가 난독증 환자에 대한 사람들의 견해를 바꾸었다.
(c) 난독증 증상은 사람에 따라 다를 수 있다.
(d) 동기 부여 훈련이 난독증 증상을 감소시킬 수 있다.

📘 기출 공략
난독증이 과거에는 잘못 이해되었지만 현재는 연구 결과 생물학적 이상으로 인한 것으로 판명되었으므로 (b)가 정답이다.
dyslexia 난독증 **gifted** 재능이 있는 **motivation** 동기 부여 **condition** 질환, 건강 상태 **confirm** 확인하다 **be associated with** ~와 관련되다 **lead to** ~을 야기하다 **insight** 통찰 **diagnosis** 진단 **dyslexic** 난독증이 있는 사람   정답_(b)

36

With the rise of globalization and technology, few cultures now stand truly isolated. In fact, few places exist in the world where one could be born and remain ignorant of other cultures and practices. A few centuries ago, a cultural map of the earth showed large patches of color, distinct from one another, with fairly sharp edges; but in years to come, such a map will likely have blurred lines, with colors merged and only faint blushes of pure color remaining in a few isolated enclaves.

Q What can be inferred from the passage?
(a) Cultures worldwide are tending toward integration.
(b) Fewer primitive societies exist today than ever before.
(c) Some cultures will fight to maintain their cultural identity.
(d) It is unlikely one culture will emerge to dominate the world.

※ 번역
세계화와 기술의 부상으로 진정 고립되어 존재할 수 있는 문화는 거의 없다. 사실 사람이 태어나서 다른 문화와 풍습을 모른 채 살 수 있는 곳은 세상에 거의 없다. 몇 세기 전에는 세계 문화 지도는 서로 구분되고 가장자리가 매우 선명하며, 넓게 색깔이 칠해진 구획들을 보여주었다. 그러나 앞으로 몇 년 안에 그러한 지도는 경계선이 불분명해지고, 색깔은 서로 섞이며, 소수의 고립 지역에는 순색의 희미한 얼룩만이 남을 가능성이 많다.

Q 지문에서 추론할 수 있는 것은?
(a) 전세계 문화들은 통합으로 향하고 있다.
(b) 과거 어느 때보다 적은 수의 원시 사회가 존재한다.
(c) 일부 문화는 문화적 정체성을 유지하기 위해 투쟁할 것이다.
(d) 하나의 문화가 나타나 세계를 지배할 가능성은 없다.

📘 기출 공략
세계화와 기술 발달 덕분에 문화가 독자적인 정체성을 유지하기 어렵다는 내용이므로 (a)가 정답이다.
globalization 세계화 **isolated** 고립된 **ignorant of** ~을 모르는 **patch** 작은 조각, 반점 **distinct** 뚜렷한, 다른 **edge** 가장자리 **blurred** 흐릿한 **merge** 합치다 **faint** 희미한 **blush** 얼룩, 홍조 **enclave** 고립된 지역 **integration** 통합 **primitive** 원시적인 **identity** 정체성 **emerge** 생기다 **dominate** 지배하다   정답_(a)

37

By quoting experts, a writer can make a convincing case without having to provide all the data supporting their claim. However, to be acceptable, citations must be legitimate. First, they need to be academic and informative—no vague and hollow statements such as "Disarmament is a splendid idea." Second, quotes from reputable authorities must concern their areas of expertise. For example, an anthropological expert may be cited on anthropology, but comments that person made about physics should not be quoted.

Q What can be inferred from the passage?
(a) Utilizing quotations relieves some of the writer's burden.
(b) A florid style is more compelling than cited testimonials.
(c) Providing supporting data is more common than quoting.
(d) Some conclusions in physics conflict with those in anthropology.

✱ 번역
전문가의 말을 인용함으로써 저자는 자신의 주장을 뒷받침할 모든 자료를 제시하지 않고도 설득력 있는 주장을 펼칠 수 있다. 그러나 인용이 받아들여지기 위해서는 합당한 것이어야 한다. 첫째, 인용은 학술적이고 정보를 주는 것이어야 한다. "군비축소는 훌륭한 생각이다"와 같은 막연하거나 내실이 없는 말이 아니어야 한다. 둘째, 저명한 권위자로부터 인용한 것은 그 사람의 전문 분야와 관련 있는 내용이어야 한다. 예를 들어, 인류학 전문가의 경우, 인류학에 관한 것은 인용될 수 있겠지만 그 사람이 물리학에 대해 언급한 것은 인용해서는 안 된다.

Q 지문에서 추론할 수 있는 것은?
(a) 인용을 활용하는 것은 저자의 부담을 덜어 준다.
(b) 인용된 증언보다 화려한 문체가 더 설득력이 있다.
(c) 뒷받침하는 자료 제공이 인용보다 더 흔하다.
(d) 물리학에서의 일부 결론은 인류학의 그것과 상치된다.

📘 기출 공략
자기 주장을 설득력 있게 하려면 권위자의 말을 인용하는 것도 좋은 방법이라는 내용이므로 (a)가 정답이다.
quote 인용하다 **convincing** 설득력 있는 **citation** 인용구 **legitimate** 합당한 **vague** 애매한 **hollow** 공허한 **disarmament** 비무장, 군비축소 **splendid** 훌륭한 **reputable** 평판 좋은 **expertise** 전문 지식[기술] **anthropological** 인류학의 **relieve** 완화하다 **florid** 화려한 **compelling** 설득력 있는 **testimonial** 증거, 증명서 **conflict with** ~와 모순되다   정답_(a)

38

Alcohol rapidly affects our body once swallowed. (a) That's because, unlike most foods and drinks, it does not require digestion and so flows directly into the bloodstream. (b) Within minutes after consumption, it reaches the brain and starts to have an impact on the drinker. (c) It is known to be a major cause of accidents, leading to thousands of fatalities each year. (d) The major impact alcohol has on people is slowing down and impairing bodily functions—both mental and physical.

✱ 번역
알코올은 일단 삼키면 우리 몸에 빠르게 작용한다. (a) 대부분의 음식이나 음료수와 달리 소화가 필요 없고, 따라서 직접 혈류로 흘러 들어가기 때문이다. (b) 섭취 후 몇 분 안에 알코올은 뇌에 도달하여 음주자에게 영향을 주기 시작한다. (c) 알코올은 사고의 주된 원인으로 알려져 있으며, 매년 수천 명의 사망자를 초래한다. (d) 사람에게 미치는 알코올의 주된 영향은 신체 기능을 늦추고 손상시키는 것이다. 정신적으로 육체적으로 모두 말이다.

📘 기출 공략
음주가 인체에 미치는 영향을 서술한 글이다. 하지만 음주가 사고의 주된 원인이라는 (c)는 주제에서 벗어난다.
swallow 삼키다 **digestion** 소화 **bloodstream** 혈류 **have an impact on** ~에 영향을 주다 **fatality** 사망자(수), 죽음 **impair** 손상시키다 **bodily** 신체의   정답_(c)

39

The *Apollo Music Encyclopedia* has become the standard comprehensive resource for Western music in English. (a) Though compiling information was practiced well before the 16th century, the term encyclopedia was not used until that time. (b) It contains comprehensive entries on music history, musicians, theory, practice and instruments. (c) The longer biographical entries include comprehensive details on composers, musicians and instrument makers. (d) Although this edition caters primarily to the needs of music scholars, its unrivaled coverage of classical music will delight enthusiasts.

✿ 번역

〈아폴로 음악 백과사전〉은 영어로 쓰여진, 서양음악에 대한 종합적인 표준 자료가 되었다. (a) 정보 편찬은 16세기 훨씬 이전에 실행되었지만 백과사전이라는 용어는 그때까지는 사용되지 않았다. (b) 이 책에는 음악사, 음악가, 이론, 실습, 그리고 악기에 관한 종합적인 표제항이 들어 있다. (c) 길이가 더 긴 전기적인 표제항은 작곡가, 음악가, 악기 제조업자에 관한 종합적인 세부 사항을 담고 있다. (d) 비록 이 책은 주로 음악 전공자들의 필요를 충족시키기 위한 것이지만 어디에도 비할 데 없는 고전음악 수록 내용은 음악 애호가들을 즐겁게 해줄 것이다.

📖 기출 공략

〈아폴로 음악 백과사전〉을 소개하는 내용으로, 이 사전의 수록 내용과 범주를 설명하고 있다. 하지만 (a)는 백과사전이라는 용어에 관한 내용이므로 글의 흐름에서 벗어난다.

encyclopedia 백과사전 **comprehensive** 종합적인, 포괄적인 **compile** 편찬하다 **entry** 표제어, 수록어 **biographical** 전기적인 **edition** 판 **cater to** ~의 구미에 맞추다 **unrivaled** 경쟁자가 없는, 무적의 **coverage** 보도 **enthusiast** 열광자, 팬   정답_(a)

40

Racism has been around for many thousands of years in various forms. (a) It is different from ethnocentrism, which is a tendency to judge other cultures by the standards of your own. (b) One form of racism developed in early America, as a part of the moral justification that was applied to slavery. (c) Ironically, once slavery was abolished, racism actually intensified because blacks were then regarded as posing an economic threat. (d) It began to decline in the 1960s, and now laws exist against racism so that everyone has equal rights and receives fair treatment.

✿ 번역

인종차별주의는 여러 형태로 수천 년 동안 우리 주위에 존재해 왔다. (a) 이것은 우리 자신의 기준으로 다른 문화를 판단하는 민족중심주의와는 다르다. (b) 인종차별주의의 한 형태는 초기 미국에서 노예제도에 적용된 도덕적 정당화의 일부분으로 발달했다. (c) 아이러니하게도, 일단 노예제도가 철폐되자 흑인들이 경제적 위협이 된다고 여겨졌기 때문에 인종차별주의는 사실 더 심해졌다. (d) 인종차별주의는 1960년대에 감소하기 시작했고, 이제 모든 사람이 공평한 권리를 가지고 공정한 대접을 받을 수 있도록 인종차별주의를 금하는 법률이 존재한다.

📖 기출 공략

인종차별주의가 미국 역사에서 어떻게 발전했는지를 설명하는 글이다. 하지만 (a)는 인종차별주의가 민족중심주의와는 다르다면서 민족중심주의를 설명하고 있어 전체 흐름에서 벗어난다.

racism 인종차별주의 **ethnocentrism** 민족중심주의 **tendency** 경향 **justification** 정당화 **apply** 적용하다 **slavery** 노예제도 **ironically** 반어적으로 **abolish** 철폐하다 **intensify** 강화하다 **pose a threat** 위협을 제기하다 **treatment** 대접   정답_(a)

Answer Keys

Listening Comprehension

1 (b)	2 (c)	3 (a)	4 (c)	5 (b)	6 (a)	7 (a)	8 (c)	9 (c)	10 (b)
11 (d)	12 (d)	13 (c)	14 (b)	15 (a)	16 (c)	17 (b)	18 (c)	19 (d)	20 (a)
21 (a)	22 (d)	23 (b)	24 (b)	25 (d)	26 (d)	27 (b)	28 (b)	29 (b)	30 (d)
31 (a)	32 (a)	33 (a)	34 (b)	35 (a)	36 (b)	37 (c)	38 (a)	39 (b)	40 (b)
41 (d)	42 (c)	43 (c)	44 (a)	45 (d)	46 (a)	47 (a)	48 (c)	49 (d)	50 (d)
51 (d)	52 (b)	53 (c)	54 (c)	55 (c)	56 (b)	57 (d)	58 (c)	59 (c)	60 (b)

Grammar

1 (c)	2 (b)	3 (a)	4 (b)	5 (c)	6 (d)	7 (a)	8 (b)	9 (c)	10 (b)
11 (d)	12 (b)	13 (c)	14 (d)	15 (b)	16 (b)	17 (d)	18 (c)	19 (d)	20 (c)
21 (c)	22 (d)	23 (a)	24 (c)	25 (c)	26 (c)	27 (d)	28 (b)	29 (c)	30 (b)
31 (d)	32 (c)	33 (d)	34 (d)	35 (d)	36 (c)	37 (d)	38 (a)	39 (d)	40 (b)
41 (b)	42 (c)	43 (b)	44 (b)	45 (a)	46 (c)	47 (c)	48 (c)	49 (c)	50 (b)

Vocabulary

1 (b)	2 (b)	3 (c)	4 (d)	5 (b)	6 (a)	7 (c)	8 (c)	9 (a)	10 (a)
11 (d)	12 (b)	13 (a)	14 (b)	15 (b)	16 (d)	17 (a)	18 (b)	19 (b)	20 (b)
21 (d)	22 (c)	23 (d)	24 (b)	25 (a)	26 (a)	27 (a)	28 (d)	29 (c)	30 (b)
31 (b)	32 (b)	33 (a)	34 (b)	35 (a)	36 (c)	37 (d)	38 (a)	39 (a)	40 (b)
41 (d)	42 (d)	43 (d)	44 (b)	45 (a)	46 (a)	47 (b)	48 (c)	49 (a)	50 (b)

Reading Comprehension

1 (c)	2 (d)	3 (b)	4 (d)	5 (a)	6 (b)	7 (b)	8 (d)	9 (d)	10 (d)
11 (c)	12 (c)	13 (a)	14 (d)	15 (b)	16 (b)	17 (a)	18 (a)	19 (c)	20 (c)
21 (a)	22 (d)	23 (c)	24 (a)	25 (b)	26 (d)	27 (a)	28 (c)	29 (c)	30 (a)
31 (d)	32 (c)	33 (c)	34 (c)	35 (b)	36 (a)	37 (a)	38 (c)	39 (a)	40 (a)

Listening Comprehension

55 minutes

1

W Jason got admitted to medical school.
M _____

(a) Good for him!
(b) He became a doctor.
(c) Yes, he admitted to it.
(d) I'm on medication, too.

✽ 번역
W 제이슨이 의대에 합격했어요.
M _____
(a) 잘됐군요!
(b) 그는 의사가 되었어요.
(c) 네, 그는 그것을 시인했어요.
(d) 저도 약물 치료를 받고 있어요.

📘 기출 공략
get admitted의 admitted와 (c)의 admitted의 뜻이 다름에 유의해야 한다. 또한 medical school의 medical과 비슷한 의학 용어가 나오는 (d)의 medication을 듣고 답으로 고르지 않도록 조심한다. (b)의 doctor 역시 medical과 관련지어 혼동을 주기 위한 단어이다. 의대 합격 소식을 듣고 축하하는 (a)가 적절하다.
get admitted to ~에 입학하다, ~의 자격을 얻다   **medical school** 의과대학   **admit to** ~을 인정[시인]하다   **be on medication** 약물 치료를 받다

정답_(a)

2

M Hi, Jill! How have you been?
W _____

(a) It's my pleasure.
(b) Have a nice day!
(c) Really well, thanks.
(d) I haven't been there.

✽ 번역
M 안녕, 질! 어떻게 지냈어?
W _____
(a) 천만에.
(b) 좋은 하루 보내!
(c) 아주 잘 지냈어, 고마워.
(d) 난 거기 가지 않았어.

📘 기출 공략
안부 인사를 하는 대화이다. (a)는 '천만에요'라는 의미로, 감사의 표현에 대한 응답으로 주로 쓴다. (b)는 헤어질 때의 인사이다. (d)는 How have you been?을 잘못 이해하면 고를 수 있는 오답이다. 정답인 (c)의 thanks는 thanks for asking의 의미이다.
How have you been? 어떻게 지냈어요?(How have you been up to?)   **It's my pleasure.** 천만에요.(The pleasure's all mine.)

정답_(c)

3

W Why don't you buy a house while the housing market is still good?
M _____

(a) But I have no money.
(b) I hope the result is good.
(c) You did? Congratulations!
(d) You should come to my house.

✽ 번역
W 주택 시장이 여전히 좋을 때 집 한 채 사두지 그래요?
M _____
(a) 하지만 돈이 한 푼도 없는걸요.
(b) 결과가 좋기를 바랍니다.
(c) 집을 샀다고요? 축하해요!
(d) 저희 집에 오세요.

📘 기출 공략
Why don't you...?는 '~하는 것이 어때요?'라는 뜻의 권유할 때 쓰는 표현으로, '왜 ~하지 않습니까?'로 해석하지 않도록 조심한다. '집을 사는 게 어때요?'라고 권유하는 여자의 말에 '돈이 없어서 (못 삽니다)'라는 (a)가 적절한 응답이다. (d)는 house를 사용하여 혼동을 주는 오답이다.
Why don't you...? ~하는 것이 어때요?, ~해보지 그래요?
housing market 주택[부동산] 시장

정답_(a)

254

4

M Jasmine, is that you? You look so different.
W _____

(a) I thought I had a chance.
(b) I don't have any change.
(c) I see things differently.
(d) I changed my hairstyle.

❊ 번역
M 재스민, 너 맞아? 너무 달라 보인다.
W _____

(a) 내게 기회가 있는 줄 알았는데.
(b) 잔돈이 하나도 없어.
(c) 난 다르게 생각해.
(d) 헤어스타일을 바꿨지.

📘 기출 공략
몰라보게 외모가 달라졌다는 남자의 말에 그 이유를 말하는 (d)가 적절한 응답이다. (b)를 '나에겐 변화가 전혀 없는데'로 해석하여 정답으로 착각하지 않도록 조심한다. change는 '변화'라는 뜻 외에 여기서처럼 '잔돈'이라는 의미도 있음을 알아두자.
see things differently 사물을 보는 눈이 다르다, 다르게 생각하다

정답_(d)

5

W Excuse me. Is there a taxi stand nearby?
M _____

(a) You can take a bus.
(b) You shouldn't stand here.
(c) I thought you said it was near.
(d) Up ahead, near the subway station.

❊ 번역
W 실례합니다. 이 근처에 택시 승강장이 있나요?
M _____

(a) 버스를 타실 수 있어요.
(b) 여기 서 계시면 안 됩니다.
(c) 승강장이 근처에 있다고 말씀하신 줄 알았어요.
(d) 앞쪽으로 가시면 지하철역 근처에 있어요.

📘 기출 공략
(a)는 (No, but) you can take a bus라고 하면 정답이 될 수 있다. (b)는 stand를 사용하여, (c)는 nearby와 같은 뜻의 near를 써서 혼동을 주고 있다. 택시 승강장이 근처에 있느냐는 물음에 앞쪽 지하철역 근처에 있다는 (d)가 적절하다.
taxi stand 택시 승강장 **nearby** 근처에 **up ahead** 그 앞쪽에
subway station 지하철역

정답_(d)

6

M Jane, are you still coming over at two?
W _____

(a) I think it's better now.
(b) Sorry, but I can't make it.
(c) Certainly, just tell me when.
(d) I'm not sure I can stay that late.

❊ 번역
M 제인, 그래도 이곳으로 2시에 올 거지?
W _____

(a) 지금은 나아졌을 거야.
(b) 미안하지만 시간 안에 못 갈 것 같아.
(c) 물론이지, 언제인지만 알려 줘.
(d) 그렇게 늦게까지 있을 수 있다고 장담 못해.

📘 기출 공략
are you...?로 묻는 질문이지만 Yes나 No가 아닌 말로 직접 답할 수 있다는 것에 유의해야 한다. 미안하지만 2시에 도착할 수 없다는 (b)가 적절하다. 구어체 표현인 make it은 '제시간에 도착하다'란 뜻이다. 여자의 말 I can't make it은 I can't go there at two의 의미이다.
come over (말하는 사람 쪽으로) 오다 **make it** 제시간에 도착하다, (장소에) 이르다 **Certainly.** 물론이죠.

정답_(b)

7

W Professor Wong, when will I get my paper back?
M _____

(a) The paper is past due.
(b) I've already received it.
(c) I'll finish grading next week.
(d) Please get it done by tomorrow.

❋ 번역
W 웡 교수님, 제 리포트 언제 돌려 주실 건가요?
M _____

(a) 리포트 제출 기한이 지났어.
(b) 이미 그걸 받았어.
(c) 다음 주면 채점을 다 끝낼 거야.
(d) 내일까지 그것을 완료해 주세요.

📘 기출 공략
when에 대한 응답으로 시간 어구들이 선택지마다 하나씩 들어 있으므로 문맥을 잘 파악해야 한다. 리포트를 돌려 주는 시점은 채점을 끝내는 시점이므로 (c)가 적절하다. paper가 '리포트'의 뜻으로 쓰였음에 유의하자. (a)의 due는 paper나 report와 함께 쓰여 '제출 기한이 된'의 뜻이다.
get back ~를 되돌려 받다 **paper** 논문, 리포트 **past due** 제출 기한이 지난 **grade** 채점하다 **get A done** A를 끝까지, 완료하다

정답_(c)

8

M Take this pill. It'll relieve your migraine.
W _____

(a) I'll get rid of mine.
(b) I haven't taken any.
(c) I hope it'll work fast.
(d) I'll hang around for a while.

❋ 번역
M 이 약을 드시면 편두통이 덜할 거예요.
W _____

(a) 내 것을 없앨 거예요.
(b) 아직 복용하지 않았어요.
(c) 효과가 빨리 나타났으면 좋겠어요.
(d) 잠시 돌아다닐게요.

📘 기출 공략
약국에서 벌어지는 대화이다. 약을 복용하란 말에 효과가 빨리 나타났으면 좋겠다는 (c)가 적절하다. (a)는 relieve와 비슷한 뜻의 get rid of와, migraine을 제대로 듣지 못하면 착각하기 쉬운 mine을 써서 혼동을 주고 있다. (b)의 taken은 Take this pill의 take와 혼동을 주기 위한 단어이다.
pill 알약 **relieve** (고통 등을) 경감하다, 덜다 **migraine** 편두통 **get rid of** ~을 처리하다, 없애다 **work** 효과가 있다 **hang around** 배회하다, 서성거리다

정답_(c)

9

W Hello, I'd like to open a checking account.
M _____

(a) I'll get you the forms.
(b) Sorry, it's not for sale.
(c) Yes, it should be open.
(d) Thanks for your check.

❋ 번역
W 안녕하세요, 당좌 예금 계좌를 만들고 싶습니다.
M _____

(a) 양식을 갖다 드리겠습니다.
(b) 미안해요, 그건 판매용이 아닙니다.
(c) 네, 그건 열려 있어야만 합니다.
(d) 점검해 주셔서 감사합니다.

📘 기출 공략
은행에서 직원과 고객 간의 대화이다. 계좌를 개설하고 싶다는 고객에게 은행 직원이 보통 가장 먼저 하는 일은 서식을 제공하는 것으로 정답은 (a)이다. (c)는 open을 사용하여, (d)는 checking account의 checking과 유사한 check을 사용하여 각각 혼동을 주고 있다.
open (계좌를) 개설하다; 열린 **checking account** 당좌 예금 (계좌) **form** 양식, 서식 **for sale** 팔려고 내놓은

정답_(a)

10

M Where do we pick up our suitcases?
W _____

(a) Put them in the overhead bin.
(b) Please take them to check-in.
(c) At baggage claim, further down.
(d) Don't worry. Just carry them on.

✻ 번역
M 가방은 어디서 찾죠?
W _____

(a) 그것들을 머리 위 짐칸에 넣으세요.
(b) 그것들을 들고 가서 탑승 수속을 밟으세요.
(c) 저 아래쪽 수하물 찾는 곳에서요.
(d) 걱정 마세요. 그냥 휴대하세요.

📘 기출 공략
공항에서 벌어지는 대화이다. Where만 잘 들었어도 장소가 나오는 (a)와 (c) 중에서 정답을 고를 수 있다. baggage claim(수하물 찾는 곳)에서 가방들을 찾을 수 있다는 (c)가 정답이다. (a)는 기내로 휴대한 물건을 어디에 넣으면 되겠느냐는 질문에 적절한 대답이다.
suitcase 여행 가방(보통 트렁크라 부르는 것) **overhead bin** 머리 위 짐칸 **check-in** 수하물 부치는 수속, 탑승 수속 **baggage claim** (공항에서) 짐 찾는 곳 **carry on** ~를 휴대하다
정답_(c)

11

W Robbie and I are going for drinks after work. Want to come along?
M _____

(a) Sure, help yourself.
(b) He's come along well.
(c) I'm afraid I'll have to pass.
(d) Actually, we get along fine.

✻ 번역
W 로비와 전 퇴근 후에 술 마시러 갈 거예요. 같이 갈래요?
M _____

(a) 물론이죠, 마음껏 드세요.
(b) 그는 잘 지내고 있어요.
(c) 전 안 될 것 같아요.
(d) 사실, 우린 사이가 좋아요.

📘 기출 공략
(b)와 (d)는 come along과 비슷해 보이는 come along well과 get along을 사용하여 혼동을 주는 오답들이다. 같이 가겠느냐는 제의에 강하고 직접적인 No 대신에 완곡한 표현인 I'm afraid를 써서 거절하고 있는 (c)가 적절한 응답이다.
come along well 잘 지내다, (일이) 순조롭게 진행되다 **I'm afraid (that)...** 유감이지만 ~라고 생각한다 **pass** 안 하고 넘어가다
정답_(c)

12

M What do you think of my short story?
W _____

(a) I'm unable to match the content.
(b) People like reading short stories.
(c) I imagined myself becoming a writer.
(d) The plot structure needs a little more work.

✻ 번역
M 내가 쓴 단편 소설을 어떻게 생각하세요?
W _____

(a) 나로선 그것보다 더 좋은 내용을 생각해 낼 수 없어요.
(b) 사람들은 단편 소설 읽기를 좋아해요.
(c) 내가 작가가 되는 상상을 했어요.
(d) 줄거리 구성을 좀 더 손봐야 할 것 같아요.

📘 기출 공략
What do you think of...?는 상대방의 생각을 묻는 질문으로, 우리말과 달리 의문사 How가 아님에 유의한다. 줄거리 구성을 좀 더 손봐야 한다는 (d)가 적절하다. (a)는 match의 의미를 정확하게 파악하지 못하면 오답으로 착각할 수 있으므로 유의한다.
What do you think of...? ~에 대해 어떻게 생각하세요? **match** ~에 필적하다 **content** 내용 **plot** 줄거리 **structure** 구성, 구조
정답_(d)

13

W I think I'd better get a credit card for online shopping.
M _____

(a) It should arrive next week.
(b) You deserve a lot of credit.
(c) Maybe you left it at the store.
(d) Then, you might spend more money.

✿ 번역
W 온라인 쇼핑을 하기 위해 신용카드가 있으면 좋겠어요.
M _____
(a) 그건 다음 주에 도착할 거예요.
(b) 당신의 공이 큽니다.
(c) 아마 가게에 두고 왔을 거예요.
(d) 그럼 지출이 더 늘어날지 몰라요.

📔 기출 공략
credit card의 credit(신용)과 (b)의 credit(공로)은 완전히 뜻이 다름에 유의한다. (c)의 store는 online shopping과 관련지어 혼동을 주는 단어이다. 신용카드가 있으면 돈을 더 많이 쓰게 될 거라고 우려하는 (d)가 적절한 응답이다.
credit 공로, 칭찬 **leave** ~을 남겨두고 오다   정답_(d)

14

M Once you graduate, you'll quickly find a good job.
W _____

(a) You'll be making decent money.
(b) I wish I shared your confidence.
(c) I barely earn enough to cover my rent.
(d) You'd better file for unemployment benefits.

✿ 번역
M 일단 졸업하기만 하면 좋은 직장을 빨리 구하게 될 거야.
W _____
(a) 넌 돈을 꽤 벌게 될 거야.
(b) 나도 너처럼 그런 확신이 있었으면 좋겠어.
(c) 내 돈벌이로는 집세 내기도 빠듯해.
(d) 실업 수당을 청구하는 게 좋겠어.

📔 기출 공략
졸업 후 취업 문제에 대해 위로하는 상황이다. find a good job과 make decent money를 연관지어 (a)를 답으로 고르지 않도록 유의한다. 자신도 그런 낙관적인 태도를 견지했으면 좋겠다는 (b)가 적절하다.
once 일단 ~하기만 하면, ~하자마자 **make money** 돈을 벌다 **decent** (수준·질이) 괜찮은 **confidence** 자신, 확신 **barely** 거의 ~않다 **rent** 집세 **file for** ~을 신청하다 **unemployment benefit** 실업 수당   정답_(b)

15

W I'm so overwhelmed with all the work I have to do.
M _____

(a) You should control yourself.
(b) You'll need to help me out here.
(c) I'm not sure why you want to quit.
(d) I guess you'll be working late again.

✿ 번역
W 해야 할 일이 이렇게 많다니 완전히 질려버렸어요.
M _____
(a) 자제하셔야 해요.
(b) 여기 날 좀 도와주셔야겠어요.
(c) 당신이 왜 관두려고 하는지 모르겠어요.
(d) 또 늦게까지 일하셔야 할 것 같네요.

📔 기출 공략
(b)는 남자가 아니라 여자가 할 수 있는 말이다. (c)는 일이 많다고 했지 사직한다는 말은 없으므로 오답이다. 할 일이 태산같다는 말에 또 야근하셔야겠다고 유감을 표시하는 (d)가 적절한 응답이다.
be overwhelmed with ~에 압도당하다, 질리다 **control oneself** 자제하다 **quit** 사직하다   정답_(d)

16

W How was your trip to Hawaii?
M We had a great time.
W What was the weather like?
M _____

(a) It was a relaxing trip.
(b) It was nice and warm.
(c) We liked the food best.
(d) We preferred waterskiing.

번역
W 하와이 여행은 어땠어요?
M 좋은 시간을 보냈죠.
W 날씨는 어땠어요?
M _____

(a) 편안한 여행이었어요.
(b) 화창하고 따뜻했어요.
(c) 음식이 가장 맘에 들었어요.
(d) 수상스키를 더 좋아했어요.

기출 공략
날씨와 관련된 단어가 들어간 선택지는 (b)뿐으로 정답이다. (a)는 여행이 어땠느냐는 질문에 적절한 응답이다. (c)와 (d)는 What was the weather like?에서 like를 '좋아하다'로 잘못 해석할 경우 고를 수 있는 오답들이다.
have a great time 즐거운 시간을 보내다　**relaxing** 긴장을 풀어주는　**prefer** 오히려 ~을 좋아하다　**waterski** 수상스키를 타다　　정답 (b)

17

M Can I help you with dinner?
W Sure. You can peel potatoes.
M OK, where shall I do it?
W _____

(a) I appreciate it.
(b) Over by the sink.
(c) Anytime you want.
(d) Your advice is helpful.

번역
M 저녁 차리는 것 좀 도와줄까?
W 좋죠. 감자 좀 까세요.
M 알았어, 어디서 할까?
W _____

(a) 고마워요.
(b) 저기 싱크대 옆에서요.
(c) 원하는 때 언제든지요.
(d) 당신 조언이 도움이 되었어요.

기출 공략
where로 묻는 의문문에 대한 응답으로 장소를 말하는 (b)가 적절하다. 여기서 Over는 '저쪽으로, 이쪽으로'란 뜻의 부사로, I'll be right over(곧 그리 가겠습니다)와 같이 쓸 수 있다. (c)는 때(when)를 묻는 질문에 적절한 응답이다.
help A with B A가 B하는 것을 돕다　**peel** ~의 껍질을 벗기다　**helpful** 도움이 되는　　정답 (b)

18

W It's unbearably hot today!
M Yeah. Why don't we go to a beach this afternoon?
W That's a good idea.
M _____

(a) It's the easy way.
(b) I hope you had fun.
(c) Let's go around 2:30.
(d) I once lived by the beach.

번역
W 오늘 정말 엄청나게 덥다!
M 맞아. 오늘 오후에 해변에 가는 게 어때?
W 좋은 생각이야.
M _____

(a) 그것은 쉬운 방법이야.
(b) 재미있게 놀았기를 바라.
(c) 2시 30분경에 가자.
(d) 난 한때 해변가에 살았어.

기출 공략
(b)는 아직 해변에 가지도 않았는데 재미있게 놀았기를 바란다고 하고 있고, (d)는 위에 나온 beach를 다시 사용하여 혼동을 주고 있다. 해변에 가자는 남자의 말에 여자가 좋다고 하자 구체적인 시간을 말하는 (c)가 응답으로 적절하다.
unbearably 견딜 수 없을 정도로　**Why don't we...?** 우리 ~하는 게 어때요?　　정답 (c)

Listening Comprehension

19

M Hello? Is Kim there?
W Oh, Ted, is that you? What's up?
M Well, I was in the neighborhood and was wondering if you're busy.
W _____

(a) Sorry, I missed your call.
(b) Not at all. You should come by.
(c) Thanks for calling, see you later.
(d) I'm afraid I can't help you right now.

✽ 번역
M 여보세요. 킴 있나요?
W 아, 테드니? 어쩐 일이야?
M 이 근처에 왔다가 네가 바쁜지 어떤지 궁금해서.
W _____

(a) 미안, 네 전화를 못 받았어.
(b) 전혀 안 바빠. 우리 집에 꼭 들러.
(c) 전화해 줘서 고마워, 나중에 봐.
(d) 지금은 널 도울 수 없을 것 같아.

📘 기출 공략
상대방 동네에 와서 그 사람에게 전화를 거는 상황이다. 바쁜지 그렇지 않은지를 묻는 말에 전혀 안 바쁘니까 자기 집에 들르라는 (b)가 적절한 응답이다. Not at all은 I'm not busy at all의 줄임말이다.
Is A there? A 바꿔 주세요.(May I speak to A?) **What's up?** 무슨 일이야? 잘 지냈어? **come by** 지나는 길에 들르다(drop by)
I'm afraid (that) 유감이지만 ~라고 생각한다   정답_(b)

20

W Do you have any plans for the weekend?
M I'll probably go sailing Saturday.
W Didn't the weather forecast say it'd be bad that day?
M _____

(a) You're welcome to come.
(b) I don't think it'll be severe.
(c) No problem. I'll let you know.
(d) But I can't wait until Saturday.

✽ 번역
W 주말에 무슨 계획이라도 있니?
M 토요일에 뱃놀이 갈지도 몰라.
W 일기 예보에 그날 날씨가 안 좋을 거라고 하지 않았니?
M _____

(a) 언제든지 환영이야.
(b) 아주 나쁠 것 같지는 않아.
(c) 괜찮아. 내가 알려줄게.
(d) 하지만 토요일까지 기다릴 수가 없는걸.

📘 기출 공략
severe의 뜻을 모르면 (b)를 정답으로 고르기가 쉽지 않으니 유의하자. severe는 bad보다 더 안 좋은 very bad의 의미이다. (c)는 No problem만 듣고 I'll let you know를 놓쳤을 경우 정답으로 착각할 수 있으므로 유의한다. (d) 위에 나온 Saturday를 다시 사용하여 혼동을 주고 있다.
welcome to 하고 싶은 대로 ~해도 좋은   **severe** (기상 상황이) 몹시 나쁜, 혹독한   정답_(b)

21

M I just realized it's Michelle's birthday tomorrow.
W It is? I haven't sent a card or anything.
M Why don't we send an e-card?
W _____

(a) I hope she'll like our present.
(b) I forgot about Michelle's party.
(c) I don't know what gift to get her.
(d) I guess that's better than nothing.

✽ 번역
M 내일이 미셸 생일이란 게 방금 막 생각났어.
W 내일이 미셸의 생일이라고? 카드나 뭐 그런 거 전혀 안 보냈는데.
M 이메일 카드를 보내는 게 어때?
W _____

(a) 우리 선물이 마음에 들었으면 좋겠어.
(b) 미셸의 파티에 대해 잊어버리고 있었어.
(c) 그녀에게 무슨 선물을 사줘야 할지 모르겠어.
(d) 아예 없는 것보다는 나을 거야.

📘 기출 공략
(a)는 이메일 카드를 보낸다고 했지 선물을 보내는 것이 아니므로 오답이다. 이메일 카드에 대해 얘기하는데 갑자기 미셸을 위한 파티 이야기를 꺼내는 (b)도 어색하다. (c) 역시 현재 미셸에게 선물을 사줄 겨를이 없으므로 오답이다. 아무것도 없는 것보다는 이메일 카드라도 보내는 것이 더 낫다고 말하는 (d)가 적절하다.
A or anything A 같은 것, A 따위   **e-card** 이메일 카드   **better than nothing** 없는 것보다 나은   정답_(d)

22

W When is the charity concert being held?
M I think it's tomorrow night.
W What's it for, anyway?
M _____

(a) To raise money for the poor.
(b) I have music practice.
(c) They said it'd be fun.
(d) It won't be for long.

✱ 번역
W 자선음악회가 언제 열리지요?
M 내일 밤일 겁니다.
W 그건 그렇고, 왜 여는 거죠?
M _____

(a) 가난한 사람들을 위한 돈을 모금하기 위해서죠.
(b) 음악 연습을 하거든요.
(c) 사람들이 재미있을 거라고 하더군요.
(d) 오래 걸리지 않을 겁니다.

📘 기출 공략
What is A for?(A는 무엇을 위한 것인가요?, A는 왜 하는 건가요?)에 대한 응답으로는 목적을 나타내는 말이 와야 한다. 따라서 To+동사원형을 사용한 (a)가 정답이다. the poor는 poor people, 즉 〈the+형용사=복수 보통명사〉 형태이다. (d)는 How long 의문문에 대한 응답이다.

charity concert 자선음악회　**raise** (돈을) 모으다, 마련하다　**for long** 오랫동안
정답_(a)

23

M It's very cold in here.
W Yeah, there's a draft from somewhere.
M Maybe the sliding door isn't properly shut.
W _____

(a) I don't think it'll turn up.
(b) That could be it. I'll check.
(c) We didn't change the door.
(d) It'll help you breathe better.

✱ 번역
M 여기 안이 매우 추운데요.
W 네, 어디선가 외풍이 들어와요.
M 아마 미닫이문이 제대로 안 닫혔을 거예요.
W _____

(a) 그것이 나타날 것 같지 않은데요.
(b) 그럴지도 모르겠네요. 제가 확인해 볼게요.
(c) 우린 문을 바꾸지 않았어요.
(d) 그렇게 하면 숨을 더 잘 쉴 수 있을 거예요.

📘 기출 공략
방 안에 외풍이 드는 이유를 찾고 있는 대화이다. 미닫이문이 조금 열려 있을지도 모른다는 말에 확인해 보겠다는 (b)가 적절한 응답이다. sliding door는 옆으로 밀어서 열고 닫게 되어 있는 미닫이문을 가리킨다. (c)는 sliding door의 door를 사용하여 혼동을 주고 있다.

draft 외풍　**sliding door** 미닫이문　**turn up** (물건이) 우연히 나타나다, 발견되다　**breathe** 호흡하다
정답_(b)

24

W Have you heard any news about the logo competition?
M My design made it to the final round.
W Wow, that's great! Congratulations!
M _____

(a) Well, I haven't won yet.
(b) I should've designed a logo.
(c) I'd better design something now.
(d) Thanks, but I don't like competition.

✱ 번역
W 로고 대회에 관한 새로운 소식이라도 들었나요?
M 내가 출품한 디자인이 결선에 진출했어요.
W 우와, 대단한데요! 축하해요!
M _____

(a) 글쎄요, 아직 우승한 것은 아니에요.
(b) 로고를 디자인했어야 했는데.
(c) 이제 뭔가를 디자인해야겠어요.
(d) 고맙지만 전 경쟁을 좋아하지 않아요.

📘 기출 공략
로고 디자인 대회에 출품한 작품이 결선에 진출했다고 축하해 주는 상대에게 겸손의 말을 던지는 (a)가 적절한 응답이다. (b), (c), (d)는 각각 designed a logo, design, competition을 사용하여 혼동을 주는 오답들이다. (d)는 Thanks만 듣고 뒷말을 놓치면 착각할 수 있으므로 유의한다.

logo 로고　**competition** 경쟁, 대회　**make it** 성공하다; (장소에) 이르다　**final round** 결선
정답_(a)

Listening Comprehension

25

M How long does it take to get to the campus from this bus stop?
W About 15 minutes.
M Does the shuttle service run often?
W _____

(a) It leaves every ten minutes.
(b) I don't think they need servicing.
(c) It makes several stops along the way.
(d) The shuttle service is currently running.

✿ 번역
M 이 버스 정류장에서 캠퍼스까지 얼마나 걸리나요?
W 약 15분이요.
M 셔틀버스가 자주 운행되나요?
W _____

(a) 10분마다 출발해요.
(b) 그들이 서비스를 제공할 필요가 없는 것 같은데요.
(c) 도중에 몇 번 멈춥니다.
(d) 셔틀버스가 현재 운행되고 있어요.

📘 기출 공략
셔틀버스가 자주 다니느냐는 물음에 10분마다 있다라는 (a)가 적절하다. (d)는 Does the shuttle service run often?에서 often을 못 들었을 경우 착각할 수 있으므로 유의한다.
How long does it take to...? ~하는 데 (시간이) 얼마나 걸리나요?
shuttle service (근거리) 왕복 운행 **run** 운행하다 **make a stop** 멈추다
정답_(a)

26

W Honey, what time will you get home tonight?
M The usual, unless there's an emergency.
W Well, I'll be late. Can you help Sammy with his homework?
M _____

(a) I'll do it before I get home.
(b) I'll have Sammy do it, instead.
(c) That's fine. I'll take him home.
(d) Don't worry. I'll take care of him.

✿ 번역
W 여보, 오늘 저녁 몇 시에 집에 올 거예요?
M 긴급한 일만 없으면 평상시 대로.
W 전 늦을 거예요. 새미 숙제하는 것 좀 도와줄 수 있어요?
M _____

(a) 집에 도착하기 전에 할게.
(b) 그 대신에, 새미가 하도록 시킬게.
(c) 괜찮아. 내가 걔를 집에 데려갈게.
(d) 걱정 마. 내가 걔를 돌볼게.

📘 기출 공략
아내가 전화로 남편에게 퇴근 후 집에 와서 자녀의 숙제를 도와주라고 얘기하는 상황이다. 이에 대해 남편이 그렇게 하겠다고 흔쾌히 대답하는 (d)가 응답으로 적절하다. (c)는 자기 대신에 새미를 집에 데려갈 수 있냐고 물을 때 할 수 있는 대답이다.
the usual 늘 같은 일[물건] **emergency** 비상 사태
정답_(d)

27

M Could you stop by the dry cleaners after work?
W I guess so, but it's a bit inconvenient.
M Are you kidding? It's on your way home.
W _____

(a) But it's on a congested road.
(b) Yes, but I'm leaving home later.
(c) Give me directions on cleaning it.
(d) I've already dropped off two suits.

✿ 번역
M 퇴근 후에 세탁소에 좀 들를 수 있어?
W 응, 하지만 좀 불편한데.
M 농담해? 집에 오는 길에 있잖아.
W _____

(a) 하지만 혼잡한 길에 있는걸.
(b) 응, 하지만 나중에 집을 나설 거야.
(c) 그거 세탁하는 방법을 알려 줘.
(d) 이미 정장 두 벌을 맡겼는걸.

📘 기출 공략
퇴근 후 세탁소에 들러 세탁물을 찾아오라고 하는 남편의 말에 아내가 가는 길이 좀 불편하다고 호소하는 장면이다. 불편할 게 뭐 있냐고 다그치자 불편한 이유를 말하는 (a)가 적절한 응답이다. congested는 도로 사정을 말할 때 빈번히 등장하는 단어이므로 잘 익혀 두자.
stop by 들르다 **inconvenient** 불편한 **on one's way home** 집에 가는 길에 **congested** 혼잡한 **directions** (사용법) 설명, 지시서 **drop off** ~을 도중에 맡기다
정답_(a)

28

W Someone stole my briefcase this morning.
M Oh no! Did you lose anything important?
W It had all my documents for today's meeting.
M _____

(a) That's too bad. I hope you have extra copies.
(b) I'm not sure what today's meeting is about.
(c) Put them in a safe place when you're done.
(d) We can resume the meeting after lunch.

✿ 번역
W 누군가가 오늘 아침 내 서류 가방을 훔쳐갔어요.
M 맙소새! 중요한 걸 분실했나요?
W 오늘 회의에 필요한 내 모든 서류가 들어 있었어요.
M _____

(a) 너무 안됐군요. 다른 복사본을 가지고 계셔야 할 텐데.
(b) 오늘 회의가 무엇에 관한 것인지 확실히 모르겠어요.
(c) 끝나고 나면 안전한 장소에 그것들을 넣어 두세요.
(d) 점심시간 후에 회의를 재개할 수 있어요.

📘 기출 공략
도난당한 가방 속에 오늘 회의에 필요한 서류가 들어 있었다고 하는 사람에게는 위로의 말이 필요할 것이다. 안됐다고 말하며 잃어버린 서류의 복사본이 있기를 바란다는 (a)가 적절하다. (b)는 오늘 회의 주제가 뭔지를 질문받았을 때 할 수 있는 대답이다.
briefcase 서류 가방 **extra** 여분의 **resume** 다시 시작하다, 계속하다

정답_(a)

29

M Haven't you chosen a camera yet?
W They all look good. I don't know which one to buy.
M Just go by the specifications.
W _____

(a) I know. My photos aren't too bad.
(b) They'll have to be drawn up later.
(c) The problem is I don't have a camera yet.
(d) You're right. Let's ask the clerk to explain them.

✿ 번역
M 아직도 카메라 못 골랐어요?
W 모두 다 근사하게 보이는군요. 어떤 것을 사야 할지 모르겠어요.
M 그냥 사양에 따라 판단하세요.
W _____

(a) 알아요. 내가 찍은 사진들이 아주 형편없이 나온 건 아니군요.
(b) 그것들은 나중에 작성되어야 할 것입니다.
(c) 문제는 내게 아직 카메라가 없다는 거예요.
(d) 당신 말이 맞아요. 점원에게 설명해 달라고 합시다.

📘 기출 공략
카메라 가게에서 제품을 고르는 상황이다. go by the specifications의 뜻을 모르면 정답을 고르기가 쉽지 않은 문제이다. 다 좋아 보이므로 그냥 설명만 보고 고르자란 말에 여자가 동의하며 점원의 설명을 듣자고 말하는 (d)가 적절한 응답이다.
go by ~으로 판단하다, ~에 의거하다 **specification** 사양 **draw up** (문서를) 작성하다 **ask A to** A에게 ~하도록 요청하다

정답_(d)

30

W The workload at this company has increased dramatically.
M I'll say. They're squeezing two months of work into one.
W Why are they being so unreasonable?
M _____

(a) I'll have to hurry to finish.
(b) It takes a long time to complete it.
(c) Because last time we weren't ready.
(d) They want to get ahead of the competition.

✿ 번역
W 회사의 작업량이 급증했어요.
M 맞아요. 두 달 분량의 일을 한 달 만에 하도록 쥐어짜고 있어요.
W 왜 그렇게 불합리하게 일을 진행할까요?
M _____

(a) 끝내려면 서둘러야 할 거예요.
(b) 그것을 완성하는 데는 오랜 시간이 걸려요.
(c) 지난번에는 준비가 되지 않았거든요.
(d) 경쟁사보다 앞서려고 해요.

📘 기출 공략
Why로 물었다고 해서 자동적으로 Because로 대답하는 (c)를 답으로 고르지 않도록 유의한다. (d)는 맨 앞에 Because는 없지만 불합리하게 일을 진행하는 이유가 되므로 적절한 응답이다. TEPS 빈출 표현 get ahead of(경쟁에서 앞서다) 정도는 꼭 암기해 두자.
workload 업무량, 작업량 **squeeze** 쥐어넣다 **I'll say.** 그럼요. **get ahead of** ~을 앞지르다, 능가하다

정답_(d)

Listening Comprehension

31

M Did you see Tim's thumb?
W No. Why?
M It's all black and blue.
W Really? What happened?
M He says that he hit it with a hammer.
W Ouch, he should've been more careful.

Q What is the conversation about?
(a) Tim hurting his thumb.
(b) Tim losing his hammer.
(c) Tim looking black and blue.
(d) Tim making a lot of mistakes.

❋ 번역

M 팀의 엄지손가락 봤어요?
W 아뇨. 왜요?
M 온통 시퍼렇게 멍들었어요.
W 그래요? 어쩌다가요?
M 망치에 찧었다고 하더군요.
W 아이쿠, 조심하지 않고.

Q 무엇에 관한 대화인가?
(a) 팀이 엄지손가락을 다친 것.
(b) 팀이 망치를 잃어버린 것.
(c) 팀이 시퍼렇게 멍들어 보이는 것.
(d) 팀이 많은 실수를 저지른 것.

📘 기출 공략

엄지손가락을 다친 팀에 대해 걱정하는 대화이다. 엄지손가락만 멍든 것이므로 (c)는 오답이다. 팀이 망치를 잃어버렸거나 많은 실수를 저질렀다는 말은 전혀 없으므로 (b)와 (d) 역시 틀렸다. 정답은 (a)이다.

thumb 엄지손가락 **black and blue** 시퍼렇게 멍이 든 **ouch** 아야, 아이쿠

정답_(a)

32

W That's a catchy song.
M Not for me. I'm sick of current pop music trends.
W You're not a fan?
M No, the songs are so unsophisticated.
W But they represent an aspect of our culture.
M Yeah, but there's nothing original about them.

Q What is mainly happening in the conversation?
(a) The man is composing a new song.
(b) The woman is teaching the man a song.
(c) The woman is enjoying listening to music.
(d) The man is criticizing mainstream pop music.

❋ 번역

W 귀에 쏙 들어오는 노랜데.
M 난 싫어. 난 지금의 대중가요 유행에 넌더리가 나.
W 팬이 아니라고?
M 응. 노래들이 너무 단순해.
W 하지만 그 노래들은 우리 문화의 일면을 보여주고 있어.
M 맞아, 하지만 독창적인 데라곤 전혀 없어.

Q 대화에서 주로 일어나고 있는 일은?
(a) 남자는 신곡을 작곡하고 있다.
(b) 여자는 남자에게 노래를 가르치고 있다.
(c) 여자는 음악 듣는 것을 즐기고 있다.
(d) 남자는 주류 대중음악을 비판하고 있다.

📘 기출 공략

남자의 말 I'm sick of current pop music trends, the songs are so unsophisticated, there's nothing original about them에서 그가 대중음악을 계속 비판하고 있음을 알 수 있다. 따라서 정답은 (d)이다.

catchy (재미있어) 외기 쉬운 **Not for me.** 난 아냐.
unsophisticated 단순한, 소박한 **represent** 나타내다, 상징하다
aspect 양상, 국면 **compose** 작곡하다 **criticize** 비평[비난]하다
mainstream 주류의

정답_(d)

33

W Did you hear about the train crash?
M No. What train crash?
W A train derailed this morning.
M Oh, were there many casualties?
W No fatalities but a lot of injuries.
M Do they know how it happened?
W They're still investigating.

Q What is the main topic of the conversation?
(a) An update on a recent hit-and-run case.
(b) The injured people from a train accident.
(c) A railway accident that happened that day.
(d) The increasing number of transport accidents.

✳ 번역
W 열차 충돌 사고 소식 들었니?
M 아니. 무슨 열차 충돌 사고?
W 오늘 아침 열차 한 대가 탈선했어.
M 저런, 사상자가 많았니?
W 사망자는 없었지만 부상자가 많았어.
M 사고 발생 경위는 알아냈대?
W 아직 조사 중이야.

Q 대화의 주요 화제는?
(a) 최근 발생한 뺑소니 사고의 최신 소식.
(b) 열차 사고의 부상자들.
(c) 그날 발생한 철도 사고.
(d) 점점 늘어나는 교통 사고.

📘 기출 공략
두 화자는 아침에 발생한 train crash를 두고 이야기를 이어가고 있다. train crash는 (b)의 train accident 혹은 (c)의 railway accident에 해당하므로 두 선택지 중에서 정답이 있을 가능성이 크다. 대화의 초점은 그날 발생한 열차 사고이지 부상자들이 아니므로 (c)가 옳다.
crash 충돌 **derail** 탈선하다 **casualty** 사상자 (수) **fatality** 사망자 (수) **injury** 부상 **investigate** 조사하다 **update** 최신 정보 **hit-and-run case** 뺑소니 사고 **railway** 철도 **transport accident** 교통 사고
정답_(c)

34

W I heard you're looking for an apartment.
M Yes, I'm looking for a one-bedroom apartment near the university.
W That's going to be pretty expensive.
M I know, but I'll try to find something inexpensive.
W If you get a place farther away, it'll be cheaper.
M Yeah. I might have to do that if I don't get lucky.

Q What is the man trying to do?
(a) Move far from school.
(b) Rent out his apartment.
(c) Move into the woman's apartment.
(d) Rent a cheap place near the university.

✳ 번역
W 아파트를 구하고 있다고 들었어요.
M 네, 대학교 근처 침실 하나짜리 아파트를 찾고 있어요.
W 꽤 비쌀 텐데요.
M 알아요, 하지만 저렴한 걸 찾으려고 노력해 봐야죠.
W 좀 더 멀리 떨어진 곳을 얻는다면 보다 저렴할 거예요.
M 네. 운이 없으면 그렇게 해야 할지도 몰라요.

Q 남자가 하려고 하는 것은?
(a) 학교로부터 멀리 이사하는 것.
(b) 자신의 아파트를 임대하는 것.
(c) 여자의 아파트로 이사해 들어가는 것.
(d) 대학교 근처에 저렴한 집을 빌리는 것.

📘 기출 공략
남자가 하려고 하는 것이므로 우선적으로 남자의 말에 집중해야 한다. 남자의 첫 번째 말 I'm looking for a one-bedroom apartment near the university에서 정답이 (d)임을 알 수 있다. (a), (b), (c)는 대화에 전혀 없는 내용들이다.
rent (out) ~를 세놓다
정답_(d)

Listening Comprehension

35

W Where do you want to have lunch?
M Anywhere will do. What do you feel like?
W I wouldn't mind some noodles.
M In that case, let's go to a place I know down the street.
W Oh, does it have a good menu?
M Yes, there's plenty of choice. You'll like it.

Q What is the main topic of the conversation?
(a) Where to go and have lunch.
(b) What to order at the restaurant.
(c) How to find the closest restaurant.
(d) Whether or not to have noodles for lunch.

❈ 번역
W 어디서 점심을 먹고 싶어요?
M 어디라도 괜찮아요. 뭘 먹고 싶은데요?
W 면류가 좋겠어요.
M 그렇다면 길 아래쪽 내가 아는 집에 가죠.
W 식단이 괜찮나요?
M 네, 선택할 음식들이 많아요. 마음에 드실 거예요.

Q 대화의 주요 화제는?
(a) 어디에 가서 점심을 먹을지.
(b) 식당에서 무엇을 주문할지.
(c) 가장 가까운 식당을 찾는 방법.
(d) 점심으로 면류를 먹을지 여부.

📘 기출 공략
두 사람이 어디에 가서 점심을 먹을지를 이야기하는 상황이므로 (a)가 옳다. 점심 메뉴를 면류로 정했으므로 (b)와 (d)는 정답이 될 수 없다. 길 아래쪽에 위치한 식당으로 갈 것이므로 (c) 역시 오답이다. What do you feel like?는 What do you feel like having for lunch?의 줄임말이다.

do 괜찮다, 되다 **feel like** ~을 먹고[하고] 싶다 **I wouldn't mind** ~하면 정말 좋겠다 **noodles** 국수, 면류 **in that case** 그런 경우에는, 그렇다면

정답_(a)

36

M Hi, welcome to Seattle. What can I do for you?
W Can you suggest an affordable place to stay for the next few days?
M Sure. Just tell me your price range and location preference.
W Well, something downtown for around $80 a night.
M There aren't any downtown hotels in that price range, I'm afraid.
W Then, please check guesthouses.

Q What is mainly happening in the conversation?
(a) The man is booking a room at a guesthouse.
(b) The man is checking into a downtown hotel.
(c) The woman is staying with the man at a hotel.
(d) The woman is seeking affordable accommodation.

❈ 번역
M 안녕하세요. 시애틀에 오신 걸 환영합니다. 뭘 도와 드릴까요?
W 저렴한 가격으로 2~3일 묵을 수 있는 곳을 추천해 주실 수 있나요?
M 물론이죠. 가격대와 선호하는 위치를 말씀해 주세요.
W 번화가 쪽으로 1박에 80달러쯤 하는 곳이요.
M 유감스럽지만 번화가 쪽으로 그 가격대 호텔은 없습니다.
W 그럼 여관을 알아봐 주세요.

Q 대화에서 주로 일어나고 있는 일은?
(a) 남자가 여관에서 방을 예약하고 있다.
(b) 남자가 번화가 쪽 호텔에 체크인하고 있다.
(c) 여자는 남자와 함께 호텔에 체류하고 있다.
(d) 여자가 저렴한 숙박 시설을 찾고 있다.

📘 기출 공략
여자가 시애틀에 와서 an affordable place to stay for the next few days를 찾고 있는 상황이다. 먼저 번화가 쪽으로 하룻밤 80달러쯤 하는 곳을 알아보지만 그 가격대 호텔은 없다는 남자의 말에 그럼 여관을 알아봐 달라고 말하고 있다. 따라서 여자가 저렴한 숙박 시설을 찾고 있다는 (d)가 정답이다.

affordable (가격이) 알맞은 **price range** 가격대 **preference** 선호 **guesthouse** 여관 **check into a hotel** 호텔에 투숙하다 **accommodation** 숙박 시설

정답_(d)

37

M I've got to do something about my office.
W Why, what's wrong with it?
M The sun is so bright that I have to keep the blinds closed.
W So, what's the problem?
M Well, then I lose my view.
W Did you try shifting your desk to avoid the sun?
M I did, but that didn't help.

Q What is the man's main concern?
(a) He wants a better view from his office.
(b) He needs help rearranging office furniture.
(c) He does not like working in an office all day.
(d) He cannot block sunlight while keeping the view.

✱ 번역
M 내 사무실은 어떻게든 손을 봐야만 해요.
W 왜요? 뭐가 잘못됐나요?
M 햇빛이 너무 밝아서 항상 블라인드를 쳐야 해요.
W 그게 뭐가 문제가 되죠?
M 그러면 내 시야가 가려지거든요.
W 책상을 옮겨서 햇빛을 피하려고 해봤어요?
M 네, 하지만 도움이 안 됐어요.
Q 남자의 주된 우려는?
(a) 사무실에서 바라보는 전망이 더 좋기를 바란다.
(b) 사무실 가구를 재배치하는 데 도움을 필요로 한다.
(c) 하루 종일 사무실에서 일하는 것을 좋아하지 않는다.
(d) 햇빛을 막을 수 없어 시야를 가리게 된다.

📖 기출 공략
사무실에 햇빛이 너무 밝게 들어서 항상 블라인드를 쳐야 하고, 그 때문에 시야가 막히는 것이 남자의 고민이다. 따라서 (d)가 정답이다.
(a), (b), (c)는 대화에서 전혀 언급되지 않은 내용들이다.
do something about ~에 손을 보다 **keep the blinds closed** 블라인드를 치다 **rearrange** 다시 정렬하다 **all day** 하루 종일

정답_(d)

38

W Let's get some coffee before the next session begins.
M Sure, but where? At the vending machine?
W No, there's a coffee shop downstairs.
M Do we have enough time?
W We've got 20 minutes.
M OK, then, let's go.

Q Which is correct according to the conversation?
(a) The next session starts in 20 minutes.
(b) The coffee vending machine is not working.
(c) The man will give a talk at the next session.
(d) The woman wants to pay for the man's coffee.

✱ 번역
W 다음 회의 시작하기 전에 같이 커피 마셔요.
M 좋아요, 하지만 어디서요? 자동판매기요?
W 아뇨, 아래층에 커피숍이 있어요.
M 시간은 충분한가요?
W 20분 남았어요.
M 좋아요, 그럼 갑시다.
Q 대화에 따르면 옳은 것은?
(a) 다음 회의는 20분 후에 시작된다.
(b) 커피 자동판매기가 작동되지 않고 있다.
(c) 남자는 다음 회의에서 강연을 할 것이다.
(d) 여자는 남자의 커피값을 내고 싶어 한다.

📖 기출 공략
회의 전 커피를 마실 수 있는 시간이 20분이라 했으므로 다음 회의는 20분 후에 열린다는 것을 알 수 있다. 따라서 (a)가 정답이다. 자동판매기가 고장 났는지 그렇지 않은지는 이 대화만으로는 알 수 없으므로 (b)는 오답이다. (c), (d)는 대화에서 전혀 언급되지 않은 내용들이다.
session 회의, 회합 **vending machine** 자동판매기 **give a talk** 강연하다, 연설하다

정답_(a)

39

W Excuse me, but you look familiar. Do you work at Smithklein?
M Actually, I do, in accounting. My name is Dave.
W I thought I recognized you. I'm Sara. I'm in sales.
M Yes, I think I've seen you at the cafeteria.
W Oh, I have lunch there every day.
M Really? Maybe we can have lunch together one day.

Q Which is correct according to the conversation?
(a) Dave works with Sara in accounting.
(b) Sara waited on Dave at the cafeteria.
(c) Dave and Sara work at the same company.
(d) Dave and Sara have lunch together every day.

번역
W 실례지만 낯이 매우 익는데요. 스미스클라인에서 일하시나요?
M 네, 재무부에서 일해요. 제 이름은 데이브예요.
W 어디서 많이 뵌 분이라 생각했어요. 전 사라예요. 영업부에 있죠.
M 네, 구내식당에서 본 것 같군요.
W 아, 전 매일 거기서 점심 먹어요.
M 정말요? 다음에 우리 거기서 같이 점심을 먹을 수도 있겠군요.
Q 대화에 따르면 옳은 것은?
(a) 데이브는 재무부에서 사라와 함께 일한다.
(b) 사라는 구내식당에서 데이브를 접대했다.
(c) 데이브와 사라는 같은 회사에서 일한다.
(d) 데이브와 사라는 매일 점심을 같이 먹는다.

기출 공략
사라가 데이브에게 스미스클라인에서 일하느냐고 묻자 데이브는 그 회사 재무부에서 근무한다고 말한다. 곧바로 사라는 같은 회사 영업부에 있다고 자신을 소개한다. 따라서 두 사람은 같은 회사에 다닌다는 (c)가 옳다. I thought I recognized you는 직역을 하면 무슨 말인지 잘 이해가 안 되므로 통째로 외워 두자.
accounting 재무부, 회계부 **I thought I recognized you.** 어디서 많이 뵌 분이라 생각했어요. **sales** 영업부 **cafeteria** 구내식당 **wait on** ~를 시중들다, 서비스하다   정답_(c)

40

W Have you heard anything about the promotion yet?
M Yes, they announced it today, but I didn't get it.
W Even after all your work on the Mayberry project?
M Yeah, a guy in my department with seniority ended up getting it.
W Well, I'm sure there'll be other opportunities.
M I guess so. I'll just have to wait and see.

Q Which is correct about the man?
(a) He has seniority in his department.
(b) He worked on the Mayberry project.
(c) He was promoted to a senior position.
(d) He is waiting to hear about the promotion.

번역
W 승진에 관해 이미 무슨 소식 들었나요?
M 네, 오늘 발표했는데 저는 승진 못했어요.
W 메이베리 프로젝트를 하셨는데도요?
M 네, 우리 부서의 연공서열 높은 어떤 분이 결국 승진을 하게 됐어요.
W 음, 확신컨대 당신에게는 다른 기회가 있을 거예요.
M 그럴 거예요. 저는 그저 관망할 수밖에요.
Q 남자에 관해 옳은 것은?
(a) 그의 부서에서 연장자이다.
(b) 메이베리 프로젝트를 했다.
(c) 상급직으로 승진되었다.
(d) 승진 소식을 기다리고 있다.

기출 공략
남자가 승진 못했다고 하자 메이베리 프로젝트에 참가했는데도 그러냐고 여자가 응대하는 것에서 남자가 메이베리 프로젝트를 했다는 사실을 알 수 있다. 따라서 정답은 (b)이다.
promotion 승진 **seniority** 연장자임, 연공서열 **end up -ing** 결국 ~으로 끝나다 **wait and see** 일이 돌아가는 것을 관망하다   정답_(b)

41

M Emily, do you want to come skiing with us next weekend?
W I'd love to. I haven't skied yet this year.
M Great. We'll be leaving on Friday after work.
W Is there anything you want me to bring?
M Not really. We've booked a lodge, and it has everything we need.
W Sounds great. Then, I'll see you Friday.

Q Which is correct about the woman?
(a) She will take Friday off from work.
(b) She will meet the man at the lodge.
(c) She does not need to bring anything.
(d) She has not had any experience skiing.

번역
M 에밀리, 다음 주말에 우리랑 스키 타러 가지 않을래요?
W 그러고 싶어요. 올해 들어 아직 스키를 타지 못했어요.
M 잘됐군요. 우린 금요일 퇴근 후에 떠날 거예요.
W 내가 가져가야 할 게 있나요?
M 아니, 없어요. 조그만 별장을 예약했는데 우리에게 필요한 모든 것이 갖춰져 있거든요.
W 잘됐네요. 그럼 금요일에 보도록 하죠.
Q 여자에 관해 옳은 것은?
(a) 금요일에 쉴 것이다.
(b) 별장에서 남자를 만날 것이다.
(c) 어떤 것도 가져올 필요가 없다.
(d) 스키 탄 경험이 전혀 없다.

기출 공략
같이 스키 타러 가는 데 동의한 여자가 Is there anything you want me to bring?이라고 묻자 남자가 Not really라고 대답한다. 따라서 그녀는 아무것도 가져올 필요가 없다는 (c)가 정답이다.
book 예약하다 **lodge** (행락지 등의) 여관, 소규모 별장   정답_(c)

42

M Miss Crawford, why has the stadium project been delayed?
W There's excessive water on-site.
M Didn't you complete groundwater studies?
W I did, but detected nothing. I'm investigating the source.
M Do you have a timeline or cost estimate?
W I'm sorry, sir, but I can't accurately ascertain anything yet.

Q Which is correct according to the conversation?
(a) The stadium needs a new water source.
(b) The man was informed of future cost estimates.
(c) The project will proceed without further investigation.
(d) The woman cannot predict when the problem will be fixed.

번역
M 크로포드 양, 경기장 프로젝트가 왜 지체되고 있나요?
W 현장에 물이 엄청 많아요.
M 지하수 조사를 끝마치지 않았나요?
W 끝마쳤지만 아무것도 탐지되지 않았어요. 지금 그 원천을 조사 중이에요.
M 일정이나 비용 견적서를 갖고 있나요?
W 죄송하지만 아직 어떤 것도 정확히 확정할 수가 없어요.
Q 대화에 따르면 옳은 것은?
(a) 경기장은 새로운 수원을 필요로 한다.
(b) 남자는 앞으로의 비용 견적을 통지받았다.
(c) 프로젝트는 더 이상의 조사 없이 진행될 것이다.
(d) 여자는 문제가 언제 고쳐질지 예측할 수 없다.

기출 공략
경기장 건설 프로젝트가 뜻하지 않은 물 사태로 지연되고 있는 상황에서 남자가 Do you have a timeline or cost estimate?라고 묻자 여자가 I can't accurately ascertain anything yet이라고 대답하고 있으므로 (d)가 정답이다. 여기서 timeline은 물 난리 해소를 위한 일정표, cost estimate는 물 난리 해소에 드는 비용 견적을 뜻한다.
on-site 현장에 **groundwater** 지하수 **detect** 탐지하다 **timeline** 일정, 연대표 **cost estimate** 비용 견적(서) **ascertain** 확인[확정]하다 **be informed of** ~을 통지받다   정답_(d)

43

M Hi Stacy, are you still in your suite?
W I'm waiting for Heather. She's running late.
M Well, I'm calling to remind you that the tour bus leaves the hotel in five minutes.
W I'll tell her to hurry, but you know what she's like.
M Tell her everyone else is on the bus already.
W OK, I'll go and hurry things up.

Q What can be inferred from the conversation?
(a) The woman will leave Heather behind.
(b) The man will take the woman to the bus.
(c) The woman is not used to Heather being late.
(d) The man does not want the woman to miss a tour.

✤ 번역
M 안녕하세요, 스테이시, 아직도 스위트룸에 있나요?
W 헤더를 기다리고 있어요. 늦네요.
M 음, 내가 전화한 건 관광 버스가 5분 후에 호텔을 출발한다는 것을 상기시켜 주기 위해서예요.
W 헤더에게 서두르라고 말할게요. 하지만 당신도 그녀가 어떤 사람인지 알잖아요.
M 헤더에게 다른 사람들은 모두 이미 버스에 올랐다고 말해 줘요.
W 알겠어요, 내가 가서 재촉할게요.
Q 대화에서 추론할 수 있는 것은?
(a) 여자는 헤더를 남겨두고 떠날 것이다.
(b) 남자는 여자를 버스로 데리고 갈 것이다.
(c) 여자는 헤더가 늦는 데 익숙해져 있지 않다.
(d) 남자는 여자가 관광을 놓치지 않기를 바란다.

📘 기출 공략
5분 후에 출발하는 관광 버스에 아직 타지 않은 사람은 스테이시와 헤더이다. I'm calling to remind you that the tour bus leaves the hotel in five minutes라는 말에서 여자를 투어에 데리고 가고 싶어 하는 남자의 마음이 느껴진다. 따라서 정답은 (d)이다.
suite 스위트룸 **run late** 늦다 **remind A that** A에게 ~를 상기시키다 **what A's like** A가 어떤 사람인지 **leave A behind** A를 두고 가다 **be used to** ~에 익숙하다
정답_(d)

44

M How come I don't see much of you on campus any more?
W I'm taking most of my courses online this semester.
M I don't think they offer anything like that in my department.
W They're doing it as a pilot project for psychology majors.
M So, how do you like it?
W It's great because I can do everything at home.

Q What can be inferred from the conversation?
(a) The man has a different major than the woman.
(b) The man will switch his major to psychology.
(c) The two people attend different universities.
(d) The woman misses her friends on campus.

✤ 번역
M 왜 이젠 널 캠퍼스에서 자주 볼 수가 없는 거지?
W 이번 학기에는 강의 대부분을 온라인으로 수강하거든.
M 우리 과는 온라인 수강이 되지 않는 것 같은데.
W 심리학 전공자들에게만 시범적으로 시행되고 있어.
M 그래서, 마음에 들어?
W 집에서 모든 걸 할 수 있어서 너무 좋아.

Q 대화에서 추론할 수 있는 것은?
(a) 남자와 여자의 전공이 다르다.
(b) 남자는 전공을 심리학으로 바꿀 것이다.
(c) 두 사람은 서로 다른 대학교에 다닌다.
(d) 여자는 대학 시절 친구들을 그리워한다.

📘 기출 공략
온라인으로 수강하는 제도는 심리학 전공자들에게만 실시하고 있다고 했으므로 현재 온라인 수강을 하고 있는 여자는 심리학과 학생이며, 온라인 수강을 하지 않는 남자는 심리학과 학생이 아님을 알 수 있다. 따라서 남자와 여자의 전공이 다르다는 (a)가 옳다.
department (대학의) 학과 **pilot** 시범적으로 행하는 **psychology** 심리학 **major** 전공 과목[학생]
정답_(a)

45

W Are you ready to order?
M Not quite. I have a question about these spaghetti dishes.
W What would you like to know?
M It seems that they all have meat in them.
W Yes, there is either bacon, beef or chicken.
M Could I have the spaghetti without meat?
W I'm not sure. I'll ask the chef.

Q What can be inferred from the conversation?
(a) The chef updated the menu recently.
(b) The man will not have a vegetarian dish.
(c) The restaurant provides vegetarian meals only.
(d) The woman has not heard similar requests before.

✿ 번역

W 주문할 준비 되셨나요?
M 아직이요. 이 스파게티 요리들에 대해 물어보고 싶어요.
W 무엇을 알고 싶으신데요?
M 모든 요리에 고기가 들어가는 것 같아요.
W 네, 베이컨이나 쇠고기 혹은 닭고기가 들어가죠.
M 전 고기 없는 스파게티를 먹고 싶은데요.
W 전 잘 모르겠네요. 주방장에게 물어볼게요.

Q 대화에서 추론할 수 있는 것은?
(a) 주방장이 최근에 메뉴를 새롭게 단장했다.
(b) 남자는 야채식을 먹지 않을 것이다.
(c) 식당은 채식 요리만 제공한다.
(d) 여자는 이전에 유사한 요청을 들어본 적이 없다.

📘 기출 공략

남자 손님이 고기 없는 스파게티를 먹고 싶다고 하자 여자 종업원이 그런 스파게티가 있는지 없는지 모르겠다며 주방장에게 물어봐야겠다고 대답하는 것으로 보아, 여자는 예전에는 그런 주문을 받아본 적이 없었다는 사실을 추론할 수 있다. I'm not sure는 I'm not sure that you can have the spaghetti without meal의 줄임말이다. 정답은 (d)이다.

chef 요리사, 주방장 **update** 새롭게 하다, 최신의 것으로 하다
vegetarian 야채만의, 채식의 **request** 요청, 요구 사항   정답 _(d)_

46

On tonight's home-style program, we offer some simple methods to reduce your water bill. One method you can use is to take short showers rather than baths. In addition, you should always turn off the water while brushing your teeth. Finally, use your washer only when you have a full load of clothes to wash. Follow these suggestions, and you will drastically reduce your water bill.

Q What is the speaker mainly talking about?
(a) Saving money on your water bill.
(b) Using water when cleaning your home.
(c) The benefits of showers over baths.
(d) Keeping the bathroom in good condition.

✿ 번역

오늘 밤 우리 가사 프로그램에서는 수도세를 절약하는 간단한 방법 몇 가지를 제시합니다. 여러분이 택할 수 있는 한 가지 방법은 목욕보다는 간단하게 샤워를 하는 것입니다. 그리고, 양치를 하는 동안 물은 항상 잠가 두십시오. 마지막으로, 빨랫감이 가득 찼을 때만 세탁기를 사용하세요. 이 제안들대로 하면, 여러분의 수도세는 대폭 줄어들 것입니다.

Q 화자가 주로 이야기하고 있는 것은?
(a) 수도세를 절약하는 것.
(b) 집을 청소할 때 물을 사용하는 것.
(c) 목욕에 비해 샤워가 좋은 점.
(d) 욕실을 양호한 상태로 유지하는 것.

📘 기출 공략

첫 문장에서 we offer some simple methods to reduce your water bill을 놓치면 정답을 찾기가 쉽지 않다. 이 담화는 수도세 절약하는 방법 몇 가지를 제시하겠다고 말한 다음 구체적으로 하나하나 짚어가는 형식이다. 따라서 담화의 주제는 수도세를 절약하는 방법이므로 (a)가 정답이다.

home-style 가정의, 가사의(domestic) **method** 방법 **water bill** 수도세 **rather than** ~보다는, ~대신에 **turn off** ~을 잠그다, 끄다 **washer** 세탁기 **drastically** 대폭, 급격히 **keep A in good condition** A를 좋은 상태로 유지하다   정답 _(a)_

47

I want to start by extending my congratulations to everyone present on getting accepted at Bradberry University. I know that all of you are very much looking forward to your future campus life. I would therefore like to stress something that's clear but that the majority of students seem to forget that the success of your life here depends on you. Our faculty will try hard to educate you, but it is your responsibility to do the work.

Q What is the speaker's main point?
(a) Students will be treated like adults at university.
(b) Students should not give up on their career goals.
(c) Students are ultimately responsible for their own success.
(d) Students must consult professors whenever they need help.

✽ 번역
저는 시작하기에 앞서 여기 참석한 모든 사람들에게 브래드베리 대학교에 입학하게 된 것에 대해 축하 인사를 드리고 싶습니다. 저는 여러분 모두 부푼 가슴을 안고 앞으로의 대학 생활을 고대하고 있다는 것을 알고 있습니다. 그러므로 저는 분명한 사실이지만 학생들 대부분이 잊어버리고 있는 듯한 점을 강조하고 싶습니다. 즉, 여러분 대학 생활의 성공은 여러분 자신에게 달려 있다는 점입니다. 우리 교수진은 여러분을 가르치기 위해 열심히 노력할 것입니다. 하지만 성공을 해내는 것은 여러분의 책임입니다.

Q 화자가 주장하는 것은?
(a) 학생들은 대학교에서 성인들처럼 대우받을 것이다.
(b) 학생들은 자신의 직업 목표를 포기해서는 안 된다.
(c) 자신의 성공에 궁극적으로 책임이 있는 사람은 학생들 본인들이다.
(d) 학생들은 도움이 필요할 때마다 교수들과 상의해야 한다.

📖 기출 공략
대학 입학식에서 대학 총장이나 관계자가 신입생들 앞에서 연설하는 상황이다. 보통 입학식 때 강조하는 내용을 떠올려보면 쉽게 답을 찾을 수 있다. 화자는 중간쯤에서 I would therefore like to stress something ... that the success of your life here depends on you라고 말한다. 따라서 정답은 (c)이다.

extend congratulations to ~에게 축하 인사를 하다 present 참석한 get accepted 허가를 받다, 받아들여지다 stress 강조하다 faculty 교수진 be treated 대접받다 career goal 직업 목표 be responsible for ~에 책임을 지다 ultimately 궁극적으로 consult ~에게 상담하다

정답_(c)

48

The government has to make more efforts to help the disabled. There are simply too many homeless people among the disabled whose only means of support is panhandling in the streets or on the subways. However, the government is not showing enough concern about these people. Hopefully, our march through the downtown area today will get this issue the necessary attention it deserves.

Q What is the speaker's main point?
(a) Homeless people should survive by begging.
(b) People with mental problems should not be ignored.
(c) Panhandling on the subway should be outlawed.
(d) The government should help the disabled homeless.

✽ 번역
정부는 장애인들을 돕기 위해 더 많은 노력을 해야 합니다. 장애인들 중에는 생계 수단이라곤 거리나 지하철에서 구걸하는 것이 전부인 노숙자들이 너무나 많습니다. 하지만 정부는 이런 사람들에 대하여 충분한 관심을 보여주지 않고 있습니다. 오늘 우리가 도심을 통과하는 행진을 함으로써 이러한 문제에 마땅히 받아야 될 관심이 모아지기를 희망합니다.

Q 화자가 주장하는 것은?
(a) 노숙자들은 구걸 행위로 생존해야 한다.
(b) 정신 장애인들을 외면해서는 안 된다.
(c) 지하철에서 구걸하는 행위는 금지되어야 한다.
(d) 정부는 노숙 장애인들을 도와야만 한다.

📖 기출 공략
첫 문장에 화자의 주장이 잘 드러나 있다. 또한 오늘 시내 행진을 벌이는 것은 정부가 노숙 장애인들을 충분히 도와주지 않고 있는 문제에 사람들의 관심을 불러일으키기 위해서라고 말하고 있다. 따라서 정부가 노숙 장애인들을 도와야만 한다는 (d)가 정답이다.

make an effort 노력하다, 애쓰다 the disabled 신체 장애자들 (disable people) simply 정말로, 아주 means of support 생계 수단 panhandle (길에서) 구걸하다 outlaw 불법이라고 선언하다, 금지하다

정답_(d)

49

Come to AutoEasy's professional service, where the most modern equipment is used to comprehensively go over your car. Set up an appointment before your vehicle's warranty runs out, before you purchase a used car or before you go on an interstate trip. Our experienced technicians will inspect your car and provide you with a detailed log of its needs. Inquire about our special savings deal. To make an appointment, call 649-298-2755.

Q What is the advertisement about?
(a) A savings plan on a car loan.
(b) An auto-body repair business.
(c) An inspection service for vehicles.
(d) A school for training auto technicians.

❋ 번역

가장 현대적인 장비를 사용해 여러분의 차를 철저히 검사해 드리는 오토이지 전문 서비스를 이용하세요. 여러분 차량의 보증서가 만기되기 전에, 혹은 여러분이 중고차를 사기 전에, 아니면 여러분이 주간 여행을 떠나기 전에 예약해 주세요. 우리의 숙련된 기술자들이 여러분 차를 검사해서 필요한 사항을 상세히 적어 드릴 것입니다. 특별 할인 혜택을 주는 이번 기회에 대해 문의하세요. 약속을 하시려면 649-298-2755로 전화 주십시오.

Q 무엇에 관한 광고인가?
(a) 자동차 대출에 관한 저축 상품.
(b) 자동차 정비 사업.
(c) 차량 검사 서비스.
(d) 자동차 기술자 훈련 학교.

📔 기출 공략

첫 문장에서 여러분의 차를 철저히 검사해 주는 오토이지의 전문 서비스를 찾으라고 광고하고 있다. 따라서 정답은 (c)이다. 차량 어느 부분이 안 좋은지를 검사할 뿐 자동차 정비 쪽은 아니므로 (b)는 오답이다.
comprehensively 철저히, 광범위하게 **go over** 세밀히 조사하다, 검사하다 **set up an appointment** 약속을 정하다 **warranty** (품질) 보증서 **run out** 끝나다, 만기가 되다 **go on an interstate trip** 주간 여행을 하다 **log** 운행 일지, 기록 **savings** 저축, 예금 **make an appointment** 약속을 잡다, 예약하다 **car loan** 자동차 구입 자금 대출 **auto-body** 자동차 차체   정답_(c)

50

Getting a divorce before turning 30 has become so common that it has created a phenomenon known as the starter marriage. A starter marriage is one that only lasts for a couple of years and normally comes to an end before the couple has children. Indeed, some young couples stay married for a mere few months. Although the divorce rate leveled off in the 1990s, research shows that these marriages that end within the first five years are on the rise.

Q What is the main point of the report?
(a) At least half of all marriages end in divorce.
(b) More people are marrying before they are 30.
(c) Divorce rates after the 1990s have increased.
(d) Starter marriages are becoming more common.

❋ 번역

30세가 넘기 전에 이혼하는 것이 너무나 흔해져서 스타터 결혼으로 알려진 현상을 만들어냈습니다. 스타터 결혼은 단지 몇 년간만 지속되며 보통 부부가 아이를 갖기 전에 끝나는 결혼입니다. 실제로 일부 젊은 부부들은 단 몇 개월만 결혼 생활을 유지합니다. 이혼율이 1990년대에 안정되긴 했지만, 연구 결과에 따르면 첫 5년 이내에 끝나는 이러한 결혼이 증가하고 있는 것으로 드러났습니다.

Q 보고서의 주제는?
(a) 적어도 모든 결혼의 절반은 이혼으로 끝난다.
(b) 점점 더 많은 사람들이 30세 이전에 결혼하고 있다.
(c) 1990년대 이후 이혼율이 증가했다.
(d) 스타터 결혼이 점점 더 흔해지고 있다.

📔 기출 공략

처음에 스타터 결혼이라는 사회 현상을 설명하다가 끝에 가서 그런 현상이 점점 더 흔해지고 있다는 말로 결론을 내린다. 따라서 스타터 결혼이 점점 더 일반화되고 있다는 (d)가 정답이다. (b)는 marrying 대신에 getting divorced라고 하면 맞는 말이 된다.
get a divorce 이혼하다 **turn** (어떤 나이를) 넘다 **phenomenon** 현상 **starter marriage** 스타터 결혼(아이를 갖지 않고 5년 이하 지속되는 첫 결혼) **come to an end** 끝나다 **divorce rate** 이혼율 **level off** (한동안 급락·급등하다가) 변동이 없다, 안정되다 **on the rise** 오름세인 **end in** ~로 끝나다   정답_(d)

Listening Comprehension

51

I often talk about how businesses need to reduce energy usage and emissions to prevent climate change, but individual homeowners can also play their part by reducing home energy consumption. However, in order for them to participate in energy reduction on a large scale, local governments should give incentives, such as lessening restrictions on integrated solar panels and wind turbines, to encourage homeowners to generate their own power.

Q What is the main idea of the speech?
(a) It is the governments' responsibility to reduce energy waste.
(b) Minimizing climate change requires help from businesses.
(c) Individuals should be encouraged to pursue homeownership.
(d) Governments should encourage homeowners to reduce energy consumption.

✿ 번역
저는 종종 기업들이 기후 변화를 막기 위해서 어떤 방식으로 에너지 사용과 배출 물질을 줄여야 하는지에 관해서 연설을 합니다만, 각 주택 보유자들도 가정의 에너지 소비를 줄임으로써 자기 역할을 다할 수 있습니다. 그러나, 주택 보유자들이 대규모 에너지 절감에 참여하기 위해서는 지방 정부들이 통합 태양전지판과 풍력 발전용 터빈에 대한 제한을 줄이는 것과 같은 장려 정책을 펼쳐서 그들이 스스로 동력을 발생시킬 수 있도록 힘을 실어 줘야 합니다.

Q 연설의 주제는?
(a) 에너지 낭비를 줄이는 것은 정부의 책임이다.
(b) 기후 변화를 최소화하기 위해서는 재계의 도움이 필요하다.
(c) 개인들이 주택 소유권을 추구하도록 권장해야 한다.
(d) 정부는 주택 보유자들이 에너지 소비를 줄이도록 장려해야 한다.

📖 기출 공략
지방 정부들이 가정의 에너지 소비를 줄이기 위해 주택 보유자들에게 힘을 실어 줘야 한다는 내용이다. 중반부의 However 이하를 놓치지 않았다면 (d)를 정답으로 고를 수 있을 것이다.
emissions 배출 물질 **play one's part** 자기 역할을[임무를] 다하다 **consumption** 소비 **on a large scale** 대규모로 **incentive** 장려책, 우대책 **lessen** 줄이다 **restriction** 제한 **integrated** 통합된 **solar panel** 태양전지판 **wind turbine** 풍력 발전용 터빈 **homeownership** 주택 소유권   정답_(d)

52

We now turn to the third phase of language development, which starts at approximately 18 months of age. At this point in their lives, babies communicate through telegraphic sentences consisting mainly of nouns. For instance, an English-speaking child might say "Mommy, cup" instead of "Mommy, I want a cup." Vocabulary is still fairly undeveloped at this point, so babies will frequently resort to echolalia, or continual repetition of the identical word or phrase.

Q What is the main topic of the lecture?
(a) The importance of repetition in advancing a child's speaking skills.
(b) Emotional maturity in children and its relationship with language.
(c) Typical problems with telegraphic communication for children.
(d) Aspects of the third stage of childhood language development.

✿ 번역
우리는 이제 생후 약 18개월 때부터 시작되는 언어 발달의 세 번째 단계로 넘어갑니다. 이 시기의 아기들은 주로 명사로 구성된 간결한 문장들을 통해 의사소통을 합니다. 예를 들어, 영어를 말하는 아이는 아마 "엄마, 컵 주세요"라 하지 않고 "엄마, 컵"이라고 말할 것입니다. 이 시기에는 여전히 어휘가 거의 발달되지 못한 상태라 아기들은 자주 음성 모방, 즉 동일한 단어나 구절의 계속적인 반복에 의존할 것입니다.

Q 강의의 주요 화제는?
(a) 아이의 화술 발달에서 반복의 중요성.
(b) 아이들의 감정적 성숙 및 언어와의 관계.
(c) 아이들의 간결한 의사소통에 나타나는 전형적인 문제들.
(d) 아동 언어 발달 세 번째 단계의 양상들.

📖 기출 공략
담화의 첫 부분에 아동 언어 발달의 세 번째 단계라는 새로운 주제를 갖고 강의하겠다고 말한 후, 곧이어 세 번째 단계에 나타나는 모습들을 하나하나씩 설명해 내려가고 있다. 즉, 간결한 문장들을 통해 의사소통을 하는 것, 그리고 동일한 단어나 구절의 계속적인 반복에 의존하는 것이 이 시기의 특징이다. 따라서 정답은 (d)이다.
turn to (새로운 주제로) 넘어가다 **phase** 단계 **approximately** 대략 **telegraphic** 간결한 **fairly** 꽤, 대단히 **undeveloped** 미발달의, 미발전의 **resort to** ~에 의존하다 **echolalia** (유아기의) 음성 모방 **identical** 동일한 **speaking skill** 화술 **maturity** 성숙   정답_(d)

53

Hello. I'm sorry I can't answer your call right now. If you're calling concerning the advertised apartment for rent, it's no longer available. However, we still have plenty of items for sale, including this answering machine you are listening to. If you would like to drop by to see what we have to offer, simply leave your number and I'll return your call to set up a time. Bye now.

Q Which is correct according to the recorded message?
(a) The caller has to leave a name and address.
(b) The speaker is selling the answering machine.
(c) The apartment advertised for rent is still available.
(d) The things the speaker owned have already been sold.

번역
안녕하세요. 제가 지금 귀하의 전화에 응답해 드리지 못해서 유감입니다. 만약 귀하께서 광고 나간 임대용 아파트에 관해 전화하시는 거라면 그 아파트는 이젠 더 이상 구입이 불가능합니다. 하지만 우리에겐 여전히 귀하께서 지금 듣고 계시는 자동응답전화기를 포함해 살 수 있는 품목들이 많습니다. 만약 귀하께서 우리가 갖고 있는 것들을 보시기 위해 들르고 싶다면 전화번호만 남겨 주십시오. 그러면 제가 나중에 답신 전화를 드려서 시간을 정하겠습니다. 그럼 수고하십시오.

Q 녹음 메시지에 따르면 옳은 것은?
(a) 전화 건 사람은 이름과 주소를 남겨야 한다.
(b) 화자는 자신의 자동응답전화기를 팔고 있다.
(c) 광고 나간 임대용 아파트는 여전히 구입이 가능하다.
(d) 화자가 소유한 것들은 벌써 팔렸다.

기출 공략
중간쯤에 나오는 we still 이하에서 화자가 자신의 자동응답전화기를 포함해 팔려는 물건들을 많이 소유하고 있음을 알 수 있다. 즉, 팔리는 물건들 중에 화자의 자동응답전화기도 들어 있으므로 (b)가 정답이다.

concerning ~에 관하여   advertised 광고된   for rent 임대용
available 입수 가능한   for sale 판매용   answering machine 자동응답전화기   drop by 잠깐 들르다   return one's call 답신 전화하다   set up a time 시간을 정하다

정답 (b)

54

The handcrafted objects on display at this next exhibit originate from the British slave trading ship Henrietta Marie, which sunk off Florida's Key West in 1701 after delivering a load of African slaves to the island of Jamaica. The ship set out from Africa with up to 300 captives who had been purchased with iron and copper bars by the British crew. After its human cargo was unloaded for a significant gain, the Henrietta Marie sailed out to meet its fate with the loss of every crew member aboard.

Q Which is correct about the Henrietta Marie?
(a) It offloaded all of its slaves in Florida.
(b) It sank with 300 captive slaves on board.
(c) It was carrying iron and copper when it sank.
(d) It transported slaves from Africa to Jamaica.

번역
이 다음 전시장에서 진열 중인 수공예품들은 영국의 노예거래선인 앙리에타 마리에에서 나온 것들입니다. 앙리에타 마리에는 아프리카 노예들을 가득 태우고 그들을 자메이카 섬으로 인도한 후 1701년 플로리다의 키웨스트 근해에서 침몰했습니다. 이 배는 영국 승무원들이 철과 구리 막대를 주고 최고 300명의 포로들을 사서 승선시킨 후 아프리카에서 출발했습니다. 앙리에타 마리에는 막대한 이윤을 챙기고 인간 화물을 내린 다음 출항하여, 승무원 전원이 사망하는 운명을 맞았습니다.

Q 앙리에타 마리에에 대해 옳은 것은?
(a) 플로리다에서 노예 전부를 내렸다.
(b) 잡혀 온 노예 300명을 태운 채 침몰했다.
(c) 침몰 당시 철과 구리를 싣고 있었다.
(d) 아프리카에서 자메이카로 노예들을 수송했다.

기출 공략
영국의 노예거래선인 앙리에타 마리에에 관한 담화이다. after delivering a load of African slaves to the island of Jamaica 와 The ship set out from Africa with up to 300 captives 부분을 놓치지 않았다면 (d)를 정답으로 고를 수 있을 것이다. 노예를 내린 곳은 자메이카이므로 (a)는 오답이며, (b)와 (c) 역시 침몰 당시 승무원들만 타고 있었으므로 틀렸다.

handcrafted 수공예품인   on display 진열 중인   originate from ~에서 비롯되다, 유래하다   slave trading ship 노예거래선   off ~의 근해에서   set out 출발하다   captive 포로   copper 구리
sail out 출항하다   meet one's fate 최후를 맞다   loss 죽음, 인명 손실   aboard 탑승한, 선승한 (on board)

정답 (d)

Listening Comprehension

55

A new study published by the National Center for Health Statistics suggests that marriage may actually benefit your health and longevity. The study, based on surveys of 127,000 single and married adults, shows that married people have less tendency to smoke, drink excessively or be physically inactive. Moreover, they are less likely than their single counterparts to have poor health, migraine headaches or stress symptoms.

Q Which is correct about married people?
(a) Their health is usually better than that of singles.
(b) They tend to take up smoking after marriage.
(c) Their stress levels are higher than those of singles.
(d) They have more opportunities to drink than singles.

✿ 번역
미국보건통계센터는 결혼이 실제로 건강과 장수에 도움을 줄 수 있다고 주장하는 새로운 연구 결과를 발표했습니다. 12만 7천 명의 미혼 및 기혼 성인들을 대상으로 조사한 것을 바탕으로 한 그 연구에 의하면 기혼자들은 흡연과 과도한 음주를 덜 하고, 육체적으로 더 활동적인 경향을 보이는 것으로 나타났습니다. 게다가, 미혼보다는 기혼자들이 더 건강이 안 좋고 편두통이나 스트레스 증상들을 보일 가능성이 더 적습니다.

Q 기혼자들에 대해 옳은 것은?
(a) 대체로 미혼자들보다 건강이 더 낫다.
(b) 결혼 후에 흡연을 시작하는 경향이 있다.
(c) 스트레스 지수는 미혼자들보다 더 높다.
(d) 미혼자들보다 음주할 기회가 더 많다.

📕 기출 공략
마지막 문장에서 they are less likely than their single counterparts to have poor health 부분을 잘 듣고 이해했다면 (a)를 정답으로 고를 수 있을 것이다. 첫 번째 문장에 나오는 이 담화의 주제인 marriage may actually benefit your health and longevity에도 간접적으로 정답이 들어 있다.
statistics 통계 **longevity** 장수 **have a tendency to** ~하는 경향이 있다 **excessively** 과도하게 **inactive** 활동하지 않는 **counterpart** 대응자, 동 자격자 **migraine headache** 편두통 **symptom** 증상 **tend to** ~하는 경향이 있다 **take up** ~을 시작하다

정답_(a)

56

Let's look now at how airplanes are protected from lightning. The majority of aircraft skins are produced using aluminum, which conducts electricity. Some contemporary aircraft, however, are made of composite materials which include layers of conductive fibers that protect them from lightning currents. As airplanes are built to have no gaps in conductive tracks, a lightning current makes its way along the exterior of the craft and then leaves the plane at some extremity, such as the tail.

Q Which is correct according to the lecture?
(a) Conductive paths are usually engineered without gaps.
(b) Some aircraft skins are designed not to conduct electricity.
(c) Few aircraft are constructed with aluminum exteriors.
(d) Lightning currents are bounced off the exteriors of aircraft.

✿ 번역
이제 비행기가 번개로부터 어떻게 보호되는지를 알아보겠습니다. 비행기 외피 대부분은 전도성이 있는 알루미늄으로 제작됩니다. 그러나 근래 비행기들 중 일부는 번개 전류로부터 비행기를 보호해주는 전도성 섬유층이 포함된 복합소재로 만들어집니다. 비행기는 전도로에 틈이 없도록 만들어지기 때문에 번개 전류는 비행기 외부를 따라 흐르다가 꼬리 부분과 같은 어떤 끝 부분에서 비행기 밖으로 빠져 나갑니다.

Q 강의에 따르면 맞는 것은?
(a) 전도로는 대개 틈이 없도록 제작된다.
(b) 일부 비행기 외피는 전기를 전도하지 않도록 설계된다.
(c) 외피가 알루미늄으로 된 비행기는 거의 없다.
(d) 번개 전류는 비행기 외피 밖으로 튕겨져 나간다.

📕 기출 공략
비행기가 번개에 맞아도 끄떡없는 이유를 강의하고 있다. 담화의 종반부 As 이하에 나오는 airplanes are built to have no gaps in conductive tracks를 놓치지 않았다면 (a)를 정답으로 고를 수 있을 것이다. (a)의 paths는 담화의 tracks와, engineered는 담화의 built 와 동의어로 쓰였다.
lightning 번개 **skin** (선체·기체 등의) 외판, 외장 **conduct** (열·전기 등을) 전도하다(transmit) **contemporary** 현대의 **be made of** ~로 만들어지다 **composite** 합성의 **conductive** 전도성의 **fiber** 섬유 **current** 전류 **make one's way along** ~을 따라 나아가다 **exterior** 외부, 외면 **extremity** 맨 끝 **engineer** (설계해서) 제작하다 **construct** 만들다 **be bounced off** ~밖으로 튕겨져 나가다

정답_(a)

57

The subject of today's lecture concerns one of the most important figures in French literature, Michel de Montaigne. He published intimate essays about his own mind, feelings and habits. During the Renaissance, he wrote about his failing memory, his ability to be emotionally detached, his disgust for man's pursuit of lasting fame and his attempts to detach himself from worldly things. But the true genius of Montaigne is that in describing himself, he described all people.

Q Which is correct about Montaigne according to the lecture?
(a) His emotional detachment kept him from pursuing fame.
(b) His personal writings accurately portrayed human nature.
(c) He used self-criticism as a means of critiquing humanity.
(d) He ingeniously detailed common people's everyday lives.

❋ 번역
오늘 강의의 주제는 프랑스 문학에서 가장 중요한 인물 중의 한 명인 미셸 드 몽테뉴에 관한 것입니다. 그는 자신의 생각과 감정 그리고 습관들에 관해 쓴 사적인 수필들을 발표했습니다. 르네상스 시대에는 자신의 쇠퇴하는 기억, 감정적으로 초연할 수 있는 능력, 인간이 영속적인 명예를 추구하는 것에 대한 혐오감, 그리고 세속적인 것에서 벗어나려는 노력들에 대해 글을 썼습니다. 하지만 몽테뉴의 진정한 재능은 그가 자기 자신을 묘사할 때 모든 사람을 묘사했다는 점입니다.

Q 강의에 따르면 몽테뉴에 관해 맞는 것은?
(a) 그가 명예를 추구하지 않은 것은 그의 감정적 초연함 때문이었다.
(b) 그의 개인적인 글들은 인간의 본성을 정확히 묘사했다.
(c) 인간성을 비판하는 수단으로 자기비판을 사용했다.
(d) 보통 사람들의 일상 생활을 독창성 있게 상술했다.

📘 기출 공략
프랑스 작가 몽테뉴의 사상에 관한 담화이다. 마지막 문장 But the true genius of Montaigne is that in describing himself, he described all people에서 몽테뉴 자신의 사적인 이야기가 결국 보편적인 인간의 본성을 말해주고 있다는 것을 알 수 있다. 따라서 (b)가 정답이다.

intimate 개인적인 failing 없어져가는 detached 초연한
lasting 영속적인 detach oneself from ~에서 벗어나다, 이탈하다
worldly 세속적인 self-criticism 자기비판 means 수단
critique 비평[비판]하다 humanity 인간성 ingeniously 독창적으로, 기발하게
정답_(b)

58

Although many people know the names of a few constellations or perhaps even a group of constellations, they may have difficulty locating most of them in the sky. In the Northern Hemisphere, the constellation most commonly found is Polaris, which is some 50 light years from Earth and is situated on the edge of the constellation Ursa Minor. Despite the fact that its scientific name is Polaris, it is more typically referred to as the North Star.

Q What is the speaker likely to discuss next?
(a) The exact location of the North Star.
(b) Stars in the Southern Hemisphere.
(c) The measurement of a light year.
(d) How the North Star got its name.

❋ 번역
많은 사람들이 몇몇 별자리나 심지어 별자리 그룹의 이름까지 알고 있지만, 하늘에서 그것들의 정확한 위치를 찾아내라고 하면 고개를 절레절레 흔들지도 모릅니다. 북반구에서 가장 흔하게 발견되는 별자리는 폴라리스(북극성)로, 지구로부터 약 50광년 떨어져 있으며 작은곰자리의 끝에 위치해 있습니다. 사실 그것의 과학적 명칭은 폴라리스지만 더 일반적으로 노스 스타(북극성)로 불려지고 있습니다.

Q 화자가 다음에 말할 것 같은 내용은?
(a) 북극성의 정확한 위치.
(b) 남반구의 별들.
(c) 광년의 측정.
(d) 노스 스타라는 이름의 유래.

📘 기출 공략
서두에서 사람들은 별자리들이 하늘에서 정확히 어디에 위치하는지 잘 모르고 있다고 말한 후, 북극성에 대한 이야기로 넘어가고 있다. 중반부에서 북극성의 위치를 말한 후, 종반부에서 북극성은 Polaris보다는 North Star로 많이 불려지고 있다고 말한다. 따라서 다음에는 North Star라는 이름의 유래에 대한 내용이 이어질 가능성이 높으므로 정답은 (d)이다.

constellation 별자리 locate ~의 정확한 위치를 찾아내다
Northern Hemisphere 북반구 Polaris 북극성(North Star)
light year 광년 situated 위치해 있는 on the edge of ~의 끝에 Ursa Minor 작은곰자리 be referred to as ~로 불리다
measurement 측정
정답_(d)

59

Tonight at eight on ABS, our nutritional experts will demonstrate how to go on a diet without giving up fast food. Believe it or not, there are healthy choices on virtually every fast food menu. We've analyzed the nutritional value of foods at five different fast food restaurants and produced our selection of their healthiest choices. Tune in to our special on diets tonight at eight on ABS.

Q What is likely to be shown in the dieting special?
(a) How bad eating fast food can be for dieters.
(b) Which fast food restaurants serve the best food.
(c) What to eat and what to avoid in fast food restaurants.
(d) Why some fast food restaurants are better than others.

❋ 번역
오늘 저녁 8시 ABS에서, 우리의 영양 전문가들이 패스트푸드를 포기하지 않고 다이어트를 하는 방법을 보여줄 것입니다. 믿기 힘들겠지만, 거의 모든 패스트푸드 메뉴에 있어서 그것들을 건강하게 먹는 법이 있습니다. 우리는 패스트푸드 식당 다섯 곳에서 음식들의 영양가를 분석한 후, 그것들을 가장 건강하게 먹는 법을 정리했습니다. 오늘 저녁 8시, ABS에서 방송되는 다이어트에 관한 우리의 특집방송에 채널을 맞춰 주세요.

Q 다이어트 특집방송에서 보여질 것 같은 것은?
(a) 패스트푸드 섭취가 다이어트 중인 사람들에게 얼마나 나쁠 수 있는지.
(b) 최고의 음식을 제공하는 패스트푸드 식당들.
(c) 패스트푸드 식당에서 먹어야 될 것과 피해야 될 것.
(d) 일부 패스트푸드 식당이 다른 곳보다 더 좋은 이유.

📘 기출 공략
패스트푸드를 먹으면서 다이어트할 수 있는 방법을 다룰 특집방송을 예고하는 담화이다. 중간의 there are healthy choices on virtually every fast food menu, 그리고 후반부의 and produced our selection of their healthiest choices를 통해 (c)가 정답임을 알 수 있다.
nutritional 영양의 **demonstrate** 시범을 보이다 **believe it or not** 믿기 힘들겠지만 **virtually** 사실상, 거의 **analyze** 분석하다 **produce** 제시하다 **selection** 선택 **tune in to** (라디오·TV의) 다이얼[채널]을 ~에 맞추다 **special** 특집방송 **dieter** 다이어트 중인 사람
정답_(c)

60

As I noted in my previous lecture, children learn the basic rules of social interaction from parents or caregivers. As they grow up, they go through other emotional, social and cognitive experiences that are more complicated and harder to deal with. In peer group relationships in particular, the social norms children obtained through their first interactions with adults are absent. As a result, young children frequently feel less comfortable and skilled associating with other children than they do with adults.

Q What can be inferred about children from the lecture?
(a) They are usually insecure with unlearned social rules.
(b) Those with siblings adapt best to new social situations.
(c) Those who do not interact well with peers become depressed.
(d) Extroverted ones are more quickly accepted into groups.

❋ 번역
제가 이전 강의에서 언급했듯이, 아이들은 부모나 돌보는 사람들로부터 사회적 소통의 기본 규칙들을 배웁니다. 그들은 성장하면서 보다 복잡하고 더 다루기 힘든 다른 감정적·사회적 그리고 인지적 경험들을 겪게 됩니다. 특히 또래 집단 관계에서 아이들이 어른들과의 첫 상호 작용을 통해 얻었던 사회적 규범들은 찾아 볼 수가 없습니다. 그 결과, 아이들은 어른들보다는 다른 아이들과 어울릴 때 덜 편안하고 덜 익숙하게 느끼는 경우가 많습니다.

Q 강의에 의하면 아이들에 대해 추론할 수 있는 것은?
(a) 아이들은 대체로 배우지 않은 사회적 규칙들에 불안감을 느낀다.
(b) 형제자매가 있는 사람이 새로운 사회적 상황에 가장 잘 적응한다.
(c) 또래들과 잘 소통하지 않는 사람은 우울감을 느낀다.
(d) 외향적인 사람들은 집단에 더 빨리 받아들여진다.

📘 기출 공략
아이들은 태어난 후 부모나 자기를 돌보는 어른들과 먼저 상호 작용을 한다. 그 결과, 성장하면서 또래 집단과 어울리는 것이 어른들과 있을 때보다 덜 편안하다고 했으므로, 그들은 배우지 않은 사회적 규칙들에 불안감을 느끼는 것으로 추론할 수 있다. 따라서 (a)가 정답이다. 이런 추론 유형은 담화문만을 토대로 해야지 상식선에서 답을 고르면 안 된다.
note (중요하거나 흥미로운 것을) 언급하다 **interaction** 상호 작용 **caregiver** 돌보는 사람 **go through** ~을 겪다 **cognitive** 인지의 **norm** 규범, 규준 **obtain** 얻다, 획득하다 **associate with** ~와 어울리다 **insecure** 자신이 없는, 불안정한 **sibling** 형제자매, 동기 **adapt to** ~에 적응하다 **interact well with** ~와 잘 소통[교류]하다 **depressed** 우울한 **extroverted** 외향적인
정답_(a)

Grammar

25 minutes

1

A Would you like chicken or fish for dinner?
B _____ will be fine.

(a) One
(b) Some
(c) Either
(d) Another

번역
A 저녁으로 닭고기와 생선 중에서 어떤 걸 드시고 싶어요?
B 어떤 거라도 괜찮아요.

기출 공략
긍정문에서 '어느 쪽이든'이란 뜻의 대명사는 (c) Either이다. either는 흔히 '둘 중의 어느 한 쪽'으로 알고 있는데, 이렇게 '어느 쪽이든'이란 의미로도 많이 쓰인다. either가 부정문에 쓰이면 I don't like either of them(그 어느 쪽도 마음에 들지 않는다)처럼 '(둘 중) 어느 쪽도 아니다'란 뜻이 된다.
either (둘 중의) 어느 한 쪽, 어느 쪽이든   정답_(c)

2

A I don't feel comfortable about asking my boss for a raise.
B You deserve it, so don't delay _____ to her any longer.

(a) talk
(b) talked
(c) to talk
(d) talking

번역
A 상사에게 임금 인상을 요청하는 것이 불편해요.
B 당신은 충분한 자격이 있어요. 더 이상 미루지 말고 얘기하세요.

기출 공략
빈칸은 동사 delay의 목적어가 올 자리이다. delay가 목적어로 동사 형태를 취할 때는 반드시 동명사를 사용해야 하므로 정답은 (d) talking이다.
ask A for B A에게 B를 요청하다   **raise** 임금 인상   정답_(d)

3

A Chris seems to know a lot about the history of our city's buildings.
B No wonder. He majored in _____ at university.

(a) architecture
(b) an architecture
(c) the architecture
(d) some architecture

번역
A 크리스는 우리 시에 있는 건물들의 역사에 대해 많이 아는 것 같아요.
B 당연해요. 그는 대학에서 건축학을 전공했거든요.

기출 공략
major in 다음에는 학문명이 와야 하는데, 학문명은 불가산 명사이므로 그 앞에 관사가 붙지 않는다. 따라서 (a)가 정답이다. No wonder는 It is no wonder that he knows a lot about the history of our city's buildings의 줄임말이다.
No wonder. 당연하지.   **major in** ~을 전공하다(specialize in)
architecture 건축학   정답_(a)

4

A This radio is out of order.
B Oh, yes, _____.

(a) so it is
(b) it so is
(c) so is it
(d) is so it

번역
A 이 라디오는 고장 났어.
B 아, 그래, 정말로 고장 났네.

기출 공략
so는 〈so+주어+(조)동사〉의 어순으로, 선행의 진술에 대하여 동의나 확인을 나타내어 '정말로, 참으로'란 뜻으로 쓰인다. 따라서 정답은 (a) so it is이다. 하지만 〈so+(조)동사+주어〉의 어순이 되면 '~도 역시'란 뜻이 된다. 예를 들면, My father was a teacher, and so am I(아버지는 교사이셨는데 나 역시 그렇다)와 같이 쓸 수 있다.
out of order 고장 난   정답_(a)

Grammar

5

A Do you have any running shoes?
B Yes, we have many different _____.

(a) size and price
(b) size and prices
(c) sizes and price
(d) sizes and prices

✼ 번역
A 운동화 있어요?
B 네, 사이즈와 가격별로 다양한 운동화가 많이 있어요.

📘 기출 공략
size와 price는 불가산 명사이지만 '여러 사이즈들', '다양한 가격들'이란 뜻으로 쓰이면 가산 명사가 된다. 또한 빈칸 앞에 many가 나왔으므로 수식을 받는 명사는 당연히 복수가 되어야 한다. 따라서 정답은 (d)이다.
running shoes 운동화, 조깅화   **정답** (d)

6

A Are you going to read this letter right away?
B Not until I _____ my dinner.

(a) finish
(b) finished
(c) will finish
(d) will have finished

✼ 번역
A 지금 바로 이 편지를 읽을 거예요?
B 저녁식사를 마친 후에요.

📘 기출 공략
소위 말하는 not until 구문이다. 저녁식사를 마치기 전까지는 안 읽겠다는 말이므로 전체적인 시제는 미래이지만 부사절에서는 현재 시제가 미래 시제를 대신하므로 until 이하 동사는 현재형이 되어야 한다. 따라서 정답은 (a)이다. B의 말은 I'm not going to read the letter until I finish my dinner의 줄임말이다.
right away 즉시, 곧바로   **not A until B** B해서야 비로소 A하다
                                                          정답 (a)

7

A Do you like the band Devil's Top?
B To be honest, I've _____.

(a) never heard of it before
(b) heard of it never before
(c) ever before not heard of it
(d) before not ever heard of it

✼ 번역
A 밴드 '데블스 탑' 좋아해요?
B 솔직히 말해서 한 번도 들어본 적이 없어요.

📘 기출 공략
횟수·정도를 나타내는 부사는 be동사·조동사 뒤, 일반동사 앞에 위치한다. 따라서 never는 have와 heard 사이에 오며, 시간 부사인 before는 보통 문미에 오므로 (a)가 정답이다.
devil 악마   **top** 머리   **to be honest** 정직하게 말하면
                                                          정답 (a)

8

A Do you think the team lost the game because Ben didn't play?
B Of course! Having him play in that game _____ all the difference.

(a) makes
(b) had made
(c) would make
(d) would have made

✼ 번역
A 벤이 나가지 않았기 때문에 팀이 시합에 졌다고 생각합니까?
B 물론이죠! 그를 시합에 뛰게 했더라면 이야기는 달라졌을 거예요.

📘 기출 공략
문맥상 '그가 시합에 나왔더라면 팀이 지지 않았을 것이다'가 되므로 과거 사실에 반대되는 가정법 과거완료(If+S+had p.p., S+should, [could/would/might]+have p.p.) 구문이 되어야 한다. 따라서 정답은 (d)이다.
make all the difference 엄청난 차이를 낳다, 이야기가 완전히 달라지다
                                                          정답 (d)

9

A It's already dark outside. Let me accompany you.
B That's OK. You don't need _____.

(a) taking me home
(b) to take me home
(c) taking me to home
(d) to take me to home

❇ 번역
A 밖이 벌써 어두워요. 제가 같이 갈게요.
B 괜찮아요. 집에 데려다 주실 필요 없어요.

📘 기출 공략
need는 그 다음에 동사가 올 경우, 〈need to+동사원형〉의 형태로 쓰이므로 (b)와 (d) 중에 답이 있다. home은 그 자체가 부사이므로 앞에 전치사가 불필요하다. 따라서 정답은 (b)이다.
accompany 동행하다, 함께 가다

정답_(b)

10

A I wish you'd stop swearing all the time. It's really annoying.
B I didn't realize it was _____ a nuisance to you.

(a) so
(b) that
(c) such
(d) much

❇ 번역
A 욕 좀 입에 달고 살지 않았으면 좋겠어요. 정말이지 짜증 나요.
B 그게 당신을 그토록 불편하게 할 줄 몰랐어요.

📘 기출 공략
〈such+a[an]+(형용사)+명사〉에 관한 문제로 정답은 (c) such이다. 비슷한 뜻으로 쓰이는 〈so+형용사+a[an]+명사〉의 어순도 함께 기억해 두자.
swear 욕을 하다 **all the time** 내내, 줄곧 **annoying** 짜증스러운
nuisance 불편한 것

정답_(c)

11

A You shouldn't stay out too late.
B I think I'm old enough _____ as late as I like.

(a) to stay out
(b) staying out
(c) having stayed out
(d) to have stayed out

❇ 번역
A 너무 늦게까지 밖에 있어서는 안 돼.
B 내가 원하는 만큼 밖에 있어도 좋을 나이라고 생각하는데요.

📘 기출 공략
'~할 만큼 충분히 ~하다'란 뜻의 〈be+형용사+enough+to+동사원형〉 구문이므로 빈칸에는 to부정사가 와야 한다. 따라서 (a)와 (d) 중에 답을 고르면 되는데 의미상 am과 같은 시제인 (a) to stay out이 옳다. 〈be+형용사+enough+to+동사원형〉은 〈be+so+형용사+as+to+동사원형〉으로 바꿔 쓸 수 있다.
stay out 외출해 있다 **be old enough to** ~하여도 좋을 나이이다

정답_(a)

12

A Did you have an expert evaluate your antique chair?
B Yeah, and it wasn't worth as much as I _____.

(a) am expecting
(b) had expected
(c) have expected
(d) will be expecting

❇ 번역
A 전문가에게 당신의 골동품 의자를 감정받았나요?
B 네, 내가 기대했던 만큼 값이 많이 나가지 않았어요.

📘 기출 공략
시제 문제이다. 기대했던 시점은 값이 많이 나가지 않았던 시점보다 시간상으로 앞선다. 즉, 빈칸에 들어갈 종속절은 과거 시제인 주절보다 더 빠른 시제인 과거완료가 되어야 한다. 따라서 (b)가 정답이다.
expert 전문가 **evaluate** 평가하다 **antique** 골동품(의)

정답_(b)

Grammar

13

A What do you think of the philosophy class?
B I find it quite _____.

(a) interest
(b) interested
(c) to interest
(d) interesting

✱ 번역
A 철학 수업에 대해 어떻게 생각해요?
B 꽤 재미있어요.

📘 기출 공략
일단 빈칸은 목적보어가 올 자리인데 부사 quite의 수식을 받으므로 형용사가 되어야 된다. 따라서 (b)와 (d) 중에서 선택하면 된다. (b) interested는 '흥미[관심] 있어 하는', (d) interesting은 '재미있는, 흥미로운'이란 뜻이다. 철학 수업은 '흥미있게 하는' 것이므로 정답은 (d)이다.

philosophy 철학 **interest** 흥미, 관심 정답_(d)

14

A How did I do in my presentation?
B Unfortunately, you left out _____ I was hoping to see.

(a) the important points of some
(b) some of the important points
(c) some of the points important
(d) the points of importance some

✱ 번역
A 프레젠테이션할 때 저 어땠어요?
B 유감스럽게도 내가 보고자 했던 몇 가지 중요한 점을 빠뜨렸어요.

📘 기출 공략
<some of+명사>(~중의 조금) 구문의 어순을 묻는 문제이다. 형용사는 명사 앞에서 수식하는 역할을 하므로 important points가 되어야 한다. 따라서 정답은 (b)이다.

presentation 설명회, 발표회 **leave out** 빠뜨리다, 빼다 정답_(b)

15

A Where can I find the information for our report for tomorrow's meeting?
B Some _____ in these files.

(a) is
(b) are
(c) has
(d) have

✱ 번역
A 내일 회의에 쓸 보고서 작성에 필요한 정보를 어디서 얻을 수 있나요?
B 일부는 이 파일들 안에 있어요.

📘 기출 공략
주어인 Some은 Some information을 가리키는데, information은 불가산 명사이므로 동사는 3인칭 단수형 동사가 되어야 한다. 따라서 (a)와 (c) 중에서 골라야 한다. 빈칸 뒤에 목적어가 아닌 부사구가 나오므로 be동사가 알맞다. 따라서 (a)가 정답이다.

information 정보 **file** 파일 정답_(a)

16

A How can I find out if I _____ the scholarship?
B You'll be notified of our decision by mail.

(a) had awarded
(b) have awarded
(c) had been awarded
(d) have been awarded

✱ 번역
A 제가 장학금을 받게 될지 여부를 어떻게 알 수 있나요?
B 귀하는 우리의 결정을 우편으로 통보받을 것입니다.

📘 기출 공략
<award+간접목적어+직접목적어>에서 간접목적어가 주어 자리에 와서 수동태로 바뀌면 <간접목적어(주어)+be동사+p.p.+직접목적어>의 어순이 된다. 장학금을 만약에 받게 된다면 미래에 받는 것이므로 if절의 동사 시제는 will have p.p., 즉 미래완료형이 되어야 하지만 if절에서는 현재완료가 미래완료를 대신하므로 will이 생략된다. 따라서 정답은 (d)이다.

scholarship 장학금 **notify A of B** A에게 B를 통보하다 **award A B[B to A]** A에게 B를 수여하다, 주다 정답_(d)

17

A Do you think Jason will be late for work again today?
B He _____ unless he wants to lose his job.

(a) wouldn't dare
(b) wouldn't dare do
(c) wouldn't dare late
(d) wouldn't dare be it

✱ 번역
A 제이슨이 오늘 또 지각할 거라고 생각하나요?
B 그가 직장을 잃고 싶지 않으면 감히 그러지 못할 거예요.

📘 기출 공략
dare는 〈dare to+동사원형〉 혹은 to를 생략하고 〈dare+동사원형〉 형태로 쓴다. B의 말은 원래 He wouldn't dare (to be late for work again today) unless he wants to lose his job이지만 괄호 부분이 생략되었다. 따라서 정답은 (a)이다.
dare 감히 ~하다 **unless** ~하지 않으면(if ... not)   정답_(a)

18

A Can I see Dr. Russell next week?
B Yes, he _____ back from his vacation by then.

(a) is
(b) will be
(c) has been
(d) had been

✱ 번역
A 다음 주에 러셀 박사를 뵐 수 있을까요?
B 네, 그때까지는 휴가에서 돌아와 계실 거예요.

📘 기출 공략
by then이라는 미래를 나타내는 부사구가 들어 있으므로 전체적인 시제는 미래가 되어야 한다. 따라서 정답은 (b)이다. 참고로 미래 표시 부사(구)에는 this week, soon, tomorrow, next month, in a few days 등이 있다.
vacation 휴가 **by then** 그때까지는   정답_(b)

19

A Do you know who invented _____?
B Antonio Meucci is officially credited.

(a) a telephone
(b) the telephone
(c) one telephone
(d) some telephone

✱ 번역
A 누가 전화를 발명했는지 아니?
B 공식적으로는 안토니오 메우치야.

📘 기출 공략
명사 telephone은 가산 명사로도 쓰이고 불가산 명사로도 쓰인다. 일반 가산 명사라면 (a) a telephone 또는 the telephones라고 써야겠지만 '과학기기' 또는 '발명품'은 주로 the telephone[radio/ fridge/ oven/ piano] 등과 같이 정관사를 쓴다. 따라서 (b)가 정답이다.
invent 발명하다 **officially** 공식적으로 **credit** (공적·명예 등을) ~에게 돌리다   정답_(b)

20

A What will you do about the job offer?
B I've given _____, but I can't make up my mind.

(a) a lot of thought it
(b) it a lot of thought
(c) to it a lot of thought
(d) a lot of thought for it

✱ 번역
A 그 취업 제의에 대해 어떻게 하실 생각입니까?
B 많이 생각해봤지만 마음을 정하지 못하겠어요.

📘 기출 공략
〈give it a+명사〉 형태로 쓰이는 관용 표현들이 있다. give it a try (한번 해보다), give it a chance(기회를 주다), give it a look(보다), give it a thought(생각해보다)' 등이 그 예이다. 이런 표현들은 숙어처럼 통째로 암기해 두는 게 좋다. 여기서는 이 어순에 맞는 (b)가 정답이다.
job offer 일자리 제안, 취업 제의 **give it a lot of thought** 그것에 대해 많이 생각해보다 **make up one's mind** 결심하다, 결정하다
정답_(b)

Grammar

21

Broadway is always crowded _____ it has world-class theaters.

(a) while
(b) when
(c) though
(d) because

✻ 번역
브로드웨이는 세계적인 극장들이 있어서 항상 붐빈다.

📖 기출 공략
빈칸 전후에 절로 이루어진 문장이 왔으므로 빈칸에는 두 문장을 이어주는 접속사가 필요하다. 문맥상 브로드웨이가 항상 붐비는 것은 세계적인 극장들이 있기 때문이라고 해야 하므로 종속접속사 (d) because가 맞다.
crowded 붐비는, 혼잡한 **world-class** 세계 최상급의 정답 (d)

22

No one was able to figure out how _____ to perform the trick.

(a) the magician managed
(b) managed the magician
(c) did the magician manage
(d) the magician did to manage

✻ 번역
마술사가 어떻게 묘기를 부렸는지 아무도 알 수 없었다.

📖 기출 공략
how 이하는 주절의 목적어 역할을 하며 <의문사+주어+동사> 형태인 간접의문문, 즉 how the magician managed의 어순이 되어야 한다. 따라서 정답은 (a)이다.
figure out 이해하다, 알아내다 **perform a trick** 묘기를 부리다
manage to 용케 ~해내다 정답 (a)

23

With few exceptions, the little research _____ has been done on Baltic Latvian history is far from enlightening.

(a) in which
(b) of which
(c) what
(d) that

✻ 번역
거의 예외 없이, 발트해의 라트비아 역사에 대해 이루어진 그 소규모 연구는 계몽적인 것과는 거리가 멀다.

📖 기출 공략
적절한 관계대명사를 고르는 문제이다. 빈칸 이하 history까지는 the little research를 수식하는 관계대명사절로, 동사(has been done)는 있지만 주어가 없는 것으로 보아 빈칸에는 주격 관계대명사가 와야 한다. 보기 중에서 the little research를 선행사로 하는 주격 관계대명사는 (d) that이다.
with few exceptions 거의 예외 없이 **Baltic** 발트해의 **Latvian** 라트비아의 **far from** ~과는 거리가 먼, 조금도 ~하지 않은
enlightening 계몽적인 정답 (d)

24

Adding to the complex political situation arising in Europe following World War I during the 1920s and 1930s _____ the postwar economy's instability.

(a) is
(b) are
(c) was
(d) were

✻ 번역
1차 세계대전에 이어 1920년대와 1930년대 동안 유럽에서 나타난 복잡한 정치적 상황에 더해 전후 경제의 불안정이 있었다.

📖 기출 공략
이 문장은 주어를 뒤로 빼고 강조하기 위해 보어인 Adding to the complex ... and 1930s를 문두에 내세운 도치 구문이다. 주어인 the postwar economy's instability가 3인칭 단수이고 과거에 일어난 일이므로 동사는 (c) was가 맞다.
add to ~에 더하다 **arise** 일어나다, 나타나다 **postwar** 전후의
instability 불안정 정답 (c)

25

Not only _____ to hand in the report on time but also made many mistakes in it.

(a) Susan failed
(b) did Susan fail
(c) failed had Susan
(d) Susan had failed

✽ 번역

수잔은 보고서를 제때 제출하지 못했을 뿐만 아니라 보고서에서 많은 실수를 저질렀다.

📘 기출 공략

원래 문장은 Susan not only failed to hand in...이지만 강조를 위해 not only를 문두에 위치시키면 Not only did Susan fail to hand in...으로 어순이 바뀐다. 즉, 부사(구)를 문두에 내세우면 〈부사(구)+조동사(조동사가 없으면 do)+주어+동사〉 어순이 된다. 그러므로 정답은 (b)이다.

not only A but also B A뿐만 아니라 B 역시 **fail to** ~하지 못하다 **hand in** 제출하다 **on time** 정시에 **make a mistake** 실수하다

정답_(b)

26

Bill sat in the front row, anxiously _____ his music teacher.

(a) await
(b) awaited
(c) to await
(d) awaiting

✽ 번역

빌은 첫 번째 줄에 앉아 애타게 그의 음악 선생님을 기다렸다.

📘 기출 공략

동시상황(부대상황)을 나타내는 분사 구문의 용법을 묻는 문제이다. 빌이 첫 번째 줄에 앉은 것과 그의 음악 선생님을 애타게 기다린 것은 동시에 일어난 일이며 주어가 동일하므로 분사 구문에서 주어는 생략된다. 따라서 anxiously he awaited his music teacher를 분사 구문으로 고치면 anxiously awaiting his music teacher가 된다. 정답은 (d)이다.

front row 첫째 줄 **await** 기다리다

정답_(d)

27

The company is facing bankruptcy, _____ its sales figures have steadily moved downward.

(a) as if
(b) in case
(c) inasmuch as
(d) notwithstanding

✽ 번역

그 회사는 판매 수치가 끊임없이 하락세에 있어 파산 위기를 맞고 있다.

📘 기출 공략

빈칸에는 문장과 문장을 이어주는 접속사가 필요하다. 의미상 '회사가 파산 위기를 맞고 있는 것은 판매 수치가 줄곧 하락하고 있기 때문이다'가 되어야 하므로 이유를 나타내는 접속사가 필요하다. 보기 중에서 이유를 나타내는 접속사는 (c) inasmuch as이다.

face 직면하다 **bankruptcy** 파산, 도산 **sales figure** 판매 수치 **steadily** 끊임없이 **in case** ~할 경우에 대비해서 **inasmuch as** ~때문에 **notwithstanding** ~에도 불구하고

정답_(c)

28

A new vocational aptitude test for adolescents is set to become an integral tool _____.

(a) assesses their career potential
(b) for assessing their career potential
(c) that their career potential assesses
(d) assessing for their career potential

✽ 번역

청소년들을 위한 새로운 직업 적성 검사는 그들의 직업 잠재력을 평가하는 필수 도구가 되도록 만들어졌다.

📘 기출 공략

빈칸에는 tool을 보충 설명해 주는 말이 와야 한다. assess는 타동사이므로 뒤에 for가 붙은 (d)는 일단 제외되며, (a)는 tool을 선행사로 하는 관계대명사 that이 맨 앞에 붙으면 가능하고, (c)는 assesses가 that 바로 뒤에 오면 적절할 것이다. 문맥상 '~하기 위한 도구'가 되어야 하므로 tool 뒤에 for를 붙여 설명한 (b)가 정답이다.

vocational 직업(상)의 **aptitude** 적성 **adolescent** 청소년 **integral** 필수적인, 완전한 **assess** 평가하다

정답_(b)

Grammar

29

A confederate system of government involves states having power over the matters _____ concern them.

(a) what
(b) which
(c) of which
(d) to whom

✤ 번역
연방제는 주들이 자신들에게 중요한 문제들에 대해 권한을 행사할 수 있게 해 준다.

📖 기출 공략
올바른 관계대명사를 고르는 문제이다. 빈칸 이하는 matters를 수식하는 관계사절인데, 동사(concern)와 목적어(them)는 있지만 주어가 없으므로 주격 관계대명사가 필요하다. 보기 중에서 the matters를 선행사로 하는 주격 관계대명사는 (b) which이다.
confederate system of government 연방제 **involve** 필요로 하다, 포함하다 **concern** ~에게 중요하다, ~의 이해에 관계되다

정답_(b)

30

The book is written so clearly that _____.

(a) even children can understand it
(b) children can understand even it
(c) even it can understand children
(d) it can understand even children

✤ 번역
그 책은 너무나 명료하게 쓰여 있어 아이들조차도 이해할 수 있다.

📖 기출 공략
결과를 나타내는 so ... that 구문에서 that절 이하 어순에 관한 문제이다. 의미상 '아이들조차 그것을 이해할 수 있다'가 되어야 하므로 (a) even children can understand it이 옳다. even은 강조하고자 하는 어구 바로 앞에 위치한다는 점을 기억해두자.
so A that B 몹시 A해서 B하다

정답_(a)

31

Until now, the growth in Japan's trade with China _____ by China's economic boom.

(a) is driven
(b) will be driven
(c) has been driven
(d) had been driven

✤ 번역
지금까지 일본이 중국과의 무역에서 성장세를 보인 것은 중국의 경제 성장 덕분이다.

📖 기출 공략
Until now(지금까지)는 과거나 현재완료 문장에 쓰이는 부사구이므로 (c) has been driven이 맞다.
economic boom 경제 성장 **drive** ~하도록 몰다, 부추기다

정답_(c)

32

Jim's mother finally approved _____ a girl he had met at work.

(a) him marry
(b) of him to marry
(c) him of marrying
(d) of him marrying

✤ 번역
짐의 어머니는 마침내 짐이 직장에서 만난 여자와 결혼하는 것을 승낙했다.

📖 기출 공략
approve는 타동사로도 쓰이지만 자동사일 때는 approve of로 사용된다. 일단 전치사 of의 목적어로 동명사 marrying을 붙이면 approve of marrying이 된다. 동명사의 의미상의 주어는 소유격을 쓰는 게 원칙이지만 목적격을 쓰기도 하므로 him을 marrying 앞에 붙인다. 따라서 정답은 (d) of him marrying이다.
approve of ~을 승낙하다 **at work** 직장에서

정답_(d)

33

_____ in the late 1980s, the transition from socialist to capitalist economic policies changed Russian society.

(a) Started
(b) To start
(c) Starting
(d) Had started

✤ 번역
1980년대 후반에 시작된 사회주의에서 자본주의 경제 정책으로의 전환이 러시아 사회를 변화시켰다.

📘 기출 공략
분사의 기능 중에 동격의 분사를 묻는 문제이다. 1980년대 후반에 시작된 것과 사회주의에서 자본주의 경제 정책으로의 전환은 동격 관계이다. start가 자동사이므로 정답은 (c) Starting이다.
transition 변천, 변화 **socialist** 사회주의의, 사회주의자
capitalist 자본주의의, 자본주의자 **economic policy** 경제 정책

정답 (c)

34

Some people believe that the Internet has turned the world into one big outlet store _____ middlemen are not needed.

(a) that
(b) which
(c) whose
(d) where

✤ 번역
일부 사람들은 인터넷이 세계를 중간 상인이 필요 없는 하나의 거대한 아웃렛 매장으로 변화시켰다고 생각한다.

📘 기출 공략
일단 관계사절인 빈칸 이하는 완전한 문장으로, 빈칸에는 관계대명사가 아니라 관계부사가 와야 한다. 여기서는 선행사 one big outlet store가 장소를 나타내므로 (d) where가 적절하다. 관계부사는 〈전치사+which〉로 바꿔 쓸 수 있는데 where 대신 in which라고 해도 맞다.
turn A into B A를 B로 바꾸다 **outlet store** 직매점 **middleman** 중간 상인, 중매인

정답 (d)

35

Despite a long and exhausting trip, the traveler's spirits rose _____ the thought of home.

(a) in
(b) at
(c) on
(d) for

✤ 번역
길고 지치게 하는 여정에도 불구하고, 그 여행자는 집을 생각하니 기분이 좋아졌다.

📘 기출 공략
관용표현 at the thought of를 알면 쉽게 풀 수 있는 문제로 정답은 (b)이다. of 뒤에는 목적어로 명사나 동명사가 온다. 참고로 at the bare thought of(~을 생각만 해도)란 표현도 있다.
exhausting 피로하게 하는 **spirits** 기분, 마음 **at the thought of** ~생각에, ~을 생각하면

정답 (b)

36

Specialty shops _____ a particular kind of customer by providing personalized service and unique merchandise.

(a) generally cater to
(b) cater to generally
(c) are generally catered to
(d) are catered to generally

✤ 번역
전문점들은 일반적으로 사용자 맞춤형 서비스와 독특한 상품을 제공함으로써 특정 고객의 요구를 만족시킨다.

📘 기출 공략
부사의 위치를 묻는 문제이다. generally를 포함하여 often, sometimes, always, usually, seldom, frequently, regularly, rare, never 등과 같이 횟수를 나타내는 빈도 부사는 보통 일반동사 앞, be동사 뒤, 조동사와 본동사 사이에 위치하므로 (a)가 정답이다.
specialty shop 전문점, 특화점 **personalized** 개인 전용의, 사용자 맞춤형의 **merchandise** 상품 **cater to** ~의 요구를 만족시키다

정답 (a)

Grammar

37

It seems that only one student _____ that an incorrect number was used in the algebraic equation.

(a) notices
(b) noticed
(c) had noticed
(d) will have noticed

✿ 번역
단 한 명의 학생만 대수방정식에서 틀린 숫자가 사용된 것을 알아차린 것 같다.

📘 기출 공략
주절과 종속절의 동사 시제가 일치하는 것을 시제 일치라고 한다. It seems that 이하 주절과 종속절의 동사 시제가 일치해야 하므로 종속절의 동사 was와 마찬가지로 주절 동사도 과거 시제가 되어야 한다. 따라서 정답은 (b)이다.
notice 알아차리다   **algebraic** 대수의   **equation** 방정식   **정답_(b)**

38

_____ any response to the letter she had sent a month before, the girl decided to send another one.

(a) Not to receive
(b) Not have received
(c) Not having received
(d) Not to have received

✿ 번역
그 소녀는 한 달 전에 보냈던 편지에 아무런 응답도 받지 못해서 또 한 통을 보내기로 작정했다.

📘 기출 공략
분사 구문이 나타내는 시간은 주절의 동사 시제와 일치하지만, 그보다 앞선 시제를 나타낼 때는 having p.p.를 쓴다. 이 문장에서 소녀가 또 한 통을 보내기로 작정한 것보다 한 달 전에 보낸 편지에 응답을 받지 못한 것이 시간상 더 빠르므로 (c) Not having received가 맞다.
response 응답   **decide to** ~하기로 작정하다   **정답_(c)**

39

The general argued that despite his deep regret for the civilian casualties, he was sure his troops _____ not have harmed civilians on purpose.

(a) need
(b) might
(c) would
(d) should

✿ 번역
장군은 민간인 사상자들이 발생한 것에 대해 깊은 유감을 표시하면서도 자신의 군대가 민간인들을 고의로 해치지는 않았을 것이라고 확신한다고 말했다.

📘 기출 공략
his troops 이하는 장군의 군대가 민간인들을 고의로 해쳤는지 그렇지 않은지는 사실상 모르는 일이므로 과거 사실에 반대되는 가정법 과거완료가 되어야 한다. 따라서 동사 부분은 (c) would not have harmed 라고 해야 맞다.
general 장군   **casualties** 사상자   **troops** 군대   **on purpose** 고의로   **정답_(c)**

40

The woman wanted _____ the murderer of her father.

(a) herself avenge to
(b) herself to avenge on
(c) to avenge on herself
(d) to avenge herself on

✿ 번역
그 여자는 아버지를 살해한 자에게 복수하기를 원했다.

📘 기출 공략
관용표현 avenge oneself on(~에게 복수하다)를 알고 있는지 묻는 문제이다. 참고로 avenge는 avenge A(A에게 복수하다)처럼 복수의 대상을 직접목적어로 취하지 않는다. 단 revenge는 가능하다. 따라서 정답은 (d)이다.
murderer 살인자   **avenge oneself on** ~에게 복수하다(be avenged on)   **정답_(d)**

41

(a) A I think you'll definitely like my brother.
(b) B Really? How can you be so sure?
(c) A He's smart and funny, and always smile.
(d) B Yeah, that's the kind of guy I like.

❖ 번역
(a) A 분명 내 동생을 좋아할 거예요.
(b) B 정말요? 어떻게 그렇게 확신할 수가 있죠?
(c) A 똑똑하고 재미있고, 게다가 항상 웃거든요.
(d) B 네, 바로 그게 내가 좋아하는 스타일의 남자예요.

📖 기출 공략
(c)의 smile은 앞의 smart, funny와 마찬가지로 He's의 is에 영향을 받는 보어이다. 따라서 smart, funny가 형용사이므로 공통 관계에 있는 smile도 형용사가 되어야 한다. (c)에서 smile은 동사와 명사로만 쓰이며 '미소짓는'이란 뜻의 형용사 smiling으로 고쳐야 맞다.
definitely 분명히 **smiling** 미소짓는   **정답** (c) smile → smiling

42

(a) A Is it true that everyone at your company got a pay raise?
(b) B Yes, management has increased salaries recently.
(c) A That's amazing. I rare hear of a company doing that.
(d) B I know. My company cares about its employees.

❖ 번역
(a) A 당신 회사 전 직원의 임금이 인상되었다는 것이 사실인가요?
(b) B 네, 경영진이 최근에 급여를 인상시켰어요.
(c) A 놀라운데요. 그렇게 하는 회사는 거의 들어보지 못했거든요.
(d) B 알아요. 우리 회사는 직원들에게 신경을 쓰는 편이죠.

📖 기출 공략
(c) I rare hear of a company doing that에서 형용사 rare를 빼면 완전한 문장이 된다. 형용사는 문장의 주어(I)와 동사(hear) 사이에 올 수 없으므로 rare 자리는 문장 전체를 수식하는 부사 정도가 와야 어울린다. 따라서 rare를 부사 rarely(거의 ~않다)로 고쳐야 한다.
pay raise 임금 인상 **management** 경영진, 회사 **rare** 드문, 진기한 **care** 신경쓰다   **정답** (c) rare → rarely

43

(a) A Where did you put my gloves, honey?
(b) B Right besides your hat, just like always.
(c) A I've looked all around, but I can't find them.
(d) B Well then, maybe they slipped onto the floor.

❖ 번역
(a) A 당신, 내 장갑 어디에 두었어요?
(b) B 항상 그랬던 것처럼 당신 모자 바로 옆예요.
(c) A 온 사방을 둘러보았지만 보이지가 않네요.
(d) B 그럼 아마 마루 위에 떨어졌을 거예요.

📖 기출 공략
beside와 besides의 구별 문제이다. 전치사 beside는 '~곁에, ~외에도'란 뜻이며, besides는 전치사일 경우 '~외에도', 부사일 경우엔 '그 밖에'란 뜻으로 쓰인다. (b)에서 문맥상 '당신의 모자 옆에'라는 의미이므로 besides가 아니라 beside가 맞다. 참고로 '~외에도'라 할 때는 beside와 besides 둘 다 같이 쓰이므로 유의한다.
all around 도처에 **slip** 미끄러지다   **정답** (b) besides → beside

44

(a) A I picked up a case of soft drinks for our party tonight.
(b) B Thanks. I was hoping you'd be able to do that.
(c) A It was no problem. I got it from a store on my way home.
(d) B Well, I'm glad you wouldn't forget about it.

❖ 번역
(a) A 오늘 밤 우리 파티를 위해 탄산 음료 한 상자를 사왔어요.
(b) B 고마워요. 그렇게 해줬으면 했어요.
(c) A 별거 아니었어요. 집으로 오는 길에 가게에서 샀어요.
(d) B 잊지 않아 줘서 좋네요.

📖 기출 공략
(d)의 it은 탄산 음료 한 상자를 사온 것을 가리킨다. 잊지 않고 탄산 음료를 사온 것은 과거 속 미래의 일(wouldn't)이 아니라 단순 과거의 일이므로 (d)의 wouldn't를 didn't로 바꿔 I'm glad you didn't forget about it이라고 해야 맞다.
pick up 사다 **soft drink** 탄산 음료, 청량 음료
정답 (d) wouldn't → didn't

Grammar

45

(a) A What's up? You don't seem all that happy.
(b) B My students have done what they promised to not.
(c) A And what was that? Was it to stop making noise?
(d) B No, they failed a class test they said they'd surely pass.

✱ 번역
(a) A 안녕하세요. 기분이 그다지 좋아 보이지 않군요.
(b) B 우리 반 학생들이 하지 않겠다고 약속한 일을 어겼거든요.
(c) A 약속한 게 뭐였죠? 떠들지 않겠다는 것이었나요?
(d) B 아뇨, 반드시 통과할 거라고 장담했던 학급 시험에 낙제했어요.

📖 기출 공략
(b)의 to는 부정사의 반복을 피하기 위한 대부정사로 원래는 to do 인데 do가 생략된 것이다. to부정사의 부정은 to 바로 앞에 not이나 never를 두므로 (b)의 to not은 not to로 고쳐야 맞다.
make (a) noise 떠들다, 소란을 피우다 **surely** 반드시, 꼭

정답 (b) to not → not to

46

(a) Surrounding the Earth is a blanket of air called the atmosphere. (b) It provides the oxygen we need and protects us from the heat of the Sun. (c) The greater the distance from the Earth's surface, the more the atmosphere thins and temperature changes. (d) This continues until the atmosphere is reached into outer space, about 100 kilometers up.

✱ 번역
(a) 지구를 둘러싸고 있는 것은 대기권이라 불리는 공기층이다. (b) 그것은 우리가 필요로 하는 산소를 공급하며 태양열로부터 우리를 보호해 준다. (c) 지구 표면과의 거리가 멀면 멀수록 대기권은 더 엷어지며 기온 변화가 심해진다. (d) 이런 현상은 대기권이 약 100킬로미터 상공의 우주 공간에 도달할 때까지 계속된다.

📖 기출 공략
(d)에서 until 이하는 문맥상 '대기권이 약 100킬로미터 상공의 우주 공간에 도달할 때까지'로 해석되는데, reach가 '~에 도달하다(arrive at, get to)'라는 뜻으로 쓰일 때는 타동사이므로 뒤에 전치사가 필요없다. 따라서 (d)의 is reached into는 reaches로 바꿔야 맞다.
surround 둘러싸다 **a blanket of** 두텁게 내려앉은 **atmosphere** 대기권 **oxygen** 산소 **thin** 엷어지다 **temperature** 기온 **outer space** (대기권 밖의) 우주 공간

정답 (d) is reached into → reaches

47

(a) There are several methods available for determining a rock's age. (b) Geologists can work out a rock's age from the sequence of geological events recording in the rock. (c) Paleontologists can look for fossils in a rock and figure out its age from them. (d) Geochemists can use dating techniques based on radioactive decay to determine a rock's age.

✱ 번역
(a) 암석의 나이를 결정하는 데 유용한 몇 가지 방법이 있다. (b) 지질학자들은 암석에 기록된 일련의 지질학적 사건들로부터 암석의 나이를 알아낼 수 있다. (c) 고생물학자들은 암석 내에서 화석들을 찾아서 그것들로부터 암석의 나이를 알아낼 수 있다. (d) 지질 생화학자들은 방사성 붕괴에 기초한 연대 측정법을 이용해 암석의 나이를 결정할 수 있다.

📖 기출 공략
record는 '~을 기록하다'란 뜻의 타동사이다. (b)의 recording in the rock은 앞의 geological events를 수식하는 형용사구로 의미상 '암석에 기록된'이어야 하므로 recorded in the rock으로 고쳐야 맞다. 물론 recorded 앞에는 which are가 생략되었다.
geologist 지질학자 **work out** (답을) 알아내다 **sequence** (일련의) 연속적인 사건들 **paleontologist** 고생물학자 **figure out** 알아내다 **geochemist** 지질 생화학자 **dating** 연대 결정 **radioactive** 방사성의 **decay** (방사성 물질의) 자연 붕괴

정답 (b) recording → recorded

48

(a) In May 2004, the European Union admitted new ten member nations. (b) This addition made the EU the world's biggest trading bloc, with a population of 455 million. (c) In addition, farming was strong in many of the new members' economies. (d) Thus, the total agricultural production in the EU was boosted significantly.

✱ 번역
(a) 2004년 5월에 유럽연합(EU)은 10개 신규 회원국을 받아들였다. (b) 이 추가 가입으로 EU는 인구 4억 5천 5백만 명의 세계 최대 무역 연합이 되었다. (c) 게다가, 농업은 대다수 신규 회원국들의 경제에서 강한 분야였다. (d) 따라서, EU의 총 농업생산량이 상당히 증가되었다.

📘 기출 공략
형용사가 겹칠 때는 '지시(관사)-수량-대소-성질, 상태-신구-재료'의 순으로 배열한다. (a)의 new ten에서 new는 '신구'에, ten은 '수량'에 해당하므로 new ten이 아니라 ten new가 맞다.
admit 입장을 허락하다　**member nation** 회원국, 가입국　**bloc** (국가간의) 연합, 블록　**boost** (생산량을) 증대시키다　**significantly** 상당히
정답 (a) new ten → ten new

49

(a) If a child stood out from his or her peers as being highly aggressive, it will be wrong to assume that he or she will outgrow it. (b) Research has shown that aggressive behavior is something that needs to be treated at an early age. (c) If left untreated, aggressive behavior will invariably lead to other developmental problems and conflicts. (d) It will increase the likelihood of more violent acts of aggression and of financial, social and academic failure.

✱ 번역
(a) 또래에 비해 대단히 공격적인 성향의 아이가 있다면, 그 아이가 자라면서 그런 성향이 자연히 없어질 거라고 생각하는 것은 잘못된 일이다. (b) 연구에 따르면 공격적인 행위는 조기에 치료되어야 하는 것으로 나타났다. (c) 치료하지 않고 내버려두면 공격적인 행위는 반드시 다른 발달상의 문제와 갈등으로 이어질 것이다. (d) 그것은 더욱 폭력적인 공격 행위를 저지를 가능성과 재정적, 사회적, 그리고 학업상 실패의 가능성을 높일 것이다.

📘 기출 공략
단순 조건절은 일반적인 사실이나 실현 가능한 일을 나타낼 때 쓰인다. 이때 동사 시제는 실제 시제와 주어의 수에 맞춰 쓴다. 반면, 가정법 조건절은 어떤 일이나 상황이 일어날 가능성이 없을 경우 사용된다. (a)는 가정법 조건절이 아닌 단순 조건절이다. 따라서 (a)에서 if절의 stood out은 stands out으로, 주절의 will be는 is로 바꿔야 옳다.
stand out from ~중에서 두드러지다　**aggressive** 공격적인　**outgrow** 성장하여 (취미·습관 등을) 벗어나다　**leave untreated** 치료하지 않고 두다　**invariably** 항상, 반드시　**likelihood** 가능성
정답 (a) stood → stands, will be → is

50

(a) Like humans, insects use their senses to assemble a picture of the world around them. (b) However, sight can be even more complicated for insects than for humans. (c) Insects rely on compound eyes that may have the total of 56,000 lenses. (d) Many insects also have ocelli, simple eyes that help with balance, flight and light detection.

✱ 번역
(a) 인간들과 마찬가지로 곤충들도 감각 기관을 사용해 자기 주변 세계의 그림을 조립한다. (b) 하지만 시각은 인간들보다는 곤충들에게 훨씬 더 복잡할 수 있다. (c) 곤충들은 총 5만 6천 개의 렌즈가 들어 있을 수도 있는 겹눈에 의존한다. (d) 대부분의 곤충들은 또한 균형 잡기와 날기, 그리고 빛의 탐지를 돕는 홑눈을 가지고 있다.

📘 기출 공략
a total of A는 '전부 합하여 A, 총계 A'란 뜻의 관용 표현으로 a total of 5,000 people(총 5천 명의 사람)처럼 쓰인다. 따라서 (c)의 the total of 56,000 lenses에서 the를 a로 고쳐야 맞다.
assemble 모으다, 조립하다　**complicated** 복잡한　**rely on** ~에 의지하다　**compound eye** 겹눈, 복안　**ocellus** 홑눈, 단안 (pl. ocelli)　**detection** 탐지
정답 (c) the total of → a total of

Vocabulary

15 minutes

1

A Why were you late to class?
B I forgot to _____ my alarm clock last night.

(a) set (b) tick
(c) tune (d) correct

번역
A 왜 수업에 늦었니?
B 어젯밤에 자명종 맞추는 걸 깜빡했거든.

(a) 맞추다 (b) 똑딱거리다
(c) 조정하다 (d) 정정하다

기출 공략
'시계를 맞추다'라고 할 때는 동사 set을 쓴다. 매번 약속 시간에 늦는 사람에게 Why don't you set your clock ten minutes ahead? (시계를 10분 빠르게 맞춰 놓는 건 어때?)라고 말할 수 있다. 따라서 정답은 (a)이다. (d) correct는 correct errors처럼 '(잘못을) 고치다'라는 의미로 쓴다.
alarm clock 알람시계   **정답_(a)**

2

A How do you like your coffee?
B I'll _____ mine with milk, please.

(a) use (b) take
(c) catch (d) contain

번역
A 커피 어떻게 타드릴까요?
B 우유를 넣어 주세요.

(a) 사용하다 (b) 넣다
(c) 잡다 (d) 참다

기출 공략
커피를 타주겠다고 하는 사람에게 내 커피에는 우유를 넣어 달라고 할 때 '(우유·설탕 등을) 넣다, 넣어 마시다'란 뜻으로 동사 (b) take를 쓴다. I take my coffee with one sugar and a little milk(전 커피에 설탕 한 스푼하고 우유 조금을 넣어 마셔요)처럼 쓸 수 있다. contain은 사람이 주어일 때는 '참다, 억누르다', 사물이 주어일 때는 '함유하다'란 뜻으로 쓰인다.   **정답_(b)**

3

A I'm so nervous about my audition.
B Don't worry. I'm sure you'll do _____.

(a) solid (b) high
(c) fine (d) full

번역
A 오디션 때문에 너무나 초초해요.
B 걱정 마세요. 당신은 분명히 잘할 거예요.

(a) 잘 (b) 높은
(c) 좋은 (d) 가득한

기출 공략
사람이 주어일 경우 do fine은 '잘해내다'라는 뜻으로 쓰인다. 여기서 (c) fine은 '잘, 훌륭하게'란 뜻의 부사이다. 단, 사물이 주어일 경우에는 do fine의 뜻이 달라져서 The box will do fine as a table(그 상자를 식탁으로 써도 괜찮을 것이다)와 같이 쓰인다.
audition (가수·배우 등의) 오디션   **정답_(c)**

4

A I'm doing two part-time jobs this semester.
B Don't _____ yourself too hard, or you'll get stressed out.

(a) make (b) push
(c) send (d) pull

번역
A 이번 학기에 아르바이트 두 개를 할 거야.
B 너무 무리하지 마. 스트레스로 녹초가 될 거야.

(a) 만들다 (b) 몰아붙이다
(c) 보내다 (d) 당기다

기출 공략
어떠한 일을 하도록 자기 자신을 힘차게 몰아붙이는 것을 push oneself hard라고 한다. 여기서처럼 hard 앞에 too를 붙이면 '무리하다'란 부정적인 뜻으로 변한다. (b) push는 '(열심히 하도록) 몰아붙이다, 다그치다'란 의미이다. Jane should push herself a little harder(제인은 스스로를 좀 더 세게 다그쳐야 해)처럼 쓸 수 있다.
get stressed out 스트레스로 녹초가 되다   **정답_(b)**

5

A Thank you for the plaque you gave me at my retirement party.
B It was just a small _____ of our appreciation for your service.

(a) idea
(b) token
(c) reward
(d) present

6

A I'm going out for a walk.
B Oh, can I _____ you?

(a) join
(b) bind
(c) show
(d) move

7

A Didn't you say you were going shopping after lunch?
B I did. But I _____ my mind.

(a) shifted
(b) adjusted
(c) renewed
(d) changed

8

A How do you do?
B How do you do, Lady Clarke? I'm _____ to meet you in person.

(a) eager
(b) honored
(c) desirable
(d) interested

✦ 번역

A 제 퇴직 파티에서 기념패를 주셔서 감사합니다.
B 그건 그저 당신의 노고에 대한 조그만 감사의 표시였어요.

(a) 생각
(b) 표시
(c) 보답
(d) 선물

📘 기출 공략

문맥상 '~에 대한 감사의 표시'이므로 '징표, 표시'에 해당하는 (b) token이 맞다. (d) present도 우리말로는 가능할 것 같지만 영어로는 이렇게 쓰지 않는다. 올바른 표현은 It was just a small present for you to thank you for your service이다.
plaque 기념패   **retirement party** 퇴직 기념 파티   **service** 노고
token 표시, 검표

정답 (b)

✦ 번역

A 산책하러 갈 거예요.
B 아, 저도 같이 가도 되나요?

(a) 합류하다
(b) 묶다
(c) 보여주다
(d) 움직이다

📘 기출 공략

산책하는 데 나도 같이 갈 수 있냐고 할 때 적절한 동사는 '(행동 등을) 함께 하다, 합류하다'란 뜻의 (a) join이다. join은 사람, 사물 다 목적어로 취할 수 있다. Will you join us for lunch?(우리랑 점심 함께 드실래요?) 또는 Over 300 members of staff joined the strike(300명이 넘는 직원들이 파업에 합류했다)처럼 사용할 수 있다.
go out for a walk 산책하러 나가다

정답 (a)

✦ 번역

A 점심식사 후에 쇼핑하러 갈 거라고 말하지 않았어?
B 그랬지. 하지만 마음을 바꿨어.

(a) 옮기다
(b) 조절하다
(c) 갱신하다
(d) 바꾸다

📘 기출 공략

관용 표현 change one's mind는 change one's opinion or decision, 즉 '의견이나 결정을 바꾸다'란 뜻이다. 비슷한 표현으로 a change of heart가 있는데, I changed my mind는 I had a change of heart로 바꿔 쓸 수 있다. 따라서 정답은 (d) changed이다.
go shopping 장보러 가다

정답 (d)

✦ 번역

A 처음 뵙겠습니다.
B 처음 뵙겠습니다, 클락 부인. 부인을 직접 만나 뵙게 돼서 영광입니다.

(a) 갈망하는
(b) 영광인
(c) 바람직한
(d) 관심이 있는

📘 기출 공략

be honored to는 '~하게 돼서 영광이다'라는 뜻으로, 정답은 (b)이다. honored를 강조하고 싶을 때는 그 앞에 greatly나 deeply, highly를 넣는다. be honored 다음에 that절이 오기도 한다. I am honored that you have decided to offer me the position(제게 그런 자리를 주시기로 결정하시다니 영광입니다)처럼 사용된다.
in person 직접

정답 (b)

Vocabulary

9

A I'd like to see the doctor today. Could you possibly fit me in?
B We might have a(n) _____ later today. I'll check.

(a) opening   (b) filling
(c) break   (d) dent

번역
A 오늘 선생님을 뵙고 싶은데요. 약속이 가능하겠습니까?
B 오늘 늦게 시간이 날 것 같기도 한데요. 확인해 볼게요.

(a) 공석   (b) 충전재
(c) 잠깐의 휴식   (d) 움푹 들어간 곳

기출 공략
병원 진료 예약자와 접수원과의 대화이다. fit me in은 '예약 장부에 날 넣어주다'란 뜻이다. 문맥상 '빈 시간이 있다, 공석이 있다'란 뜻의 (a) have an opening이 정답이다. We might have an opening later today는 We might have a space…/ We might put you in…/ We might fit you in…과 같은 의미로 사용된다.

fit in 끼워넣다   **filling** 충전   **dent** 움푹 들어간 곳   정답_(a)

10

A Hello, could you please put me through to extension 210?
B Certainly, please stay on the _____.

(a) call   (b) line
(c) station   (d) machine

번역
A 여보세요, 내선 210번으로 연결해 주시겠어요?
B 물론이죠. 끊지 말고 기다리세요.

(a) 통화   (b) 전화선
(c) 역   (d) 기계

기출 공략
전화 표현에서 put A through to B(A를 B에 연결시키다)는 꼭 암기해 두어야 한다. 또 하나의 중요 표현인 stay on the line은 '수화기를 들고 기다리다, 끊지 말고 기다리다'란 뜻으로 hold (on) the line/ remain on the line과 같은 말이다. 따라서 정답은 (b)이다.

put A through to B A를 B에게 전화 연결시키다   **extension** 내선 (번호)   정답_(b)

11

A Is there a shortcut to City Hall from here?
B I'm afraid there is no _____ way to get there from here.

(a) loose   (b) quick
(c) thorough   (d) immediate

번역
A 이곳에서 시청까지 가는 지름길이 있나요?
B 유감스럽게도 이곳에서 거기까지 가는 빠른 길은 없습니다.

(a) 느슨한   (b) 빠른
(c) 철저한   (d) 즉시의

기출 공략
shortcut(지름길)의 의미를 알면 쉽게 풀 수 있는 문제이다. shortcut은 a shorter or quicker way로 정의된다. 즉, 보다 짧거나(shorter) 보다 빠른(quicker) 길이므로 정답은 (b)이다.

shortcut 지름길   **City Hall** 시청   정답_(b)

12

A Only a few members of the union have agreed to go on strike.
B They're definitely in the _____.

(a) primary   (b) insanity
(c) quantity   (d) minority

번역
A 극히 소수의 노조원들만 파업하기로 합의했어요.
B 그들은 분명히 소수파예요.

(a) 주요한 사물   (b) 정신 이상
(c) 양   (d) 소수

기출 공략
처음에 나온 Only a few(극히 소수의)가 문제 해결의 열쇠이다. 극소수의 사람만 파업하기로 합의했다고 하니까 그들은 분명히 소수파일 거라고 대답하는 것이 자연스럽다. in the minority는 '소수(파)의, 소수 당의'란 뜻의 관용 표현이다. 따라서 정답은 (d)이다.

only a few 극히 소수의   **union** 노조   **go on strike** 파업하다   정답_(d)

13

A Welcome to Towermont Hotel. Can I help you?
B Yes, do you have any _____ for two days?

(a) facility
(b) vacancy
(c) appliance
(d) equipment

✿ 번역
A 타워몬트 호텔에 오신 것을 환영합니다. 뭘 도와 드릴까요?
B 네, 이틀간 묵을 방 있습니까?

(a) 시설 (b) 빈방
(c) 기구 (d) 장비

📘 기출 공략
예약을 하지 않은 상태에서 호텔에 와서 가장 먼저 할 일은 방을 구하는 것이다. '빈방 있습니까?'는 일반적으로 Do you have any room [rooms] available? 혹은 Do you have any vacancy [vacancies]?라고 표현한다. 따라서 정답은 (b)이다.
vacancy 공허; 빈방   정답_(b)

14

A How much do you sell this crystal glass for?
B Let's _____ it ten bucks.

(a) offer
(b) give
(c) call
(d) get

✿ 번역
A 이 크리스털 유리 얼마에 파나요?
B 10달러로 하죠.

(a) 제공하다 (b) 주다
(c) 부르다 (d) 얻다

📘 기출 공략
빈칸에 넣어 의미가 통하는 것은 (c) call뿐이다. Let's call it ten bucks를 직역하면 '그 가격을 10달러로 부르자'가 되는데 '실제로는 가격이 10달러를 넘지만 그냥 10달러로 하죠'라는 뉘앙스가 있다. 비슷한 형태의 Let's call it a day(오늘은 그만합시다, 그만 퇴근합시다)도 같이 알아 두자.
crystal 크리스털 유리   buck 달러(dollar)   정답_(c)

15

A Jill seemed very agitated yesterday.
B She got _____ from her job.

(a) laid off
(b) let down
(c) caught up
(d) taken aback

✿ 번역
A 질은 어제 매우 흥분돼 보였어.
B 직장에서 해고됐거든.

(a) 정리 해고된 (b) 낙담한
(c) 말려든 (d) 깜짝 놀란

📘 기출 공략
빈칸에 들어갈 어휘 중 from her job과 가장 잘 어울리는 것은 (a) laid off이다. lay A off는 'A를 정리 해고하다'란 뜻인데, 이것이 수동태로 바뀌면 be[get] laid off가 된다.
agitated 흥분한, 동요한   caught up 말려든, 열중한   taken aback 당황한   정답_(a)

16

A How long has this cheese been sitting in the fridge?
B Why? Is it _____?

(a) moldy
(b) misty
(c) rusty
(d) dirty

✿ 번역
A 이 치즈, 냉장고에 얼마나 오래 있었니?
B 왜? 곰팡이 피었어?

(a) 곰팡이가 핀 (b) 안개가 낀
(c) 녹슨 (d) 더러운

📘 기출 공략
냉장고에 너무 오래 들어 있었던 치즈는 곰팡이가 필 것으로 예상할 수 있으므로 정답은 (a) moldy이다. 각 보기의 단어들은 명사에 -y를 붙여 형용사가 된 예들인데, 이 밖에도 sunny, rainy, windy, foggy, stormy 등이 있다.
fridge 냉장고   moldy 곰팡이가 핀   rusty 녹슨   정답_(a)

Vocabulary

17

A I don't think my diet is giving me the vitamins I need.
B Why not start taking _____?

(a) sedatives   (b) additives
(c) supplements   (d) prescriptions

✿ 번역
A 내가 먹는 음식에는 나에게 필요한 만큼의 비타민이 없는 것 같아.
B 보충제를 먹지 그래?

(a) 진정제   (b) 첨가제
(c) 보충제   (d) 처방약

📘 기출 공략
비타민이 부족한 사람에게는 비타민 보충제를 먹어보지 않겠냐고 권유하는 것이 어울리므로 정답은 (c)이다. supplements에는 calcium [iron, multi-vitamin, nutritional] supplements(칼슘[철분, 종합비타민, 영양] 보조제) 등이 있다.
diet 음식물   **sedative** 진정제; 누그러뜨리는   **정답_(c)**

18

A Did you accept the invitation to be a keynote speaker at the conference?
B No, I had to _____.

(a) concede   (b) resume
(c) confess   (d) decline

✿ 번역
A 회의의 기조 연설자가 되어 달라는 요청에 응했습니까?
B 아뇨, 거절해야 했습니다.

(a) 인정하다   (b) 재개하다
(c) 자백하다   (d) 거절하다

📘 기출 공략
Did you accept?의 대답으로 No라고 일단 대답했으므로 No 뒤에는 거절한다는 내용이 와야 한다. 따라서 (d) decline이 정답이다.
keynote speaker 기조 연설자   **concede** 인정하다; 양보하다
resume 다시 시작하다   **정답_(d)**

19

A Jane always seems to get other people to do whatever she wants.
B Yes, she's good at _____ people.

(a) manipulating   (b) perpetuating
(c) collocating   (d) acquiring

✿ 번역
A 제인은 항상 뭐든지 그녀가 원하는 것을 다른 사람이 하도록 만드는 것 같아요.
B 맞아요, 그녀는 사람을 교묘하게 다루는 데 능숙해요.

(a) 조종하다   (b) 영속시키다
(c) 나란히 놓다   (d) 획득하다

📘 기출 공략
무엇이든 자기가 원하는 것을 다른 사람이 하도록 만든다는 것은 사람을 교묘히 잘 다룰 줄 안다는 뜻이므로 (a) manipulating이 정답이다. manipulate는 '교묘하게 다루다'라는 뜻이다.
get A to A가 ~하게 하다   **be good at -ing** ~을 잘하다
perpetuate 영속시키다   **collocate** 나란히 놓다   **정답_(a)**

20

A Our flight's been delayed by four hours.
B Oh, no! That means we're going to miss our _____ flight as well.

(a) transmitting   (b) interlocking
(c) exchanging   (d) connecting

✿ 번역
A 우리 비행기가 네 시간 연착되었어요.
B 맙소사! 그렇다면 우리가 탈 연결편도 놓친다는 말이 되잖아요.

(a) 전송하는   (b) 서로 맞물리는
(c) 교환하는   (d) 연결하는

📘 기출 공략
우리가 탈 비행기가 네 시간이나 연착되었으므로 중간에 갈아타야 할 항공편도 당연히 놓치게 될 거라고 해야 자연스럽다. 우리말의 '(중간에) 갈아탈 비행기, 연결편, 연결 항공편, 환승 비행기'에 해당하는 어구가 바로 connecting flight이다. 따라서 정답은 (d)이다.
flight 항공편   **as well** 게다가, ~도   **transmit** 전달하다   **interlock** 서로 맞물리다   **정답_(d)**

21

A My father has had a long career as a doctor.
B Are you going to _____?

(a) follow suit
(b) pull strings
(c) jump the gun
(d) bury the hatchet

✽ 번역
A 제 아버지는 의사 경력이 길어요.
B 당신도 같은 길을 갈 거예요?
(a) 선례를 따르다   (b) 뒤에서 조종하다
(c) 섣불리 행동하다   (d) 화해하다

📘 기출 공략
빈칸에 넣어 의미가 통하는 것은 (a)뿐이다. follow suit은 '남이 한 대로 따라 하다, 선례를 따르다(to follow the example of another)'란 의미로, 여기서는 '아버지처럼 의사의 길을 가다'로 해석하면 된다.
suit 한 조; 자기 패   **hatchet** 손도끼   정답_(a)

22

A I know I should spend more time with my kids, but I'm too busy at work.
B I think you should get your _____ in order.

(a) priorities
(b) necessities
(c) alternatives
(d) requirements

✽ 번역
A 아이들과 좀 더 많은 시간을 보내야 한다는 건 알고 있지만 직장 일이 너무 바빠요.
B 일의 우선 순위를 정하는 게 좋겠어요.
(a) 우선권   (b) 필수품
(c) 대안   (d) 필요 조건

📘 기출 공략
해야 할 일들이 많아 무엇부터 해야 될지 모르는 사람에게 일의 우선 순위를 정하라고 할 때 쓸 수 있는 말이 바로 get your priorities in order이다. 간단히 '일의 우선 순위를 정하다' 정도로 해석하면 된다. 따라서 정답은 (a)이다.
priority 우선권   **alternative** 양자택일; 대안   정답_(a)

23

A I don't think I can manage this workload much longer.
B Tell me about it. I can't keep up with this _____, either.

(a) pace
(b) range
(c) burden
(d) diversion

✽ 번역
A 이 업무량을 더 이상 감당하지 못하겠어요.
B 제 말이 그 말이에요. 저도 이 속도를 따라갈 수가 없어요.
(a) 속도   (b) 범위
(c) 짐   (d) 전환

📘 기출 공략
업무량을 더 이상 감당하지 못하겠다는 것은 지금의 일 처리 속도가 너무 빠르다는 의미이므로 빈칸에 (a) pace가 들어가야 자연스럽다.
workload 작업량   **Tell me about it.** 내 말이 그 말이다(You can say that again).   **keep up with** ~에 뒤떨어지지 않다   정답_(a)

24

A Some baseball players make a lot of money, don't they?
B Yes, they usually get very _____ contracts.

(a) pricey
(b) eminent
(c) lucrative
(d) mercantile

✽ 번역
A 일부 야구선수들은 돈을 많이 벌지 않아요?
B 네, 그들은 대개 꽤 짭짤한 계약을 맺지요.
(a) 값비싼   (b) 저명한
(c) 돈이 되는   (d) 돈벌이에 급급한

📘 기출 공략
야구선수들이 돈을 많이 버는 방법은 돈이 되는 계약을 맺는 것이다. 여기서 '돈이 되는'에 해당하는 단어가 (c) lucrative로, very profitable의 의미이다. 예컨대, a lucrative business는 '돈 되는 사업'이다.
get a contract 계약을 맺다   **eminent** 저명한   **lucrative** 수지 맞는, 돈이 되는   **mercantile** 상업의; 돈벌이에 급급한   정답_(c)

Vocabulary

25

A Learning new things is always built on prior learning, I believe.
B That's right. Learning is a(n) _____ process.

(a) iterative
(b) relational
(c) cumulative
(d) precipitous

✤ 번역
A 새로운 것을 배우는 것은 항상 이전의 배움에 기반한다고 믿어요.
B 맞아요. 배움은 축적의 과정이죠.
(a) 반복의
(b) 상관적인
(c) 축적되는
(d) 가파른

📕 기출 공략
이전에 배운 것 위에 새로 배운 것이 쌓인다는 말은, 배움이 축적의 과정이라는 뜻이다. 따라서 '축적되는'에 해당하는 (c) cumulative가 정답이다. A is built on B(A는 B에 기반하다)는 build A on B를 수동태로 바꾼 것이다.
prior 이전의 **process** 과정 **iterative** 반복의 **precipitous** 가파른; 황급한
정답_(c)

26

The National Park Service must _____ the number of visitors in order to protect the caves' ecosystems.

(a) limit
(b) excel
(c) break
(d) release

✤ 번역
국립 공원 관리청은 동굴들의 생태계를 보호하기 위해 방문객 수를 제한해야 한다.
(a) 제한하다
(b) 능가하다
(c) 부수다
(d) 놓아주다

📕 기출 공략
방문객 수를 제한해야만 동굴의 생태계를 보호할 수 있으므로 '제한하다'라는 뜻의 (a) limit가 정답이다. 비슷한 뜻의 단어로는 restrict가 있다.
ecosystem 생태계 **excel** 능가하다, 뛰어나다
정답_(a)

27

Sesame seeds come in a _____ of colors, including brown, red, black, yellow and the most common, ivory.

(a) kind
(b) type
(c) shade
(d) variety

✤ 번역
참깨 씨앗은 갈색, 적색, 검정, 노랑, 그리고 가장 흔하게는 아이보리색을 포함해 색깔이 다양하다.
(a) 종류
(b) 유형
(c) 그늘
(d) 갖가지

📕 기출 공략
colors를 수식하면서 그 다음에 나오는 많은 색깔들을 아우를 수 있는 관용 표현은 a variety of로 diverse(다양한)와 같은 뜻이므로 답은 (d)이다. 이 문장에서 come은 '세상에 나오다'는 의미이다.
sesame seed 참깨 씨앗 **shade** 그늘
정답_(d)

28

When the vampire bat drinks the blood of domestic livestock, it can _____ the animals with rabies.

(a) spoil
(b) infect
(c) decay
(d) impair

✤ 번역
흡혈박쥐가 가축의 피를 빨아들일 때 광견병을 감염시킬 수 있다.
(a) 망치다
(b) 감염시키다
(c) 부패시키다
(d) 손상시키다

📕 기출 공략
광견병은 전염병이므로 흡혈박쥐가 가축의 피를 빨면서 광견병을 전염시킬 수 있다고 하는 것이 가장 자연스럽다. 관용 표현 infect A with B(B(질병)로 A를 감염시키다)를 잘 알아두자. 따라서 정답은 (b) infect이다.
vampire bat 흡혈박쥐 **domestic** (동물이) 사육되어 길든 **livestock** 가축 **rabies** 광견병 **decay** 부패시키다
정답_(b)

29

In this recipe, cream can be _____ for milk.

(a) manufactured (b) substituted
(c) fabricated   (d) appended

✱ 번역
이 조리법에서는 크림을 우유 대용으로 쓸 수 있다.
(a) 제조하다   (b) 대용하다
(c) 날조하다   (d) 덧붙이다

📖 기출 공략
recipe와 관련되어 문맥상 가장 적절한 동사는 (b) substituted이다. 관용 표현 substitute A for B(B 대신 A를 쓰다)를 수동형으로 바꾸면 이 문장처럼 A is substituted for B가 된다. 이 문장을 능동형으로 고치면 In this recipe, you can substitute cream for milk가 된다.
recipe 조리법 **fabricate** 날조하다; (상품·장비 등을) 제작하다
append (글에) 덧붙이다   정답_(b)

30

A factor that attracts many students to online courses is a(n) _____ schedule that allows them to learn any time.

(a) mobile   (b) flexible
(c) tentative (d) intensive

✱ 번역
많은 학생들을 온라인 과목에 끌리게 하는 한 요소는 어느 때라도 학습을 가능케 하는 유연한 스케줄이다.
(a) 이동하는   (b) 융통성 있는
(c) 잠정적인   (d) 집중적인

📖 기출 공략
온라인 수업의 장점은 어느 때든 자기가 원하는 시간에 강의를 들을 수 있도록 스케줄을 융통성 있게 짤 수 있다는 점이다. 따라서 '융통성 있는(able to be changed easily according to the situation)'에 해당하는 (b) flexible이 정답이다.
attract 끌어당기다   **allow A to** A가 ~하도록 허용하다   **flexible** 유연한   **tentative** 잠정적인; 머뭇거리는   정답_(b)

31

The ancient Greeks believed that music was able to _____ a listener's moral character.

(a) relive   (b) endure
(c) cultivate (d) persuade

✱ 번역
고대 그리스인들은 음악이 청자의 도덕성을 길러줄 수 있다고 믿었다.
(a) 다시 체험하다   (b) 참다
(c) 함양하다   (d) 설득하다

📖 기출 공략
빈칸에 넣어 의미가 통하는 것은 '(재능·품성 등을) 양성하다, 기르다'란 뜻의 (c) cultivate뿐이다. 비슷한 뜻의 동사로는 improve, boost 등이 있다. cultivate는 이밖에도 '(작물을) 재배하다, (땅을) 경작하다'란 뜻으로도 많이 쓰이므로 함께 기억해 두자.
ancient 고대의   **moral character** 도덕성, 품성   **relive** (상상 속에서) 다시 체험하다   정답_(c)

32

Congress tried to _____ restrictions on the President's decision-making process in order to reduce spending.

(a) discharge (b) interact
(c) impose   (d) deport

✱ 번역
의회는 지출을 줄이기 위해 대통령의 의사 결정 절차에 제한을 가하려고 노력했다.
(a) 방면하다   (b) 상호 작용하다
(c) 부과하다   (d) 국외로 추방하다

📖 기출 공략
관용 표현 impose restrictions on(~에 제한을 가하다, ~을 제한하다)을 알고 있는지 묻는 문제로, 정답은 (c)이다. impose 대신에 동사 put 혹은 place를 쓰기도 한다.
Congress 의회, 국회   **decision-making** 의사 결정   **deport** 강제 추방하다   정답_(c)

Vocabulary

33

With many people in China relocating to cities, there has been a(n) _____ growth in urban populations.

(a) implicit
(b) prudent
(c) resistant
(d) explosive

✿ 번역
중국의 많은 사람들이 도시로 이동하면서 도시 인구가 폭발적으로 늘었다.
(a) 암시된   (b) 신중한
(c) 저항하는   (d) 폭발적인

📘 기출 공략
원래 '폭약'이나 '폭발성이 있는'의 뜻인 (d) explosive는 비유적으로 '폭발적인'이란 의미로도 많이 쓰인다. explosive force[response, increase](폭발적인 힘[반응, 증가]) 등이 그 예들이다. 문맥상 폭발적 인구 증가가 알맞으므로 정답은 (d)이다.
relocate 이동[이전]하다   **implicit** 암시된   **prudent** 신중한
정답 (d)

34

Many species of birds in North America _____ south for the winter.

(a) transfer
(b) migrate
(c) exhume
(d) dispatch

✿ 번역
북미에 있는 많은 종의 새들은 겨울을 나기 위해 남쪽으로 이동한다.
(a) 옮기다   (b) 이동하다
(c) 발굴하다   (d) 파견하다

📘 기출 공략
문맥상 빈칸에 들어갈 동사는 '이동하다'란 뜻의 (a) 아니면 (b)이다. (a) transfer는 전근이나 전학을 할 때, 혹은 탈 것을 갈아탈 때 주로 쓰며, (b) migrate는 새나 물고기 등이 정기적으로 이동하는 것을 가리키는 동사이므로 (b)가 정답이다.
species 종   **for the winter** 겨울을 나기 위해   **exhume** 파내다
dispatch 보내다, 파견하다
정답 (b)

35

Eric's essay was _____ in that each point flowed nicely into the next point.

(a) choppy
(b) succinct
(c) jumbled
(d) cohesive

✿ 번역
에릭의 수필은 각 요점이 다음 요점으로 잘 연결된다는 점에서 유기적이었다.
(a) 고르지 못한   (b) 간결한
(c) 뒤범벅이 된   (d) 유기적인

📘 기출 공략
요점과 요점, 단락과 단락의 연결이 좋다는 것은 글의 구성이 잘되어 있다는 말이므로 (d) cohesive가 정답이다. 원래 '결속하는, 화합하는'의 뜻이지만 문학 작품에서 글의 구성이 유기적이라고 할 때도 쓸 수 있는 단어이다. (a) choppy와 반대되는 말이다.
in that ~한 점에서   **choppy** (문체가) 고르지 못한   **succinct** 간결한   **jumbled** 무질서한
정답 (d)

36

In the 18th century, the majority of women writers used _____ for their real names to be kept unknown.

(a) acronyms
(b) anagrams
(c) monograms
(d) pseudonyms

✿ 번역
18세기에 대부분의 여성 작가들은 정체를 감추기 위해 실제 이름 대신에 필명을 사용했다.
(a) 두문자어   (b) 철자 순서를 바꾼 말
(c) 합일 문자   (d) 필명

📘 기출 공략
실명을 안 쓰는 작가들은 필명을 사용한다고 해야 문맥상 자연스러우므로 '필명(pen name)'이라는 뜻의 (d) pseudonyms가 정답이다. (a)의 예로 ASAP는 as soon as possible의 줄임말이며, (b)의 예로 emit의 anagram은 time 또는 item이다.
acronym 두문자어   **anagram** 철자 순서를 바꾼 말   **monogram** 합일 문자   **pseudonym** (작가의) 필명; 익명
정답 (d)

37

The steady growth of the printing industry in Canada has _____ that of the national economy.

(a) paralleled
(b) managed
(c) replaced
(d) erased

✿ 번역
캐나다 출판업의 꾸준한 성장은 국가 경제의 꾸준한 성장과 맞物려 갔다.
(a) 병행하다
(b) 관리하다
(c) 대신하다
(d) 지우다

📘 기출 공략
빈칸에 넣어 의미가 통하는 것은 '~와 병행한'이란 뜻의 (a) paralleled 뿐이다. 빈칸 뒤의 that은 steady growth를 가리킨다.
steady 꾸준한 **printing industry** 출판업, 인쇄업 **parallel** ~와 병행하다; 평행한
정답_(a)

38

If the mayor refuses to listen to different opinions, he will eventually _____ his colleagues and supporters.

(a) extend
(b) digress
(c) confine
(d) alienate

✿ 번역
시장이 다른 의견들을 귀담아 듣는 것을 거부한다면 결국 동료들과 지지자들을 멀어지게 만들 것이다.
(a) 확장하다
(b) 주제에서 벗어나다
(c) 가두다
(d) 멀어지게 만들다

📘 기출 공략
시장이 다른 사람의 의견을 듣지 않는다면 결국 동료들과 지지자들은 멀리 떠날 것이라고 해야 문맥상 자연스럽다. 따라서 정답은 '(사람을) 소원하게 만들다'라는 뜻의 (d) alienate가 답이다. 비슷한 뜻의 단어로는 estrange가 있다.
refuse to ~하는 것을 거부하다 **colleague** 동료 **digress** 주제에서 벗어나다
정답_(d)

39

A cruise on our ocean liner will offer you a complete _____ from your normal routine.

(a) rejection
(b) dismissal
(c) departure
(d) elimination

✿ 번역
우리의 원양 정기선을 타고 크루즈 여행을 하면 판에 박힌 일상에서 완전히 해방될 것입니다.
(a) 거부
(b) 해고
(c) 일탈
(d) 제거

📘 기출 공략
'크루즈 여행이 여러분을 판에 박힌 일상에서 완전히 벗어나게 해줄 것이다'가 문맥상 자연스럽다. 따라서 '일탈, 벗어남'의 뜻을 가진 (c) departure가 정답이다. 이 경우 departure 다음에 전치사 from이 따라오므로 유의한다.
ocean liner 원양 정기선 **routine** 판에 박힌 일상 **dismissal** 해고 **departure** 떠남; 일탈
정답_(c)

40

The terrorist attack did _____ damage to the building, and it soon collapsed.

(a) benign
(b) consensual
(c) irreparable
(d) resounding

✿ 번역
테러 공격으로 그 건물은 회복할 수 없는 손상을 입었고, 곧 붕괴되었다.
(a) 상냥한
(b) 합의한
(c) 회복할 수 없는
(d) 울려 퍼지는

📘 기출 공략
테러 공격으로 건물이 붕괴되었으므로 회복할 수 없는 손상을 입었다고 해야 가장 자연스럽다. 따라서 '회복할 수 없는'이라는 뜻인 (c) irreparable이 정답이다. do damage to(~에게 손해를 입히다)에서 damage는 harm으로 바꿔 쓸 수 있다.
collapse 붕괴하다 **benign** 상냥한 **consensual** 대체로 동의하는 **resounding** 완전한; 울려 퍼지는
정답_(c)

Vocabulary

41

We urge the public to raise awareness of wildlife smuggling and fight against the _____ of our native animals.

(a) detention
(b) trafficking
(c) profiteering
(d) consternation

✤ 번역
우리는 사람들에게 야생동물 밀수에 대한 인식을 높여서 우리 토종 동물들의 불법 거래에 맞서 싸울 것을 촉구합니다.

(a) 구금 (b) 불법 거래
(c) 폭리를 취하는 행위 (d) 실망

📘 기출 공략
야생동물 밀수 행위에 대한 인식을 높이는 것은 그것들이 불법 거래되는 것을 막기 위해서이다. 따라서 '밀거래, 불법 거래'란 뜻의 (b) trafficking이 정답이다. trafficking은 동사 traffic(밀거래하다)에서 파생된 것으로 traffic과 -ing 사이에 k를 첨가하는 것에 유의하자.
urge A to A에게 ~하도록 촉구하다   **raise awareness of** ~에 대한 인식을 높이다   **wildlife** 야생생물   **smuggling** 밀수   **detention** 구금   **profiteering** 부당 이득[폭리]을 취함   **consternation** 실망
정답_(b)

42

The great breakthrough in perfumery came with the method of _____ perfume oils from plants and flowers.

(a) restoring
(b) extracting
(c) disclosing
(d) presuming

✤ 번역
향수 제조에서 획기적인 약진이 있었던 것은 식물과 꽃에서 향수 오일을 추출하는 방법을 알게 되면서였다.

(a) 회복시키다 (b) 추출하다
(c) 폭로하다 (d) 추정하다

📘 기출 공략
향수는 식물이나 꽃에서 추출된 오일로 만들어지므로 '추출하다'란 뜻의 extract에 -ing를 붙인 (b) extracting이 정답이다. extract는 이밖에 '(이빨이나 총알을) 뽑다'란 뜻도 있다.
breakthrough 돌파구, 획기적인 약진   **perfumery** 향수 제조   **presume** 추정하다, 간주하다
정답_(b)

43

Drug companies have announced that they will _____ joint investigations into the counterfeiting of prescription drugs around the world.

(a) seize
(b) pacify
(c) discern
(d) conduct

✤ 번역
제약회사들은 전세계에서 자행되고 있는 처방약 위조에 대한 공동 조사를 실시할 것이라고 발표했다.

(a) 붙잡다 (b) 진정시키다
(c) 분간하다 (d) 수행하다

📘 기출 공략
특히 실험이나 조사, 수사, 연구를 '하다'라고 할 때 이 '하다'에 해당하는 동사가 바로 (d) conduct이다. '(특정한 활동을) 하다, 수행하다'란 뜻으로, do, carry out과 동의어이다.
drug company 제약회사   **joint** 공동의   **investigation into** ~에 대한 조사[수사]   **counterfeit** 위조하다   **prescription drug** 의사의 처방전이 필요한 약   **pacify** 진정시키다
정답_(d)

44

The ability to make art for art's sake is one of humankind's _____ characteristics from other animals.

(a) prudential
(b) distinctive
(c) integrative
(d) contentious

✤ 번역
예술을 위한 예술을 할 수 있는 것은 다른 동물들과 구별되는 인간만이 가진 특성들 중 하나이다.

(a) 신중한 (b) 독특한
(c) 통합하는 (d) 논쟁적인

📘 기출 공략
문맥상 '예술을 위한 예술을 하는 것은 동물들과 구별되는 인간만이 가진 특성이다'라고 해야 하므로 '구별되는'에 해당하는 (b) distinctive가 정답이다. distinctive는 '독특한, 구별이 되는'의 뜻으로 unique와 동의어이다.
art for art's sake 예술을 위한 예술(예술지상주의)   **characteristic** 특성   **contentious** 논쟁을 초래할
정답_(b)

45

This bridge allows a vertical _____ of 37 feet at mean high water.

(a) clearance
(b) drought
(c) width
(d) load

번역
이 다리는 강의 평균 최고 수위일 때 수직 간격이 37피트이다.

(a) 간격 (b) 가뭄
(c) 폭 (d) 짐

기출 공략
이 문장은 강이 최고 수위에 올랐을 때 그 수면에서 다리까지의 높이가 37피트란 뜻이다. 여기서 '높이'는 이 문장에서처럼 '수직 간격'이라는 말로 쓸 수 있는데 바로 이 '간격'에 해당하는 단어가 (a) clearance이다. clear의 명사형 '정리, 제거'의 뜻으로만 기억하기 쉬운데, clearance에 이런 뜻이 있다는 데 유의하자.

vertical 수직의 **mean** 평균의 **high water** (강의) 최고 수위
clearance 여유, 틈새; 간격 **width** 폭 정답_(a)

46

You are requested to _____ receipt of this letter.

(a) deem
(b) perceive
(c) speculate
(d) acknowledge

번역
이 편지를 받으면 알려 주시기 바랍니다.

(a) 여기다 (b) 인식하다
(c) 추측하다 (d) 통지하다

기출 공략
'(편지·소포 등) 받았음을 알리다'에 해당하는 단어가 바로 (d) acknowledge이다. acknowledge (the) receipt of는 거의 관용적으로 쓰이는데, 때때로 I acknowledge (the receipt of) your letter(편지는 잘 받아보았습니다)처럼 (the) receipt of를 생략하여 사용하기도 한다.

be requested to ~하도록 요청받다 **receipt** 수취, 수령
speculate 추측하다 정답_(d)

47

When the US invaded Cambodia in 1970, America's college campuses were _____ by violent protests.

(a) ratified
(b) avouched
(c) convulsed
(d) repudiated

번역
1970년에 미국이 캄보디아를 침공했을 때, 미국 대학 캠퍼스들은 격렬한 시위로 크게 동요했다.

(a) 비준하다 (b) 보증하다
(c) 격동하다 (d) 거부하다

기출 공략
빈칸에 넣어 의미가 통하는 것은 '~에 큰 소동을 일으키다(to cause major problems or serious harm to someone or something)'란 뜻의 (c) convulsed뿐이다.

invade 침공하다 **protest** 시위 **ratify** 비준하다 **avouch** 진실이라고 단언하다 **repudiate** 거절하다 정답_(c)

48

Films about troubled war veterans often depict past _____ through flashbacks to provide background to the mental trauma the veterans suffer.

(a) atrocities
(b) banalities
(c) clemencies
(d) magnanimities

번역
괴로워하는 참전 용사들을 다룬 영화들은 종종 회상 장면을 통해 과거의 잔혹 행위를 묘사함으로써 그들이 정신적 외상을 겪게 된 배경을 말해준다.

(a) 잔혹 행위 (b) 따분한 일들
(c) 자비로운 행위 (d) 관대한 행위

기출 공략
참전 용사들이 정신적 외상을 겪는 것은 전시에 자행됐던 잔혹 행위 때문일 것이다. 따라서 '(특히 전시의) 잔혹 행위'란 뜻의 (a) atrocities가 정답이다. 선택지에 나온 명사들은 모두 불가산명사인 추상명사가 가산명사로 바뀐 예들이다.

war veteran 참전 용사 **flashback** 회상 장면 **trauma** 외상
banality 진부함 **clemency** 관용 **magnanimity** 관대함 정답_(a)

Vocabulary

49

The teacher suspected cheating when he noticed the normally mediocre student's _____ grammar and spelling.

(a) tedious
(b) sporadic
(c) corpulent
(d) impeccable

✿ 번역
선생님은 평소에 중간 정도밖에 안 되는 학생의 완벽한 문법과 스펠링을 보고 부정행위를 의심했다.

(a) 지루한 (b) 산발적인
(c) 뚱뚱한 (d) 흠잡을 데 없는

📘 기출 공략
선생님이 부정행위를 의심한 것은 학생의 성적이 평소와 다르게 갑자기 향상되었기 때문일 것이다. 따라서 빈칸에는 매우 잘했다는 의미의 형용사가 와야 하는데 선택지 중 이에 해당하는 어휘는 (d) impeccable뿐이다. '흠잡을 데 없는, 완벽한'의 뜻으로 perfect와 동의어이다.
cheating 부정행위 **mediocre** 보통의, 보통밖에 안 되는 **tedious** 지루한 **sporadic** 때때로 일어나는 **corpulent** 뚱뚱한 **정답**_(d)

50

The debate over _____, or allowing the terminally-ill to die painlessly, continues to be controversial.

(a) dyslexia
(b) dichotomy
(c) euthanasia
(d) postmortem

✿ 번역
말기 질환의 환자가 고통 없이 죽도록 허용하는 행위인 안락사에 대한 논의는 계속해서 쟁점이 되고 있다.

(a) 난독증 (b) 이분법
(c) 안락사 (d) 부검

📘 기출 공략
문맥상 빈칸의 단어와 allowing the terminally-ill to die painlessly는 동격 관계에 있다. 말기 질환의 환자가 고통 없이 죽도록 허용하는 행위는 (c) euthanasia, 즉 안락사이다. 좀 쉬운 말로 mercy killing이라고도 한다.
terminally-ill 말기 질환의 환자 **painlessly** 고통 없이 **controversial** 논란의 여지가 있는 **dyslexia** 난독증 **dichotomy** 이분 **euthanasia** 안락사 **postmortem** 부검; 사후의 **정답**_(c)

Reading Comprehension

45 minutes

1

"Children's street culture" is a generic expression used to explain a phenomenon where children create games, songs and rhymes that are then handed down to the next generations of children. It is oftentimes most prominent in places where there is a significant concentration of blue collar city dwellers. In these heavily populated areas, there are more opportunities for children to interact with each other socially. What anthropologists consider most intriguing is that these street cultures are almost universal. Wherever there are a lot of working class people, _____.

(a) there is a thriving children's street culture
(b) children are not given a good education
(c) children will likely cause many problems
(d) there are fewer opportunities for children

✽ 번역
'아이들의 거리 문화'란, 아이들이 나중에 다음 세대의 아이들에게까지 전해지는 게임과 노래, 운율을 창조하는 현상을 설명할 때 사용되는 총칭적인 표현이다. 이런 현상은 종종 도시에 거주하는 육체노동자들이 밀집되어 있는 곳에서 매우 두드러지게 나타난다. 인구밀도가 높은 이런 지역에 사는 아이들은 상호간에 허물없이 교류하는 기회가 더 많다. 인류학자들이 가장 흥미롭게 생각하는 것은 이러한 거리 문화들이 거의 전세계적이라는 것이다. 노동자 계층이 많은 곳이라면 어디든지 아이들의 거리 문화가 풍성하다.

(a) 아이들의 거리 문화가 풍성하다
(b) 아이들에게 질 좋은 교육이 주어지지 않는다
(c) 아이들이 문제를 많이 일으킬 가능성이 크다
(d) 아이들에게 주어지는 기회는 더 적다

📘 기출 공략
아이들의 거리 문화에 관한 글이다. 두 번째 문장에서 아이들의 거리 문화는 육체노동을 하는 도시민들이 집중된 장소에서 두드러진다고 했는데, 이 말을 역으로 생각하여 노동자 계층이 많이 사는 곳이라면 어디든지 아이들의 거리 문화가 활발하다고 볼 수 있으므로 (a)가 정답이다.

generic 포괄적인, 총칭적인 **phenomenon** 현상 **rhyme** 운율 **hand down** 물려주다 **oftentimes** 종종(often) **prominent** 두드러진 **concentration** 집중 **blue collar** 육체노동자의 **city dweller** 도시 거주자 **heavily populated** 인구밀도가 높은 **interact with** ~와 상호 작용하다 **socially** 허물없이 **anthropologist** 인류학자 **intriguing** 아주 흥미로운 **working class** 노동자 계층의 **thriving** 번성하는

정답_(a)

2

Dear Mr. Brigand,

I congratulate you on recognizing our company's safety issues at last, but obviously, as CEO, you should have done so long ago. You are playing catch-up, and it was at the cost of two lives that you admitted to the mining operation's poor safety regulations. You mention devotion to improvement, but a great deal of money needs to be invested. It is time now for the company to demonstrate a financial dedication to solving this issue. I therefore suggest we get together soon to _____.
Regards,
Stan Walton
Union Leader, Brigand Mining Corporation

(a) acknowledge my investment portfolio
(b) discuss how to invest in better safety
(c) arrive at a solution to the pay dispute
(d) help improve safety in the local area

✽ 번역
브리갠드 씨에게

귀하가 마침내 우리 회사의 안전 문제들을 인식하게 된 것을 축하드립니다만, 분명히 귀하는 최고경영자로서 오래 전에 벌써 이렇게 했어야 했습니다. 귀하는 뒤늦게 문제를 깨닫고 분투하고 계시지만, 두 사람을 희생시키고 나서야 귀하는 광산 경영에 있어서 안전 규정의 미흡함을 시인했습니다. 귀하는 전력을 다해 개선하겠다고 말씀하고 있지만 여기에 거액을 투자해야 합니다. 지금은 회사가 이 문제를 해결하기 위해 아낌없는 재정적 지원을 보여줄 때입니다. 그러므로 우리가 조만간 자리를 같이 해서 안전 강화를 위해 어떤 방법으로 투자해야 할지를 논의할 것을 제안합니다.
스탠 월턴 / 브리갠드 광산 회사, 노조위원장

(a) 나의 투자 포트폴리오를 인정하다
(b) 안전 강화를 위해 어떤 방법으로 투자해야 할지를 논의하다
(c) 임금 쟁의 해결점에 도달하다
(d) 현지의 안전 개선을 돕다

📘 기출 공략
광산 회사의 노조위원장이 최고경영자에게 안전 사고가 재발하지 않도록 거액의 투자를 당부하는 내용이다. 빈칸 바로 앞 문장에서 지금은 회사가 안전 문제를 해결하기 위해 재정적 지원을 아끼지 말아야 할 때라고 말하고 있다. 따라서 조만간 두 사람이 만나서 할 일은 어떤 식으로 투자해야 할지에 대한 논의가 될 가능성이 높으므로 (b)가 정답이다.

play catch-up 따라잡으려고 애쓰다 **at the cost of** ~을 희생하고 [대가로] **regulation** 규정 **devotion** 몰두, 전념 **dedication** 전념, 헌신 **pay dispute** 임금 쟁의

정답_(b)

Reading Comprehension

3

A dominant tendency in Western culture in general and in the US in particular is a _____. This adversarial frame of mind is based on the assumption that winning is achieved by opposition. The best way to discuss an idea is to debate it; the best way to settle disputes is through a lawsuit; the best way to begin an essay is to attack an idea; and the best way to win an argument is to criticize. According to some experts, this atmosphere of unrelenting contention can distort people's perceptions.

(a) desire to win in every area of life
(b) need to assert one's political views
(c) combative approach to social discourse
(d) belief in the superiority of Western thinking

❋ 번역

사회적 담론에 투쟁적으로 접근하는 것은 일반적인 서구 문화에서, 특히 미국에서 지배적인 경향이다. 이런 적대적인 사고방식은 승리는 반대에 의해서 획득된다는 생각에 기초하고 있다. 어떤 아이디어를 논하는 최상의 방법은 논쟁하는 것이고, 분쟁을 해결하는 최상의 방법은 소송을 통해서이며, 작문을 시작하는 최상의 방법은 의견을 공격하는 것이고, 언쟁을 이기는 최상의 방법은 비판하는 것이다. 일부 전문가들에 따르면, 이런 끊임없는 논쟁의 분위기는 사람들의 지각을 왜곡할 수 있다.

(a) 인생의 모든 분야에서 승리하려는 욕망
(b) 자신의 정치관을 주장할 필요성
(c) 사회적 담론에 투쟁적으로 접근하는 것
(d) 서구적 사고의 우월성을 믿는 것

📋 기출 공략

빈칸 다음 문장에서 이런 적대적인 사고방식(This adversarial frame of mind)이란 말을 언급한 뒤 그 예를 열거하고 있다. 즉, 논쟁하고 소송하고 의견을 공격하고 비판하는 것 등인데, 이것들은 담론에서 이기기 위한 투쟁적인 모습들이므로 (c)가 정답이다.

dominant 우세한, 지배적인 **tendency** 경향, 동향 **adversarial** 적대적인 **frame of mind** (특정한 때의) 마음 상태, 사고방식 **assumption** 사실이라고 생각함, 추정 **lawsuit** 소송 **atmosphere** 분위기 **unrelenting** 무자비한, 끊임없는 **contention** 말다툼, 경쟁 **distort** 왜곡하다 **perception** 지각, 인식 **assert** 주장하다 **combative** 투쟁적인 **discourse** 담론, 토론

정답_(c)

4

Our exclusive online sale features huge savings on the hottest brands and is available to members only, so make sure you register at cooldesignerz.com. Registering will give you access to the sale, which begins on April 1 and ends on April 30. As a member, you will receive massive online discounts on premium denim including JeanGroove, Brad, Denim Shade and more. You can also buy Lily Vanilla tops, Rose Couture jackets and much more. Remember, _____, so sign up now before it's too late!

(a) the sale has only one day to go
(b) everyone has a chance of winning
(c) we can arrange your tour package
(d) you have to be a registered member

❋ 번역

우리가 독점적으로 행사하고 있는 온라인 세일은 가장 인기 있는 제품들을 매우 저렴한 가격에 살 수 있다는 것이 특징입니다. 단, 회원에 한해서만 이용 가능하므로 cooldesignerz.com에 반드시 가입하도록 하세요. 가입하시면 4월 1일에 시작하여 4월 30일에 끝나는 세일 행사에 참여하실 수 있습니다. 회원이 되시면 진그루브, 브래드, 데님 쉐이드 등 고급 데님 의류에 대해 대폭적인 온라인 할인 혜택을 받게 됩니다. 또한 릴리 바닐라 상의, 로즈 꾸뛰르 재킷 등도 구입하실 수 있습니다. 기억하세요, 반드시 회원 가입을 하셔야 합니다. 따라서 너무 늦기 전에 지금 바로 가입하십시오!

(a) 세일은 하루밖에 안 남았다
(b) 누구나 획득할 기회를 가진다
(c) 여러분의 투어 패키지를 준비해 줄 수 있다
(d) 회원 가입을 해야 한다

📋 기출 공략

첫 문장에서 엄청난 할인 혜택을 주는 온라인 세일에 오시려면 회원 가입이 필수라고 하고 있고, 중반부에서 할인되는 품목들을 열거하고 있다. 마지막 문장에서 Remember로 시작한 것은 빈칸에 이미 앞에 나온 어떤 내용이 들어간다는 말인데, 그 중에서 sign up과 관련된 것은 회원 가입이므로 (d)가 정답이다.

exclusive 독점적인 **feature** ~을 특징으로 삼다 **hot** (상품 등이) 인기 있는 **register** 등록하다 **massive** 거대한 **premium** 고급의 **top** 상의, 윗도리 **sign up** 등록하다 **arrange** ~의 예정을 세우다

정답_(d)

5

Up to two thirds of the population of European cities died of the plague in the 14th century. The plague spread rapidly in cities because of _____, which made the transmission of disease easier. Cities at the time were also filthy, infested with lice, fleas and rats, and subject to diseases related to malnutrition and poor hygiene. On the other hand, some rural areas like eastern Poland and Lithuania were so isolated and sparsely populated that the plague made little impact there.

(a) people's religious view against bathing
(b) the lack of adequate medical assistance
(c) people's little awareness of harmful insects
(d) high population density and close living quarters

✿ 번역

유럽 도시 인구의 3분의 2에 가까운 사람들이 14세기에 발생한 전염병으로 목숨을 잃었다. 이 전염병은 질병의 전파를 더 수월하게 만든 높은 인구밀도와 가까이 붙은 집들 때문에 도시에서 급속히 번졌다. 또한 당시의 도시들은 매우 더러웠고, 이와 벼룩, 쥐들이 들끓었으며, 영양 부족과 위생 불량에 관련된 질병 피해를 입기 쉬웠다. 반면, 동부 폴란드와 리투아니아와 같은 일부 시골 지역들은 매우 고립되고 인구가 희박해서 전염병이 거의 영향을 미치지 못했다.

(a) 목욕에 반대하는 종교관
(b) 적절한 의료 지원의 부족
(c) 사람들이 해충에 대해 거의 무관심한 것
(d) 높은 인구밀도와 가까이 붙은 집들

📋 기출 공략

마지막 문장에서 동부 폴란드와 리투아니아와 같은 일부 시골 지역들은 매우 고립되고 인구가 희박해서 전염병이 거의 영향을 미치지 못했다고 말한다. 전염병이 급속히 번진 도시들의 상황은 이와 반대될 것이므로 높은 인구밀도와 가까이 붙은 집들 때문이라는 (d)가 정답이다.

plague 역병 **transmission** 전염, 전파 **filthy** 아주 더러운 **infested with** ~로 들끓는, ~이 우글거리는 **lice** louse(이)의 복수 **flea** 벼룩 **subject to** (피해 등을) 입기 쉬운 **malnutrition** 영양 실조, 영양 부족 **hygiene** 위생 **sparsely populated** 인구가 희박한 **make an impact** 영향을 주다 **adequate** 적절한 **harmful insect** 해충 **population density** 인구밀도 **living quarter** 거처, 숙소

정답_(d)

6

Harriet Beecher Stowe was outraged by the Fugitive Slave Act. In response, she wrote *Uncle Tom's Cabin*, a fictional book depicting what she perceived as the evils of slavery. Furiously denounced in the South, the book became an overnight bestseller in the North. It was responsible for _____. Lincoln himself believed the novel was instrumental in building support to end slavery.

(a) stirring up even more racial conflict
(b) setting many in opposition to slavery
(c) helping slaves enjoy their new freedom
(d) convincing people to vote for the legislation

✿ 번역

해리엇 비처 스토는 탈주노예송환법에 격분했다. 이에 대응하여 그녀는 자기가 생각하는 노예제도의 악폐를 그린 소설 《톰 아저씨의 오두막》을 저술했다. 남부에서 맹렬히 비난받은 이 책이 북부에서는 하룻밤 사이에 베스트셀러가 되었다. 이 책은 많은 사람들로 하여금 노예제도에 반대하는 입장에 서게 했다. 링컨 본인도 그 소설이 노예제도 종식에 대한 지지를 쌓는 데 중요한 역할을 했다고 믿었다.

(a) 인종 간의 갈등을 더욱 더 불러일으키다
(b) 많은 사람들로 하여금 노예제도에 반대하는 입장에 서게 하다
(c) 노예들이 새로운 자유를 누릴 수 있게 하다
(d) 사람들이 그 법령에 찬성 투표를 하게끔 납득시키다

📋 기출 공략

소설 《톰 아저씨의 오두막》이 노예제도 종식에 끼친 영향에 관한 글이다. 빈칸 다음에 링컨의 예를 들면서 링컨 본인도 그 소설이 노예제도 종식에 중요한 역할을 한 것으로 생각했다고 말하는 것으로 보아 빈칸에는 많은 사람들이 그 소설의 영향으로 노예제도를 반대하게 되었다는 내용이 오는 것이 자연스럽다. 따라서 (b)가 정답이다.

outraged 격분한 **Fugitive Slave Act** 탈주노예송환법(도망간 노예를 체포하여 원래 주인에게 돌려보낼 수 있게 한 법률) **fictional** 허구의 **depict** 묘사하다 **evils** 해악, 악폐 **slavery** 노예제도 **furiously** 미친 듯이 노하여, 맹렬히 **denounce** 비난하다 **overnight** 하룻밤 사이의 **be responsible for** ~의 원인이 되다 **instrumental** 중요한 **stir up** (문제 등을) 일으키다 **convince** 납득시키다 **legislation** 법령

정답_(b)

7

Work will begin Monday on a project to _____ the nearly two-mile hike to the summit of the Arrowhead Mountain in Honolulu. Although there have been no accidents in the dark areas, a park spokeswoman said that the rapidly increasing number of visitors walking on the dimly-lit path raised safety concerns.

(a) light dark sections of
(b) build rest areas along
(c) put crosswalk signs up on
(d) create a promotional video of

번역
호놀룰루에 있는 애로우헤드 산의 정상까지 오르려면 거의 2마일에 달하는 어두운 구역들을 하이킹하게 되는데, 이 구역들을 밝게 해주는 프로젝트의 첫 작업이 월요일에 시작될 것이다. 어두운 구역에서 아직까지 사고는 한 건도 발생하지 않았지만, 공원 대변인은 희미한 길을 걷는 방문객들이 급증하면서 안전 사고의 우려가 높아졌다고 말했다.

(a) 어두운 구역들을 밝게 해주다
(b) 휴식 공간을 만들다
(c) 횡단보도 표시를 내걸다
(d) 홍보용 비디오를 만들다

기출 공략
애로우헤드 산의 어두운 구역을 하이킹하는 등산객들이 급속히 증가하면서 안전 사고를 염려하는 공원 측이 내놓은 프로젝트는 그 구역을 밝게 해주는 것일 가능성이 높다. 따라서 (a)가 정답이다.

summit 정상 **spokeswoman** 여성 대변인 **dimly-lit** 희미하게 빛이 나는 **safety concern** 안전 사고에 대한 우려 **rest area** 휴식처, 쉼터 **put up** (간판·깃발 등을) 내걸다 **crosswalk sign** 횡단보도 표시 **promotional** 홍보의, 판촉의

정답_(a)

8

Between 1948 and 1978, successive governments in Britain provided funds through the Arts Council to encourage the growth of culture and the arts. This continued until the 1979 election of the conservative government, which reduced or else withdrew state subsidies for the arts. It was a government that promoted individualism, private enterprise and marketplace values in almost every area of society. Under these conditions, the arts _____. Plays, films and exhibitions could not be produced unless they could turn a profit in a competitive market.

(a) had to be treated as any other business
(b) became a valuable aspect of everyday life
(c) were supported by the Arts Council instead
(d) received the support and funding they needed

번역
1948년과 1978년 사이에 영국의 연이은 정부들은 예술 위원회를 통해 문화 및 예술 성장 촉진 기금을 제공했다. 이는 예술에 대한 정부 보조금을 삭감하거나, 아니면 아예 철회한 보수주의 정부가 들어서는 1979년 선거까지 계속되었다. 보수주의 정부는 사회의 거의 모든 분야에서 개인주의와 사기업, 그리고 시장 가치를 추진한 정부였다. 이런 상황이다 보니 예술도 다른 여느 사업들과 똑같이 취급되어야 했다. 연극, 영화, 전시 등이 경쟁 시장에서 이익을 낼 수 없다면 제작될 수 없었다.

(a) 다른 여느 사업들과 똑같이 취급되어야 했다
(b) 일상의 귀중한 일면이 되었다
(c) 대신에 예술 위원회의 후원을 받았다
(d) 그것들이 필요로 하는 후원과 자금을 받았다

기출 공략
빈칸 앞 문장에서 보수주의 정부는 모든 분야에서 개인주의와 사기업, 시장 가치를 중시했다고 말하고 있다. 따라서 빈칸에는 예술도 예외일 수 없다는 말이 들어가야 자연스러운데, 빈칸 뒤 문장이 또한 그 말을 간접적으로 뒷받침해 주고 있다. 따라서 다른 여느 사업들과 똑같이 예술을 취급했다는 (a)가 정답이다.

successive 연속되는 **fund** 자금, 기금 **conservative** 보수적인 **or else** 아니면 **withdraw** 철회[회수]하다 **subsidy** 보조금 **promote** 촉진하다 **individualism** 개인주의 **enterprise** 기업 **marketplace** 시장 **conditions** 사정, 상황 **exhibition** 전시(회), 출품물 **turn a profit** 이익을 내다 **competitive** 경쟁적인

정답_(a)

9

The Peuster Silver Lizard Brooch was made for people who adore high quality, handcrafted accessories at a reasonable price. Featuring a green and gold color scheme, this brooch goes well with all of your favorite clothes and is especially great for spicing up an outfit that requires an extra kick. Made from silver tone metal and studded with diamond-colored rock crystals, the Peuster Silver Lizard Brooch _____.

(a) will definitely be worth its high retail price
(b) is comprised of the finest gems available
(c) matches well with items of similar color
(d) gives your whole wardrobe a touch of flair

✿ 번역
퓨스터 실버 리저드 브로치는 적당한 가격의 고급 수제 액세서리를 애호하는 사람들을 위해 만들어졌습니다. 녹색과 황금색 배합이 특징인 이 브로치는 귀하가 좋아하는 어떤 옷과도 잘 어울리며 특별히 강조하려고 하는 정장에 매력을 더하는 데 제격입니다. 은색 톤의 금속으로 만들어졌으며 다이아몬드색의 수정이 여기저기 박힌 퓨스터 실버 리저드 브로치는 귀하가 소유하고 있는 모든 의상에 세련미를 선사할 것입니다.

(a) 분명히 비싼 소매가만큼의 가치가 있을 것이다
(b) 구할 수 있는 최고급 보석으로 이루어져 있다
(c) 비슷한 색깔의 물품과 잘 어울린다
(d) 귀하가 소유하고 있는 모든 의상에 세련미를 선사한다

📔 기출 공략
고급 수제 액세서리인 퓨스터 실버 리저드 브로치를 광고하는 글이다. 첫 문장에서 브로치가 적당한 가격이라 했으므로 (a)는 오답이다. 마지막 문장에서 브로치는 은색 톤의 금속으로 만들어졌고 다이아몬드색의 수정이 박혀 있다고 했으므로 (b) 역시 틀린 답이다. (c)에 대해서는 전혀 언급된 바가 없다. 따라서 귀하가 소유한 모든 의상에 세련미를 준다는 (d)가 정답이다.

adore 숭배하다, 아주 좋아하다 **handcrafted** 손으로 만든 **reasonable** 비싸지 않은, 적당한 **scheme** 배열, 배합 **spice up** 묘미를 더하다 **outfit** (한 벌로 된) 옷, 정장 **kick** 강렬함, 놀라움 **studded with** ~로 흩뿌려진 **rock crystal** (순수한 형태의) 수정 **retail price** 소매가 **be comprised of** ~로 구성되어 있다 **wardrobe** 소유하고 있는 의상 **touch** 기미, 흔적 **flair** 세련됨

정답_(d)

10

Washington State's plan to deepen the channel of the Columbia River from 40 to 50 feet will provide new export opportunities for the state. While ten feet of dredging may not seem like a lot, its economic impact will be tremendous. Previously, larger ships weighed down with cargo were discouraged from visiting Columbia's seaports because it was dangerously shallow. The state's plan, however, will allow _____. Farmers, ranchers and manufacturers will better be able to keep up with the global economy with a resulting reduction in shipping costs.

(a) large ships safe passage all along the Columbia river
(b) people better access to the river for boating activities
(c) families the opportunity to live along the scenic riverfront
(d) more frequent shipping without harming the environment

✿ 번역
컬럼비아 강 해협을 40피트에서 50피트로 깊게 하는 워싱턴 주의 계획은 그 주에 새로운 수출 기회를 제공할 것입니다. 10피트의 준설 작업이 크게는 보이지 않지만 그 경제적 효과는 엄청날 것입니다. 예전에는, 화물 무게에 짓눌린 대형 선박들이 위험할 정도로 얕은 강물 때문에 컬럼비아 강 항구들에 드나들 엄두를 못 냈다. 그러나 이번 워싱턴 주의 계획으로 대형 선박들이 컬럼비아 강을 따라 안전하게 오고 갈 수 있게 될 것이다. 농부와 목축업자, 그리고 제조업자들은 계획이 실현되면 운송비 감소로 세계 경제에 더 잘 발맞추어 갈 수 있을 것이다.

(a) 대형 선박들이 컬럼비아 강을 따라 안전하게 오고 가는 것
(b) 사람들이 뱃놀이를 위해 강에 더 쉽게 접근하는 것
(c) 가족들이 경치 좋은 강기슭을 따라 살 기회를 갖는 것
(d) 환경을 해치지 않고서도 운송이 더 빈번해지는 것

📔 기출 공략
컬럼비아 강의 준설 작업이 몰고 올 경제적 효과에 관한 글이다. 빈칸이 들어 있는 문장에서 however가 있음에 유의한다. 즉, 빈칸이 포함된 문장은 앞 문장과 반대되는 내용이 와야 하므로 대형 선박들이 얕은 강물 때문에 컬럼비아 강 항구들을 맘대로 드나들지 못했다는 내용과 반대되는 (a)가 정답이다.

dredging 준설 작업 **weighed down** 하중으로 짓눌러진 **cargo** 화물 **be discouraged from** ~을 단념하다 **seaport** 항구 (도시) **shallow** 얕은, 피상적인 **rancher** 목축업자 **manufacturer** 제조업자 **resulting** 결과로서 생긴 **shipping cost** 운송비 **passage** 항해, 통과 **access to** ~로의 접근 **boating activity** 뱃놀이 **scenic** 경치 좋은 **riverfront** 강기슭

정답_(a)

Reading Comprehension

11

It is tempting to _____. In dinosaurs, the brain represents 1/100,000th of the body's weight, in whales 1/10,000th, in elephants 1/600th and in humans 1/45th. The principle, going by these examples at any rate, seems sound, but this initial judgment may be misleading. In mice, the brain is 1/40th of the body's weight, and in marmosets 1/25th. By our brain ratio principle above, the marmoset would have to be one of the world's most intelligent creatures, and humans would not be able to even outthink mice.

(a) predict an animal's brain size through its body composition
(b) assume intelligence determines vulnerability to extinction
(c) generalize on intellectual superiority based on brain size
(d) create a classification system based on brain capacity

✲ 번역

뇌 크기를 기초로 하여 지적 우수성을 일반화하는 것은 그럴듯해 보인다. 공룡의 뇌는 체중의 10만분의 1을 차지하고, 고래는 1만분의 1, 코끼리는 600분의 1, 인간은 45분의 1을 차지한다. 적어도 이 예들에 의거해서 판단할 때 위의 원칙은 타당한 것 같아 보이지만 이 초기 판단은 오해의 소지가 있다. 쥐의 뇌는 체중의 40분의 1이며, 마모셋은 25분의 1이다. 위의 뇌 비율 원칙에 따르면 마모셋은 세상에서 가장 영리한 동물 중의 하나여야만 할 것이고, 인간은 쥐보다도 생각이 깊지 못할 것이다.

(a) 신체 구성을 통해 동물의 뇌 크기를 예측하는 것
(b) 멸종에 취약한 정도를 지능이 결정한다고 가정하는 것
(c) 뇌 크기를 기초로 하여 지적 우수성을 일반화하는 것
(d) 뇌 용량에 기초한 분류 시스템을 만드는 것

📖 기출 공략

뇌의 크기로 동물의 지적 우수성을 판단하는 것은 오류라는 내용이다. 첫 문장에서 먼저 '그럴듯해 보이는, 솔깃한'이라는 의미의 tempting이 온 것으로 보아 빈칸에는 어떤 잘못된 명제가 올 가능성이 높다. 다음 문장들이 그 잘못된 명제를 반박하는 형식으로 전개되므로 문맥상 빈칸에는 글의 주제와 반대되는 명제가 와야 자연스럽다. 따라서 정답은 (c)이다.

represent ~을 차지하다 **go by** ~에 의거해서 판단하다 **at any rate** 적어도, 어쨌든 **sound** 믿을 만한 **initial** 처음의 **misleading** 오해의 소지가 있는, 호도하는 **marmoset** 마모셋(중남미에 사는 작은 원숭이) **ratio** 비율 **outthink** ~보다 깊이 생각하다 **composition** 구성 **vulnerability** 취약성 **extinction** 멸종 **classification** 분류 **capacity** 용량

정답_(c)

12

In dream analysis, doorways may be especially compelling, for they may reflect _____. Someone knocking on your front door in a dream may reflect a recent possible development in your life. Since each new opportunity accompanies both positive and negative possibilities, emotions and imageries surrounding doorways are often mixed. You might want to greet the strange man at the door readily, for he is attractive or charming, but also feel it is improper for him to request entrance into your home. Indeed, undesired changes in our lives are frequently portrayed in dreams as intruders or strangers coming to the door.

(a) different paths one may choose in life
(b) both new opportunities and their risks
(c) possible chances to meet new people
(d) your past and future simultaneously

✲ 번역

꿈을 분석할 때, 출입구는 특히 강한 흥미를 자아낼 수 있다. 왜냐하면 그것은 새로운 기회와 위험성 둘 다 반영할 수 있기 때문이다. 꿈에서 어떤 사람이 당신의 현관문을 두드리는 것은 인생에서 최근 전개될 수 있는 사건을 반영하는 것일 수도 있다. 모든 새로운 기회는 긍정적인 가능성과 부정적인 가능성 둘 다 수반하기 때문에 출입구를 둘러싼 감정과 이미지는 종종 뒤섞여 나타난다. 현관문에 온 낯선 사람이 멋지고 매력적이기 때문에 그 사람에게 기꺼이 인사하고 싶을 수도 있지만 또한 그가 집에 들어오려고 하는 것이 부적절하다고 느낄 수도 있다. 실제로 우리는 삶에서 원치 않는 변화는 꿈속에서 침입자나 낯선 이가 문에 다가오는 것으로 자주 묘사된다.

(a) 사람이 인생에서 선택하게 될지도 모르는 서로 다른 길들
(b) 새로운 기회와 위험성 둘 다
(c) 새로운 사람들을 만날 수 있는 기회들
(d) 당신의 과거와 미래를 동시에

📖 기출 공략

빈칸 다음 문장부터 꿈속에서 현관문은 새로운 기회를 의미하고, 새로운 기회에는 긍정적인 가능성과 부정적인 가능성이 혼재한다는 내용이 이어지고 있다. 따라서 첫 문장에서 꿈을 분석할 때 문이 특히 강한 흥미를 자아내는 것은 그것이 새로운 기회뿐만 아니라 그 기회에 따른 위험성을 반영할 수 있기 때문이라고 해야 자연스러우므로 (b)가 정답이다.

compelling 강한 흥미를 돋우는 **development** 새로이 전개된 사건 **accompany** ~을 수반하다 **imagery** 심상, 형상 **surround** 둘러싸다 **readily** 선뜻, 기꺼이 **improper** 부당한 **be portrayed as** ~로 묘사되다 **intruder** 침입자 **simultaneously** 동시에

정답_(b)

13

Young political reporters fear that the use of the most direct language about a politician occupying a high office will make them vulnerable to complaints of bias and leave them subject to retaliation. But, political reporters with a wealth of media experience _____. They recognize that the relationship between the media and politicians is a kind of game and that politicians know tough talk in the media is all a part of the game.

(a) know that those fears are largely unfounded
(b) emphasize that the key is to remain impartial
(c) acknowledge that most politicians are dishonest
(d) understand that reporting can be a dangerous job

✻ 번역
젊은 정치 기자들은 고위직 정치가에 대해 가장 직설적인 언어를 사용하면 편견에 찬 항의를 받거나 보복을 당하지 않을까 두려워한다. 하지만 풍부한 언론 경험을 가진 정치 기자들은 그러한 두려움은 대체로 쓸데없는 기우임을 알고 있다. 그들은 언론과 정치가들 간의 관계는 일종의 게임이며, 언론의 강한 발언은 모두 그 게임의 일부임을 정치가들이 알고 있다는 것을 잘 인지하고 있다.

(a) 그러한 두려움은 대체로 쓸데없는 기우임을 알고 있다
(b) 해답은 공정한 자세를 유지하는 것임을 강조한다
(c) 정치가들 대부분이 부정직하다는 것을 인정한다
(d) 보도는 위험한 직업이 될 수 있음을 이해하고 있다

📖 기출 공략
빈칸이 포함된 문장의 맨 앞에 But이 있으므로 두 번째 문장은 첫 문장과 반대되는 내용이 되어야 한다. 따라서 보기 중에 기자들이 고위직 정치가들에 대해 직설적인 언어를 사용하면 항의를 받거나 보복을 당하지 않을까 두려워한다는 말을 부정하는 문장은 (a)이다.
high office 고위직 **vulnerable to** ~에 취약한 **bias** 선입견, 편견 **subject to** ~을 당하기 쉬운 **retaliation** 보복 **a wealth of** 풍부한 **tough talk** 강한 발언 **largely** 주로, 대체로 **unfounded** 근거 없는, 사실무근의 **impartial** 공평한   **정답_(a)**

14

Do you have experience as a _____? We are offering a full-time position with a salary of $3,175-$5,716 each month, depending on qualifications and experience. Under the guidance of the Associate Director of Technology and Development, you will be in charge of developing and providing training sessions and technical support to our staff and customers (schools, students, parents, partner organizations) on how to operate our latest Learning Management System (Whiteboard) and our Enrollment and Academic Portfolio System (EAPS).

(a) developer of high-end database software programs
(b) instructor, trainer and technical support specialist
(c) director in the field of technology and development
(d) supervisor in the field of high-tech human resources

✻ 번역
귀하는 강사, 트레이너, 기술 지원 전문가로서의 경험을 갖고 계십니까? 당사는 귀하의 자격과 경험에 따라 3,175~5,716달러의 월급제로 일할 정규직원을 뽑고 있습니다. 기술개발국 부국장의 지휘 아래 귀하는 당사 직원 및 고객들(학교, 학생, 학부모, 제휴 단체)에게 당사의 최신 학습관리시스템 (화이트보드)과 등록 및 학업 포트폴리오 시스템을 운영하는 방법에 대해 강습회와 기술 지원을 개발하고 제공하는 임무를 담당하게 될 것입니다.

(a) 고급 데이터베이스 소프트웨어 프로그램 개발자
(b) 강사, 트레이너, 기술 지원 전문가
(c) 기술 개발 분야 책임자
(d) 최첨단 인력 개발 분야 책임자

📖 기출 공략
정규직원 모집 광고이다. 첫 문장 Do you have experience...?는 경력을 묻는 말이다. 중반부의 you will be in charge of 이하에서 지원자가 앞으로 맡게 될 업무를 알 수 있다. 사람들에게 전문 시스템을 교육시키는 것이 주된 업무이므로 이와 가장 관계가 깊은 경력은 (b)이다.
full-time position 정규직 **qualification** 자격 **associate director** 부국장 **in charge of** ~을 맡고[담당하고] 있는 **training session** 강습회 **partner organization** 협력 단체 **enrollment** 등록 **high-end** 고급의 **instructor** 강사, 교사 **specialist** 전문가 **human resources** 인재[인력] 개발, 인사부   **정답_(b)**

Reading Comprehension

15

Influenza and the common cold are often confused, since they display many common symptoms. An individual with a runny nose or a sore throat, for example, could have either a cold or the flu because these symptoms are characteristic of both diseases. _____, the distinction is crucial, in particular for sufferers of chronic heart or lung diseases. For them, the flu is not simply a week-long aggravation; as they are prone to such complications as pneumonia, pulse irregularities and congestive heart failure, catching the flu could spell death for them.

(a) Besides
(b) However
(c) Likewise
(d) Furthermore

16

The characteristics of successful supervisors have been studied to determine whether effective performance or self-promotion is a better determiner of ultimate career success. The study revealed that the relative importance of these two factors varies from company to company. _____, the qualities and skills demanded for effective performance in the present management job are not always identical to those necessary at a higher level of management.

(a) By contrast
(b) Thereafter
(c) Otherwise
(d) Moreover

✤ 번역

유행성 감기와 일반 감기는 많은 공통 증상을 보이기 때문에 종종 혼동된다. 예를 들어, 콧물이 흐르고 목이 따갑다면 그냥 감기일 수도 있고 유행성 감기일 수도 있다. 왜냐하면 이런 증상들은 두 질병 모두의 특징이기 때문이다. 하지만 두 가지를 구별하는 것은 중대한 일이다. 특히 만성 심장병이나 폐질환을 앓는 사람에게는 더욱 그러하다. 이들에게는 유행성 감기가 단순히 일주일 동안 짜증나게 하는 대상에 그치지 않는다. 그들은 폐렴, 불규칙한 맥박, 충혈성 심장마비와 같은 합병증에 걸리기 쉬우므로 유행성 감기에 걸리면 죽을 수도 있다.

(a) 게다가
(b) 그러나
(c) 마찬가지로
(d) 게다가

📖 기출 공략

빈칸을 전후로 앞뒤 단락의 관계를 묻는 문제이다. 빈칸 앞에서는 유행성 감기와 일반 감기의 증상이 많이 비슷하다고 얘기하고 있다. 그러나 빈칸 뒤에서는 유행성 감기에 걸리면 죽을 수도 있기 때문에 두 가지를 구별하는 것이 중요하다고 말하고 있다. 따라서 역접 관계인 (b)가 정답이다.

influenza 유행성 감기(flu) **symptom** 증상, 징후[조짐] **runny** 콧물이 흐르는 **sore throat** 인후염 **distinction** 구별, 식별 **crucial** 중대한 **sufferer** 고통받는 사람, 환자 **chronic** 만성적인 **lung disease** 폐질환 **aggravation** 짜증나게 하는 것 **prone to** ~에 걸리기 쉬운 **complication** 합병증 **pneumonia** 폐렴 **pulse irregularity** 맥박 불규칙 **congestive heart failure** 충혈성 심장마비 **spell** ~한 결과가 되다   정답_(b)

✤ 번역

효과적 수행 혹은 자기 홍보가 궁극적인 경력 성공의 결정 요소인지 아닌지를 결정하기 위해 성공한 관리자의 특성이 연구되어 왔다. 연구에 따르면, 이 두 가지 요소의 상대적인 중요성이 회사마다 다르다는 것이 드러났다. 게다가 현 경영직에서의 효과적 수행에 요구되는 자질과 기술은 더 높은 수준의 경영에서 필요한 것들과 항상 동일한 것은 아니다.

(a) 그와 대조적으로
(b) 그 후에
(c) 만약 그렇지 않으면
(d) 게다가

📖 기출 공략

첫 번째 문장에서 효과적 수행 혹은 자기 홍보가 궁극적인 경력 성공의 결정 요소인지 아닌지를 연구해 왔다고 말하고 있다. 그 다음 두 문장은 그 두 가지 요소가 궁극적인 경력 성공의 결정 요소가 아닌 쪽으로 예증하고 있다. 따라서 빈칸 앞과 뒤의 문장은 같은 맥락의 내용이므로 (d)가 정답이다.

performance (업무) 수행, 성적 **self-promotion** 자기 홍보 **determiner** 결정하는 것 **ultimate** 궁극적인 **reveal** 드러내다 **relative** 상대적인 **identical** 동일한 **thereafter** 그 후에 **otherwise** 그렇지 않으면   정답_(d)

17

If you are having difficulty falling asleep on the eve of an exam, try calming yourself down by using psychological imagery. To accomplish this, you need to come up with your own peaceful scene. It can be real or make-believe—the beach, the woods or the mountains—as long as it is a setting in which you would feel completely calm and peaceful. Use your five senses to guide your imagination: what would you see, hear, taste, smell and feel if you were there?

Q What is the topic of the talk?
(a) What to imagine before sleeping
(b) What to do the day before an exam
(c) How to use mental imagery to relax
(d) How to keep yourself in good shape

✱ 번역
만약 당신이 시험 전날 밤에 잠드는 것이 힘들다면 심리적인 이미지를 이용하여 스스로를 진정시키려고 노력해 보세요. 이를 위해서 당신은 스스로가 만든 평화로운 장면을 떠올려야 합니다. 해변, 숲, 산 등 그야말로 고요하고 평화롭다고 느낄 수 있는 배경이기만 하면 그것이 실제든 지어낸 것이든 상관 없습니다. 오감을 사용해서 상상력을 이끌어 보세요. 만약 당신이 그곳에 있다면 무엇을 보고, 듣고, 맛보고, 냄새 맡고, 느낄까요?

Q 강연의 주제는?
(a) 잠자기 전에 상상할 대상
(b) 시험 전날에 할 일
(c) 긴장을 풀기 위해 마음의 이미지를 이용하는 방법
(d) 건강을 유지하는 방법

📘 기출 공략
마음의 이미지를 이용하여 자신을 진정시키는 방법에 대해 이야기하고 있다. 첫 문장의 try calming yourself down by using psychological imagery에 주제가 드러나 있다. calming yourself down이 relax로, psychological이 mental로 대치된 (c)가 정답이다.

on the eve of ~의 전야에 psychological 정신[심리]의 imagery 형상화, 이미지 come up with ~을 제안하다, 생각해내다 make-believe 거짓의, ~인 체하는 setting 배경, 환경 keep oneself in good shape 건강을 유지하다
정답_(c)

18

Moderate use of alcohol is said to be linked with a lowering of cholesterol. However, the benefit is not great enough for authorities to recommend drinking alcohol as a way to improve health. Increased consumption of alcohol has many health risks such as high blood pressure and liver cirrhosis. Given the potential dangers, the American Heart Association cautions people against controlling cholesterol through increasing their alcohol intake or starting to drink if they have not already done so.

Q What is the passage mainly saying about alcohol?
(a) It is associated with many health benefits.
(b) It is the main cause of high blood pressure.
(c) It is healthy if consumed in small amounts.
(d) Its dangers to health outweigh its benefits.

✱ 번역
술을 적당하게 마시는 것과 콜레스테롤이 낮아지는 것은 연관성이 있다고들 한다. 하지만 전문가가 건강을 개선시키는 방법으로 음주를 권장할 만큼 그 이점이 크지는 않다. 음주량이 늘면 고혈압과 간경변과 같은 많은 건강상의 위험이 따른다. 잠재적인 위험성을 고려한 미국심장협회는 사람들에게 음주량을 늘리거나 술을 먹지 않던 사람이 술을 배워 콜레스테롤을 다스리지 말라고 경고한다.

Q 술에 대해 주로 말하고 있는 것은?
(a) 여러 건강상 이점들과 관련이 있다.
(b) 고혈압의 주원인이다.
(c) 적게 마시면 건강에 좋다.
(d) 건강에 대한 술의 위험성은 그 이점보다 훨씬 더 크다.

📘 기출 공략
첫 문장만 술의 이점을 말하고 있고 다음부터는 계속 나쁜 점만 이야기하고 있으므로 (d)가 정답이다. (b)는 음주량이 늘면 고혈압에 걸릴 위험성이 있다고 했을 뿐 주원인이라고는 하지 않았으므로 오답이다. (c)는 첫 문장에서만 말한 술의 이점이므로 주된 내용으로 보기 어렵다.

be linked with ~와 관련되다 consumption 소비 high blood pressure 고혈압 liver cirrhosis 간경변(증) given ~을 고려해 볼 때 caution A against -ing A에게 ~하지 말라고 경고하다 intake 섭취 be associated with ~와 관련되다 outweigh ~보다 더 크다
정답_(d)

19

In winter, it is harder for birds to find food, so there is no better way to attract birds into your backyard than by providing a regular supply of food. Seeds, nuts, kitchen scraps and water will entice the birds and allow you to watch them at close quarters. You might even be able to persuade birds to stay for the summer by giving them somewhere to nest. Bird houses placed carefully beyond the reach of cats make valuable homes for various birds.

Q What is the best title for the passage?
(a) Helping Birds Stay Safe
(b) How to Make a Good Bird Nest
(c) What Kinds of Foods Birds Like
(d) Attracting Birds to Your Backyard

✿ 번역
겨울에는 새들이 먹을 것을 구하기가 더 어렵다. 따라서 새들을 당신의 뒤뜰로 유인하는 가장 좋은 방법은 먹을 것을 규칙적으로 제공하는 것이다. 씨앗과 땅콩, 남은 음식 찌꺼기, 그리고 물로 새들을 유인하면 가까이서 그들을 볼 수 있게 될 것이다. 심지어는 새들에게 둥지 틀 곳을 마련해 주면 새들이 딴 데로 가지 않고 거기서 여름을 나지도 모른다. 고양이가 닿지 못하는 곳에 정성스럽게 만들어 놓은 새집들은 다양한 새들에게 소중한 보금자리가 된다.

Q 지문의 제목으로 가장 알맞은 것은?
(a) 새들이 안전하게 머물도록 돕기
(b) 멋진 새 둥지를 만드는 방법
(c) 새들이 좋아하는 음식들
(d) 뒤뜰로 새들 유인하기

📘 기출 공략
새들에게 먹을 것을 규칙적으로 제공하고, 새들에게 둥지를 틀 장소를 마련해 주며, 고양이들이 닿지 못하는 곳에 새집을 만들어 주는 것은 모두 첫 문장에서 말한 새들을 뒤뜰로 유인하는 방법들이다. 따라서 (d)가 정답이다.

attract 유인하다 **backyard** 뒤뜰, 근처 **kitchen scraps** 남은 음식 찌꺼기 **entice** 유도하다 **at close quarters** 근접하여 **beyond the reach of** ~의 손이 닿지 않는

정답_(d)

20

Dear Sir/ Madam,

Enclosed is a parking ticket which I don't think should have been issued to me. The ticket was placed on my vehicle, in my presence, at the corner of 5th Avenue and Broadway on Friday, May 4 at 8 pm. At that time, I explained to the meter maid that my car had stalled and I was waiting for a tow truck. However, she replied that she could make no exception of my case. This is outrageous and unfair. I am positive you will agree that, given my situation, the ticket was unjustly handed out and should be withdrawn.

Yours sincerely,
Ian Rutgers

Q What is the purpose of the letter?
(a) To explain a car accident
(b) To appeal against a parking fine
(c) To file a lawsuit against the city
(d) To compliment a meter maid

✿ 번역
담당자 분께,

제게 잘못 발급된 주차 위반 딱지를 동봉합니다. 그 딱지는 5월 4일 금요일 오후 8시, 5번가와 브로드웨이가 만나는 모퉁이에서 제 면전에서 차 위에 붙여졌습니다. 그 당시 주차 단속원에게 제 차가 갑자기 시동이 꺼지는 바람에 견인 트럭을 기다리고 있는 중이라고 설명했습니다. 하지만 그녀는 제 경우도 예외일 수 없다고 하더군요. 이것은 터무니 없고 부당한 처사입니다. 귀하가 저의 상황을 고려해 볼 때 딱지가 부당하게 발급되었으므로 취소되어야 한다는 데 동의할 것이라고 확신합니다.

이안 러트거스

Q 편지를 보낸 목적은?
(a) 자동차 사고를 설명하기 위해
(b) 주차 위반 벌금에 항의하기 위해
(c) 시를 대상으로 소송을 제기하기 위해
(d) 주차 단속원을 칭찬하기 위해

📘 기출 공략
주차 위반 딱지가 부당하게 발급되었으므로 철회해 달라고 항의하는 편지이다. 첫 번째와 마지막 문장에 이 편지를 보낸 목적이 드러나 있다. 따라서 (b)가 정답이다. should have been issued는 앞의 don't와 함께 '발급되지 말았어야 했는데 발급되었다'는 뜻이다.

issue 발급하다 **in one's presence** ~의 면전에서 **meter maid** 주차 단속원 **stall** (갑자기) 시동이 꺼지다 **tow truck** 견인 트럭 **make an exception of** ~을 예외로 하다 **outrageous** 터무니 없는 **positive** 확신하는 **hand out** 배급하다 **appeal against** ~에 항의하다 **file a lawsuit against** ~을 상대로 소송을 제기하다 **compliment** 칭찬하다

정답_(b)

21

The Roman Colosseum is a monument not only to the grandeur of the Roman Empire but also to its cruelty. Ancient Roman festivities held there opened with a series of wild animal fights, featuring contests among tigers, lions, elephants, giraffes and humans. Midday brought the morbid spectacle of public executions before the main event the gladiator matches. Depending on the day's structure, however, these events were sometimes combined in one long, chaotic battle. Eventually, Christian leaders ensured that the Colosseum's entertainments no longer featured human executions, but animal slaughters continued until around AD 524.

Q What is the passage mainly about?
(a) Cruelties to animals that ancient Roman citizens watched
(b) Acts of cruelty once practiced at the Roman Colosseum
(c) Sacrifices made in the name of the Roman Empire
(d) Carnivals held at the Colosseum of ancient Rome

✲ 번역
로마의 콜로세움은 로마 제국의 장대함뿐만 아니라 잔인성 또한 보여주는 기념물이다. 그곳에서 개최된 고대 로마의 축제들은 연이은 맹수 싸움으로 시작했으며, 호랑이, 사자, 코끼리, 기린, 그리고 인간 간의 경기들이 특징이었다. 정오 메인 이벤트인 검투사 시합 전에 공개 처형이라는 소름끼치는 쇼가 벌어졌다. 하지만 그 날의 구성에 따라 이러한 경기들은 때때로 하나의 길고 혼란스런 전투로 뭉쳐져 벌어지기도 했다. 결국, 기독교 지도층은 콜로세움의 여흥에서 더 이상 인간 처형은 하지 못하도록 보장했지만 동물 도살은 기원 후 약 524년까지 계속되었다.

Q 주된 내용은?
(a) 고대 로마 시민들이 지켜본 동물에 대한 잔혹 행위
(b) 한때 로마 콜로세움에서 자행된 잔혹 행위
(c) 로마 제국이라는 이름으로 치러진 희생들
(d) 고대 로마 콜로세움에서 열린 축제들

📖 기출 공략
첫 문장에서 로마 콜로세움이 로마 제국의 장대함뿐만 아니라 그것의 잔인성을 보여주는 기념물이라고 말한 후, 연이은 문장에서 그곳에서 벌어졌던 맹수 간의 싸움, 인간과 맹수 간의 싸움, 검투사 시합, 공개 처형 등 잔혹 행위들을 열거하고 있다. 따라서 (b)가 정답이다.
grandeur 장대, 웅장 **cruelty** 잔인성 **festivity** 축제, 제전 **feature** ~을 특색으로 삼다 **midday** 정오, 한낮 **morbid** 병적인, 소름끼치는 **spectacle** 광경, 쇼 **public execution** 공개 처형 **gladiator** (고대 로마의) 검투사 **chaotic** 혼란 상태인 **ensure** 보장하다 **slaughter** 도살, 도축 **carnival** 사육제, 축제   정답_(b)

22

In-store merchandising is a method for maximizing sales by displaying a product effectively in the store. It can be applied to promoting home accessory sales. For instance, picture frames should be displayed as they would appear in a home. Display the frames with photos in them—pictures of children and dogs are recommended. If possible, place them next to flowers, candles or other household items. This will further help the customer visualize how the frame will look in his or her home. This concept of creating a homey setting to entice customers can be applied to any home accessory.

Q What is the main point of the passage?
(a) Better display of home accessories can increase sales.
(b) Home accessory is one of the fast growing businesses.
(c) Frames displayed as if in a real home sell more quickly.
(d) Decorating a store with household items can promote sales.

✲ 번역
인스토어 판매 계획은 매장 내에 상품을 효과적으로 진열함으로써 판매를 극대화하는 방법이다. 이는 가정용품 판매를 촉진하는 데 적용될 수 있다. 예를 들어, 사진 액자는 가정에서 보는 것처럼 진열해야 한다. 액자 안에 사진을 끼운 채 진열하라. 아이와 개 사진을 추천한다. 가능하면 꽃이나 양초 혹은 다른 가정용품 옆에 놓아라. 이것은 더욱더 고객이 그 액자가 자기 집에서 어떻게 보일지를 시각화하는 것을 도울 것이다. 고객을 유치하기 위해 가정적인 배경을 꾸미는 이 발상은 모든 가정용품에 적용될 수 있다.

Q 지문의 주제는?
(a) 가정용품을 더 잘 진열하면 판매를 증가시킬 수 있다.
(b) 가정용품은 빠르게 성장하는 사업 중의 하나이다.
(c) 실제 가정에서처럼 진열된 액자는 더 빨리 팔린다.
(d) 매장을 가정용품으로 장식하면 판매를 촉진시킬 수 있다.

📖 기출 공략
가정용 액세서리를 매장 내에 효과적으로 진열하면 판매를 촉진할 수 있다는 내용의 글이다. 따라서 (a)가 정답이다. (c)는 가정용 액세서리 중 하나인 액자에 대해 인스토어 판매 계획 방식을 적용한 경우이므로 다소 지엽적이다.
in-store 매장 내의 **merchandising** 판매, 판촉 **picture frame** 사진 액자 **household item** 가정용품 **visualize** 시각화하다 **concept** (상품·판매의) 기본 테마, 발상 **homey** 가정의, 가정적인 **entice** 유인하다   정답_(a)

Reading Comprehension

23

When I was young, I commuted to school by bus. Each day my friends and I would get off at the bus stop and cross the street to spend a few minutes with the Doves, an elderly couple in our neighborhood. Every afternoon, Mrs. Dove would happily prepare freshly squeezed lemonade or iced tea to drink and an afternoon snack to nibble on. We would end up spending hours listening to their stories and tidbits of wisdom. Recalling those afternoons on the back porch with the Doves always makes me smile.

Q Which of the following is correct about Mrs. Dove?
(a) She sold lemonade and iced tea to her neighbors.
(b) She enjoyed giving students something to eat.
(c) The students sometimes considered her boring.
(d) She liked to listen to stories from the students.

✿ 번역
나는 어렸을 때 버스로 통학했다. 매일 나와 친구들은 버스 정류장에서 내려 길을 건너 이웃에 사시는 도브 노부부와 함께 잠시 시간을 보내곤 했다. 오후마다 도브 부인은 갓 짠 레모네이드나 아이스티 음료를, 그리고 입이 심심하지 않도록 오후 간식을 기꺼이 차려주셨다. 우리는 몇 시간씩 노부부가 하는 이야기나 삶의 지혜를 듣는 것으로 모임을 끝내곤 했다. 뒤 현관에서 도브 부부와 함께했던 당시의 오후를 회상하면 항상 나는 미소 짓게 된다.

Q 도브 부인에 대해 옳은 것은?
(a) 레모네이드와 아이스티를 이웃 사람들에게 팔았다.
(b) 학생들에게 먹을 것 주는 것을 즐거워했다.
(c) 학생들은 때때로 그녀가 지루하다고 느꼈다.
(d) 학생들로부터 이야기 듣는 것을 좋아했다.

📖 기출 공략
Mrs. Dove would happily prepare freshly squeezed lemonade or iced tea to drink and an afternoon snack to nibble on에서 (b)가 정답임을 알 수 있다. 도브 부인이 레모네이드와 아이스티를 학생들에게 대접했으므로 (a)는 오답이다. 학생들이 노부부의 이야기를 많이 들었다고 했으므로 (d)도 틀렸다.

commute to school 통학하다 **elderly couple** (연세 드신) 노부부 **freshly squeezed** 갓 짠 **nibble on** ~을 조금씩 물어뜯다 **end up -ing** 결국 ~하게 되다 **tidbit** 재미있는 이야기, 토막 뉴스 **porch** 현관, 베란다

정답_(b)

24

Dear Mr. Dipola,

I am writing to express some concerns I have about my son's performance in your science class. John's grades have never fallen as low as they are now. He has fallen behind in all of his classes, but he is furthest behind in yours. I tried to help John with his homework, but the material he is studying was too advanced for me. Do you have any suggestions that might help improve my son's grades? I look forward to hearing from you soon.

Regards,
Margaret Scully

Q Which of the following is correct according to the letter?
(a) John's homework is too advanced for his grade level.
(b) Mr. Dipola is being blamed for John's poor performance.
(c) Mr. Dipola is being asked to help John with his homework.
(d) John is having problems keeping up with his classes at school.

✿ 번역
디폴라 씨에게

제가 이 글을 쓰는 것은 선생님이 맡으신 과학 과목에서 제 아들의 성적이 걱정되기 때문입니다. 존의 성적이 지금처럼 낮게 떨어진 적이 없었습니다. 존이 모든 과목에서 뒤떨어지긴 했지만 선생님 과목에서 가장 성적이 안 좋습니다. 존이 숙제하는 걸 제가 도와주려고 해봤지만 제게 학습 내용은 너무 수준이 높았습니다. 아들의 성적 향상에 도움이 될 만한 제안이 있으신지요? 조만간 선생님의 답장을 받아보길 고대하겠습니다.

마가렛 스컬리

Q 편지에 따르면 옳은 것은?
(a) 존의 숙제는 자기 학년에 비해서 수준이 너무 높다.
(b) 존의 성적이 안 좋은 것은 디폴라 씨의 책임이라고 보고 있다.
(c) 디폴라 씨는 존이 숙제하는 것을 도와주도록 요청받고 있다.
(d) 존은 학교에서 수업을 따라가는 데 어려움을 겪고 있다.

📖 기출 공략
세 번째 문장의 He has fallen behind in all of his classes에서 (d)가 정답임을 알 수 있다. keep up with가 fall behind in의 반대말로 쓰였다는 것에 유의한다. 존의 숙제 내용이 이 편지를 쓴 그의 어머니에게 너무 수준이 높다고 했으므로 (a)는 오답이다.

performance 성적(grade) **fall behind** 뒤처지다 **material** 내용 **suggestion** 제안 **hear from** ~에게서 편지를 받다 **blame A for B** B에 대해서 A를 탓하다 **keep up with** ~을 따라가다, 따라잡다

정답_(d)

25

The collective nature of Christianity called for an architectural style distinguishing itself from the religious architecture of Greece and Rome. Whereas temples from those cultures had functioned as storehouses and backgrounds for outdoor rituals, Christians honored God and prayed together inside their churches. Thus, the builders of the first churches borrowed the design not belonging to temples, but to Roman public halls called basilicas. The basilica scheme offered open space for Christians to gather and windows to illuminate the inside, a style that is still prominent in modern churches.

Q Which of the following is true according to the passage?
(a) The first Christian churches were built in a Greek temple style.
(b) Early Christian worshipers utilized temples as their gathering place.
(c) The basilicas had enough space for the worshipers to gather inside.
(d) Modern Christian churches are built in a different style from basilicas.

번역

기독교의 집단적인 성격은 그리스와 로마의 종교적인 건축과는 구별되는 건축 양식을 요구했다. 그리스 및 로마 문화의 신전들은 실외 의식을 위한 창고와 배경 건물로 기능한 반면, 기독교 신자들은 교회 내에서 함께 신을 찬미하고 기도를 했다. 그리하여, 초기 교회의 건축가들은 신전이 아니라 바실리카라 불리는 로마 공회당의 디자인을 도입했다. 바실리카식 설계에 의한 교회는 기독교 신자들이 모일 탁 트인 공간과 내부를 밝게 해주는 창문이 특징이었는데, 이는 현대 교회에서도 두드러진 양식이다.

Q 지문에 대해 옳은 것은?
(a) 초기 기독교 교회는 그리스 신전 양식으로 지어졌다.
(b) 초기의 기독교 예배자들은 신전을 그들의 집회 장소로 이용했다.
(c) 바실리카는 예배자들이 내부에서 모일 충분한 공간이 있었다.
(d) 현대의 기독교 교회는 바실리카와 건축 양식이 다르다.

기출 공략

마지막 문장의 The basilica scheme offered open space for Christians to gather 이하에서 (c)가 정답임을 알 수 있다. 초기 교회는 신전이 아니라 바실리카식으로 지어졌으므로 (a)는 오답이다. 초기의 기독교 신자들은 바실리카식으로 지어진 교회를 집회 장소로 이용했으므로 (b)도 틀렸다. 현대 교회의 건축 양식은 바실리카를 본뜬 초기의 것과 비슷하다고 했으므로 (d) 역시 오답이다.

collective 집단적인 Christianity 기독교 architectural 건축(술)의 function as ~로 기능하다 storehouse 창고 ritual 의식 honor 공경하다 public hall 공회당 basilica 공회당 scheme 설계 illuminate 비추다 prominent 현저한 worshiper 예배자 utilize 이용하다 gathering place 집회 장소   정답_(c)

26

Since 1958, *Sources of Indian Tradition* has been one of the most significant and broadly used textbooks on societies and cultures of South Asia (now the nation-states of India, Pakistan, Bangladesh, Sri Lanka and Nepal). It has helped countless students and readers understand how foremost thinkers in South Asia have viewed life, the customs of their forefathers and the world they live in. This second version of the book has been extensively modified, with prefacing essays describing the specific environments in which these thinkers have surfaced.

Q Which of the following is correct about *Sources of Indian Tradition*?
(a) The country that receives most attention in the book is India.
(b) It shows how Westerners have misunderstood Indian traditions.
(c) The second edition covers thinkers not included in the first edition.
(d) It outlines the ideas of respected thinkers in the South Asia region.

번역

1958년 이래 〈인도 전통 원전집〉은 남아시아(현재의 인도, 파키스탄, 방글라데시, 스리랑카, 네팔) 사회와 문화에 관한 가장 중요하고 널리 사용되는 교재 중 하나이다. 이 책은 수많은 학생들과 독자들이 남아시아의 주요 사상가들이 인생과 선조들의 풍습, 자신이 살고 있는 세계를 어떻게 보았는지를 이해하는 데 도움을 주었다. 이번에 나온 2판은 내용이 대폭 수정되었는데, 서두에 이러한 사상가들이 등장하게 된 구체적인 배경을 설명하는 글도 실려 있다.

Q 다음 중 〈인도 전통 원전집〉에 대해 옳은 것은?
(a) 이 책에서 가장 많은 관심을 받는 나라는 인도이다.
(b) 서구인들이 인도 전통을 어떻게 오해하게 됐는지를 보여준다.
(c) 2판은 초판에 포함되지 않은 사상가들을 다룬다.
(d) 남아시아 지역에서 높이 평가되는 사상가들의 사상을 약술한다.

기출 공략

〈인도 전통 원전집〉이 어떤 내용의 책인지를 설명하는 글이다. 두 번째 문장 It has helped ... and the world they live in에서 (d)가 정답임을 알 수 있다. 2판에는 초판에 나왔던 사상가들의 등장 배경을 설명한 글이 추가로 실렸다고 했지, 초판에 없었던 사상가들을 다루었다는 말은 없었으므로 (c)는 오답이다.

significant 중요한 nation-state 민족 국가 foremost 으뜸가는 thinker 사상가 second version 2판 preface 시작하다 surface 나타나다 Westerner 서구인 cover 포함시키다 outline 약술하다 respected 훌륭한   정답_(d)

27

Why do some sales teams succeed and others don't? We know why, and we can show you the reason at our annual sales seminar. This two-day seminar will help sales managers in particular focus on developing solutions to make their sales teams more efficient. In this seminar, you will learn how to effectively organize staff, maximize both customer and salesperson loyalty, and generate desired sales results from each member of your sales team. This seminar is designed for anyone working in sales management or anyone who intends to become a sales manager in the future. Don't miss out. Register online today at salesseminar.com.

Q Which of the following is correct about the seminar?
(a) It will help sales managers achieve high sales figures.
(b) It will include an educational program for customers.
(c) It is intended for new sales staffs that need extra training.
(d) It requires participants to take an online class in advance.

번역
어떤 영업팀은 성공하는 반면, 어떤 영업팀은 그렇지 못한 이유가 무엇일까요? 우리는 그 이유를 알고 있으며, 우리의 연례 영업 세미나에서 그것을 가르쳐 드릴 수 있습니다. 이틀간의 이번 세미나는 특히 영업부장들이 자신의 영업팀을 더욱 효율적으로 만들 솔루션 개발에 집중하도록 도울 것입니다. 이번 세미나에서 여러분은 직원을 효율적으로 조직하고, 고객 및 판매원 충성도를 극대화하고, 여러분의 각 영업팀원으로부터 희망했던 판매 수치를 창출하는 방법을 배울 것입니다. 이번 세미나는 영업부에서 일하거나 장차 영업부장이 되고자 하는 모든 사람들을 위해 계획된 것입니다. 놓치지 마세요. 오늘 salesseminar.com에서 온라인 등록을 하십시오.

Q 세미나에 대해 옳은 것은?
(a) 영업부장들이 높은 판매 실적을 달성하도록 도울 것이다.
(b) 고객을 위한 교육 프로그램을 포함할 것이다.
(c) 추가 교육이 필요한 신입 영업직원들을 위해 마련된 것이다.
(d) 참가자들은 미리 온라인 수업을 받도록 요구된다.

기출 공략
연례 영업 세미나에 참가하도록 권유하는 광고이다. 중반부의 In this seminar, you will learn how to ... and generate desired sales results from each member of your sales team에서 영업팀원들이 각자 자신의 목표를 달성하는 것은 결국 영업부장이 높은 판매고를 올리는 것과 같은 맥락으로 볼 수 있으므로 (a)가 정답이다.

salesperson 판매원, 영업사원 generate 발생시키다 designed for ~을 위해 계획된 miss out 기회를 놓치다 sales figures 판매 실적 participant 참가자   정답_(a)

28

Ginkgo extracts are swiftly joining the mainstream of the field of medicine worldwide. The usage of ginkgo leaf extracts is known to originate from Chinese medicine. Over time, it has been developed into a widely used herbal remedy that enhances memory, learning, alertness and mood. German health officials recently approved the extract for dementia treatment. In America, the National Institute on Aging is currently promoting a clinical trial to assess the effectiveness of ginkgo in treating the symptoms of Alzheimer's disease.

Q Which of the following is correct according to the lecture?
(a) Germany plans to market ginkgo medicines.
(b) Ginkgo is currently a treatment for dementia.
(c) Ginkgo is able to slow down the aging process.
(d) Western medicine still has not embraced ginkgo.

번역
은행나무 추출물이 전세계적으로 주류 의학계에 빠르게 합류하고 있습니다. 은행잎 추출물은 중국의학에서 처음 사용한 것으로 알려져 있습니다. 시간이 지나면서 기억력, 학습 능력, 집중력, 그리고 기분을 향상시키는 등 사용 범위가 넓은 약초 치료로 발전되었습니다. 독일 보건 관리들은 최근 이 추출물을 치매 치료제로 승인했습니다. 미국에서는 현재 국립노화연구소에서 알츠하이머병의 증상 치료에 은행나무의 효과를 평가하는 임상 실험을 진행하고 있습니다.

Q 강의에 따르면 옳은 것은?
(a) 독일은 은행나무 약을 시판할 계획이다.
(b) 은행나무는 현재 치매의 치료제이다.
(c) 은행나무는 노화 과정을 늦출 수 있다.
(d) 서구 의학은 아직 은행나무를 수용하지 않고 있다.

기출 공략
은행나무 추출물이 서서히 전세계적으로 의약품으로 인정받고 있다는 내용이다. 은행나무가 독일에서 이미 치매 치료제로 승인을 받았으므로 (b)가 정답이다. 독일은 최근 은행나무를 약으로 인정했으며, 미국에서는 현재 은행나무의 효능을 임상 실험 중이라고 했으므로 (d)는 오답이다.

ginkgo 은행나무 swiftly 재빨리, 즉각적으로 originate from ~에서 비롯되다 herbal remedy 약초 치료 alertness 정신적 각성 상태 dementia 치매 promote 진행시키다 clinical trial 임상 실험 assess 평가하다 effectiveness 유효성, 효과적임 Alzheimer's disease 알츠하이머병, 치매 aging process 노화 과정   정답_(b)

29

The idea of rules governing warfare seems illogical; yet, all combative nations that signed the Geneva Conventions are supposed to abide by its rules of engagement. These international laws are meant to prevent actions that cause unnecessary suffering, although admittedly, they seldom prevent criminal behavior in warfare. However, they have been invoked by International War Crimes Tribunals to try individuals involved in the Holocaust, the Nanking Massacre and genocides in Yugoslavia, Rwanda and Cambodia. So, while not a strong deterrent, at least these rules can help bring war criminals to justice.

Q Which of the following is correct according to the passage?
(a) Rules governing war actively prevent most war crimes.
(b) International Tribunals decide what rules govern warfare.
(c) War Crimes Tribunals helped end the genocide in Rwanda.
(d) The Geneva Conventions gives rules on proper combat conduct.

✿ 번역
전쟁에 적용되는 규칙이라는 개념은 불합리한 것처럼 보인다. 그러나 제네바 협정에 서명한 모든 전쟁 가능성 있는 국가들은 교전 수칙을 따르기로 되어 있다. 이런 국제법은 원래 불필요한 고통을 초래하는 행위를 막기 위해 제정된 것이지만, 그 법이 좀체 전쟁에서 자행되는 범죄 행위들을 막지 못하고 있는 건 명백한 사실이다. 하지만 그동안 국제전범재판소는 그 법들을 적용해서 홀로코스트, 남경대학살, 그리고 유고슬라비아·르완다·캄보디아 인종대학살에 관련된 사람들을 재판했다. 그리하여, 강한 제지는 안 되지만 적어도 이런 법률 덕분에 전범들이 법의 심판대에 오를 수 있었다.

Q 지문에 대해 옳은 것은?
(a) 전쟁에 적용되는 법률은 대부분의 전쟁 범죄를 적극 예방한다.
(b) 국제재판소는 전쟁에 어떤 법률을 적용할지를 결정한다.
(c) 전범재판소는 르완다의 인종대학살을 종식시키는 것을 도왔다.
(d) 제네바 협정은 올바른 전시 행동에 관한 규칙을 제공한다.

📘 기출 공략
제네바 협정이 비록 전시의 범죄 행위를 예방하지 못하고 있는 건 사실이지만 적어도 전범들을 법정에 세우게 한다는 측면에서 봤을 때 그래도 어느 정도의 역할을 한다는 내용이다. 첫 문장, all combative nations that signed ... by its rules of engagement에서 (d)가 정답임을 알 수 있다.

govern (법률이) ~에 적용되다　**combative** 전투적인　**abide by** (법률 등을) 따르다　**rules of engagement** 교전 수칙　**admittedly** 명백히　**invoke** (법·규칙 등을) 적용하다　**try** 재판하다　**Holocaust** 홀로코스트　**Nanking Massacre** 남경대학살　**genocide** (인종·국민에 대한) 집단 학살　**deterrent** 제지하는 것　**bring A to justice** A를 재판에 회부하다　　정답_(d)

30

Back pain has always been around, like the common cold. But now sufferers have wider treatment options to choose from. They can turn to alternative medicines or ever more aggressive conventional medications to alleviate their symptoms. In the worst cases, however, some may find that they are no better off for all the treatment they receive. For those severe cases, surgery is sometimes the only solution.

Q Which of the following is correct about back pain?
(a) The costs for treating back pain are rising.
(b) Some sufferers have no alternative but surgery.
(c) More and more people are having back problems.
(d) Many sufferers are misled by alternative treatments.

✿ 번역
요통은 감기처럼 항상 주변에 도사리고 있다. 하지만 지금은 예전에 비해 치료 방법에 대한 환자들의 선택 폭이 넓어졌다. 환자들은 증상을 완화시키기 위해 대체의학이나 더욱더 적극적인 전통 약물 치료에 의존할 수 있다. 하지만 최악의 경우, 일부 환자들은 어떤 치료를 받아도 전혀 호전이 안 된다는 걸 깨닫게 된다. 그러한 중증 환자에 대해서는 때때로 수술이 유일한 해결책이다.

Q 요통에 대해 옳은 것은?
(a) 요통 치료비가 비싸지고 있다.
(b) 어떤 환자들은 수술 외에는 다른 방법이 전혀 없다.
(c) 점점 더 많은 사람들이 요통에 시달리고 있다.
(d) 대체요법이 많은 환자들을 호도한다.

📘 기출 공략
맨 마지막 문장에서 (b)가 정답임을 알 수 있다. 요통은 감기처럼 쉽게 걸릴 수 있는 질병이지만 요통에 시달리는 사람이 점점 더 늘어나고 있다고는 하지 않았으므로 (c)는 오답이다. 대체요법이 많은 요통 치료법 중 하나이지 그것이 환자들을 호도한다고는 얘기하지 않았으므로 (d)도 틀렸다.

back pain 요통　**common cold** 감기(cold)　**turn to** ~에 의존하다　**alternative medicine** 대체의학　**ever more** 더욱더　**conventional** 전통적인　**medication** 약물 (치료)　**alleviate** 완화하다　**better off** 호전되는　　정답_(b)

31

Would you like to visit Japan to find out more about its citizens and culture? Since 1990, the Oregon Educational Homestay Program has been introducing American students to the marvelous culture of Japan via partnership alliances with several affiliated Japanese cities. This coming June, we are jointly putting together another three-week visiting program for 30-40 high school students as well as teachers, parents and any other volunteer adult chaperones. Having some familiarity with Japanese language and culture is desirable but not necessary. To register, please consult your local high school guidance counselor.

Q Which of the following is correct about the homestay program?
(a) No adults are allowed to go on the trip to Japan.
(b) The next trip is for three weeks this coming June.
(c) It mainly introduces Japanese students to US culture.
(d) Students must speak Japanese in order to be eligible.

❋ 번역
일본을 방문하여 그 시민들과 문화에 대해 더 알고 싶지 않으세요? 1990년 이래로 오리건 교육 홈스테이 프로그램은 일본의 몇몇 자매 결연 도시들과 파트너십 제휴를 통해 미국 학생들에게 일본의 놀라운 문화를 접하게 해주었습니다. 오는 6월, 우리는 또다시 30~40명의 고등학생을 비롯해 교사, 학부모, 성인 자원 인솔자를 대상으로 3주 방문 프로그램을 공동으로 준비하고 있습니다. 일본어와 일본 문화를 약간 아는 것은 바람직하지만 필요조건은 아닙니다. 등록하시려면 여러분이 사시는 곳의 고등학교 생활지도 교사와 상담하시기 바랍니다.

Q 홈스테이 프로그램에 대해 옳은 것은?
(a) 성인은 일본 여행에 참가하지 못한다.
(b) 다음 여행은 오는 6월 3주간이다.
(c) 주로 일본 학생들을 미국 문화에 접하게 한다.
(d) 자격이 되려면 학생들은 일본어를 할 줄 알아야 한다.

📖 기출 공략
미국 학생들을 일본에 데려가 일본 문화를 체험하게 하는 프로그램에 관한 글이다. 중반부의 This coming June, we are jointly putting together another three-week visiting program…에서 (b)가 정답임을 알 수 있다. 학생뿐만 아니라 교사, 학부모와 같은 성인도 참가할 수 있으므로 (a)는 오답이다.
marvelous 놀라운, 믿기 어려운 **alliance** 제휴, 동맹 **affiliated** 소속된, 연계된 **put together** (이것저것 모아) 준비하다 **chaperone** (청소년 그룹의) 보호자, 인솔자 **familiarity** 익숙함, 낯익음 **guidance counselor** 생활지도 교사 **eligible** 자격이 있는

정답_(b)

32

While the Ottoman Empire's strength in the 16th century was its military, ironically, the Empire's collapse resulted from misplaced confidence in this same institute. The Ottoman Army, which originally promoted soldiers based on merit, gradually adopted a system of inheriting officers' commissions. Hereditary rank led to ignorant officers and poorly trained forces unprepared for 20th century warfare. By the time the Ottoman army faced allied forces in the Arab theater during World War I, the decline of the army was evident, and defeat was swift. This loss ended the Empire and created modern day Turkey.

Q Which of the following is correct according to the passage?
(a) Bad training led to officers who did not understand modern warfare.
(b) Rank in the Ottoman army was originally awarded based on heredity.
(c) The Ottomans had little confidence in the military before World War I.
(d) Allied forces were able to quickly conquer the Ottoman army in World War I.

❋ 번역
16세기에 오토만 제국의 강점은 군대였지만 아이러니하게도 제국의 붕괴 원인 역시 군대에 대한 잘못된 신뢰 때문이었다. 오토만 군대는 처음에는 능력에 따라 군인을 진급시켰지만 점차 장교직을 물려받는 체제를 채택했다. 군 계급 세습은 20세기 전쟁에 전혀 준비 안 된 무지한 장교들과 미숙한 군대를 낳았다. 오토만 군대가 1차 세계대전 중에 아랍 극장에서 동맹군과 맞부딪혔을 때에는 군대의 몰락은 자명했고 패배는 순식간이었다. 이 패배로 제국은 막을 내렸고 현대의 터키가 탄생했다.

Q 지문에 대해 옳은 것은?
(a) 불충분한 훈련은 현대 전쟁을 이해하지 못한 장교들을 낳았다.
(b) 오토만 군대에서 계급은 애초에 세습에 의해 주어졌다.
(c) 오토만 사람들은 1차 세계대전 이전에는 군대에 대한 신뢰가 거의 없었다.
(d) 동맹군은 1차 세계대전 때 오토만 군대를 신속하게 정복할 수 있었다.

📖 기출 공략
오토만 군대는 처음엔 능력에 따라 군인을 진급시켰다가 점차 장교직을 세습하는 체제를 채택하면서 몰락의 길로 갔다는 내용이다. 계급을 세습함에 따라 허약해진 군대는 1차 세계대전 때 동맹군에 의해 빠르게 무너졌다는 말이 후반부에 나온다. 따라서 (d)가 정답이다.
collapse 붕괴 **misplaced** 부적절한, 잘못된 **confidence in** ~에 대한 신뢰 **institute** 기관 **inherit** 물려받다 **officer** 장교 **commission** (군대의) 장교직 **hereditary** 세습되는 **lead to** ~의 원인이 되다 **allied forces** 동맹군 **decline** 몰락 **defeat** 패배 **swift** 신속한 **conquer** 정복하다

정답_(d)

33

Effective March 15, Meril Canada will be renamed InvestDirect. Although the name of the company and the look and feel of our website will change, the range of investment services we make available to clients will not be affected. In fact, you can expect to see even more quality services available. We are committed to increasing our range of services online in the near future in order to make your investing experience as seamless as possible.

Q What can be inferred about Meril Canada?
(a) It is losing business to competitors.
(b) It plans to change its business focus.
(c) It is aiming to boost its online presence.
(d) It plans to downsize the number of staff.

✱ 번역
3월 15일부터 메릴 캐나다가 인베스트다이렉트로 이름이 바뀝니다. 비록 사명과 회사 웹사이트의 모습과 느낌은 변하겠지만 고객에게 제공하는 투자 상품 범위는 영향을 받지 않을 것입니다. 사실, 우량 상품이 나올 것을 더욱 기대하셔도 좋습니다. 여러분의 투자가 가능한 한 실수 없이 아주 매끄럽게 이어질 수 있도록 조만간 온라인 상품 범위를 확대시키는 데 전념을 다할 것입니다.

Q 메릴 캐나다에 대해 추론할 수 있는 것은?
(a) 경쟁업체들에게 거래를 놓치고 있다.
(b) 사업의 초점을 변경할 계획이다.
(c) 온라인 상품 범위를 강화하려는 목표를 갖고 있다.
(d) 직원 수를 축소할 계획이다.

📑 기출 공략
메릴 캐나다라는 투자회사의 회사명이 바뀌면서 온라인 상품을 강화하겠다는 광고이다. 마지막 문장 We are committed to increasing our range of services online in the near future 이하에서 (c)가 정답임을 알 수 있다. 여기서 service는 투자회사와 관련된 것이므로 투자 '상품'을 말한다.
effective 유효한 **affect** 영향을 주다 **quality** 우량한 **be committed to -ing** ~하는 데 전념하다 **seamless** (중간에 끊어짐이 없이) 아주 매끄러운 **boost** 신장시키다 **downsize** 축소하다
정답_(c)

34

Statistically speaking, we are in more danger now of street crimes than we were a decade ago due to an increase in muggings over the past several years. The growth in street crimes coincides with the rising popularity of small but expensive technology such as mobile phones and MP3 players, which have become the most commonly stolen objects. Aside from the fact that they are fashionable, police note that high-tech gear is easier to steal than a purse or wallet, and harder to trace back to the criminal than a credit card.

Q What can be inferred from the passage?
(a) Openly carrying an MP3 player makes you a target for crime.
(b) You are more likely to be mugged if you appear to be rich.
(c) The weak and helpless are often the ones who get mugged.
(d) More people will start to carry firearms on the street.

✱ 번역
통계적으로 봤을 때, 지난 몇 년 사이 노상 강도의 증가로 우리는 지금 10년 전보다 더 많은 거리 범죄의 위험 속에 살고 있다. 거리 범죄의 증가는 가장 흔한 도난품이 된 휴대폰과 MP3 플레이어와 같은 작지만 값비싼 기계의 인기가 높아지는 것과 때를 같이한다. 경찰은 그것들이 최신 유행품이라는 것 외에도, 최첨단 장비가 핸드백이나 지갑보다 훔치기가 더 쉽고 신용카드보다 범인을 추적하기가 더 어렵다는 데 주목한다.

Q 지문으로부터 추론할 수 있는 것은?
(a) MP3 플레이어를 공공연히 휴대하는 것은 범죄 대상이 된다.
(b) 부자처럼 보이면 노상 강도를 당할 가능성이 크다.
(c) 약하고 무력한 사람은 종종 노상 강도를 당한다.
(d) 더 많은 사람들이 거리에서 총기를 휴대하기 시작할 것이다.

📑 기출 공략
지난 몇 년 사이 노상 강도의 증가로 거리 범죄가 늘어났다는 내용이다. 범죄 대상도 예전의 지갑이나 신용카드에서 휴대폰이나 MP3와 같은 작고 값비싼 첨단 제품으로 바뀌었다. 따라서 MP3를 공공연하게 휴대하고 다니면 노상 강도를 당할 위험성이 크다고 볼 수 있으므로 (a)가 적절하다.
statistically 통계적으로 **street crime** 거리 범죄 **mugging** 노상 강도 **coincide with** ~와 일치하다 **aside from** ~은 제쳐놓고 **note** 주목하다 **high-tech** 최첨단 **gear** 장치, 장비 **trace back to** ~를 추적하다 **openly** 공공연하게 **helpless** 무력한 **firearm** 화기, 총기
정답_(a)

35

New York hip-hop artist Paul Mayes is often called a hip-hop poet, a label that attempts to exalt him above the current conventionality of what was once America's most poetic, radical and creative music. Once described as the "black CNN" for its gritty news on the social malaise afflicting black America, so much of hip-hop now offers only a rigid backbeat to the dreary doggerel of sex, money, ego and brittle urban romance. With a breathless, galvanizing energy, Mayes is reclaiming hip-hop's poetic power. His lyrics go well beyond a ghetto news flash to give us a hyper-literate visionary polemic on the state of black America.

Q What can be inferred about Paul Mayes?
(a) He falls short of the poetic styles of younger hip-hop artists.
(b) He is revitalizing a music genre that has lost its edge of late.
(c) He brings talents to hip-hop that are not part of its tradition.
(d) He ironically criticizes hip-hop by highlighting hip-hop clichés.

36

Pyramid fanatics have put forth arresting mathematical formulas from the heights, lengths and angles of the Great Pyramid of Cheops. They have discovered dimensions said to be based on the Earth's polar radius and its range from the sun in miles. Unfortunately, their figures do not hold up under close examination. One can experiment with any set of numbers and ultimately produce vaguely meaningful outcomes that were never anticipated. Martin Gardner proved this by working out the speed of light from the height and capstone weight of the Washington Monument.

Q What can be inferred from the passage?
(a) Figures can be manipulated to deceive the unwary.
(b) The Great Pyramid is still a mystery to archaeologists.
(c) Pyramids were used by ancient Egyptians for astronomy.
(d) The speed of light was calculated incorrectly by Martin Gardner.

✱ 번역
뉴욕 힙합 아티스트인 폴 마이에스는 종종 힙합 시인으로 불린다. 이는 힙합이 한때 미국에서 가장 시적이고 급진적이고 독창적인 음악이었지만 관례에 젖은 현재의 모습 위로 그를 우뚝 세우려는 마음에서 붙인 수식어이다. 미국 흑인을 괴롭히는 사회 문제들에 대해 불쾌한 현실을 그대로 보여주는 가사 때문에 한때 '블랙 CNN'으로 묘사되기도 한 힙합이 이제는 대부분 섹스, 돈, 자존심, 불안정한 도시 로맨스를 소재로 한 음악이고 우스꽝스러운 시에 딱딱한 백비트만 넣고 있는 음악이다. 마이에스는 숨가쁘고 활기를 띠게 하는 에너지로 힙합의 시적인 힘을 되찾고 있다. 그의 가사는 흑인 빈민가 뉴스 속보를 훨씬 뛰어넘어 사람들에게 미국 흑인의 현 상황에 대해 수준 높고 비전 있는 논쟁거리를 부여한다.

Q 폴 마이에스에 대해 추론할 수 있는 것은?
(a) 젊은 힙합 아티스트들이 가진 시적인 스타일이 부족하다.
(b) 최근 본연의 특징을 잃어버린 음악 장르에 새로운 활력을 주고 있다.
(c) 힙합 전통과는 거리가 먼 기교를 힙합에 접목하고 있다.
(d) 아이러니하게도 힙합의 판에 박은 문구를 강조함으로써 힙합을 비판한다.

📘 기출 공략
마이에스가 숨가쁘고 활기를 띠게 하는 에너지로 힙합의 시적인 힘을 되찾고 있다는 말을 좀 넓게 생각하면 그가 본연의 특징을 잃어버린 힙합에 활기를 불어넣고 있다고 말할 수 있다. 따라서 (b)가 적절하다.
exalt 찬양하다 **radical** 급진적인 **gritty** 불쾌한 현실을 그대로 보여주는 **malaise** 문제들, 불안감 **afflict** 괴롭히다 **rigid** 딱딱한 **dreary** 음울한 **doggerel** 엉터리 시 **ego** 자존심, 자아 **brittle** 불안정한 **galvanize** 갑자기 활기를 띠게 하다 **reclaim** 되찾다 **ghetto** 빈민가 **news flash** 뉴스 속보 **polemic** 논쟁, 반론 **revitalize** ~에 새로운 활력을 주다 **edge** 예리함, 우월 정답_(b)

✱ 번역
피라미드 열광자들은 쿠푸왕의 대피라미드의 높이, 길이, 각도로부터 수학 공식을 끌어올 것을 제안했다. 그들은 마일로 표시된 지구의 극반지름과 그것의 태양으로부터의 범위를 토대로 수치를 발견했다고 말했다. 불행하게도 그들의 수치는 정밀하게 검토해 보면 설득력이 없다. 사람이 어떠한 숫자로도 실험을 하면 궁극적으로 전혀 예상치 못한, 의미가 모호한 결과가 도출될 수 있다. 마틴 가드너는 워싱턴 기념탑의 높이와 관석 무게로부터 광속을 계산함으로써 이를 증명해 보였다.

Q 지문으로부터 추론할 수 있는 것은?
(a) 수치가 조작되어 부주의한 사람들을 속일 수 있다.
(b) 대피라미드는 고고학자들에게 여전히 수수께끼이다.
(c) 고대 이집트인들은 피라미드를 천문학적 용도로 사용했다.
(d) 마틴 가드너가 계산한 광속은 부정확했다.

📘 기출 공략
피라미드에 수학적 신비가 여기저기 숨겨져 있다는 주장들이 많지만 결과적으로 볼 때 별 의미 없고, 근거 없다는 내용이다. 피라미드의 경우처럼 어떤 수치를 그럴듯한 이론으로 내세우면 부주의한 사람들은 충분히 속을 수 있다고 추론할 수 있다. 따라서 (a)가 적절하다.
fanatic 열광자, 광신자 **put forth** 제안하다, 주장하다 **dimension** 치수 **polar radius** 극반지름 **hold up** 유효하다 **work out** 계산하다 **capstone** (담 위의) 갓돌, 관석 **manipulate** 교묘하게 조종하다 **unwary** 주의를 게을리하는 **archaeologist** 고고학자
정답_(a)

37

For reasons that are not well explained, the number of newly diagnosed cases of asthma in the US has risen sharply, up by 58.6 percent. Asthma deaths, too, are on the increase. Ironically, these increases are taking place at a time when irritants associated with asthma are better understood by medical specialists and are under better control. In an attempt to solve the mystery, some investigators are focusing their attention on the way modern homes and workplaces are tightly sealed, with the result that irritants and contaminants are trapped and recirculated.

Q What can be inferred about asthma in the US?
(a) Asthma attacks will decrease in the future.
(b) Medical specialists will find a cure for asthma soon.
(c) Bad air in homes and offices is causing asthma attacks.
(d) New kinds of viruses are causing fatal asthma symptoms.

✿ 번역
미국에서 새로이 천식으로 진단받은 환자의 수가 58.6퍼센트나 급증했지만 그 이유는 잘 파악되지 않고 있다. 천식으로 사망한 사람도 증가 추세에 있다. 아이러니하게도 이러한 증가가 의료 전문가들이 천식과 관련된 자극물질을 더 잘 이해하고 더 잘 통제하는 때에 발생하고 있다. 이 수수께끼를 풀려는 시도의 일환으로 일부 연구자들이 현대의 가정과 직장들이 어떤 식으로 꽉 밀폐되어 있는지에 주의를 집중한 결과, 자극물질과 오염원이 갇혀서 재순환되고 있다는 사실을 발견했다.

Q 미국의 천식에 대해 추론할 수 있는 것은?
(a) 천식 발작은 장차 감소할 것이다.
(b) 의료 전문가들이 곧 천식 치료법을 발견할 것이다.
(c) 집과 사무실의 나쁜 공기가 천식 발작을 일으키고 있다.
(d) 새로운 종류의 바이러스들이 치명적인 천식 증상을 유발하고 있다.

📖 기출 공략
미국에서 천식 환자 및 사망자 수가 증가하는 것은 집과 사무실이 밀폐되어 자극물질이 그 안에서만 순환되기 때문이라는 내용이다. 밀폐된 집과 사무실은 공기가 나쁠 것이고 그 때문에 천식 환자가 늘어난다고 추론할 수 있으므로 (c)가 적절하다.

diagnose 진단하다 **case** 환자 **asthma** 천식 **sharply** 급격하게 **on the increase** 증가하여 **irritant** 자극원, 자극물 **under control** 통제되는 **workplace** 직장 **seal** 봉하다, 밀폐하다 **contaminant** 오염균 **trap** 좁은 장소에 가두다 **recirculate** 재순환시키다 **attack** 발작

정답_(c)

38

Heat removes the poisons from some plants. (a) Cooking can therefore make edible what would otherwise be dangerous to eat. (b) The bitter and poisonous manioc, for instance, became a staple food of the Amazon when natives learned about the effects of heat on plants. (c) When manioc roots are boiled, the poison seeps from them into the water. (d) Animals leave most poisonous plants untouched out of instinct.

✿ 번역
어떤 식물들은 열을 가하면 독이 제거된다. (a) 그러므로 요리는, 먹으면 위험할 수 있는 것을 먹을 수 있는 것으로 만들 수 있다. (b) 예를 들어, 쓰고 유독한 마니옥은 원주민들이 식물에 가하는 열의 효과를 알고 나서 아마존의 주식이 되었다. (c) 마니옥 뿌리를 끓이면 독이 배어 나와 물 속으로 들어간다. (d) 짐승들은 본능적으로 독성 식물 대부분을 건드리지 않는다.

📖 기출 공략
독이 있는 식물이라도 어떤 것은 열을 가하면 먹을 수 있게 된다는 내용이다. (a)의 Cooking, (b)의 the effects of heat on plants, (c)의 boiled는 모두 열을 사용하는 것과 관계되는 어구들이다. 하지만 (d)는 열과 전혀 관계 없는 문장이므로 주제에서 벗어난다.

edible 먹을 수 있는 **manioc** 마니옥(감자와 비슷한 작물로 브라질의 중요한 식자재 중 하나) **staple food** 주식 **seep** 스며 나오다, 침투하다 **leave ... untouched** ~을 건드리지 않다

정답_(d)

39

How environmentally conscious are you when shopping for clothes? (a) Are you aware that, from the chemicals used in dry-cleaning to the energy required for washing, your clothes can indirectly harm the environment? (b) One solution is to avoid dry-clean-only garments and look for clothes that you can easily wash yourself. (c) Study the care labels carefully before you decide whether to dry-clean or wash expensive clothes. (d) Also, washing your clothes in cold water can help the environment since hot water wastes a lot of energy.

❋ 번역
옷을 살 때 여러분은 얼마나 환경 문제를 의식하고 계십니까? (a) 드라이클리닝할 때 사용되는 화학 약품에서부터 세탁할 때 드는 에너지까지 여러분은 자신의 옷이 간접적으로 환경을 해치고 있다는 것을 알고 계시나요? (b) 한 가지 해결책은 드라이클리닝 전용 옷을 피하고 직접 쉽게 세탁할 수 있는 옷을 구입하는 것입니다. (c) 취급주의 표시 라벨을 주의 깊게 살펴본 후 비싼 옷을 드라이클리닝할 것인지 그냥 세탁할 것인지를 결정하세요. (d) 또한, 온수는 많은 에너지를 낭비하므로 옷을 찬물에 세탁하는 것이 환경에 도움이 될 수 있습니다.

📖 기출 공략
옷 세탁과 관련하여 환경 문제에 신경을 써야 한다는 내용이다. (a)는 드라이클리닝 약품과 세탁할 때 드는 에너지가 환경을 해치며, (b)는 옷을 살 때 드라이클리닝 전용 옷은 가급적 피하도록 하며, (d)는 옷을 찬물에 세탁해야 환경에 도움이 된다는 내용인 데 반해, (c)는 환경과 전혀 관계없는 옷 세탁법에 대해 얘기하고 있으므로 글의 흐름에서 벗어난다.
environmentally conscious 환경에 유의하는 **shop for** (물건을) 사다, 쇼핑하다 **chemical** 화학 약품 **garment** 의복 **care label** (의류에 붙어 있는) 관리 안내 라벨
정답_(c)

40

Puppet shows enjoy popularity around the world. (a) One reason for this is that they are mostly performed in small theaters. (b) This small venue allows for more intimate interaction between performer and audience. (c) Puppetry is a very specialized art and takes years of training to master. (d) As well, the stories they tell are quite simple and embrace universal themes recognizable to diverse audiences.

❋ 번역
인형극은 전세계적으로 인기가 있다. (a) 그 한 가지 이유는 인형극이 주로 소극장에서 공연되기 때문이다. (b) 이 협소한 장소는 연기자와 관객이 더욱 친밀하게 소통할 수 있도록 해준다. (c) 인형극은 매우 전문화된 예술이어서 숙달되려면 수년이 걸린다. (d) 또한, 스토리가 매우 단순하며 다양한 관객들에게 인식될 수 있는 보편적인 주제를 채택한다.

📖 기출 공략
인형극이 전세계적으로 인기 있는 이유를 말하고 있다. 그 이유는, (a) 주로 소극장에서 공연되고, (b) 소극장이라는 좁은 공간은 연기자와 관객이 서로 친밀하게 다가갈 수 있게 하며, (d) 스토리가 단순하고 보편적인 주제를 채택하기 때문이다. 반면 (c)는 인형극이 인기 있는 이유와 전혀 관계 없는 말이므로 글의 흐름에서 벗어난다.
puppet show 인형극, 꼭두각시놀이(puppetry) **enjoy popularity** 인기가 있다 **venue** (스포츠 경기·회의 따위의) 장소 **intimate** 친밀한 **specialized** 전문화된 **embrace** 채택하다 **diverse** 서로 다른, 다양한
정답_(c)

Answer Keys

Listening Comprehension

1 (a)	2 (c)	3 (a)	4 (d)	5 (d)	6 (b)	7 (c)	8 (c)	9 (a)	10 (c)
11 (c)	12 (d)	13 (d)	14 (b)	15 (d)	16 (b)	17 (b)	18 (c)	19 (b)	20 (b)
21 (d)	22 (a)	23 (b)	24 (a)	25 (a)	26 (d)	27 (a)	28 (a)	29 (d)	30 (d)
31 (a)	32 (d)	33 (c)	34 (d)	35 (a)	36 (d)	37 (d)	38 (a)	39 (c)	40 (b)
41 (c)	42 (d)	43 (d)	44 (a)	45 (d)	46 (a)	47 (c)	48 (d)	49 (c)	50 (d)
51 (d)	52 (d)	53 (b)	54 (d)	55 (a)	56 (a)	57 (b)	58 (d)	59 (c)	60 (a)

Grammar

1 (c)	2 (d)	3 (a)	4 (a)	5 (d)	6 (a)	7 (a)	8 (d)	9 (b)	10 (c)
11 (a)	12 (b)	13 (d)	14 (b)	15 (a)	16 (d)	17 (a)	18 (b)	19 (b)	20 (b)
21 (d)	22 (a)	23 (d)	24 (c)	25 (b)	26 (d)	27 (c)	28 (b)	29 (b)	30 (a)
31 (c)	32 (d)	33 (c)	34 (d)	35 (b)	36 (a)	37 (b)	38 (c)	39 (c)	40 (d)
41 (c)	42 (c)	43 (b)	44 (d)	45 (b)	46 (d)	47 (b)	48 (a)	49 (a)	50 (c)

Vocabulary

1 (a)	2 (b)	3 (c)	4 (b)	5 (b)	6 (a)	7 (d)	8 (b)	9 (a)	10 (b)
11 (b)	12 (d)	13 (b)	14 (c)	15 (a)	16 (a)	17 (c)	18 (d)	19 (a)	20 (d)
21 (a)	22 (a)	23 (a)	24 (c)	25 (c)	26 (a)	27 (d)	28 (b)	29 (b)	30 (b)
31 (c)	32 (c)	33 (d)	34 (b)	35 (b)	36 (d)	37 (a)	38 (d)	39 (c)	40 (c)
41 (b)	42 (b)	43 (d)	44 (b)	45 (a)	46 (d)	47 (c)	48 (a)	49 (d)	50 (c)

Reading Comprehension

1 (a)	2 (b)	3 (c)	4 (d)	5 (d)	6 (b)	7 (a)	8 (a)	9 (d)	10 (a)
11 (c)	12 (b)	13 (a)	14 (b)	15 (b)	16 (d)	17 (c)	18 (d)	19 (d)	20 (b)
21 (b)	22 (a)	23 (b)	24 (d)	25 (c)	26 (d)	27 (a)	28 (b)	29 (d)	30 (b)
31 (b)	32 (d)	33 (c)	34 (a)	35 (b)	36 (a)	37 (c)	38 (d)	39 (c)	40 (c)

Listening Comprehension

55 minutes

1

W Hey, John, how's it going?
M _____

(a) Same here.
(b) I wish I could.
(c) Not bad, thanks.
(d) Nice to meet you.

✻ 번역
W 안녕, 존, 어떻게 지내니?
M _____

(a) 나도 마찬가지야.
(b) 그럴 수 있으면 좋겠어.
(c) 꽤 좋아, 고마워.
(d) 만나서 반가워.

기출 공략
(a) Same here는 상대의 말에 간단히 동조할 때 쓴다. (c) Not bad는 꽤 괜찮아(quite good), 생각보다 좋아(better than expected)라는 의미로 답이 된다.
Same here. 저도요, 마찬가지예요.   정답_(c)

2

W Could you take a look at this report?
M _____

(a) No, I can't find it.
(b) Sure, I can do that.
(c) It's been reported.
(d) Please don't look at me.

✻ 번역
W 이 보고서를 검토해 주실 수 있나요?
M _____

(a) 아니요, 그것을 찾을 수 없어요.
(b) 그럼요, 그렇게 할 수 있어요.
(c) 그것은 보고되었어요.
(d) 저를 쳐다보지 마세요.

기출 공략
보고서를 봐달라는 부탁에 대한 대답으로 수락이나 거절의 답이 와야 자연스러우므로 가능한 답은 (b)이다. (d)의 look at과 여자의 말 take a look at을 혼동하지 않도록 주의한다.
take a look at ~을 점검하다, ~을 예의주시하다   정답_(b)

3

M This class assignment is so hard.
W _____

(a) I'm late again.
(b) OK, I'll try again.
(c) I know. It's not easy.
(d) Yes. He's in my class.

✻ 번역
M 이 수업 과제는 너무 어려워.
W _____

(a) 나 또 늦었어.
(b) 좋아, 다시 해볼게.
(c) 알아. 그것은 쉽지 않아.
(d) 응, 그는 내 수업을 들어.

기출 공략
수업 과제가 어렵다는 남자의 말에, hard와 같은 의미인 not easy를 사용하여 동의하는 (c)가 정답이다. class를 반복한 (d)는 혼동을 유발하지만 적절한 응답이 아니다.
assignment 숙제, 연구 과제   정답_(c)

4

M Do you mind if I smoke?
W _____

(a) Of course not.
(b) Thanks for asking.
(c) I know, it's a bad habit.
(d) No thanks. I'm trying to quit.

✿ 번역
M 담배를 피워도 될까요?
W _____

(a) 물론이죠.
(b) 물어봐 주셔서 고마워요.
(c) 알아요, 그건 나쁜 습관이죠.
(d) 고맙지만 사양할게요. 끊으려고 노력 중이에요.

📖 기출 공략
Do you mind if...?는 '제가 ~해도 괜찮으시겠어요?'라는 뜻으로 상대방의 허락을 구하는 표현이다. 동사 mind가 '꺼리다'라는 뜻이므로, 허락하는 대답은 Not at all, Of course not, Certainly not 등으로, 부정어가 들어가는 점에 주의한다.
mind 신경 쓰다, 꺼리다   정답_(a)

5

W Shall we go see a movie this afternoon?
M _____

(a) I have two tickets.
(b) Sorry. I have to work.
(c) I already saw that one.
(d) Yes, I really enjoyed it.

✿ 번역
W 오늘 오후에 영화 보러 갈까요?
M _____

(a) 제게 표 두 장이 있어요.
(b) 미안해요. 일을 해야 해요.
(c) 저는 이미 그것을 봤어요.
(d) 네, 저는 정말 즐거웠어요.

📖 기출 공략
영화를 보러 가자는 여자의 제안에, 일을 해야 해서 갈 수 없다고 말하는 (b)가 답이다. (a)는 여자가 언급할 수 있는 말이고, (c)는 여자가 특정 영화를 언급한 상황에서 나올 수 있는 대답이므로 오답이다. (d)는 영화를 보고 난 다음 할 수 있는 말이다.
go see a movie 영화 보러 가다(go to see a movie)   정답_(b)

6

M This is terrible. I can't find my wallet!
W _____

(a) I'll keep it for you.
(b) Well, I don't like it anyway.
(c) It's black with a silver stripe.
(d) Why don't you check the drawer?

✿ 번역
M 이거 큰일 났네. 지갑을 찾을 수가 없어!
W _____

(a) 내가 그걸 갖고 있을게요.
(b) 글쎄요, 전 어쨌든 싫은데요.
(c) 그것은 은색 줄무늬가 있는 검은색이에요.
(d) 서랍을 확인해 보는 게 어때요?

📖 기출 공략
지갑을 잃어버리고 당황하는 남자에게 서랍에서 찾아 보라는 (d)가 적절하다. (a)는 지갑을 맡아 달라고 할 때 가능한 응답이고, (c)는 지갑의 모양을 설명하는 표현으로 남자가 할 수 있는 말이다.
stripe 줄무늬   **drawer** 서랍   정답_(d)

Listening Comprehension

7

M Are you still thinking of buying a car?
W _____

(a) No, I decided not to.
(b) I'm afraid I already sold it.
(c) Right. It's not the right model.
(d) Let me know if you need help.

✽ 번역
M 당신은 아직도 차를 살 생각이 있나요?
W _____

(a) 아니요, 사지 않기로 결심했어요.
(b) 안됐지만 그것은 이미 팔렸습니다.
(c) 맞아요. 그것은 적절한 모델이 아니에요.
(d) 도움이 필요하면 알려주세요.

📦 기출 공략
여자가 차를 사려는 의향이 아직도 있는지를 묻고 있다. 정답인 (a)의 not to 뒤에 buy a car가 생략되어 있다. (b)는 사려고 했던 물건이 이미 팔렸을 때 가능한 응답이다.
right 적절한, 안성맞춤의

정답 (a)

8

M Francine, your term paper could've been a lot better.
W _____

(a) I'm not quite finished yet.
(b) I didn't know it was due today.
(c) Sorry. I'll try harder next time.
(d) My paper will be on Korean history.

✽ 번역
M 프랜신, 네 학기말 리포트를 훨씬 잘 쓸 수도 있었을 텐데.
W _____

(a) 아직 끝내지 못했습니다.
(b) 오늘까지 제출해야 되는지 몰랐습니다.
(c) 죄송합니다. 다음 번에는 더 열심히 할게요.
(d) 제 리포트는 한국 역사에 관한 것이 될 거예요.

📦 기출 공략
남자가 could have been better를 사용하여 학기말 리포트가 별로 좋지 않다고 말하며 유감을 표현하였으므로, 다음 번에 잘하겠다고 표현한 (c)가 적절한 대답이다. (a)와 (b)는 모두 리포트 마감일과 연관된 표현이다.
term paper 학기말 리포트 **could have been better** 더 나을 수도 있었다 **due** 만기가 된

정답 (c)

9

W It's awfully cold in here.
M _____

(a) I'll turn on the heater.
(b) Are you sure it's not here?
(c) Check the medicine cabinet.
(d) It's not as awful as you think.

✽ 번역
W 여기 몹시 춥구나.
M _____

(a) 내가 히터를 켤게.
(b) 그게 여기에 없다는 게 확실해?
(c) 약장을 확인해 봐.
(d) 네가 생각하는 것만큼 끔찍하지 않아.

📦 기출 공략
실내가 몹시 춥다는 여자의 말에 남자의 반응으로 (a)가 적절하다. awfully는 very, extremely의 뜻으로 cold를 수식한다.
awfully 대단히; 무섭게 **turn on** ~을 틀다 **medicine cabinet** (욕실의) 약품 수납 선반

정답 (a)

10

W Rob, what does your father do for a living?
M _____

(a) He works hard.
(b) He's self-employed.
(c) He's living in Seattle.
(d) He's washing the car.

번역
W 롭, 네 아버지는 어떤 일을 하시니?
M _____

(a) 열심히 일하셔.
(b) 자영업을 하셔.
(c) 시애틀에 살고 계셔.
(d) 세차하고 계셔.

기출 공략
What do you do for a living?은 상대방의 직업을 묻는 표현이다. 여기서는 남자 아버지의 직업을 묻고 있으므로 (b)가 정답이다. (c)는 where로 물을 때, (d)는 what으로 물을 때 각각 가능한 응답 표현이다.
self-employed 자영업을 하는   정답_(b)

11

M Your sister seems to have a very good memory.
W _____

(a) We should go visit her.
(b) She's very interested in you.
(c) It was certainly a memorable moment.
(d) Yes, she remembers almost everything.

번역
M 당신 여동생은 기억력이 아주 좋은 것 같아요.
W _____

(a) 우리는 그녀를 방문해야 해요.
(b) 그녀는 당신에게 아주 관심이 많아요.
(c) 정말 기억에 남을 만한 순간이었어요.
(d) 네, 그녀는 거의 모든 것을 기억해요.

기출 공략
have a good memory는 '기억력이 좋다'라는 표현이므로 (d)가 적절한 대답이다. memory/ memorable을 연관 지어 (c)를 고르지 않도록 유의한다.
memorable 기억할 만한   정답_(d)

12

M Do you understand what I'm saying?
W _____

(a) Of course. I know what you mean.
(b) You can say that again.
(c) Well, I totally disagree.
(d) Well, it's not enough.

번역
M 제가 하는 말을 이해하나요?
W _____

(a) 물론이죠, 무슨 말을 하는지 압니다.
(b) 지당하신 말씀이에요.
(c) 글쎄요, 저는 전적으로 의견이 달라요.
(d) 글쎄요, 그것은 충분치가 않습니다.

기출 공략
남자의 말을 이해한다는 뜻으로 I know what you mean 또는 I know what you're saying이라고 대답한 (a)가 적당하다.
(b) You can say that again은 You said it 또는 I agree with you completely의 뜻으로 '맞는 말이에요, 정말 그래요'라는 표현이다.
totally 완전히, 전적으로   **disagree** 일치하지 않다   정답_(a)

13

W Is the conference room occupied at the moment?
M _____

(a) I don't think it has started yet.
(b) I believe you're right about that.
(c) We should wait for the right moment.
(d) Not for now, but it's reserved for later.

번역
W 회의실이 지금 사용 중인가요?
M _____

(a) 아직 그것이 시작되지 않았다고 생각합니다.
(b) 그것에 대해 당신이 옳다고 생각합니다.
(c) 우리는 적절한 시기를 기다려야 합니다.
(d) 지금은 아니지만, 나중에 예약되어 있습니다.

기출 공략
여자의 말에 언급된 occupied는 장소를 누군가가 '차지한, 사용 중인'의 뜻이다. 회의실(conference room)을 지금 누군가 쓰고 있느냐는 질문에 대해 답으로 적당한 것은 (d)이다.
occupy 차지하다, 점령하다 **at the moment** 지금(at the present time) **reserve** 예약하다
정답_(d)

14

M Can you recommend anything on the menu?
W _____

(a) How about today's special?
(b) I'm impressed by your choice.
(c) I wouldn't mind eating out tonight.
(d) Your order will be ready soon, sir.

번역
M 메뉴에서 추천할 만한 것이 있나요?
W _____

(a) 오늘의 특선 요리는 어떠신지요?
(b) 당신의 선택에 감명받았습니다.
(c) 오늘 밤에 외식해도 상관없어요.
(d) 주문하신 음식은 곧 준비될 것입니다.

기출 공략
남자의 말은 음식점에서 손님이 적당한 음식을 고르기 힘들 때 쓰는 표현이다. 그에 대한 대답으로 오늘의 메뉴를 추천하는 (a)가 적당하다. (a)의 today's special은 레스토랑에서 그날 특별히 만드는 요리를 말한다.
recommend 추천하다, 권하다 **impress** 감동을 주다 **eat out** 외식하다
정답_(a)

15

W Wow, you look handsome in that suit, Tim!
M _____

(a) I'd be glad to show you one day.
(b) Come on, you're just saying that.
(c) This tie will go well with that shirt.
(d) It's OK. I know what you're trying to say.

번역
W 와, 그 양복을 입으니 멋지네요, 팀!
M _____

(a) 언젠가 기꺼이 보여 줄게요.
(b) 그러지 마세요, 말로만 그러는 거지요.
(c) 이 넥타이는 그 셔츠와 잘 어울릴 거예요.
(d) 괜찮아요. 무슨 말을 하려는지 알고 있어요.

기출 공략
(b)의 You're just saying that은 상대방이 마음에 없는 말을 한 것에 대해, 또는 칭찬에 대해 겸손한 응답의 표현으로 '당신 말로만 그러는 거지요'라는 뜻이다. 여자의 칭찬에 이어지는 말로 적당한 것은 (b)이다. (c)는 코디를 가이드해 줄 때 가능한 응답이다.
suit 남성[여성]복 한 벌 **go well with** ~와 잘 어울리다
정답_(b)

16

M Would you like something to eat?
W No, thanks. I'm not hungry.
M How about a nice cold drink?
W _____

(a) This drink is delicious.
(b) Not really. I'm starving.
(c) I made it especially for you.
(d) Thanks. That sounds wonderful.

번역
M 뭐 좀 드시겠습니까?
W 아닙니다. 배가 고프지 않아요.
M 그럼, 아주 시원한 음료수 한 잔 어떠세요?
W _____

(a) 이 음료는 맛이 좋습니다.
(b) 별로요. 저는 배가 몹시 고파요.
(c) 제가 당신을 위해 특별히 만들었어요.
(d) 고마워요. 그거 아주 좋겠는데요.

기출 공략
(b)의 Not really는 상대방의 제의를 완곡하게 거절하는 표현이다. 이미 I'm not hungry라고 말했는데 I'm starving이라고 하는 것은 모순이므로 (b)는 오답이다. 남자의 제의에 호응하는 (d)가 알맞다.
nice 충분히, 매우   **starve** 굶주리다   **especially** 특별히   정답_(d)

17

M What are your plans for this summer?
W I'm going to New Zealand.
M All by yourself?
W _____

(a) I'm flying economy class.
(b) It sure is a beautiful place.
(c) No, with a couple of my friends.
(d) Well, the trip will be for seven weeks.

번역
M 올 여름에 무엇을 할 계획인가요?
W 뉴질랜드에 가려고 해요.
M 혼자서요?
W _____

(a) 일반석 비행기를 타고 갈 거예요.
(b) 그곳은 정말 아름다운 곳이죠.
(c) 아니요, 친구 두 명이랑 함께요.
(d) 여행은 7주 걸릴 거예요.

기출 공략
여름 여행 계획에 관한 질문이다. 여기서 All by oneself는 '혈혈단신으로'의 뜻이므로 적절한 대답은 (c)이다. (b)는 여행지를 전해 들은 남자가 할 만한 말이고, (d)는 여행 기간(How long)을 물을 때 가능한 응답이다.
by oneself 혼자서   **economy class** (비행기의) 보통석, 일반석
정답_(c)

18

M How do you like this chair?
W Looks gorgeous. How much did it cost?
M The lady next door gave it to me.
W _____

(a) Please take a seat.
(b) Really? You're so lucky!
(c) I think you paid too much.
(d) That's OK. I already have one.

번역
M 이 의자 어때요?
W 정말 멋지네요. 얼마 주고 사셨나요?
M 옆집 부인이 주셨어요.
W _____

(a) 앉으십시오.
(b) 정말이요? 아주 운이 좋으시네요!
(c) 너무 비싸게 주셨네요.
(d) 괜찮아요. 저는 이미 하나 갖고 있어요.

기출 공략
How do you like...?는 상대 의견이나 소감을 물을 때 사용하는 표현이다. 멋진 의자를 이웃에게 공짜로 얻었다는 말에 대한 반응으로 옳은 것은 (b)이다. (c)는 상대방이 물건값을 너무 많이 치르고 구입했다는 의미이다.
gorgeous 멋진, 훌륭한   **next door** 옆집의, 옆집에서   정답_(b)

Listening Comprehension

19

M Why are you so late?
W Sorry. I got locked out of my car.
M You're kidding. Again?
W _____

(a) That's a really good idea.
(b) You know how forgetful I am.
(c) The traffic was horrible this morning.
(d) I'll change the locks as soon as possible.

✻ 번역
M 왜 이리 늦었니?
W 미안해. 차 열쇠를 안에 두고 잠가버렸어.
M 농담하지 마. 또 그랬다고?
W _____

(a) 그거 정말 좋은 생각이다.
(b) 내가 건망증이 심하다는 거 알잖아.
(c) 오늘 아침 교통체증이 엄청 심했어.
(d) 가능한 한 빨리 자물쇠를 바꿔야겠어.

📖 기출 공략
got locked out of my car는 차 열쇠를 안에 둔 채 문을 잠가 차문을 열지 못한다는 뜻이다. 남자의 핀잔에 대해 변명하는 (b)가 정답이다. (c)는 남자의 처음 질문, 즉 늦은 이유에 대한 가능한 응답일 뿐이다.
lock 잠그다; 자물쇠 **forgetful** 잘 잊어버리는 **horrible** 지독한, 끔찍한
정답_(b)

20

M I'd like to rent a car for the weekend.
W OK. What kind of vehicle would you like?
M Well, do you have any mini-vans available?
W _____

(a) Will you be paying by card?
(b) Please return it by Monday.
(c) I just bought one for myself.
(d) Sorry, they've all been rented out.

✻ 번역
M 주말에 쓸 차를 빌리고 싶습니다.
W 네. 어떤 종류의 차를 원하시나요?
M 저, 미니 밴을 빌릴 수 있습니까?
W _____

(a) 카드로 지불하실 거예요?
(b) 월요일까지 돌려주십시오.
(c) 오로지 내 힘으로 샀어요.
(d) 미안합니다만, 미니 밴은 모두 빌려갔습니다.

📖 기출 공략
렌터카 대리점에서 손님이 미니 밴을 빌릴 수 있는지 묻는 상황이다. (a), (b)는 차를 결정하고 나서 직원이 할 수 있는 말이다. 정답은 미니 밴을 모두 빌려가서 여분이 없다는 (d)이다.
rent 빌리다, 임대하다 **vehicle** 탈 것 **available** 이용할 수 있는 **for oneself** 혼자 힘으로
정답_(d)

21

W Hello. East-West Real Estate.
M Hi. I'm calling about the one-bedroom apartment you advertised.
W Yes. What would you like to know?
M _____

(a) How much is the monthly rent?
(b) Please let me know if there's a vacancy.
(c) I'd like to know when I need to move out.
(d) I'm calling to find out how many bedrooms it has.

✻ 번역
W 여보세요. 동서 부동산입니다.
M 안녕하세요. 광고하신 방 하나짜리 아파트 때문에 전화했습니다.
W 네. 무엇을 알고 싶으신지요?
M _____

(a) 월세는 얼마인가요?
(b) 빈방이 있으면 알려 주십시오.
(c) 제가 언제 이사 나가야 하는지 알고 싶어요.
(d) 침실이 몇 개 있는지 알고 싶어 전화했어요.

📖 기출 공략
남자가 방 하나짜리 아파트 광고를 이미 보고 전화했으므로 (b), (d)는 불필요한 내용이다. (c)는 move out 대신에 move in(이사 들어가다)이면 답이 될 수 있다. 구체적인 임대료를 문의하는 (a)가 적절한 응답이다.
real estate 부동산 **advertise** 광고하다 **rent** 방세, 집세 **vacancy** 빈방 **move out** 이사 나가다
정답_(a)

22

W You seem to be really concerned about the environment.
M I am. How did you know?
W Because I noticed you recycle a lot.
M _____

(a) I never knew that.
(b) I do as much as I can.
(c) Cycling keeps me fit.
(d) My garbage can is full.

✿ 번역
W 환경에 대해 정말로 염려하는 것 같군요.
M 맞습니다. 어떻게 아셨나요?
W 재활용하는 것을 많이 보았거든요.
M _____

(a) 전혀 몰랐어요.
(b) 재활용할 수 있는 건 모두 합니다.
(c) 자전거 타기로 건강을 유지해요.
(d) 제 쓰레기통이 가득 찼어요.

📘 기출 공략
남자가 재활용하는 것을 보았다는 여자의 말에 가능한 대답은 최대한 재활용하려고 노력한다는 (b)뿐이다. I do as much as I can에서 do는 recycle을 말한다.
be concerned about ~에 대해 염려하다 **notice** 알아채다, 인지하다 **recycle** 재활용하다 **cycle** 자전거를 타다 **keep oneself fit** 건강을 유지하다 **garbage can** 쓰레기통   정답_(b)

23

M You haven't changed your mind about going to Japan, have you?
W No. Why?
M Well, isn't it expensive?
W _____

(a) I'm flying first class.
(b) I can lend you some money.
(c) Yeah, but I've been saving up.
(d) No, that's why I'm flying in tonight.

✿ 번역
M 일본으로 가는 것에 대해 마음을 바꾸지 않았죠?
W 네. 왜요?
M 그게, 비용이 비싸지 않나요?
W _____

(a) 일등석을 탈 거예요.
(b) 당신에게 돈을 좀 빌려 줄 수 있어요.
(c) 비싸요, 하지만 돈을 모으고 있어요.
(d) 아니요, 그 때문에 오늘 밤에 비행기를 타고 와요.

📘 기출 공략
일본에 가려는 여자에게 비용이 비싸지 않냐는 남자의 질문에 그에 대비해 돈을 모으고 있다는 (c)가 적당하다. (b)는 만약 여자가 비싸다고 하면 남자가 여자에게 할 수 있는 말이다.
lend 빌려 주다 **save up** (돈을) 모으다 **fly in** 비행기로 도착하다   정답_(c)

24

W What a lovely picture! Is this your family?
M Yes, that's me, my parents and my younger sister.
W Your sister looks a lot like your mother.
M _____

(a) People say that all the time.
(b) That's because they're twins.
(c) They get that from my father.
(d) She cares a lot about her looks.

✿ 번역
W 참 아름다운 사진이네요! 가족이에요?
M 네, 저하고 부모님 그리고 여동생이에요.
W 여동생은 어머니하고 많이 닮았네요.
M _____

(a) 사람들이 언제나 그렇게 말해요.
(b) 그건 그들이 쌍둥이기 때문이에요.
(c) 그들은 그것을 제 아버지로부터 받았어요.
(d) 그녀는 외모에 신경을 많이 써요.

📘 기출 공략
남자의 어머니와 여동생의 모습에 관한 내용이므로 (b), (c)는 어긋나고, (d)는 너무 비약적인 말이다. 평서문 의견에 대해 다른 사람들의 의견을 언급한 (a)가 정답이다.
twin 쌍둥이(의 한 사람) **care about** ~에 대해 마음을 쓰다   정답_(a)

25

> M Who are you going to vote for class president?
> W Melanie Benson.
> M Why don't you vote for Jimmy Doyle?
> W _____

(a) Jimmy's in my math class.
(b) I heard he's not trustworthy.
(c) Yes, I'm hoping he wins this year.
(d) It's too late now. I've already voted.

번역
M 넌 누구를 학급 반장으로 투표하려고 하니?
W 멜라니 벤슨.
M 지미 도일에게 투표하는 게 어때?
W _____

(a) 지미는 나와 수학 수업을 함께 들어.
(b) 그는 믿을 만하지 못하다고 들었어.
(c) 응, 나는 올해 그가 이기리라 기대하고 있어.
(d) 지금은 너무 늦었어. 난 이미 투표했어.

기출 공략
반장 선거를 앞두고 선호하는 후보에 관한 대화이다. 남자가 추천한 인물에 대해 반대 의사를 표현한 (b)가 정답이다. (a)는 문맥에 맞지 않는 내용이고, (c)는 여자가 택하려는 후보와 다른 사람(he)을 말하므로 어긋난다. (d)는 선거가 아직 벌어지지 않았는데 이미 투표를 했다고 하므로 어색하다.

vote for ~에 투표하다   **trustworthy** 신뢰할 수 있는   정답_(b)

26

> M Hi. I'm on the 2:30 to Boston, but I can't find my boarding gate.
> W Oh, they just changed the gate number. It's D32 now.
> M Thanks. Oh, and is there anywhere for a bite to eat near there?
> W _____

(a) Sure. There's a snack bar next to the gate.
(b) No, no meals are served on flights to Boston.
(c) We're sorry, but the change was unavoidable.
(d) I haven't eaten a decent meal since yesterday.

번역
M 안녕하세요. 보스턴행 2시 30분 비행기를 타려고 하는데 탑승구를 찾을 수가 없네요.
W 오, 방금 탑승구가 변경되었습니다. D32번입니다.
M 고맙습니다. 그런데 그 근방에 간단히 먹을 만한 곳이 있습니까?
W _____

(a) 물론이죠. 탑승구 옆에 간이식당이 있습니다.
(b) 아니요, 보스턴행 비행편은 식사가 제공되지 않습니다.
(c) 죄송합니다만 변경할 수밖에 없었습니다.
(d) 전 어제 이후로 제대로 된 식사를 하지 못했습니다.

기출 공략
남자가 공항 직원에게 탑승구와 식당을 찾는 질문을 하고 있다. 남자의 마지막 대화에서 식당을 묻고 있으므로 적당한 대답은 (a)이다. (c)는 탑승구 변경에 대해 공항 직원이 할 수 있는 말이고, (b)는 기내 식사에 관한 내용이다.

boarding gate (비행기의) 탑승구   **a bite to eat** 간단한 먹을거리
snack bar 간이식당   **decent** 괜찮은, 제대로 된   정답_(a)

27

> M Good morning, Karen.
> W Good morning, Ed. You're in late this morning.
> M Well, I stayed out partying last night.
> W _____

(a) That's why I slept in today.
(b) I didn't know it was your birthday.
(c) Yes, it was quite a night, wasn't it?
(d) I guess it'll be a long day for you, then.

번역
M 안녕, 캐런.
W 안녕, 에드. 오늘 아침 늦었네요.
M 음, 어젯밤 파티하느라 집에 들어가지 않았어요.
W _____

(a) 그게 제가 오늘 늦잠을 잔 이유예요.
(b) 당신 생일이란 것을 몰랐습니다.
(c) 네, 정말 대단한 밤이지 않았나요?
(d) 그렇다면 오늘 힘든 날이 될 거 같네요.

기출 공략
남자가 지각한 것은 파티하느라 지난밤에 귀가하지 않았기 때문이라고 말하고 있다. 따라서, 피곤하고 힘든 하루가 될 거라는 (d)가 정답이다. 여기서 long은 시간이 심리적으로 '지루한' 느낌을 준다는 뉘앙스이다.

stay out 집에 돌아가지 않다   **sleep in** 늦잠 자다   정답_(d)

28

W I can't believe I got the promotion!
M Congratulations. I knew you'd get it.
W You knew about it?
M _____

(a) At this stage, it's just a rumor.
(b) Why not? I think you deserve it!
(c) No, but you were the best candidate.
(d) Nobody did. We were counting on you.

❈ 번역
W 내가 승진을 했다니 믿어지지가 않아요!
M 축하해요. 그렇게 될 줄 알았어요.
W 그것에 대해 알고 있었어요?
M _____

(a) 현재로선 그건 단지 소문일 뿐이에요.
(b) 왜 안 돼요? 충분히 자격이 있다고 생각해요.
(c) 아뇨, 하지만 당신은 최적의 후보였어요.
(d) 아무도 몰랐어요. 우리는 당신을 믿고 있었어요.

📖 기출 공략
여자의 승진을 미리 알고 있었냐고 물으므로 Yes/ No 또는 다른 의견 등을 예측할 수 있다. 몰랐지만 여자가 적임자였다고 언급한 (c)가 적절하다. (b)는 첫 번째 여자의 말에나 가능한 응답이다.

at this stage 지금 현재, 이 단계에서　**candidate** 후보　**count on** ~를 의지하다, 신뢰하다

정답_(c)

29

W Oh, no. I was supposed to call Chris at 2!
M Why didn't you call him?
W I was so busy, it slipped my mind.
M _____

(a) Then I'll call him at 2.
(b) You'd better call him now.
(c) Call me when you're free.
(d) Well, no news is good news.

❈ 번역
W 맙소사. 2시에 크리스에게 전화하기로 했었는데!
M 왜 전화하지 않았니?
W 너무 바빠서 잊어버렸어.
M _____

(a) 그러면 내가 2시에 그에게 전화할게.
(b) 지금 전화하는 게 좋겠다.
(c) 시간 나면 전화해.
(d) 글쎄, 무소식이 희소식이잖아.

📖 기출 공략
깜빡하고 전화를 하지 않았다는 여자의 말에 가벼운 조언 표현 had better를 사용한 (b)가 적절하다. slip one's mind는 '잊어버리다, 생각이 나지 않다'의 뜻이다.

be supposed to ~하기로 되어 있다　**slip** (기억에서) 사라지다

정답_(b)

30

M It's been a fun evening, but I have to leave.
W Yes, it's late. I'd better be going, too.
M Do you need a ride home?
W _____

(a) I appreciate your saying so.
(b) Well, I can show you the way.
(c) Sure. Thanks again for dropping by.
(d) I was dreading a walk in the cold, thanks.

❈ 번역
M 즐거운 밤이지만 이젠 가야겠어요.
W 네, 늦었네요. 저도 가야겠어요.
M 집까지 태워다 드릴까요?
W _____

(a) 그렇게 말씀해 주셔서 감사해요.
(b) 음, 제가 길을 가르쳐 드릴게요.
(c) 물론이죠. 들러 주셔서 다시 한번 감사드려요.
(d) 추운데 걸어가자니 걱정이었는데 감사해요.

📖 기출 공략
남자가 차로 데려다 주겠다는 제의에 대한 대답으로 추위에 걷는 것을 걱정했는데 고맙다고 말하는 (d)가 정답이다. (a)는 상대방이 칭찬했을 때 가능한 응답으로 제안에 대한 대답은 아니다.

appreciate 고맙게 여기다　**drop by** 잠깐 들르다　**dread** 걱정하다, 두려워하다

정답_(d)

335

Listening Comprehension

31

M Excuse me. Is the town library near here?
W Not really. It's about ten blocks away.
M That's too far to walk. Is there a bus I can take?
W Yes, you can take bus 56. It stops outside the library.
M Thanks a lot.
W You're welcome.

Q What is the man trying to do?
(a) Find the bus stop.
(b) Take bus 56 to work.
(c) Get directions to the library.
(d) Return a book at the town library.

✿ 번역
M 실례합니다. 이 근처에 마을 도서관이 있나요?
W 아니요. 약 열 블록 떨어져 있어요.
M 걷기에는 너무 멀군요. 탈 수 있는 버스가 있습니까?
W 네, 56번 버스를 타면 됩니다. 도서관 앞에 정차해요.
M 대단히 감사합니다.
W 천만에요.
Q 남자는 무엇을 하려고 하는가?
(a) 버스 정류장 찾기.
(b) 직장에 56번 버스 타고 가기.
(c) 도서관 가는 길 알기.
(d) 마을 도서관에 책 반납하기.

📘 기출 공략
남자가 마을 도서관이 근처에 있는지와, 그리로 가는 버스에 관해 물었으므로 (c)가 정답이다. 길 안내에서 포괄적으로 사용하는 어휘 directions만 잘 들어도 쉽게 정답을 선택할 수 있다. 대화 속 등장한 town library, bus 56, stops 등을 그대로 사용한 나머지 선택지들은 오답 함정들이다.
block 한 구획 **direction** 방향 **return** 돌려주다   정답_(c)

32

W How do you like your new office, Tom?
M Great. It has a lovely view of the courtyard.
W And is it big enough for you?
M Oh, yes. It's much bigger.
W I'm glad you find everything comfortable.

Q What is the man mainly talking about?
(a) His responsibilities in his new job.
(b) What he likes about his new office.
(c) His desire to move into a new office.
(d) How the offices are of different sizes.

✿ 번역
W 새 사무실이 마음에 드나요, 톰?
M 아주 좋아요. 안뜰 전망이 아름다운데요.
W 충분히 넓은가요?
M 네. 상당히 넓어요.
W 모든 게 편하다고 하시니 기쁩니다.
Q 남자는 주로 무엇에 관해 말하고 있는가?
(a) 새 직장에서의 책임.
(b) 새 사무실에 대해 좋은 점.
(c) 새 사무실로 옮기고자 하는 바람.
(d) 사무실의 크기가 얼마나 다양한지.

📘 기출 공략
How do you like...?는 '~을 좋아하세요? ~은 어떻습니까?'의 뜻으로 상대방에게 소감을 묻는 표현이다. 남자는 사무실이 전망도 좋고 넓다는 말로 만족을 나타내고 있으므로 정답은 (b)이다. 이미 이사를 했으므로 (c)는 어색하다.
view 전망 **courtyard** 안뜰 **move into** ~로 이사 들어가다
정답_(b)

33

M Hello?
W Hi, is Mr. Parker home, please?
M Yes, speaking.
W Oh, I'm calling from your home security company.
M Oh, you must be calling about our alarm that went off.
W Yes, I am. Is everything all right?
M Everything's fine. The alarm was set off by accident.
W All right. Not a problem. Have a good day.

Q What is the main reason for the phone call?
(a) To warn about an accident.
(b) To check on a security alarm.
(c) To promote a new alarm system.
(d) To inquire about security services.

번역
M 여보세요?
W 안녕하세요, 파커 씨 집에 계세요?
M 네, 접니다.
W 오, 고객님의 보안회사입니다.
M 아, 우리 집 경보기가 울려서 전화하셨군요.
W 네, 그렇습니다. 괜찮으십니까?
M 아무 문제 없어요. 경보기를 실수로 울렸어요.
W 알겠습니다. 별일 없군요. 좋은 하루 되세요.

Q 전화한 주된 이유는?
(a) 사고에 대해 경고하려고.
(b) 보안 경보기를 확인하려고.
(c) 새로운 경보 시스템을 선전하려고.
(d) 보안 서비스에 대해 문의하려고.

기출 공략
보안회사 직원의 전화에 남자가 자신의 집에 설치된 경보기가 실수로 울렸다고 말하고 있으므로 (b)가 정답이다. 경보기가 울려서 전화했으므로 (c) promote는 오답이다.
security 보안　**alarm** 경보(기)　**go[set] off** (경보가) 울리다
by accident 우연히, 무심결에　**check on** ~을 확인하다, 조사하다
promote 광고하다　**inquire** 문의하다　　　　　　　　정답_(b)

34

W Did you ever serve in the military, Mr. Collins?
M Yes, I was a lieutenant in the Navy during the Vietnam War.
W Really? What kind of ship were you on?
M A supply ship. We delivered supplies from Sydney.
W So, you were spared from combat?
M Yes, thankfully, we weren't caught up in the fighting.

Q What is the man mainly talking about?
(a) His supply ship in the Navy.
(b) His memorable visits to Sydney.
(c) His time in the Navy during a war.
(d) His experiences fighting in Vietnam.

번역
W 콜린스 씨, 군 복무 경험이 있나요?
M 네, 베트남 전쟁 시 해군 대위였어요.
W 정말이요? 어떤 배에 승선하셨나요?
M 보급함이요. 시드니에서 보급품을 날랐지요.
W 그럼, 전투에서는 빠졌겠군요.
M 네, 다행히도 전투에 참가하지는 않았어요.

Q 남자는 주로 무엇에 관해 말하고 있는가?
(a) 해군 시절 그가 탔던 보급선.
(b) 기억에 남는 시드니 방문.
(c) 전쟁 중 해군 복무.
(d) 베트남 전투 경험.

기출 공략
남자가 직접 전투에 참여하지는 않았으므로 (d)는 어긋난다. (a)도 맞는 말이긴 하지만 주제로서는 불충분하다. 그보다 좀 더 포괄적인 (c)가 정답이다.
serve in the military 군 복무를 하다　**lieutenant** (해군) 대위
deliver (물품을) 배달하다　**supplies** 군용물자　**spare** 면하게 하다, 사용하지 않다　**combat** 전투, 싸움　**be caught up in** (나쁜 일 등에) 휘말리다　　　　　　　　　　　　　　　　　　정답_(c)

35

W Is this the maintenance office?
M Yes, it is. How may I help you?
W We're not getting any heat. My apartment is freezing.
M Is the heater on?
W Yes, but it isn't doing anything.
M OK. I'll be right over.

Q What is the woman's problem?
(a) She lost the key to her apartment.
(b) She is unable to heat her apartment.
(c) She has trouble picking out a heater.
(d) There is no one at the maintenance office.

번역
W 관리 사무실입니까?
M 네, 그렇습니다. 무엇을 도와드릴까요?
W 난방이 안 됩니다. 집이 몹시 추워요.
M 난방기는 켰나요?
W 네, 하지만 전혀 작동이 안 돼요.
M 알겠어요. 곧 가겠습니다.

Q 여자의 문제는 무엇인가?
(a) 아파트 열쇠를 잃어버렸다.
(b) 아파트 난방이 안 된다.
(c) 난방기를 고르는 데 애를 먹고 있다.
(d) 관리 사무실에 아무도 없다.

기출 공략
여자가 전화한 곳은 아파트 관리 사무실이다. 자신의 아파트가 freezing이라고 했으므로 (b)가 정답이다. (a)와 같이 아파트 열쇠를 잃어버린 상황이 TEPS시험에 자주 등장하기는 하지만, 여기서는 전혀 관계없다.

maintenance 정비, 관리 **freezing** 어는, 몹시 추운 **have trouble -ing** ~하는 데 어려움을 겪다 **pick out** ~을 고르다

정답_(b)

36

M I wish we could go back in time.
W Why do you say that?
M Because I'd like to relive our three years in Honolulu.
W Those were the good old days.
M I miss Waikiki Beach so much.
W So do I. I especially miss Hanauma Bay.

Q What are the speakers mainly talking about?
(a) Why Honolulu is such a great place.
(b) How they fondly remember Honolulu.
(c) Which beaches are the best in Honolulu.
(d) Where to live in Honolulu for the next three years.

번역
M 우리가 옛날로 되돌아갈 수 있으면 좋겠어요.
W 왜 그렇게 말하는 거죠?
M 우리가 호놀룰루에서 살았던 3년을 다시 겪어보고 싶어요.
W 그때가 좋은 시절이었지요.
M 와이키키 해변이 정말 그리워요.
W 저도 그래요. 특히 하나우마 만이 그리워요.

Q 화자들은 주로 무엇에 관해 말하고 있는가?
(a) 호놀룰루가 왜 그리 멋진 장소인지.
(b) 그들이 얼마나 호놀룰루를 그리워하는지.
(c) 호놀룰루에서 어떤 해변이 가장 좋은지.
(d) 다음 3년간 호놀룰루의 어느 곳에 살 것인지.

기출 공략
남자의 go back in time(과거로 되돌아가다)과 여자의 the good old days(좋았던 옛 시절)이란 말로 쉽게 (b)를 정답으로 고를 수 있다. (a)와 (c)는 대화 속 언급한 지엽적인 내용일 뿐이다.

I wish+S+could ~할 수 있으면 좋을 텐데 **relieve** 다시 체험하다 **bay** 만 **fondly** 애정을 가지고

정답_(b)

37

M So, has your father recuperated from the surgery yet?
W Not yet. He's feeling better, though.
M It'll probably be a while before he's back to normal.
W Yeah. But he's getting there, one day at a time.
M At least he had no complications.
W Yes, that was fortunate.

Q What is the main topic of the conversation?
(a) Potential complications from surgery.
(b) The failing health of the woman's father.
(c) The father's recovery from an operation.
(d) The schedules set for the father's surgery.

✱ 번역

M 그래, 아버님은 수술에서 회복이 되셨나요?
W 아직이요, 하지만 많이 나아지고 계세요.
M 정상으로 돌아오려면 시간이 좀 걸릴 거예요.
W 네. 하지만 조금씩 그렇게 되어 가고 계세요.
M 적어도 합병증은 없으셨군요.
W 네, 그건 다행이었어요.

Q 대화의 중심 소재는?
(a) 수술의 잠재적인 합병증.
(b) 여자 아버지의 쇠약해지는 건강.
(c) 아버지의 수술 후 회복.
(d) 아버지의 수술 일정.

📘 기출 공략

남자의 첫 질문에 나타난 여자 아버지의 수술 후 회복이 이 대화의 주제이다. 따라서 정답은 (c)이다. 이미 끝난 수술에 관해 이야기하고 있고, 몸이 점점 나아지고 있다고 했으므로 (b), (d)는 오답이다.

recuperate 회복하다　**one day at a time** 조금씩
complications 합병증　**potential** 잠재적인　**failing** 쇠약해지는

정답_(c)

38

M Hello?
W Hello. I'd like to speak with Mr. Green.
M This is he. May I ask who's calling?
W This is Sheila Waters with the New Castle Eye Clinic.
M Oh, are you calling about my new glasses?
W Yes, you may pick them up at any time.
M OK. Thank you.

Q What does the woman want the man to do?
(a) Take a message.
(b) Talk with Mr. Green.
(c) Pick up his new glasses.
(d) Come in for an eye exam.

✱ 번역

M 여보세요?
W 여보세요, 그린 씨와 통화할 수 있을까요?
M 전데요. 누구신지요?
W 뉴캐슬 안과의 쉴라 워터스입니다.
M 오, 제 새 안경 때문에 전화하셨군요.
W 네, 언제든 찾아 오셔도 됩니다.
M 알겠습니다. 고마워요.

Q 여자는 남자가 무엇을 하길 원하는가?
(a) 메시지 받기.
(b) 그린 씨와 대화하기.
(c) 그의 새 안경을 찾아 가기.
(d) 눈 검사를 위해 방문하기.

📘 기출 공략

안과 직원이 전화해서 언제든 맞춘 안경을 pick up하라고 했으므로 (c)가 정답이다. 전화 받은 남자가 그린 씨이므로 (b)는 오답이다.

pick up 찾아오다　**at any time** 언제라도

정답_(c)

Listening Comprehension

39

W What are you doing?
M I'm opening the windows.
W Why? You're letting in the cold air.
M But we need some fresh air in here.
W Well, don't leave them open too long.
M I'll close them in a few minutes.

Q Which is correct about the man?
(a) He wants to go out for a walk.
(b) He is trying to fix the windows.
(c) He does not want to let in cold air.
(d) He thinks the room needs fresh air.

✿ 번역
W 뭐 하고 있어?
M 창문을 열고 있어.
W 왜? 찬 공기가 들어오잖아.
M 하지만 여기는 신선한 공기가 필요해.
W 너무 오래 열어 놓지는 마.
M 몇 분 뒤에 닫을게.

Q 남자에 관해서 옳은 것은?
(a) 산책하러 가고 싶어 한다.
(b) 창문을 고치려고 한다.
(c) 찬 공기가 들어오는 걸 싫어한다.
(d) 방에 신선한 공기가 필요하다고 생각한다.

📘 기출 공략
여자가 창문을 왜 여냐고 묻고, 남자는 신선한 공기가 필요하다고 답했으므로 대화 내용과 일치하는 선택지는 (d)이다. (c)는 여자에 해당하며, (a), (b)는 언급되지 않은 내용이다.
let in 들여보내다　**fix** 수리하다

정답_(d)

40

W Where are you off to?
M I have a train to catch to New York.
W Oh, that's right. You've got that conference.
M Yes, and it starts at 9.
W You'd better hurry, then.
M Right, I don't want to be late.

Q Which is correct about the man?
(a) He is leaving at 9.
(b) He is going to New York.
(c) He is hurrying to get a taxi.
(d) He is late for his conference.

✿ 번역
W 어디로 가세요?
M 뉴욕행 기차를 타려고요.
W 아, 맞아요. 회의가 있죠.
M 네, 9시에 시작해요.
W 그러면 서둘러야지요.
M 네, 늦고 싶지 않아요.

Q 남자에 관해서 옳은 것은?
(a) 9시에 떠날 것이다.
(b) 뉴욕에 갈 것이다.
(c) 택시를 타기 위해 서두르고 있다.
(d) 회의에 늦었다.

📘 기출 공략
뉴욕행 기차를 탄다고 했으므로 정답은 (b)이다. 회의가 9시에 시작되므로 (a)는 옳지 않고, (c)는 추론할 근거가 없으므로 오답이다. 늦지 않으려고 서두르고 있으므로 (d)도 속단하기 어렵다.
off to ~로 출발하는　**conference** 회의

정답_(b)

41

W Oh, no. I left my passport in my hotel room!
M Uh-oh, you're going to need that for today's tour.
W We'd better go back.
M But then we'll fall behind in our travel plans.
W But I can't go on the tour without my passport.
M Well, I guess we have no choice, then.

Q Which is correct according to the conversation?
(a) The man left behind his travel plans.
(b) The woman has forgotten her passport.
(c) The man decided not to go back to the hotel room.
(d) The woman does not need her passport for the tour.

✿ 번역

W 맙소사, 호텔 방에 제 여권을 두고 왔어요!
M 이런, 오늘 여행에 필요할 텐데.
W 우리 다시 돌아가는 게 좋겠어요.
M 하지만 그렇게 하면 여행 일정이 늦어질 거예요.
W 그렇다고 여권 없이 여행을 갈 수는 없잖아요.
M 그렇다면 선택의 여지가 없네요.

Q 대화에 따르면 옳은 것은?
(a) 남자는 그의 여행 계획표를 두고 갔다.
(b) 여자는 여권을 잊고 두고 왔다.
(c) 남자는 호텔 방에 돌아가지 않기로 결정했다.
(d) 여자는 여행에 여권이 필요하지 않다.

📘 기출 공략

여자가 여권을 두고 와서 곤란한 상황으로 (b)가 정답이다. 선택의 여지가 없다는 남자의 마지막 말에 의해 (c)와 (d)는 제외된다. 남녀의 역할을 잘 기억해야 선택지를 고를 때 혼동되지 않는다.

passport 여권   **fall behind** 늦어지다, 뒤지다   **leave behind** 두고 가다, 둔 채 잊고 가다

정답_(b)

42

M What are you doing?
W Filling out a credit card application.
M What for? Don't you already have several credit cards?
W Yeah, but I've reached my credit limit on all of them.
M That's a lot of debt. You shouldn't get another one, then.
W Don't worry. I'll pay it off eventually.

Q Why is the woman applying for a new credit card?
(a) She collects cards as a hobby.
(b) She wants to have more than one card.
(c) She likes the high credit limit the card offers.
(d) She has no credit remaining on her other cards.

✿ 번역

M 뭐 하세요?
W 신용카드 신청서를 작성하고 있어요.
M 무엇 때문에요? 이미 여러 장의 신용카드가 있지 않아요?
W 네, 하지만 모두 신용 한도가 다 되었거든요.
M 그 말은 빚이 많다는 거군요. 그렇다면 또 다른 신용카드를 만들면 안 되죠.
W 걱정 말아요. 결국은 다 갚을 거니까요.

Q 여자는 왜 신용카드를 새로 신청하고 있는가?
(a) 카드를 취미로 수집한다.
(b) 카드를 하나 이상 갖기를 원한다.
(c) 카드의 높은 신용 한도를 원한다.
(d) 다른 카드에 남아 있는 신용이 없다.

📘 기출 공략

여자가 갖고 있는 여러 개의 신용카드 한도(credit limit)가 다 되어 새 카드를 발급받는다고 했으므로 (d)가 정답이다.

application 신청(서)   **fill out** ~에 기입하다   **credit limit** 신용 한도   **pay off** 전부 갚다   **eventually** 결국   **collect** 모으다   **remain** 남다

정답_(d)

Listening Comprehension

43

M Hello, officer, what's the problem?
W Are you aware of the speed limit in this area?
M It's 80 kilometers per hour, isn't it?
W No, it's 60.
M Oh, well, I...
W And what speed were you traveling at?
M I think it was around 60.
W No, it was a lot faster than that.

Q What will most likely happen next?
(a) The man will try to drive faster.
(b) The woman will stop the man's car.
(c) The man will receive a speeding ticket.
(d) The woman will apologize for her mistake.

❖ 번역
M 안녕하세요, 경관님, 무슨 일이죠?
W 이 지역의 제한 속도를 알고 계신가요?
M 시속 80킬로 아닙니까?
W 아니요, 60입니다.
M 아, 그러면, 제가…
W 얼마의 속도로 운행하고 있었죠?
M 약 60이었다고 생각하는데요.
W 아니요, 그보다 훨씬 빨랐어요.

Q 다음에 일어날 가능성이 가장 큰 것은?
(a) 남자는 더 빠르게 운전하려고 할 것이다.
(b) 여자는 남자의 차를 정지시킬 것이다.
(c) 남자는 속도 위반 딱지를 받을 것이다.
(d) 여자는 잘못을 사과할 것이다.

📖 기출 공략
남자가 제한 속도 위반으로 경찰관에게 걸린 상황으로 (c)가 다음에 일어날 가능성이 가장 큰 일이다. 여자는 경찰관이고 속도 위반을 한 것은 남자이므로, 남녀의 역할이 바뀐 (d)는 답이 될 수 없다.
officer 경찰관 **be aware of** ~을 알다 **speed limit** 제한 속도
receive 받다 **speeding ticket** 속도 위반 딱지   정답_(c)

44

W When are you going to start your class assignment?
M Soon. There's no need to rush.
W But it's due in one week!
M Relax. I'll get to it.
W Relax? I think you're a little too relaxed!
M I'd rather be relaxed than stressed out like you!

Q What can be inferred from the conversation?
(a) The man has not started working on the assignment.
(b) The two people are working on the project together.
(c) The man does not know when the assignment is due.
(d) The woman is worried that the man will fail the course.

❖ 번역
W 언제 숙제를 시작할 거니?
M 곧 할 거야. 서두를 필요 없어.
W 하지만 일주일 후에 제출 마감이잖아!
M 느긋하게 있어. 할 테니까.
W 느긋하게 있으라고? 난 네가 지나치게 느긋하다고 생각해!
M 너처럼 스트레스받기보다는 느긋하게 있는 편이 나아!

Q 대화에서 추론할 수 있는 것은?
(a) 남자는 과제를 시작하지 않았다.
(b) 두 사람은 함께 과제를 하고 있다.
(c) 남자는 과제 마감일을 모른다.
(d) 여자는 남자가 수업에 낙제하는 것을 걱정한다.

📖 기출 공략
여자가 남자에게 과제를 서둘러 시작하라고 재촉하고 있으므로 정답은 (a)이다. get to it[something]은 '그 일을 시작하다'라는 뜻이다. (b)에 대한 단서는 대화 중 등장하지 않고, (d)는 대화 상황을 토대로 과도하게 상상한 오답 예이다.
assignment 과제 **rush** 서두르다 **due** 만기가 된 **relax** 편하게 하다 **would rather A than B** B하기보다는 A하는 편이 낫다
stress out 압박시키다, 긴장시키다   정답_(a)

45

M Well, we're going to miss you around here.
W I'm going to miss being here.
M What's next? Any plans?
W I've got a few things in mind.
M At least you won't have deadlines to meet anymore.
W Right. After working for twenty years, I'm just going to relax.
M Well, it'll be hard to replace you.
W Thanks. But I'm sure they'll find someone.

Q What can be inferred about the woman from the conversation?
(a) She is looking forward to being retired.
(b) She is being laid off from the company.
(c) She wants to stay on at the company.
(d) She plans to try a new career path.

✻ 번역
M 우리는 당신이 그리울 거예요.
W 저도 여기가 그리울 거예요.
M 다음에 뭘 하실 거예요? 계획이 있나요?
W 몇 가지 생각이 있기는 해요.
M 적어도 더 이상 지켜야 할 마감시간은 없겠죠.
W 그럼요, 20년 동안 일했으니 이제는 그냥 느긋하게 쉬려고요.
M 당신을 대신할 사람을 찾는 것은 어려울 거예요.
W 고마워요. 하지만 누군가를 찾을 거라 확신해요.
Q 대화에서 여자에 관해 추론할 수 있는 것은?
(a) 은퇴하는 것을 고대하고 있다.
(b) 회사에서 해고될 것이다.
(c) 회사에 계속 남아 있기를 원한다.
(d) 새로운 직업을 시도하려고 한다.

📘 기출 공략
여자가 20년간의 직장 생활을 끝내는 상황에서 동료와 나누는 대화로 (a)가 추론 가능한 내용이다. 몇 가지 계획을 염두에 두고 있다는 말에서 (d)를 추론하는 것은 너무 비약적이다.

replace 대체하다   **retire** 은퇴시키다   **lay off** 정리 해고하다
career 경력   **path** 진로

정답_(a)

46

Would you get in the water at a beach with big waves, sharp rocks and prowling sharks? That's what 24 daredevil surfers are going to do in this year's Maverick Beach Surf Contest on Wednesday. Catch the excitement of this world-famous competition, which is once again living up to its reputation as the most dangerous surf contest in the world. The danger begins at Maverick Beach on Wednesday at 10:00 am.

Q What is the speaker mainly talking about?
(a) A beach known for big waves, rocks and sharks.
(b) The courage of surfers who take on huge waves.
(c) The dangers faced by surfers at Maverick Beach.
(d) A surfing competition to be held at Maverick Beach.

✻ 번역
당신은 거대한 파도와 가파른 바위, 그리고 유유히 배회하는 상어가 있는 해변 물속에 들어가겠습니까? 불불을 가리지 않는 24명의 서퍼가 수요일 올해의 매버릭 해변 파도타기 대회에서 하려는 것이 바로 그것입니다. 전세계적으로 유명한 이 대회의 흥분을 느껴보세요. 이번 대회는 다시 한 번 세계에서 가장 위험한 파도타기 대회라는 명성을 확인시켜 줄 것입니다. 위험한 도전은 매버릭 해변에서 수요일 오전 10시에 시작됩니다.

Q 화자는 주로 무엇에 대해 말하고 있는가?
(a) 거대한 파도와 바위, 상어로 유명한 한 해변.
(b) 거대한 파도를 타는 서퍼들의 용기.
(c) 매버릭 해변에서 서퍼들이 직면하는 위험들.
(d) 매버릭 해변에서 열리는 파도타기 대회.

📘 기출 공략
해변에서 있을 파도타기 대회를 알리는 내용이다. (a), (b)는 내용의 일부에 불과하고, 전체 내용을 포괄하는 (d)가 정답이다.

prowl 배회하다   **daredevil** 무모한   **excitement** 자극, 흥분
competition 대회, 경쟁   **live up to** (기대 등에) 부합하다
reputation 명성, 평판   **surf** 파도타기를 하다

정답_(d)

Listening Comprehension

47

Scientists at Tory Institute announced today that they have discovered a tiny genetic mutation which enables some fruit flies to survive on a fraction of the sleep fruit flies usually need. Like human beings, fruit flies generally require around 6 to 12 hours of sleep every night, and they demonstrate signs of physical stress if they don't get it. However, the scientists reported that certain flies carry a mutation in one of their genes that lets them thrive on just three or four hours of sleep.

Q What is the news report mainly about?
(a) How long fruit flies normally live.
(b) How fruit flies differ from humans.
(c) Why fruit flies need 6 to 12 hours of sleep.
(d) What effect a genetic mutation had on fruit flies.

번역
토리 연구소의 과학자들은 오늘 일부 초파리들에서 초파리들이 일반적으로 필요로 하는 수면양의 일부만을 취하고도 생존 가능케 하는 미세한 유전자 돌연변이를 발견했다고 발표했습니다. 인간과 유사하게 초파리는 일반적으로 매일 밤 6~12시간의 수면을 필요로 하는데, 충분한 수면을 취하지 못하면 신체적인 스트레스 징후를 나타냅니다. 그러나 과학자들은 일부 초파리들의 경우, 그들 유전자들 중 하나에서 3~4시간의 수면만으로도 번성할 수 있는 돌연변이가 일어났음을 보고했습니다.

Q 무엇에 관한 뉴스 기사인가?
(a) 초파리의 평균 수명.
(b) 초파리가 인간과 다른 점.
(c) 초파리가 6~12시간의 수면을 필요로 하는 이유.
(d) 유전자 돌연변이가 초파리에 미치는 영향.

기출 공략
평균보다 적은 수면으로도 번성하게 하는 유전자 돌연변이(genetic mutation)에 대해 말하고 있으므로 정답은 (d)이다.
genetic 유전자의   **mutation** 돌연변이   **enable** 가능하게 하다
fruit fly 초파리   **fraction** 소량, 단편   **thrive on** 번성하다   정답_(d)

48

Many of our customers have said they would like our cruise line to offer adult-only cruises. The reason, they say, is because of bad experiences with kids whose parents failed to control them. But I do not think that would be a wise direction for our company to head in. As you may remember, one of our former competitors, Pacific Cruise, organized an adult-only cruise some years ago, and it made the company go bankrupt. I don't think we should make the same mistake again.

Q What is the speaker's main point about adult-only cruises?
(a) They made Pacific Cruise go bankrupt.
(b) They would not be successful if offered.
(c) They are requested by many customers.
(d) They will allow adults to be more relaxed.

번역
고객의 상당수가 성인 전용 유람선 여행을 제공해 줄 것을 요구하고 있습니다. 그 이유는 부모들이 통제하지 못하는 아이들로 인해 불쾌한 경험을 했기 때문이라고 그들은 말합니다. 그러나 저는 그것이 우리 회사가 지향하는 현명한 방침이라고 생각하지 않습니다. 기억하실지 모르겠지만, 우리의 예전 경쟁사들 중의 하나인 퍼시픽 크루즈는 몇 년 전에 성인 전용 크루즈 여행을 편성했다가 파산하였습니다. 저는 동일한 실수를 반복해서는 안 된다고 생각합니다.

Q 성인 전용 크루즈 여행에 관한 화자의 요점은?
(a) 퍼시픽 크루즈를 파산시켰다.
(b) 제공되면 성공하지 못할 것이다.
(c) 많은 고객들이 요청하고 있다.
(d) 성인들을 좀 더 편안하게 해줄 것이다.

기출 공략
경쟁 회사의 실패 사례를 들어 성인 전용 유람선 여행을 반대하는 의견을 밝히고 있으므로, (b)가 정답이다. (a)와 (c)는 모두 담화문에서 지엽적으로 언급하기는 했지만 main point는 아니다.
adult-only 성인 전용의   **direction** 방향   **former** 이전의
competitor 경쟁자   **organize** 조직하다   **go bankrupt** 파산하다
request 요청하다   **allow** 허가하다   정답_(b)

49

In today's class we'll look at challenges faced by biologists studying African elephants. One particular challenge is monitoring the numbers of forest elephants. This is because the normal method of counting elephants by helicopter, as used on the African savanna, just doesn't work. But there are other solutions: one is to count dung piles; another is to listen for elephant vocalizations. These alternative methods allow biologists to identify the presence of elephants over large areas, without visual sightings.

Q What is the main topic of the lecture?
(a) The difficulty of counting elephants.
(b) The communication between forest elephants.
(c) The technology used to analyze elephants.
(d) The survival of elephants in African forests.

✿ 번역
오늘 수업에서는 아프리카 코끼리를 연구하는 생물학자들이 직면한 난제들을 들여다 보도록 하겠습니다. 한 가지 난제는 숲 코끼리의 숫자를 측정하는 것입니다. 아프리카 대초원에서 사용되는 것 같이 헬리콥터로 코끼리를 세는 일반적인 방법은 전혀 효과가 없습니다. 하지만 다른 해결책들이 있는데, 하나는 배설물 더미를 세는 것이고, 또 다른 하나는 코끼리의 발성을 청취하는 것입니다. 이 같은 대안적인 방법으로 생물학자들은 광활한 지역에 걸쳐 눈으로 직접 목격하지 않고도 코끼리의 존재를 확인할 수 있습니다.

Q 강의의 소재는?
(a) 코끼리를 세는 어려움.
(b) 숲 코끼리들 사이의 의사소통.
(c) 코끼리를 분석하는 데 이용되는 기술.
(d) 아프리카 삼림에서 코끼리의 생존.

📘 기출 공략
강의의 경우 앞으로 다룰 내용을 처음 부분에서 언급하는 경우가 많다. 두 번째 문장에서 monitoring the numbers라고 하고 이후에 자세히 설명하고 있다. 아프리카 숲 코끼리의 수를 측정하는 문제를 해결하는 방법을 제시하고 있으므로 (a)가 정답이다.

challenge 난제, 도전 **biologist** 생물학자 **particular** 특정한 **monitor** 감시하다 **savanna** 대초원, 사바나 **dung** 배설물 **pile** 더미 **vocalization** 발성 **alternative** 대안이 되는 **presence** 실재, 존재 **sighting** 목격, 관찰 **analyze** 분석하다 **survival** 생존

정답_(a)

50

On news of his death today, the nation's journalists have been reflecting on the life of fellow journalist Hunter S. Thompson. For three-plus decades, Thompson was an outspoken writer who broke the rules of journalism by injecting himself so thoroughly into his reports that he became the story, giving us "Thompson with the Hells Angels," "Thompson in Las Vegas," and so on. His brand of journalism was seen by many as a refreshing change from the kind of impersonal, dispassionate reporting that preceded him.

Q What is the main purpose of the report about Hunter S. Thompson?
(a) To detail some of the highlights of his career.
(b) To criticize his negative effects on journalism.
(c) To explain how he influenced other journalists.
(d) To pay tribute to him and his style of journalism.

✿ 번역
오늘 헌터 S. 톰슨이 사망했다는 소식을 듣고 전국의 기자들은 동료 기자인 그의 일생을 되돌아보았습니다. 30년을 넘게 톰슨은 '지옥 천사와 함께하는 톰슨' '라스베이거스에서 톰슨이'와 같은 식으로 자기가 기사 속의 일부가 된 양, 자기 기사에 자신을 매우 깊이 투영시킴으로써 저널리즘의 원칙을 깬, 모든 것을 거리낌 없이 말하는 작가였습니다. 많은 사람들은 그의 저널리즘 형태를 개인 감정이 전혀 들어 있지 않은, 냉정한 기존의 저널리즘에서 탈피해 신선한 변화를 가져온 것으로 여기고 있습니다.

Q 헌터 톰슨에 관한 보도의 주요 목적은?
(a) 경력의 가장 중요한 부분을 상세히 서술하려고.
(b) 그가 저널리즘에 끼친 부정적인 영향을 비판하려고.
(c) 그가 다른 기자들에게 어떤 영향을 주었는지를 설명하려고.
(d) 그와 그의 저널리즘 양식에 찬사를 보내려고.

📘 기출 공략
독특한 기자 톰슨의 죽음에 그의 일생을 뒤돌아보는 기사이다. 그가 남긴 업적을 outspoken, refreshing change 등으로 높이 평가하고 있으므로 (d)가 정답이다.

reflect on ~을 곰곰이 생각하다 **fellow** 동료 **outspoken** 거침 없이 말하는 **inject** 주입하다 **thoroughly** 철저하게 **refreshing** 신선한 **impersonal** 개인 감정을 섞지 않는 **dispassionate** 감정에 좌우되지 않는, 냉정한 **precede** ~에 앞서다 **pay tribute to** ~에 찬사를 보내다

정답_(d)

51

The invention of paper and printing only allowed information to be disseminated to limited numbers of people. It was a slow process by today's standards. Today, the Internet enables information to spread rapidly worldwide, and it can reach millions of people instantaneously. This is a profound capability that human beings have never had before. It is obviously a major advance in human communications.

Q What is the main idea of the talk?
(a) The spread of information in the current age is unprecedented.
(b) The invention of computers was a major advance in history.
(c) The amount of information on the Internet is overwhelming.
(d) The Internet has reduced our reliance on paper.

번역
종이와 인쇄술의 발명은 제한된 수의 사람들에게만 정보가 퍼지는 것을 가능하게 하였다. 이는 오늘날의 기준으로 보면 느린 과정이었다. 오늘날, 인터넷은 정보를 전세계로 빠르게 퍼뜨릴 수 있으며, 수백만 명의 사람들에게 동시에 도달하게 할 수 있다. 이는 인간이 일찍이 결코 소유하지 못한 뜻깊은 역량이다. 이는 인간의 소통에 있어서 중요한 발전임에 틀림없다.

Q 담화의 주제는?
(a) 현대의 정보 확산은 전례가 없다.
(b) 컴퓨터의 발명은 역사적으로 볼 때 중요한 발전이었다.
(c) 인터넷 정보의 양은 압도적이다.
(d) 인터넷은 종이에 대한 의존성을 감소시켰다.

기출 공략
인터넷 시대가 도래하면서 종이만 쓰던 예전에 비해서 정보 확산 속도가 엄청나게 빨라졌다는 내용이므로 정답은 (a)이다. (b)와 (c)는 상식적인 진술일 뿐이고, (d)는 담화에서 언급된 일부 어휘를 활용한 오답 함정이다.
disseminate 퍼뜨리다 enable 가능하게 하다 spread 확산하다
instantaneously 순간적으로; 동시에 profound 뜻깊은
capability 역량, 능력 unprecedented 전례가 없는
overwhelming 압도적인; 불가항력의   정답_(a)

52

Ladies and gentlemen, let me be clear. Freedom means the right to assemble, organize and debate openly. And it means citizens can openly disagree with the policies of their governments. It means they can peacefully express their ideas and opinions without worrying about being taken away from their loved ones and imprisoned, mistreated, or denied their freedom and dignity.

Q What is the speaker mainly talking about?
(a) The basic human rights that freedom entails.
(b) The consequences of not fighting for freedom.
(c) The way the government abuses basic freedoms.
(d) The right to speak out against injustices in public.

번역
신사 숙녀 여러분, 분명히 말씀드립니다. 자유란 공개적으로 집회와 결사, 그리고 토론할 수 있는 권리를 의미합니다. 이는 시민들이 정부의 정책에 공개적으로 다른 의견을 가질 수 있다는 것을 의미합니다. 이것은 시민들이 잡혀가서 사랑하는 사람과 이별하고, 투옥되고, 학대받거나 자유와 존엄을 거부당할 걱정 없이 평화롭게 자신의 생각과 의견을 표현할 수 있음을 의미합니다.

Q 연설자가 말하고 있는 주된 내용은?
(a) 자유에 수반되는 기본 인권.
(b) 자유를 위해 싸우지 않음으로써 나타나는 결과.
(c) 정부가 기본적인 자유를 악용하는 방법.
(d) 불의에 대항하여 공개적으로 말할 권리.

기출 공략
Freedom means라고 시작하며 자유의 의미를 설명하는 연설이다. 집회의 자유, 결사의 자유, 공개 토론의 자유 등은 모두 기본 인권과 관련된 것이므로 정답은 (a)이다. 마지막 문장에서 열거된 imprisoned, mistreated 등의 어휘와 연관 지어 (c)를 고르지 않도록 한다.
assemble 회합하다 organize 조직하다 mistreat 학대하다
dignity 존엄 entail 수반하다 consequence 결과 abuse 악용하다 in public 공개적으로   정답_(a)

53

Your call has been forwarded to an automated answering machine. If you would like to talk to a representative from the customer service department, please call back during normal work hours. In all other cases, please remain on the line and leave a voice message along with your name, phone number and a brief description of the problem you are having. If you are located outside the US, contact us toll free at 888-357-2762. Thank you for using Androtech. Have a great day.

Q What are international callers instructed to do?
(a) Call during normal business hours.
(b) Leave a recorded message.
(c) Hang up and dial a different number.
(d) Wait for a customer service representative.

✿ 번역

귀하가 방금 거신 전화는 자동응답기로 연결되었습니다. 고객서비스 부서 직원과 통화를 원하시면 정규 근무 시간에 다시 전화해 주십시오. 그 외의 경우에는 전화를 끊지 마시고 성함, 전화번호 그리고 불편 사항에 대해 간략히 음성 메시지를 남겨 주세요. 미국 밖에 거주하신다면 무료 전화 888-357-2762로 전화하십시오. 안드로테크를 찾아 주셔서 감사합니다. 즐거운 하루 되세요.

Q 국제 통화자에게 지시되고 있는 것은?
(a) 정규 근무 시간에 전화하기.
(b) 녹음 메시지 남기기.
(c) 전화를 끊고 다른 번호로 전화하기.
(d) 고객서비스 직원 기다리기.

📖 기출 공략

회사 자동응답기의 내용이다. outside the US를 질문에서 international callers로 패러프레이징 하고 있는데, 미국에 거주하지 않는 통화자는 무료 전화로 걸라고 지시하고 있으므로 (c)가 정답이다.

forward 전송하다 **automated answering machine** 자동응답기 **representative** 담당자 **remain on the line** 전화를 끊지 않고 기다리다 **description** 설명 **hang up** (전화를) 끊다

정답_(c)

54

As a model, I always read the Women in Rags weekly magazine. It's the fashion industry's hottest news source. It covers everything in fashion: from business issues to fashion trends, from retail developments to market overviews. Women in Rags is the news source for anyone who is serious about fashion. Get the latest in modern fashion with Women in Rags, the fashion industry's authority on fashion.

Q Which is correct about Women in Rags?
(a) It sells fashionable clothing for women.
(b) It reports fashion news on a monthly basis.
(c) It is mainly for models and model agencies.
(d) It is a key news source in the fashion industry.

✿ 번역

모델로서 나는 항상 주간지 〈누더기를 걸친 여성〉을 읽어요. 그것은 패션 업계의 가장 인기 있는 소식통이에요. 패션에 관한 모든 것을 다루어요: 업계 이슈에서부터 패션 경향까지, 소매업 개발에서부터 시장 조망까지. 〈누더기를 걸친 여성〉은 패션에 관심 있는 어느 누구에게든 소식통이 돼요. 패션 업계에서 권위 있는 〈누더기를 걸친 여성〉으로 현대 패션의 최신 소식을 얻으세요.

Q 〈누더기를 걸친 여성〉에 대해 옳은 것은?
(a) 유행하는 여성 의류를 판다.
(b) 매달 패션 뉴스를 제공한다.
(c) 주로 패션 모델과 모델 대행사를 위한 것이다.
(d) 패션 업계에서 중요한 소식통이다.

📖 기출 공략

〈누더기를 걸친 여성〉은 잡지이고, 매주(weekly) 발행된다고 했으므로 (a), (b)는 오답이며, 패션에 관심 있는 누구에게나 소식원이라고 했으므로 (c)도 틀렸다. 정답은 패션 업계에서 중요한 소식통(a key news source)이라고 한 (d)이다.

rag 누더기 **source** 원천 **issue** 문제 **trend** 추세, 경향 **retail** 소매

정답_(d)

55

Fitness experts in California have come up with a new workout method which enhances blood flow. The method uses a series of deep yoga stretches mixed with quick bursts of cardiovascular activity. For instance, after executing five minutes of leg stretches, people are encouraged to carry out two minutes of intense biking and then return to doing slow, deep leg stretches. The method is called Push Yoga and has been gaining popularity among image-conscious stars whose careers rely on appearing healthy and toned.

Q According to the passage, what is one of the benefits of Push Yoga?
(a) It increases flexibility.
(b) It strengthens leg muscles.
(c) It stimulates hormone release.
(d) It improves blood circulation.

56

This lecture will discuss the exchanges of views in the historical evolution of Indian and Chinese medicine. Both Indian and Chinese medicine emerged independently, each being linked closely to its own native religious and cultural viewpoints. Their geographical separation, however, did not stop the interchange of ideas and acquisition of theories and practices from one system to the other or from other neighboring cultures. Even so, following the precise routes and confirming the exact dates of these interactions is very arduous.

Q Which is correct according to the lecture?
(a) The exact routes for exchange have been discovered.
(b) Religion had close connections with Indian medicine.
(c) Chinese and Indian medicine did not influence each other.
(d) Little is known about the origins of Chinese medicine.

57

One term you'll often hear in this class is "urbanity." The notion of urbanity refers to a mode of social relations proper to urban life. It is often used to define the socio-cultural identity of city inhabitants as well as a type of social organization which is specific to urban society. Our class discussion of urbanity will thus encompass the economic, political, social and cultural impetuses of cities, as well as the major impact these forces have on city dwellers.

Q Which is correct about the term "urbanity" according to the lecture?
(a) It describes how social relations are formed in rural areas.
(b) It refers to the social structure of a city environment.
(c) Its economic definition will be the main focus of the class.
(d) Its application to rural dwellers will be a discussion point.

✿ 번역
이 수업에서 여러분은 '도시풍'이라는 말을 자주 듣게 될 것입니다. 도시풍이란 개념은 도시 생활에 적절한 사회적 관계 방식을 가리킵니다. 이 개념은 종종 도시 사회 특유의 사회 조직 형태뿐 아니라 도시 거주민의 사회문화적 정체성을 규정하는 데 사용됩니다. 따라서 이 수업 중 토론은 도시의 경제, 정치, 사회, 문화적 추동력뿐만 아니라 이것들이 도시 거주자들에게 미치는 중대한 영향력을 포함할 것입니다.

Q 강의에 따르면 '도시풍'이란 용어에 관해 옳은 것은?
(a) 사회적 관계가 시골 지역에서 어떻게 형성되는지를 설명한다.
(b) 도시 환경의 사회 구조를 가리킨다.
(c) 그것의 경제적 규정이 수업의 주된 초점이 될 것이다.
(d) 용어를 시골 거주자들에게 적용하는 것이 토론의 초점이 될 것이다.

📘 기출 공략
(a)는 시골 지역이 아니라 도시 지역에 해당하므로 오답이고, 도시의 경제, 정치, 사회, 문화적 추동력과 그것들이 도시민들에게 미치는 영향을 토론한다고 했으므로 (d)도 오답이다. 정답은 도시풍의 개념을 설명한 (b)이다.

urbanity 도시풍 **notion** 개념 **mode** 양상 **proper** 적당한 **encompass** 포함하다 **impetus** 힘, 추동력 **impact** 영향력 **rural** 시골의 **definition** 정의 **application** 적용 **dweller** 거주자

정답_(b)

58

First of all, welcome everyone to our annual end-of-the-year meeting. I'd like to thank all resellers who traveled from all over the world for your efforts in selling our Pander Business Communications' products this year. I'd also like to acknowledge this year's winner of Pander's reseller incentive scheme competition. The best-performing reseller was Scalable Networks based in Sussex, whose staff members were rewarded with vacation vouchers to any destination of their choice. Congratulations on a job well done!

Q What can be inferred about Pander Business Communications?
(a) It has a network of resellers worldwide.
(b) It specializes in arranging special vacation tours.
(c) It rewards the customers who purchase the most.
(d) It is a newly launched company with a branch in Sussex.

✿ 번역
우선, 연례 연말 모임에 오신 여러분 모두를 환영합니다. 올해 팬더 비즈니스 커뮤니케이션 사의 제품을 팔기 위해 노력해온, 전세계에서 오신 모든 판매 대행사 분들께 감사드립니다. 또한 저는 올해 판매 대행사 대상 인센티브 제도의 수상자에게 감사를 표하고 싶습니다. 최고 실적을 거둔 대행사는 서섹스에 본부를 둔 스캘러블 네트웍스로, 그 직원들은 자신들이 원하는 어떤 휴양지에도 갈 수 있는 휴가 상품권을 받았습니다. 훌륭한 업무 수행을 축하드립니다.

Q 팬더 비즈니스 커뮤니케이션 사에 대해 추론할 수 있는 것은?
(a) 전세계 판매망을 가지고 있다.
(b) 특별한 휴가 여행 기획 전문사이다.
(c) 가장 많이 구매한 고객들에게 보상을 한다.
(d) 서섹스에 지부를 가진 새로이 출범한 회사이다.

📘 기출 공략
두 번째 문장 traveled from all over the world를 통해 (a)가 추론 가능한 내용이다. (d)는 담화문의 based in Sussex와 반대 내용이다.

end-of-the-year 연말 **reseller** 판매 대행자, 대리점 **acknowledge** 감사를 표하다, 인정하다 **scheme** 기획 **best-performing** 최고 실적을 올린 **voucher** 상품권 **destination** 목적지 **launch** 시작하다 **branch** 지부

정답_(a)

59

Have you ever noticed how an enthusiastic salesperson in a department store can get you, the customer, more excited about merchandise? Or have you observed how an enthusiastic speaker can excite audiences? If you have enthusiasm, those around you will have it, too. All you have to do is think enthusiastically, and you'll be enthusiastic. Then, others will catch the enthusiasm.

Q What is implied about enthusiasm?
(a) It is able to make the world better to live in.
(b) It is most helpful in sales and at conferences.
(c) It begins with an optimistic view of the future.
(d) It can be learned by anyone with a desire for it.

❋ 번역
백화점의 열성적인 판매원이 고객인 여러분으로 하여금 상품에 어떻게 보다 흥미를 가지게 만드는지 알아챈 적이 있습니까? 혹은 열성적인 연설자가 어떻게 청중을 흥분시키는지 목격하셨습니까? 당신이 열정을 가지고 있으면 당신 주위의 사람도 열정을 가지게 될 것입니다. 오직 당신이 열정적으로 생각하기만 하면 그러면 당신은 열정적으로 될 것입니다. 그러면 다른 사람도 그 열정을 따라갈 것입니다.

Q 열정에 대해 암시되고 있는 것은?
(a) 세상을 더 살기 좋은 곳으로 만들 수 있다.
(b) 판매와 회의에 가장 도움이 된다.
(c) 미래에 대한 낙관적인 견해로 시작한다.
(d) 열정에 대한 욕구를 가진 사람은 누구라도 얻을 수 있다.

📔 기출 공략
열정적인 생각을 갖고 있으면 누구라도 열정적인 사람이 될 수 있다는 내용이므로 정답은 (d)이다. (a)와 (c)는 상식적인 진술일 뿐 담화에서는 전혀 언급되지 않았다.

enthusiastic 열렬한, 열광적인 **merchandise** 상품 **optimistic** 낙관적인   정답 (d)

60

In observing the satire in Jonathan Swift's *Gulliver's Travels*, let's first look at the excerpt in which Swift's protagonist, Gulliver, portrays his native England's social institutions to the king of one of the exotic lands he visits. Gulliver, who is naturally accepting of and blindly favorable to his native society, endeavors to persuade the king of its advantages and importance. Yet, after hearing Gulliver's account, the king reaches the conclusion that the English must be the "most pernicious Race of little odious Vermin that Nature ever suffered to crawl upon the Surface of the Earth."

Q What can be inferred from the lecture?
(a) The English do not realize how great their country is.
(b) Travelers must try harder to understand other cultures.
(c) Citizens should learn to regard their own society critically.
(d) People in high positions often have one-sided viewpoints.

❋ 번역
조나단 스위프트의 〈걸리버 여행기〉에 나타난 풍자를 관찰함에 있어, 먼저 주인공 걸리버가 조국 영국의 사회 제도를 그가 방문하는 이국적인 나라들 중 한 나라의 왕에게 묘사하는 장면이 있는 발췌문을 보도록 합시다. 영국 사회에 대해 본래부터 수용적이고 맹목적으로 호의적인 걸리버는 왕에게 그 사회의 장점과 중요성을 설득시키려 애씁니다. 그러나 걸리버의 이야기를 들은 왕은 영국 국민이야말로 '지구상에 기어 다니도록 자연이 허용한 조그맣고 불쾌한 해충과 같은 가장 사악한 민족'임에 틀림없다는 결론에도 달합니다.

Q 강의에서 추론할 수 있는 것은?
(a) 영국 국민은 자신들의 국가가 얼마나 위대한지 깨닫지 못한다.
(b) 여행자들은 다른 문화를 이해하기 위해 더 노력해야 한다.
(c) 시민은 자신의 사회를 비판적으로 볼 수 있도록 배워야 한다.
(d) 높은 지위의 사람은 종종 편파적인 관점을 가진다.

📔 기출 공략
걸리버의 이야기에 나오는 어떤 왕이 영국 사회를 비판하고 있는 대목이다. 이 작품이 영국 사회를 신랄하게 비판할 목적으로 쓴 풍자 소설이란 것을 생각해 보면 정답을 (c)로 고를 수 있다.

satire 풍자 **excerpt** 발췌문 **protagonist** 주인공 **portray** 묘사하다 **exotic** 이국적인 **blindly** 맹목적으로 **endeavor** 애쓰다 **conclusion** 결론 **pernicious** 악성의 **odious** 불쾌한 **vermin** 해충 **crawl** 기어 다니다 **one-sided** 편파적인   정답 (c)

Grammar

25 minutes

1

A I need to see some ID.
B OK, _____ driver's license.

(a) here my
(b) it is here
(c) here it is
(d) here is my

✿ 번역
A 신분증을 보여주십시오.
B 네, 여기 운전면허증이 있어요.

📘 기출 공략
여기 A가 있다는 표현은 Here is A이며, 따라서 정답은 (d)이다.
(a) here my는 동사가 없어 오답이다.
ID 신분증(identification)   driver's license 운전면허증   정답_(d)

2

A Good evening. Are you ready to order?
B Not yet. _____ you give us a little more time, please?

(a) Do
(b) Can
(c) May
(d) Shall

✿ 번역
A 안녕하세요. 주문하시겠습니까?
B 아뇨, 아직이요. 좀 더 시간을 주시겠어요?

📘 기출 공략
'~해 주시겠어요?'라고 부탁하는 표현으로 (b)의 Can you…? 혹은 Would you…?가 있다. 따라서 정답은 (b)이다.
order 주문하다   정답_(b)

3

A Hi, Jeremy. How's school going?
B OK, except that there's so much _____ I have to do.

(a) read
(b) reading
(c) to read
(d) having read

✿ 번역
A 안녕, 제레미. 학교 생활은 어때?
B 괜찮아요. 읽어야 할 것이 아주 많은 것을 제외하고는요.

📘 기출 공략
'읽을 것이 많다'는 so much to read나 so much reading to do가 적절하다. 빈칸 뒤에 to do가 있으므로 (b)가 알맞다. How is A going?은 'A는 어떤가?'라는 뜻으로 How is A coming along?이라고 하기도 한다.   정답_(b)

4

A Are you sure you want to see this movie?
B Yes, I _____ want to see it.

(a) too
(b) very
(c) such
(d) really

✿ 번역
A 이 영화 정말 보고 싶어?
B 응, 정말 보고 싶어.

📘 기출 공략
'진정으로 원한다'란 표현에서 동사를 수식할 수 있는 부사로 적절한 것은 (d) really이다. (a) too는 '나도 또한'의 의미로 오답이다.
see a movie 영화를 보다   정답_(d)

Grammar

5

A Where's that report I asked you to do?
B I put _____ when you were in Mr. Russell's office.

(a) your desk
(b) it your desk
(c) on your desk
(d) it on your desk

✿ 번역
A 부탁한 보고서는 어디 있나요?
B 러셀 씨 사무실에 있을 때 책상 위에 두었어요.

📘 기출 공략
'책상 위에 보고서를 두다'라는 표현에서 that report를 받는 목적어 it과 '책상 위에'라는 장소의 부사구 on your desk를 모두 갖춘 (d)가 정답이다.

report 보고서   정답_(d)

6

A Do you go to yoga every night?
B Of course. I _____ a class yet.

(a) will not miss
(b) hadn't missed
(c) am not missing
(d) haven't missed

✿ 번역
A 당신은 매일 밤 요가를 하러 가나요?
B 물론이죠. 아직 한 번도 빠지지 않았어요.

📘 기출 공략
yet(아직)과 어울리는 것은 현재완료 (d) haven't missed이다.
miss a class 수업에 결석하다   정답_(d)

7

A Should I accept the job offer?
B Yes. If I _____ you, I would take it.

(a) am
(b) were
(c) will be
(d) would have been

✿ 번역
A 제가 그 일자리를 받아들여야 할까요?
B 네. 제가 당신이라면 받아들일 거예요.

📘 기출 공략
I would가 있으므로 가정법 과거 구문임을 예상할 수 있다. 따라서 이 시제에 어울리는 표현은 (b) were이다. (d) would have been은 가정법 과거완료로 시제가 옳지 않다.
job offer 일자리 제의   정답_(b)

8

A Could you have someone come up and clean my suite?
B Certainly, sir. Someone _____ shortly.

(a) will be
(b) be there
(c) will be there
(d) there will be

✿ 번역
A 제 스위트룸 청소할 사람 좀 보내 주시겠어요?
B 물론입니다. 곧 사람을 그리로 보내겠습니다.

📘 기출 공략
(a) will be에서는 there가 빠졌고, (d) there will be에서는 부사 there의 위치가 어색하다. 따라서 정답은 어순이 맞는 (c) will be there이다.
come up 올라오다   **suite** (호텔의) 스위트룸   **shortly** 곧
정답_(c)

352

9

A _____ it be all right if I borrowed your car tomorrow?
B No, I need it to get to work.

(a) Will
(b) Can
(c) Would
(d) Could

번역
A 내일 제가 당신 차를 빌려도 괜찮나요?
B 아니요, 제가 출근하는 데 써야 해요.

기출 공략
정중하게 상대방의 의사를 묻거나 부탁할 때 보통 (c) Would를 쓴다.
get to work 출근하다   정답_(c)

10

A I can't stand it anymore. You're getting on my nerves!
B Well, _____!

(a) so are you
(b) are you so
(c) you so are
(d) you are so

번역
A 더 이상 참을 수가 없네요. 신경을 거슬리게 하고 있어요.
B 당신도 마찬가지예요!

기출 공략
'마찬가지이다'라는 표현은 so 다음에 주어와 동사가 도치된다. 따라서 정답은 (a) so are you이다.
get on one's nerves ~의 신경을 거슬리게 하다   정답_(a)

11

A Is there a number I can call to reach you?
B Sure. Call my cell phone number, _____ is 011-877-4615.

(a) that
(b) who
(c) what
(d) which

번역
A 당신에게 연락할 수 있는 전화번호가 있습니까?
B 물론이죠. 제 휴대폰으로 전화하세요. 011-877-4615입니다.

기출 공략
관계대명사의 계속적 용법으로 선행사 number를 받는 (d) which가 적절하다. (a) that은 이런 경우 사용할 수 없다.
reach 연락하다   정답_(d)

12

A How about playing a video game?
B I can't. I have work _____.

(a) done
(b) to do
(c) doing
(d) to doing

번역
A 비디오 게임을 하는 게 어때요?
B 못해요. 할 일이 있거든요.

기출 공략
명사 work를 뒤에서 수식하는 to부정사가 적절하므로 (b) to do가 답이 된다.
How about A A하면 어떨까요?   정답_(b)

Grammar

13

A Guess what! While _____ down the street, I ran into my old boyfriend.
B No kidding! Did he recognize you?

(a) walk
(b) to walk
(c) walking
(d) having walked

❋ 번역
A 있잖아, 길거리를 걸어가다가 옛 남자친구와 마주쳤어.
B 설마! 그가 널 알아봤니?

📘 기출 공략
원래는 While I was walking down the street인데 이것을 분사 구문으로 바꾸면서 동일한 주어 I를 생략하고 (being) walking에서 현재분사만 남겨둔 (c) walking이 적절하다.
Guess what! 있잖아, 맞혀 봐! **run into** ~와 마주치다 **kid** 놀리다
정답_(c)

14

A Hurry up, Alice!
B I am. I'm driving above _____.

(a) speed limit
(b) a speed limit
(c) the speed limit
(d) some speed limit

❋ 번역
A 서둘러, 앨리스!
B 그러고 있잖아. 제한 속도를 초과해서 달리고 있어.

📘 기출 공략
제한 속도는 이미 정해져 있는 것이므로 the를 붙인 (c) the speed limit가 정답이다.
speed limit 제한 속도
정답_(c)

15

A I'm too old to go jogging anymore.
B Well, no matter _____, you need to get some exercise.

(a) what is your age
(b) what your age
(c) age you are at
(d) your age is

❋ 번역
A 너무 늙어서 더 이상 조깅을 할 수가 없어.
B 글쎄, 나이가 얼마가 됐든 운동은 해야 돼.

📘 기출 공략
'비록 ~일지라도'의 표현 no matter what에 관해 묻고 있다.
no matter what 다음에는 (b) your age (is) 혹은 age you are가 가능하므로, 답은 (b)이다.
go jogging 조깅하다 **exercise** 운동
정답_(b)

16

A Can I play some music?
B _____ you keep the volume low.

(a) Even if
(b) So that
(c) As long as
(d) Inasmuch as

❋ 번역
A 음악 좀 틀어도 될까요?
B 소리만 크게 하지 않으면 상관없어요.

📘 기출 공략
'~하기만 한다면, ~하는 한'이라는 표현은 (c) As long as를 사용한다.
keep A low A를 낮게 유지하다 **inasmuch as** ~때문에
정답_(c)

17

A I thought you were going to go fishing.
B I was _____, but I changed my mind.

(a) to go
(b) going to
(c) going to do
(d) going to go to

번역
A 난 네가 낚시하러 갈 거라고 생각했는데.
B 그러려고 했는데, 마음을 바꿨어.

기출 공략
원래는 I was going to go fishing이지만 앞에서 나온 go fishing은 생략할 수 있으므로 (b) going to가 정답이 된다.
go fishing 낚시하러 가다

정답_(b)

18

A Where's Charlie?
B I don't know. He called a while ago to say he _____ in five minutes.

(a) left
(b) leaves
(c) had left
(d) was leaving

번역
A 찰리는 어디 있지?
B 모르겠어. 조금 전에 전화해서 5분 후에 떠난다고 했어.

기출 공략
왕래·발착 동사는 현재 혹은 현재진행형이 미래를 대신할 수 있으므로 leave와 be leaving 중에 답이 있다. 정답은 주절의 과거 시제(called)와 일치하는 (d) was leaving이다.
a while 잠시, 잠깐

정답_(d)

19

A Are you ready to present the results of your experiment?
B Yes, _____.

(a) all the data have I ready
(b) all the data I have ready
(c) I have all ready the data
(d) I have all the data ready

번역
A 실험 결과를 발표할 준비가 되었나요?
B 네, 모든 자료가 준비되었어요.

기출 공략
동사 have 뒤에 목적어 all the data와 목적보어 ready를 취한 (d)가 정답이다.
present 발표하다 **experiment** 실험

정답_(d)

20

A Has the new medication proved effective?
B Yes, I've nearly recovered _____ my illness.

(a) across
(b) from
(c) over
(d) off

번역
A 그 신약의 효과가 증명되었나요?
B 네, 병에서 거의 회복되었어요.

기출 공략
recover가 자동사로 쓰일 때는 뒤에 from이나 of가 온다. 따라서 정답은 (b) from이다.
medication 약[약물] (치료) **effective** 효과적인 **recover from** ~에서 회복하다

정답_(b)

Grammar

21

Since neither the horse _____ the rider has any experience, they are not favored to win the race.

(a) or
(b) yet
(c) and
(d) nor

번역
말도 기수도 경험이 없기 때문에 경주에서 이길 것으로 기대되지 않는다.

기출 공략
either A or B의 부정형은 neither A nor B이다. 따라서 (d) nor가 정답이다.
neither A nor B A도 B도 아니다 **rider** 기수 **be favored to** ~할 것으로 기대되다
정답_(d)

22

_____ to measure one's progress in improving fitness.

(a) It not being easy
(b) It is not easy
(c) Not easy is
(d) Not easy

번역
신체 단련의 진척 정도를 측정하는 것은 쉽지 않다.

기출 공략
to measure 이하의 긴 진주어를 받는 가주어 It 다음에 is가 오는 어순을 취한 (b)가 가장 적당하다.
measure 측정하다 **progress** 진척, 진보 **improve** 향상시키다 **fitness** 건강한 상태, 체력
정답_(b)

23

The driver was speeding on the highway when one of his front tires burst, _____ him to lose control of his car.

(a) caused
(b) causing
(c) to cause
(d) having caused

번역
고속도로에서 과속을 하던 중 앞바퀴 하나가 터지자 운전자는 차를 제어하지 못했다.

기출 공략
빈칸 앞의 절을 수식해 주는 분사구문이 필요하므로 (b)나 (d) 중에서 답을 고르면 된다. 그런데, 주절의 was speeding과 같은 시제가 되어야 하므로 (d) having caused는 부적합하다. 따라서 정답은 (b) causing이다.
speed 과속하다 **front tire** 앞바퀴 **burst** 폭발, 파열 **lose control of** ~을 제어하지 못하다 **cause A to B** A에게 B하도록 하다
정답_(b)

24

Since 60% of all campaign funds _____ on television, politicians try hard to master that medium.

(a) spent
(b) spending
(c) are spent
(d) are spending

번역
선거운동 총 자금의 60퍼센트가 텔레비전 방송에 사용되기 때문에 정치가들은 그 매체에 통달하려고 매우 노력한다.

기출 공략
주어인 funds(자금)가 사물이고, 의미상 사용되어지는 것이므로 수동태 구문 (c) are spent가 적당하다.
campaign 선거운동 **master** 정복하다, 통달하다
정답_(c)

25

_____ on stage, the short speaker could hardly be seen over the tall podium.

(a) Stand
(b) Standing
(c) To stand
(d) Having stood

✿ 번역
무대에 섰을 때 그 키 작은 연사는 비록 연단이 높았지만 거의 보이지가 않았다.

📖 기출 공략
Stand의 알맞은 형태를 고르는 문제인데, 콤마 이하가 완전한 절을 이루기 때문에 빈칸이 있는 절은 분사구문이나 to부정사를 사용해야 한다. 의미상 When he stands on stage에서 접속사와 동일한 주어를 생략한 (b) Standing이 정답이다.
podium 연단   정답_(b)

26

As a result of his stroke last year, _____ .

(a) it was unable to speak to Greg
(b) speaking to Greg was unable
(c) to speak Greg was unable to
(d) Greg was unable to speak

✿ 번역
작년에 발생한 뇌졸중 때문에 그렉은 말을 할 수가 없었다.

📖 기출 공략
빈칸은 주절이 올 자리이므로 주어, 동사의 어순으로 된 (a)나 (d) 중에서 골라야 한다. 말을 할 수 없는 주체는 Greg이므로 정답은 (d)가 된다.
stroke 뇌졸중   정답_(d)

27

Vaccines are often made from small amounts of _____ microbes.

(a) weaken
(b) to weaken
(c) weakened
(d) weakening

✿ 번역
백신은 종종 적은 양의 약해진 미생물로 만들어진다.

📖 기출 공략
빈칸에는 microbes를 수식하는 형용사가 와야 하므로, (c)나 (d) 중에서 골라야 한다. 미생물이 인위적으로 약화된 것이므로 정답은 수동의 의미를 지니는 (c)가 된다.
vaccine 백신   microbe 미생물   weaken 약하게 하다   정답_(c)

28

After falling over, Jane stood up and continued on her way as if nothing _____ .

(a) happens
(b) has happened
(c) had happened
(d) was happening

✿ 번역
제인은 넘어진 후 일어나서 마치 아무 일도 일어나지 않은 듯 계속해서 걸어갔다.

📖 기출 공략
as if 다음에는 가정법이 오는데, 주절의 시제가 과거(stood)이므로 과거 사실을 반대하는 가정법 과거완료가 와야 한다. 따라서 정답은 (c)이다.
fall over 넘어지다   정답_(c)

Grammar

29

The aim of advertising is to establish the identity of a particular brand name _____ will be preferred over the competition.

(a) prominently that it
(b) that it prominently
(c) so that it prominently
(d) so prominently that it

번역
광고의 목적은 특정 상표의 정체성을 눈에 띄게 확립해서 그것이 경쟁 제품보다 더 선호될 수 있게 하는 것이다.

기출 공략
so A that B(너무 A해서 B하다) 구문이므로 정답은 (d) so prominently that it이다.
identity 정체성   **brand name** 상표   **prefer** 선호하다
competition 경쟁 제품   **prominently** 현저하게   정답_(d)

30

In the human body, _____ detected by the immune system is attacked by antibodies.

(a) germ
(b) germs
(c) any germ
(d) one germ

번역
인체에서 면역 체계에 의해 탐지되는 모든 균은 항체의 공격을 받는다.

기출 공략
빈칸과 연결되는 동사는 is이므로 단수 명사 중에서 선택해야 한다. 관사가 없는 (a)는 불가능하고, 의미상 (d)도 어색하다. 따라서 (c) any germ이 정답이다.
detect 탐지하다   **immune system** 면역 체계   **be attacked by** ~의 공격을 받다   **antibody** 항체   **germ** 세균, 미생물   정답_(c)

31

Baking cookies and pies _____ what makes Mrs. Harold happy.

(a) is
(b) are
(c) was
(d) were

번역
과자와 파이를 굽는 일은 해럴드 부인을 행복하게 만든다.

기출 공략
Baking cookies and pies는 단수 취급하므로 (a)나 (c) 중에서 선택해야 한다. what 이하 절에서 동사(makes)가 현재 시제이므로 시제 일치에 의해 (a)가 정답이 된다.
bake 굽다   정답_(a)

32

Often there is a character in a movie _____ no one wishes to identify.

(a) in that
(b) by whom
(c) with whom
(d) of whatever

번역
영화 속에는 어느 누구도 동일시하고 싶지 않은 인물이 종종 있다.

기출 공략
선행사가 a character인 '전치사+관계대명사' 구문으로, identify와 어울려 앞뒤 문장을 잘 이어주는 전치사를 찾으면 된다. identify with를 알고 있으면 쉽게 (c)를 정답으로 고를 수 있다.
identify with ~와 동일시하다   정답_(c)

33

After _____ happened between the Presidents, it is unlikely that the two countries will resolve their conflict anytime soon.

(a) that
(b) what
(c) anything
(d) something

✱ 번역
두 대통령 사이에 일어난 사건 이후 양국간 갈등이 조만간 해결될 가능성은 거의 없는 듯하다.

기출 공략
빈칸에는 전치사 After의 목적어 겸 happened의 주어가 필요하므로 선행사를 포함하는 관계대명사 (b) what이 적합하다.
resolve 해결하다 **conflict** 갈등   정답_(b)

34

Nowadays only crops that have been genetically modified through the introduction of foreign gene material _____ regulated by the US government.

(a) is
(b) are
(c) was
(d) were

✱ 번역
요즘은 외래 유전자 물질을 도입해 유전자를 조작한 작물만 미국 정부에 의해 규제된다.

기출 공략
Nowadays로 보아 현재 시제이고 주어는 crops이므로 복수 동사 (b) are가 적절하다. that 이하 material까지가 crops를 수식하고 있는 구조를 이해하고, 주어를 찾아낼 수 있는지를 묻는 문제이다.
crops 작물 **genetically modified** 유전자가 조작된 **regulate** 규제하다   정답_(b)

35

A teacher should never go into a class without knowing _____.

(a) the objective is for that hour
(b) the objective for what that hour is
(c) what the objective is for that hour
(d) what is the objective for that hour

✱ 번역
교사는 수업에 들어갈 때 반드시 그 시간의 목표가 무엇인지를 알고 있어야 한다.

기출 공략
빈칸은 knowing의 목적어로 간접의문문 형태를 취한 (c)가 적절하다. 간접의문문은 '의문사+주어+동사'의 어순임에 유의하자.
objective 목표, 목적   정답_(c)

36

The wounded bear _____ in the snow for several hours before it was discovered.

(a) lying
(b) has lain
(c) had lain
(d) has been lying

✱ 번역
부상을 입은 곰은 발견되기 몇 시간 전부터 눈 속에 쓰러져 있었다.

기출 공략
발견된(was discovered) 것보다 눈 속에 쓰러져 있던 것이 더 앞선 시제이므로 과거완료가 되어야 한다. 따라서 정답은 (c) had lain이다.
wounded 부상당한 **lie** 눕다(lie-lay-lain)   정답_(c)

Grammar

37

Two animals _____ highly intelligent are dolphins and whales.

(a) thought of to be
(b) thought to being
(c) that are thought of
(d) that are thought to be

✿ 번역
지능이 높다고 여겨지는 두 동물은 돌고래와 고래이다.

📖 기출 공략
주어 Two animals를 수식함과 동시에 뒤에 나오는 intelligent와의 연결까지 고려하면 정답은 (d) that are thought to be이다. 관계대명사와 be동사가 생략된 thought to be도 가능하다.
intelligent 총명한 **dolphin** 돌고래 **whale** 고래   정답_(d)

38

_____ seemed to stand still, as the buzzer sounded and Carl threw the ball toward the basket.

(a) Time
(b) Times
(c) A time
(d) The times

✿ 번역
종료 벨이 울리면서 칼이 공을 바스켓으로 던졌을 때 시간은 정지한 듯했다.

📖 기출 공략
시간(time)은 추상명사로 관사나 복수형을 쓸 수 없으므로 (a) Time이 정답이다.
still 정지한 **buzzer** 벨, 사이렌   정답_(a)

39

The death of a 13-year-old boy brings _____ killed by bird flu in Asia.

(a) the number six to those
(b) to six the number of those
(c) the number of those to six
(d) to six of the number those

✿ 번역
13세 소년의 죽음으로 아시아에서 조류 독감으로 사망한 사람의 숫자는 여섯이 되었다.

📖 기출 공략
brings의 목적어는 the number of those이며, killed 이하가 those를 수식하고 있는 구조이다. the number of those 이하가 길기에 to six가 앞으로 온 (b)가 적합하다.
bird flu 조류 독감   정답_(b)

40

The emphasis on solid colors as well as a slimmer look _____ the fashion of men's suits over the past summer.

(a) is changing
(b) are changing
(c) has changed
(d) have changed

✿ 번역
좀 더 가늘어진 외형과 원색의 강조는 지난 여름 동안 남성 양복 패션을 변화시켰다.

📖 기출 공략
이 문장의 주어는 단수인 The emphasis이며, over the past summer로 보아 시제는 완료 시제가 되어야 하므로 (c) has changed가 옳다.
solid color 원색, 단색 **slim** (옷이) 날씬한 체형에 맞는   정답_(c)

41

(a) A I think I'm allergic to something.
(b) B Really? What are you allergic to?
(c) A I'm not sure, but maybe it's the air pollution.
(d) B That could be it. It's quite badly these days.

✿ 번역
(a) A 나는 뭔가에 알레르기가 있는 것 같아.
(b) B 그래? 뭐에 알레르기가 있는데?
(c) A 확실하지 않지만 대기 오염인 것 같아.
(d) B 그럴 수도 있어. 요즘은 정말 공기가 나빠.

📘 기출 공략
(d)에서 badly는 '몹시, 심히'란 뜻의 부사로 be동사 다음에 왔으므로 '나쁜'의 의미를 가진 형용사 bad가 되어야 알맞다.
allergic to ~에 알레르기가 있는   air pollution 대기 오염

정답 (d) badly → bad

42

(a) A Have you seen the scissors?
(b) B Yes, I use them yesterday.
(c) A But they're not in their usual place.
(d) B Sorry, I'll go find them for you.

✿ 번역
(a) A 가위 본 적 있니?
(b) B 응, 어제 내가 썼어.
(c) A 근데 평소에 있던 장소에 없어.
(d) B 미안해. 내가 찾아볼게.

📘 기출 공략
(b)에서 yesterday(어제)가 있으므로 use가 과거 시제 used로 바뀌어야 알맞다.
usual 평상시의, 보통의

정답 (b) use → used

43

(a) A Do you see that man feeding the pigeons?
(b) B You mean that guy which is sitting on the park bench?
(c) A Yes. He's always there at lunchtime feeding the birds.
(d) B Are you sure? I haven't noticed him there before.

✿ 번역
(a) A 비둘기에게 먹이 주는 저 남자 보이니?
(b) B 공원 벤치에 앉아 있는 저 사람 말이야?
(c) A 응. 저 사람은 언제나 점심시간 때 저기서 새들에게 먹이를 주고 있어.
(d) B 정말이야? 난 전에 저 사람을 저기서 본 적이 없는데.

📘 기출 공략
(b)에서 선행사(that guy)가 사람인 경우 주격 관계대명사는 who나 that을 쓰므로 which를 who나 that으로 고쳐야 알맞다.
feed 먹이를 주다   notice 알아치리다

정답 (b) which → who

44

(a) A I'm really worried about my Portuguese class.
(b) B Oh, you'll be fine, since you can speak a little Spanish.
(c) A You think knowing Spanish will help me understand Portuguese?
(d) B Sure. It's easier to learn Portuguese already if you know Spanish.

✿ 번역
(a) A 포르투갈어 수업 때문에 정말 걱정이야.
(b) B 괜찮을 거야. 넌 스페인어 좀 하잖아.
(c) A 네 말은 스페인어를 아는 것이 포르투갈어를 이해하는 데 도움이 된다는 거야?
(d) B 물론이지. 스페인어를 이미 알면 포르투갈어 배우는 게 좀 더 쉬워.

📘 기출 공략
(d)에서 부사 already의 위치는 접속사 if 앞이 아니라 일반동사 know 앞이 적당하다.
Portuguese 포르투갈어   Spanish 스페인어

정답 (d) already if you know → if you already know

Grammar

45

(a) A I don't have my share of the rent for this week.
(b) B Not again! So, I suppose you want me to pay all of it?
(c) A If you could. I promise I'll pay you back next week.
(d) B Well, all right. I guess I will. But this is a last time.

✿ 번역
(a) A 이번 주에 내가 내야 할 방세가 없어.
(b) B 또 그러냐! 그럼, 내가 모두 내라는 말이야?
(c) A 네가 그럴 수 있다면. 다음 주에 갚기로 약속할게.
(d) B 그럼, 좋아. 그렇게 하지 뭐. 하지만 이번이 마지막이야.

📘 기출 공략
(d)에서 마지막(last time) 같이 순서를 나타내는 말에는 the가 필요하므로 a last time은 the last time이 돼야 옳다.
share 몫 **rent** 임대료 **pay back** 갚다   정답_(d) a → the

46

(a) Have you ever wondered why it is easier to learn things when we are interested in that subject? (b) According to new research, learning things and liking them are tied together. (c) Researchers say true learning occurs when we feel positive about what we are learning. (d) In fact, when learning occurs, the brain releases chemicals that actual cause us to feel good.

✿ 번역
(a) 자신이 관심 있는 주제의 내용을 배우는 것이 왜 더 쉬운지 궁금해한 적 있나요? (b) 새로운 연구에 따르면 어떤 것을 학습하는 것과 그것을 좋아하는 것은 서로 연결되어 있다고 합니다. (c) 연구자들은 우리가 학습하고 있는 것에 대해 긍정적으로 느낄 때 진정한 학습이 이루어진다고 말합니다. (d) 사실, 학습이 일어날 때 뇌는 우리가 실제로 기분 좋게 느끼도록 하는 화학 물질을 방출합니다.

📘 기출 공략
(d)에서 동사(cause)를 수식하는 것은 형용사(actual)가 아니라 부사가 되어야 하므로 actual을 actually로 바꿔야 한다.
subject 주제 **occur** 발생하다 **positive** 긍정적인 **release** 방출하다   정답_(d) actual → actually

47

(a) While working as a journalist in the Congo, I was impressed by the people there. (b) The majority of the Congolese I met were tired of fighting. (c) All they wanted was to be left alone to live of peace. (d) Nevertheless, they endured the terrible war with great patience.

✿ 번역
(a) 콩고에서 기자로 일하면서 나는 현지 사람들로부터 깊은 인상을 받았다. (b) 내가 만난 콩고인들 대부분은 싸우는 것에 지쳐 있었다. (c) 그들이 원하는 모든 것은 평화롭게 살도록 내버려 두는 것이었다. (d) 그럼에도 불구하고 그들은 대단한 인내심으로 그 끔찍한 전쟁을 견뎌냈다.

📘 기출 공략
(c)에서 live를 수식하는 부사구로 of peace가 아닌 in peace(평안히, 안심하여)가 와야 옳다.
journalist 기자 **impress** ~에게 깊은 인상을 주다 **majority** 대다수 **endure** 견디다 **patience** 인내   정답_(c) of → in

48

(a) Recent studies show that being happily married is good for your health. (b) Men over 65 who are happily married usually live longer than unhappily married husbands. (c) A strong marriage is also beneficial for diabetes sufferers, to lead to better management of their disease. (d) Moreover, happily married people are less likely to abuse alcohol and drugs.

✿ 번역
(a) 최근의 연구에 따르면 행복한 결혼 생활이 건강에 이롭다고 한다. (b) 결혼 생활이 행복한 65세 이상의 남자들이 일반적으로 결혼 생활이 행복하지 못한 남편들보다도 더 오래 산다. (c) 안정된 결혼 생활은 당뇨병 환자들에게도 이로운데, 질병을 더욱 잘 관리하도록 이끌기 때문이다. (d) 더욱이 행복한 기혼자들은 알코올과 마약 남용 가능성이 덜하다.

📖 기출 공략
(c)에서 콤마 앞부분이 완전한 절을 이루므로 to lead 이하는 앞의 절을 수식해 주는 분사 형태로 고쳐야 한다. 따라서 to lead는 leading이 돼야 옳다.

beneficial 유익한, 이로운   **diabetes** 당뇨병   **sufferer** 환자
management 관리   **abuse** 남용   **정답** (c) to lead → leading

49

(a) American colleges and universities in size are varied a great deal. (b) Some colleges have just a few hundred students, whereas state universities may serve more than 100,000. (c) At smaller schools, students generally get to know their classmates and professors better. (d) But larger schools offer a greater selection of courses and activities.

✿ 번역
(a) 미국의 대학 및 대학교들은 규모 면에서 아주 다양하다. (b) 어떤 대학은 겨우 몇 백 명의 학생이 있는 반면에 주립 대학교는 10만 명 이상이 되기도 한다. (c) 소규모 학교에서는 학생들이 일반적으로 동급생이나 교수들을 더욱 잘 알게 된다. (d) 그러나 대규모 학교는 강좌나 활동에 있어 더욱 광범위한 선택권을 준다.

📖 기출 공략
(a)에서 규모가 다양하다(vary in size)는 표현에서 in size의 위치는 vary 뒤가 적합하므로, in size are varied a great deal은 vary a great deal in size가 돼야 옳다. 또한 주어와 동사 vary가 수동의 관계가 아니므로 are varied는 어색하다.

vary 다양하다; 다양하게 하다   **a great deal** 많이   **selection** 선택
정답 (a) in size are varied a great deal → vary a great deal in size

50

(a) If, like many people, you struggle with a poor body image, you need to try to readjust your thinking. (b) A poor body image would have devastating effects on you psychologically. (c) So, consider whether this so-called "problem" is really worth worrying about. (d) Ask yourself: should improving my body shape really be a priority in my life?

✿ 번역
(a) 많은 사람들처럼, 당신이 만족스럽지 못한 신체 이미지와 씨름하고 있다면 생각을 재조정할 필요가 있다. (b) 만족스럽지 못한 신체 이미지는 심리적으로 당신에게 매우 파괴적인 영향을 줄지도 모른다. (c) 그러므로 소위 이 '문제'라는 것이 정말 걱정할 가치가 있는지에 대해 생각해 보아라. (d) 스스로에게 물어 보아라. 몸매를 가꾸는 것이 나의 삶에서 제일 먼저 해야 할 일인지를 말이다.

📖 기출 공략
가정법의 뉘앙스 차이를 묻는 문제이다. (b)에서 '~할지도 모른다'는 가능성을 말하므로 would를 could로 고쳐야 한다.

struggle with ~로 고심하다   **readjust** 재조정하다   **devastating** 엄청난, 파괴적인   **be worth -ing** ~할 가치가 있다   **priority** 우선 사항, 우선권
정답 (b) would → could

Vocabulary

15 minutes

1

A I've been having a lot of trouble sleeping lately.
B That explains why you look so _____.

(a) flat   (b) tired
(c) fresh   (d) awake

✷ 번역
A 나는 최근에 잠자는 데 어려움이 많아요.
B 그 때문에 당신이 그렇게 피곤해 보이는군요.

(a) 단조로운   (b) 피곤한
(c) 생기 있는   (d) 깨어 있는

📘 기출 공략
빈칸에는 잠을 못 이루는 상대방이 피곤해 보인다는 내용이 어울리므로 정답은 (b) tired이다. That explains는 '그래서 ~하다, ~하는 게 설명이 된다'라는 뜻이다.
flat 단조로운, 평평한   정답_(b)

2

A Hi, I'm calling for Sam Perkins.
B Just a second, I'll go _____ him.

(a) get   (b) ask
(c) take   (d) answer

✷ 번역
A 여보세요, 샘 퍼킨스와 통화하고 싶은데요.
B 잠깐 기다리세요. 제가 가서 불러올게요.

(a) 불러오다   (b) 묻다
(c) 데리고 가다   (d) 대답하다

📘 기출 공략
go get은 go and get으로 보통 and를 생략해서 사용한다. 참고로 get the phone은 '전화를 받다'란 뜻이다.
get 가져[데려] 오다   정답_(a)

3

A Would you like to go out for dinner this weekend?
B Thanks, but I already have _____.

(a) plans   (b) goals
(c) meals   (d) duties

✷ 번역
A 이번 주말에 저녁식사 함께 하시겠어요?
B 고맙지만 이미 선약이 있어요.

(a) 계획   (b) 목표
(c) 식사   (d) 임무

📘 기출 공략
상대방의 제안에 대해 Thanks, but으로 시작하는 표현은 정중한 거절의 뜻이므로 이미 계획이 있음을 나타내는 (a) plans가 적절하다.
goal 목표, 득점   **duty** 임무   정답_(a)

4

A I think I'll just stay home today.
B Fine, if that's what you _____, but I'm going to Dave's party anyway.

(a) hear   (b) have
(c) want   (d) allow

✷ 번역
A 나는 오늘 그냥 집에 있을 생각이야.
B 좋아, 네가 원한다면 그렇게 해. 하지만 어쨌든 나는 데이브의 파티에 갈 거야.

(a) 듣다   (b) 가지다
(c) 원하다   (d) 허락하다

📘 기출 공략
집에 있겠다는 상대방의 의견을 인정하면서도 자신은 파티에 간다는 말이므로 (c) want가 알맞다.
anyway 어쨌든   **allow** 허락하다, 인정하다   정답_(c)

5

A Hi, I'm Kate's friend, Beth.
B It's great to _____ you, Beth. I'm Robert.

(a) greet (b) meet
(c) contact (d) introduce

✽ 번역
A 안녕. 나는 케이트 친구 베스야.
B 만나서 반가워, 베스. 나는 로버트야.
(a) 인사하다 (b) 만나다
(c) 연락하다 (d) 소개하다

📘 기출 공략
처음 만날 때 주고받는 인사 표현이다. 서로 인사하는 상황이어서 자칫 (d) introduce를 답으로 고르지 않도록 유의한다. 정답은 (b) meet이다.
contact 교제하다, 연락하다   정답_(b)

6

A Can we come with you to the county fair?
B Sure. I'd be glad to have you _____ me.

(a) join (b) show
(c) leave (d) bring

✽ 번역
A 우리가 당신 따라 자치 단체 박람회에 가도 되나요?
B 물론이죠. 당신들과 같이 간다니 좋네요.
(a) 합류하다 (b) 보여주다
(c) 떠나다 (d) 가져가다

📘 기출 공략
come with는 '~와 함께 가다'이므로 같은 뜻인 (a) join이 답이 된다.
county fair 카운티 박람회, 자치 단체 축제   정답_(a)

7

A Do you think these shoes go with my outfit?
B Yes, they _____ your dress quite nicely.

(a) accord (b) match
(c) equal (d) blend

✽ 번역
A 이 신발이 제 옷차림과 어울린다고 생각하세요?
B 네, 옷과 아주 잘 어울려요.
(a) 일치하다 (b) 어울리다
(c) 필적하다 (d) 혼합하다

📘 기출 공략
go with는 '~와 어울리다'로 같은 뜻인 (b) match가 답이 된다.
outfit 옷, 복장 accord 일치하다 match 어울리다 equal 필적하다 blend 혼합하다   정답_(b)

8

A I thought I told you not to touch my CDs.
B Sorry, I just wanted to _____ to a little music.

(a) roll (b) feel
(c) play (d) listen

✽ 번역
A 내 CD를 건드리지 말라고 말했을 텐데.
B 미안해, 단지 음악이 듣고 싶었어.
(a) 굴러가다 (b) 느끼다
(c) 연주하다 (d) 듣다

📘 기출 공략
'음악을 듣다'는 listen to music이므로 (d) listen이 정답이다.
touch 만지다 roll 굴러가다   정답_(d)

Vocabulary

9

A Shall I ask James to help me?
B Don't _____ him. He's working now.

(a) alarm   (b) worry
(c) disturb   (d) concern

번역
A 제가 제임스에게 도와달라고 청해도 될까요?
B 그를 방해하지 마. 지금 일하는 중이야.
(a) 놀라게 하다   (b) 걱정시키다
(c) 방해하다   (d) 염려하다

기출 공략
일하는 사람에게 도움을 청하는 것은 방해하는 일이므로 (c) disturb가 적당하다.
alarm 놀라게 하다   **disturb** 방해하다   **concern** 염려하다   **정답_(c)**

10

A Is there a gas station around here?
B Yes, keep _____ down this road.

(a) trying   (b) finding
(c) making   (d) driving

번역
A 이 근처에 주유소가 있나요?
B 네, 이 도로를 따라 계속 운전해 가세요.
(a) 애쓰다   (b) 찾다
(c) 만들다   (d) 운전하다

기출 공략
문맥상 길을 따라 계속 운전하라는 의미이므로 (d) driving이 적당하다.
gas station 주유소   **정답_(d)**

11

A Hello, this is Martin's _____ Store. Can I help you?
B Yes, I need some 3/4-inch screws for a building project. Do you have any?

(a) Grocery   (b) Fashion
(c) Hardware   (d) Electronics

번역
A 여보세요, 마틴즈 철물점입니다. 무엇을 도와드릴까요?
B 네, 건물 공사에 사용할 3/4인치 나사가 필요한데, 있나요?
(a) 식료품   (b) 패션
(c) 철물   (d) 전자제품

기출 공략
나사를 파는 곳은 철물점(hardware store)이므로 (c)가 정답이다.
screw 나사   **project** 프로젝트, 토목공사   **grocery** 식료품
hardware 철물   **electronics** 전자제품   **정답_(c)**

12

A I'm glad you became our manager.
B Thanks for your _____.

(a) advice   (b) opinion
(c) support   (d) inference

번역
A 당신이 우리 매니저가 돼서 기뻐요.
B 힘이 돼주셔서 감사해요.
(a) 충고   (b) 의견
(c) 지원   (d) 추측

기출 공략
새로 온 상사를 환영한다는 말에 고맙다고 인사하는 상황이므로 (c) support가 적당하다.
opinion 의견   **support** 지원   **inference** 추리   **정답_(c)**

13

A Are you going to make it to the theater on time?
B Yes, you can _____.

(a) lean on me (b) lead me on
(c) take me on (d) count on me

✤ 번역
A 극장에 제때 도착할 수 있을까요?
B 그럼요, 절 믿어요.

(a) 기대다   (b) 안내하다
(c) 고용하다   (d) 믿다

📘 기출 공략
극장에 제때 도착할 수 있을지 묻는 말에 Yes라고 먼저 답했으므로 그 뒤에는 긍정적인 대답을 기대할 수 있다. 따라서 정답은 '~을 믿다, ~을 확신하다'는 의미가 들어가는 (d) count on me이다.
make it to ~에 시간에 맞춰 가다 **on time** 제시간에 **lean** 기대다
lead 안내하다 **take on** ~를 채용하다 **count** 의지하다 **정답** (d)

14

A I need you to finish the report today.
B Can't it _____ until Monday?

(a) last   (b) hold
(c) wait   (d) stay

✤ 번역
A 당신은 이 보고서를 오늘 마무리하셔야 합니다.
B 월요일까지 늦추면 안 될까요?

(a) 지속하다   (b) 유지하다
(c) 늦추다   (d) 머무르다

📘 기출 공략
it은 보고서를 가리키므로 동사 (c) wait이 적절하다. wait은 '기다리다'는 뜻 이외에 '미루다, 연기하다'는 뜻이 있다.
last 지속하다 **hold** 유지하다 **wait** 연기하다, 늦추다 **정답** (c)

15

A What kind of insurance would you like on your rental car?
B Just the minimum _____, please.

(a) measure   (b) coverage
(c) treatment (d) possibility

✤ 번역
A 렌터카에 어떤 보험을 들겠어요?
B 그냥 최소 한도만 보상하게 해주세요.

(a) 기준   (b) 보상 범위
(c) 취급   (d) 가능성

📘 기출 공략
보험에 관련된 용어를 고르는 문제이다. minimum coverage는 '최소 보상 범위'의 뜻으로 (b)가 답이 된다.
insurance 보험 **rental** 임대의 **minimum** 최소 한도의
measure 한도 **coverage** 보상 범위 **treatment** 취급 **정답** (b)

16

A I'd like to _____ my reservation.
B Certainly. Your name and flight number, please?

(a) affirm   (b) assert
(c) certify   (d) confirm

✤ 번역
A 예약을 확인하고 싶어요.
B 알겠습니다. 성함과 항공편을 말씀해 주세요.

(a) 단언하다   (b) 주장하다
(c) 보증하다   (d) 확인하다

📘 기출 공략
reservation과 flight가 있는 걸로 봐서 비행기 예약과 관련된 대화임을 알 수 있다. confirm a reservation은 '(비행기나 호텔 등의) 예약을 확인하다'란 뜻으로 정답은 (d)이다.
reservation 예약 **affirm** 확언하다, 단언하다 **assert** 주장하다
certify 보증하다 **confirm** 확인하다 **정답** (d)

Vocabulary

17

A This show is boring. Can you change the channel?
B I would, but I can't seem to find the _____ anywhere.

(a) switch
(b) remote
(c) adapter
(d) converter

✱ 번역
A 이 프로그램 따분하네. 채널을 바꿀까?
B 그러고 싶은데, 리모컨을 어디에서도 찾을 수 없어.

(a) 스위치
(b) 리모컨
(c) 접속 소켓
(d) 변환기

📘 기출 공략
TV 채널을 바꾸려는데 리모컨이 없는 상황이다. (b) remote는 remote controller의 줄임말이다.
switch 스위치 **remote** 리모컨(remote control) **adapter** 어댑터, 연결기 **converter** 변환기
정답_(b)

18

A Stan and Margie always sit together at lunch.
B I know. I _____ they're dating.

(a) bet
(b) assure
(c) suggest
(d) recommend

✱ 번역
A 스탠과 마지는 점심 때 항상 같이 앉아 있네.
B 알아. 데이트하고 있는 게 분명해.

(a) 단언하다
(b) 보증하다
(c) 제안하다
(d) 추천하다

📘 기출 공략
자신의 의견을 확실하게 말할 때 쓰는 표현인 I bet은 I am sure 또는 I am certain과 같은 의미이다. 따라서 정답은 (a) bet이다.
bet 단언하다, 장담하다 **assure** 보증하다 **recommend** 추천하다
정답_(a)

19

A Are we out of printing paper again?
B We are, but I just placed a(n) _____ for more.

(a) ad
(b) bid
(c) order
(d) supply

✱ 번역
A 프린트 종이가 또 떨어졌니?
B 응. 그래서 방금 더 주문했어.

(a) 광고
(b) 입찰
(c) 주문
(d) 공급

📘 기출 공략
프린터 종이가 다 떨어졌으므로 좀 더 주문하는 것이 자연스럽다. '주문하다'는 place an order로 표현한다. 따라서 정답은 (c) order이다.
be out of ~이 다 떨어지다 **ad** 광고 **bid** 입찰 **order** 주문 **supply** 공급
정답_(c)

20

A How did the presentation go?
B It didn't _____ as planned.

(a) turn out
(b) find out
(c) make up
(d) work up

✱ 번역
A 발표는 어떻게 됐어?
B 계획대로 되지 않았어.

(a) 되다
(b) 발견하다
(c) 화해하다
(d) 북돋우다

📘 기출 공략
여기서 It은 the presentation이고, 이것의 결과가 계획대로 되지 않았다는 말이므로 (a) turn out이 정답이다.
presentation 설명회, 발표회 **turn out** 결과가 ~가 되다, ~로 드러나다 **find out** 발견하다 **make up** 화해하다 **work up** 북돋우다
정답_(a)

21

A I wish I could buy you that diamond necklace on display.
B Yeah, but let's be _____, honey. You can't afford it.

(a) realistic
(b) genuine
(c) justifiable
(d) thoughtful

번역
A 진열되어 있는 저 다이아몬드 목걸이를 당신에게 사주고 싶어요.
B 그래요. 하지만 현실적으로 생각해요, 여보. 그것을 살 돈이 없잖아요.
(a) 현실적인   (b) 진짜의
(c) 정당화할 수 있는   (d) 생각이 깊은

기출 공략
wish는 실제로 일어날 수 없는 일에 대한 바람(could)을 나타낸다. 따라서 목걸이를 사주고 싶지만 현실적으로 그럴 수 없으므로 (a) realistic이 알맞다.
display 전시   **afford** ~을 살 여유가 있다   **realistic** 현실주의의
genuine 진짜의   **justifiable** 정당화할 수 있는   정답 (a)

22

A I've had enough. I'm going to quit my job today.
B Really? Well, I think you're making a _____ decision that you might regret.

(a) swift
(b) hasty
(c) flashy
(d) prompt

번역
A 이제 진저리가 나요. 오늘 직장을 그만두겠어요.
B 정말이에요? 너무 성급하게 결정 내리는 것 아니에요? 후회할지도 모르는데.
(a) 빠른   (b) 성급한
(c) 번쩍이는   (d) 신속한

기출 공략
선택지들 모두가 기본적으로 '빠르다'라는 의미를 갖고 있지만 '성급한 결정'은 a hasty decision으로 표현한다. 따라서 정답은 (b)이다.
swift 빠른   **hasty** 경솔한, 서두르는   **flashy** 번쩍이는   **prompt** 신속한, 즉석의   정답 (b)

23

A I'm really pleased with your work on the project.
B Thanks. I appreciate the _____.

(a) inspiration
(b) consultation
(c) admonishment
(d) encouragement

번역
A 프로젝트에 힘써 주셔서 매우 기쁩니다.
B 고마워요. 격려해 주셔서 감사드립니다.
(a) 영감   (b) 상담
(c) 훈계   (d) 격려

기출 공략
칭찬에 대해 감사하다고 했으므로 이와 같은 맥락으로 (d) encouragement가 적합하다.
appreciate 감사하다   **inspiration** 영감   **consultation** 상담
admonishment 훈계   **encouragement** 격려   정답 (d)

24

A This cell phone has a lot of cool features, don't you think?
B But it also cost you a(n) _____, remember?

(a) heart of gold
(b) arm and a leg
(c) piece of your mind
(d) chip on your shoulder

번역
A 이 이동전화는 멋진 기능이 많아. 그렇지 않니?
B 하지만 거금이 들었잖아, 생각 안 나?
(a) 고운 마음씨   (b) 거금
(c) 솔직한 의견   (d) 적개심

기출 공략
전화기의 비용에 관한 대화이므로 (b)가 정답이다. cost an arm and a leg는 '엄청난 금액이 들다, 대단히 비싸다'의 뜻이다. a chip on one's shoulder는 '적대적 감정'의 뜻으로 보통 have 동사와 같이 쓴다.
feature 특징   **heart of gold** 친절함   **a piece of one's mind** 솔직한 의견, 직언   **chip** 얇은 토막, 깎아낸 부스러기   정답 (b)

Vocabulary

25

A I found the lecture extremely boring.
B So I _____. I saw you yawning.

(a) agreed
(b) assessed
(c) gathered
(d) predicted

❄ 번역
A 그 강의 너무나 지루했어.
B 그런 거 같더라. 네가 하품하는 거 봤거든.
(a) 동의하다
(b) 평가하다
(c) 추측하다
(d) 예언하다

📘 기출 공략
하품하는 것을 보고 상대가 지루하게 여겼다는 것을 추측한 것이므로 (c) gathered가 알맞다. gather는 '모으다'라는 뜻 말고 '추측하다, 헤아리다'라는 의미로도 쓰인다.
extremely 몹시 **yawn** 하품하다 **assess** 평가하다 **gather** 추측하다, 헤아리다 **predict** 예언하다
정답_(c)

26

In a saucepan, add milk and butter, and stir until they are thoroughly _____.

(a) served
(b) heated
(c) mixed
(d) filled

❄ 번역
냄비에 우유와 버터를 넣고, 그것들이 완전히 섞일 때까지 저어라.
(a) 차리다
(b) 데우다
(c) 섞다
(d) 채우다

📘 기출 공략
버터와 우유를 넣고 저으라(stir)고 했으므로 (c) mixed가 정답이다.
saucepan (뚜껑 달린) 냄비 **stir** 휘젓다 **thoroughly** 완전히 **serve** 차려내다
정답_(c)

27

After last week's robberies, many families in the neighborhood no longer feel _____.

(a) safe
(b) sure
(c) bold
(d) clean

❄ 번역
지난주 강도 사건 이후 많은 동네 주민들은 더 이상 안전하다고 느끼지 않는다.
(a) 안전한
(b) 확실한
(c) 대담한
(d) 청결한

📘 기출 공략
강도 사건(robbery)처럼 치안과 관련된 문제는 safe나 secure가 답이 될 때가 많다. (b) sure는 어떤 대상이나 상황에 대해 확신을 가지는 것이며 안전을 느끼는 것과는 무관하다.
robbery 강도 행위 **bold** 대담한
정답_(a)

28

With any purchase of $100 or more at our store, you will _____ a ten percent discount.

(a) return
(b) charge
(c) deduct
(d) receive

❄ 번역
저희 가게에서 100달러 이상을 구매하시면, 10퍼센트 할인을 받습니다.
(a) 반환하다
(b) 청구하다
(c) 공제하다
(d) 받다

📘 기출 공략
'할인받다'는 표현은 receive a discount이다. 따라서 정답은 (d)이다. 반대로 '할인해 주다'는 give a discount로 표현한다.
purchase 구매 **discount** 할인 **charge** 청구하다 **deduct** (세금 등을) 공제하다
정답_(d)

29

Police are investigating sightings of an _____ object in the sky, which has been confirmed as neither a civilian nor military aircraft.

(a) invisible
(b) imaginary
(c) unequalled
(d) unidentified

✤ 번역
경찰은 하늘에 나타난 미확인 물체의 목격 사건을 조사하고 있는데, 이 물체는 민간이나 군 비행기가 아닌 것으로 확인되었다.

(a) 눈에 보이지 않는
(b) 상상의
(c) 무적의
(d) 미확인의

📘 기출 공략
눈으로 목격된 것이므로 (a) invisible과 (b) imaginary는 부적합하다. 미확인 비행물체(UFO)에 관한 것이므로 (d) unidentified가 적합하다.
investigate 조사하다 **confirm** 확인하다 **civilian** 민간의
military 군용의 **invisible** 눈에 보이지 않는 **imaginary** 상상의
unequalled 필적할 것이 없는, 무적의 **unidentified** 미확인의

정답_(d)

30

Psychology research has shown that blue has a calming effect, _____ our blood pressure and slowing our heartbeat.

(a) uplifting
(b) reducing
(c) removing
(d) expanding

✤ 번역
심리학 연구에 따르면 푸른색은 진정 효과가 있어 혈압을 낮추고 심장박동을 느리게 해주는 것으로 밝혀졌다.

(a) 올리다
(b) 낮추다
(c) 제거하다
(d) 확장하다

📘 기출 공략
마음이 편안해지면 혈압이 낮아지므로 (b) reducing이 정답이다.
calm 진정시키다 **effect** 효과 **blood pressure** 혈압
heartbeat 심장박동 **uplift** 들어올리다 **reduce** 줄이다, 인하하다
expand 확장하다

정답_(b)

31

Many Americans are not aware that African-Americans still face mistreatment in our _____.

(a) public
(b) society
(c) humanity
(d) civilization

✤ 번역
많은 미국인들은 아프리카계 미국인들이 여전히 우리 사회에서 부당한 대우를 받고 있다는 것을 인식하지 못하고 있다.

(a) 대중
(b) 사회
(c) 인간성
(d) 문명

📘 기출 공략
인종차별과 같은 계층과 집단의 문제는 사회적 문제이므로 (b) society가 정답이다.
mistreatment 학대 **humanity** 인간성 **civilization** 문명

정답_(b)

32

With his book *In Cold Blood*, Truman Capote invented a new literary _____, journalism written with the language and structure of literature.

(a) trait
(b) genre
(c) example
(d) scenario

✤ 번역
트루먼 카포트는 그의 저서 <냉혈한>에서 새로운 문학 장르를 창안하였는데, 바로 문학의 언어와 구조로 쓰여진 저널리즘이다.

(a) 특성
(b) 장르
(c) 사례
(d) 각본

📘 기출 공략
정답은 예술이나 문학의 한 부류를 의미하는 (b) genre이다.
literature 문학 **trait** 특성 **genre** 장르, 유형 **scenario** 시나리오, 각본

정답_(b)

Vocabulary

33

Paul's father wanted him to become a pianist, so in 1925 he _____ in the Royal College of Music to pursue that career.

(a) listed (b) landed
(c) applied (d) enrolled

✱ 번역
폴의 아버지는 폴이 피아니스트가 되기를 원했기 때문에 1925년 그 직업을 추구하기 위하여 왕립음악대학에 등록했다.

(a) 목록으로 만들다 (b) 상륙하다
(c) 지원하다 (d) 등록하다

📘 기출 공략
apply는 주로 to나 for와 함께 쓰여 '지원하다'의 의미로 사용되나, 여기서는 in이 쓰였기 때문에 (d) enrolled가 가장 적당하다.
pursue 추구하다 land 상륙하다 apply 적용하다, 지원하다
enroll 등록하다 **정답_(d)**

34

Since everyone wanted water, there was a high _____ for more wells to be dug.

(a) passion (b) request
(c) demand (d) question

✱ 번역
모든 사람이 물을 원했기 때문에 더 많은 우물을 파야 한다는 요구가 많았다.

(a) 열정 (b) 부탁
(c) 요구 (d) 문제

📘 기출 공략
물이 필요하기 때문에 우물에 대한 요구가 많다는 것이 논리적이므로 정답은 (c) demand이다.
well 우물 dig 파다 passion 열정 request 신청, 요청
demand 요구, 수요 **정답_(c)**

35

To tighten the screw, turn the screwdriver _____ until the screw stops rotating.

(a) leftward (b) sideways
(c) clockwise (d) backwards

✱ 번역
나사를 바짝 죄려면 드라이버가 더 이상 돌아가지 않을 때까지 시계 방향으로 돌리시오.

(a) 왼쪽으로 (b) 옆으로
(c) 시계 방향으로 (d) 뒤로

📘 기출 공략
나사를 죄는 방향은 시계 방향이므로 (c) clockwise가 정답이다. 시계 반대 방향은 counterclockwise라고 한다.
tighten 바짝 죄다 screw 나사 screwdriver 드라이버 rotate 회전하다 leftward 좌측으로 sideways 옆으로 clockwise 시계 방향으로, 오른쪽으로 도는 backwards 거꾸로 **정답_(c)**

36

When Einstein first _____ his theory of relativity in 1905, only a few physicists could understand it.

(a) detected (b) publicized
(c) remodeled (d) recognized

✱ 번역
아인슈타인이 1905년 상대성 이론을 처음 발표했을 때 소수의 물리학자들만 이해할 수 있었다.

(a) 발견하다 (b) 발표하다
(c) 개조하다 (d) 인식하다

📘 기출 공략
문맥상 논문이나 저술을 '발표하다, 출간하다'란 의미의 (b) publicized가 정답이다.
relativity 상대성 physicist 물리학자 detect 발견하다, 탐지하다
publicize 발표하다, 출간하다 remodel 개조하다 recognize 알아보다 **정답_(b)**

37

A middle-aged doctor was taken _____ yesterday and is now being held for ransom at an undisclosed location.

(a) victim
(b) refuge
(c) convict
(d) hostage

✿ 번역
어제 인질로 잡힌 한 중년 의사는 현재 알 수 없는 장소에 몸값 때문에 붙잡혀 있다.

(a) 희생자
(b) 피난처
(c) 재소자
(d) 인질

📘 기출 공략
붙잡혀 몸값을 요구받는 상황은 인질로 잡혔을 때이므로 정답은 (d) hostage이다.
ransom 몸값 undisclosed 밝혀지지 않은, 비밀에 부쳐진 victim 희생자 refuge 피난처 convict 죄인 hostage 인질, 볼모

정답_(d)

38

To receive a low annual percentage rate, your credit card account must be in good _____.

(a) place
(b) standing
(c) acceptance
(d) arrangement

✿ 번역
낮은 연이율을 받기 위해서는 신용카드 사용 실적이 좋아야 한다.

(a) 장소
(b) 지위
(c) 수령
(d) 배열

📘 기출 공략
연체 등을 하지 않아 신용 상태가 좋은 것을 in good standing이라고 한다. 따라서 정답은 (b)이다.
annual 일년마다의 in good standing 좋은 지위에 있는; (회비·가입비 따위를) 완불하여 acceptance 용인, 수락 arrangement 배열, 정돈

정답_(b)

39

People who use drugs begin to crave them all the time, and unfortunately many become _____.

(a) addicts
(b) fanatics
(c) followers
(d) adherents

✿ 번역
마약을 하는 사람은 항상 마약을 탐하며 불행히도 다수가 중독자가 된다.

(a) 중독자
(b) 열광자
(c) 추종자
(d) 신봉자

📘 기출 공략
마약을 계속 탐하면 addict(중독자)가 된다. 따라서 정답은 (a)이다.
crave 탐하다 addict 중독자 fanatic 열광자, 광신자 follower 추종자 adherent 신봉자

정답_(a)

40

The clothes we choose to wear reveal what group or professional circle we wish to be _____ with.

(a) associated
(b) acquainted
(c) coordinated
(d) collaborated

✿ 번역
우리가 입으려고 선택하는 옷은 우리가 어떤 집단이나 직업군과 연관되고 싶어 하는지를 드러낸다.

(a) 연관시키다
(b) 정통하다
(c) 조정하다
(d) 협력하다

📘 기출 공략
옷은 그 사람이 속한 집단 및 직업과 연관된다는 것이 논리적으로 적절하므로 정답은 (a)이다. be associated with는 '~와 연관되다', be acquainted with는 '~을 알고 있다'의 의미이다.
professional 직업의 circle 집단, 사회 associate 연관시키다 acquaint 숙지시키다, 알게 되다 coordinate 조정하다 collaborate 협력하다

정답_(a)

Vocabulary

41

The writer's descriptions of his childhood give a clear _____ into what it was like to grow up in Siberia in the 1950s.

(a) insight
(b) outlook
(c) broadcast
(d) viewpoint

✽ 번역
어린 시절에 관한 그 작가의 묘사는 1950년대 시베리아에서 자란다는 것이 어떤지에 대한 분명한 통찰을 제공한다.
(a) 통찰 (b) 전망
(c) 방송 (d) 관점

📖 기출 공략
작가가 작품에서 보여주는 것은 대개 삶에 대한 통찰이므로 정답은 (a) insight이다.
description 묘사 **insight** 통찰 **outlook** 전망 **broadcast** 방송 **viewpoint** 관점
정답_(a)

42

The leader was a(n) _____ figure, revered as a saint by some and despised as a dictator by others.

(a) intangible
(b) irresistible
(c) controversial
(d) argumentative

✽ 번역
그 지도자는 논란이 많은 인물이었는데, 일부 사람들은 그를 성자로 존경했고 일부는 그를 독재자로 멸시했다.
(a) 만질 수 없는 (b) 저항할 수 없는
(c) 논란이 많은 (d) 따지기 좋아하는

📖 기출 공략
어떤 사람에 대한 견해가 나누어진다는 것은 논란이 된다는 의미이므로 (c) controversial이 정답이다.
figure 인물 **revere** 존경하다 **despise** 멸시하다 **dictator** 독재자 **intangible** 만질 수 없는 **irresistible** 저항할 수 없는, 사랑스러운 **controversial** 논쟁을 일으키는 **argumentative** 논쟁적인
정답_(c)

43

In light of the recent scandals, politicians' financial dealings should be open to public _____.

(a) censure
(b) scrutiny
(c) reproach
(d) estimation

✽ 번역
최근 추문에 비추어 보아, 정치인들의 금전적인 거래는 일반 대중이 감시할 수 있도록 공개되어야 한다.
(a) 견책 (b) 감시
(c) 비난 (d) 평가

📖 기출 공략
정치인의 돈 거래를 공개하여 시민들이 잘잘못을 확인하는 것은 (b) scrutiny이다. (a) censure와 (c) reproach는 비난의 의미로 적절한 답이 아니다.
in light of ~에 비추어, ~을 고려하여 **scandal** 추문 **financial** 금융상의 **censure** 견책, 비난 **scrutiny** 감시, (정밀) 조사, 검사 **reproach** 비난 **estimation** 평가
정답_(b)

44

Our company runs the risk of appearing unprofessional if employees are given free _____ over what they wear to work.

(a) rein
(b) desire
(c) policy
(d) option

✽ 번역
만약 직원들에게 직장에서 입을 옷에 대해 재량권을 주면 우리 회사가 비전문적으로 보일 위험성이 있다.
(a) 지배권 (b) 욕망
(c) 정책 (d) 선택권

📖 기출 공략
문맥상 직원들에게 직장에서 자기가 원하는 옷을 마음대로 입게 한다는 의미이므로 give A free rein over(A에게 ~에 대해 재량권을 주다)가 적절하다. 따라서 정답은 (a) rein이다.
run the risk of ~의 위험을 무릅쓰다 **unprofessional** 전문가답지 못한 **rein** 통제, 지휘권 **policy** 방침 **option** 선택권
정답_(a)

45

Green Park contains nearly 300 native plant species and _____ fish and other aquatic animals found nowhere else.

(a) lodges
(b) harbors
(c) confines
(d) inhabits

❈ 번역
그린 공원은 거의 300종의 토종 식물을 갖추고 있으며 다른 곳에서는 보기 힘든 물고기와 기타 수생동물의 서식지를 제공한다.

(a) 숙박시키다
(b) 거처를 제공하다
(c) 감금하다
(d) 거주하다

📘 기출 공략
lodge는 사람을 대상으로 하며, inhabit은 거주하는 주체가 주어로 온다. 문맥상 '(동물의) 집이 되다'라는 뜻의 (b) harbor가 정답이다.
contain 포함하다 **species** (생물의) 종 **aquatic** 수생의 **lodge** 수용하다 **harbor** (동물 등에게) 거처를 제공하다 **confine** 감금하다 **inhabit** 거주하다   정답 (b)

46

In Egyptian mummification, the tightness of the bandaging helped to _____ the shape of the body.

(a) treat
(b) form
(c) maintain
(d) assemble

❈ 번역
이집트 미라 작업에서, 붕대를 단단하게 감는 것이 시체의 형태를 유지하는 데 도움이 되었다.

(a) 처리하다
(b) 형성하다
(c) 유지하다
(d) 조립하다

📘 기출 공략
미라의 형태를 형성하는 것이 아니라 유지하는 것이 논리적으로 더 적절하므로 (b) form보다 (c) maintain이 옳은 답이다.
mummification 미라화 **tightness** 단단함 **bandage** 붕대를 감다 **maintain** 유지하다 **assemble** 조립하다   정답 (c)

47

Fleming's discovery of penicillin is one of the most important medical _____ of the 20th century.

(a) signposts
(b) postmarks
(c) timetables
(d) milestones

❈ 번역
플레밍의 페니실린 발견은 20세기 의학 분야에서 가장 중요하고 획기적인 사건 중 하나이다.

(a) 이정표
(b) 소인
(c) 시간표
(d) 획기적인 사건

📘 기출 공략
signpost와 milestone은 둘 다 '이정표'란 뜻이지만, milestone은 비유적으로 '획기적인 사건'이란 의미로도 쓰인다. 따라서 정답은 (d)이다.
penicillin 페니실린 **signpost** 푯말, 길잡이 **postmark** (우편의) 소인 **timetable** 시간표 **milestone** 이정표, 획기적 사건   정답 (d)

48

After watching the romance *Spring in Paris*, Delia became _____ with its handsome main actor Danny Jones.

(a) raved
(b) vexed
(c) appalled
(d) infatuated

❈ 번역
로맨스 영화 〈파리의 봄〉을 보고 난 후 델리아는 미남 주인공 대니 존스에게 푹 빠져버렸다.

(a) 격찬을 받는
(b) 짜증나는
(c) 간담이 서늘한
(d) 푹 빠진

📘 기출 공략
문맥상 로맨스 영화를 보고 미남 배우에 반했다는 의미가 적절하므로 (d) infatuated가 정답이다.
rave 고함치다 **vex** 짜증나게 하다 **appall** 섬뜩하게 하다 **infatuate** 홀딱 빠지게 하다, 반하게 하다   정답 (d)

Vocabulary

49

As a(n) _____ prize, runners-up will receive a new stainless steel toaster.

(a) substitute
(b) alternative
(c) consolation
(d) replacement

✻ 번역
위로상으로 차점자들은 스테인레스로 만든 빵 굽는 기구를 받게 된다.
(a) 대체의 (b) 대신의
(c) 위로 (d) 교체

📘 기출 공략
경쟁에서 2등을 한 사람이 받는 상을 묻는 문제이다. 문맥상 consolation prize(위로상)가 어울리므로 정답은 (c)이다.
runner-up 차점자, 입선자 **stainless steel** 스테인레스
substitute 대체의   **alternative** 대신의   **consolation** 위로
replacement 교체
정답_(c)

50

Political boundaries can act as barriers to the spread of ideas or knowledge, thereby _____ cultural diffusion.

(a) guarding
(b) retarding
(c) sheltering
(d) screening

✻ 번역
정치적 경계선은 사상과 지식 전파에 장애물로 작용하기 때문에 문화 확산을 지체시킨다.
(a) 보호하다 (b) 지체시키다
(c) 숨기다 (d) 가리다

📘 기출 공략
문화 확산(cultural diffusion)을 방해한다는 의미가 되어야 하므로 정답은 (b) retarding이다. (d) screening은 '가리다, 차단하다'의 의미로 문맥에 어울리지 않는다.
boundary 경계 **barrier** 장애물   **diffusion** 확산   **guard** 보호하다 **retard** 지체시키다, 방해하다   **shelter** 숨기다   **screen** 가리다, 망을 치다
정답_(b)

Reading Comprehension

45 minutes

1

When people look for a job, they often search job centers or recruitment agencies, or they ask friends and family. But they would be better off searching online where more jobs can be found. In fact, 57% of recruiters use the Internet to advertise their openings. It is also a convenient way to search for a job because it can be done from home. So, if you are _____, you should probably try going online first.

(a) looking for a job
(b) hiring a new employee
(c) shopping for cheap products
(d) searching for a new way to advertise

✤ 번역
일자리를 구할 때 사람들은 종종 구직 센터 혹은 취업 알선 업체를 찾거나 친구와 가족에게 묻는다. 그러나 더 많은 일자리를 찾을 수 있는 인터넷을 검색하는 것이 더 나을 것이다. 실제로 채용 담당자의 57%는 구인 광고를 내기 위해 인터넷을 이용한다. 인터넷은 또한 일자리를 찾기 위한 편리한 방법인데 집에서도 할 수 있기 때문이다. 따라서 당신이 일자리를 찾고 있다면 아마도 먼저 인터넷을 검색해야 할 것이다.

(a) 일자리를 찾고 있다면
(b) 새 직원을 채용하려면
(c) 값싼 제품을 구매하려면
(d) 광고할 새로운 방법을 찾고 있다면

📖 기출 공략
인터넷이 일반 구직 기관보다 훨씬 많은 일자리를 광고하고 있으므로 일자리를 구할 때는 인터넷을 이용하는 것이 좋다는 내용이므로 빈칸에는 (a)가 오는 것이 자연스럽다. (b)는 회사에서 직접 새 직원을 채용하는 게 아니므로 오답이다.
recruitment 모집, 보충　**agency** 대리점　**be better off** (~하는 것이) 더 낫다　**recruiter** 모집자　**advertise** 광고하다　**opening** 빈자리, 공석　**convenient** 편리한　**hire** 채용하다　**product** 제품

정답_(a)

2

My wife and I had friends over for a barbecue and swimming party recently. Since many of us had children, we took turns eating so that an adult would always be watching the children as they swam. But _____ when it was my turn to watch the kids. As my friend and I sat and ate next to the pool, my son was floating on a kick board. We both looked away for a moment, and when we looked back, he was nowhere to be seen! Then we saw him sinking under the water, and I dived in and rescued him. We were so lucky that day.

(a) we ran out of food
(b) a scary thing happened
(c) my son did not want to swim
(d) I already had something to eat

✤ 번역
최근 아내와 나는 수영장 바비큐 파티에 친구들을 초대하였다. 우리들 대부분은 어린 자녀가 있었기 때문에, 아이들이 수영할 때 어른이 항상 지켜볼 수 있도록 교대로 식사를 하였다. 그러나 내가 아이들을 지켜 볼 순서가 되었을 때 무서운 일이 벌어졌다. 수영장 옆에서 친구와 내가 앉아 먹고 있을 때, 아들은 킥보드 위에 몸을 실은 채 둥둥 떠다니고 있었다. 우리는 둘 다 잠시 다른 곳을 보았고 다시 아이 쪽을 보았을 때 아이가 아무데도 보이지 않았다. 그러다가 우리는 아이가 물속에 가라앉고 있는 것을 보았고, 나는 물에 뛰어들어가 그를 구했다. 우리는 그날 운이 매우 좋았다.

(a) 음식이 다 떨어졌다
(b) 무서운 일이 벌어졌다
(c) 내 아들은 수영하기를 원하지 않았다
(d) 나는 이미 식사를 하였다

📖 기출 공략
빈칸의 내용을 고르기 위해서는 앞뒤의 내용을 연결시키는 문장을 찾아야 한다. 수영하는 아이들을 지켜보고 있는데 아들이 갑자기 사라진 것은 겁나는 일이므로 정답은 (b)가 된다.
take turns 교대로 하다　**float** 뜨다　**kick board** 킥보드(물차기 연습용의 널빤지)　**sink** 가라앉다　**dive** (물에) 뛰어들다　**rescue** 구조하다　**run out of** ~을 다 써버리다, ~이 없어지다　**scary** 무서운, 겁나는

정답_(b)

Reading Comprehension

3

Food and nutrition specialists always have plenty of advice about what you should and should not eat. But there are really only two important rules for healthy eating. First, eat a good variety of different sorts of food. The best way to do this is to choose a wide assortment of foods from the five main food groups and include them regularly in your diet. The second important thing to remember is, try not to eat too much. If you follow these two rules _____.

(a) you will build more muscle
(b) your food bill will be lowered
(c) you will have a healthy, balanced diet
(d) your mealtimes will be more interesting

✿ 번역
식품 영양 전문가들은 무엇을 먹고 먹지 말아야 할지에 관해 항상 많은 조언을 해준다. 하지만 건강한 식사를 위해서 단지 두 가지 중요한 규칙만 지키면 된다. 첫째, 다양한 종류의 음식을 섭취하라. 이를 위한 가장 좋은 방법은 다섯 가지 주요 식품군에서 골고루 음식을 선택해서 식사에 규칙적으로 포함시키는 것이다. 기억해야 할 두 번째 중요한 사항은 과식하지 않도록 노력하는 것이다. 이 두 가지 규칙을 지키면 건강하고 균형 잡힌 식사를 하게 될 것이다.

(a) 더 많은 근육을 키울 수 있을 것이다
(b) 식비는 줄어들 것이다
(c) 건강하고 균형 잡힌 식사를 하게 될 것이다
(d) 식사 시간이 더 즐거워질 것이다

📘 기출 공략
건강한 식사의 두 가지 원칙을 제시하고 있다. 이 두 원칙을 지키어 얻는 결과가 들어가야 하므로 (c)가 된다. (a)의 근육이나 (b)의 식비는 언급되지 않았다.
nutrition 영양 **specialist** 전문가 **a variety of** 가지각색의 **assortment** 갖가지 종류 **diet** 규정식, 음식물 **balanced** 균형 잡힌

정답_(c)

4

Do you feel that you are overwhelmed with work at the office? Well, it might be that you just need to become more organized. If you have your work and your workspace well-organized, you might find that everything will become more manageable. The first step is to ensure that you have all the things that you use most often—pens, notepad, telephone, etc.—within arm's reach on your desk. Also, organize paperwork into folders and place these on your desk in order of priority. If you take these simple steps, you might find that _____.

(a) you will be able to cope with your work better
(b) your job will be less boring than it used to be
(c) you will get more respect from your colleagues
(d) your working environment will feel more like home

✿ 번역
사무실에서 일에 압도당하고 있다고 느끼십니까? 아마 단지 좀 더 정돈된 생활이 필요한지도 모릅니다. 일과 작업 공간을 잘 조직한다면 모든 일을 더욱 쉽게 처리할 수 있을 것입니다. 첫 번째 조치는 필기구, 메모장, 전화 등과 같은 가장 자주 사용하는 물건들을 책상 위 팔이 닿는 곳에 두는 것입니다. 또한 서류들을 폴더에 넣어 정리하고 이 폴더를 우선 순위대로 책상 위에 두십시오. 간단히 이렇게 조치를 취한다면 일을 더욱 잘 처리할 수 있게 될 것입니다.

(a) 일을 더욱 잘 처리할 수 있게 될 것이다
(b) 일은 이전보다 덜 지루할 것이다
(c) 동료로부터 더 존경을 받게 될 것이다
(d) 근무 환경은 더욱 집처럼 느껴질 것이다

📘 기출 공략
작업 공간을 정돈하면 일을 더욱 잘 처리할 수 있다는(manageable) 내용이 주제이다. 따라서 결론에 해당하는 빈칸에 알맞은 것은 (a)이다.
overwhelm 압도하다 **organize** 체계화하다 **workspace** 작업 공간 **manageable** 처리하기 쉬운 **ensure** 확실하게 하다 **in order** 순서대로 **priority** 우선 순위 **cope with** ~을 처리하다 **colleague** 동료 **environment** 환경

정답_(a)

5

What makes a marriage happy? Some people say that love and trust are important. Others say that flexibility and friendship are most essential. However, a large number of people say that _____ is the key. This is because if two people can tell each other what they are thinking and feeling, they will have a better understanding of each other and will be better able to work out the problems. Honest and regular communication in a marriage relationship helps each spouse feel happy and satisfied.

(a) having a high income
(b) communicating openly
(c) spending time together
(d) arguing as little as possible

✿ 번역
무엇이 결혼 생활을 행복하게 만드는가? 일부 사람들은 사랑과 신뢰가 중요하다고 말한다. 다른 이들은 융통성과 우정이 가장 중요하다고 말한다. 그러나 많은 사람들은 솔직하게 의사소통하는 것이 해답이라고 말한다. 이는 두 사람이 무엇을 생각하고 느끼고 있는지를 서로에게 말할 수 있다면, 서로를 더 잘 이해하고 문제를 더 잘 해결할 수 있을 것이기 때문이다. 결혼 관계에서 솔직하고 지속적인 의사소통은 배우자가 행복하고 만족스럽게 느끼도록 도움을 준다.

(a) 돈을 많이 버는 것
(b) 솔직하게 의사소통하는 것
(c) 함께 시간을 보내는 것
(d) 가능한 한 논쟁을 하지 않는 것

📘 기출 공략
마지막 문장의 Honest and regular communication이 핵심어로, 이와 유사한 (b)가 정답이다. 나머지 선택지들은 일반적인 내용으로 지문에 언급되어 있지 않다.
flexibility 융통성 **essential** 필수의 **work out** (문제를) 해결하다 **regular** 잦은, 지속적인 **communication** 의사소통 **relationship** 관계 **spouse** 배우자

정답_(b)

6

Since 1919 when the US Congress set aside the land known today as Grand Canyon National Park, we have been working hard to preserve its beauty. As a recognized World Heritage Site, it needs to be preserved and protected for future generations. Please help us safeguard this special place. We all need to work together to _____.

(a) stop tourists from visiting it
(b) treat it with care and respect
(c) ask Congress to pass the law
(d) make our city more beautiful

✿ 번역
미국 국회가 1919년 오늘날 그랜드 캐니언 국립공원이라고 알려진 땅을 특별 지정한 이래로 우리는 그곳의 아름다움을 보존하기 위해 열심히 노력해 왔습니다. 세계 문화 유산으로 지정된 그랜드 캐니언은 미래 세대를 위해 보존되고 보호되어야 할 필요가 있습니다. 이 특별한 곳을 지킬 수 있도록 우리를 도와 주십시오. 우리 모두가 협력하여 그곳을 관심과 경외심을 갖고 대해야 합니다.

(a) 관광객이 그곳을 방문하지 못하도록 해야
(b) 그곳을 관심과 경외심을 갖고 대해야
(c) 국회가 그 법을 통과시키도록 요청해야
(d) 우리 도시를 더 아름답게 만들어야

📘 기출 공략
이 지문의 일관된 내용은 그랜드 캐니언을 지속적으로 보존하기 위해 노력하자는 것이므로 (b)가 결론으로서 가장 적절하다. 그랜드 캐니언은 이미 국회가 특별 지정했으므로 (c)는 오답이다.
congress 국회 **aside** 별도로 **preserve** 보존하다 **World Heritage Site** 세계 문화 유산 **safeguard** 보호하다

정답_(b)

7

Throughout musical history, it has often taken decades before the work of innovative composers has been accepted by mainstream audiences or has received international recognition. Even Johann Sebastian Bach, who has been a cultural icon of the Baroque music genre for more than two centuries, was little known for most of his life. And Beethoven, now a household name around the globe, was not at first recognized as a musical genius. Some of his works were not widely performed in concert programs until well into the 20th century. So, clearly, _____ is not a prerequisite for an enduring musical legacy.

(a) popularity during one's lifetime
(b) perfection in style and technique
(c) mastering the classical music genre
(d) pleasing those who criticize your music

✿ 번역
음악 역사를 통틀어 혁신적인 작곡가의 작품이 주류 관객에 의해 받아들여지거나 국제적인 인정을 받기까지는 종종 수십 년이 걸렸다. 요한 세바스찬 바흐도 두 세기 이상 동안 바로크 음악의 문화적 우상이었지만, 그의 생애 대부분 동안에는 잘 알려지지 않았다. 베토벤도 지금은 전세계에 잘 알려져 있는 인물이지만 처음에는 천재 음악가로 인정받지 못했다. 그의 일부 작품은 20세기에 한참 들어서야 음악회 프로그램에서 폭넓게 연주되었다. 따라서, 분명히 생전의 인기는 불후의 음악 유산에 있어 필수 조건이 아니다.

(a) 생전의 인기는
(b) 스타일과 기교의 완벽함은
(c) 고전 음악 장르의 통달은
(d) 자신의 음악을 비판하는 자들의 비위를 맞추는 것은

📑 기출 공략
바흐와 베토벤의 예를 들어 유명한 음악가들은 그들 생전에 명성을 얻지 못했다는 내용이므로 (a)가 정답이다. household name은 '누구나 아는 이름'이란 뜻이다.

decade 10년간　**innovative** 혁신적인　**composer** 작곡가
mainstream 주류의　**recognition** 인정　**icon** 우상　**baroque** 바로크 양식의　**household** 귀에 익은　**genius** 천재　**prerequisite** 필수의　**enduring** 영속하는, 불후의　**legacy** 유산　　정답_(a)

8

Dear Barbara,

Jeff and I are really excited that _____. It's hard to believe we'll be there in just a few days! Thanks for offering to pick us up. I just got the tickets today. We'll be flying in on Union Airlines flight 302, arriving at LA airport on May 10th at 5:32 pm. Oh, and while we're there, we'd like to visit my grandmother for a day. She lives in Ventura, which is not too far from you. Well, that's all for now. See you soon!

Your friend,
Jenny

(a) we are coming to visit you
(b) we can go on this trip together
(c) you have decided to come and see us
(d) you live near my grandmother's house

✿ 번역
바바라에게

우리가 너를 방문하게 돼서 제프와 나는 정말 기뻐. 우리가 며칠만 있으면 거기 가게 된다니 믿겨지지가 않아. 우리를 데리러 와준다고 하니 고맙구나. 오늘 표를 막 구했어. 우리는 유니온 항공 302편을 타고 로스앤젤레스 공항에 5월 10일 오후 5시 32분에 도착할 거야. 그런데 우리가 거기 있는 동안 할머니를 하루 찾아 뵙고 싶어. 할머니는 벤츄라에 사시는데 그곳은 네가 사는 곳에서 멀지 않아. 지금으로서는 이게 다야. 곧 보자꾸나.

친구 제니가

(a) 우리가 너를 방문하게 돼서
(b) 우리가 이 여행을 함께 할 수 있게 돼서
(c) 네가 우리를 방문하러 오겠다고 결심했다니
(d) 네가 우리 할머니 집 근처에 산다니

📑 기출 공략
편지를 쓴 사람이 수신자의 집 방문을 앞두고 스케줄을 알리는 내용이다. 방문하게 돼서 기쁘다는 (a)가 문맥상 알맞다. (c)는 정반대의 내용이므로 오답이고, (d)는 사실에 어긋난 내용은 아니지만 문맥상 어울리지 않는다.

offer 제안하다　**flight** 항공편　　정답_(a)

9

The fact that certain people acquire new languages faster than others could be related to neurological differences. In a recent study, those who were quickest to hear subtle differences in sounds in a foreign language were found to have the greatest amount of white tissue in a brain region responsible for sound processing. Brain scans of study participants revealed that the fastest learners had, on average, 70% more white matter in the left hemisphere than the slowest learners. So, it is now believed that _____.

(a) the human brain needs to be more carefully studied
(b) language is an ability that is based on one's mental capacity
(c) fast language learners have brains that reach maturity quicker
(d) more white matter in the brain indicates quicker language acquisition

✱ 번역

어떤 사람이 새로운 언어를 다른 사람보다 더 빨리 습득한다는 사실은 신경학적인 차이와 관련이 있을지도 모른다. 최근 연구에서 외국어 소리의 미묘한 차이를 가장 빨리 알아듣는 사람은 소리 처리 기능을 담당하는 뇌 부위에서 백색 조직의 양이 가장 많다는 사실을 발견했다. 연구 참가자들의 뇌를 정밀 검사한 결과, 가장 빨리 외국어를 배우는 사람은 가장 늦게 배우는 사람보다 좌뇌에 평균 70퍼센트 더 많은 백질을 가지고 있는 것으로 드러났다. 따라서 이제 뇌의 백질이 많다는 것은 더 빨리 언어를 습득한다는 것을 나타내는 것으로 여겨진다.

(a) 인간의 뇌는 더 주의해서 연구할 필요가 있는 것으로
(b) 언어는 인간의 지능에 근거하는 능력인 것으로
(c) 언어를 빨리 배우는 사람은 더 빨리 성숙해지는 뇌를 가지고 있는 것으로
(d) 뇌의 백질이 많다는 것은 더 빨리 언어를 습득한다는 것을 나타내는 것으로

📘 기출 공략

소리 처리 기능을 담당하는 뇌 부위의 백질(white matter)과 외국어를 빨리 배우는 사람들의 뇌 백질 양의 관계에 대한 연구 결과이다. 따라서 (d)가 정답이다.

acquire 습득하다 **relate** 관계가 있다 **neurological** 신경학적인 **subtle** 미묘한 **tissue** (세포) 조직 **scan** 정밀 검사 **participant** 참가자 **white matter** (뇌의) 백질 **hemisphere** (뇌의) 반구 **capacity** 능력 **maturity** 성숙 **indicate** 나타내다 **acquisition** 습득

정답_(d)

10

In 1542, Portuguese mariners navigating to Macao were pushed up the shore by powerful winds to a Japanese island near the port of Kyushu. They became the first European visitors to Japan, and they brought along the first firearms the Japanese had ever witnessed. Subsequently, in 1549 Catholic missionaries from Portugal set foot in Japan, and not long afterwards, another Portuguese merchant vessel sailing to China was also stranded not far from Kyushu. As a result of these three consecutive landings, Portugal _____.

(a) severed its relations with neighboring Spain
(b) became revered for its expertise in sailing
(c) gave Japan its first impression of Europeans
(d) officially adopted Japanese religious beliefs

✱ 번역

1542년 마카오로 항해하던 포르투갈 선원들은 강풍에 의해 규슈 항 근처의 한 일본 섬 해변으로 밀려갔다. 그들은 일본을 방문한 첫 유럽인이 되었고 일본인들이 생전 본 적 없는 화기를 갖고 있었다. 그 후 1549년에 포르투갈에서 온 천주교 선교사들이 일본에 상륙했고 얼마 안 되어 중국으로 항해하던 또 다른 포르투갈 상선이 규슈 근처에서 좌초되었다. 이 세 번의 연쇄적인 상륙 결과 포르투갈은 일본에게 유럽인에 대한 첫인상을 심어 주었다.

(a) 이웃 스페인과의 관계를 단절했다
(b) 전문적인 항해 기술로 존경받게 되었다
(c) 일본에게 유럽인에 대한 첫인상을 심어 주었다
(d) 공식적으로 일본의 종교를 채택했다

📘 기출 공략

포르투갈 선원이나 선교사 등의 연속적인 일본 상륙으로 인해 포르투갈이 일본에 소개된 사건을 이야기하고 있으므로 이 글의 결론으로 (c)가 적절하다.

Portuguese 포르투갈 사람(의) **mariner** 선원 **navigate** 항해하다 **firearm** 화기 **witness** 목격하다 **subsequently** 그 후, 계속해서 **missionary** 선교사 **vessel** 배 **strand** 좌초시키다 **consecutive** 연속적인 **sever** 단절하다 **revere** 존경하다 **expertise** 전문 기술 **adopt** 채택하다 **religious** 종교적인

정답_(c)

11

Was it a coincidence that Picasso developed Cubism at about the same time that Einstein published his theory of relativity? Physicist Arthur Miller thinks there was a direct link between the two. Miller has always been interested in art, Cubism and Picasso in particular. He also believed that if he combined his knowledge of physics with his love for art, he might be able to uncover the link. So, he began investigating _____.

(a) to what extent Picasso had influenced Einstein
(b) whether Einstein's love for art affected his studies
(c) the roots of Cubism in connection with relativity theory
(d) how much Picasso's style of painting relied on other artists

✱ 번역
아인슈타인이 상대성 이론을 발표한 것과 거의 동시에 피카소가 입체파를 발전시킨 것은 우연의 일치인가? 물리학자 아서 밀러는 이 둘 사이에 직접적인 연관성이 있다고 생각한다. 밀러는 항상 미술에 관심이 있었는데, 특히 입체파와 피카소에 관심이 있었다. 그는 또한 자신의 물리학 지식과 미술에 대한 사랑을 합친다면 그 둘 사이의 연결 고리를 발견할 수 있을 것이라고 믿었다. 그래서 그는 상대성 이론과 관련지어 입체파의 근원을 탐구하기 시작했다.

(a) 피카소가 어느 정도 아인슈타인에게 영향을 미쳤는지
(b) 아인슈타인의 미술에 대한 사랑이 자신의 연구에 영향을 미쳤는지 여부를
(c) 상대성 이론과 관련지어 입체파의 근원을
(d) 피카소의 화풍이 얼마나 다른 예술가들에게 의존하였는지

📘 기출 공략
물리학자 밀러는 관련 없어 보이는 듯한 두 개의 사건을 우연으로 보지 않았다는 내용이다. 따라서 아인슈타인의 상대성 이론과 연관지어 입체파의 근원을 탐구하기 시작했다는 (c)가 이 글의 결론으로 적절하다.
coincidence 우연의 일치 **Cubism** 입체파 **relativity** 상대성 **physicist** 물리학자 **link** 연결 (고리) **in particular** 특히 **combine** 결합시키다 **uncover** 밝히다 **extent** 정도 **affect** 영향을 주다 **connection** 관련 **rely on** ~에 의존하다   정답_(c)

12

The origin of the Nile was for years one of Africa's most enduring enigmas. The Greek geographer Ptolemy held that the river began in an undefined area of inner Africa which he called the Mountains of the Moon. After several hundred years of speculation, the actual sources of the Nile were unveiled in the 1870s to be mainly in Lakes Victoria, Edward and Albert. Regarding the Mountains of the Moon, they are chiefly identified now with the Ruwenzori mountain range. Ptolemy _____, however, for the thawing snows of the Ruwenzori added to the lakes that eventually flow into the Nile.

(a) made an error in his estimations
(b) may not have been entirely wrong
(c) was not speaking of the same river
(d) identified the wrong mountain range

✱ 번역
나일강의 기원은 오랫동안 아프리카의 가장 오래된 수수께끼 중 하나였다. 그리스 지질학자 프톨레마이오스는 이 강이 자신이 달 산맥이라고 부르는 아프리카 내륙의 확실하지 않은 지역에서 발원한다고 주장했다. 수백 년간의 추측 끝에 1870년대에 나일강의 실제 근원은 주로 빅토리아, 에드워드, 앨버트 호수라는 것이 밝혀졌다. 오늘날 달 산맥은 대체로 루웬조리 산맥인 것으로 확인되었다. 그러나 프톨레마이오스가 전적으로 틀린 것은 아닐 수도 있는데, 왜냐하면 루웬조리 산맥의 녹아내린 눈이 결국 나일강으로 흘러 들어가는 세 호수에 모이기 때문이다.

(a) 잘못 추정했는데
(b) 전적으로 틀린 것은 아닐 수도 있는데
(c) 같은 강을 얘기한 것이 아니었는데
(d) 엉뚱한 산맥을 발견했는데

📘 기출 공략
나일강의 기원이 달 산맥이라는 프톨레마이오스의 주장과 그것이 아닌 세 개의 호수라는 주장 중에 후자가 옳다고 밝혀졌지만 달 산맥에서 녹은 눈이 세 개의 호수로 흘러 들어가므로 결국 프톨레마이오스가 완전히 틀리지 않았다는 내용이다. 따라서 (b)가 정답이다.
enduring 오래가는, 지속되는 **enigma** 수수께끼 **geographer** 지질학자 **undefined** 막연한 **speculation** 추측, 짐작 **actual** 실제의 **source** 근원 **unveil** 밝히다 **chiefly** 주로, 대개 **identify** 확인하다 **range** 산맥 **thawing** 해동 **eventually** 결국 **estimation** 추정   정답_(b)

13

This internal study is a response to demands that the current deficiencies in the Canadian government's auditing processes be addressed. Thus, this preliminary report entails a full evaluation of current auditing practices, with the aim of increasing transparency and accountability and strengthening data security protocols within government. In reviewing the government's current practices, our review committee has come up with 102 recommendations which, if implemented, will _____.

(a) permit Canadian citizens to pay less tax in the future
(b) improve the government's national security initiatives
(c) reduce government spending on superfluous inquiries
(d) address the current shortcomings of our auditing system

❋ 번역
이 내부 보고서는 캐나다 정부의 현 감사 과정에 나타난 결함을 고쳐야 한다는 요구에 대한 반응으로 작성된 것이다. 따라서 이 예비 보고서는 현재의 감사 실행을 총괄적으로 평가하고 있는데 이는 투명성과 책임성을 증대시키고 정부 내 자료 보안 규약을 강화하기 위해서이다. 정부의 현 감사 실행에 대한 평가를 내리는 데 있어서 평가위원회는 102가지의 권고 사항을 산출했는데, 이를 이행하게 된다면 현 감사 제도의 결점이 고쳐질 것이다.

(a) 캐나다 시민이 장차 더 적은 세금을 내게 될 것이다
(b) 정부의 국가 안보 주도권이 강화될 것이다
(c) 불필요한 조사에 쓰는 정부 지출이 줄어들 것이다
(d) 현 감사 제도의 결점이 고쳐질 것이다

📄 기출 공략
보고서의 목적이 첫 문장부터 나타나고 있다. 정부 감사 과정에서 드러난 결함을 고치기 위해서라고 했으므로 결론에 해당하는 빈칸에는 (d)가 오는 것이 적절하다.

internal 내부의 **response** 반응 **current** 현재의 **deficiency** 결함 **preliminary** 예비의 **entail** 수반하다 **evaluation** 평가 **transparency** 투명성 **accountability** 책임성 **strengthen** 강화하다 **protocol** (통신) 규약 **come up with** ~을 산출하다 **recommendation** 권고, 건의 **implement** 이행하다 **initiative** 주도권 **superfluous** 여분의 **inquire** 조사 **shortcoming** 결점

정답_(d)

14

Blood flow is imperative to keeping a steady body temperature of approximately 37 degrees Celsius. Heat production and heat loss in numerous areas of the human body are counterbalanced naturally through blood circulation. When an individual gets overheated, the vessels open wide and an additional amount of blood flows to the skin. Heat then dissipates through the skin, effectively pushing the body temperature down. On the other hand, when an individual is cold, the vessels contract, diverting blood from the skin to prevent heat loss. All of this is essentially a process of _____.

(a) distributing heat via the bloodstream
(b) cleansing the bloodstream of impurities
(c) perspiring when hot and shivering when cold
(d) changing the rate at which the heart pumps blood

❋ 번역
혈류는 대략 37도의 안정적인 체온을 유지하는 데 필수적이다. 인체 여러 곳에서 발생되는 열의 생성과 손실은 피의 순환으로 인해 자연스럽게 균형을 이룬다. 사람의 체온이 너무 많이 올라가면 혈관이 활짝 열리면서 증가한 혈액량이 피부로 흐른다. 그러면 피부를 통해 열이 발산되어 체온을 효과적으로 내린다. 반면에 체온이 내려가면 혈관이 수축하고 열 손실을 방지하기 위해 피가 피부에서 다른 곳으로 흐르게 된다. 이 모든 것은 근본적으로 혈류를 통해 열을 분배하는 과정이다.

(a) 혈류를 통해 열을 분배하는
(b) 혈류에서 불순물을 청소하는
(c) 더울 때 땀 흘리고 추울 때 떠는
(d) 심장이 피를 공급하는 속도를 바꾸는

📄 기출 공략
인체가 체온을 유지하기 위해 혈관의 수축과 확장을 통해 혈류를 조정한다는 내용이다. 따라서 이 글의 결론으로 빈칸에는 (a)가 오는 것이 자연스럽다.

flow 흐름 **imperative** 절대 필요한 **approximately** 대략 **production** 생산 **counterbalance** 균형을 맞추다 **circulation** 순환 **vessel** 혈관 **additional** 추가의 **dissipate** 소멸되다 **effectively** 효과적으로 **contract** 수축하다 **divert** (다른 데로) 돌리다 **distribute** 분배하다 **via** ~을 거쳐서 **impurity** 불순물 **perspire** 땀을 흘리다 **shiver** 떨다

정답_(a)

15

Writing is an ancient form of communication that has been recorded on different mediums over the centuries. It was first recorded on stone, then on animal skins, and after that on paper. Of course, nowadays writing is often done not on paper but on a computer screen. We have come a long way in terms of the technology used in writing. _____, remarkably, the content of our writing has not changed. We still express the same emotions, desires and basic storylines.

(a) So
(b) Yet
(c) Then
(d) Because

✿ 번역

글은 수세기에 걸쳐서 각기 다른 매체에 기록되어 온 오래된 의사소통 방식이다. 글은 처음에는 돌에, 그 다음에는 동물 가죽에, 그 뒤에는 종이에 기록되었다. 물론 요즘 글쓰기는 종이가 아닌 컴퓨터 화면에서 종종 이루어진다. 글쓰기에 사용되는 기술 측면에서 우리는 많은 발전을 했다. 그러나 놀랍게도, 글의 내용은 변하지 않았다. 우리는 여전히 같은 감정, 욕망, 그리고 기본적인 이야기를 표현한다.

(a) 그래서
(b) 그러나
(c) 그러면
(d) 왜냐하면

📄 기출 공략

옛날부터 지금까지 글쓰기 매체의 변화를 말하고 있다. 빈칸 앞뒤 문장은 매체의 기술적 변화에도 불구하고 내용은 동일하다는 대조적인 내용이므로 정답은 (b) Yet이다.

ancient 옛날의 communication 의사소통 medium 매체
come a long way 크게 발전하다 in terms of ~의 측면에서
remarkably 놀랍게도 content 내용 emotion 감정 desire 욕망 storyline 줄거리
정답_(b)

16

Following Korea's financial crisis, it took four years for the soundness of most financial institutions to be restored. This restoration was accomplished through far-reaching structural reforms, which to most people made it appear that Korea as a whole had returned to the economic stability of pre-crisis years. _____, because the focus of structural reform was on normalizing distressed financial institutions and restoring their intermediary functions in the market, certain aspects of reform lagged behind.

(a) In sum
(b) Moreover
(c) For instance
(d) Nevertheless

✿ 번역

한국이 금융 위기를 맞은 후 대부분 금융 기관의 건전성이 회복되기까지는 4년이 걸렸다. 이 회복은 광범위한 구조 조정을 통해 달성되었는데, 이는 많은 사람들로 하여금 대체적으로 한국이 위기 이전의 경제적 안정 상태로 복귀한 것처럼 느끼게 했다. 그럼에도 불구하고, 구조 조정의 초점은 곤경에 처한 금융 기관을 정상화하고 이 기관들의 시장에서의 중개 기능을 회복하는 데 맞춰졌기 때문에 개혁의 어떤 국면은 지지부진했다.

(a) 결국
(b) 게다가
(c) 예를 들어
(d) 그럼에도 불구하고

📄 기출 공략

금융 위기에서 회복한 한국에 관한 기사이다. 마지막 문장은 금융 기관 정상화에 중점을 둔 구조 조정으로 인해 다른 방면의 개혁은 부진했다는 내용이므로 앞 문장과 대조된다. 따라서 (d)가 정답이다.

financial 금융상의 crisis 위기 soundness 건전함 restore 회복시키다 far-reaching 멀리까지 미치는 reform 개혁
as a whole 대체적으로 stability 안정 normalize 정상화하다
distressed 곤경에 처한 intermediary 중개의 aspect 국면 lag behind 뒤떨어지다 in sum 결국, 요컨대
정답_(d)

17

Shakespeare's play titled *Antony and Cleopatra* is about the love between Antony, the leader of the Roman Empire, and Cleopatra, the Queen of Egypt. Although Antony and Cleopatra were famous world leaders, Shakespeare shows us that these lovers also had their faults and personal problems. When we read or see the play, they are shown as just normal human beings struggling with feelings of jealousy, love, shame and insecurity. Through Shakespeare's portrayal of them, Antony and Cleopatra seem just like us, despite their greatness as historical figures.

Q How does Shakespeare mainly portray Antony and Cleopatra?
(a) As deeply in love
(b) As ordinary people
(c) As overly emotional
(d) As great historical figures

✽ 번역

셰익스피어의 연극 〈안토니와 클레오파트라〉는 로마제국의 통치자 안토니와 이집트 여왕 클레오파트라의 사랑에 관한 내용이다. 안토니와 클레오파트라는 세계적으로 유명한 지도자였지만 셰익스피어는 이들 연인이 결점과 개인적인 문제를 가지고 있었음을 보여준다. 우리가 이 극을 읽거나 보게 되면 두 사람은 질투, 사랑, 수치, 그리고 불안의 감정들과 씨름하는 단지 보통의 인간으로 제시된다. 셰익스피어의 묘사를 통해 볼 때, 안토니와 클레오파트라는 위대한 역사적 인물임에도 불구하고 우리와 똑같은 사람으로 보인다.

Q 셰익스피어는 안토니와 클레오파트라를 주로 어떻게 묘사하고 있나?
(a) 깊이 사랑에 빠진 것으로
(b) 보통 사람으로
(c) 과도하게 감정적인 것으로
(d) 위대한 역사적 인물로

📘 기출 공략

셰익스피어가 안토니와 클레오파트라를 역사적인 인물로서가 아니라 인간의 보편적인 감정을 갖고 있는 일반적인 사람으로 그렸다는 내용이므로 (b)가 정답이다

empire 제국 **fault** 결점 **personal** 개인적인 **shame** 수치
insecurity 불안 **portrayal** 묘사 **figure** 인물 **overly** 과도하게
emotional 감정적인

정답_(b)

18

Historically speaking, Albania has been one of the least-industrialized European countries. Approximately 50% of its people still work in agriculture, although the chiefly mountainous terrain greatly limits the amount of land that is fit for farming. The main food crops in this nation are wheat, corn and potatoes, while the major commercial crops include cotton, tobacco, rice and fruits. Traditionally, sheep have been the most significant form of livestock, but chickens, goats and cattle are also raised nowadays.

Q What is the passage mainly about?
(a) Albanian cultural history
(b) The geography of Albania
(c) The history of Albanian farms
(d) Albania's agricultural lifestyle

✽ 번역

역사적으로 말해서, 알바니아는 가장 산업화가 덜 된 유럽 국가 중 하나이다. 비록 주로 산악으로 된 지형이 농사에 적합한 땅의 양을 크게 제한하고 있지만, 국민의 거의 50%가 여전히 농업에 종사한다. 이 나라의 주요 식량으로 재배되는 작물은 밀, 옥수수, 감자인 반면, 주요 경제 작물은 면, 담배, 쌀, 과일 등이다. 전통적으로 양이 가장 중요한 가축이었지만 닭, 염소, 소도 오늘날 사육되고 있다.

Q 지문의 주제는?
(a) 알바니아의 문화사
(b) 알바니아의 지리
(c) 알바니아 농장의 역사
(d) 알바니아의 농업적 생활 방식

📘 기출 공략

알바니아의 주요 산업을 소개하는 글이다. 산악 지형을 언급하고 있지만 지리에 관한 내용이 아니므로 (b)는 오답이다. 전체적으로 농업에 대한 이야기가 주를 이루므로 (d)가 정답이다.

industrialize 산업화하다 **approximately** 대략 **mountainous** 산이 많은 **terrain** 지형 **commercial crop** 경제 작물
significant 중요한 **livestock** 가축 **goat** 염소 **cattle** 소
geography 지리

정답_(d)

19

In the past century, life expectancy has increased by 30 years. This means that you now have many years to look forward to after you retire. Long Life, Inc. can help you plan ahead for these years. We provide financial services that will take care of your annuities, life insurance, long-term care insurance and healthcare risk management for the future. With the wide variety of services that we offer, your future is guaranteed.

Q What is the main focus of the advertisement?
(a) Long Life's statistics on life expectancy
(b) The need to stay healthy
(c) The financial burden of retirement
(d) Ways Long Life, Inc. can assist in future planning

✤ 번역
지난 세기 동안 평균 수명은 30년이나 증가했습니다. 이는 당신이 은퇴한 후에도 오랫동안 더 산다는 것을 의미합니다. 롱 라이프 사는 여러분이 은퇴 후의 삶을 대비해 미리 계획하는 것을 도와드릴 수 있습니다. 우리는 미래를 위해 여러분의 연금, 생명보험, 장기 요양보험, 건강상의 위험 관리를 책임질 수 있는 금융 서비스를 제공합니다. 우리가 제공하는 다양한 서비스로 여러분 미래가 보장됩니다.

Q 이 광고문의 주된 초점은?
(a) 롱라이프 사의 수명에 관한 통계
(b) 건강을 유지할 필요성
(c) 은퇴의 재정적 부담
(d) 롱 라이프 사가 미래의 설계를 도울 수 있는 방법들

📘 기출 공략
은퇴자에게 노후 생활을 위한 금융 서비스를 제공한다는 광고이므로 (d)가 정답이다.

life expectancy 평균[기대] 수명 **retire** 은퇴하다 **provide** 제공하다 **financial** 금융상의 **annuity** 연금 **insurance** 보험 **long-term** 장기간의 **variety** 다양 **guarantee** 보증하다 **statistics** 통계 **burden** 부담 **assist** 돕다
정답 (d)

20

To Whom It May Concern:

Since joining our sales department in July 1998, Joe Douglas has proved an extremely reliable and valuable asset. Joe always shows a professional attitude toward work and is well-liked by colleagues and clients. He is capable of working both independently and as part of a team. I am confident that Joe will make a valuable addition to any corporation he joins and would recommend him very strongly without hesitation. Please feel free to call me should you need further information.

Regards,
Jaime Carson

Q What is the purpose of the letter?
(a) To praise Mr. Douglas's sales record
(b) To request that Mr. Douglas be promoted
(c) To recommend Mr. Douglas for employment
(d) To ask Mr. Douglas to resign from his position

✤ 번역
담당자님께,

1998년 7월 우리 회사 영업부에 들어온 이래 조 더글라스는 극히 신뢰할 만하고 귀중한 자산임이 입증되었습니다. 조는 항상 직무에 대해 전문가다운 태도를 보여 주었고 동료와 고객의 사랑을 받고 있습니다. 그는 독자적으로든 팀의 일원으로든 상관없이 일할 능력을 갖추고 있습니다. 조는 그가 동참하는 어떤 회사에서든 귀중한 자산이 될 것임을 확신하며 주저 없이 강력 추천합니다. 추가적인 정보가 필요한 경우 부담 없이 제게 연락주십시오.

제이미 카슨 드림

Q 이 편지의 목적은?
(a) 더글라스 씨의 영업 성적을 칭찬하기 위해
(b) 더글라스 씨의 승진을 요청하기 위해
(c) 더글라스 씨의 취직을 추천하기 위해
(d) 더글라스 씨에게 현 직위에서 사퇴하기를 요청하기 위해

📘 기출 공략
조 더글라스의 직무 능력을 칭찬하는 내용과 함께 후반부의 I am confident 이하에서 이 편지가 추천서임을 짐작할 수 있다. 따라서 정답은 (c)이다.

extremely 극히 **reliable** 신뢰할 수 있는 **valuable** 귀중한 **asset** 자산 **attitude** 태도 **colleague** 동료 **client** 고객 **independently** 독자적으로 **confident** 확신하는 **addition** 증원 **corporation** 주식회사 **without hesitation** 주저 없이, 바로 **praise** 칭찬하다 **promote** 승진시키다 **recommend** 추천하다 **resign** 사임하다
정답 (c)

21

Records indicate that over 67 million pounds sterling has been overpaid for social welfare in the Irish Republic in the past couple of years. The Freedom of Information Act records indicate that the overpayment was mostly due to fraud. The issue at hand is one that has been emphasized in the past, both in state and in public social forums. However, to date, attempts to close the loopholes that let the welfare system be manipulated have not been successful.

Q What is the main idea of the passage?
(a) The Irish government has failed to notice any welfare fraud.
(b) Irish society regards welfare fraud as a serious problem.
(c) Social welfare fraud continues to be a problem in Ireland.
(d) Ireland's welfare system is failing to meet its people's needs.

번역
기록에 따르면 6천 7백만 파운드가 넘는 액수가 지난 몇 년간 아일랜드 공화국에서 사회 복지를 위해 과다 지급되었다. 정보 자유법 기록은 과다 지급의 대부분이 사기 때문임을 보여준다. 현안은 과거에 국가와 공공 사회 포럼 양쪽 모두에서 강조된 것이다. 그러나 지금까지 사회복지 제도의 부정 조작을 가능하게 하는 제도적 허점을 막으려는 시도는 성공하지 못했다.

Q 지문의 주제는?
(a) 아일랜드 정부는 사회복지 사기를 전혀 알아채지 못했다.
(b) 아일랜드 사회는 사회복지 사기를 심각한 문제로 여긴다.
(c) 사회복지 사기는 아일랜드에서 계속 문제로 남아 있다.
(d) 아일랜드의 사회복지 제도는 국민의 요구를 충족시키지 못하고 있다.

기출 공략
아일랜드 사회복지 분야의 공적 기금이 사기로 인해 과다 지급되는 문제를 제시하고 있지만 문제의 해결점을 찾지 못하고 있다는 내용이므로, 정답은 (c)이다.

indicate 가리키다 welfare 복지 Freedom of Information Act 정보 자유법 overpayment 과다 지급 fraud 사기 at hand 당면한 emphasize 강조하다 loophole 허점 manipulate (부정하게) 조작하다

정답 (c)

22

Mercury is highly toxic and can be harmful to humans if they eat contaminated fish. So, how do fish come to have mercury in them? Unfortunately, mercury is a by-product of many industrial processes, and it ends up in waterways. In the United States, coal-fired power plants alone pump about 50 tons of it into the air each year. That mercury then rains out of the sky into oceans, lakes, rivers and streams, where it becomes concentrated in the flesh of aquatic creatures. Even a small amount of mercury in a large lake can make all the fish in it unsafe to eat.

Q What is the main topic of the passage?
(a) The process by which fish are contaminated by mercury
(b) The way mercury is transferred from aquatic life to humans
(c) The harmful effects of mercury pollution on aquatic creatures
(d) The industries responsible for causing mercury pollution in waterways

번역
수은은 매우 독성이 강하여 이것에 오염된 물고기를 먹으면 인체에 해로울 수 있다. 그러면 어떻게 물고기가 수은을 함유하게 될까? 불행히도 수은은 많은 산업 공정의 부산물이며 결국 수로로 가게 된다. 미국에서는 매년 석탄 발전소에서만도 약 50톤의 수은을 대기로 뿜어낸다. 이 수은은 그 다음 하늘에서 비로 내려와 바다, 호수, 강, 시냇물로 들어가며, 거기서 수중 생물의 체내에 축적된다. 대형 호수에 수은이 소량만 들어 있어도 그 호수 안의 모든 물고기는 먹을 수 없게 된다.

Q 지문의 주제는?
(a) 물고기가 수은에 오염되는 과정
(b) 수은이 수중 생물에서 인간으로 옮겨지는 과정
(c) 수은 오염이 수중 생물에 미치는 나쁜 영향
(d) 수로의 수은 오염을 야기하는 산업

기출 공략
수은이 인체에 해롭다는 첫 문장으로 (b)를 정답으로 고르기 쉽다. 하지만 지문은 물고기가 수은에 오염되는 구체적인 과정을 설명하고 있으므로 정답은 (a)이다. (c), (d)는 관련이 있는 내용이지만 주제로 보기는 어렵다.

mercury 수은 toxic 독성의 contaminated 오염된 by-product 부산물 waterway 수로 pump 뿜어내다 concentrated 농축된 flesh 살 aquatic 수생의 creature 생물 transfer 이동시키다 pollution 오염

정답 (a)

23

Singer David Crosby was arrested at about 1 am on Saturday in Times Square. The charges included illegal possession of a firearm and drugs. Crosby had checked out of the Doubleday Suites Hotel on Broadway after his performance at William Paterson University's Shea Center. Police reported Crosby had left behind a suitcase, which was found by a hotel worker. The worker went through the luggage, searching for identification, but instead discovered a handgun and drugs.

Q Who first found Crosby's gun and drugs?
(a) A police officer
(b) A famous singer
(c) A hotel employee
(d) A university center worker

✹ 번역

가수 데이비드 크로스비는 토요일 새벽 1시경 타임스 스퀘어에서 체포되었다. 혐의 중에는 화기와 마약의 불법 소지가 포함되었다. 크로스비는 윌리엄 패터슨 대학교 쉬어 센터에서 공연한 뒤 브로드웨이의 더블데이 스위트 호텔에서 체크아웃하였다. 경찰은 크로스비가 여행 가방을 두고 나왔고 그 가방을 호텔 직원이 발견했다고 발표했다. 그 직원은 짐을 뒤져 가방 주인을 확인하려 했는데 그 과정에서 권총과 마약을 발견했다.

Q 처음으로 크로스비의 총과 마약을 발견한 사람은?
(a) 경찰관
(b) 유명 가수
(c) 호텔 직원
(d) 대학 센터 직원

📖 기출 공략

크로스비가 마약과 총을 불법 소지한 혐의로 체포되었는데, 호텔에 두고 간 그의 가방을 호텔 직원이 뒤져본 게 발단이 되었다는 내용이므로 정답은 (c)이다.

charge 죄명, 혐의 **illegal** 불법의 **possession** 소지(품)
firearm 무기, 화기 **performance** 공연 **suitcase** 여행 가방
identification 신원 확인 **handgun** 권총   정답 (c)

24

If you need a place to stay while you are looking for a permanent residence in South Florida, we have the right apartment for you. Our apartments are half the price of a hotel and twice as comfortable. Clover Corporate Housing offers weekly and monthly rentals of one-, two- and three-bedroom apartments, fully furnished and equipped. With beautiful interior designs and high-quality furnishings, Clover offers a unique temporary living experience that feels like home. If you are moving to South Florida, we invite you to be our guest at Clover.

Q Which of the following is correct according to the advertisement?
(a) Furniture is not provided at Clover apartments.
(b) The Clover apartments come in two different sizes.
(c) Hotels are more expensive than Clover apartments.
(d) Clover Corporate Housing offers apartments for sale.

✹ 번역

플로리다 남부 지역에서 영구적인 거주지를 찾는 동안 잠시 머물 곳이 필요하시다면 저희에게 적당한 아파트가 있습니다. 저희 아파트는 호텔의 반값이고 두 배나 편안합니다. 클로버 주택 회사는 가구 및 비품이 모두 갖춰져 있고, 방 하나, 두 개, 혹은 세 개짜리 아파트를 주나 월 단위로 임대합니다. 아름다운 실내 디자인과 고급 가구를 갖춘 클로버 아파트는 집처럼 느껴지는 특별한 생활을 한시적으로 경험하게 해줍니다. 만약 플로리다 남부로 이사 온다면 클로버 아파트에 저희 손님으로 초대합니다.

Q 광고문에 따르면 옳은 것은?
(a) 클로버 아파트는 가구가 제공되지 않는다.
(b) 클로버 아파트는 두 가지 크기가 있다.
(c) 호텔은 클로버 아파트보다 비싸다.
(d) 클로버 주택 회사는 아파트를 매매한다.

📖 기출 공략

임대 아파트를 광고하는 글이다. 가구가 모두 갖춰진 세 가지 종류의 임대 아파트라고 했으므로 (a), (b), (d)는 오답이다. 호텔의 반값이라 했으므로 정답은 (c)이다.

permanent 영구적인 **residence** 거주, 주택 **rental** 임대용 집
furnish 가구를 비치하다 **equip** (시설물 등을) 갖추다 **interior** 실내의 **temporary** 임시의   정답 (c)

25

Hi Mom,

I hope you are doing well. I have had so many new experiences during my stay here in Seoul. The other day in Jongno, I came across an auto-toilet. You just insert a coin and the door opens. Then, when you exit, the washroom starts to clean itself by spraying the whole booth with disinfectant. A toilet that keeps itself clean—great idea, isn't it? These are a lot cleaner than some public toilets here. Anyway, I'll be staying here for a few more weeks before coming home. I'll be sure to take lots of pictures (attached is one of the auto-toilet). See you soon!

Love,
Dan

Q According to the email, which of the following is a benefit of the auto-toilet?
(a) It is portable and can be set up in any location.
(b) It disinfects itself after someone has used it.
(c) It gives change in coins for paper money.
(d) It costs very little to keep it clean.

번역

안녕 엄마,

잘 지내고 계시죠? 서울에서 머무는 동안 너무나 많은 새로운 경험을 하고 있어요. 그저께는 종로에서 자동 화장실을 발견했어요. 동전을 넣으면 문이 열려요. 그리고 사용하고 나가면 화장실이 세척제를 부스 전체에 뿌려 스스로 청소하기 시작해요. 스스로 청소하는 화장실, 멋진 생각 아닌가요? 자동 화장실은 서울의 일부 공중 화장실보다 훨씬 더 깨끗해요. 아무튼, 여기 몇 주 더 있다가 집에 갈 거예요. 사진 꼭 많이 찍을 거예요. 자동 화장실 사진 첨부해요. 곧 봬요.

사랑하는 댄 드림.

Q 이메일에 따르면 자동 화장실의 이점은?
(a) 휴대 가능하며 아무 장소에나 설치할 수 있다.
(b) 누군가 사용하고 나면 스스로 소독한다.
(c) 지폐를 동전으로 바꿔 준다.
(d) 청결을 유지하는 데 비용이 거의 안 든다.

기출 공략

자동 화장실이 스스로 세척됨에 놀라움을 나타내는 글이므로 정답은 (b)이다.

come across 발견하다 auto-toilet 자동 화장실 insert 끼워 넣다 washroom 세면장 spray (물 등을) 뿌리다 booth 부스, 칸막이 박스 disinfectant 소독제 attach 첨부하다 portable 휴대용의 set up 설치하다; 준비하다

정답_(b)

26

The Hopi are unique among Native American tribes because women exercise much more power in Hopi society than men. This female dominance is expressed in their social customs. For example, at birth, Hopi children become members of their mothers' clans rather than their fathers'. In addition, ownership of property, such as land and houses, passes from mother to daughter instead of from father to son, as it does in other Native American tribes. However, women do not have all the power in this culture. Societal authority still rests in the hands of men, but that authority is passed on to men by their mothers.

Q Which of the following is correct according to the passage?
(a) Hopi children are members of their fathers' clan.
(b) Hopi culture has no concept of societal authority.
(c) Hopi daughters inherit property from their mothers.
(d) Hopi men inherit societal authority from their fathers.

번역

호피족 사회는 남자보다 여자가 훨씬 많은 권력을 행사하기 때문에 북미 원주민 부족 중에서 독특하다. 이러한 여성 우월은 그들의 사회 풍습에서 표현된다. 예를 들어, 출생하는 호피족 아이들은 부계 씨족이 아니라 모계 씨족의 일원이 된다. 게다가, 땅과 집과 같은 재산 소유권은 다른 북미 원주민 부족에서 하듯 아버지에서 아들로가 아니라 엄마에서 딸로 전수된다. 그러나 여성이 이 문화에서 모든 권력을 가지는 것은 아니다. 사회적 권위는 여전히 남자의 손에 있지만 그 권위는 엄마에 의해 남자에게 전해진다.

Q 지문에 따르면 옳은 것은?
(a) 호피족 아이들은 부계 씨족의 일원이다.
(b) 호피족 문화는 사회적 권위라는 개념이 없다.
(c) 호피족 딸들은 엄마로부터 재산을 물려받는다.
(d) 호피족 남자는 아버지로부터 사회적 권위를 물려받는다.

기출 공략

호피족의 모계 사회 구조를 설명하고 있다. 재산 소유권이 엄마로부터 딸에게로 전수된다고 했으므로 정답은 (c)이다. 모계 씨족이지만, 사회적 권위는 엄마에게서 남자로 전해진다고 했으므로 나머지 선택지들은 오답이다.

unique 독특한 tribe 부족 dominance 지배 custom 풍습 clan 씨족 in addition 게다가 ownership 소유권 property 재산 societal 사회의 authority 권위 concept 개념 inherit 상속하다

정답_(c)

27

Our study has found that female doctors spend more time—about ten percent more—with patients than male doctors do. Also, they are more apt to talk with patients about lifestyle issues, such as work and relationships, and provide more reassurance and positive feedback. In reporting these findings, we wish to make clear that we are not suggesting there is evidence that female doctors provide better medical treatment than male doctors. Nor are we concluding that individual health will be better depending on whether you see a male or female doctor.

Q According to the study, how do female doctors compare with male doctors?
(a) They provide better medical treatment.
(b) They are more likely to improve patients' health.
(c) They tend to respond more optimistically to patients.
(d) They spend more time discussing alternative treatments.

✽ 번역
우리가 실시한 연구에서 여자 의사가 남자 의사보다 약 10% 더 많은 시간을 환자와 보낸다는 것을 발견했다. 또한, 여자 의사들은 환자들과 일과 인간 관계와 같은 생활 방식 관련 문제에 대해 대화하는 경향이 더 많고, 더 많은 확신과 긍정적인 의견을 제공한다. 이러한 결과를 발표하면서 우리는 여자 의사가 남자 의사보다 더 나은 치료를 제공한다는 증거가 있다고 말하는 것은 아님을 분명히 하고 싶다. 또한 개인의 건강이 남자 의사냐 혹은 여자 의사이냐에 따라 좌우된다고 결론을 내리는 것도 아니다.

Q 연구에 의하면 여자 의사는 남자 의사와 어떻게 비교되고 있는가?
(a) 더 나은 치료를 제공한다.
(b) 환자의 건강을 증진시킬 가능성이 더 많다.
(c) 환자들에게 더 낙관적으로 반응하는 경향이 있다.
(d) 대안 치료를 논의하는 데 더 많은 시간을 소비한다.

📄 기출 공략
여자 의사가 남자 의사보다 환자들과 더 많은 대화를 나누고 그들에게 긍정적인 반응을 보인다. 하지만 이것이 더 나은 치료를 한다는 말은 아니라고 결론짓고 있다. 따라서 정답은 (c)이다.
be apt to ~하는 경향이 있다 **reassurance** 확신, 안심
feedback 피드백, 반응 **evidence** 증거 **conclude** 결론짓다
optimistically 낙관하여 **alternative** 대신의   정답_(c)

28

Eating specific foods can have a positive impact on your emotional health. For example, for depression and anxiety, doctors now recommend foods with omega-three fats, B vitamins and whole grains. Whole grains and foods with omega-three fats, magnesium and vitamin E have also been used in the treatment of other mental disorders. Some foods that are good for emotional health are salmon, a good source of omega-three, leafy greens, which contain vitamin B, and rye crackers, which are a nutritious whole grain snack.

Q Which of the following is correct according to the passage?
(a) Rye crackers have less nutrition than salmon.
(b) Vitamin B can be obtained from leafy vegetables.
(c) Losing weight helps to improve emotional health.
(d) Doctors recommend eating a low-fat diet for depression.

✽ 번역
특정 음식을 먹는 것은 당신의 정신 건강에 긍정적인 영향을 미칠 수 있다. 예를 들어, 의사들은 우울증과 불안감에 대해서 현재 오메가3 지방산, 비타민 B, 정백하지 않은 곡물을 추천한다. 정백하지 않은 곡물과 오메가3 지방산, 마그네슘, 비타민 E가 함유된 식품은 다른 정신 질환 치료에도 사용되고 있다. 정신 건강에 좋은 음식으로는 오메가3의 좋은 공급원인 연어, 비타민 B를 함유한 잎채소, 영양이 풍부한 정백하지 않은 곡물 스낵인 호밀 크래커가 있다.

Q 지문에 따르면 옳은 것은?
(a) 호밀 크래커는 연어보다 영양분이 적다.
(b) 비타민 B는 잎채소에서 얻을 수 있다.
(c) 체중을 줄이는 것은 정신 건강을 좋게 할 수 있다.
(d) 의사들은 우울증에 대해 저지방 음식을 추천한다.

📄 기출 공략
정신 건강에 좋은 음식을 몇 가지 제시하고 있다. (a)의 호밀 크래커와 연어의 영양 비교, (c)의 체중 감소, (d)의 저지방 음식은 전혀 언급되지 않았다. 잎채소에 비타민 B가 함유되어 있다고 했으므로 (b)가 정답이다.
impact 영향 **depression** 우울증 **whole grain** 전곡 **disorder** 질환, 이상 **salmon** 연어 **rye** 호밀 **nutritious** 영양분이 풍부한, 발육을 촉진하는 **improve** 개선하다   정답_(b)

29

Machu Picchu, a complex of ruins on a mountaintop in the vicinity of Cuzco, Peru, is one of the most gorgeous and mysterious ancient locales in the world. Legend has it that the area of Machu Picchu was revered as a holy place long before the Incas started constructing gigantic stone structures there in the early 1400s. Regardless of its origins, the Inca transformed the area into a small but extraordinary city. Not visible from below, surrounded by enough agricultural terraces to feed its people and watered by natural springs, Machu Picchu was indeed a great Inca city.

Q Which of the following is correct about Machu Picchu according to the passage?
(a) It did not have its own source of water.
(b) It was built long before the Incas arrived.
(c) It became a sacred place in the early 1400s.
(d) It cannot be seen from below the mountaintop.

❋ 번역
페루 쿠스코 인근 산꼭대기에 펼쳐진 유적 지대인 마추픽추는 세계에서 가장 멋있고 신비스러운 고대 유적지 중 하나이다. 전설에 따르면 마추픽추 지역은 잉카인들이 그곳에 1400년대 초 거대한 석조 구조물 건설을 시작하기 오래 전부터 성지로 숭배되었다. 그 기원과 상관없이 잉카는 그 지역을 작지만 굉장한 도시로 변모시켰다. 밑에서는 보이지 않고, 백성을 먹여 살리기에 충분한 계단식 농지에 둘러싸여 있으며, 천연 샘이 물을 제공하는 마추픽추는 진정 위대한 잉카 도시였다.

Q 지문에 따르면 마추픽추에 대해 옳은 것은?
(a) 자체 물 공급원이 없었다.
(b) 잉카인들이 도착하기 오래 전에 건설되었다.
(c) 1400년대 초 성지가 되었다.
(d) 산꼭대기 밑에서 볼 수 없다.

📘 기출 공략
마지막 문장에서 Not visible from below라고 했으므로 (d)가 정답이다. 마추픽추는 천연 샘이 있고, 잉카인이 건설했으며, 1400년대 초 이전에 이미 성지였다고 했으므로 나머지 선택지들은 오답이다.

mountaintop 산꼭대기(의) **vicinity** 부근, 근접 **gorgeous** 멋진 **legend** 전설 **gigantic** 거대한 **regardless of** ~에 관계 없이 **extraordinary** 엄청난 **surround** 에워싸다 **agricultural** 농업의, 경작의 **terrace** 계단식 논 **sacred** 신성한   정답_(d)

30

The Curtain Bluff Hotel cordially invites you to stay as our guest and enjoy our luxurious, yet quaint accommodations. Our newly renovated facility has 70 sea-view deluxe rooms and suites on the surf side of the magnificent Curtain Bluff. All of our deluxe rooms have received a complete makeover: they now feature homely quilts, plush cushions and room decor in seascape shades of blue, turquoise and green. As our guest, you will also enjoy our elegant wood sitting areas, picturesque walkways and spacious green granite and marble bathrooms. So, come and relax in a room overlooking the sea at Curtain Bluff Hotel.

Q Which of the following is correct about the hotel?
(a) It will soon renovate its restaurant.
(b) It has elegant sitting areas located in the woods.
(c) Its rooms overlook the magnificent forest.
(d) Its large bathrooms are made of marble and granite.

❋ 번역
커튼 블러프 호텔은 당신이 이곳에 투숙하여 저희의 호화롭고 색다른 숙박 시설을 즐길 수 있도록 당신을 초대합니다. 장엄한 커튼 블러프의 바다 쪽으로 펼쳐져 있는 저희 새로 개조된 시설은, 바다가 보이는 70개의 장엄한 객실과 스위트룸을 구비하고 있습니다. 모두 완전히 개조된 고급 객실은 수수한 누비 이불, 플러시 천으로 만든 쿠션, 푸른색, 청록색, 녹색의 바다 경치 색으로 된 실내 장식을 갖추고 있습니다. 손님으로서 또한 당신은 우아한 목조 휴게 공간, 그림 같은 통로, 푸른색 화강암과 대리석으로 만든 넓은 욕실을 누릴 수 있습니다. 그러니 바다가 내려다보이는 커튼 블러프 호텔에 와서 쉬십시오.

Q 호텔에 대해 옳은 것은?
(a) 레스토랑을 곧 개조할 것이다.
(b) 숲 속에 위치한 우아한 휴게 공간을 갖췄다.
(c) 객실은 웅장한 숲을 내려다본다.
(d) 대형 욕실은 대리석과 화강암으로 되어 있다.

📘 기출 공략
새로 단장한 호텔을 광고하는 글이다. 레스토랑에 대한 언급은 없고, 휴게 공간이 어디에 위치해 있는지는 알 수 없으며, 객실은 바다를 보고 있다고 했으므로 나머지 선택지들은 오답이다. 화강암과 대리석으로 된 욕실이 있다는 (d)가 정답이다.

cordially 진심으로 **luxurious** 호화로운 **quaint** 색다른 **accommodation** 숙박 시설 **renovate** 개조하다 **facility** 시설 **magnificent** 웅장한 **makeover** 개조 **quilt** 퀼트 **plush** 벨벳의 일종 **decor** 실내 장식 **turquoise** 청록색 **picturesque** 그림 같은, 생생한 **spacious** 넓은 **granite** 화강암   정답_(d)

Reading Comprehension

31

There are a number of differences between stage musicals and their filmed adaptations. One of the most obvious is that live performances, unlike those on film, are never the same from night to night, and they involve a more direct relationship with the audience. In addition, the number of songs in stage musicals is generally much higher than in films, and these songs might fit differently into the overall structure. Film is also a more naturalistic medium, and therefore more disruptive when a character breaks into song in a film—which is why so many of the great film musicals are set in the theater.

Q Which of the following is correct according to the passage?
(a) Characters seem less disruptive when they sing in films.
(b) Live performances are a more naturalistic medium than films.
(c) Many film makers have adopted theater settings for their musicals.
(d) More songs are introduced when stage musicals are adapted to film.

32

One of the central concerns of Chinese leaders throughout Chinese history has been state-building. Indeed, Chinese leaders down through the years often pursued the dream of a modern nation-state as a solution to the various crises that afflicted their country. In contrast to this preoccupation with state-building, the development of civil society, or social organizations and institutions, was given much less attention. This striking asymmetry of state and society decisively shaped the course of modern China.

Q Which of the following is correct according to the passage?
(a) Chinese state and society developed in harmony until recently.
(b) The dream of state-building was pursued to help China become powerful.
(c) The China of today emerged from a state and society that were imbalanced.
(d) Chinese leaders were preoccupied with civil society at the expense of the state.

✿ 번역
무대에서 공연되는 뮤지컬과 이를 영화로 각색한 것 사이에는 많은 차이가 있다. 가장 분명한 차이점 중 하나는 영화 속 공연과 달리 실제 공연은 매일 밤 동일하지 않으며, 관객과 더 직접적인 관계를 가지게 된다. 게다가, 실제 뮤지컬에 들어가는 노래의 수는 영화보다 일반적으로 훨씬 많으며, 이러한 노래들은 전체 구성 속에 각기 다르게 들어간다. 영화는 보다 사실적인 매체라서 영화 속에서 등장인물이 갑자기 노래를 부르기 시작하면 이야기 흐름을 방해하게 되므로 많은 위대한 뮤지컬 영화가 연극 무대를 배경으로 하고 있다.

Q 지문에 따르면 옳은 것은?
(a) 영화에서 인물이 노래하면 이야기 흐름을 덜 방해한다.
(b) 실제 공연은 영화보다 더 사실적인 매체이다.
(c) 많은 영화 제작자들이 뮤지컬에 연극 무대를 채택하고 있다.
(d) 무대 뮤지컬이 영화로 각색될 때 더 많은 노래들이 사용된다.

📖 기출 공략
공연 뮤지컬과 뮤지컬 영화의 차이점을 제시하고 있다. 영화는 연극보다 더 사실적인 장르이기 때문에 등장인물이 갑자기 노래를 부르기 시작하면 이야기 흐름을 방해한다고 했으므로 (a), (b)는 오답이다. 또한 영화에 들어가는 노래의 수가 연극보다 적다고 했으므로 (d)도 틀렸다. 뮤지컬 영화가 연극 무대를 배경으로 하는 경우가 많다고 했으므로 (c)가 정답이다.

adaptation 각색 **obvious** 분명한, 확실한 **overall** 전체적인 **naturalistic** 사실적인 **medium** 매체 **disruptive** 파괴적인 **break into** 갑자기 ~하기 시작하다 **adopt** 채택하다 **setting** 배경, 설정
정답_(c)

✿ 번역
중국 역사를 통틀어 중국 지도자들의 주된 관심사 중 하나는 국가 건설이었다. 실제로 중국 지도자들은 자기 나라를 괴롭힌 다양한 위기에 대한 해결책으로 오랜 기간 내내 종종 근대 민족 국가 건설이라는 꿈을 추구하였다. 국가 건설에 대한 이러한 집착과 대조적으로 시민 사회 혹은 사회 조직과 기관의 발전은 관심을 덜 받았다. 국가와 사회의 이런 현저한 불균형은 현대 중국의 진로를 결정적으로 형성했다.

Q 지문에 따르면 옳은 것은?
(a) 중국 국가와 사회는 최근까지 조화롭게 발전했다.
(b) 중국을 강하게 만들기 위해 국가 건설의 꿈을 추구했다.
(c) 오늘날의 중국은 불균형 관계의 국가와 사회로부터 출현했다.
(d) 중국 지도자들은 국가를 희생시키면서까지 시민 사회에 집착했다.

📖 기출 공략
국가 건설에 중점을 둔 나머지 사회 발전을 등한시했다고 했으므로 (a)는 오답이며, 국가와 사회의 불균형이 오늘의 중국을 형성했다고 한 (c)가 정답이다. 국가 건설 자체가 주된 목적이었기 때문에 (b)도 옳은 답이 아니다.

crisis 위기 **afflict** 괴롭히다 **preoccupation** 집착 **institution** 기관, 단체 **striking** 현저한 **asymmetry** 불균형 **decisively** 결정적으로 **emerge** 나타나다 **imbalanced** 불균형의 **be preoccupied with** ~에 집착하다
정답_(c)

33

Would you like to do something worthwhile with your money? Then, come and check out Primero Bank Investment Services, Inc. We will help you invest for the long term in stocks, bonds or any of over 1,000 mutual funds. We can also introduce you to online trading. Our broad range of services covers everything from discount brokerage to professional investment guidance and planning. Call 1-800-321-5454 or visit us at www.primerobank.com.

Q Which person would most likely use this company's services?
(a) Someone who needs to borrow money
(b) Someone who wishes to work at a bank
(c) Someone who wants to save for retirement
(d) Someone who wants to make a quick profit

✿ 번역
당신의 돈으로 보람된 일을 하고 싶은가요? 그렇다면 프리메로 금융투자서비스 사에 와서 확인해 보세요. 우리는 당신이 장기적으로 주식, 채권, 혹은 천여 개의 뮤추얼 펀드 중 일부에 투자하는 것을 도와 드릴 것입니다. 우리는 또한 당신이 온라인 거래를 할 수 있도록 소개해 드릴 수 있습니다. 우리의 광범위한 서비스는 어음 할인 중개에서부터 전문적인 투자 안내와 계획에 이르기까지 모든 것을 다룹니다. 1-800-321-5454로 전화해 주시거나 웹사이트 www.primerobank.com을 방문해 주세요.

Q 어떤 사람이 이 회사의 서비스를 이용할 것 같은가?
(a) 돈을 빌려야 할 사람
(b) 은행에서 일하고 싶은 사람
(c) 은퇴에 대비해 저축하기를 원하는 사람
(d) 단기 이익을 올리려는 사람

📘 기출 공략
장기 투자를 원하는 사람들을 위한 광고이므로 (a), (d)는 오답이다. 직장인이 은퇴에 대비해 투자하는 것은 장기 투자에 해당되므로 (c)가 정답이다.

worthwhile 보람이 있는 **investment** 투자 **stock** 주식 **bond** 채권 **mutual fund** 뮤추얼 펀드 **trading** 거래 **discount brokerage** 어음 할인 중개 **guidance** 안내 **retirement** 은퇴 **profit** 이익

정답 (c)

34

After the solar eclipse of 1919 proved that light from faraway constellations is curved by the Sun's gravity, the Nobel Prize Committee started receiving many nominations for Albert Einstein for his work on the theory of relativity. However, the Committee chose to grant the award that year to Charles-Edouard Guillaume for having found a nickel-steel alloy that stayed fairly unaffected by changes in its surroundings. Although many observers overseas found Guillaume an odd choice, the fact was that few, if any, committee members had been convinced enough by research into the 1919 solar eclipse to change their view of Einstein's work.

Q What can be inferred from the passage?
(a) The solar eclipse of 1919 failed to confirm Einstein's theory of relativity.
(b) The scientific world welcomed the Academy's choice of Guillaume over Einstein.
(c) The Nobel Prize Committee overestimated the significance of Guillaume's discovery.
(d) The Nobel Prize Committee allowed personal bias to influence their decision-making.

✿ 번역
멀리 떨어진 별자리에서 오는 빛이 태양의 중력에 의해 휘어진다는 것을 1919년의 일식이 입증한 이후, 노벨상 위원회는 상대성 이론에 관한 연구 업적으로 알버트 아인슈타인을 수상자로 지명해야 된다는 요구를 많이 받았다. 그러나 위원회는 환경 변화에 영향을 거의 받지 않는 니켈-철 합금을 발견한 공로로 그해 노벨상을 샤를-에두아 기욤에게 주기로 결정하였다. 많은 해외 참관인들이 기욤의 수상을 이상하게 여겼지만, 실제로 1919년 일식에 대한 연구가 아인슈타인의 연구에 관한 그들의 견해를 바꾸게 할 만큼 노벨상 위원회 회원들을 납득시키지 못했다.

Q 지문에서 추론할 수 있는 것은?
(a) 1919년 일식은 아인슈타인의 상대성 이론을 확증하지 못했다.
(b) 과학계는 스웨덴 과학 아카데미가 아인슈타인 대신 기욤을 선택한 것을 환영했다.
(c) 노벨상 위원회는 기욤의 발견의 의의를 과대평가했다.
(d) 노벨상 위원회는 그들의 의사 결정에 개인적 편견이 영향을 미치는 것을 허용했다.

📘 기출 공략
1919년 일식 연구가 노벨상 위원회 회원들을 납득시키지 못했고, 따라서 상대성 이론을 불신했음을 알 수 있으므로 (a)가 정답이다. 과학계는 기욤의 수상을 이상한 선택이라고 여겼고, 노벨상 위원회가 기욤을 과대평가했는지는 알 수 없으며, 위원회의 의사 결정에 개인적 편견이 작용했다는 말은 없으므로 나머지 선택지들은 오답이다.

solar eclipse 일식 **constellation** 별자리 **gravity** 중력 **nomination** 추천, 지명 **relativity** 상대성 **alloy** 합금 **convince** 납득시키다 **confirm** 확증하다 **overestimate** 과대평가하다 **bias** 편견 **decision-making** 의사 결정

정답 (a)

35

Singapore's economic infrastructure is about to undergo some dramatic changes, with the island's government pushing for a shift away from electronics, chemicals and other labor-intensive manufacturing activities. But what is the reason for this economic reshuffle? "In a word, China," says Singapore's deputy prime minister Lee Hsien Loong. China has virtually monopolized what used to be Singapore's primary markets, and rather than competing against such an economic giant, the island's government has decided to support specialization in less competitive sectors. "If we don't," Lee says, "our economy will become irrelevant on the global stage."

Q What can be inferred about Singapore from the news article?
(a) Its economy depends too much upon Chinese imports.
(b) It will foster industries in which China is not dominant.
(c) Its government believes that the economic future is grim.
(d) It will begin to invest heavily in electronics and chemicals.

※ 번역
싱가포르 정부가 전자, 화학 및 기타 노동 집약적 제조업으로부터 탈피하려는 노력을 보이면서 이 나라의 경제적 기반이 급격한 변화를 겪을 순간에 놓여 있다. 그러나 이러한 경제 개편의 이유는 무엇인가? "한마디로 중국 때문이다"라고 싱가포르 부수상 리센룽은 말한다. 중국은 과거 싱가포르의 주된 시장을 사실상 독점했고, 그러한 경제 대국과 경쟁하기보다는 싱가포르 정부는 덜 경쟁적인 분야에서의 특화를 지원하기로 결정했다. 리는 "그렇게 하지 않으면 우리 경제는 국제 무대에서 뒤처질 것이다"라고 말한다.

Q 뉴스 기사로부터 싱가포르에 대해 추론할 수 있는 것은?
(a) 싱가포르 경제는 중국 수입품에 지나치게 의존한다.
(b) 싱가포르는 중국이 지배하지 않는 산업 분야를 육성할 것이다.
(c) 싱가포르 정부는 미래 경제가 암울하다고 생각한다.
(d) 싱가포르는 전자와 화학 분야에 많은 투자를 하기 시작할 것이다.

기출 공략
중국과 경쟁하지 않는 부문을 육성하여 싱가포르 경제를 발전시킨다는 내용이므로 (b)가 정답이다. 중국 수입품에 대해 언급하지 않았고, 미래 경제를 암울하게 본다는 말도 없으며, 전자, 화학 분야에서 벗어나려 한다고 했으므로 나머지 선택지들은 오답이다.

infrastructure (경제) 기반 **undergo** 경험하다 **labor-intensive** 노동 집약적인 **reshuffle** 개편 **deputy prime minister** 부수상 **monopolize** 독점하다 **competitive** 경쟁의 **sector** 분야 **irrelevant** 시대에 뒤진 **import** 수입품 **foster** 육성하다 **dominant** 지배적인 **grim** 암울한

정답_(b)

36

Some psychologists and psychiatrists believe that humor is a vital part of maintaining mental health. However, the humor that has the most value is not the kind we see on television or the kind contained in a quick joke. Though these may be delightful, they are superficial and temporary. The humor that is of most value is a more enduring kind of humor than these. It is a kind of humor that goes beyond jokes and laughter, and psychologists say we ought to cultivate this type as part of our general attitude to life. They say this type of humor is crucial in coping with the difficulties and complexities of modern living.

Q What will the passage most likely discuss next?
(a) The value of comedy shows and humorous stories
(b) Ways to create your own kind of superficial humor
(c) Current psychological theories on the use of humor
(d) Examples of the kind of humor helpful in managing life's problems

※ 번역
일부 심리학자와 정신과 의사는 유머가 정신 건강을 유지하는 데 필수적이라고 믿는다. 그러나 가장 가치 있는 유머는 텔레비전에서 보거나 즉석 농담에 들어 있는 그런 종류가 아니다. 이런 유머는 즐거울지는 몰라도 피상적이고 일시적이다. 가장 가치 있는 유머는 이런 유머보다 더 지속적인 유형의 것이다. 그것은 농담이나 웃음을 넘어서는 종류의 유머이며, 심리학자들은 인생에 대해 갖는 일반적 태도의 일부로 이런 유형의 유머를 개발해야 한다고 말한다. 이들은 이런 유형의 유머가 현대 생활의 어려움과 복잡함에 대처하는 데 필수적이라고 말한다.

Q 다음 지문에서 논의될 내용은?
(a) 코미디 프로의 가치와 우스운 이야기
(b) 당신만의 가벼운 유머를 만들어내는 법
(c) 유머 사용에 대한 현재의 심리학적 이론
(d) 인생 문제를 헤쳐나가는 데 도움이 되는 유머의 예

기출 공략
현대 생활에 필요한 유머의 유형을 설명하고 있다. TV 코미디 프로나 피상적 유머는 가치가 없다고 했으므로 (a)와 (b)는 정답이 아니다. 삶의 문제를 해결하는 데 도움이 될 유머에 대해 좀 더 구체적인 내용이 이어지는 것이 자연스러우므로 정답은 (d)이다.

psychiatrist 정신과 의사 **vital** 절대 필요한 **superficial** 피상적인 **temporary** 일시의, 임시의 **enduring** 영속하는 **cultivate** 개발하다; 함양하다 **crucial** 결정적인 **cope with** ~에 대처하다, 극복하다

정답_(d)

37

Traditional Turkish village life obeyed Islamic customs and was extremely systematic and harmonious. There existed substantial differences in fortune, social hierarchy and rank among villagers, but long-standing or growing gaps among social classes did not actually exist. This was in part because most inhabitants were agriculturalists with enough access to privately owned territory and village commons. Besides, even though property was inherited from generation to generation, the repeated subdivision of property in every generation left the standing of a village's individual families unchanged. As wealthier landowners tended to have bigger families, more numerous inheritors mitigated against excessive property distributions.

Q What can be inferred about traditional Turkish village life from the passage?
(a) Wealth inequalities were rarely inherited down the generations.
(b) Widespread poverty made differences in social status negligible.
(c) Islamic law forbade distinctions in social status on account of wealth.
(d) Farming success was more highly valued than wealth, status and rank.

38

At Maxy's Department Stores you can now buy the renowned SkyLife air cushion bed made by China's Wehai Rubber Products Co. (a) The bed is portable and can even be used as a couch. (b) Many companies these days are using China as a production base. (c) It is made of rubber and cotton and is available as a single or a double bed. (d) Each model comes with two manual pumps for inflation and a repair kit.

✽ 번역
전통적인 터키 마을의 삶은 이슬람 풍습을 따랐으며 매우 체계적이고 조화로웠다. 마을 주민들 간에는 부, 사회 계급, 지위에서 상당한 차이가 있었지만, 실제로 사회 계급 간에 지속적이거나 점점 커지는 차이는 존재하지 않았다. 주민들 대부분이 개인 소유 영토나 마을 공유지를 자유롭게 이용할 수 있는 농부들이었기 때문이라는 게 부분적인 이유이다. 더군다나 재산은 다음 세대로 상속되었지만, 각 세대에서 재산의 반복되는 재분할은 마을 각 가정의 지위를 변하지 않게 만들었다. 더 부유한 토지 소유자가 더 큰 가족을 거느리는 경향이 있었기 때문에 더 많은 수의 상속자는 과도한 재산 분배를 막아주었다.

Q 지문에서 전통적인 터키 마을의 삶에 대해 추론할 수 있는 것은?
(a) 부의 불평등은 거의 다음 세대로 상속되지 않았다.
(b) 빈곤이 만연했기 때문에 사회적 지위의 차이는 무시될 수 있었다.
(c) 이슬람 법은 재산 때문에 사회적 지위에 차이를 두는 것을 금했다.
(d) 농사의 성공은 부, 지위, 계급보다 더 높이 평가되었다.

📖 기출 공략
각 세대에서 재산이 계속 재분할되었기 때문에 과도한 부의 세습이 이루어지지 않았음을 알 수 있다. 따라서, 부의 불평등이 상속되지 않았다는 (a)가 정답이다.

obey 복종하다 **harmonious** 조화된 **substantial** 실질적인 **hierarchy** 계급 (제도) **inhabitant** 주민 **agriculturalist** 농업 종사자 **territory** 영토 **property** 재산 **subdivision** 다시 나눔 **tend** 경향이 있다 **inheritor** 상속인 **mitigate** 완화하다 **distribution** 분배 **inequality** 불평등 **negligible** 무시해도 좋은 **forbid** 금하다 **distinction** 차이 **status** 신분 **on account of** ~때문에

정답_(a)

✽ 번역
맥시 백화점에서 고객님은 이제 중국 웨하이 러버 프로덕트 사가 만든 유명한 스카이라이프 공기 쿠션 침대를 살 수 있습니다. (a) 이 침대는 휴대용이며 소파로도 사용될 수 있습니다. (b) 많은 기업들이 요즘 중국을 생산 기지로 활용하고 있습니다. (c) 이것은 고무와 면으로 만들어지며 싱글 침대와 더블 침대 두 종류가 있습니다. (d) 각 모델은 팽창용 수동 펌프 두 개와 수리용 장비가 딸려 있습니다.

📖 기출 공략
침대 상품을 광고하는 글이다. 다른 선택지들은 모두 이 제품의 특징을 나열하고 있는데, (b)만 이 상품과 관련 없는 내용이므로 정답이 된다.

renowned 유명한 **portable** 휴대용의 **couch** 소파 **rubber** 고무 **manual** 손으로 움직이는 **inflation** 부풀림, 팽창 **repair** 수리 **kit** 용구

정답_(b)

Reading Comprehension

39

The basic types of family organizations in human communities are nuclear families, extended families and corporate descent groups. (a) In various societies these days, the understanding of "family" involves single parenthood, step-parenting, stay-at-home fathers and grandparents bringing up children. (b) Nuclear families comprise a husband, a wife and their children residing together and sharing a common household. (c) Extended families are bigger networks of related nuclear families that function as a unit. (d) Corporate descent groups are especially large extended family groupings found in numerous pre-industrial societies.

※ 번역
인간 사회에서 기본적인 가족 구성 유형은 핵가족, 대가족, 문중 가족제이다. (a) 오늘날 다양한 사회에서 가족의 개념은 편부모, 양부모, 그리고 집에서 육아를 담당하는 아버지와 할아버지를 포함한다. (b) 남편, 아내, 그들의 자녀로 구성된 핵가족은 함께 살며 공통의 가정을 꾸린다. (c) 대가족은 관련 있는 핵가족들이 연결된 형태지만 하나의 단위로 기능한다. (d) 문중 가족제는 수많은 산업화 이전 사회에서 발견되는 특별히 큰 대가족이다.

기출 공략
세 가지 형태의 가족 구성 유형을 제시하며 각각의 특징을 나열하고 있다. (a)는 오늘날의 가족 개념을 설명하는 문장으로 지문의 흐름에서 벗어나 있다.

nuclear family 핵가족　**extended family** 대가족　**corporate descent group** 혈연 집단, 문중 가족　**step-** 이복 ~, 의붓 ~　**comprise** ~으로 구성되다　**network** 네트워크, 망상 조직　**pre-industrial** 산업화 이전의

정답_(a)

40

Many people wonder nowadays if newspapers will survive. (a) This is because most major newspapers around the world are now available on the Internet. (b) But the fact is that most people still like to read a morning paper while having breakfast. (c) It is a convenient and enjoyable part of their daily routine. (d) People sometimes have to subscribe to newspapers to read them online.

※ 번역
오늘날 많은 사람들이 신문이 살아남을 수 있을까 궁금해한다. (a) 이제 전 세계 대부분의 주요 신문들을 인터넷으로 볼 수 있기 때문이다. (b) 사실 대부분의 사람들은 여전히 아침 식사를 하면서 아침 신문을 읽고 싶어 한다. (c) 이는 이들의 일상에 있어 편리하고 즐거운 한 부분이다. (d) 사람들은 때로 온라인으로 신문을 읽기 위해 신문을 구독해야 한다.

기출 공략
인터넷의 등장으로 종이 신문이 위협받고 있다는 의견이 있지만, 여전히 아침 신문 보는 것은 즐거움으로 남아 있다는 내용이다. 따라서 전체 문맥과 어긋나는 것은 (d)이다.

available 이용할 수 있는　**convenient** 편리한　**routine** 일상의 일　**subscribe** 구독하다

정답_(d)

Answer Keys

Listening Comprehension

1 (c)	2 (b)	3 (c)	4 (a)	5 (b)	6 (d)	7 (a)	8 (c)	9 (a)	10 (b)
11 (d)	12 (a)	13 (d)	14 (a)	15 (b)	16 (d)	17 (c)	18 (b)	19 (b)	20 (d)
21 (a)	22 (b)	23 (c)	24 (a)	25 (b)	26 (a)	27 (d)	28 (c)	29 (b)	30 (d)
31 (c)	32 (b)	33 (b)	34 (c)	35 (b)	36 (b)	37 (c)	38 (c)	39 (d)	40 (b)
41 (b)	42 (d)	43 (c)	44 (a)	45 (a)	46 (d)	47 (d)	48 (b)	49 (a)	50 (d)
51 (a)	52 (a)	53 (c)	54 (d)	55 (d)	56 (b)	57 (b)	58 (a)	59 (d)	60 (c)

Grammar

1 (d)	2 (b)	3 (b)	4 (d)	5 (d)	6 (d)	7 (b)	8 (c)	9 (c)	10 (a)
11 (d)	12 (b)	13 (c)	14 (c)	15 (b)	16 (c)	17 (b)	18 (d)	19 (d)	20 (b)
21 (d)	22 (b)	23 (b)	24 (c)	25 (b)	26 (d)	27 (c)	28 (c)	29 (d)	30 (c)
31 (a)	32 (c)	33 (b)	34 (b)	35 (c)	36 (c)	37 (d)	38 (a)	39 (b)	40 (c)
41 (d)	42 (b)	43 (b)	44 (d)	45 (d)	46 (d)	47 (c)	48 (c)	49 (a)	50 (b)

Vocabulary

1 (b)	2 (a)	3 (a)	4 (c)	5 (b)	6 (a)	7 (b)	8 (d)	9 (c)	10 (d)
11 (c)	12 (c)	13 (d)	14 (c)	15 (b)	16 (d)	17 (b)	18 (a)	19 (c)	20 (a)
21 (a)	22 (b)	23 (d)	24 (b)	25 (c)	26 (c)	27 (a)	28 (d)	29 (d)	30 (b)
31 (b)	32 (b)	33 (d)	34 (c)	35 (c)	36 (b)	37 (d)	38 (b)	39 (a)	40 (a)
41 (a)	42 (c)	43 (b)	44 (a)	45 (b)	46 (c)	47 (d)	48 (d)	49 (c)	50 (b)

Reading Comprehension

1 (a)	2 (b)	3 (c)	4 (a)	5 (b)	6 (b)	7 (a)	8 (a)	9 (d)	10 (c)
11 (c)	12 (b)	13 (d)	14 (a)	15 (b)	16 (d)	17 (b)	18 (d)	19 (d)	20 (c)
21 (c)	22 (a)	23 (c)	24 (c)	25 (b)	26 (c)	27 (c)	28 (b)	29 (d)	30 (d)
31 (c)	32 (c)	33 (c)	34 (a)	35 (b)	36 (d)	37 (a)	38 (b)	39 (a)	40 (d)

Listening Comprehension

55 minutes

1

M Excuse me, where is the subway station?
W _____

(a) Well, I'm not going.
(b) It's farther up this road.
(c) The next one arrives at 2.
(d) The gas station is that way.

✿ 번역
M 실례지만, 지하철역이 어디죠?
W _____
(a) 글쎄요, 전 가지 않아요.
(b) 이 길로 더 올라가면 돼요.
(c) 다음 지하철은 2시에 도착해요.
(d) 주유소는 저쪽이에요.

기출 공략
where is...?는 길을 묻는 표현이다. (b)의 길을 따라 더 올라가면 있다는 위치 설명이 응답으로 적절하다. 목적지를 정확히 듣지 못했을 경우 (d)를 잘못 고를 수 있으므로 주의한다.
far 먼(far-farther-farthest) **gas station** 주유소   정답_(b)

2

W It's way past Kenny's bedtime, isn't it?
M _____

(a) It must be over.
(b) I don't know how.
(c) Yes, I'll tuck him in now.
(d) No, I think it's your turn.

✿ 번역
W 케니가 잘 시간이 훨씬 지나지 않았나요?
M _____
(a) 끝난 게 틀림없어요.
(b) 방법을 모르겠어요.
(c) 그래요, 이제 재울게요.
(d) 아니요, 당신 차례인 것 같아요.

기출 공략
past는 시간 앞에서 '지나서'의 뜻으로 쓰인다. way는 '훨씬'의 뜻으로 past를 강조한다. (c)의 tuck in은 '(아이를) 재우다, 잠자리에 데려가서 자리를 챙겨주다'라는 의미를 나타내는 어구이므로 적절한 응답이다. (d)는 차례나 당번 등을 정할 때 자주 출제되는 표현이다.
way 훨씬 **tuck in** (아이를) 재우다   정답_(c)

3

M Hello. Could I speak to Sue, please?
W _____

(a) Speaking.
(b) I'm on the phone.
(c) She hasn't called.
(d) You can call her now.

✿ 번역
M 여보세요. 수와 통화할 수 있을까요?
W _____
(a) 전데요.
(b) 저는 통화 중이에요.
(c) 그녀는 전화하지 않았어요.
(d) 지금 그녀에게 전화해도 돼요.

기출 공략
Could[Can] I speak to A?는 'A와 통화할 수 있어요?'의 표현이다. 전화를 받은 사람이 당사자일 경우 '전데요'란 응답은 This is she[he] speaking 또는 This is Sue speaking이고, 짧게는 (a) Speaking으로 답한다. (b)는 통화 중이라는 뜻으로 이미 다른 전화를 받고 있다는 말이다.
on the phone 통화 중인   정답_(a)

4

W Pardon me, could you help me change my flight?
M _____

(a) Yes, but I'll need to see your ticket.
(b) No, it should still be on schedule.
(c) Well, I'm not sure where to go.
(d) Sure. It'll arrive on time.

✳ 번역
W 실례지만, 제 항공편을 변경해 주시겠어요?
M _____

(a) 네, 하지만 티켓을 보여 주셔야 해요.
(b) 아니요, 여전히 일정표에 있을 거예요.
(c) 글쎄요, 어디 갈지 잘 모르겠어요.
(d) 물론이죠. 정시에 도착할 거예요.

📘 기출 공략
Pardon me는 Excuse me처럼 청하는 말에 덧붙이는 정중한 표현이다. 항공편 변경을 요청하는 상황이며 항공사 직원이 티켓을 확인하는 절차가 필요하다고 알려주는 (a)의 응답이 가장 알맞다. (b)는 항공편 변경과는 무관한 응답이므로 알맞지 않다.
on schedule 예정대로 on time 정시에   정답_(a)

5

M I can help you move your things this Saturday.
W _____

(a) I'll hand them over.
(b) Really? That'd be great.
(c) Yes. I found that helpful.
(d) That's where I'm moving.

✳ 번역
M 이번 토요일에 짐 옮기는 걸 도와드릴 수 있어요.
W _____

(a) 그것들을 넘겨드릴게요.
(b) 정말이요? 그러면 좋죠.
(c) 네, 그게 도움이 되었어요.
(d) 거기가 제가 이사 갈 곳이에요.

📘 기출 공략
도와주겠다는 제안의 말에 대한 적절한 응답은 그러면 좋겠다고 기꺼이 수락하는 (b)이다. (b)의 That would be great는 That sounds great처럼 제안에 대해 긍정하는 대답인데, 특히 도움을 준다는 제안에 적절한 응답으로 쓰인다.
hand over 넘겨주다   find (경험으로) 알게 되다   정답_(b)

6

W Have you seen Jennifer around?
M _____

(a) No, not recently.
(b) I'll go and tell her.
(c) Of course, she'll drop by.
(d) I haven't seen her do that.

✳ 번역
W 제니퍼를 본 적 있어요?
M _____

(a) 아니요, 최근에 못 봤어요.
(b) 가서 그녀에게 말할게요.
(c) 물론이죠, 그녀가 들를 거예요.
(d) 그녀가 그렇게 하는 것을 본 적이 없어요.

📘 기출 공략
Have you seen...?은 본 적이 있는지를 묻는 표현이다. (a)의 not recently는 I haven't seen her recently의 축약으로 적절한 응답이다. (d)는 마지막의 do that까지 놓치지 않고 들어야 오답임을 알 수 있다.
drop by ~에 들르다   정답_(a)

Listening Comprehension

7

M Which do you like better, coffee or tea?
W _____

(a) I prefer coffee.
(b) I enjoy them a lot.
(c) I usually have it hot.
(d) I like my tea with cream.

번역
M 커피와 차, 어떤 것이 더 좋아요?
W _____

(a) 커피가 더 좋아요.
(b) 그것들을 아주 좋아해요.
(c) 보통 뜨겁게 마셔요.
(d) 전 차에 크림을 넣어 마셔요.

기출 공략
Which는 선택 사항이 있는 경우 '어느 것, 어떤 것'을 의미하는 의문사이다. Which ... A or B?, Which of the...? 또는 Which+명사? 등의 형태로 쓰인다. coffee와 tea 중에서 선호하는 것을 밝히는 (a)가 적당한 응답이다. (d)는 차를 마시는 방법이나 기호에 대한 응답이다.
prefer ~을 더 좋아하다
정답_(a)

8

W You've spilled juice on my dress!
M _____

(a) Oh, I'm terribly sorry.
(b) Just have some of mine.
(c) You can bring me a drink.
(d) OK. I'll get something else.

번역
W 주스를 내 옷에 쏟다니!
M _____

(a) 아, 정말 미안해.
(b) 내 것을 좀 가져.
(c) 마실 것 좀 가져다 줘.
(d) 좋아. 다른 걸 마실래.

기출 공략
spill은 '~을 쏟다'라는 뜻의 동사인데 여자 말의 주어가 You임에 유의해야 한다. 주스를 쏟아 사과하는 (a)가 가장 적절하다.
spill 쏟다 **terribly** 몹시, 굉장히
정답_(a)

9

M I was worried you'd have trouble finding my place.
W _____

(a) I like your new place.
(b) No problem. You'll be fine.
(c) Not at all. I had a map to guide me.
(d) We did manage to find a new place.

번역
M 네가 우리 집 찾는 데 애먹을까 봐 걱정했어.
W _____

(a) 네 새집이 맘에 들어.
(b) 문제 없어. 넌 괜찮을 거야.
(c) 전혀 안 그랬어. 안내해 줄 지도가 있었거든.
(d) 우린 정말 용케 새집을 찾아냈어.

기출 공략
have trouble (in) -ing는 '~하는 데 힘들다, 어렵다'의 뜻으로 남자는 여자에게 집을 찾아오기 힘들지 않았는지 묻고 있다. 그에 대한 여자의 응답으로는 지도가 있어서 전혀 어렵지 않았다는 (c)가 가장 알맞다. (c)의 Not at all은 부정을 강조하는 표현인데, 남의 감사를 정중히 받아들일 때 '천만에요'라는 뜻으로도 쓰인다.
place 집, 가정 **manage to** 가까스로 ~하다, 용케 ~해내다
정답_(c)

10

W You made some careless mistakes in your report.
M _____

(a) I'm almost ready.
(b) I know it's due today.
(c) Thanks, but don't bother.
(d) I'm sorry. It won't happen again.

❋ 번역
W 보고서에 몇 가지 부주의한 실수를 했더군요.
M _____

(a) 거의 준비가 되었어요.
(b) 오늘이 제출일인 거 알아요.
(c) 고맙습니다만 굳이 그러지 않아도 돼요.
(d) 죄송해요. 다시는 그런 일 없을 거예요.

📘 기출 공략
자신의 실수를 지적하는 말에 대해 사과하는 (d)가 응답으로 가장 적당하다. (d)의 It won't happen again은 '다시는 그런 일이 없도록 하겠다'는 표현이다. (b)는 보고서의 제출 마감일(due)을 언급한 것이고, (c)는 상대방의 호의에 대해 '굳이 그러지 않아도 된다'는 뜻으로 쓴다.
due ~하기로 예정된; 만기가 된   **don't bother** 굳이 그러지 마라, 걱정하지 마라
정답_(d)

11

M I'm so nervous about my interview this morning.
W _____

(a) I'll be happy to take care of it for you.
(b) Take a deep breath and loosen up.
(c) Don't worry. I'll catch up later.
(d) I haven't asked about it yet.

❋ 번역
M 오늘 아침 면접 때문에 정말 긴장이 돼요.
W _____

(a) 당신을 위해 기꺼이 돌봐 줄게요.
(b) 심호흡을 하고 긴장을 풀어요.
(c) 걱정 말아요. 나중에 따라갈게요.
(d) 아직 그것에 대해 묻지 않았어요.

📘 기출 공략
긴장하고 있는 사람에게 긴장을 푸는 방법을 알려주는 (b)가 가장 적절하다. (c)의 I'll catch up later는 '나중에 따라갈게'라는 뜻이므로 상황에 어울리지 않는다.
nervous 걱정 되는, 긴장한   **take a deep breath** 심호흡을 하다
loosen up 긴장을 풀다
정답_(b)

12

W Let me introduce you to Derek when he arrives.
M _____

(a) I was hoping you might.
(b) That's something I've never done.
(c) I'm surprised you've never met him.
(d) We aren't certain when he'll be back.

❋ 번역
W 데릭이 도착하면 그에게 소개해 드릴게요.
M _____

(a) 그렇게 해줬으면 했어요.
(b) 그건 내가 해본 적이 없는 거예요.
(c) 그를 만난 적이 없다니 놀랍네요.
(d) 저희는 그가 언제 돌아올지 잘 몰라요.

📘 기출 공략
(a)의 I was hoping (that)은 '~하기를 바랐다'의 뜻이며, might 다음에는 introduce me to Derek이 생략돼 적절한 응답이다. (c)는 소개해 주려는 여자가 할 수 있는 말이다.
정답_(a)

Listening Comprehension

13

M Our home team is losing again. They're hopeless.
W _____

(a) I can't believe it ended in a tie.
(b) They sure leave a lot to be desired.
(c) You're forever boasting about them.
(d) We have no right to demand more.

✤ 번역
M 홈팀이 또 지고 있어요. 가망이 없네요.
W _____
(a) 무승부로 끝나다니 믿을 수가 없어요.
(b) 그들은 정말 유감스러운 점이 아주 많아요.
(c) 줄곧 그들을 자랑하는군요.
(d) 우리는 더 요구할 권리가 없어요.

📘 기출 공략
lose는 '경기에서 지다', hopeless는 '가망이 없는'의 뜻이다. 동의하면서 유감스러운 점이 많다는 (b)가 알맞다. (a) tie는 무승부를 가리키고, (c) boasting은 자랑한다는 내용이므로 무관한 응답이다.
home team 홈팀 **end in a tie** 동점으로 끝나다, 무승부로 끝나다 **leave a lot to be desired** 유감스러운 점이 많다 **boast about** ~을 뽐내다
정답_(b)

14

W Good morning, Mr. Lee. I'm calling to talk about our draft contract.
M _____

(a) That hasn't been factored in yet.
(b) Coincidentally I'm going over it now.
(c) I'll certainly note down that concern.
(d) I traced around it to make an outline.

✤ 번역
W 안녕하세요, 이 선생님. 계약서 초안에 대해 얘기하려고 전화드렸어요.
M _____
(a) 그것은 아직 감안되지 않았어요.
(b) 공교롭게도 지금 그것을 검토하는 중이에요.
(c) 그 문제를 틀림없이 적어둘게요.
(d) 윤곽을 만들기 위해 그것 주위로 선을 그었어요.

📘 기출 공략
전화 건 용건이 계약서 초안을 의논하기 위해서라고 밝히고 있으므로, 그것을 마침 검토 중이라는 (b)가 가장 적절하다. (a)는 감안되지 않은 것을 지적하는 내용이며, (d)는 윤곽을 만들기 위해 외곽선을 그었다는 뜻임에 유의한다.
draft 초안 **contract** 계약서 **factor in** ~을 고려하다, 감안하다 **coincidentally** 공교롭게도 **go over** ~을 검토하다 **trace** 선을 긋다 **outline** 윤곽
정답_(b)

15

M The director gave us the green light on our proposal.
W _____

(a) There will be other chances.
(b) We should've worked harder.
(c) Switch it on and see if it works.
(d) Let's get down to business, then.

✤ 번역
M 국장님이 우리 제안을 수락했어요.
W _____
(a) 다른 기회가 있을 거예요.
(b) 우리가 더 열심히 일했어야 했어요.
(c) 전원을 켜고 작동이 되는지 보세요.
(d) 그럼 본격적으로 일에 착수합시다.

📘 기출 공략
이디엄 gave us the green light을 이해해야 응답을 고를 수 있다. 제안을 수락했으므로 (d)와 같은 응답은 가능하다. (b)의 should've worked는 '더 열심히 일했어야 했는데'라는 뜻으로, 과거에 이루지 못한 일을 후회하는 말이므로 알맞지 않다.
give the green light 허가하다 **switch on** 스위치를 켜다 **get down to business** 일에 착수하다
정답_(d)

16

W Good morning, sir. Can I help you?
M Yes, I'm trying to find some canned peaches.
W They're down this aisle.
M _____

(a) I can't find the lid.
(b) They look quite ripe.
(c) Great. I'll have a look.
(d) Sorry, I forgot which one.

번역
W 안녕하세요, 손님. 무엇을 도와드릴까요?
M 네, 복숭아 통조림을 찾으려고 해요.
W 이 통로를 쭉 따라가면 있어요.
M _____

(a) 뚜껑을 찾을 수가 없어요.
(b) 그것들은 상당히 잘 익은 것 같아요.
(c) 알겠어요. 찾아볼게요.
(d) 미안해요, 어떤 것인지 잊어버렸어요.

기출 공략
상점에서 상품의 위치를 묻는 말로 I'm trying to find A가 쓰였다. 이 통로 아래에 있다고 가르쳐 주었으므로 '살펴보도록 하겠다'는 (c)가 가장 자연스러운 응답이다. (a)는 동사 find로, (b)는 peaches와 관련된 오답임에 유의한다.

can 통조림하다 **lid** 뚜껑 **ripe** 잘 익은 **have a look** 살펴보다

정답_(c)

17

M I'd like to get something to eat.
W Me, too. Let's go to the café on the corner.
M But I don't have any cash.
W _____

(a) I'm not really hungry.
(b) That's OK. I have enough.
(c) Just order some fast food.
(d) Sure, I'll have another coffee.

번역
M 뭘 좀 먹고 싶어.
W 나도 그래. 모퉁이에 있는 카페에 가자.
M 그런데 현금이 하나도 없는데.
W _____

(a) 별로 배가 안 고파.
(b) 괜찮아. 나에게 충분히 있어.
(c) 그냥 패스트푸드를 주문해.
(d) 물론, 커피 한 잔 더 마실래.

기출 공략
카페에 가려는데 현금이 없다는 말에 대해 '내게 충분히 있으니 괜찮다'는 (b)가 적당한 응답이다. 별로 배가 고프지 않다는 (a)나 패스트푸드를 주문하라는 (c)는 대화 흐름과 무관하며, (d)는 café와 관련된 오답이다.

on the corner 모퉁이에 **cash** 현금

정답_(b)

18

W Jim, can you come over to my house right away?
M Now? I'm sort of busy.
W But somebody broke in. The place is a mess.
M _____

(a) Oh no! I'll be right over.
(b) Wait. I've got a spare key.
(c) I hope you can get it back.
(d) I can't help you if it's broken.

번역
W 짐, 당장 우리 집에 와줄 수 있겠어요?
M 지금요? 좀 바쁜데요.
W 하지만 누군가 침입했어요. 집이 엉망이에요.
M _____

(a) 오, 저런! 곧 갈게요.
(b) 기다려요. 나에게 여벌의 열쇠가 있어요.
(c) 그것을 되찾을 수 있길 바라요.
(d) 그게 망가졌으면 도와드릴 수가 없어요.

기출 공략
여자의 마지막 말 broke in을 이해하면 여자의 부탁을 들어주는 (a)가 적절한 응답임을 알 수 있다. (d)는 broken을 이용하여 만든 오답이다.

come over (to) ~로 건너오다 **right away** 당장 **sort of** 어느 정도 **break in** 침입하다 **mess** 뒤죽박죽 **spare** 예비의

정답_(a)

Listening Comprehension

19

M Excuse me, is there a flower shop near here?
W You can find one right around the corner.
M Would it still be open?
W _____

(a) Not anymore. It just moved.
(b) No, I don't think I can this time.
(c) Yes, the evenings can be dull around here.
(d) Most likely. Local stores usually stay open late.

❄ 번역
M 실례합니다만 여기서 가까운 곳에 꽃집이 있나요?
W 모퉁이를 돌면 바로 하나 보일 거예요.
M 아직 열었을까요?
W _____

(a) 더 이상은 아니죠. 막 이전했어요.
(b) 아니요, 이번에는 할 수 있을 것 같지 않아요.
(c) 네, 이 주변의 저녁 시간은 따분할 수 있어요.
(d) 아마도 그럴 거예요. 인근 가게들은 보통 늦게까지 열어요.

📘 기출 공략
flower shop(꽃집)에 관한 내용이며 남자의 마지막 말은 영업을 하고 있는지 묻는 말이다. 이곳 가게들은 보통 늦게까지 연다는 (d)가 가장 적절한 응답이다. 꽃집 정보를 이미 줬으므로 (a)는 어색하다.
right around the corner 모퉁이를 돌면 바로 **dull** 따분한 **most likely** 아마도, 필시   정답_(d)

20

W What time does the next train for New York leave?
M At 10:25 from platform 3.
W Are there any tickets left?
M _____

(a) Yes, you should go at least once.
(b) I'm sorry. I just sold the last one.
(c) Actually, it takes about three hours.
(d) No, the last train left 30 minutes ago.

❄ 번역
W 다음 뉴욕행 기차는 언제 출발하죠?
M 3번 플랫폼에서 10시 25분에요.
W 표가 남아 있나요?
M _____

(a) 네, 적어도 한 번은 가셔야 해요.
(b) 죄송해요. 방금 마지막 표를 팔았어요.
(c) 사실 약 3시간 걸려요.
(d) 아니요, 마지막 기차는 30분 전에 떠났어요.

📘 기출 공략
'A행 표가 남아 있나요?'라는 표현은 Are there any tickets left for A? 또는 Do you have any tickets left for A?를 쓴다. 매진되었다는 표현으로, The tickets are sold out과 같은 뜻의 (b)가 답이 된다. (d)는 다음 기차가 10시 25분이라는 내용에 어긋나므로 답이 될 수 없다.   정답_(b)

21

M Do you know where the new art museum is?
W Yes. It's not far from my apartment.
M Really? So, it's on the west side?
W _____

(a) I'm thinking of going there.
(b) I know. It's a wonderful gallery.
(c) Right, just a few blocks from me.
(d) Well, I'm moving there next week.

❄ 번역
M 새 미술관이 어디 있는지 아세요?
W 네. 제 아파트에서 멀지 않아요.
M 그래요? 그럼, 서쪽에 있는 거예요?
W _____

(a) 거기에 갈까 생각 중이에요.
(b) 알아요. 멋진 미술관이죠.
(c) 맞아요, 제가 사는 곳에서 몇 구역 안 떨어져 있어요.
(d) 음, 저 다음 주에 거기로 이사 가요.

📘 기출 공략
미술관의 위치에 관한 대화이다. 기준이 되는 곳에서의 거리를 나타낼 때 <숫자+단위+from+장소>의 형태를 쓴다. a few blocks from me는 a few blocks from my place와 같은 말이므로 (c)가 정답이다. (b)는 위치에 관한 대화에 어울리지 않는 내용이다.   정답_(c)

22

W B.T. Business Systems. Can I help you?
M Yes, I'm calling about the PCs you advertised in the paper.
W Do you have any particular model in mind?
M _____

(a) I'm interested in the top-of-the-line model.
(b) I'm afraid that won't be necessary.
(c) That depends on the model.
(d) I'm looking for a new PC.

번역
W B.T. 비즈니스 시스템입니다. 무엇을 도와드릴까요?
M 네, 신문에 광고하신 PC 때문에 전화했어요.
W 특별히 생각해 두신 모델이 있으세요?
M _____

(a) 최고급 모델에 관심이 있어요.
(b) 유감스럽게도 그것은 필요하지 않을 거 같아요.
(c) 모델에 따라 달라요.
(d) 새 PC를 찾고 있어요.

기출 공략
Do you have A in mind?란 어구를 사용해서 찾는 모델을 물었다. 이에 대해 최고급 모델에 관심이 있다는 (a)가 가장 적절한 응답이다. (c)는 '그것은 모델에 따라 다르다'는 말이므로 어울리지 않는다.
have A in mind A를 염두에 두다　**top-of-the-line** 최고급의

정답_(a)

23

M How is the research going?
W Well, I've nearly finished my second experiment.
M How far are you from completing all of your experiments?
W _____

(a) I'm not even close.
(b) I appreciate your help.
(c) I need to change my topic.
(d) I'm trying to finish them all.

번역
M 연구는 어떻게 되어가요?
W 음, 두 번째 실험을 거의 끝냈어요.
M 모든 실험을 끝내기까지 얼마나 남았나요?
W _____

(a) 아직 멀었어요.
(b) 도와 주셔서 감사해요.
(c) 주제를 바꿔야겠어요.
(d) 그것들을 모두 끝내려고 노력하고 있어요.

기출 공략
How far are you from -ing?는 '~하기까지 얼마나 남았나요?'라는 표현이다. (a)의 not even close는 한참 멀었다는 말로 답이 된다. (d)는 시간이 얼마나 남았는지를 나타내는 말이 아니므로 답이 될 수 없다.
experiment 실험　**appreciate** 감사하다

정답_(a)

24

W Jack, what do you say to a date with a girl I know?
M Sure. Who is it?
W She's an old friend from college.
M _____

(a) Yes. I love going to college reunions.
(b) Right. I didn't like her attitude.
(c) All right. I'll give it a try.
(d) OK. I'll look for her.

번역
W 잭, 내가 아는 여자랑 만나보는 거 어때?
M 좋지. 누군데?
W 내 오래된 대학 친구야.
M _____

(a) 응. 대학 동창회에 가는 거 좋아해.
(b) 맞아. 그녀의 태도가 맘에 안 들었어.
(c) 좋아. 한번 해볼게.
(d) 좋아. 그녀를 찾아 볼게.

기출 공략
what do you say to...?는 How[What] about...? 등과 같은 뜻으로 '~하는 거 어때?'라는 제안의 표현이다. 제안을 수락하는 말로 '한번 해보다'라는 뜻의 어구 give it a try를 사용한 (c)가 정답이다. (a)의 Yes. I love going 부분이 답처럼 들리기 쉬우나 college reunions는 어색하다.
college reunion 대학 동창회　**give a try** 시도해 보다

정답_(c)

25

M I'm going to sell my sports car.
W Why? I thought you loved that car.
M I do, but I need the money badly.
W _____

(a) Then you should get a nicer car.
(b) You'll never know until you try it.
(c) I hope you find other ways to raise cash.
(d) You'd be better off trying another type of sport.

✱ 번역
M 제 스포츠카를 팔까 해요.
W 왜요? 그 차를 좋아하는 줄 알았는데요.
M 그래요, 하지만 돈이 몹시 필요해서요.
W _____

(a) 그렇다면 더 좋은 차를 사야죠.
(b) 해보기 전까지는 알 수 없을 거예요.
(c) 현금을 마련할 다른 방법을 찾길 바라요.
(d) 다른 종류의 스포츠를 시도하는 게 더 나을 거예요.

📘 기출 공략
현금을 구하는 데 차 파는 것 외에 다른 방법을 찾길 바란다는 뜻인 (c)가 적절하다. (a)는 더 좋은 차(nicer car)라는 말에서 내용과 맞지 않고, (d)는 마지막 단어인 sport에서 답이 될 수 없으므로 오답이다.
badly 몹시　**raise cash** 현금을 조달[마련]하다　**be better off** ~하는 것이 더 낫다

정답 (c)

26

W Did you have to get stitches for your cut finger?
M Yeah, quite a few, actually.
W Well, what did the doctor say about it?
M _____

(a) He said the nurse would return shortly.
(b) He said the hospital was relatively new.
(c) He said he had seen my symptoms before.
(d) He said I was lucky it hadn't been worse.

✱ 번역
W 베인 손가락을 꿰매야 했니?
M 응, 사실 상당히 많이 꿰맸어.
W 그럼, 의사는 그것에 대해 뭐라고 했어?
M _____

(a) 간호사가 곧 돌아올 거라고 했어.
(b) 병원이 비교적 새 것이라고 했어.
(c) 내 증상을 전에 본 적이 있다고 했어.
(d) 더 심하지 않은 게 다행이라고 했어.

📘 기출 공략
여자의 마지막 말 it은 베인 손가락을 꿰맨 것을 가리키며, it에 대해 더 나쁘지 않아 다행이라는 (d)가 의사의 말로 적절하다. 증상을 전에 본 적이 있다는 말인 (c)는 이미 처치를 끝낸 상황에 어울리지 않으므로 답이 될 수 없다.
stitch (상처를 꿰매는) 한 바늘　**quite a few** 꽤 많은　**relatively** 비교적, 상대적으로　**symptom** 증상

정답 (d)

27

M I was so glad you could come to my wedding.
W Well, thanks for inviting me.
M I was afraid you might be too busy to make it.
W _____

(a) I would never have missed it.
(b) I'll try and do everything I can.
(c) The reception was really great.
(d) I'm afraid I have another appointment.

✱ 번역
M 결혼식에 와줘서 정말 기뻤어요.
W 초대해 줘서 고마워요.
M 바빠서 못 올까 봐 걱정했어요.
W _____

(a) 결코 빠져서는 안 되죠.
(b) 할 수 있는 모든 걸 하도록 노력할게요.
(c) 피로연은 정말 멋졌어요.
(d) 유감스럽게도 다른 약속이 있어요.

📘 기출 공략
행사에 와준 것에 감사의 말을 하고 있다. 못 올까 봐 걱정했다는 말에 대해 무슨 일이 있어도 빠지지 않았을 것이라는 (a)가 알맞은 응답이다. I was afraid you...는 '~할까 봐 걱정했다'는 뜻이며 (d)의 I'm afraid I have...(유감스럽게도 ~하다)와는 다른 표현임에 유의한다.
make it 나타나다, (순조로이) 도착하다　**reception** 결혼 피로연

정답 (a)

28

W Did you hear about the new expressway?
M Yes, they're putting it right through town.
W You don't sound impressed.
M _____

(a) That's news to me.
(b) I'll start working on it right away.
(c) I'm not. It's going to cause problems.
(d) That's true. It does make a lot of sense.

번역
W 새 고속도로에 관해 들었어요?
M 네, 도심을 바로 관통한대요.
W 별로 놀라는 것 같지 않네요.
M _____

(a) 그건 금시초문이에요.
(b) 당장 그 일에 착수할게요.
(c) 반갑지 않네요. 문제를 일으키게 될 거예요.
(d) 사실이에요. 충분히 합당한 일이에요.

기출 공략
don't sound impressed의 뜻에 유의해야 한다. impressed, 즉 '감동을 받은, 놀라는' 것 같지 않다는 말에 대해 '문제를 일으킬 것이기 때문에'라는 (c)의 설명이 가장 적절한 응답이다. (d)는 충분히 합당한 일이라는 make a lot of sense 부분이 내용과 어울리지 않아 답이 될 수 없다.
That's news to me. 난 금시초문이야. **make a lot of sense** 충분히 이해가 되다

정답_(c)

29

M Thanks for agreeing to see me, professor.
W Come on in. How can I help you today?
M I'd like some advice on whether to study architecture or not.
W _____

(a) I'm not sure when to broach that issue.
(b) Not yet, but I'll look at your designs tonight.
(c) Oh, let's cross that bridge when we come to it.
(d) Perhaps you could fill me in on your background first.

번역
M 절 만나 주셔서 감사해요, 교수님.
W 어서 오게나. 오늘 무슨 일로 왔나?
M 건축학을 공부해야 할지 말아야 할지에 대해 조언을 해주세요.
W _____

(a) 그 문제를 언제 꺼내야 할지 잘 모르겠네.
(b) 아직, 하지만 오늘 밤에 자네 디자인을 보겠네.
(c) 아, 다리에 도착하면 거기를 건너세.
(d) 우선 자네의 배경에 대해 알려주게.

기출 공략
건축을 공부해야 할지 말아야 할지 조언을 해달라는 요청에 대해 건축을 공부하려는 이유나 상황 등에 관한 정보가 있어야 조언이 가능하다는 뜻의 (d)가 적절한 응답이다. fill me in on your background는 개인적인 배경에 대해 알려 달라는 뜻이다.
broach (하기 힘든 이야기를) 꺼내다 **fill in** ~에게 설명하다
background 배후 사정, 배경

정답_(d)

30

W Dr. Jones, would it be possible to use you as a reference?
M Sure. I'd be glad to help. How are your applications going?
W The paperwork is a real hassle. It's stressing me out.
M _____

(a) You knew it would require a lot to pass.
(b) You really shouldn't get your hopes up.
(c) You'll see it's not what I meant.
(d) You'll feel better once it's all over.

번역
W 존스 박사님, 제 추천인이 되어 주실 수 있으세요?
M 물론이지. 기꺼이 돕지. 지원서는 어떻게 되어 가고 있나?
W 서류 작업이 정말 골치 아파요. 스트레스로 녹초가 됐어요.
M _____

(a) 합격하기 위해서 많은 게 필요하다는 거 알잖아.
(b) 너무 기대는 하지 마.
(c) 내 말이 그게 아니란 걸 알게 될 거야.
(d) 다 끝나고 나면 기분이 좋아질 거야.

기출 공략
취업 준비로 지쳐 있다는 말에 대해 (d)가 가장 적절한 위로의 응답이다. 'would it be possible to+동사원형'은 '~이 가능할까요?'라는 제안이나 요청의 표현이다.
reference 추천인, 신원보증인 **application** 지원 **paperwork** 문서 작업 **hassle** 혼란, 괴롭힘 **stress out** 스트레스로 녹초로 만들다 **get one's hopes up** 큰 기대를 하다

정답_(d)

31

> M Was school a lot different when you were a student?
> W Well, the teachers were stricter.
> M So, school was tougher than it is now?
> W In one sense, but now you have more homework to do.
> M And what else was different?
> W We weren't under as much pressure as students are now.

Q What is the conversation mainly about?
(a) Past school life compared to the present.
(b) How students do less work nowadays.
(c) How the woman behaved at school.
(d) Schools that have strict teachers.

번역
M 당신이 학생이었을 때 학교는 많이 달랐나요?
W 음, 교사들이 더 엄격했어.
M 그럼, 학교는 지금보다 더 힘들었나요?
W 어떤 의미에서는 그렇지. 그런데 지금은 숙제가 더 많잖아.
M 그리고 뭐가 또 달랐어요?
W 지금 학생들처럼 많은 압박을 받지는 않았지.
Q 대화의 주된 내용은?
(a) 현재와 비교한 과거 학교 생활.
(b) 학생들이 오늘날 얼마나 공부를 더 하지 않는지.
(c) 여자가 학교에서 어떻게 행동했는지.
(d) 엄격한 교사들이 있는 학교들.

기출 공략
과거 학교 생활을 현재와 비교한 내용의 대화이다. 과거에는 교사들이 더 엄격했고, 숙제가 지금보다 적었고, 학생들이 현재처럼 많은 압박을 받지 않았다는 세부 내용이 나온다. 따라서 (a)가 주된 내용으로 알맞다.
tough 힘든 **in a sense** 어떤 면에서는 **under pressure** 압박을 받는 **compare to** ~와 비교하다 **present** 현재 **strict** 엄격한

정답_(a)

32

> W Look out!
> M Hey, where did that car come from?
> W You almost hit it!
> M Yeah, that was close.
> W Maybe you'd better slow down.
> M Yes. I'd better.

Q What is the conversation mainly about?
(a) A careful driver.
(b) A report on a car crash.
(c) A potential car accident.
(d) A street too narrow for cars.

번역
W 조심해요!
M 이런, 저 차가 어디서 나온 거죠?
W 거의 부딪칠 뻔했어요!
M 그래요, 아슬아슬했어요.
W 속력을 줄이는 게 좋겠어요.
M 그래요. 그러는 게 좋겠어요.
Q 대화의 주된 내용은?
(a) 신중한 운전자.
(b) 자동차 충돌 사건에 관한 보도.
(c) 일어날 뻔했던 자동차 사고.
(d) 자동차에 비해 너무 좁은 도로.

기출 공략
갑자기 나온 자동차에 부딪칠 뻔했다는 내용의 대화이다. You almost hit it(거의 부딪칠 뻔했다), that was close(아슬아슬했다)의 표현을 통해 충돌 사고가 날 뻔했음을 알 수 있으므로 (c)가 적절한 답이다.
hit 차에 부딪치다 **close** 아주 가까운 **slow down** 속도를 줄이다 **crash** 충돌, 추락 **narrow** 비좁은

정답_(c)

33

M Are you ready to go onstage and sing?
W I'm nervous. I've never sung in front of an audience before.
M But you've been practicing for months.
W I'm afraid I'll make a mistake.
M Don't worry. I'm sure you'll be great.
W Thanks, I appreciate that.

Q What is the man trying to do in the conversation?
(a) Help the woman practice singing.
(b) Make the woman sing a new song.
(c) Tell the woman where the stage is.
(d) Comfort the woman before she sings.

✽ 번역
M 무대에 올라가 노래 부를 준비가 되었나요?
W 긴장돼요. 한 번도 관중 앞에서 노래를 해본 적이 없어요.
M 하지만 여러 달 동안 연습했잖아요.
W 실수를 할까 봐 두려워요.
M 걱정 말아요. 잘할 거라 확신해요.
W 고마워요, 그렇게 말씀해 주셔서 감사드려요.

Q 대화에서 남자가 하려는 것은?
(a) 여자가 노래 연습하는 것 돕기.
(b) 여자가 새로운 노래를 부르게 만들기.
(c) 여자에게 무대가 어디인지 알려주기.
(d) 여자가 노래하기 전에 위로하기.

📘 기출 공략
무대에서 곧 노래를 부르는 것 때문에 긴장한 여자를 안정시키고 있는 내용이므로 (d)가 정답이다. (b)는 a new song 부분이 내용에 맞지 않아 답이 될 수 없다.

go onstage 무대에 오르다 **nervous** 긴장된 **audience** 관중, 청중 **practice** 연습하다 **comfort** 위로하다

정답_(d)

34

M Would you like to come out for a drink tonight?
W OK, but I'll have to check with my friend.
M Why? Did you have something else planned?
W Yeah, we were planning to have dinner together.
M How about meeting up afterwards?
W Yes, that would work.

Q What is the conversation mainly about?
(a) Deciding on a place to meet.
(b) Getting together for a drink.
(c) Canceling a dinner engagement.
(d) Making an appointment for dinner.

✽ 번역
M 오늘 밤 술 마시러 나갈래요?
W 좋아요, 하지만 친구에게 확인을 해야 해요.
M 왜죠? 다른 계획이 있었어요?
W 네, 함께 저녁을 먹기로 했거든요.
M 그럼 이후에 만나면 어떨까요?
W 그래요, 그러면 되겠네요.

Q 대화의 주된 내용은?
(a) 만날 장소 정하기.
(b) 만나서 술 한잔하기.
(c) 저녁 약속 취소하기.
(d) 저녁 약속 정하기.

📘 기출 공략
남자의 첫 번째 말에서 제안의 내용이 나온다. 오늘 밤에 술 마시러 가자는 것인데 여자가 저녁 약속이 있어서 그 이후로 만날 시간을 정하는 과정의 대화이다. get together는 '만나다'의 뜻이므로 (b)가 주된 내용으로 적절하다.

come out for ~하러 외출하다 **meet up** (약속을 하여) 만나다 **afterwards** 이후에 **get together** 만나다

정답_(b)

Listening Comprehension

35

W How do you usually come to work?
M By subway. That's the only way to be on time.
W Don't you have a problem getting a seat?
M Luckily, no. It'd be hard to stand for an hour and a half.
W Wow, that's a long ride! So, what do you usually do during the ride?
M I take a nap because it's a long commute and I don't get enough sleep at night.
W But you could easily miss your stop like that.
M Fortunately, that hasn't happened to me yet.

Q What is the main topic of the conversation?
(a) The man's feeling about a long commute.
(b) The man's commute to work by subway.
(c) How the man gets a seat on the subway.
(d) What type of transportation is best.

번역

W 보통 어떻게 출근하세요?
M 지하철로요. 시간에 맞게 가는 유일한 방법이지요.
W 자리 앉기 어렵지 않나요?
M 다행히도 안 그래요. 한 시간 반 동안 서 있는 건 힘들 거예요.
W 와, 오래 타는군요! 그럼, 타고 있는 동안 보통 무엇을 하세요?
M 통근 거리가 길어서 밤에 잠을 충분히 못 자니까 잠깐 눈을 붙여요.
W 하지만 그러면 내릴 곳을 놓치기 쉽잖아요.
M 다행히도 아직까지 그런 적은 없어요.
Q 대화의 소재는?
(a) 긴 통근 거리에 대한 남자의 생각.
(b) 남자의 지하철 통근.
(c) 남자가 지하철에서 자리 잡는 방법.
(d) 최고의 교통수단.

기출 공략

첫 번째 질문을 통해 main topic(소재)을 알 수 있다. 출근하는 방법에 대해 묻고 지하철에서 자리 앉기, 통근 거리, 뭘 하면서 가는지에 관한 대화가 이어지므로 (b)가 소재로 적절하다.
on time 정시에   get a seat 자리를 잡다, 앉다   take a nap 잠시 자다   commute 통근 (거리)   miss the stop 내릴 정거장을 놓치다
정답_(b)

36

M So, what do you want to do tonight, dear?
W Why don't we go to the movies?
M That's an idea. We haven't done that in ages.
W We could call Tim and Erica and invite them.
M Sounds good. Let's do that.
W OK, I'll give them a call.

Q What are the man and woman mainly discussing?
(a) Their love of movies.
(b) Their plans for the evening.
(c) The type of entertainment they like.
(d) The need to get in touch with Tim and Erica.

번역

M 그럼, 오늘 밤 무엇을 하고 싶어요, 여보?
W 영화 보러 가는 게 어때요?
M 그거 괜찮은 생각이네요. 영화 본 지가 오래 됐어요.
W 팀과 에리카에게 전화해서 같이 가자고 할까요?
M 좋아요. 그렇게 하죠.
W 알았어요. 내가 전화할게요.
Q 남자와 여자가 주로 논의하는 것은?
(a) 영화 사랑.
(b) 저녁 계획.
(c) 좋아하는 오락의 종류.
(d) 팀과 에리카와 연락할 필요성.

기출 공략

아내에게 저녁에 무엇을 하고 싶은지 묻고, 영화를 보러 가자는 아내의 제안에 동의하고, 팀과 에리카와 같이 가자는 데 찬성하는 내용의 대화이다. 오늘 밤에 무엇을 할지 정하고 있으므로 (b)가 논의의 주된 내용으로 알맞다.
dear 애인; 여보, 당신   That's an idea. 그거 괜찮은 생각이군요.
in ages 오랫동안   get in touch with ~와 연락하다   정답_(b)

37

M Did you hear that our bonuses have been temporarily suspended?
W What? Did the board of directors give a reason?
M They say the economic downturn has made this a lean year.
W I'll bet the managers found money for their bonuses.
M Who knows? They did say they'd make it up to us, though.
W Are you kidding? They're just taking us for a ride.

Q What is the conversation mainly about?
(a) Methods for maintaining financial stability.
(b) Unfair management practices in bonus payments.
(c) A strategy for overcoming an economic downturn.
(d) Frustrations over the company's poor performance.

✽ 번역
M 상여금 지급이 일시적으로 중단됐다는 얘기 들었어요?
W 뭐라고요? 이사회가 그 이유를 설명했나요?
M 경기 침체 때문에 올해 영 실적이 안 좋대요.
W 경영진은 틀림없이 자신들의 상여금은 챙겼겠죠.
M 어쩌면 그럴지도 모르죠. 그래도 우리에게 보상해 주겠다고 말은 하던걸요.
W 농담해요? 우리를 속이는 것뿐이에요.
Q 대화의 주된 내용은?
(a) 재정적 안정을 유지하는 방법.
(b) 상여금 지급에 있어서의 부당한 관리 관행.
(c) 경기 침체를 극복하는 전략.
(d) 회사의 형편없는 실적에 대한 좌절감.

📘 기출 공략
상여금이 중단된다는 소식부터 시작하여 경영진에서 밝힌 그 이유와, 자신들의 상여금은 따로 챙겼을 거라는 내용이 나온다. 그러므로 (b)가 주된 내용으로 적절하다.

suspend 보류하다 **board of directors** 이사회 **downturn** 침체 **lean** 이익이 적은, 수지가 안 맞는 **I'll bet** 틀림없이 ~하다 **make up** 보상하다 **take A for a ride** A를 속이다 **frustration** 좌절감, 불만 **performance** 성과

정답_(b)

38

W Why didn't you come to my party last night?
M I was on my way there, but the hospital called me.
W Really? What happened?
M I was paged to cover a shift in emergency.
W But you could've at least called to tell me.
M I know, and I feel bad about that.

Q Why didn't the man go to the party?
(a) He had to go to work.
(b) He was not feeling well.
(c) He did not feel like going.
(d) He forgot which day it was on.

✽ 번역
W 왜 지난밤 내가 주최한 파티에 오지 않았어?
M 거기로 가던 도중에 병원에서 전화가 왔어.
W 그래? 무슨 일이었는데?
M 응급실에서 근무를 교대해 달라고 호출한 거였어.
W 그래도 최소한 나에게 전화해서 말해줄 수는 있잖아.
M 알아, 그래서 미안하게 생각해.
Q 남자가 파티에 가지 않은 이유는?
(a) 일하러 가야 했다.
(b) 몸이 좋지 않았다.
(c) 가고 싶지 않았다.
(d) 날짜가 언제인지 잊어버렸다.

📘 기출 공략
병원에서 응급실 교대 근무를 해달라는 전화가 와서 그곳으로 갔다는 말이므로 일하러 가야 했다는 (a)가 이유로 알맞다. 가는 길에 전화를 받았으므로 몸이 좋지 않았거나, 가고 싶지 않았거나, 날짜를 잊은 것은 이유가 아님을 알 수 있다.

page 호출하다 **cover a shift** 대신 근무하다 **emergency** 응급실 **feel bad about** ~에 대해 유감스럽게 여기다 **on** (때·날) ~에, ~일 때

정답_(a)

39

M What kind of dressing would you like with your salad?
W What do you have?
M Well, we have honey mustard and Italian.
W Are those low-fat dressings?
M I'm afraid not.
W Then, none for me. I'm watching my weight.

Q What kind of dressing will the woman have?
(a) Honey mustard.
(b) Italian dressing.
(c) A low-fat variety.
(d) No dressing at all.

✿ 번역
M 샐러드에 어떤 종류의 드레싱을 넣으시겠어요?
W 어떤 게 있나요?
M 음, 허니 머스터드와 이탈리안이 있습니다.
W 저지방 드레싱인가요?
M 유감스럽지만 아니에요.
W 그럼 제 건 넣지 말아 주세요. 체중 관리 중이거든요.
Q 여자가 먹을 드레싱 종류는?
(a) 허니 머스터드.
(b) 이탈리안 드레싱.
(c) 저지방 종류.
(d) 드레싱 넣지 않음.

📘 기출 공략
음식점에서 샐러드 드레싱을 고르는 상황이다. 허니 머스터드와 이탈리안 드레싱이 있는데 저지방 드레싱이 아니라고 하자 여자는 none for me라는 말로 아예 드레싱을 넣지 않겠다고 말하고 있으므로 (d)가 옳은 답이다.

dressing (샐러드) 드레싱 **low-fat** 저지방의 **none** 아무것도 ~않다
watch one's weight 체중 관리 중이다 **variety** 가지각색의 것

정답_(d)

40

M Angie, what a surprise to see you here!
W Hi John, what are you doing in this area?
M I live in that building over there. What brought you here?
W I'm looking at apartments to buy in this complex.
M Oh, I see. Are you going through a real-estate agent?
W Yes, he should be here soon to show me around.
M OK, well, I hope you find something. It's a good area.
W Thanks. I hope so.

Q Which is correct about the man according to the conversation?
(a) He is thinking of buying a new apartment.
(b) He is selling his apartment to the woman.
(c) He is working as a real-estate agent.
(d) He is living in a nearby building.

✿ 번역
M 앤지, 여기서 만나다니 정말 놀라워!
W 안녕, 존, 여기 어쩐 일이야?
M 저기 있는 저 건물에 살아. 넌 여기 왜 왔니?
W 이 단지 내 아파트를 사려고 보고 있는 중이야.
M 아, 그렇구나. 부동산 중개소를 통해 사는 거야?
W 응, 부동산 중개인이 안내해 주려고 곧 여기로 올 거야.
M 알았어, 이곳 아파트를 구했으면 좋겠구나. 살기 좋거든.
W 고마워. 나도 그러길 바라.
Q 대화에 따르면 남자에 대해 옳은 것은?
(a) 새 아파트를 살까 생각 중이다.
(b) 여자에게 자신의 아파트를 팔고 있다.
(c) 부동산 중개인으로 일하고 있다.
(d) 가까운 건물에 살고 있다.

📘 기출 공략
I live in that building over there라는 말에서 남자가 가까운 건물에 살고 있다는 것을 알 수 있으므로 (d)가 옳은 정보이다. 남자가 아니라 여자가 새 아파트를 사려고 하고 있고, 여자는 곧 부동산 중개인을 만나기로 했으므로 나머지 선택지들은 오답이다.

What brought you here? 무슨 일로 왔나요? **complex** (복합) 단지
real-estate agent 부동산 중개소 **show ... around** ~를 안내하다

정답_(d)

41

M I'd like acupuncture treatment again next Thursday, please.
W All right. Would the same time suit you?
M Um, after 2 might be better.
W I can book you in for 2:30 next Thursday.
M Actually, is there an opening at 3?
W Yes, that's possible. I'll book you in for then.

Q When is the man getting acupuncture treatment next Thursday?
(a) At 2.
(b) At 3.
(c) At 2:30.
(d) After 3.

✿ 번역
M 다음 주 목요일에 침술 치료를 또 받고 싶어요.
W 좋습니다. 같은 시간으로 예약하시겠어요?
M 음, 2시 이후가 더 좋겠는데요.
W 다음 주 목요일 2시 30분으로 예약해 드릴 수 있어요.
M 실은, 3시에 비어 있나요?
W 네, 가능해요. 그럼 그때로 예약할게요.
Q 다음 주 목요일에 남자가 침술 치료를 받을 시간은?
(a) 2시.
(b) 3시.
(c) 2시 30분.
(d) 3시 이후.

📘 기출 공략
Would the same time suit you?는 '오늘 진료 시간과 같은 시간으로 예약을 해드릴까요?'라는 말이다. 남자는 처음에 2시 이후가 좋다고 했다가 다시 Is there an opening at 3?라고 묻고, 이에 여자가 그 시간으로 예약을 정하고 있으므로 (b)가 맞는 시간이다.

acupuncture 침술 **treatment** 치료 **suit** 적합하다 **book in** 예약하다 **opening** 공석

정답_(b)

42

W Hi, Dad. I'm sorry to have kept you waiting.
M That's no problem. It's great to see you.
W You, too. I've missed you a lot.
M Where's Jack? Is he still out of town?
W No, but we couldn't find a babysitter so he stayed home.
M That's too bad. I haven't seen him for a long time.
W I know, but it's a school night so the kids can't stay up late.
M That's understandable. We'll catch up next time.

Q Why couldn't Jack come?
(a) He was looking for a babysitter.
(b) He was out of town on business.
(c) He had to work late at the office.
(d) He had to take care of the children.

✿ 번역
W 안녕하세요, 아빠. 기다리게 해서 죄송해요.
M 괜찮아. 만나서 반갑구나.
W 저도요. 많이 보고 싶었어요.
M 잭은 어디 있니? 아직 출장 중이니?
W 아니요, 아이를 돌봐 줄 사람을 찾을 수가 없어서 집에 있기로 했어요.
M 이런, 오랫동안 네 신랑을 못 봤는데.
W 알아요, 하지만 내일 학교 가는 날이니까 아이들이 늦게까지 자지 않으면 안 돼요.
M 그렇지. 다음 번에 밀린 얘기를 해야겠구나.
Q 잭이 올 수 없었던 이유는?
(a) 보모를 찾고 있었다.
(b) 출장 중이었다.
(c) 직장에서 늦게까지 일해야 했다.
(d) 아이들을 돌봐야 했다.

📘 기출 공략
여자가 아버지를 만나러 왔는데 남편인 잭은 함께 오지 못한 상황이다. 출장 중이냐는 아버지의 질문에 여자는 아이들을 봐 줄 사람을 구하지 못해서 집에 있어야 했다고 말하고 있다. 따라서 (d)가 이유로 적절하다.

out of town 출장 중인 **school night** 다음 날이 학교 가는 날인 밤 **stay up late** 밤늦게까지 자지 않다 **understandable** 이해할 수 있는 **catch up** 오랜만에 만난 사람과 얘기를 나누다

정답_(d)

Listening Comprehension

43

M Julia, can I ask for your advice about something?
W Sure, what is it?
M I want a nice gift to surprise my seven-year-old niece.
W Well, what kinds of things does she like?
M She likes books, but I don't know which books are at her level.
W A lot of children's books have recommended ages written on them.
M Oh good. I'll look around for some this afternoon.

Q What will the man probably do in the afternoon?
(a) Go to a bookstore for children's books.
(b) Seek more advice from the woman.
(c) Ask his niece what gift she wants.
(d) Give his niece a birthday party.

✱ 번역
M 줄리아, 조언을 부탁해도 될까요?
W 물론이죠, 뭔데요?
M 일곱 살짜리 조카딸에게 줄 멋진 깜짝 선물이 필요해요.
W 음, 그 애가 어떤 것들을 좋아하죠?
M 책을 좋아하는데 어떤 책이 그 애 수준에 맞는지 모르겠어요.
W 아동용 책에는 대개 권장 연령이 써 있어요.
M 잘됐네요. 오늘 오후에 둘러봐야겠어요.

Q 오후에 남자가 할 일은?
(a) 아동용 책을 사러 서점에 가기.
(b) 여자로부터 더 많은 조언 구하기.
(c) 조카딸에게 어떤 선물을 원하는지 묻기.
(d) 조카딸에게 생일 파티 해주기.

📘 기출 공략
남자의 마지막 말인 I'll look around for some this afternoon에 유의한다. 여자가 아동용 책에는 권장 연령(recommended ages)이 적혀 있다고 하자 남자가 오늘 오후에 둘러봐야겠다고 했으므로 서점에 갈 것임을 알 수 있다. 따라서 (a)가 정답이다.

niece 여자 조카   **level** 수준   **recommend** 권장하다   정답_(a)

44

W Did you know many common foods are genetically modified?
M I know, and I don't like it one bit.
W Well, I've eaten some of them, but I'm all right.
M Yes, but the effects may not be realized for years to come.
W I think that's highly unlikely.
M Regardless, genetically modified foods should be labeled as such.
W Oh sure, I agree with you there.

Q What can be inferred from the conversation?
(a) The man might decide to become a vegetarian.
(b) The woman prefers genetically modified products.
(c) The man is suspicious of genetically modified foods.
(d) The woman thinks naturally grown foods are the healthiest.

✱ 번역
W 많은 일상 식품들이 유전자 변형된 거 알았어요?
M 알아요, 정말 맘에 들지 않아요.
W 음, 몇 가지를 먹어봤는데 괜찮던데요.
M 네, 하지만 그 영향이 앞으로 수년 동안 인식되지 않을 수 있어요.
W 설마요?
M 여하튼, 유전자 변형 식품은 라벨로 표시되어야 해요.
W 아 물론이죠, 그 점은 동의해요.

Q 대화에서 추론할 수 있는 것은?
(a) 남자는 채식주의자가 되기로 결심할지도 모른다.
(b) 여자는 유전자 변형 식품을 선호한다.
(c) 남자는 유전자 변형 식품을 미심쩍게 생각한다.
(d) 여자는 자연적으로 재배한 식품이 가장 건강에 좋다고 생각한다.

📘 기출 공략
남자는 I don't like it one bit(전혀 맘에 들지 않는다)라고 단언하고 있다. 또, 여자가 먹어도 괜찮다고 하자 영향이 나타나지 않은 것일 수도 있다는 주장을 하는 것으로 보아 (c)를 추론할 수 있다. (d)는 상식적으로는 옳은 진술이지만 대화 내용만으로는 추론할 수 없다.

genetically modified food 유전자 변형 식품   **not one bit** 조금도 ~하지 않다   **highly unlikely** 가능성이 매우 낮은   **regardless** 여하튼, 그럼에도 불구하고   **label** 라벨로 나타내다   **vegetarian** 채식주의자   **suspicious of** ~을 의심하는   **grow** 재배하다   정답_(c)

45

M Mom's birthday is coming up. What shall we do for it?
W How about going to a nice restaurant?
M It's her 60th; we should do something more special.
W How about a Caribbean cruise? We can all go together.
M Sounds fabulous, but I don't think I can get time off.
W What if just Mom and Dad go, then?
M Of course! Mom would love that.

Q What will the speakers most likely do for their mother's birthday?
(a) Organize a special night.
(b) Send their parents on a cruise.
(c) Go on a Caribbean tour as a family.
(d) Throw a surprise party at a restaurant.

번역
M 엄마의 생신이 다가오고 있어. 우리 뭘 할까?
W 멋진 음식점에 가는 게 어때?
M 엄마의 60번째 생신이니까 보다 특별한 걸 해야지.
W 카리브 해 크루즈 여행은 어떨까? 우리 모두 가면 되잖아.
M 아주 멋져, 그런데 난 시간을 못 낼 것 같아.
W 그럼 엄마와 아빠만 가시는 건 어때?
M 물론 좋지! 엄마가 아주 좋아하실 거야.

Q 엄마의 생신에 할 것 같은 일은?
(a) 특별한 밤 준비
(b) 부모님 유람선 여행 보내 드리기
(c) 가족 카리브 해 투어
(d) 음식점에서 깜짝 파티

기출 공략
제안과 그에 대한 동의나 반대의 대화이다. 멋진 음식점에서의 깜짝 파티는 더 특별해야 한다며 반대하고 있다. 가족의 카리브 해 크루즈 여행은 남자가 시간을 낼 수 없다고 했다. 부모님만 보내 드리자는 제안에 엄마가 좋아하실 거라며 동의하고 있으므로 가장 가능성이 큰 것은 (b)이다.

cruise 크루즈 여행 **fabulous** 기막히게 좋은 **get time off** 쉬다, 휴가를 내다 **What if...?** ~하면 어떨까? **organize** 준비하다 **throw a party** 파티를 열다

정답_(b)

46

The existence of unidentified flying objects, or UFOs, is a source of debate that splits people into those who believe in them and those who don't. I belong to the second group. There is no solid proof that UFOs exist, and sightings can generally be accounted for by weather disturbances or electrical and magnetic waves or frequencies in the air. Even meteors have often been mistaken for and reported as UFOs. There is simply no tangible evidence that supports their existence.

Q What is the main idea of the talk?
(a) There is no factual evidence of UFO existence.
(b) People who believe in UFOs are irrational.
(c) The existence of UFOs is no longer debatable.
(d) Some people believe in UFOs and some do not.

번역
미확인 비행 물체, 즉 UFO의 존재는 믿는 사람과 그렇지 않은 사람으로 나뉘는 논쟁의 원천입니다. 저는 두 번째 그룹입니다. UFO가 존재한다는 확실한 증거가 없으며, 목격된 것들은 일반적으로 기상 장애나 공기 중의 전기파와 자기파 또는 주파수로 설명될 수 있습니다. 유성까지도 UFO로 오인되어 보도된 적이 종종 있습니다. 그들의 실재를 지지하는 명백한 증거는 없습니다.

Q 담화의 요지는?
(a) UFO가 존재한다는 실제 증거는 없다.
(b) UFO의 존재를 믿는 사람들은 비이성적이다.
(c) UFO의 존재는 더 이상 논란의 여지가 없다.
(d) 일부는 UFO를 믿고 일부는 그렇지 않다.

기출 공략
화자의 주장은 두 번째 문장에 드러나 있다. 자신은 UFO의 존재를 믿지 않는 사람에 속한다고 밝히면서 UFO로 오인된 현상을 들어 실제적이고 명백한 증거가 없다고 주장한다. 그러므로 요지는 실제적인 증거가 없다는 (a)가 적절하다. (d)는 화자의 주장이 아니라 드러나 있는 현재의 상황이므로 요지가 될 수 없다.

unidentified flying object 미확인 비행 물체(UFO) **split** 나누다 **solid** 확실한 **proof** 증거 (자료) **sighting** 목격 **account for** ~을 해명하다 **disturbance** 장애 **magnetic wave** 자기장 파 **meteor** 유성 **tangible** 명백한 **factual** 사실의 **irrational** 비이성적인 **debatable** 논란의 여지가 있는

정답_(a)

47

Welcome to English 206, Introduction to Shakespeare. I know a lot of you have fears about Shakespeare's allegedly sophisticated English. However, I would like to ease some of your concerns. Let me tell you, for instance, that almost all of the vocabulary Shakespeare utilized is still used in our time. In addition, his language may seem weird from time to time, but don't worry, because you'll soon learn to love Shakespeare's imaginative genius with the English language as much as I do.

Q What is the main point about Shakespeare according to the lecture?
(a) His plays require substantial efforts to understand.
(b) His writings are difficult because of the vocabulary.
(c) His language is not as complex as most people think.
(d) His use of English vastly differs from that of today.

❖ 번역
영어 206, 셰익스피어 개관에 오신 것을 환영합니다. 많은 분들이 이른바 기교적인 셰익스피어의 영어에 두려움을 가지고 있다는 것을 압니다. 그러나, 저는 여러분의 걱정을 덜어 드리고자 합니다. 그러니까, 예를 들어 셰익스피어가 활용했던 대부분의 어휘는 우리 시대에 아직도 사용되고 있습니다. 또한, 그의 언어는 때때로 기묘할 수도 있지만, 걱정하지 마세요. 왜냐하면 여러분은 곧 저만큼이나 영어에 관한 셰익스피어의 상상력 넘치는 천재성을 좋아하게 될 것이기 때문입니다.

Q 강의에 따르면 셰익스피어에 관한 요지는?
(a) 그의 희곡을 이해하려면 상당한 노력이 필요하다.
(b) 그의 글은 어휘 때문에 어렵다.
(c) 그의 언어는 대부분의 사람들이 생각하는 것만큼 복잡하지 않다.
(d) 그의 영어 사용은 현재와 대단히 다르다.

📖 기출 공략
화자는 사람들이 기교적인 셰익스피어의 언어에 대해 두려움을 갖고 있음을 전제로 이것을 완화해 주기 위한 설명을 하고 있다. 그가 사용한 어휘가 현재에도 대부분 사용되는 것들이며 상상력이 풍부한 언어라서 배우기 좋을 것이라고 설명하고 있으므로 (c)가 요지로 알맞다.
introduction 개론, 입문서   allegedly 이른바   sophisticated 기교적인   ease 덜어 주다   weird 기괴한   genius 천재성   substantial 상당한   vastly 대단히   정답 (c)

48

On tonight's show, we're going to look at insulating your home. The best time to insulate your home is in the springtime. It's more affordable at that time because most contractors are not busy and so rates are often lower. Doing it then also allows you to save on your summer electricity bill because having your home insulated reduces the need for air-conditioning. Then, when winter rolls around, your new insulation will keep heat in, which lowers your heating bill as well.

Q What is the main idea of the talk?
(a) Contractors are not busy during the spring months.
(b) Everyone should get home insulation if they can afford it.
(c) Early home installation has many benefits for the home owner.
(d) Insulation has been known to lower home electricity costs.

❖ 번역
오늘 밤 쇼에서는 집의 단열 장치에 대해 살펴보기로 하겠습니다. 집에 단열 처리를 할 최적의 시기는 봄철입니다. 대부분의 도급업자들이 바쁘지 않아 비용이 평소 다른 때보다 낮기 때문에 보다 저렴하게 단열 장치를 할 수 있습니다. 단열 처리를 하면 여름 전기 요금 또한 절약할 수 있는데, 집을 단열하는 것이 에어컨의 필요성을 줄여 주기 때문입니다. 그리고 나면, 겨울이 되었을 때 새 단열 시설이 열을 보존해서 난방비 또한 줄여 줄 것입니다.

Q 담화의 요지는?
(a) 도급업자들은 봄철 동안 바쁘지 않다.
(b) 누구나 여유가 된다면 가정 단열을 하는 것이 좋다.
(c) 일찍감치 집 설비를 하면 주택 소유주에게 여러 이점이 있다.
(d) 단열은 집 전기세를 줄여 주는 것으로 알려져 있다.

📖 기출 공략
도급업자들이 가장 바쁘지 않은 시기인 이른 봄철에 집 단열 공사를 하면, 비용이 싸서 절약이 되고 여름에 에어컨 사용비가 줄고 겨울에는 난방비를 줄여 준다는 점을 알려주고 있다. 이른 철에 설비를 해두면 생기는 이점이 요지로 적절하므로 (c)가 정답이다.
insulate 단열[방음] 처리를 하다   affordable 저렴한, (가격이) 알맞은   contractor 도급업자   save 절약하다   air-conditioning 에어컨, 냉방시설   roll around 시간이 흘러가다   heating bill 난방비   installation 설비   정답 (c)

49

A question that has puzzled many who study human emotions is "What makes people happy?" Studies show that factors such as money, marital status, age, beauty and weather do not significantly influence the happiness of most people, although many of us think they do. It turns out that heredity and one's mental attitude are the true sources of unhappiness or happiness. Those people with a negative disposition are often unhappy no matter what their circumstances, and the converse is true of people inclined towards a positive outlook.

Q What is the talk mainly about?
(a) Differences in the ways that people handle emotions.
(b) Common emotional conflicts people are subject to.
(c) Circumstances that lead to unhappy thoughts.
(d) Sources of positive and negative emotions.

✿ 번역
인간의 감정을 연구하는 많은 사람들을 곤혹스럽게 했던 문제는 '무엇이 사람을 행복하게 만드는가?'입니다. 연구 결과에 따르면, 많은 사람들이 그렇다고 생각함에도 불구하고, 돈과 결혼 여부, 나이, 미, 날씨와 같은 요인들은 대부분 사람들의 행복에 심각한 영향을 주는 것은 아니라고 합니다. 유전이나 개인의 정신적인 태도가 불행과 행복의 진정한 근원이라는 것이 판명되었습니다. 부정적인 성향을 가진 사람들은 어떤 상황에서든 대개 불행하고, 긍정적인 관점을 가지는 성향의 사람들은 그 반대입니다.

Q 담화의 주된 내용은?
(a) 감정을 조절하는 방법의 차이점.
(b) 사람들이 빠지기 쉬운 흔한 감정적인 갈등.
(c) 불행한 생각에 이르게 하는 상황.
(d) 긍정적인 감정과 부정적인 감정의 근원.

📘 기출 공략
첫 문장의 '무엇이 사람을 행복하게 만드는가?'라는 질문에 주제가 드러나 있다. It turns out 이하에서 연구 결과를 통해 유전 요인이나 정신적인 태도가 행복과 불행의 근원이라고 밝혀졌다고 결론짓는다. 그러므로 주된 내용으로 알맞은 것은 (d)이다.

marital status 결혼 여부 **heredity** 유전 **negative** 부정적인 **disposition** 성향, 경향 **circumstances** 상황, 사정 **converse** 반대 **incline towards** ~쪽으로 생각이 기울다 **outlook** 관점, 인생관 **be subject to** ~하기 쉽다   정답_(d)

50

The number of male news readers on TV has now reached an all-time low, with women accounting for 57% of TV news anchors nationwide. Recent reports have found that it starts at university. At the University of Winston this fall, for instance, women outnumbered men 227 to 125 in the journalism major, which includes broadcasting. Those numbers also explain why women are also outnumbering men as reporters, news producers and writers.

Q What is the main idea of the talk?
(a) Fewer males are interested in studying journalism.
(b) More successful women are in the media spotlight nowadays.
(c) Fewer males and more women now work in the news industry.
(d) Female news readers have become more popular than male ones.

✿ 번역
남성 TV 뉴스 프로그램 진행자의 수는, 전국 뉴스 앵커의 57퍼센트를 차지하는 여성에 비해 최근 사상 최저치에 이르렀습니다. 최근의 보도는 그것이 대학에서 시작되었다고 밝혔습니다. 예를 들어, 이번 가을 윈스턴 대학에서는 방송학을 포함한 언론학과에서 여성이 남성을 227대 125로 앞질렀습니다. 또한 이들 숫자는 여성들이 기자와 뉴스 제작자, 작가로서도 남성의 수를 앞지르는 이유를 설명해 줍니다.

Q 담화의 요지는?
(a) 보다 적은 남성들이 언론학을 공부하는 데 관심이 있다.
(b) 보다 많은 성공한 여성들이 요즈음 미디어의 주목을 받고 있다.
(c) 보다 적은 남성과 보다 많은 여성들이 뉴스 산업에서 현재 일하고 있다.
(d) 여성 뉴스 앵커들은 남성들보다 더 유명해졌다.

📘 기출 공략
첫 문장에서 남성 뉴스 앵커의 수가 사상 최저를 기록했다는 사실과, 마지막 문장에서 기자와 뉴스 제작자, 작가들도 여성의 수가 더 많아졌다는 현실을 제시하고 있다. 대학 관련학과 전공자가 여성이 많아졌기 때문이라는 설명이 그 사이에 들어가 있으므로 요지로는 (c)가 적절하다. 유명세나 인기를 다루는 것이 아니므로 (d)는 오답이다.

all-time low 사상 최저치 **account for** ~을 차지하다 **news anchor** 뉴스 앵커 **nationwide** 전국적으로 **outnumber** ~보다 수가 더 많다 **journalism** 언론학 **broadcasting** 방송학 **spotlight** 관심, 주목   정답_(c)

51

Now I'd like to talk about the art scene in Paris as the 20th century began. The diversity of art was enormous. Masters of the Impressionist style came to Paris, and together with them came Modernists, such as Pablo Picasso, who were starting to make a name for themselves with radical new art. No single style predominated at this time, but it was not long before Modernism dominated the scene.

Q What is the main idea of the talk on turn-of-the-century Paris?
(a) Exponents of major art movements moved there.
(b) Everyone agreed that Pablo Picasso was a great artist.
(c) Modernist painters were producing art that was radical.
(d) Great artists of different genres were working together.

✽ 번역
20세기 들어섰을 당시 파리 미술 현장에 대해 얘기해 보려고 합니다. 미술의 다양성은 엄청났습니다. 인상주의 형식의 거장들이 파리로 왔고, 그들과 함께 파블로 피카소와 같은 근대주의자들이 왔는데, 이들은 스스로 급진적인 새로운 미술이라고 명명하기 시작했습니다. 어떤 하나의 형식도 이 시기를 장악하지 못했지만 오래지 않아 모더니즘이 현장을 장악했습니다.

Q 파리 세기의 전환기에 관한 담화의 요지는?
(a) 주요 미술 운동의 대표자들이 거기로 옮겨 왔다.
(b) 파블로 피카소가 위대한 예술가라는 데 모두가 동의했다.
(c) 모더니즘 화가들은 급진적인 미술을 만들어내고 있었다.
(d) 서로 다른 장르의 위대한 예술가들이 함께 작업하고 있었다.

📘 기출 공략
당대 주요 미술 운동의 대표자들인 인상주의와 모더니즘 화가들이 파리에 모인 후 함께 영향력을 끼치다가, 모더니즘이 주도하게 된다는 내용의 담화이다. 그들이 파리로 왔다는 (a)가 요지로 알맞다. 모더니즘 화가들의 급진적인 미술이나 피카소의 위대성 등은 세부 정보에 불과하다.

Impressionist 인상파 화가 **Modernist** 모더니즘 화가 **radical** 급진적인 **predominate** 우세하다 **turn-of-the-century** 세기의 전환기 **exponent** 대표자 **genre** 장르

정답_(a)

52

Some of you have asked me if it is true that our brain cells, or neurons, stop growing and developing in adulthood. Well, no, it's not true. Our neurons do continue to grow and change into adulthood. A recent study found that dendrites, which transmit electrical signals among neurons and play an essential role in neuronal function, are still physically malleable in adults. So, it is a myth that adult brain cells are largely static. They can indeed continue to change and develop in response to new experiences.

Q What is the main idea of the lecture?
(a) Adult brain cells grow just as fast as children's do.
(b) Dendrites play an important part in brain development.
(c) It is a common misperception that adults have rigid minds.
(d) Despite views to the contrary brain cells develop even in adulthood.

✽ 번역
여러분 중 몇몇은 뇌세포인 뉴런이 성인기가 되면 성장과 발전을 멈춘다는 것이 사실인지 물었습니다. 하지만, 그것은 사실이 아닙니다. 뉴런은 성인기에 들어와도 성장과 변화를 계속합니다. 최근의 연구는 뉴런 사이에 전기 신호를 전달하고 뉴런의 기능에 필수적인 역할을 하는 수상돌기가 성인의 경우에도 물리적으로 유연하다는 것을 밝혀냈습니다. 그렇다면, 성인 뇌세포가 대부분 고정적이라는 것은 근거 없는 얘기입니다. 그것들은 새로운 경험에 반응하여 실로 변화하고 발달하기를 계속할 수 있습니다.

Q 강의의 요지는?
(a) 성인의 뇌세포는 아이들 것만큼 빠르게 성장한다.
(b) 수상돌기는 뇌 발달에서 중요한 역할을 한다.
(c) 성인이 경직된 정신을 가진다는 것은 흔한 오해이다.
(d) 반대되는 의견이 있지만 뇌세포는 성인기에도 발달한다.

📘 기출 공략
도입부에서 뉴런이 성인기에는 성장을 멈춘다는 잘못된 상식을 지적하고 있다. 그 다음에 Our neurons do continue to grow and change 이하에서 시작하여 마지막 문장의 결론에서 다시 강조하고 있는 요지로 적절한 것은 (d)이다. 속도를 비교한 내용은 없으므로 (a)는 답이 될 수 없다.

dendrite 수상돌기 **transmit** 전달하다 **malleable** 유연한 **static** 고정적인 **misperception** 오해 **rigid** 경직된 **to the contrary** 반대 결과의

정답_(d)

53

Welcome to Ahren Airlines' automated customer response menu. If you would like to check flight arrival times, please press one. If you are calling about domestic reservations, please press two. If you are calling about international flight reservations, please press three. For other information, please stay on the line and a friendly Ahren's agent will be with you shortly. Thank you for calling Ahren Airlines.

Q What should a person do to reserve a flight to another country?
(a) Press one.
(b) Press two.
(c) Press three.
(d) Remain on the line.

✼ 번역
아렌 항공사의 자동 고객 응답 메뉴에 오신 것을 환영합니다. 항공편 도착 시각을 확인하고 싶으시면 1번을 누르세요. 국내선 예약을 원하시면 2번을 누르세요. 국제선 항공편 예약은 3번을 누르세요. 기타 정보들에 대해서는, 끊지 말고 기다리시면 친절한 아렌 항공 직원과 즉시 연결됩니다. 아렌 항공사에 전화해 주셔서 감사합니다.

Q 국제 항공편을 예약할 사람이 할 일은?
(a) 1번을 누른다.
(b) 2번을 누른다.
(c) 3번을 누른다.
(d) 끊지 않고 기다린다.

📒 기출 공략
자동 응답기 관련 문제에서는 숫자와 전화를 건 목적을 연결하여 기억해야 한다. If you are calling about international flight reservation 이하에서 정답이 (c)임을 확인할 수 있다.
automated 자동화된 **domestic** 국내의 **stay on the line** 전화를 끊지 않고 기다리다 **agent** 직원
정답_(c)

54

Welcome aboard our Trailways bus to Philadelphia, Pittsburgh, New Castle and Erie. We will arrive in Philadelphia at 2:45 this afternoon. There will be a ten-minute rest stop at that time. Later, we will have a thirty-minute stop for dinner in Pittsburgh at 6:45, for those of you who are continuing on to New Castle and Erie. We should arrive in New Castle at around 8:45 and in Erie at 11 pm.

Q Which is correct according to the announcement?
(a) The bus will stop for ten minutes in Philadelphia.
(b) There will be a half hour stop for dinner in Erie.
(c) The last stop on the bus route is New Castle.
(d) The bus gets to Pittsburgh before 6 pm.

✼ 번역
필라델피아와 피츠버그, 뉴캐슬, 그리고 이리로 가는 트레일웨이 버스에 탑승하신 것을 환영합니다. 오늘 오후 2시 45분에 필라델피아에 도착 예정입니다. 그곳에서 휴식을 위해 10분간 정차하겠습니다. 그 다음, 피츠버그 도착 시각은 6시 45분이며, 그곳에서 뉴캐슬과 이리 호까지 계속 가시는 분들의 저녁 식사를 위해 30분간 정차하겠습니다. 뉴캐슬에는 8시 45분 정도에, 이리 호에는 오후 11시에 도착하겠습니다.

Q 공지에 따르면 옳은 것은?
(a) 버스는 필라델피아에 10분 동안 정차할 것이다.
(b) 이리 호에서 저녁 식사를 위해 30분 동안 정차할 것이다.
(c) 버스 노선의 마지막 정류장은 뉴캐슬이다.
(d) 버스는 오후 6시 전에 피츠버그에 도착할 것이다.

📒 기출 공략
교통편 안내에 관한 담화는 장소와 시각, 숫자 등에 유의하면서 정보를 기억해야 한다. 필라델피아에서 휴식을 위해 10분간 정차할 것이라고 했으므로 (a)가 정답이다. 이리 호는 마지막 정착지이므로 정차 시간이 없고, 피츠버그에 도착하는 시각은 6시 45분이라고 했으므로 나머지 선택지들은 오답이다.
aboard 탑승하여 **rest stop** 휴게 정차
정답_(a)

Listening Comprehension

55

I mentioned earlier that bats have evolved a unique ability to navigate and hunt in the dark. They do this by sending out ultrasonic sounds produced in their larynx, or voice box, as they fly through the night. These sound vibrations strike objects—such as trees, walls or insects they can eat—and send back echoes. By interpreting the returning echoes, bats can know what is ahead of them, whether an obstacle or food.

Q Which is correct about bats according to the lecture?
(a) They paralyze their prey with ultrasonic sounds.
(b) They use ultrasonic sounds to hunt during the day.
(c) They identify their prey through ultrasonic sounds.
(d) They emit ultrasonic sounds through their foreheads.

✱ 번역
박쥐는 어둠 속에서 길을 찾고 사냥하는 독특한 능력을 발달시켰다는 것을 전에 얘기했습니다. 박쥐는 밤에 비행할 때 후두, 즉 목소리 상자에서 만들어낸 초음파를 발사함으로써 이렇게 합니다. 이 소리의 진동은 나무나 벽, 먹을 수 있는 곤충과 같은 사물에 충돌해서 반향으로 돌아옵니다. 돌아오는 이 반향을 해석함으로써 박쥐는 그것이 장애물인지 먹이인지, 앞에 무엇이 있는지 알 수 있습니다.

Q 강의에 따르면 박쥐에 대해 옳은 것은?
(a) 초음파로 먹이를 마비시킨다.
(b) 낮 동안에 사냥하는 데 초음파를 사용한다.
(c) 초음파를 통해 먹이를 식별한다.
(d) 이마에서 초음파를 발사한다.

📔 기출 공략
박쥐는 초음파를 발사해서 사물에 충돌하고 나서 돌아오는 반향을 통해 그 사물을 해석하는 능력이 있다고 했다. 어둠 속에서 사냥하기 위한 방법이며 초음파는 먹이를 공격하기 위한 것이 아니고, 후두에서 초음파를 발사한다고 했으므로 (c)만 옳은 정보이다.
evolve 발달시키다, 진화시키다 **navigate** 길을 찾다 **send out** 방출하다 **ultrasonic sound** 초음파 **larynx** 후두 **voice box** 후두 **vibration** 진동 **obstacle** 장애, 방해물 **paralyze** 마비시키다 **prey** 먹이 **emit** 방출하다 **forehead** 이마
　　　　　　　　　　　　　　　　　　　　　　정답_(c)

56

And now for international news. The United Nations mission in East Timor is set to reduce its 1,700 strong peacekeeping force because of concerns over costs and possible social problems that might arise with its continued military presence. UN representatives in East Timor said last week that a reduced force is in keeping with the improved security situation.

Q Which is correct according to the news report?
(a) People in East Timor welcomed the UN's presence.
(b) East Timor is promising to improve the security situation.
(c) The UN will reduce the number of peacekeepers in East Timor.
(d) Social problems were created in East Timor by UN peacekeepers.

✱ 번역
이제 국제 뉴스를 전해드리겠습니다. 동티모르에서 유엔은 지속적인 군사 주둔이 가져올 수 있는 사회 문제와 비용에 대한 우려 때문에 1,700명의 평화유지군을 축소하기로 했습니다. 동티모르의 유엔 대표들은 병력 축소는 안보 상황이 개선되었기 때문이라고 지난주 발표했습니다.

Q 뉴스 보도에 따르면 옳은 것은?
(a) 동티모르 국민들은 유엔의 주둔을 환영했다.
(b) 동티모르는 안보 상황이 개선될 전망이다.
(c) 유엔은 동티모르에 있는 평화유지군의 수를 줄일 것이다.
(d) 동티모르에서 유엔 평화유지군에 의해 사회 문제가 발생되었다.

📔 기출 공략
유엔은 동티모르 평화유지군의 수를 축소하려고 하는데, 이는 비용과 오랜 군사 주둔으로 인해 사회 문제가 발생할 것으로 우려되기 때문이라고 했다. 따라서 정답은 (c)이다. 동티모르 국민들의 의사나 실제로 사회 문제가 발생되었는지는 언급되지 않았으므로 (a), (d)는 오답이며, 안보 상황이 이미 어느 정도 개선되었으므로 (b)도 틀렸다.
be set to ~할 예정이다 **strong** (수사 뒤에서) 인원이 ~인 **peacekeeping force** 평화유지군 **concern** 우려 **arise** 발생하다 **military presence** 군사 주둔 **representative** 대표단 **be in keeping with** ~와 일치하다 **security situation** 안보 상황 **promising** 유망한
　　　　　　　　　　　　　　　　　　　　　　정답_(c)

57

In today's lecture, I'll speak further on French colonialism and how, from the onset of the 16th century, a great part of France's military efforts was focused on securing its overseas possessions and settling dissent with the natives of its colonies. This French colonialism was brought to an end in the late 1950s with the failure to bring Algerian nationalists under control. However, many former French colonies, up to this day, still expect France to provide military assistance occasionally.

Q Which is correct according to the lecture?
(a) France began securing overseas possessions in the 15th century.
(b) French colonies sometimes rebelled against French authorities.
(c) France waged a military campaign in Algeria in the early 1950s.
(d) French colonies were ruled by military troops comprising natives.

✽ 번역
오늘 강의에서는 프랑스 제국주의에 대해, 그리고 16세기 초부터 프랑스의 군사적인 노력의 상당 부분이 해외 소유지를 확보하고 식민지 원주민들과의 의견 차이를 해결하는 데 얼마나 주력했는지에 대해 좀 더 이야기하겠습니다. 이 프랑스 식민주의는 알제리 민족주의자 제압의 실패와 함께 1950년대 말에 종식되었습니다. 그러나, 이전 많은 프랑스 식민지들은 오늘날까지도 여전히 프랑스가 때때로 군사 원조를 제공할 것으로 기대하고 있습니다.

Q 강의에 따르면 옳은 것은?
(a) 프랑스는 15세기에 해외 소유지를 확보하기 시작했다.
(b) 프랑스 식민지는 때때로 프랑스 당국에 대항했다.
(c) 프랑스는 1950년대 초기에 알제리에서 군사 작전을 폈다.
(d) 프랑스 식민지는 원주민으로 구성된 군대에 의해 통치되었다.

📘 기출 공략
프랑스는 16세기 들어 해외 소유지를 확보하는 데 주력했고, 1950년대 말에는 프랑스 식민주의가 종식되었다고 했다. settling dissent with the natives를 통해 식민지의 반발과 항거가 있었음을 알 수 있고, 원주민 군대에 의한 통치는 언급된 바 없으므로 옳은 정보는 (b)뿐이다.
colonialism 식민주의 onset 착수, 개시 possession 소유지 settle 해결하다 dissent 의견 차이, 이의 bring A to an end A를 끝내다 nationalist 민족주의자 secure 확보하다 rebel against ~에 대항하다 authorities 당국 wage (전쟁을) 행하다 military campaign 군사 작전 troops 군대 comprise ~으로 구성되다
정답_(b)

58

Simon Ambinbola, a singer who became a legend in South Africa, has passed away at age 61. Ambinbola was the rugged-voiced lead vocalist for the 1970s group the African Queens, the first band to make Zulu music globally popular. Juluka Music Company announced Ambinbola's death Friday morning, stating he had been fighting diabetes for several years.

Q What can be inferred about Ambinbola?
(a) His music company will cease to exist.
(b) His style of music is no longer popular.
(c) His songs were against racism in Africa.
(d) His band introduced Zulu music to the world.

✽ 번역
남아프리카 공화국에서 전설이 된 가수 사이먼 암빈볼라는 61세의 나이로 세상을 떠났습니다. 암빈볼라는 줄루 음악을 세계적으로 유명하게 만들었던 최초의 밴드인 아프리칸 퀸즈라는 1970년대 그룹의 리드 보컬로, 거친 음성을 지녔습니다. 줄루카 음반 회사는 암빈볼라가 몇 년 동안 당뇨병과 싸워왔다는 사실을 밝히면서 금요일 아침 그의 죽음을 알렸습니다.

Q 암빈볼라에 대해 추론할 수 있는 것은?
(a) 그의 음악 회사는 이제 없어질 것이다.
(b) 그의 음악 스타일은 더 이상 인기가 없다.
(c) 그의 노래는 아프리카의 인종주의에 반대하는 것이었다.
(d) 그의 밴드는 줄루 음악을 세계에 소개했다.

📘 기출 공략
the first band to make Zulu music globally popular에서 그의 밴드가 줄루 음악을 세계에 알렸다는 (d)의 사실을 추론할 수 있다. 인종주의에 대한 언급은 없었고, 그의 음악 회사나 음악 스타일에 대한 그 이후의 변화 역시 알 수 없다.
rugged-voiced 거친 음성의 lead vocalist 리드 보컬 Zulu 줄루족(남아프리카 공화국의 한 종족) globally 전세계적으로 state 제시하다, 공표하다 diabetes 당뇨병 cease ~하는 것을 그만두다 racism 인종 차별주의
정답_(d)

59

I'm an atheist philosopher with an interest in evolutionary biology and all things related to evolution. So, you probably expect my new book to be an extended exercise in debunking religious belief. That is certainly true of my books, I admit, but you can never accuse me of taking a disrespectful approach. What I always try to do is engage religious readers in a rational discussion, not turn them away before they can assess my arguments.

Q What can be inferred about the speaker from the speech?
(a) He has a reputation for being against religion.
(b) He will stop writing about religion in his books.
(c) He implicitly accepts the need for religious belief.
(d) He has separate degrees in religion and philosophy.

✿ 번역
저는 진화 생물학과 진화와 관련된 모든 것에 관심을 가지고 있는 무신론 철학자입니다. 그렇다면, 여러분은 아마도 제 신간을 종교적인 믿음을 반박하는 연장 활동이라 예상하실 것입니다. 제 책이 분명 그러하다는 것을 인정합니다만, 제가 무례한 접근을 했다고 비난하실 수는 없을 것입니다. 제가 항상 하려는 바는, 일단 종교적인 독자들을 외면하지 않고 이성적인 토론에 참여시킨 다음 그들이 제 주장을 평가하도록 하는 것입니다.

Q 연설자에 대해서 추론할 수 있는 것은?
(a) 종교를 반박한다는 평판을 받고 있다.
(b) 자신의 책에서 종교에 대해 쓰는 일을 그만 둘 것이다.
(c) 종교적인 믿음의 필요에 대해 암시적으로 수용한다.
(d) 종교학과 철학 학위를 둘 다 갖고 있다.

📔 기출 공략
첫 번째 문장에서 자신은 무신론 철학자이며 진화 생물학에 관심이 있다고 밝히고 있다. 또한 그의 책에 대한 독자들의 예측을 종교적 믿음을 반박하는 것(debunking religious belief)이라 언급한 부분을 통해 그가 (a)와 같은 평가를 받고 있음을 추론할 수 있다.

atheist 무신론자 **evolutionary** 진화의 **extended** 연장된, 확장된 **exercise** 활동, 실행 **debunk** (생각·믿음이) 틀렸음을 드러내다 **accuse A of B** B에 대해 A를 비난하다 **disrespectful** 무례한 **engage** 참여시키다 **rational** 이성적인 **turn away** 외면하다 **assess** 평가하다 **implicitly** 암시적으로

정답_(a)

60

As you know, Egyptian pictographic writing began simply as a way to represent concrete objects—often for the purpose of trade. Today I want to discuss a more sophisticated type of pictography the Egyptians developed. This involved juxtapositions of existing pictographs to represent intangible things, such as their idea of a human soul. For instance, to represent the soul, their convention was to draw an eagle over a man's head.

Q What can be inferred from the lecture?
(a) Pictographs sometimes confused ancient Egyptians.
(b) Pictography is an inherently inflexible kind of writing.
(c) Egyptian writing has changed very little since ancient times.
(d) Egyptian pictographic writing depicted more than just concrete objects.

✿ 번역
아시다시피, 이집트의 상형문자는 대체로 교역의 목적을 위해, 구체적인 대상을 표현하기 위한 방법으로 시작되었습니다. 오늘은 이집트인들이 발달시킨 보다 정교한 방식의 상형문자에 대해 의논해 보고 싶습니다. 여기에는 인간 영혼에 대한 생각과 같은 무형의 것들을 표현하는 기존의 상형문자도 포함되어 있습니다. 예를 들어, 영혼을 표현하기 위해 그들은 관례적으로 인간의 머리 위에 독수리를 그렸습니다.

Q 강의로부터 추론할 수 있는 것은?
(a) 상형문자는 때론 고대 이집트인들을 혼란스럽게 했다.
(b) 상형문자 기술법은 원래 융통성이 없는 문자이다.
(c) 이집트 문자는 고대 이래로 거의 변하지 않았다.
(d) 이집트 상형문자는 구체적 사물 이상을 묘사했다.

📔 기출 공략
두 번째 문장에서 오늘 강의의 주제가 더 정교한 형태의 상형문자라고 제시하고 있다. 영혼과 같은 실체가 없는 대상을 표현하는 문자가 있었다는 예를 통해 이것을 설명하고 있으므로 (d)를 추론할 수 있다.

pictographic 상형문자의 **concrete** 구체적인 **sophisticated** 정교한 **juxtaposition** 병렬, 병치 **existing** 기존의 **intangible** 무형의 **convention** 관례 **inherently** 원래 **inflexible** 융통성이 없는 **depict** 묘사하다

정답_(d)

Grammar

25 minutes

1

A That spaghetti you cooked was really good.
B Thanks. You can have some _____ if you'd like.

(a) more
(b) other
(c) further
(d) another

✱ 번역
A 네가 만든 스파게티는 정말 맛있었어.
B 고마워. 원하면 더 먹어도 돼.

📘 기출 공략
'조금 더 먹어'라는 말로 have some more라는 표현을 쓴다. 정답인 (a) more 다음에는 명사 spaghetti가 생략되어 있는데 의미가 명확한 경우 생략이 가능하다. (d) another도 '하나 더'의 의미가 있지만, 셀 수 있는 명사여야 하며 have another (one)의 형태로 써야 한다.

정답_(a)

2

A Do we turn at this traffic light or the next one?
B I'm not certain _____ one would be better.

(a) which
(b) whose
(c) whatever
(d) whichever

✱ 번역
A 이번 신호등에서 도나요, 아니면 다음 번인가요?
B 어떤 게 나을지 잘 모르겠어요.

📘 기출 공략
이번과 다음 번 중 '어떤 것'을 가리키는 말로 적당한 것은 (a) which이다. 즉 선택 사항이 드러나 있을 때는 what이 아닌 which를 쓴다. (d) whichever는 '(~하는) 어느 것이라도'의 뜻이므로 의미상 맞지 않다.

traffic light 교통 신호등

정답_(a)

3

A I have a terrible headache.
B _____ you, dear? I'll get you an aspirin, then.

(a) Will
(b) Can
(c) Are
(d) Do

✱ 번역
A 두통이 아주 심해요.
B 그래요, 여보? 그럼 아스피린을 가져다 줄게요.

📘 기출 공략
앞의 말을 받아서 '그래요?'라는 의문문을 만드는 경우이다. have는 조동사가 아니라 '가지다'의 뜻인 일반 동사이므로 (d) Do로 물어야 한다. 조동사나 be동사가 있는 경우에는 그것으로 의문문을 시작한다.

headache 두통 **dear** 여보, 당신

정답_(d)

4

A The sign says you can't smoke here.
B Oh, _____.

(a) I not noticed that
(b) I noticed that not
(c) notice that I didn't
(d) I didn't notice that

✱ 번역
A 표지판에 이곳은 금연이라고 써 있어요.
B 아, 표지판을 못 봤어요.

📘 기출 공략
'(신문이나 편지 등에) ~라고 쓰여 있다'라는 뜻으로 동사 say를 쓴다. 즉, The sign says는 '표지판에 ~라고 쓰여 있다'라는 뜻이다. 동사 notice의 부정은 과거 시제로 didn't notice이고, the sign을 가리키는 대명사인 that이 notice의 목적어로 맨 끝에 온 (d)가 올바른 표현이다.

정답_(d)

Grammar

5

A Did you spend much time in Athens?
B Not really. _____ there for about a week.

(a) I had been
(b) I've been
(c) I was
(d) I'm

✤ 번역
A 아테네에서 많은 시간을 보냈어요?
B 아니 별로요. 거기엔 일주일 정도 있었어요.

📖 기출 공략
질문이 Did you spend...?로 과거 시제이며 과거 아테네에 있었던 때를 가리키므로 과거 시제로 답하는 것이 알맞다. (c) I was가 정답이다.
spend 보내다 **Not really.** 아니 별로요, 꼭 그런 것은 아니에요.

정답 (c)

6

A Shall we keep waiting in line to get a table?
B No, 30 minutes _____ enough. Let's just go.

(a) are to be
(b) is to be
(c) are
(d) is

✤ 번역
A 테이블을 잡기 위해 계속 줄 서서 기다려야 할까요?
B 아니요, 벌써 30분이나 기다린걸요. 그냥 갑시다.

📖 기출 공략
30 minutes는 하나의 개념으로 생각해서 단수로 취급한다. 따라서 (d) is가 정답이다. 시간이나 거리, 가격, 무게와 같은 측량 단위의 명사는 단수로 취급한다. 즉, ten years, five miles, twenty dollars, ten pounds 등을 단수로 받는다.
keep -ing 계속 ~하다 **wait in line** 줄 서서 기다리다

정답 (d)

7

A Here's your birthday gift. I hope you like it.
B Thank you _____ much.

(a) so
(b) too
(c) ever
(d) really

✤ 번역
A 여기 네 생일 선물이야. 맘에 들었으면 좋겠어.
B 정말 고마워.

📖 기출 공략
much라는 부사를 강조하는 부사는 so, very, too 등이다. 여기서는 형용사나 부사를 수식할 수 있는 (a) so가 정답이다. (c) ever는 so와 함께 '매우'라는 뜻으로 ever so cold 또는 ever so nice 등으로 쓰일 수 있고, (b) too는 '너무'라는 뜻으로 지나칠 정도라는 의미여서 감사의 말과 맞지 않다.

정답 (a)

8

A You're not going to believe this. Caroline is now dating Gary!
B Come on, _____!

(a) must be kidding
(b) kidding must be
(c) you must be kidding
(d) you kidding it must be

✤ 번역
A 못 믿겠지만, 캐롤라인이 게리와 사귄대!
B 설마, 농담이죠!

📖 기출 공략
must는 조동사로 '~임에 틀림없다'라는 강한 추측을 나타낸다. must와 함께 진행형이 오려면 (c) you must be kidding 어순이 알맞다. 이외에 Are you kidding?, No kidding 또는 You're kidding me 등도 같은 표현이다.
date ~와 데이트하다

정답 (c)

9

A How did the thief get away?
B He simply _____ over the fence.

(a) jumps
(b) jumped
(c) has jumped
(d) was jumping

번역
A 도둑이 어떻게 도망갔어요?
B 그냥 담을 뛰어 넘어 도망갔어요.

기출 공략
질문이 How did로 과거 시제이며, 응답 역시 과거 특정 시점에 일어난 행동을 나타내므로 과거 시제인 (b) jumped가 정답이다. 현재와 관련이 있는 내용이 아닌 단순 과거의 사실이므로 (c)의 과거완료 시제는 적절하지 않다.
thief 도둑 get away 도망가다 simply 그저, 그냥 fence 담, 울타리
정답_(b)

10

A Would you mind if I asked you a favor?
B No, _____.

(a) I wouldn't mind at all
(b) not if I would mind it
(c) at all I wouldn't mind
(d) not at all I would mind it

번역
A 부탁 하나 해도 될까요?
B 네, 괜찮습니다.

기출 공략
Would you mind...?는 정중한 부탁의 표현으로 허락의 대답을 부정문으로 한다는 것에 유의해야 한다. 정답인 (a)의 I wouldn't mind는 '괜찮다'는 허락의 대답이고, at all은 '전혀'라는 의미로 부정어를 강조하는 표현이다. 짧게 Of course not으로 답할 수도 있다.
ask A a favor A에게 부탁하다
정답_(a)

11

A Do you think we're going to face staff shortages again?
B Well, I certainly _____.

(a) don't hope it
(b) hope so not
(c) hope it not
(d) hope not

번역
A 직원 부족을 다시 겪게 될 거라고 생각해요?
B 글쎄요, 물론 그러지 않기를 바라죠.

기출 공략
미래에 바람직하지 않은 일의 가능성에 대한 대답으로 '그러지 않길 바라다'의 뜻으로 I hope not을 쓰며, 정답은 (d)이다. 이는 I hope we're not going의 축약이다. 반대로, 바람직한 일의 가능성에 대한 대답으로는 I hope so를 쓴다.
face 직면하다 shortage 부족
정답_(d)

12

A Did you buy a new bike like you said you would?
B No, I just _____.

(a) got it repaired my old one
(b) got repaired it my old one
(c) my old one got repaired
(d) got my old one repaired

번역
A 말씀하신 대로 새로운 자전거를 샀어요?
B 아니요, 그냥 이전 걸 수리했어요.

기출 공략
get은 <get+사물 목적어+과거분사> 형태로 사역의 의미를 나타낸다. 따라서 '자전거 수리를 받았다'는 표현은 got my bike repaired이며, 대명사 one으로 bike를 대신할 수 있으므로 (d)가 정답이다.
repair 수리하다
정답_(d)

Grammar

13

A I hear the opera *La Traviata* is worth seeing.
B Yeah, and we can easily go there after work since it _____ nearby.

(a) shows
(b) was showing
(c) is being shown
(d) has been shown

❈ 번역
A 오페라 〈라 트라비아타〉가 볼 만하다고 들었어요.
B 네, 그리고 가까운 곳에서 상연하니까 퇴근 후에 보러 가기 편해요.

📘 기출 공략
show는 '(공연을) 상연하다'라는 뜻의 타동사인데, the opera를 가리키는 it이 동사 앞에 위치하므로 수동태가 되어야 한다. 공연 중임을 나타내는 진행의 의미까지 포함한 (c)가 정답이다.
be worth -ing ~할 가치가 있다   **since** ~이기 때문에   정답_(c)

14

A Did you know kiwis can't fly?
B Yes, and _____.

(a) ostriches can't so
(b) ostriches can't do
(c) ostriches can neither
(d) neither can ostriches

❈ 번역
A 키위 새는 날 수 없다는 거 알고 있었어요?
B 네, 그리고 타조도 날 수 없어요.

📘 기출 공략
앞의 부정의 말을 받아서 '~도 역시 아니다'의 의미를 나타내려면 〈Neither+(조)동사+주어〉를 쓴다. neither 대신 nor를 쓸 수도 있다.
kiwi 키위 새   **ostrich** 타조   정답_(d)

15

A How did the swim match go?
B Really well. Julia, _____ the best swimmer in our team, came in first place.

(a) to be
(b) being
(c) she was
(d) having been

❈ 번역
A 수영 시합은 어떻게 되었어요?
B 멋졌어요. 우리 팀 최고 수영 선수인 줄리아가 1등을 했어요.

📘 기출 공략
Julia came in first place라는 완전한 문장 사이에 콤마로 삽입되어 주어를 부수적으로 설명할 수 있는 것은 분사구문이다. 따라서 (b) being이 적절하다. came보다 이전의 일이 아니므로 (d) having been은 답이 될 수 없다.
match 시합, 경기   **in first place** 1등의, 우승의   정답_(b)

16

A What is this national park most famous for?
B Well, you can _____.

(a) here see some remarkable red rocks
(b) remarkable red rocks see some here
(c) here some remarkable red rocks see
(d) see some remarkable red rocks here

❈ 번역
A 이 국립 공원은 무엇으로 가장 유명하죠?
B 음, 여기에서 놀랄 만한 붉은 바위를 볼 수 있어요.

📘 기출 공략
조동사(can) 다음에 본동사인 see가 오고, 그 다음에 한정사 some이, 다음에 형용사(remarkable red), 명사(rocks)가 순서대로 뒤따르고, 마지막으로 부사인 here가 오는 것이 맞는 어순이므로 (d)가 정답이 된다.
be famous for ~으로 유명하다   **remarkable** 놀랄 만한   정답_(d)

17

A What're you doing for Christmas?
B I _____ yet.

(a) haven't decided
(b) won't be deciding
(c) won't have decided
(d) haven't been deciding

✲ 번역
A 크리스마스에 뭐 할 거예요?
B 아직 정하지 못했어요.

기출 공략
What're you doing...?은 진행형을 이용해서 가까운 미래의 계획을 묻는 말이다. '아직 정하지 못했다'는 뜻이므로 완료의 의미를 나타내는 현재완료 시제를 써야 알맞다. 따라서 정답은 (a)이다.
yet 아직까지
정답_(a)

18

A I've gained some weight since I took the medicine.
B Then, I'd advise _____.

(a) more you exercise
(b) exercise doing more
(c) you to exercise more
(d) more exercising to do

✲ 번역
A 약을 먹은 이후로 살이 좀 쪘어요.
B 그렇다면, 운동을 더 하라고 충고하고 싶네요.

기출 공략
동사 advise는 〈advise A to+동사원형〉 형태로 'A에게 ~하라고 충고하다'는 의미를 나타낸다. 따라서 정답은 (c)이다. 참고로, 〈advise against -ing〉는 '~하지 말라고 충고하다'라는 뜻이다.
gain weight 살이 찌다   take medicine 약을 먹다
정답_(c)

19

A Can you put these books in your bag?
B Sorry, but I don't have _____ for them.

(a) room
(b) a room
(c) each room
(d) another room

✲ 번역
A 이 책들을 네 가방에 넣을 수 있니?
B 미안하지만 넣을 공간이 없어.

기출 공략
'공간'을 가리키는 room은 셀 수 없는 명사이므로 관사 없이 have room이 된다.
room 공간, 여유
정답_(a)

20

A I never liked studying medicine in college.
B Then, _____ to become a doctor in the first place.

(a) explain me why you decided
(b) why you decided explain me
(c) explain to me why you decided
(d) why did you decide explain to me

✲ 번역
A 대학시절 의학 공부하는 것을 결코 좋아하지 않았어요.
B 그렇다면, 애당초 왜 의사가 되려고 결심했는지 설명해 봐요.

기출 공략
explain은 explain A to B(B에게 A를 설명하다)의 어순으로 쓰는데, A가 절의 형태로 길어지면 맨 뒤로 이동하여, explain to B A의 어순이 된다. 따라서 정답은 (c)이다.
medicine 의학   in the first place 처음에
정답_(c)

Grammar

21

Walking through the park, the man began _____ about his worries at the office.

(a) forget
(b) forgot
(c) to forget
(d) forgotten

✿ 번역
그 남자는 공원을 걸으면서 직장에서의 걱정을 잊기 시작했다.

📘 기출 공략
begin의 목적어로 to부정사와 동명사가 모두 올 수 있다. 그러므로 빈칸에는 forgetting이나 (c) to forget이 들어갈 수 있다. 따라서 정답은 (c)이다.
worry 걱정 **forget** 잊다 정답_(c)

22

Some scientists estimate that as _____ as 10 million people around the world may already have the AIDS virus.

(a) less
(b) more
(c) many
(d) much

✿ 번역
일부 과학자들은 전세계적으로 천만 명의 사람들이 이미 AIDS 바이러스를 보유하고 있을 것이라고 추정한다.

📘 기출 공략
〈as+형용사+as+명사〉는 동등 비교로 '~만큼 …한'의 뜻을 나타낸다. 일단 빈칸에는 원급이 와야 하므로 (a), (b)는 제외한다. 10 million people이 셀 수 있는 명사이므로 정답은 (c) many이다. 〈as many as+수사〉는 '~만큼의 수'를 뜻한다.
estimate 추정하다 정답_(c)

23

Spoilage as a result of bacterial action in food can be prevented by keeping the food _____.

(a) extremely at temperatures low
(b) extremely at low temperatures
(c) at low temperatures extremely
(d) at extremely low temperatures

✿ 번역
박테리아 활동의 결과로 생기는 음식 부패는 음식을 매우 낮은 온도에 두는 것으로 예방될 수 있다.

📘 기출 공략
전치사 at 다음에 상태를 나타내는 명사가 와야 한다. '매우 낮은 온도'라는 상태이므로, 부사 extremely는 형용사 low 앞에서 수식하고, low는 명사인 temperatures 앞에 오는 순서가 되어야 하므로 정답은 (d)이다.
spoilage 손상, 부패 **extremely** 심히 **temperature** 온도
정답_(d)

24

Any books about technology run the risk of _____ outdated soon after they are published because technology is constantly changing.

(a) become
(b) became
(c) becoming
(d) to become

✿ 번역
기술에 관한 책은 기술이 끊임없이 변화하기 때문에 출판된 후 곧 구닥다리가 될 위험성이 있다.

📘 기출 공략
전치사 of의 목적어가 되어야 하므로 동사의 명사 형태인 동명사 (c) becoming이 정답이다.
technology 기술 **run the risk of** ~의 위험이 있다 **outdated** 구식인 **constantly** 끊임없이 정답_(c)

25

Bringing in outside food and drink _____ always prohibited in this theater.

(a) is
(b) are
(c) is being
(d) are to be

번역
이 극장에서는 외부 음식과 음료수를 반입하는 것을 항상 금지하고 있다.

기출 공략
Bringing in outside food and drink가 주어임에 유의하자. 동명사 구는 단수 취급하므로 동사 (a) is가 알맞다. 빈칸 뒤에 prohibited라는 과거분사가 나와 있으므로 be동사와 함께 수동태가 됨을 알 수 있다. (c)가 답이 되려면 always가 is와 being 사이에 위치해야 한다.
prohibit 금하다   **theater** 극장   정답_(a)

26

The young man accepted the job he _____ at a local bank.

(a) offers
(b) offered
(c) is offered
(d) was offered

번역
그 젊은 남자는 지역 은행에서 제안한 일자리를 수락했다.

기출 공략
the job 다음에 관계대명사 that이 생략되어 있고, he 이하는 the job을 수식하는 관계사절이다. 주어 he와 the job의 관계를 볼 때 그가 일자리 제안을 받는 것이므로 수동태가 되어야 한다. 주절의 시제가 과거(accepted)이므로 과거 시제로 일치시킨 (d) was offered가 정답이다.
accept the job 일자리를 수락하다   **offer** 제안하다   정답_(d)

27

The company had extensive database records on the _____ habits of thousands of people.

(a) purchases
(b) purchased
(c) purchasing
(d) to be purchasing

번역
그 회사는 수천 명의 구매 습관에 관한 방대한 데이터베이스 기록을 보유하고 있었다.

기출 공략
빈칸 앞에 the가 있으므로 빈칸에는 habits를 수식하는 형용사가 와야 한다. 따라서 (b)와 (c) 중에 고를 수 있는데, 의미상 구매된 습관이 아니라 구매하는 습관이 맞으므로 정답은 능동의 (c) purchasing이다.
extensive 광범위한, 방대한   **record** 기록   **purchasing** 구매 (행위)
정답_(c)

28

_____ an area of desert has sustained environmental damage, it recovers slowly, if at all.

(a) Now
(b) Once
(c) While
(d) Although

번역
일단 사막 지역이 환경 피해를 입으면 회복되더라도 천천히 회복된다.

기출 공략
if at all은 '한다 하더라도'의 뜻이므로 회복이 안 되기도 하고, 된다고 하더라도 느리게 된다는 의미이다. 그러므로 문맥상 '일단 ~하면'이라는 뜻의 접속사 (b) Once가 가장 적절하다.
sustain damage 피해를 입다   **if at all** ~한다 하더라도   정답_(b)

Grammar

29

The Kyoto Protocol calls upon the United States to decrease greenhouse gas emissions to 7% below _____.

(a) 1990 level
(b) a 1990 level
(c) the 1990 level
(d) each 1990 level

✿ 번역
교토 의정서는 미국에 대해 온실가스 배출을 1990년 수준보다 7퍼센트 줄일 것을 요구하고 있다.

📖 기출 공략
1990년 수준은 이미 정해져 있는 것이므로 1990 level 앞에 정관사 the가 있어야 한다. 따라서 정답은 (c)이다.
protocol 의정서; 협정 **decrease** 줄이다 **greenhouse gas** 온실가스 **emission** 배출

정답_(c)

30

Liaoning is a Chinese province _____ many remarkable fossils belonging to feathered dinosaurs have been found.

(a) in that
(b) for what
(c) in which
(d) of whom

✿ 번역
랴오닝성은 놀라운 깃털 있는 공룡 화석이 많이 발견된 중국의 한 지방이다.

📖 기출 공략
장소인 a Chinese province를 수식하는 〈전치사+관계대명사〉 또는 관계부사가 와야 한다. 따라서 장소를 나타내는 전치사 in과 관계대명사 which를 쓴 (c) in which가 정답이다.
province 지방 **remarkable** 놀랄 만한, 두드러진 **fossil** 화석 **belong to** ~에 속하다 **feathered** 깃털이 있는 **dinosaur** 공룡

정답_(c)

31

For years, the use of animals for experiments _____ opposed on moral and philosophical grounds by many people.

(a) is
(b) are
(c) has been
(d) have been

✿ 번역
여러 해 동안, 실험에 동물을 사용하는 것은 도덕과 철학적인 이유로 많은 사람들에 의해 반대되어 왔다.

📖 기출 공략
문장의 주어는 the use로 단수이므로 (a)와 (c) 중에서 골라야 한다. 또한 For years라는 부사구가 있으므로 동사는 계속의 의미를 나타내는 현재완료 시제가 어울린다. 따라서 정답은 (c)이다.
experiment 실험 **oppose** 반대하다 **moral** 도덕적인 **ground** 이유

정답_(c)

32

Any person with blood pressure greater than 120/80 mmHg _____ high blood pressure.

(a) considered is for
(b) has to be considered
(c) is considered to have
(d) is considered to being

✿ 번역
120/80 mmHg보다 혈압이 더 높은 사람은 고혈압이 있다고 간주된다.

📖 기출 공략
be considered to+동사원형(~인 것으로 간주되다) 구문을 알고 있는지 묻는 문제이다. 따라서 정답은 (c) is considered to have이다.
blood pressure 혈압

정답_(c)

33

Coffee spread from Africa to Arabia where it was first used as a medicine _____ it became a beverage.

(a) after
(b) since
(c) unless
(d) before

✤ 번역
커피는 아프리카에서 아라비아로 확산되었는데, 그곳에서 처음에 약품으로 사용되다가 음료가 되었다.

기출 공략
where는 관계부사로 선행사는 Arabia이다. 거기에서 처음 약품으로 쓰였고 음료가 된 것은 그 이후의 일이므로 접속사 (d) before가 와야 순서상 맞다.
spread 퍼지다　**beverage** 음료수　　　　　　　정답_(d)

34

The vacationers were making the most of _____ little of the summer was left.

(a) that
(b) what
(c) which
(d) whichever

✤ 번역
피서객들은 적으나마 남아 있는 여름을 최대한 즐기고 있었다.

기출 공략
〈what little+명사〉는 '적지만 모든 ~'이라는 뜻이다. 이때 what은 관계형용사이다. She spent what little money she had(그녀는 갖고 있던 얼마 안 되는 돈을 전부 써버렸다)처럼 활용할 수 있다.
vacationer 피서객　**make the most of** ~을 최대한으로 활용하다
what little 적으나마 할 수 있는 한의 것　　　　　　정답_(b)

35

The popular ice rink in front of Seoul City Hall will remain open _____ the end of the month.

(a) by
(b) until
(c) within
(d) toward

✤ 번역
인기 많은 서울 시청 앞 아이스 링크는 이번 달 말까지 계속 개장할 것이다.

기출 공략
by와 until 모두 '~까지'의 의미이지만, 어떤 시점까지 상태가 유지될 때는 (b) until이나 till을 쓰고, 어떤 기한 이내에 동작이 끝나는 경우에는 (a) by를 쓴다. remain open은 상태가 지속되는 것이므로 (b) until을 써야 한다.
ice rink 아이스 링크　　　　　　　　　　　　　정답_(b)

36

The boy was a gifted athlete, but _____ that most impressed his coach.

(a) work ethic it was
(b) it was his work ethic
(c) work ethic of his was
(d) ethic of his work was

✤ 번역
그 소년은 재능 있는 선수였지만 그의 코치를 가장 감동시킨 것은 운동선수로서의 근면함이었다.

기출 공략
〈It is ... that〉 강조 구문이 들어간 문장이다. 강조하는 것은 his work ethic으로 it was와 that 사이에 들어가야 한다. 'that 이하인 것은 바로 ~이다'로 해석한다. 따라서 정답은 (b)이다.
gifted 재능이 있는　**athlete** 운동선수　**work ethic** 직업의식
　　　　　　　　　　　　　　　　　　　　　　　정답_(b)

Grammar

37

This machine is faster than any other model, _____ over 5,000 stitches per minute.

(a) sews
(b) to sew
(c) it sews
(d) sewing

❉ 번역
이 기계는 분당 5,000땀 이상을 꿰매서, 다른 어떤 모델보다 빠르다.

📘 기출 공략
완전한 문장이 나와 있으므로 빈칸 이하는 부사구가 되어야 하는데, (b)의 to부정사구는 '~하기 위해서'의 뜻이므로 의미상 맞지 않다. (d) sewing이라는 분사가 들어가서 이유를 나타내는 분사구문이 가장 적당하다.

stitch 바늘땀   **per minute** 1분당   **sew** 꿰매다   정답_(d)

38

If the man had not consulted the doctor sooner, he _____ his life from a serious illness.

(a) can lose
(b) could lose
(c) could have lost
(d) could be losing

❉ 번역
그 남자가 의사를 더 빨리 찾아가지 않았더라면, 심각한 병으로 목숨을 잃었을 수도 있다.

📘 기출 공략
If절의 〈If+had+p.p.〉 구문으로 봐 문맥상 '~하지 않았더라면 ~했을 텐데'라는 과거 사실에 반대되는 가정법 과거완료 구문이 되어야 한다. 따라서 정답은 (c)이다.

consult the doctor 의사와 상담하다, 진찰을 받다   정답_(c)

39

Sara loves going to the beach for many reasons, _____ to collect seashells.

(a) of which the least not is
(b) not the least of which is
(c) the least not which is
(d) which is not the least

❉ 번역
사라가 해변에 가는 것을 좋아하는 여러 가지 이유가 있는데 그 중 가장 큰 이유는 조개 껍질을 모으기 위해서이다.

📘 기출 공략
not the least of는 '~중에서 가장 중요한 것'이란 의미이다. '많은 이유(many reasons) 중 가장 큰 이유'는 관계대명사 which를 이용하여 not the least of which이고, 동사 is는 보어인 to부정사 앞에 와야 한다. 따라서 정답은 (b)이다.

collect 모으다   **seashell** 조개껍데기   정답_(b)

40

The wife thought her husband _____ too hard in recent weeks and needed a break.

(a) works
(b) has worked
(c) will have worked
(d) had been working

❉ 번역
부인은 남편이 최근 몇 주간 너무 열심히 일했기 때문에 휴식이 필요하다고 생각했다.

📘 기출 공략
시제 일치가 되어야 하므로 thought나 needed와 같은 과거 시제이거나 이전 시제가 되어야 한다. 최근 몇 주간 일해온 것은 needed보다 이전의 일이므로 과거완료를 써야 하는데, needed의 시점까지 진행된 것임을 강조하기 위해서 과거완료 진행형이 더욱 어울린다. 따라서 정답은 (d)이다.

recent 최근의   **break** 휴식   정답_(d)

41

(a) A Could you please send me an application packet?
(b) B Do you need the financial aid packet as well?
(c) A I'd appreciate it very well if you could send me both.
(d) B Certainly. They should arrive within the next two days.

✱ 번역
(a) A 입학 서류 일체를 좀 보내주실 수 있으세요?
(b) B 학비 지원금 내역도 필요하세요?
(c) A 둘 다 보내주실 수 있으면 정말 고맙겠습니다.
(d) B 알겠어요. 2일 내에 도착할 거예요.

📘 기출 공략
(c)의 very well은 '매우 잘'이라는 뜻으로 감사하다는 말과 어울리지 않는다. 대신에 very much가 '매우 많이', 즉 '대단히, 정말'의 의미로 적절한 표현이다.
application packet 입학 서류 일체   **financial aid** 재정 지원
appreciate 감사하다
정답 (c) well → much

42

(a) A Let's go and see a movie tonight.
(b) B Tonight? I'm sorry, but I'm busy tonight.
(c) A Really? What should you be doing?
(d) B I'm going to have dinner with my parents.

✱ 번역
(a) A 오늘 밤 영화 보러 가요.
(b) B 오늘 밤? 미안하지만, 오늘 밤은 바빠.
(c) A 그래요? 뭐 할 건데요?
(d) B 부모님과 저녁 먹을 거야.

📘 기출 공략
(c)의 What should you be doing?은 '무엇을 하고 있을까요?'라는 추측의 의미로 그 다음에 I'm going to를 써서 가까운 미래의 계획을 나타낸 대답과 어울리지 않는다. 따라서 질문 역시 be going to를 써서 '무엇을 할 계획이냐?'라는 뜻인 What are you going to do?가 되어야 알맞다.
have dinner 저녁을 먹다
정답 (c) What should you be doing? → What are you going to do?

43

(a) A I'll need to see your driver's license and registration.
(b) B Yes, Officer, but what seems to be the problems?
(c) A You were driving way over the speed limit.
(d) B I'm very sorry. I'll be more careful.

✱ 번역
(a) A 운전 면허증과 등록증을 봐야겠어요.
(b) B 네, 경찰관님, 그런데 문제가 무엇인지요?
(c) A 제한 속도를 훨씬 초과해 운전하고 있었어요.
(d) B 정말 미안해요. 더 조심하도록 할게요.

📘 기출 공략
경찰관이 면허증과 등록증을 요구한 상황에서 문제가 무엇인지, 요구의 이유가 무엇인지 묻는 말이다. 여러 문제가 아니라 경찰관에게 걸린 지금의 상황만 가리키므로 (b)의 the problems를 the problem으로 바꿔야 알맞다.
driver's license 운전 면허증   **registration** 등록증   **speed limit** 제한 속도
정답 (b) problems → problem

44

(a) A What's wrong with Betty? She looks rather stressed today.
(b) B She's a bit overwhelmed by all the work Mr. Jacobs has given her.
(c) A Why doesn't she just tell him that she can't handle it all?
(d) B She tried to, but he still demanded that she does it.

✱ 번역
(a) A 베티에게 무슨 문제 있어요? 오늘 좀 스트레스받은 것 같아 보여서요.
(b) B 제이콥스 씨가 준 많은 일들이 좀 감당이 안 되나 봐요.
(c) A 그녀는 왜 그에게 일을 다 처리할 수 없다고 말해보지 않죠?
(d) B 그랬는데, 그는 여전히 그녀가 그 일을 해야 한다고 주장했어요.

📘 기출 공략
(d)에서 제안·명령·요구·주장을 나타내는 동사 다음의 that절에 '앞으로 ~해야 한다'라는 뜻이 올 때는 'should+동사원형' 혹은 should가 생략된 '동사원형'이 와야 한다. 따라서 주어가 she이지만 인칭이나 시제와 상관없이 she (should) do it이 되어야 맞다.
overwhelmed 압도적인, 저항할 수 없는
정답 (d) she does it → she do it

Grammar

45

(a) A Anna, do you want me to email you the photos at the party last week?
(b) B Thanks, that'd be great. How did they turn out?
(c) A Unfortunately, they didn't turn out that well. They're a bit dark.
(d) B I'm sure they are fine. I can't wait to see them.

✿ 번역
(a) A 애나, 지난주 파티에서 찍은 사진을 이메일로 보내줄까요?
(b) B 고마워요, 그러면 좋겠네요. 어떻게 나왔어요?
(c) A 안타깝게, 그렇게 잘 나오진 않았어요. 약간 어두워요.
(d) B 괜찮을 거라고 믿어요. 어서 보고 싶군요.

📘 기출 공략
(a)의 at은 공간적인 장소를 나타내는 전치사이므로 '파티에 있던 사진'의 의미가 되어 맞지 않다. '파티에서 찍은 사진'을 의미하기 위해서는 출처, 유래를 나타내는 전치사 from이 쓰여야 한다.
turn out (결과가) ~로 나타나다   **I can't wait to** 어서 ~하고 싶다

정답_(a) at → from

46

(a) The amount of sleep an individual needs varies considerably from one stage of life to another. (b) An average infant sleeps up to 18 hours a day. (c) By age 4, sleeping time is reduced to about 9 hours. (d) By adolescence, it is further reduced to 7 hours, after which declines to about 6 hours.

✿ 번역
(a) 개인이 필요한 잠의 양은 인생의 단계마다 상당히 다르다. (b) 보통 유아는 하루에 18시간까지 잔다. (c) 4세가 되면 수면 시간은 약 9시간으로 줄어든다. (d) 청소년기가 되면 7시간으로 더 줄어들고, 그 후에는 약 6시간으로 감소한다.

📘 기출 공략
(d)에서 전치사 after의 목적어가 되는 관계대명사 which의 선행사는 adolescence이다. 따라서 which는 동사 declines의 주어가 될 수 없고 it(sleeping time)이 주어로 declines 앞에 들어가야 알맞다.
vary 다양하다   **considerably** 상당히, 현저하게   **infant** 유아
reduce 줄어들다   **adolescence** 청소년기   **decline** 감소하다

정답_(d) after which declines to → after which it declines to

47

(a) To develop critical reading skills, find an interesting article in a newspaper or magazine. (b) Make sure it is one that has at least three paragraphs. (c) Read the article carefully and pay close attention to the main idea. (d) Then, write the main idea down, summarize it in one sentence.

✿ 번역
(a) 중요한 독서 기술을 개발하려면 신문이나 잡지에서 흥미로운 기사를 찾아라. (b) 반드시 최소한 세 단락이 있는지 확인하라. (c) 기사를 신중하게 읽고 요지에 세심한 주의를 기울여라. (d) 그리고 나서, 요지를 한 문장으로 요약해서 써보라.

📘 기출 공략
(d)에서 명령문 형태의 두 문장은 쉼표로 연결될 수 없고, 내용상 '한 문장으로 요약해서 요지를 쓰라'는 뜻이므로 뒤의 문장을 부사구 형태로 바꿔야 한다. 따라서 동시 동작을 나타내는 분사구문이 되도록 summarize를 summarizing으로 바꿔야 알맞다.
critical 중요한   **article** 기사   **summarize** 요약하다

정답_(d) summarize → summarizing

48

(a) Global Choice is a non-profit organization dedicating to helping the poorest people on earth. (b) We represent more than 50 international charities that all work towards this common goal. (c) Each year, Global Choice and its member charities improve the lives of millions of people. (d) Our funding and economic programs are now in place in every developing country.

✤ 번역
(a) 글로벌 초이스는 전세계 극빈층을 돕는 데 헌신하는 비영리 조직이다. (b) 우리는 이 공동 목표를 향해 일하는 50여 개 국제 자선단체들을 대표하고 있다. (c) 매년, 글로벌 초이스와 부속 자선 단체들은 수백만 명의 삶을 개선시키고 있다. (d) 우리의 재정 지원 및 경제 프로그램이 현재 모든 개발도상국에서 실시되고 있다.

📘 기출 공략
(a)에서 dedicate는 dedicate oneself to 또는 be dedicated to의 형태로 사용되므로 과거분사 dedicated가 되어야 한다.
non-profit organization 비영리 조직 **be dedicated to** ~에 헌신하다 **charity** 자선 단체 **정답**_(a) dedicating → dedicated

49

(a) Flexibility is limited as you age because the connective tissue that coats muscles becomes stiff. (b) However, stretching can prevent this stiffening and can allow you to become more flexible. (c) It is perhaps least rigorous way to combat an inevitable decrease in flexibility. (d) It is also something you can do anywhere, at home or at the office, without the need for any equipment.

✤ 번역
(a) 유연성은 근육을 덮고 있는 연결 조직이 경직되기 때문에 나이가 들면서 제한이 된다. (b) 그러나, 스트레칭으로 이러한 경직을 예방할 수 있고 보다 유연해질 수 있다. (c) 그것이 아마도 어쩔 수 없는 유연성 감소에 맞서는 가장 덜 혹독한 방법일 것이다. (d) 그것은 또한 집에서든 직장에서든 어디에서나, 별도의 시설이나 도구 없이 할 수 있다.

📘 기출 공략
(c)의 least는 '가장 적게'란 의미인 최상급이다. 최상급 앞에는 정관사 the가 쓰여야 하므로 least rigorous를 the least rigorous로 바꿔야 알맞다.
flexibility 유연성 **connective** 연결의 **tissue** 조직 **coat** 덮다 **muscle** 근육 **stiff** 굳은, 경직된 **rigorous** 혹독한 **combat** 싸우다 **inevitable** 어쩔 수 없는 **decrease** 감소 **equipment** 도구, 설비
정답_(c) perhaps least rigorous → perhaps the least rigorous

50

(a) There are few places in Southeast Asia more remote than the forested Nakai Plateau of southern Laos. (b) Over the decades, however, history seems to choose it as the center of intense activity. (c) During the Vietnam War, it was alive with the movement of Vietnamese troops heading down the Ho Chi Minh Trail. (d) Today, it echoes with the sound of dynamite going off for the construction of the Nam Theun Dam.

✤ 번역
(a) 동남아시아에서 숲이 우거진 남부 라오스의 나카이 고원보다 더 외딴 곳은 찾아보기 힘들다. (b) 그러나, 역사는 수십 년에 거쳐 그곳을 강렬한 활동의 중심지로 선택한 것 같다. (c) 베트남 전쟁 당시 그곳은 호치민 루트로 향하는 베트남 군의 이동으로 북적거렸다. (d) 오늘날, 그곳은 남테우른 댐 건설을 위해 다이너마이트를 터뜨리는 소리로 가득하다.

📘 기출 공략
(b)의 seems to는 '~처럼 보이다, ~인 듯하다'의 뜻이다. 그런데 choose는 seems보다 이전의 과거의 일이므로 to부정사가 이전 시제를 나타내는 완료부정사 형태(to have p.p.)로 바뀌어야 한다. 따라서, seems to choose를 seems to have chosen으로 바꿔야 알맞다.
remote 먼, 외딴 **plateau** 고원 **troop** 군대 **head** ~로 향하다 **Ho Chi Minh Trail** 호치민 루트(베트남 전쟁 때 북베트남에서 라오스·캄보디아를 지나 남베트남으로 통하는 밀림 속 길) **dynamite** 다이너마이트 **go off** 터지다, 폭발하다
정답_(b) seems to choose → seems to have chosen

Vocabulary

15 minutes

1

A What does your company do to protect the environment?
B For one thing, we use envelopes made of _____ paper.

(a) genuine (b) original
(c) recycled (d) previous

❄ 번역
A 당신 회사는 환경을 보호하기 위해 무엇을 하나요?
B 한 예를 든다면, 저희는 재활용 종이로 만든 봉투를 사용해요.
(a) 진짜의 (b) 원래의
(c) 재활용된 (d) 이전의

📘 기출 공략
made of는 '~로 만들어진'의 뜻으로 재료를 나타낼 때 쓴다. 환경 보호를 위한 일의 예를 드는 내용으로 '재활용지(recycled paper)'의 뜻이 되는 (c)가 알맞다. (a) genuine은 가짜가 아닌 '진짜의, 진품인'의 의미이다.
for one thing 한 예를 든다면 **envelope** 봉투 **genuine** 진품의, 진심 어린
정답_(c)

2

A Can I leave through this door?
B No, you need to use the other _____.

(a) gap (b) exit
(c) step (d) alley

❄ 번역
A 이 문으로 나갈 수 있나요?
B 아니요, 다른 출구를 이용하셔야 해요.
(a) 틈 (b) 출구
(c) 계단 (d) 골목

📘 기출 공략
the other는 '둘 중 다른 하나'를 가리키는 말이므로 this door와 관련되어 다른 '출구'라는 말이 가장 어울리므로 (b) exit이 정답이다. (a) gap이나 (c) step, (d) alley는 this door와 같은 종류가 아니므로 답이 될 수 없다.
leave 나가다, 떠나다 **gap** 격차, 공백 **alley** 골목
정답_(b)

3

A Do you have any seat preference?
B Oh, yes. I'd like an _____ seat on this flight.

(a) outer (b) edge
(c) open (d) aisle

❄ 번역
A 선호하는 좌석이 있으세요?
B 아, 네. 이 항공편에서 통로 쪽 좌석을 원해요.
(a) 외부의 (b) 가장자리
(c) 개방된 (d) 통로

📘 기출 공략
seat preference는 '선호하는 좌석', 즉 앉고 싶은 좌석을 뜻한다. (b) edge는 '끝, 가장자리'라는 뜻이 있지만 비행기 좌석에 어울리지 않으므로 답이 될 수 없다. aisle seat은 비행기나 열차의 '통로 쪽 좌석'을 의미하므로 정답은 (d)이다.
preference 선호 **aisle** 통로
정답_(d)

4

A How did you end up with so many old coins?
B I've been _____ them since childhood.

(a) following (b) collecting
(c) arranging (d) presenting

❄ 번역
A 어쩌다 오래된 동전을 그렇게 많이 소유하게 되었죠?
B 어린 시절부터 수집해 왔어요.
(a) 따르다 (b) 수집하다
(c) 정리하다 (d) 제시하다

📘 기출 공략
오래된 동전을 많이 가지고 있다는 말을 볼 때 동전을 '수집해 왔다'는 내용이 되어야 가장 자연스러우므로 '모으다, 수집하다'의 뜻인 collect의 진행형 (b) collecting이 적절하다.
end up with 결국 ~을 가지게 되다
정답_(b)

5

A Paul! Fancy meeting you here.
B It's quite a(n) _____ to see you, too.

(a) honor   (b) interest
(c) emotion   (d) surprise

번역
A 폴! 여기서 만나게 되다니!
B 나도 만나게 되어 너무나 놀라운걸.

(a) 영광   (b) 흥미
(c) 감정   (d) 놀라움

기출 공략
fancy는 놀람이나 충격을 나타내는 단어로 Fancy!나 Fancy that! 또는 Fancy seeing you here! 등으로 쓰인다. 상대방도 만나서 놀랍다는 반응이 자연스러운 인사말이므로 (d) surprise가 들어가야 한다.
fancy 놀랬어, 설마   **quite** 상당히   정답 (d)

6

A Mom, can I have an ice cream now? Can I, please?
B Stop _____ me about that. You can have one later.

(a) fooling   (b) picking
(c) bothering   (d) demanding

번역
A 엄마, 지금 아이스크림 먹어도 돼요? 제발요, 네?
B 그걸로 그만 좀 귀찮게 하렴. 나중에 먹어도 되잖아.

(a) 놀리다   (b) 뽑다
(c) 귀찮게 하다   (d) 요구하다

기출 공략
아이스크림을 지금 먹을 수 있냐고 조르는 아이에게 엄마가 You can have one later라고 했으므로 지금은 허락할 수 없다는 말이 와야 한다. 따라서 그걸로 귀찮게 하지 말라고 거부를 나타내는 (c)가 정답이다.
later 나중에   **fool** 속이다, 기만하다   **bother** 신경 쓰다, 괴롭히다
정답 (c)

7

A Have a great vacation.
B Thanks. _____ yours as well.

(a) Pack   (b) Enjoy
(c) Spend   (d) Create

번역
A 멋진 휴가 보내.
B 고마워. 너도 잘 보내.

(a) 포장하다   (b) 즐기다
(c) 보내다   (d) 만들다

기출 공략
자칫하면 (c) Spend로 착각할 수도 있지만, as well이 결국 '너도 또한'이라는 말이므로 '당신도 휴가를 보내세요'는 어색하고 '당신도 휴가를 즐기세요'가 맞다. 따라서 정답은 (b)이다.
as well ~또한   정답 (b)

8

A What's the delivery _____?
B It's free if your groceries come to more than 30,000 won.

(a) money   (b) charge
(c) credit   (d) sum

번역
A 배달 요금은 얼마인가요?
B 식료품을 30,000원 이상 구입하면 무료예요.

(a) 돈   (b) 요금
(c) 융자   (d) 총액

기출 공략
일정 금액 이상이면 무료라는 대답으로 볼 때 배달 요금을 묻는 내용이 되어야 가장 알맞다. '요금'이라는 단어로 쓰이는 것은 (b) charge이다. free of charge(무료), extra charge(추가 요금), service charge(계산서에 추가되는 서비스 요금) 등의 표현으로 쓰인다.
delivery 배달   **grocery** 식료품   **charge** 요금, 책임   **credit** 신용거래, (계좌) 잔고   **sum** 총액, 전부   정답 (b)

Vocabulary

9

A Ace Rentals. How can I help you?
B Please put me through to your complaints _____.

(a) station (b) position
(c) foundation (d) department

❖ 번역
A 에이스 렌터카입니다. 무엇을 도와드릴까요?
B 고객 불만 처리 부서로 연결해 주세요.
(a) 역 (b) 위치
(c) 기반 (d) 부서

📘 기출 공략
전화 통화에서 'A를 B로 연결하다'의 표현은 put A through to B이다. 불만 사항 처리는 회사의 담당 부서에서 맡는 것이므로 '부서'에 해당하는 (d) department가 알맞다. (a) station은 특정 목적의 활동을 위한 건물이나 장소를 가리켜서 gas[fire, research] station(주유소[소방소, 연구소]) 등으로 쓰이므로 답이 될 수 없다.
put A through to A를 ~로 연결하다 **complaint** 불평, 불만
position 입장, 직위 **foundation** 기반, 설립 **department** 부서
정답 (d)

10

A How do you make your face look so fresh?
B I _____ moisturizer every night.

(a) set (b) wear
(c) paint (d) apply

❖ 번역
A 피부가 아주 촉촉해진 비결이 뭐예요?
B 매일 밤 수분 로션을 발라요.
(a) 놓다 (b) 입다
(c) 칠하다 (d) 바르다

📘 기출 공략
페인트나 액체, 약을 표면에 바른다는 표현을 할 때 동사 (d) apply를 쓴다. apply the lotion[one's lipstick, blue paint](로션[립스틱, 파란 페인트]을 바르다) 등으로 쓰인다.
moisturizer 수분 제공 로션[크림] **apply** 바르다
정답 (d)

11

A I have a sore throat.
B Then, take something to _____ it.

(a) save (b) strip
(c) rescue (d) relieve

❖ 번역
A 목이 따가워요.
B 그렇다면 그것을 완화시켜 주는 뭔가를 먹어 봐요.
(a) 아끼다 (b) 벗기다
(c) 구출하다 (d) 완화시키다

📘 기출 공략
목이 따갑다는 말에 그 증상을 덜어 주는 뭔가를 복용하라고 충고하는 내용이 가장 자연스러운 대답이 된다. (d) relieve는 질병의 증상이나 스트레스, 고통 등을 '덜어 주다, 완화시키다'라는 의미로 쓰인다.
sore 따가운, 쓰린 **throat** 목구멍 **save** 구하다, 저축하다 **relieve** 줄이다, 구출하다
정답 (d)

12

A I didn't do well on the English exam.
B Me, neither. I guess it's a _____ subject for both of us.

(a) rigid (b) strict
(c) tough (d) hardy

❖ 번역
A 영어 시험을 잘 보지 못했어요.
B 저도요. 우리 둘 다에게 어려운 과목인가 봐요.
(a) 융통성 없는 (b) 엄격한
(c) 어려운 (d) 강인한

📘 기출 공략
둘 다 시험을 잘 못 봤다고 했으므로 그 과목이 어렵다는 뜻이 되도록 (c) tough가 들어가야 자연스럽다. tough는 '힘든, 어려운'의 뜻으로 쓰이며 hard와 같은 의미이다. 이것과 착각하기 쉬운 (d) hardy는 척박한 환경에 대해 '강인한'의 뜻임에 유의해야 한다.
Me, neither. 나도 그러지 못했어. **subject** 과목 **rigid** 엄격한, 융통성 없는 **tough** 힘든, 냉정한 **hardy** 강한
정답 (c)

13

A Hello. I'd like to stay at the hotel for one more night.
B Let me check if there is a _____.

(a) range
(b) setting
(c) position
(d) vacancy

✱ 번역
A 안녕하세요. 호텔에 하루 더 숙박하려고 해요.
B 빈방이 있는지 확인해 볼게요.

(a) 범위
(b) 배경
(c) 자리
(d) 빈방

📘 기출 공략
호텔에서 숙박일을 연장하는 상황이다. 빈방이 있는지 확인하겠다는 대답이 자연스러우므로 (d) vacancy가 정답이다. vacancy는 '결원, 공석'의 의미도 있지만, 호텔에서는 '빈방'의 의미로 쓰인다.
Let me check if ~인지 확인해 볼게요. **range** 범위; 다양성 **vacancy** 결원, 빈방

정답 (d)

14

A You're not thinking of changing your job, are you?
B Relax. I don't _____ to do that, at least not for the time being.

(a) plan
(b) guess
(c) manage
(d) suppose

✱ 번역
A 직업을 바꿀 생각 중인 거 아니죠?
B 진정해요. 적어도 당분간은 그럴 계획이 아니니까요.

(a) 계획하다
(b) 짐작하다
(c) 관리하다
(d) 추정하다

📘 기출 공략
be thinking of는 '~을 생각 중이다, 고려 중이다'의 뜻이다. 이와 유사한 표현으로 '~할 계획이다'의 뜻인 (a) plan to가 정답이다. (d) suppose가 '~하기로 되어 있다'는 예정의 뜻을 나타내려면 be supposed to의 형태가 되어야 한다.
for the time being 당분간

정답 (a)

15

A Where's the laundry detergent?
B I'm afraid we _____ it.

(a) put in for
(b) ran out of
(c) kept up with
(d) looked down on

✱ 번역
A 세탁 세제가 어디 있죠?
B 유감스럽게도 다 떨어졌어요.

(a) 요청하다
(b) 떨어지다
(c) 유행을 따르다
(d) 경시하다

📘 기출 공략
I'm afraid는 바람직하지 않은 일 앞에 쓰여 '~라서 유감이다'의 뜻을 나타낸다는 것에 유의하면 '~을 다 써버리다'의 뜻인 (b) ran out of가 답으로 적절함을 알 수 있다.
laundry 세탁 **detergent** 세제 **I'm afraid** ~라서 유감이다 **put in for** ~을 청구하다 **run out of** ~을 다 써버리다 **keep up with** ~에 뒤떨어지지 않다 **look down on** ~을 얕보다

정답 (b)

16

A Is Dave the kind of person who can keep a secret?
B Oh yes, he can be _____.

(a) trusted
(b) granted
(c) restated
(d) believed

✱ 번역
A 데이브는 비밀을 지키는 사람인가요?
B 네, 그는 신뢰할 수 있어요.

(a) 신뢰하다
(b) 수여하다
(c) 다시 말하다
(d) 믿다

📘 기출 공략
데이브는 비밀을 지킬 수 있는 사람인가란 질문에 먼저 yes라고 답했으므로 신뢰할 수 있는 사람이라는 내용이 와야 한다. 따라서 '(사람을) 신뢰하다'를 뜻하는 (a) trusted가 정답이다. 사람 자체를 신뢰한다고 할 때는 trust를 쓰고, 그 사람의 말[주장]을 믿는다고 할 때는 believe를 쓰는 차이에 유의해야 한다.
keep a secret 비밀을 지키다 **grant** 허락하다, 인정하다 **restate** 고쳐 말하다

정답 (a)

Vocabulary

17

A I'm sorry I stepped on your foot. The bus is very crowded.
B That's OK. No _____ done.

(a) pity (b) harm
(c) excuse (d) accident

✿ 번역
A 발을 밟아서 미안해요. 버스가 매우 북적거리네요.
B 괜찮아요. 안 다쳤어요.

(a) 동정 (b) 피해
(c) 변명 (d) 사고

📖 기출 공략
사과의 말에 대해 '아무 이상 없으니 걱정 말라'는 표현은 '피해'라는 의미의 명사 (b) harm이 들어간 No harm done이 적절하다. 이상이 없고 별일 아니라는 뜻이다.
step on ~을 밟다 **crowded** 혼잡한, 북적거리는 **excuse** 변명, 결석[결근]계
정답 (b)

18

A Where did you get the information for your newspaper article?
B I'm sorry, I can't _____ my sources.

(a) alter (b) trace
(c) disclose (d) regulate

✿ 번역
A 당신이 쓴 신문 기사의 정보는 어디에서 구한 것이죠?
B 미안하지만, 출처를 밝힐 수 없어요.

(a) 바꾸다 (b) 추적하다
(c) 밝히다 (d) 규제하다

📖 기출 공략
sources는 뉴스의 '정보원, 출처'를 나타내는 단어이다. 출처를 묻는 질문에 먼저 미안하다고 답하고 있으므로 밝힐 수 없다는 내용이 따라와야 자연스럽다. 따라서 '밝히다'의 뜻인 (c) disclose가 정답이다.
article 기사 **source** (자료의) 출처, 정보원 **alter** 고치다 **trace** 추적하다; 기록 **regulate** 단속하다, 조정하다
정답 (c)

19

A Do you want to meet at nine o'clock?
B That _____ for me.

(a) does (b) starts
(c) works (d) prepares

✿ 번역
A 9시에 만나는 거 어때요?
B 전 좋아요.

(a) 하다 (b) 시작하다
(c) 잘되어 가다 (d) 준비하다

📖 기출 공략
That works for me는 상대방의 제안에 대해 '전 좋아요, 괜찮아요'라는 동의의 표현이므로 (c)가 정답으로 적절하다. 비슷한 표현으로 That will work for me/ That's fine with me/ That suits me all right 등이 있다.
work 효과가 나다, 잘되어 가다
정답 (c)

20

A Have you heard any more news about layoffs at the company?
B No, but I'm _____.

(a) turning over a new leaf
(b) making mincemeat of it
(c) keeping my ear to the ground
(d) looking a gift horse in the mouth

✿ 번역
A 회사의 정리해고에 대한 새로운 소식 들은 거 있어요?
B 아니요, 하지만 소문을 주시하고 있어요.

(a) 마음을 고쳐먹다 (b) 묵사발을 만들다
(c) 소문을 주시하다 (d) 선물로 받은 물건의 흠을 잡다

📖 기출 공략
소식을 들었냐는 말과 관련된 표현으로 '소문이나 여론에 귀를 기울이고 있다'는 뜻의 keep one's ear to the ground가 가장 적절하다. 따라서 정답은 (c)이다. (a)의 turn over a new leaf는 '마음을 고쳐먹고 새 사람이 되다'라는 표현이다.
layoff 정리해고 **turn over a new leaf** 새 사람이 되다 **make mincemeat of** ~을 묵사발을 만들다 **look a gift horse in the mouth** 선물을 트집잡다
정답 (c)

21

A There must have been 20,000 people at that rock concert last night.
B That's a(n) _____. I'd say there were maybe just 10,000.

(a) deflation (b) elevation
(c) exaggeration (d) discrimination

번역
A 지난밤 록 콘서트에 분명 이만 명은 왔을 거예요.
B 그건 과장이에요. 저는 기껏해야 만 명 왔을 거라 생각해요.
(a) 물가 하락 (b) 승진
(c) 과장 (d) 차별

기출 공략
must have p.p.는 '~였음에 틀림없다'이고, I'd say(~라고 생각한다)는 I should say의 축약형으로 추측이나 의견을 나타내는 표현이다. 이만 명이라고 생각하는 의견에 대해 자신은 만 명이 간신히 될 거라고 생각한다고 말하고 있으므로 '과장'을 의미하는 (c) exaggeration이 들어가야 알맞다.
I'd say ~라고 생각한다, ~이겠지요(I should say) deflation 물가 하락 elevation 승진, 고지
정답 (c)

22

A Is it true you kicked a student out of your class today?
B Yes, his behavior was _____.

(a) baffled (b) arguable
(c) perplexed (d) disruptive

번역
A 오늘 수업에서 학생을 쫓아내신 게 사실이에요?
B 네, 그의 행동이 방해가 되었거든요.
(a) 당황한 (b) 논증할 수 있는
(c) 난처한 (d) 지장을 주는

기출 공략
학생을 내보낸 이유가 되어야 하므로 부적절한 행동 때문이었다는 대답이 적절하다. 따라서 '지장을 주는'의 의미인 (d) disruptive가 정답이다. (a) baffled나 (c) perplexed는 사람을 주어로 해서 '당황한, 난처한'의 뜻이 되므로 행동을 묘사하는 단어로 알맞지 않다.
kick A out of B A를 B에서 쫓아내다 baffled 당황한 perplexed 당혹스러운 disruptive 지장을 주는
정답 (d)

23

A I just heard our boss has resigned.
B Really? I wonder whom they will _____ as the new manager.

(a) allot (b) induce
(c) replace (d) appoint

번역
A 사장님이 사직했다는 소식을 지금 막 들었어요.
B 정말이요? 새로운 경영자로 누구를 임명할지 궁금하군요.
(a) 할당하다 (b) 설득하다
(c) 대체하다 (d) 임명하다

기출 공략
빈칸 뒤에 제시된 as에 유의해야 한다. 정답인 (d) appoint는 appoint A as B로 사용되어 'A를 B로 임명하다'의 의미를 나타낸다. (c) replace는 A replace B as(A가 B를 대신하여 ~가 되다) 혹은 replace A with[by] B(A를 B로 대신하다) 형태로 쓰임에 유의한다.
resign 사직하다 manager 관리자, 경영자 allot 할당하다 induce 설득하다 appoint (시간·장소 등을) 정하다
정답 (d)

24

A I'd better go and close the window.
B Yes, there is a _____ in here.

(a) gush (b) draft
(c) blow (d) current

번역
A 내가 가서 창문을 닫는 게 낫겠어요.
B 그래요, 여기 외풍이 들어오네요.
(a) 분출 (b) 외풍
(c) 강타 (d) 흐름

기출 공략
정답인 (b) draft는 '원고, 초안'이라는 뜻도 있지만, draught와 같은 단어로 '찬바람, 외풍'의 뜻도 있음에 유의해야 한다. (a) gush는 '(액체나 감정의) 분출'을 의미하는 단어이다.
had better ~하는 게 더 낫다 gush 분출[폭발], 솟구침 draft 외풍 blow 구타, 충격 current 전류, 경향[추세]
정답 (b)

Vocabulary

25

A Did you watch the football game last night?
B Yeah. I was ＿＿＿＿＿＿ the Lions, but they lost.

(a) taking up (b) rooting for
(c) bailing out (d) hanging onto

✿ 번역
A 어제 저녁에 축구 경기 봤어?
B 응. 난 라이온스를 응원했는데 졌어.

(a) 차지하다 (b) 응원하다
(c) 탈출하다 (d) 매달리다

📖 기출 공략
운동 경기와 관련되어 팀 이름이 목적어 자리에 나와 있는 문장이다. 특정 팀에 대해 '~을 응원하다'의 뜻인 root for가 들어가야 알맞다. 따라서 정답은 (b)이다.
lose 지다 **take up** (시간·공간을) 차지하다[쓰다] **root for** ~을 응원하다 **bail out** 벗어나다 **hang onto** ~을 꽉 붙잡다 **정답** (b)

26

The debate ＿＿＿＿＿＿ for four hours without any break.

(a) continued (b) remained
(c) appeared (d) spread

✿ 번역
그 토론은 휴식 시간 없이 4시간 동안 계속되었다.

(a) 계속되다 (b) 남아 있다
(c) 등장하다 (d) 퍼지다

📖 기출 공략
휴식 시간 없이 4시간 동안 지속되었다는 내용이 가장 자연스러우므로 '지속되다, 계속되다'의 의미인 continue가 들어가야 한다. 따라서 정답은 (a)이다. (b)의 remain은 '머물러 있다', '남아 있다'의 뜻으로 쓰이므로 주어인 '토론'과는 어울리지 않는다.
debate 토론, 논쟁 **break** 휴식 시간 **정답** (a)

27

Please write your ＿＿＿＿＿＿ name in the space provided.

(a) full (b) total
(c) ideal (d) perfect

✿ 번역
주어진 공간에 성함을 써주세요.

(a) 완전한 (b) 전체의
(c) 이상적인 (d) 완벽한

📖 기출 공략
성(surname), 가운데 이름(middle name), 이름(first name)을 모두 나타낸 성명을 full name이라고 하므로 (a)가 정답이다.
provided 제공된, 주어진 **정답** (a)

28

It took the rest of the winter for the old lady to ＿＿＿＿＿＿ her health.

(a) reserve (b) regain
(c) repair (d) retain

✿ 번역
노부인이 건강을 회복하는 데 한겨울이 걸렸다.

(a) 남겨두다 (b) 회복하다
(c) 수리하다 (d) 유지하다

📖 기출 공략
⟨It takes A to+동사원형⟩은 '~하는 데 A가 걸리다'라는 뜻이다. 겨울 내내 건강을 회복했다는 내용이 되어야 자연스러우므로 '회복하다'는 뜻의 동사 (b) regain이 들어가야 맞다. (a) reserve는 나중을 위해서 '남겨 두다, 떼어두다'의 의미이므로 알맞지 않다.
rest 나머지 **regain** 되찾다, 회복하다 **retain** 간직하다, 유지하다 **정답** (b)

29

The film director's scripts were rarely written out in advance, and he encouraged his actors to _____ much of their dialogue.

(a) update
(b) supervise
(c) improvise
(d) neutralize

✱ 번역
그 영화 감독은 대본을 미리 집필하는 법이 거의 없고, 배우들로 하여금 대사의 많은 부분을 즉흥적으로 하게 했다.

(a) 갱신하다
(b) 감독하다
(c) 즉흥적으로 하다
(d) 중립화하다

📖 기출 공략
대본을 미리 집필하지 않는다는 데에서 감독이 배우들에게 즉흥적인 대화를 시킨다는 것을 유추할 수 있으므로 '즉흥적으로 하다'의 뜻인 (c) improvise가 들어가야 자연스럽다.
script 대본 **rarely** 거의 ~아니다 **in advance** 미리 **supervise** 지휘[지도]하다 **improvise** (연주·연설 등을) 즉흥적으로 하다 **neutralize** 상쇄시키다   정답_(c)

30

The student had to make his hobbies a _____ priority until his exams were over.

(a) slim
(b) low
(c) thin
(d) soft

✱ 번역
그 학생은 시험이 끝날 때까지 자신의 취미는 우선 순위에서 하위에 두어야 했다.

(a) 미약한
(b) 낮은
(c) 가는
(d) 부드러운

📖 기출 공략
priority는 '우선권, 우선 순위'라는 뜻이므로 취미를 공부보다 낮은 우선 순위에 두어야 한다는 맥락이 자연스럽다. '낮은 우선 순위'는 low priority, '최우선 순위'는 top[first, main, high] priority라는 표현을 쓴다. 따라서 정답은 (b)이다.
priority 우선 순위 **be over** 끝나다 **slim** 빈약한, 보잘것없는 **thin** 마른, 옅은   정답_(b)

31

The National Park Pass is _____ for one year.

(a) valid
(b) formal
(c) authentic
(d) detectable

✱ 번역
국립공원 출입증은 1년 동안 유효하다.

(a) 유효한
(b) 공식적인
(c) 진짜의
(d) 탐지할 수 있는

📖 기출 공략
문맥상 '법적, 공식적으로 효력이 있는'이라는 뜻의 (a) valid가 정답이다. valid ticket[card, password] 등의 표현으로 쓰인다. (c) authentic는 가짜가 아닌 '진짜의, 진품의'란 의미이다.
pass 출입증, 통행증 **valid** 타당한, 유효한 **authentic** 진본인, 모사한 **detectable** 발견할 수 있는   정답_(a)

32

Breast milk contains immunity-boosting substances that help a baby _____ infection.

(a) resist
(b) forgo
(c) waive
(d) deprive

✱ 번역
모유에는 아기가 감염에 저항하는 것을 도와주는 면역 강화 물질이 들어 있다.

(a) 저항하다
(b) 삼가다
(c) 포기하다
(d) 빼앗다

📖 기출 공략
면역 강화 물질이라는 말에서 아기가 감염을 이겨내도록 한다는 내용이 되어야 적절함을 알 수 있다. 따라서 '저항하다, 견디다'라는 뜻의 (a) resist가 정답이다.
breast milk 모유 **contain** 함유하다 **immunity-boosting** 면역력 증강의 **infection** 감염 **forgo** 포기하다 **waive** (권리 등을) 포기하다   정답_(a)

Vocabulary

33

Many linguists believe that language is an innate ability _____ to humans.

(a) specific
(b) superior
(c) transferred
(d) imprisoned

번역
많은 언어학자들은 언어가 인간에게 특유한 선천적 능력이라고 믿는다.
(a) 특유한
(b) 우세한
(c) 전이된
(d) 투옥된

기출 공략
innate ability를 뒤에서 수식하는 형용사를 골라야 한다. 인간에게만 부여된 특유한 것이라는 내용이 적절하므로 (a) specific이 정답이다. specific to는 '~에게 특유한'의 의미이다.
linguist 언어학자 innate 선천적인, 내재적인   정답_(a)

34

Visitors who are not family members are not _____ in the hospital after 9 pm.

(a) cleared
(b) allowed
(c) required
(d) accessed

번역
가족 외의 방문객들은 오후 9시 이후에 병원 출입이 금지된다.
(a) 제거하다
(b) 허용하다
(c) 요구하다
(d) 접근하다

기출 공략
가족이 아니면 오후 9시 이후 문병이 불가능하다는 내용이므로 '허용되지 않는다'의 뜻인 be not allowed가 적절하다. 따라서 정답은 (b)이다. (d)의 access는 '접근하다, 들어가다'의 뜻이므로 be accessed의 주어가 장소나 대상이 되어 The hospital is not accessed와 같은 형태가 되면 답이 될 수 있다.
family member 가족 구성원   정답_(b)

35

The problem with Senator Brown is that he often _____ instead of sticking to the point for which he has taken the floor.

(a) varies
(b) curves
(c) pretends
(d) digresses

번역
브라운 상원의원의 문제점은 발언의 요지를 고수하지 않고 다른 말을 하기 시작한다는 것이다.
(a) 달라지다
(b) 구부러지다
(c) 가장하다
(d) 다른 말을 하기 시작하다

기출 공략
instead of로 연결되어 있으므로 빈칸에는 sticking to 이하와 상반되는 내용을 가리키는 동사가 와야 함을 알 수 있다. 따라서 '(주제에서) 벗어나다'란 뜻을 가진 (d) digresses가 정답이다.
stick to ~을 고수하다 take the floor 토론에 참가하다 digress 주제에서 벗어나다   정답_(d)

36

Marilyn Monroe died in 1962 from what some say was an accidental drug _____.

(a) stimulus
(b) overdose
(c) congestion
(d) discomfort

번역
마릴린 먼로는 1962년에 사망했는데, 일부에서는 우발적인 약물 과용 때문이라고 말한다.
(a) 자극
(b) 과용
(c) 충혈
(d) 불편

기출 공략
die from은 '~으로 죽다'라는 뜻이므로 사인이 되는 단어로 적절한 것은 '약물 과용', 즉 drug overdose이다. 따라서 (b)가 정답이다.
accidental 우발적인 stimulus 자극 overdose 과다 복용 congestion 충혈, 울혈   정답_(b)

37

A request for a refund may be _____ if an item has been used or damaged.

(a) denied
(b) dilated
(c) pleaded
(d) upgraded

번역
환불 요청은 물품이 사용되었거나 파손되었으면 거부될 수도 있다.
(a) 거부하다
(b) 확장하다
(c) 변호하다
(d) 개선하다

기출 공략
물품을 사용했거나 파손된 상태이면 환불 요청이 거부될 수도 있다는 내용이 되어야 자연스러우므로 (a) denied가 적절하다.
request 요청　**refund** 환불　**item** 물품　**dilate** 확장시키다
plead 변호하다
정답_(a)

38

The families that _____ to the New World from Europe were full of hope for a new life.

(a) enrolled
(b) objected
(c) migrated
(d) broadened

번역
유럽에서 신세계로 이주한 가족들은 새로운 삶에 대한 희망으로 가득 차 있었다.
(a) 등록하다
(b) 반대하다
(c) 이주하다
(d) 넓어지다

기출 공략
새로운 삶에 대한 희망이라는 어구에서 유럽에서 신세계로 이주했다는 내용이 가장 알맞다는 것을 알 수 있다. 따라서 '이주하다, 이동하다'의 뜻을 가진 (c) migrated가 정답이다. (d)의 broaden은 '넓어지다'의 뜻이므로 to the New World from Europe이라는 어구와 어울리지 않아 오답이다.
New World 신세계, 아메리카 대륙
정답_(c)

39

As a result of a variety of human activities, the natural _____ of jaguars in North America has been lost.

(a) terrain
(b) habitat
(c) herbage
(d) rectitude

번역
인간의 다양한 활동 때문에 아메리카표범의 북아메리카 자연 서식지가 사라졌다.
(a) 지형
(b) 서식지
(c) 목초
(d) 정직

기출 공략
동물이나 식물의 '서식지, 자생지'를 가리키는 단어는 (b) habitat이다. 인간의 활동으로 자연 서식지가 소실되었다는 내용이 자연스러우므로 (b)가 정답이다. (a) terrain은 특수한 외적인 특징을 나타내는 지역, 즉 '지형'을 의미하는 단어이다.
a variety of 다양한　**jaguar** 재규어　**terrain** 지역　**habitat** 서식지　**herbage** 목초　**rectitude** 정직, 청렴
정답_(b)

40

Besides earning millions of dollars in prize money, the golf champion makes a fortune by _____ many sports products.

(a) exposing
(b) endorsing
(c) plundering
(d) proclaiming

번역
골프 챔피언은 상금으로 수백만 달러를 버는 것 말고도 많은 스포츠 상품을 홍보해서 큰돈을 번다.
(a) 진열하다
(b) 홍보하다
(c) 약탈하다
(d) 선언하다

기출 공략
유명인이 광고에 나와서 특정 상품을 홍보[추천]하는 것을 가리키는 단어는 동사 endorse이다. 골프 챔피언이 스포츠 상품을 홍보해서 돈을 번다는 내용이 가장 적절하므로 정답은 (b)가 된다. expose는 '진열하다'의 뜻이므로 (a)는 오답이다.
besides ~이외에　**make a fortune** 많은 돈을 벌다　**endorse** 홍보[보증]하다　**plunder** 약탈하다
정답_(b)

Vocabulary

41

A collection of rare books is on _____ at the city library.

(a) exhibition (b) inspection
(c) examination (d) presentation

✽ 번역
희귀본 소장품이 시립 도서관에서 전시 중이다.
(a) 전시 (b) 점검
(c) 조사 (d) 발표

📘 기출 공략
collection은 '수집품, 소장품'을 가리키는 단어이므로 '전시 중'이라는 표현이 들어가야 자연스럽다. on exhibition이 '전시 중'의 뜻이므로 (a)가 정답이다.
collection 소장품 **rare** 희귀한 **exhibition** 전시, 전시회 정답 (a)

42

The new health care program is intended to cover part-time workers who are not otherwise _____ for employee health plans.

(a) hosted (b) eligible
(c) obligated (d) legitimate

✽ 번역
새로운 보건 프로그램은 직원 의료보험 자격이 달리 없는 비상근 근로자들이 혜택을 누릴 수 있도록 한 것이다.
(a) 주최된 (b) 자격이 되는
(c) 의무가 있는 (d) 합법적인

📘 기출 공략
(b) eligible은 for와 함께 쓰여 '~의 자격이 되는'을 의미하므로 정답으로 적절하다. 참고로 eligible 다음에 to부정사가 올 수도 있는데, When are you eligible to vote in your country?(당신 나라에서는 몇 살이 되어야 투표를 할 수 있나요?)와 같이 쓰인다.
be intended to ~할 의도이다 **cover** 포함하다, 포괄하다 **otherwise** 달리, 다른 방법으로 **legitimate** 적법한 정답 (b)

43

The Pleiades is a group of stars or a star _____ that can be seen with the naked eye.

(a) gathering (b) tribunal
(c) cluster (d) envoy

✽ 번역
묘성은 육안으로 볼 수 있는 별들의 집단, 즉 성단이다.
(a) 모임 (b) 재판소
(c) 무리 (d) 특사

📘 기출 공략
or는 'A 혹은 B'를 뜻하기도 하지만, '즉'이라는 접속사로도 쓰인다. 다른 말로 설명할 때 쓰이는 것이므로 a group of stars(별들의 집단)와 같은 말인 a star cluster(성단)가 적절하다. 정답인 (c) cluster는 '무리'를 나타내는 단어이다.
the Pleiades 묘성 **naked eye** 육안 **tribunal** 재판소, 법원 **cluster** 모음, 자음군 **envoy** 사절, 특사 정답 (c)

44

African countries have _____ behind East Asian countries in terms of economic growth.

(a) lagged (b) loitered
(c) delayed (d) adjourned

✽ 번역
아프리카 국가들은 경제 성장이란 측면에서 동아시아 국가들보다 뒤지고 있다.
(a) 뒤떨어지다 (b) 어슬렁거리다
(c) 연기하다 (d) 중단하다

📘 기출 공략
빈칸 뒤의 behind와 연결되는 어구임에 유의한다. 아프리카 국가들과 동아시아 국가들을 비교하는 내용으로 '뒤처지다'의 뜻인 lag behind가 들어가야 적절하다. 따라서 정답은 (a)이다. (b)의 loiter는 '어슬렁거리다, 늑장 부리다'의 뜻이다.
in terms of ~의 측면에서 **lag behind** ~에 뒤떨어지다 **loiter** 어슬렁거리다 **adjourn** 휴정[휴회]하다 정답 (a)

45

The police officer _____ the suspect to make sure that he was not carrying a concealed weapon.

(a) slaked (b) frisked
(c) gouged (d) dredged

✦ 번역
경찰관은 무기를 은닉하고 있지 않은지 확인하기 위해 용의자의 몸을 수색했다.
(a) 욕구를 충족시키다 (b) 몸수색을 하다
(c) 찌르다 (d) 준설하다

📘 기출 공략
make sure that은 '(that 이하를) 확인하다'의 뜻이다. 무기를 숨기고 있는지 확인하려고 몸수색을 했다는 내용이 자연스럽다. frisk는 일반적으로 '껑충껑충 뛰어 돌아다니다'의 뜻인데, '옷 위로 몸수색하다'의 뜻으로도 쓰인다. 따라서 정답은 (b)이다.
suspect 용의자 **make sure that** ~을 확실히 하다 **concealed** 숨긴 **weapon** 무기 **slake** 욕구를 충족시키다 **frisk** 몸수색을 하다 **gouge** (난폭하게) 찌르다 **dredge** (강·운하 바닥 등을) 준설하다
정답 (b)

46

Many people try to _____ Canadian immigration laws by staging fake weddings in order to gain citizenship.

(a) skirt (b) rend
(c) cajole (d) allure

✦ 번역
많은 사람들이 시민권을 얻기 위해 위장 결혼식을 벌이는 방식으로 캐나다 이민법을 피해 가려고 한다.
(a) 회피하다 (b) 찢다
(c) 감언으로 속이다 (d) 꾀다

📘 기출 공략
위장 결혼을 통해 이민법을 피해서 시민권을 획득하고자 한다는 내용이 자연스러우므로 '(곤란한 일이나 논쟁을) 회피하다'는 (a) skirt가 정답이다. (c) cajole은 '감언으로 속이다'의 뜻이며, 〈cajole A into -ing〉 형태로 'A를 구슬려 ~하게 하다'는 의미이다.
immigration law 이민법 **stage** 벌이다 **fake** 가짜의 **citizenship** 시민권 **skirt** 피해 가다 **rend** (거칠게) 찢다 **allure** 꾀다
정답 (a)

47

The young artist's _____ use of color and skillful brushstrokes clearly show that he is a gifted painter.

(a) azure (b) adroit
(c) gawky (d) gauche

✦ 번역
젊은 예술가의 능숙한 색의 사용과 숙련된 붓놀림이 그가 재능 있는 화가임을 분명히 보여준다.
(a) 하늘색의 (b) 능숙한
(c) 흐느적거리는 (d) 서투른

📘 기출 공략
brushstrokes까지가 주어이고 동사가 show이다. 그가 재능 있는 화가라는 것을 증명해 주어야 하므로 use of color 앞에는 '능숙한, 손재주가 있는'의 뜻인 (b) adroit가 들어가야 알맞다.
brushstroke 붓놀림 **gifted** 재능 있는 **azure** 하늘색의 **adroit** 솜씨 좋은 **gawky** 흐느적거리는 **gauche** 솜씨가 서투른
정답 (b)

48

The oil crisis, _____ by the closure of the Suez Canal, reached its height in 1979.

(a) exfoliated (b) duplicated
(c) occasioned (d) provisioned

✦ 번역
수에즈 운하 폐쇄에 의해 야기된 석유 파동은 1979년에 정점에 달했다.
(a) 박피하다 (b) 복사하다
(c) 야기하다 (d) 공급하다

📘 기출 공략
주어 The oil crisis와 동사 reached 사이에 삽입구가 들어가 주어인 The oil crisis를 수식하고 있다. 문맥상 정답은 (c) occasioned이다. 동사 occasion은 '야기하다, 일으키다'의 뜻으로, cause와 같은 의미로 쓰인다.
oil crisis 석유 파동 **closure** 폐쇄 **reach one's height** 정점에 도달하다 **exfoliate** 박리[박피]하다 **duplicate** 복제하다
정답 (c)

Vocabulary

49

To prevent genocide and other crimes against humanity, countries should initiate military action only as a last _____.

(a) resort (b) channel
(c) doctrine (d) precaution

❖ 번역
집단 학살과 기타 인류에 대한 범죄들을 방지하기 위해서, 국가는 최후 수단으로서 군사적인 행동을 개시해야 한다.
(a) 수단 (b) 경로
(c) 교리 (d) 예방 조치

📘 기출 공략
'최후의 수단'이라는 표현으로 last resort를 쓴다. 정답인 명사
(a) resort는 the first[last, final] resort로 사용되어, 특정 상황에서의 제1[마지막, 최후] 수단이란 의미로 사용된다. last[final] resort는 다른 모든 것들이 실패했을 때 할 일을 의미하는 '최후 수단'을 나타낸다.
genocide 집단 학살 **crime against humanity** 인류에 대한 범죄 **initiate** 개시하다 **resort** (특정 상황에서의) 수단 **doctrine** 정책, 원칙 **precaution** 예방책; 피임 정답_(a)

50

Some people buy designer label clothes solely for their _____ value, but the sense of superiority they might gain is superficial.

(a) snob (b) ductile
(c) chintzy (d) unctuous

❖ 번역
일부 사람들은 유명 디자이너 상표 옷을 단지 속물 근성 때문에 사지만, 그들이 얻을지 모르는 우월감은 하찮은 것이다.
(a) 속물 (b) 유순한
(c) 싸구려의 (d) 번지르르한

📘 기출 공략
유명 디자이너 상표 옷을 입어 우월감을 느끼는 사람은 속물 근성이 있다고 볼 수 있다. 따라서 정답은 (a) snob이다. snob은 '속물, 고상한 체하는 사람'을 뜻하는 단어이다.
designer label 유명 디자이너 상표 **solely** 유일하게 **superiority** 우월함, 우수함 **superficial** (중요성이 없이) 가벼운 **snob** 잘난 체하는 사람 **ductile** 유순한, 고분고분한 **chintzy** 싸구려의 **unctuous** (말·행동이) 번지르르한 정답_(a)

Reading Comprehension

45 minutes

1

Living in many different places over a lifetime is more common now than it ever was. People move from city to city more freely, and even from country to country, following their dreams or looking for better lifestyles. Better job offers can also make people more willing to move from place to place. In short, like never before, people are _____.

(a) not living in one area for long
(b) working in jobs they do not like
(c) renting more expensive apartments
(d) becoming more and more centralized

✿ 번역
요즘은 일생 동안 여러 곳에서 사는 일이 그 어느 때보다 흔해졌다. 사람들은 도시에서 도시로, 심지어 나라에서 나라로 자유롭게 이주하며, 자신들의 꿈을 따르거나 보다 나은 생활 방식을 찾는다. 더 좋은 직장에 대한 제안 역시 사람들을 다른 장소로 더욱 이주하고 싶게 만든다. 요약하면, 전에 없이 사람들은 한 지역에 오랫동안 살지 않는다.

(a) 한 지역에 오랫동안 살지 않는다
(b) 좋아하지 않는 직장에서 일한다
(c) 보다 비싼 아파트를 임대한다
(d) 점점 더 중앙 집중화되어 간다

📋 기출 공략
이전 어느 때보다 요즘 사람들은 일생 동안 여러 곳으로 이주하면서 살아가고 있다는 점을 제시하고 그 이유를 설명하고 있다. In short는 요약을 나타내는데, 사람들이 한 곳에 오래 살지 않는다는 (a)가 요약의 내용으로 적당하며 정답이 된다.

job offer 일자리 제안 **in short** 요약하면 **centralized** 중앙 집권화된

정답_(a)

2

Last month a friend of mine was walking to her car when suddenly someone attacked her and stole her purse. She wasn't seriously hurt but very shocked and frightened. This incident made me think about my own safety, and I decided to _____. Now, I'm a lot more confident when I go out at night because I learned several basic ways I could protect myself.

(a) hold my purse tighter
(b) run over and help her out
(c) write a complaint about it
(d) take a class in self-defense

✿ 번역
지난달 내 친구가 자신의 차로 걸어가는 중에 갑자기 누군가 공격하고 지갑을 훔쳐갔다. 그녀는 중상을 입지는 않았지만 큰 충격을 받고 놀랐다. 이 사건은 내 자신의 안전에 대해 생각하게 해주었고, 나는 호신술 수업을 듣기로 결심했다. 지금은 내 자신을 보호할 수 있는 기본적인 몇 가지 방법을 배웠기에 밤에 나갈 때 훨씬 더 자신감이 생겼다.

(a) 지갑을 더 꽉 쥐기
(b) 달려가서 그녀를 도와주기
(c) 그것에 대해 항의서 쓰기
(d) 호신술 수업을 듣기

📋 기출 공략
This incident made me think 이하에서 친구의 사고를 통해 자신의 안전을 생각하게 되었다고 했고, 맨 마지막 문장에서 스스로 보호하는 방법을 배웠다고 했으므로 decided to에 이어질 내용으로 (d)가 알맞다.

attack 공격하다 **steal** 훔치다 **purse** 지갑 **shocked** 충격을 받은 **frightened** 놀란 **incident** 사건 **safety** 안전 **confident** 자신감이 있는 **protect** 보호하다 **self-defense** 호신, 자기 방어

정답_(d)

3

You no longer need to ask your neighbor to water your plants when you go away on vacation. First, fill a big container with water. Then, set the container on the floor and place a group of plants around it. Prepare a cotton rope and cut one end into pieces, making sure each strand is long enough to reach all the plants from the water container. Bury the strands in the dirt of each pot of plants to be watered and place the other end of the rope in the water. The cotton will _____.

(a) regulate the soil content of each plant
(b) absorb more water if the rope is very thick
(c) continuously transfer water into each plant
(d) adjust the level of water flow into your plants

4

While millions of young fans worldwide enjoy reading Harry Potter books, some parents have expressed worries about content in the books on death. It is, however, a concern that has been dismissed by Dr. Heather Sexton, an expert on childhood grief and mourning. She says the portrayal of death in such books provides a great educational opportunity. She explains that the books can teach children about _____.

(a) the bad things to avoid in life
(b) the concept and nature of death
(c) the difference between right and wrong
(d) the benefits of reading outside of school

5

Researchers have found that girls rather than boys from working-class or poor families _____. This may be due to the fact that many girls from these backgrounds want to work in health professions while the boys opt instead for trades. There is also a theory that a certificate from a high-tech company's training program may be worth more than a college degree, and it is the boys who are more likely to skip college to pursue positions in high-tech fields.

(a) are much more likely to go to college
(b) will end up working in the hospital industry
(c) are likely to marry into a middle-class family
(d) will drop out of college before they are twenty

✲ 번역
연구원들은 노동 계층이나 가난한 가정 출신 남학생들보다 여학생들이 대학에 갈 가능성이 훨씬 더 큰 것을 발견했다. 이는 이러한 출신의 대다수 여학생들은 의료 종사자로 일하기를 원하는 반면, 남학생들은 그보다는 직업을 선택한다는 사실 때문일지도 모른다. 또한 첨단 기술 회사의 훈련 프로그램 수료증이 대학 학위보다 가치 있을 수 있으며, 대학을 건너뛰고 첨단 산업 분야의 일자리를 추구할 가능성이 더 큰 것이 바로 남학생들이라는 이론도 있다.

(a) 대학에 갈 가능성이 훨씬 더 크다
(b) 결국 의료 분야에서 일하게 될 것이다
(c) 중산층 가정과 결혼할 가능성이 크다
(d) 20세가 되기 전에 대학을 중퇴할 것이다

📑 기출 공략
연구 결과를 요약하는 문장이다. 희망 직업군의 차이로 여학생들은 훗날 의료 종사자로 일하기를 원하는 반면, 남학생들은 지금 당장 직업 전선에 뛰어들고 싶어 한다는 것과 남학생들에게는 대학 학위보다 첨단 기술 자격증이 더 중요할 수 있다는 점을 통해 여학생들이 남학생들보다 더 대학에 진학할 가능성이 크다는 (a)가 정답으로 가장 적당하다.
due to ~때문에 **opt for** (~을 하기로) 택하다 **trade** 직업
certificate 수료증, 자격증 **high-tech** 첨단 기술의 **degree** 학위
skip 건너뛰다 **pursue** 따르다, 추구하다 **field** 분야 **end up** 결국 (어떤 처지에) 처하게 되다
정답_(a)

6

About 30-40% of food grown for human consumption ends up in the garbage, of which 25% could quite safely have been eaten. Part of the reason for this waste is that people have come to expect fruit and vegetables to look uniformly perfect and farmers and consumers have, therefore, discarded imperfect produce. So, _____.

(a) good-looking produce tastes much better
(b) edible food has actually been thrown out
(c) out-of-date products should be discarded
(d) vegetables that are old have to be cooked well

✲ 번역
사람이 소비하기 위해 재배한 식량의 약 30~40퍼센트는 결국 쓰레기가 되는데, 그 중 25퍼센트는 꽤 안전하게 먹을 수도 있는 것들이다. 이러한 것들을 버리게 되는 이유는 사람들이 과일과 채소는 한결같이 흠잡을 데 없이 신선할 거라 기대하며, 따라서 조금이라도 흠이 있게 되면 농부와 소비자들은 그것들을 버리기 때문이다. 이와 같은 이유로, 먹을 수 있는 식량이 실제로 그동안 버려져 왔다.

(a) 보기 좋은 농산물이 훨씬 더 맛이 좋다
(b) 먹을 수 있는 식량이 실제로 그동안 버려져 왔다
(c) 유효기간이 지난 농산물은 폐기되어야 한다
(d) 오래된 채소는 잘 조리해야 한다

📑 기출 공략
먹기 안전한 식량이 많이 버려지고 있는 이유 중의 하나로 사람들은 과일과 채소가 항상 신선하기를 기대한다는 점을 들었다. 그래서 약간의 흠만 있어도 농산물을 버린다고 했으므로, 이것의 결과로 (b)처럼 먹을 수 있는 식량이 그동안 버려졌다는 결론을 내릴 수 있다.
consumption 소비 **garbage** 쓰레기 **uniformly** 균일하게
discard 버리다, 폐기하다 **imperfect** 불완전한 **produce** 농산물
edible 먹을 수 있는 **throw out** 버리다 **out-of-date** 뒤떨어진; 유효기간이 지난
정답_(b)

7

Many parents are allowing their grown children to return home after college, or perhaps after becoming unemployed, rather than encouraging them to find a place of their own. By bankrolling and housing their adult children, parents are minimizing their own lives and the potential for their futures. What these parents really need to do is to prepare for retirement. They also need time to adjust to life in a post-parenting marriage. In short, they should _____.

(a) establish a comfortable and stable home life
(b) try not to be such a burden on their children
(c) be more accepting of their children's lifestyles
(d) focus on their own lives and not their children's

번역
많은 부모들은 성장한 자식들이 대학을 졸업하거나 실직한 경우, 자기 집을 구하라고 하기보다는 집으로 돌아오는 것을 허용하고 있다. 성인 자식에게 자금을 주거나 집에 들임으로써, 부모는 자신만의 삶이나 미래를 위한 가능성을 줄이고 있는 것이다. 이들 부모가 정말 해야 할 일은 은퇴를 준비하는 것이다. 그들은 또한 양육 이후의 결혼 생활에 적응할 시간이 필요하다. 요약하면, 그들은 자식들이 아니라 자신의 삶에 집중해야 한다.

(a) 편안하고 안정적인 가정 생활을 확립해야 한다
(b) 자식들에게 큰 짐이 되지 않으려고 노력해야 한다
(c) 자식들의 생활 방식을 더 수용해야 한다
(d) 자식들이 아니라 자신들의 삶에 집중해야 한다

기출 공략
성장한 자식들을 다시 돌보아야 하는 요즘 현실을 나타내고 있다. 그 결과로 부모들이 겪는 문제가 By bankrolling 이하에 제시되어 있다. 그리고 What these parents really need to do 이하에는 부모가 살아야 할 삶의 모습을 지적하고 있다. 이것을 적절하게 요약한 (d)가 정답이다.

bankroll ~에 자금을 공급하다   **minimize** 최소화하다   **potential** 가능성, 잠재력   **retirement** 은퇴   **adjust to** ~에 적응하다   **post-parenting** 양육기 이후의   **stable** 안정적인   **burden** 짐   정답_(d)

8

Many have pondered the question of what separates human beings from the rest of the animal kingdom. It is not the ability to think because every higher animal also has some degree of consciousness. The use of tools is not unique either, as apes, birds and even insects manipulate tools. Nor is the art of communication a unique quality. All animals communicate somehow, some in exceedingly sophisticated ways, but the ability to read and write is unique. This is what _____.

(a) many creatures have been doing all along
(b) we are now able to teach to chimpanzees
(c) sets humanity apart from other species
(d) everyone should try to improve

번역
많은 사람들이 무엇이 인간을 나머지 동물계와 구별해 주느냐는 질문에 대해 깊이 생각해왔다. 그 답이 생각하는 능력은 아니다. 왜냐하면 다른 모든 고등 동물들도 어느 정도 의식은 있기 때문이다. 도구 사용 역시 인간 고유의 것이 아닌데, 유인원과 새, 심지어 곤충들도 도구를 다루기 때문이다. 의사소통 기술도 인간만의 고유한 특성은 아니다. 모든 동물들이 어느 정도 의사소통하며, 일부는 대단히 고도의 방식으로 소통을 한다. 하지만 읽고 쓰는 능력은 인간만의 고유한 것이다. 이것이 바로 인간이 다른 종과 구별되게 해주는 것이다.

(a) 많은 생물이 내내 하고 있었던
(b) 이제 우리가 침팬지를 가르칠 수 있는
(c) 인간이 다른 종과 구별되게 해주는
(d) 모두 개선시키려고 노력해야 하는

기출 공략
첫 문장에 주제가 제시되어 있다. 인간이 다른 동물과 구별되게 해주는 특성이란 무엇이냐의 문제이다. 잘 알려진 능력인 생각이나 도구 사용, 의사소통은 아니라고 반박한 뒤, 마지막에 읽고 쓰는 능력이 바로 인간만의 고유 특성이라고 했으므로 (c)가 결론으로 적절하다.

ponder 숙고하다   **separate A from B** A를 B와 구별하다   **animal kingdom** 동물계   **consciousness** 의식   **ape** 유인원   **manipulate** 다루다   **art** 기술   **somehow** 어느 정도   **exceedingly** 대단히   **sophisticated** 고도로 발달된   **creature** 생물   **all along** 내내   **set apart** 구분하다, 구별하다   정답_(c)

9

Dear Customer Service,

I purchased a mobile phone from your company at a store several days ago. The price I paid was 300,000 won, which seemed reasonable to me until I learned a couple of days later that I could've bought the same phone for 30% less at a different store. It turns out that there is no fixed price, and so you need to browse for the best price. Of course, I have the option of returning my phone and getting a cheaper one with my current warranty. Still, I believe this kind of pricing system makes your company look extremely inconsiderate toward its customers and _____.

A dissatisfied customer,
Daniel Parkinson

(a) new models should not be sold at a discount
(b) you should allow them to return their phones
(c) the price should not be changed
(d) should thus be put to a stop

✳ 번역
고객 서비스 부서께

며칠 전 한 가게에서 귀사의 휴대 전화를 구매했습니다. 제가 지불한 금액은 30만원인데, 다른 가게에서는 30퍼센트 더 저렴한 가격에 동일한 핸드폰을 살 수 있다는 것을 며칠 뒤 알기 전까지는 가격에 대한 이견이 없었습니다. 하지만 지금 보니 정가제가 아니기에, 고객 스스로 최저 가격을 찾아봐야 하더군요. 물론, 제게는 핸드폰을 반환하고 현재의 품질 보증서를 가지고 더 싼 것을 얻을 선택권이 있습니다. 그래도, 이런 식의 가격 체계는 귀사가 고객을 전혀 배려하지 않는 것처럼 보이게 하기에 중지되어야 한다고 생각합니다.

불만 있는 고객 다니엘 파킨슨 드림

(a) 새로운 모델은 할인 가격으로 팔면 안 된다고
(b) 고객들이 핸드폰을 반환할 수 있게 허용해야 한다고
(c) 가격은 바뀌지 않아야 한다고
(d) 중지되어야 한다고

📘 기출 공략
같은 핸드폰을 가게마다 다른 가격으로 판매하는 데 대한 소비자의 불만이다. 이런 식의 가격 체계는 고객을 전혀 배려하지 않는 것이며 중지되어야 한다는 (d)가 가장 적절한 답이다. (b)는 반환할 수 있는 선택권이 있다고 했으므로 맞지 않고, 가격이 바뀌는 문제가 아니라 동시에 다른 가격으로 파는 문제점을 가리키는 것이므로 (c)도 내용상 맞지 않다.

purchase 구매하다 **reasonable** (가격이) 적당한 **turn out** ~임이 드러나다 **fixed price** 정가 **browse for** ~을 찾아보다 **option** 선택권 **warranty** 품질 보증서 **put A to a stop** A를 중지시키다

정답_(d)

10

The four aspects of language ability—reading, writing, speaking and listening—were researched separately by experts in New Zealand to _____. According to their findings, the correlation between students' achievements in the two receptive modes, reading and listening, was equally high. In other words, students who performed well in reading showed a tendency to perform well in listening as well. However, the correlation between writing and the two aforementioned receptive modes was moderate, while the correlation between speaking and writing was low and the correlation between speaking and the two receptive modes was even lower.

(a) design an intensive language program
(b) decide which aspect is easiest to assess
(c) seek ways to improve each skill uniformly
(d) investigate the relationships among these aspects

✳ 번역
언어 능력의 네 가지 측면인 읽기, 쓰기, 말하기, 듣기 사이의 관계를 조사하기 위해 뉴질랜드 전문가들이 이들을 개별적으로 연구했다. 조사 결과에 따르면, 두 가지 수용 방식인 읽기와 듣기에 있어서 학생들의 성취도 사이 연관성은 균등하게 높았다. 바꾸어 말하면, 읽기를 잘하는 학생은 듣기도 잘하는 경향을 보였다. 그러나, 쓰기와 앞서 언급한 두 가지 수용 방식 사이의 연관성은 중간 정도인 반면, 말하기와 쓰기의 연관성은 낮고 말하기와 두 가지 수용 방식과의 연관성은 훨씬 더 낮았다.

(a) 집중적인 언어 프로그램을 설계하기
(b) 어떤 측면이 접근하기 가장 쉬운지 결정하기
(c) 각 기술을 균일하게 향상시키는 방법을 모색하기
(d) 이들 측면 사이의 관계를 조사하기

📘 기출 공략
언어 능력의 네 가지 측면을 개별적으로 연구한 목표가 빈칸에 들어갈 내용이다. 수용 방식인 읽기와 듣기의 연관성이 높다는 것과 이어서 쓰기와 두 수용 방식, 말하기와 두 수용 방식 간의 연관성 정도에 대해 설명하고 있으므로 연구 목표로는 (d)가 알맞다.

aspect 측면 **expert** 전문가 **finding** 연구 결과 **correlation** 연관성 **achievement** 성취 **receptive** 수용의 **perform well** 잘하다, 성적이 좋다 **tendency** 경향 **aforementioned** 앞서 언급한 **moderate** 보통의 **intensive** 집중적인 **investigate** 조사하다

정답_(d)

11

By the mid-thirties, each major American movie studio had developed its own unique style. This was discernable by the _____. Emphasis ranged from the lavish, star-oriented films produced at MGM to the unadorned, workaday products from Columbia Pictures. The good, clean family productions at Paramount stood in sharp contrast to Warner Brothers' sensationalized, tough character-driven pictures.

(a) amounts paid to their actors
(b) logos representing each studio
(c) characteristics of their offerings
(d) number of Oscars each had won

✿ 번역
30년대 중반까지 미국의 주요 영화사들은 자기만의 독특한 스타일을 개발해 왔다. 이는 그들이 내놓는 작품들의 특성을 보면 알 수 있었다. 가령 MGM은 풍성하고 스타 위주인 영화를 만들었고, 콜롬비아 픽처스는 꾸밈없는 일상 소재 중심의 작품들을 제작했다. 파라마운트의 선하고 깔끔한 가족 영화는 워너 브라더스의 선정적이고 거친 인물 중심의 영화와 현저한 대조를 이루었다.

(a) 배우들에게 지불된 금액
(b) 각 영화사를 나타내는 로고들
(c) 작품들의 특성
(d) 각기 수상한 오스카상의 수

📖 기출 공략
각기 고유한 스타일로 발달한 영화사들을 식별하게 해주는 것이 빈칸에 들어가야 한다. 이어지는 내용에서 각 영화사 작품들의 고유한 특징에 대해 설명하고 있으므로 (c)가 적절한 답이다.

discernable 식별할 수 있는 **emphasis** 강조 **range from A to B** A에서 B까지 이르다 **lavish** 풍성한 **star-oriented** 스타 위주의 **unadorned** 꾸밈없는 **workaday** 일상의 **contrast** 대조 **sensationalized** 선정적으로 다뤄진 **character-driven** 인물 중심의 **logo** 상징 (로고) **offering** 작품 **Oscar** 오스카상 **정답** (c)

12

In 1953, a chemical researcher made a surprise discovery while developing a rubber material that would resist deterioration from jet aircraft fuels. After accidentally spilling an experimental chemical on her tennis shoes, she tried to wash it off but failed to do so. As the weeks passed, she noticed that the part of her shoes where the chemical had spilled remained clean while the rest of her shoes had collected dirt and grime. The researcher was amazed at the contrast and realized that the chemical was ideal for _____.

(a) mending shoes
(b) gluing the rubber
(c) waterproofing shoes
(d) protecting against stains

✿ 번역
1953년 한 화학 연구원이 제트기 연료로 인한 노후화를 견딜 수 있는 고무 재질을 개발하던 중, 놀라운 발견을 하게 되었다. 그녀는 우연히 실험용 화학 물질을 테니스 신발에 쏟은 후, 닦아내려고 했으나 그렇게 할 수 없었다. 몇 주가 지난 후, 그녀는 나머지 신발 부위는 먼지와 때가 쌓인 반면 화학 물질이 쏟아진 신발 부위는 깨끗한 상태임을 발견했다. 연구원은 그 차이에 놀랐고 그 화학 물질이 오염을 방지하는 데 이상적임을 깨달았다.

(a) 신발을 수리하는 데
(b) 고무를 접착하는 데
(c) 신발을 방수 처리하는 데
(d) 오염을 방지하는 데

📖 기출 공략
빈칸에는 그 화학 물질의 쓰임으로 가장 알맞은 내용이 들어가야 한다. she noticed that 이하에서 화학 물질이 쏟아진 신발 부위만 오염 없이 깨끗했다는 점에서 (d)가 정답으로 알맞다.

rubber 고무 **deterioration** 노후화 **fuel** 연료 **accidentally** 우연히 **spill** 쏟다 **experimental** 실험의 **collect** 흡수하다, 모으다 **grime** 때 **ideal** 이상적인 **mend** 수리하다 **glue** 접착하다 **waterproof** 방수 처리[가공]를 하다 **stain** 오염 **정답** (d)

13

The findings of our report refute the idea that there has to be a trade-off between immigration and economic progress. This report shows that cultural diversity and economic development are positively linked. After all, some of the world's richest and most developed countries are historically multiethnic, such as the US, Switzerland, Canada and Belgium. We found no evidence that _____.

(a) cultural diversity slows development
(b) development is independent of diversity
(c) immigration may lead to more ethnic conflicts
(d) more immigrants will bring economic stability

❋ 번역

우리 보고서의 연구 결과들은 이민과 경제 발전은 상충 관계라는 생각을 반박한다. 이 보고서는 문화적인 다양성과 경제적인 발전은 긍정적으로 연계되어 있음을 보여준다. 어찌됐건, 미국과 스위스, 캐나다, 벨기에와 같은 세계 몇몇 가장 부유하고 발전한 나라는 역사적으로 다민족이다. 우리는 문화적 다양성이 발전을 늦춘다는 증거는 발견하지 못했다.

(a) 문화적 다양성이 발전을 늦춘다
(b) 발전은 다양성과 관계가 없다
(c) 이민은 더 많은 민족적 갈등을 가져올지도 모른다
(d) 보다 많은 이민자들이 경제적인 안정성을 불러올 것이다

📘 기출 공략

빈칸 앞에 no evidence가 있음에 유의해야 한다. 즉, 보고서를 통해 반박하고자 하는 상대 주장의 내용이 빈칸에 들어가야 한다. 첫 문장에서 이민과 경제적인 발전은 함께 이루어지지 않는다는 생각을 반박한다고 했으며 이에 대한 실례로 역사적으로 발전한 나라는 다민족이었다고 말하고 있으므로 (a)가 반박하고자 하는 내용으로 적절하다.

findings 연구 결과 **refute** 논박하다 **trade-off** 이율배반, 상충 관계 **immigration** 이민 **progress** 발전 **diversity** 다양성 **positively** 긍정적으로 **after all** 어찌됐건, 이러니 저러니 해도 결국 **multiethnic** 다민족의 **evidence** 증거 **conflict** 갈등 **stability** 안정성

정답_(a)

14

The point may be reached at which _____. No one is certain whether it will happen or not, but the likelihood that it will is increasing. Over the past 40 years, advances in agricultural techniques offset what could have been mass global starvation as the world's population doubled. Plant hybrids, pesticides and herbicides enabled farmers to produce more food per acre. However, at the present rate of population growth, advances such as these will not be enough to help satisfy the demand for agricultural products in the near future.

(a) food demand will outstrip food production
(b) Earth's natural resources will be exhausted
(c) agricultural techniques can no longer be used
(d) malnourished children will be a thing of the past

❋ 번역

식량 수요가 식량 생산을 앞서는 시점이 도달하게 될지도 모른다. 아무도 그것이 일어날지 그렇지 않을지는 확신할 수 없지만, 일어날 가능성이 커지고 있다. 지난 40년 동안 농업 기술의 진보는 세계 인구가 2배가 됨에 따라 대대적인 세계 기아 사태로 치달을 뻔했던 상황을 상쇄했다. 잡종 식물과 살충제, 제초제 때문에 농부들이 에이커당 더 많은 식량을 생산하는 것이 가능해졌다. 그러나, 현재의 인구 증가율로는 이와 같은 진보가 얼마 안 있어 농산물에 대한 수요를 충족시키기에 충분하지 않게 될 것이다.

(a) 식량 수요가 식량 생산을 앞서는
(b) 지구의 천연 자원이 고갈되는
(c) 농업 기술이 더 이상 사용될 수 없는
(d) 아이들이 영양실조에 걸리는 것은 과거의 일이 되는

📘 기출 공략

at which 다음에는 어떤 일이 발생하는 시점이 들어가야 한다. 뒤이어, 그 일이 일어날 가능성이 커지고 있다는 점과 농업 기술의 진보가 생산량을 증가시켜 인구 증가를 상쇄시킴으로써 기아를 막아왔다는 점을 지적하고 있다. 그런데 However 이하에서 가까운 장래에는 그 진보가 충분하지 않을 것이라고 지적하고 있으므로 첫 문장에 나오는 때는 (a)임을 알 수 있다.

advance 진보 **agricultural** 농업의 **offset** 상쇄하다, 벌충하다 **starvation** 기아 **hybrid** 잡종 **pesticide** 살충제 **herbicide** 제초제 **per** ~당 **demand** 수요 **outstrip** 앞서다 **exhaust** 고갈시키다 **malnourished** 영양실조의

정답_(a)

15

New Life Center is a shelter for victims of domestic violence. Women can access the shelter by calling our 24-hour, seven-day-a-week crisis hotline. We offer immediate intervention, safety planning, information and referral for anyone experiencing concerns about domestic violence. Our mission is above all to provide a safe and trustworthy environment. _____, we guarantee complete confidentiality when dealing with clients and client records.

(a) In brief
(b) By contrast
(c) For this reason
(d) In the meantime

✿ 번역
뉴라이프 센터는 가정 폭력의 희생자들을 위한 보호소입니다. 여성들은 주 7일 24시간 운영되는 긴급 직통 전화를 이용할 수 있습니다. 저희는 가정 폭력에 대한 걱정을 겪고 있는 분들에게 즉각적인 개입과 안전 계획, 정보와 병원 후송을 제공합니다. 저희의 임무는 무엇보다도 안전하고 믿을 수 있는 환경을 제공하는 것입니다. 이런 이유로, 의뢰인과 의뢰인의 기록을 처리할 때 완벽하게 비밀을 보장해 드립니다.

(a) 요약하면
(b) 대조적으로
(c) 이런 이유로
(d) 그동안에

📘 기출 공략
빈칸의 연결어 앞에는 안전하고 믿음이 가는 환경을 제공한다는 내용이 나와 있다. 뒤는 기밀성을 보장한다는 내용인데, 앞의 내용이 그 이유가 되므로 (c) For this reason이 적절한 연결어이다.
shelter 보호소 **victim** 희생자 **domestic violence** 가정 내 폭력 **access** 이용하다 **crisis hotline** 긴급 직통 전화 **intervention** 개입 **referral** (진찰 후 환자를 병원으로) 보내기 **mission** 임무 **trustworthy** 믿음이 가는 **guarantee** 보장하다 **complete** 완벽한 **confidentiality** 비밀

정답_(c)

16

Throughout the 19th century, the concept of popular sovereignty found broad endorsement in the West. Many written constitutions and elected assemblies were thereby put in place, often before the actual attainment of independence. Even in two monarchies in the Western hemisphere, Mexico and Brazil, the emperors tried to make their rule legitimate by accepting constitutional limits on their thrones and by creating representative assemblies. _____, widespread support for constitutional order and for representative government failed to stop agonizing factional conflicts, regionalism and military rebellions from occurring.

(a) Likewise
(b) In addition
(c) Nevertheless
(d) Consequently

✿ 번역
19세기 내내, 국민 주권설이 서구에서 널리 지지를 받았다. 실제적인 독립 달성 이전에도 흔히 많은 성문법과 선출된 의회가 그에 따라 시행되었다. 심지어 서반구의 두 군주제인 멕시코와 브라질에서도 황제가 왕권에 관한 헌법적 한계를 수락하고 대표 의회를 만드는 것을 통해 자신들의 통치를 합법화하려고 했다. 그럼에도 불구하고, 헌법 질서와 대표 정부에 대한 광범위한 지지가 고통스러운 당파 갈등과 지역주의, 군사 반란이 일어나는 것을 막지는 못했다.

(a) 마찬가지로
(b) 게다가
(c) 그럼에도 불구하고
(d) 결과적으로

📘 기출 공략
19세기에 일어난 국민 주권설로 인한 통치 변화에 대한 내용이다. 성문법과 의회가 시행되었고 심지어 군주제 국가에서도 입헌 군주제로의 변화가 있었다는 설명이 빈칸 앞에 나온다. 그 다음에는 이것이 당파 갈등, 지역주의, 군사 반란을 막지 못했다고 설명하므로 상반된 내용을 연결하는 (c) Nevertheless가 알맞다.
sovereignty 통치권 **endorsement** (공개적인) 지지 **written constitution** 성문법 **assembly** 의회 **put A in place** A를 시행하다 **attainment** 달성 **independence** 독립 **monarchy** 군주제 **hemisphere** 반구 **emperor** 황제 **legitimate** 합법적인 **throne** 왕권 **representative** 대표의 **widespread** 폭넓은 **constitutional** 헌법의 **order** 질서 **agonizing** 고통스러운 **factional** 당파적인 **regionalism** 지역주의 **rebellion** 반란, 반대

정답_(c)

17

Many commercial cleaning products contain harsh chemicals and can also be expensive. Fortunately, they are not necessary. In fact, you can do common cleaning tasks with what you probably already have in the kitchen. Two effective low-cost alternatives are baking soda and vinegar. All you need to do is sprinkle a little baking soda on a sponge that has been dampened with vinegar. Now use the sponge to clean sinks, countertops and appliances safely and effectively.

Q What is the passage mainly about?
(a) Using alternative home cleaners
(b) Buying better brands of cleaners
(c) Keeping a kitchen neat and clean
(d) Cleaning your home with chemicals

✿ 번역

상업용으로 만든 여러 세제에는 강력한 화학 물질이 들어 있을 뿐 아니라 값이 비싸다. 다행히도, 그것들은 그다지 필요가 없다. 사실, 평범한 세정 작업은 이미 부엌에 있는 것을 가지고도 할 수 있다. 두 가지 효과적인 저비용 대체물은 베이킹 소다와 식초이다. 식초를 적신 약간의 베이킹 소다를 스펀지에 뿌리기만 하면 된다. 이제 스펀지를 사용하여 싱크대와 조리대, 가전제품을 안전하고 효과적으로 닦아 보자.

Q 지문의 주된 내용은?
(a) 가정용 세제 대안품 사용하기
(b) 더 좋은 브랜드의 세제 사기
(c) 부엌을 정돈되고 깨끗하게 유지하기
(d) 집을 화학 제품으로 청소하기

📋 기출 공략

상업용 세제 대신에 집에서 쉽게 만들 수 있는 세제 대안품에 대해 소개하고 있다. 그 대안품은 바로 베이킹 소다와 식초이며 그 사용 방법에 대해 알려 주고 있으므로 주된 내용은 (a)가 된다.

commercial 상업적인 **harsh** 강한 **task** 작업 **low-cost** 저비용의 **alternative** 대안, 대체물 **baking soda** 베이킹 소다 **vinegar** 식초 **sprinkle** 뿌리다 **sponge** 스펀지 **dampen** 적시다 **countertop** 조리대(worktop) **appliance** 가전제품

정답_(a)

18

Stars come in a variety of colors, and these different colors can tell scientists a lot about the characteristics of stars. Some stars appear white, whereas others are blue-white, blue, yellow, orange or red. Contrary to what you might expect, the bluish stars are the hotter ones while the reddish ones are cooler. These bluish stars are also brighter and tend to be larger and denser.

Q What is the passage mainly about?
(a) The basic kinds of star colors
(b) What star colors reveal about stars
(c) What the colors of the largest stars are
(d) The brightness, size and density of stars

✿ 번역

별은 색깔이 다양한데, 이 다른 색깔들은 과학자들에게 별의 특성에 대해 많은 것을 알려 준다. 어떤 별들은 하얗게 보이는 반면, 다른 것들은 청백색이거나 파란색, 노란색, 오렌지색, 적색이다. 예상과는 달리, 푸른 빛을 띤 별들의 온도는 보다 높은 반면 붉은 빛을 띤 것들의 온도는 더 낮다. 이들 푸른 빛을 띤 별들은 또한 더 밝으며, 더 크고 더 밀도가 높은 경향이 있다.

Q 지문의 주된 내용은?
(a) 별 색깔의 기본적인 종류
(b) 별 색깔이 별에 대해 드러내는 것
(c) 가장 큰 별들의 색
(d) 별의 밝기, 크기, 밀도

📋 기출 공략

첫 문장에 지문의 주제가 드러나 있다. 즉 별의 색은 다양한데 이것이 별의 특징에 대해 알려 주는 것이 많다는 것이다. 다음에는 별의 색깔에 따른 특징에 대해 서술하고 있으므로 주된 내용으로 알맞은 정답은 (b)이다.

characteristic 특징 **whereas** ~인 반면 **contrary to** ~와 반대로 **bluish** 푸른 빛을 띤 **reddish** 붉은 빛을 띤 **dense** 밀집된 **reveal** 드러내다 **density** 밀도

정답_(b)

19

We are delighted to inform you that Mr. Dan Keough has been appointed as the new Business Development Manager of Tindale Engineering Services. Mr. Keough has well over 10 years of experience in the civil engineering industry as well as valuable expertise working with Achyton, one of the leading national civil engineering contractors. We are positive that his breadth of experience and skills will serve him well as he assists Tindale to grow and prosper in the years to come.

Q What is the announcement mainly about?
(a) The appointment of a new manager
(b) The achievements of a new manager
(c) Qualifications needed to become a manager
(d) Development strategies proposed by a manager

✽ 번역
댄 키오 씨가 틴데일 엔지니어링 서비스 사의 신임 사업개발 본부장으로 임명된 것을 알려드리게 되어 기쁩니다. 키오 씨는 일류 국영 토건업체 중 하나인 아키톤 사에서 일한 귀중한 전문 지식과 토목 산업에서 10년 이상 일한 경력을 가지고 있습니다. 그의 폭넓은 경험과 기술이 틴데일의 미래를 성장시키고 번영시키는 데 큰 도움이 되리라 확신합니다.

Q 공고의 주된 내용은?
(a) 새로운 경영자 임명
(b) 새로운 경영자의 업적
(c) 경영자가 되는 데 필요한 자격 요건
(d) 경영자가 제안한 발전 전략

📘 기출 공략
사업개발 본부에 새로 임명된 본부장에 대한 소개의 글이다. 과거 경력과 이력에 대한 소개가 이어지고 그에 대한 기대를 표현하는 것으로 마치고 있다. 따라서 주된 내용으로 적절한 것은 (a) 새 경영자 임명이다. 그의 업적 사항은 언급되지 않았으므로 (b)는 답이 될 수 없다.

delighted 기쁜 **appoint** 임명하다 **business development manager** 사업개발 본부장 **well over** ~이 훨씬 넘는 **civil engineering** 토목 공학 **valuable** 가치가 있는 **expertise** 전문 지식 **leading** 일류의, 선두의 **contractor** 토건업자 **be positive that** ~을 확신하다 **breadth** 폭 넓음 **serve** 도움이 되다, 기여하다 **prosper** 번영하다 **in the years to come** 장래에

정답_(a)

20

Nearly 1,000 years ago in the Gila National Forest of New Mexico, once the region of the Mimbres culture, people sat making tools, pots and bead jewelry. Today, the ground is pocked and scarred from looters who have illegally dug up and stolen the relics of these people's civilization. Although the federal government and many states prohibit the unauthorized removal of artifacts from public lands, "pot hunters" illegally raid thousands of archaeological sites each year. The problem has grown to such an extent that authorities now admit that it is a crime wave sweeping the United States.

Q What is the news report mainly about?
(a) The US government's protection of ancient sites
(b) The plundering of ancient artifacts across the US
(c) The search for thieves of ancient cultural artifacts
(d) The kinds of relics taken from archaeological sites

✽ 번역
과거 밈브레족 문화 지역이었던 뉴멕시코 길라 국유림에서 약 1,000여 년 전에 사람들이 앉아서 도구와 도자기, 구슬 장신구를 만들고 있었습니다. 오늘날, 이 땅은 이들 민족 문명의 유물을 불법적으로 발굴해서 훔쳐가는 약탈자들 때문에 패이고 상처 입고 있습니다. 비록 연방 정부와 많은 주가 공공 소유지로부터 예술품의 무단 이전을 금지하고 있지만, '도자기 사냥꾼'들은 매년 수천 곳의 고고학 유적지를 불법적으로 습격하고 있습니다. 지금은 당국이 이런 범죄가 급증하면서 미국 전역을 휩쓸고 있음을 인정할 정도로 문제가 커졌습니다.

Q 뉴스 보도의 주된 내용은?
(a) 미국 정부의 고대 유적지 보호
(b) 미국 전역의 고대 예술품 약탈
(c) 고대 문화 예술품 절도범 수색
(d) 고고학 유적지에서 나온 유물의 종류

📘 기출 공략
밈브레족 문화 예술품이 불법적으로 도굴되고 약탈되고 있는 현실을 문제시하고 있는 보도이다. 매년 고고학 유적지를 불법적으로 급습하고 있어서 미국 전역을 휩쓰는 범죄라고 인정하는 단계에까지 왔다고 했으므로 (b)가 주된 내용이다.

region 지역 **pot** 도자기 **bead** 구슬 **jewelry** 보석, 장신구 **pock** 곰보가 되게 하다 **scar** 상처를 내다 **looter** 약탈자 **illegally** 불법적으로 **dig up** 발굴하다 **relic** 유적 **federal** 연방의 **prohibit** 금지하다 **unauthorized** 공인되지 않은 **removal** 이전 **artifact** 예술품 **raid** 급습하다 **archaeological** 고고학적인 **extent** 정도 **authority** 당국 **crime wave** 범죄의 급증 **sweep** 휩쓸다 **plunder** 약탈하다

정답_(b)

21

According to popular wisdom, work is a burden most people bear out of necessity. Yet, when Britons were asked in a survey whether they would retire if they could, 80% said no. Many reasons can account for that, one of them being that human beings are genetically programmed to be productive. Indeed, our species would not have survived if people did not have a drive to advance their circumstances.

Q What is the main idea of the passage?
(a) Human beings find work to be a burden.
(b) People are less productive when they retire.
(c) Humans have an innate desire to be productive.
(d) Working past retirement is the goal of most people.

✿ 번역
유명한 명언에 따르면, 일이란 대부분의 사람들이 필요에 의해 참는 짐이다. 그러나, 할 수 있다면 은퇴를 하겠느냐는 설문 조사에서 영국인들 80퍼센트가 아니라고 답했다. 많은 이유가 이를 설명할 수 있는데, 그 중 하나가 인간은 생산적이게끔 유전적으로 설계되어 있다는 것이다. 정말로, 인간에게 상황을 발전시킬 욕구가 없었다면 우리 종은 살아남지 못했을 것이다.

Q 지문의 요지는?
(a) 인간은 짐이 될 일을 찾는다.
(b) 사람들은 은퇴하면 덜 생산적이 된다.
(c) 인간은 생산하고자 하는 선천적 욕구가 있다.
(d) 은퇴 이후 노동은 대부분 사람들의 목표이다.

📙 기출 공략
Yet 이하의 예에서 사람들은 대부분 은퇴하기를 바라지 않고 생산적인 일을 하고 싶어 한다는 점을 제시하고 있다. 그리고 human beings are genetically programmed to be productive라는 부분에서 이 글의 요지가 드러나 있다. 따라서 인간은 생산하고자 하는 타고난 욕구가 있다는 (c)가 정답으로 적절하다.

wisdom 명언 **burden** 짐 **bear** 참다, 견디다 **Briton** 영국인 **retire** 은퇴하다 **account for** ~을 설명하다 **genetically** 유전적으로 **productive** 생산적인 **drive** 충동, (본능적인) 욕구 **advance** 진보시키다

정답_(c)

22

In a recent experiment, a natural steroid mixture was tested on marathoners, who are inclined to suffer immune suppression due to the activation of several endocrinological changes that eventually result in decreased immunity. The result was that the marathon runners had less post-event inflammation, fewer hematological side effects and sustained adrenocortical status in comparison with their baseline values. The research thus indicated that the mixture enabled the elimination of the immunological shifts that generally accompany endurance training.

Q What is the topic of the passage?
(a) Reasons for decreased immune systems in athletes
(b) Ways to improve the performance of marathon runners
(c) The benefit of natural steroids on marathon runners' immune systems
(d) The ineffectiveness of natural steroids on improving the immune system

✿ 번역
최근 실험에서, 결국에는 면역력 감소를 초래하는 몇 가지 내분비 변화의 활성화로 인한 면역 억제를 겪는 경향이 있는 마라톤 선수들을 대상으로 천연 스테로이드 혼합물을 시험했다. 그 결과, 이 마라톤 선수들이 사후 염증과 혈액 부작용이 더 적고, 기준치와 비교했을 때 부신 피질 상태를 유지한 것으로 드러났다. 따라서 연구는 그 혼합물이 일반적으로 지구력 훈련에 동반되는 면역학적인 변화를 없앨 수 있음을 증명했다.

Q 지문의 소재는?
(a) 운동 선수들의 면역 체계가 저하되는 이유
(b) 마라톤 선수들의 성적을 향상시키는 방법
(c) 마라톤 선수들의 면역 체계에 미치는 천연 스테로이드의 이점
(d) 면역 체계 개선에 미치는 천연 스테로이드의 비효율성

📙 기출 공략
첫 번째 문장 tested on marathoners 이하에 나오는 설명을 통해 마라톤 선수들이 내분비 변화의 활성화 때문에 면역력이 저하되는 문제를 겪는다는 것을 알 수 있다. 그런데 천연 스테로이드 혼합물은 세 가지로 제시된 이점을 가능하게 하는 결과를 보였다고 설명하고 있다. 마지막 문장이 주제문으로 정답은 (c)이다.

steroid 스테로이드 **immune suppression** 면역 억제 **activation** 활성화 **endocrinological** 내분비계의 **post-event** 사건 이후의 **inflammation** 염증 **hematological** 혈액의 **side effect** 부작용 **sustained** 일관된 **adrenocortical** 부신 피질의 **status** 상태 **in comparison with** ~와 비교해서 **baseline** 기준치 **value** 값 **elimination** 제거 **immunological** 면역의 **shift** 변화 **accompany** 동반하다 **endurance** 지구력

정답_(c)

23

See nature's most ferocious and unique creatures at Wilderness Land! Internationally recognized for its exotic animals, Wilderness Land is a 110-acre theme park and nature conservatory located at the head of the Florida Everglades. Come and see an amazing array of reptiles, lizards, turtles, giant frogs and exotic birds. Have a fun-filled day with the entire family. Admission for adults is $14.95, seniors $12.95, children ages 4-12 pay only $9.95 and children 3 and under get in free.

Q Which of the following is correct about Wilderness Land according to the passage?
(a) Wilderness Land is famous for its unique animals.
(b) The park exclusively features reptiles and amphibians.
(c) Adults and seniors pay the same admission price.
(d) The park is free for all children under 12 years old.

✿ 번역

황무지 랜드에서 자연의 가장 사납고 독특한 생물들을 만나 보세요! 색다른 동물로 국제적으로 인정받은 황무지 랜드는 플로리다 에버글레이즈 중심부에 위치한 110에이커 규모의 테마 공원이자 자연 보존지입니다. 오셔서 놀라운 각양각색의 파충류와 도마뱀, 거북, 거대한 개구리와 색다른 새들을 구경하세요. 가족 모두와 함께 즐거움이 가득한 하루를 보내세요. 어른 입장권은 14.95달러, 경로우대 12.95달러, 4~12세 아동은 단돈 9.95달러이고 3세 이하는 무료 입장입니다.

Q 지문에 따르면 황무지 랜드에 대해 옳은 것은?
(a) 황무지 랜드는 독특한 동물들로 유명하다.
(b) 공원은 파충류와 양서류가 독점하고 있다.
(c) 어른과 어르신 입장권 가격이 동일하다.
(d) 공원은 12세 이하의 모든 아이들에게 무료이다.

📋 기출 공략

색다른 동물로 인정을 받고 있는 황무지 랜드는 파충류, 양서류, 조류까지 다양한 생물을 보유하고 있고, 어른은 14.95달러, 경로우대 12.95달러의 입장권을 내야 하며, 3세 이하의 아이들만 무료이므로 옳은 정보는 (a)뿐이다.

ferocious 사나운 **exotic** 이국적인 **conservatory** 보존지 **an array of** 다양한 **reptile** 파충류 **lizard** 도마뱀 **turtle** 거북 **fun-filled** 즐거움이 가득한 **admission** 입장권 **exclusively** 독점적으로 **feature** ~을 특징으로 하다 **amphibian** 양서류   정답_(a)

24

I spotted a pair of nesting eagles recently when hiking through Willard Bay State Park, hoping to get some great shots of different birds. Of course, I knew that approaching too near would cause undue stress on the pair, and it was probably illegal anyway. But, as luck would have it, on this day I was testing out a new telephoto lens. So, I could stay where I was, about 100 meters away, and began taking photos of them. Some of the shots I took that day turned out to be the best I've ever taken.

Q Which of the following is correct according to the passage?
(a) The writer had just bought a new camera.
(b) The writer photographed two eagles in a nest.
(c) The writer saw eagles when he was out hunting.
(d) The writer was lucky to photograph a baby eagle.

✿ 번역

다양한 새들의 멋진 사진을 찍을 수 있을까 해서 최근 윌러드 베이 주립 공원을 관통해 하이킹을 하다가 둥지에 있는 한 쌍의 독수리를 발견했다. 물론, 너무 가까이 접근하면 그 둘에게 과도한 스트레스를 준다는 것과 확실하지는 않지만 그것이 불법이라는 것을 알고 있었다. 그런데, 운 좋게도, 그날 나는 새로운 망원 렌즈를 시험해 보던 중이었다. 그래서, 내가 있던 곳에서 그대로 멈춘 채 약 100미터 떨어진 그들의 사진을 찍기 시작했다. 그날 찍은 일부 사진은 이제껏 찍은 것 중 최고였다.

Q 지문에 따르면 옳은 것은?
(a) 필자는 막 새로운 카메라를 샀다.
(b) 필자는 둥지에 있는 두 마리의 독수리를 찍었다.
(c) 필자는 사냥을 나갔다가 독수리를 봤다.
(d) 필자는 운좋게 독수리 새끼를 찍었다.

📋 기출 공략

필자는 새로 산 망원 렌즈를 시험 중이었고, 둥지에 있는 독수리 한 쌍을 발견해 렌즈에 담았으며, 사진을 찍으러 공원을 관통해 하이킹 중이었으므로 옳은 정보는 (b)뿐이다.

spot 발견하다 **nest** 둥지에 깃들이다 **approach** 접근하다 **undue** 과도한 **as luck would have it** 운좋게도 **test out** 시험해 보다 **telephoto lens** 망원 렌즈   정답_(b)

25

Our ClearView window shutters are made out of Durawood, a solid engineered wood composite. Because of the superior density of Durawood, ClearView shutters are less likely to break or warp. Our shutters are more environmentally friendly, too. Old-growth lumber is not used, and all of our shutters are made with non-toxic soy-based adhesives. Buy ClearView, and you'll have the satisfaction of owning superior shutters and of having helped the environment.

Q Which of the following is correct according to the advertisement?
(a) Durawood is a plastic that looks like wood.
(b) ClearView shutters are flexible and bend easily.
(c) Durawood is made from old-growth forest trees.
(d) ClearView shutters are made with non-toxic materials.

✽ 번역
저희 클리어뷰 창문 셔터는 단단한 공학 목재 복합 재료인 듀라우드로 만듭니다. 듀라우드의 우수한 밀도 때문에 클리어뷰 셔터는 부서지거나 휠 가능성이 적습니다. 또한 저희 셔터는 보다 친환경적입니다. 노령림 목재는 사용하지 않으며, 모든 셔터는 콩을 원료로 한 무독성 접착제로 만듭니다. 클리어뷰를 사세요. 그러면 우수한 셔터를 소유하고 환경을 도왔다는 만족감을 갖게 될 것입니다.

Q 광고에 따르면 옳은 것은?
(a) 듀라우드는 나무처럼 보이는 플라스틱이다.
(b) 클리어뷰 셔터는 유연하고 쉽게 구부러진다.
(c) 듀라우드는 노령림 나무로 만들어진다.
(d) 클리어뷰 셔터는 무독성 재료로 만들어진다.

📘 기출 공략
듀라우드는 공학 목재 복합 재료이므로 (a)는 오답이다. 클리어뷰 셔터는 쉽게 휘지 않고, 노령림 목재를 사용하지 않으며, 콩을 원료로 하는 무독성 접착제로 만들어지므로 옳은 정보는 (d)뿐이다.

solid 단단한 **engineered wood** 공학 목재 **composite** 복합 재료 **superior** 우수한 **density** 밀도 **warp** 휘다, 틀어지다 **old-growth lumber** 노령림 목재 **non-toxic** 무독성 **soy-based** 콩을 원료로 한 **adhesive** 접착제 **flexible** 유연한 **bend** 구부러지다 **material** 재료

정답 (d)

26

Dear Cathy,

How are you doing? I've been swamped with work and the kids. Both Macy and Lisbeth started new schools in the fall. Anyway, I was wondering whether you and David were doing anything on the weekend of November 10 and 11. Ben and I are going hiking in the Green Mountains, and we were wondering if you two would like to join us again. It would be like old times. Let me know what you think.

Bye for now,
Janet

Q Which of the following is correct according to the email?
(a) Janet has to work on November 10.
(b) Janet and Cathy recently met each other.
(c) David and Cathy have not gone hiking before.
(d) Ben and Janet are going to the Green Mountains.

✽ 번역
캐시에게,

잘 지내고 있어요? 저는 그동안 일과 아이들 때문에 꼼짝할 수 없었답니다. 메이시와 리즈벳은 가을에 새 학기를 시작했어요. 어쨌든, 당신과 데이비드가 11월 10일과 11일 주말에 뭔가 할 계획이 있는지 궁금했어요. 벤과 저는 그린 마운틴으로 하이킹을 갈 건데 두 분도 다시 우리와 함께 가고 싶은지 궁금하네요. 옛날로 돌아가는 기분일 거예요. 생각을 알려주세요. 그럼 안녕히 계세요.

재닛

Q 이메일에 따르면 옳은 것은?
(a) 재닛은 11월 10일에 일해야 한다.
(b) 재닛과 캐시는 최근에 서로 만났다.
(c) 데이비드와 캐시는 전에 하이킹을 가본 적이 없다.
(d) 벤과 재닛은 그린 마운틴에 갈 계획이다.

📘 기출 공략
벤과 재닛은 11월 10일과 11일에 그린 마운틴에 갈 계획이므로 그때 일을 하지 않을 것이며, if you two would like to join us again과 It would be like old times라는 말에서 오래 전에 캐시 부부와 재닛 부부가 같이 하이킹을 간 적이 있음을 알 수 있으므로 (d)만 옳은 정보이다.

be swamped with ~때문에 꼼짝 못하다, 눈코 뜰 새 없이 바쁘다
I was wondering whether ~인지 궁금했어요   **old times** 옛날
Bye for now. 그럼 안녕히 계세요.

정답 (d)

Reading Comprehension

27

Were you aware that the US Postal Service can help you manage your business more efficiently? Our new Confirm Mail feature allows you to track your mail electronically as it moves through postal processing. You can use Confirm Mail to find out when customers receive orders and bills as well as when they mail out payments. These and a range of other features can help you better manage your business at minimal cost.

Q What does Confirm Mail do for business mailers?
(a) It provides information about sent mail.
(b) It offers more security for processing mail.
(c) It ensures that customers receive mail faster.
(d) It allows businesses to pay for mailing online.

✽ 번역
여러분이 업무를 더욱 효과적으로 관리하는 데 미국 우정국이 도움을 줄 수 있다는 사실을 알고 있나요? 저희 새로운 컨펌 메일의 특징은 우편물이 우편 절차를 거쳐 이동할 때 여러분이 컴퓨터로 추적할 수 있게 해줍니다. 고객이 주문한 물품과 청구서를 받는 날짜뿐만 아니라 그들이 대금을 송금하는 날짜까지 컨펌 메일을 통해 알 수 있습니다. 이것들 외에도 다른 여러 특징들이 여러분이 업무를 최소한의 비용으로 더 잘 관리할 수 있도록 도와드릴 것입니다.

Q 사업용 우편 이용자를 위해 컨펌 메일이 하는 일은?
(a) 보낸 우편물에 관한 정보를 제공한다.
(b) 우편물을 보다 안전하게 처리한다.
(c) 고객의 더 빠른 우편물 수령을 보장한다.
(d) 업체가 온라인으로 우편 대금을 지불할 수 있게 한다.

📘 기출 공략
allows you to track your mail 이하에서 컨펌 메일로 우편물을 추적할 수 있어서 업무 관리가 효과적이라고 설명하고 있다. 언제 고객이 대금 송금을 하고 주문품과 청구서를 받게 되는지 추적이 가능하므로 보낸 우편물에 대한 정보를 준다는 (a)가 알맞은 답이다.
be aware that ~을 알고 있다 **postal** 우편의 **efficiently** 효과적으로 **feature** 특징 **track** 추적하다 **electronically** 컴퓨터로 **order** 주문품 **bill** 청구서 **range** 범위 **minimal** 최소의 **cost** 비용 **security** 안전성
정답_(a)

28

Hinduism, the primary indigenous religion of South Asia, presently has 800 million followers worldwide, making it the third largest religion in the world. It is also one of the oldest. In fact, followers of Hinduism call it the "eternal religion" because they believe it is the world's oldest living religion. Its earliest scripture, the Veda, dates to approximately 1500 BC. However, some features, such as goddess worship and perhaps yoga, might go back further to the Indus Valley civilization, around 2500 BC.

Q Which of the following is correct according to the passage?
(a) Goddess worship and yoga are separate from Hinduism.
(b) Hinduism is believed to be the world's largest religion.
(c) The Veda scripture created goddess worship and yoga.
(d) Yoga tradition possibly dates back to before the Veda.

✽ 번역
남아시아의 주요 토착 종교인 힌두교는 현재 전세계적으로 8억 명의 신도를 가진 세계에서 세 번째로 큰 규모의 종교이다. 그것은 또한 가장 오래된 종교 중 하나이기도 하다. 사실, 힌두교 추종자들은 자신들의 종교를 '영원한 종교'라고 부르는데, 현존하는 세계에서 가장 오래된 종교라고 믿기 때문이다. 최초의 경전인 베다는 BC 1500년경으로 거슬러 올라간다. 그러나, 여신 숭배와 요가와 같은 일부 특징들은 BC 2500년쯤인 인더스 밸리 문명까지 더 거슬러 올라갈지도 모른다.

Q 지문에 따르면 옳은 것은?
(a) 여신 숭배와 요가는 힌두교와 별개이다.
(b) 힌두교는 세계에서 가장 규모가 큰 종교로 여겨진다.
(c) 베다 경전은 여신 숭배와 요가를 만들었다.
(d) 요가 전통은 베다 이전까지 거슬러 올라갈 수도 있다.

📘 기출 공략
베다 경전이 생긴 것은 BC 1500년경이고, 여신 숭배와 요가는 그보다 더 이전인 BC 2500년경 일지도 모른다고 했으므로 정답은 (d)이다.
primary 주된 **indigenous** 토착의 **presently** 현재 **eternal** 영원한 **scripture** 경전 **approximately** 대략 **feature** 특징 **goddess** 여신 **worship** 숭배 **separate** 별개의 **yoga** 요가
정답_(d)

29

Inuits are an inter-related group of peoples found in Alaska, Canada and Greenland. They are thought to have migrated to North America from Siberia many thousands of years ago. They have been commonly referred to as "Eskimos" but prefer to call themselves Inuits. In fact, the use of "Eskimos" to refer to them is often considered offensive, especially in Canada. Inuits still live in small, isolated communities and share a strong cultural identity.

Q Which of the following is correct according to the passage?
(a) Inuits prefer to be called Eskimos.
(b) Inuits and Eskimos are different ethnic groups.
(c) Inuits lived in Siberia before arriving in Canada.
(d) Inuits live exclusively in the arctic areas of Alaska.

✽ 번역
알래스카와 캐나다, 그린란드에서 찾아 볼 수 있는 이뉴잇족은 서로 밀접한 관계를 갖고 있는 민족 집단이다. 그들은 수천 년 전 시베리아에서 북미로 이주했다고 여겨진다. 흔히 '에스키모'라고 불리지만, 그들은 자신들을 이뉴잇족으로 부르는 것을 선호한다. 사실, '에스키모'란 단어로 그들을 지칭하는 것은 대개 모욕적으로 여겨지는데, 특히 캐나다에서 그렇다. 이뉴잇족은 작고 고립된 공동체 사회에 살고 있음에도 불구하고, 강한 문화적 정체성을 공유하고 있다.

Q 지문에 따르면 옳은 것은?
(a) 이뉴잇족은 에스키모라고 불리는 것을 선호한다.
(b) 이뉴잇족과 에스키모는 다른 민족 집단이다.
(c) 이뉴잇족은 캐나다에 도착하기 전 시베리아에 살았다.
(d) 이뉴잇족은 알래스카 북극 지역에만 산다.

📖 기출 공략
이뉴잇족은 수천 년 전 시베리아에서 북미로 이주한 것으로 여겨진다고 했으므로 (c)가 정답이다. 이뉴잇족은 에스키모라는 명칭을 모욕적으로 생각하며 이뉴잇족으로 불리기를 선호한다고 했고, 이뉴잇족과 에스키모는 같은 부족을 가리키는 말이며, 이뉴잇족은 알래스카, 캐나다, 그린란드에 살고 있다고 했으므로 나머지 선택지들은 오답이다.

inter-related 밀접한 관계의 migrate 이주하다 be referred to as ~라고 불리다 offensive 모욕적인, 불쾌한 isolated 고립된 share 공유하다 identity 정체성 ethnic 민족의 exclusively 독점적으로, 오직 arctic 북극의

정답_(c)

30

The wine world has not been the same since the so-called "Judgment of Paris," a wine tasting event held in Paris in 1976. It sent shockwaves through the wine world when nine French wine experts concluded that wines from California were as good as, or better than, the best wines from French vineyards. The reaction from the French was disbelief followed by accusations that the competition was rigged. In 2006, a second wine tasting event was held in London to mark the anniversary of the "Judgment of Paris." Billed as an epic rematch, the outcome was yet another defeat for France.

Q Which of the following is correct according to the passage?
(a) The French were delighted by the first "Judgment of Paris."
(b) The first wine tasting event was ignored by the wine world.
(c) The "Judgment of Paris" commemoration also took place in Paris.
(d) The wines judged superior to French wines in 1976 were Californian.

✽ 번역
와인계는 1976년에 열린 와인 시음 행사인 소위 '파리의 심판' 이후부터 전같지 않다. 아홉 명의 프랑스 와인 전문가들이 캘리포니아산 와인이 프랑스 포도원에서 나온 최고의 와인만큼, 또는 그보다 더 낫다는 결론을 내렸을 때 와인계는 충격을 받았다. 프랑스인들은 믿을 수 없다는 반응을 보였고, 뒤이어 경연 대회가 조작되었다는 비난이 따랐다. 2006년에 '파리의 심판'을 기념하는 제2회 와인 시음 대회가 런던에서 열렸다. 대대적인 재경기라고 광고되었으나 결과는 프랑스에 또 한 번의 패배를 안겨주었다.

Q 지문에 따르면 옳은 것은?
(a) 제1회 '파리의 심판'이 프랑스인들을 기쁘게 했다.
(b) 제1회 와인 시음 행사는 와인계의 무시를 받았다.
(c) '파리의 심판' 기념 행사도 파리에서 열렸다.
(d) 1976년에 프랑스 와인보다 우수하다고 판정을 받은 와인은 캘리포니아산이었다.

📖 기출 공략
제1회 '파리의 심판'에서 캘리포니아산 와인에 패배한 프랑스인들은 큰 충격을 받았는데, 이는 와인계를 뒤흔든 큰 사건이었다. 따라서 정답은 (d)이다. '파리의 심판'을 기념하는 제2회 와인 시음 대회는 런던에서 열렸으므로 (c)는 오답이다.

judgment 심판, 판정 shockwave 충격파 vineyard 포도원 reaction 반응 disbelief 불신 accusation 비난 competition 경연 대회 rigged 조작된 mark 기념하다 anniversary 1주년 bill 광고하다 epic 웅장한 outcome 결과 defeat 패배 commemoration 기념 take place 개최하다 superior to ~보다 우수한

정답_(d)

463

31

According to recent studies, many parents who turn out to be poor caregivers are those who had themselves been unloved, neglected or abused as children. Such parents often start out with the best intentions, vowing never to do to their children what was done to them, but often they are not emotionally equipped to cope with the realities of rearing a child. So, when their children are irritable, fussy or inattentive, these emotionally insecure adults may react like their parents did by withdrawing their affection, sometimes to the point of neglecting or abusing their children.

Q Which of the following is correct about the parents who are insensitive caregivers?
(a) They do not attempt to treat their children kindly.
(b) Many of them experienced neglect in their childhood.
(c) They grew up in stable households with loving parents.
(d) They are unaware of how they were treated as children.

32

A volunteer at the Carmel Zoo is expected to be available on a regular basis and over a long period of time, such as months or even years. Volunteers are needed on weekends to collect entrance money, direct traffic, give tours, help clean enclosures and aid with other maintenance. Those volunteers who can assist during the week will be more involved with the care of our animals. The zoo will provide volunteers with training and guidance; however, they must provide their own transportation and meals.

Q Which of the following is correct according to the passage?
(a) The volunteers can help out at their convenience.
(b) The zoo prefers that volunteers work for a short period.
(c) The zoo does not offer transportation or food to volunteers.
(d) The volunteers' main weekend task is to take care of animals.

✻ 번역
최근 연구에 따르면, 돌보는 일을 못하는 것으로 판명된 많은 부모들은 그들 자신이 아이 때 사랑을 받지 못했거나, 방치되었거나, 학대받은 사람들이다. 그런 부모는 흔히 자신이 받은 것을 자식들에게 절대 하지 않겠다고 맹세하며 최선의 의도로 출발하지만, 대개 아이를 키우는 현실에 대처하기에는 감정적으로 준비가 되어 있지 않다. 그래서, 아이들이 짜증을 내거나 소란스럽거나 주의가 산만할 때, 감정적으로 불안정한 어른들은 자신의 부모가 했던 것처럼 애정을 주지 않거나, 때론 자식들을 방치하거나 학대하는 정도까지 반응할 수도 있다.

Q 돌보는 일에 둔감한 부모에 대해 옳은 것은?
(a) 자식들을 다정하게 돌보려는 시도를 하지 않는다.
(b) 그들 중 많은 사람들이 아이 때 방치를 경험했다.
(c) 사랑이 많은 부모와 안정된 집안에서 성장했다.
(d) 자신들이 어떠한 아이 취급을 받았는지 모른다.

📗 기출 공략
그들 자신이 어린 시절 사랑을 받지 못하거나 방치되고 학대를 받은 경험이 있는 부모의 경우, 처음에는 자식들에게 부모에게서 받은 대로 하지 않으려고 노력하지만 뜻대로 되지 않는다는 내용으로 볼 때 정답은 (b)이다.

caregiver 돌보는 사람 neglect 방치하다 abuse 학대하다
intention 의도 vow 맹세하다 be equipped to ~할 준비가 되어있다 cope with ~에 대처하다 rear 키우다 irritable 짜증을 내는
fussy 소란스러운 inattentive 주의가 산만한 withdraw 거두다
affection 애정 attempt to ~을 시도하다 stable 안정적인
be unaware of ~을 모르다
정답_(b)

✻ 번역
카멜 동물원의 자원봉사자는 정규적으로, 그리고 몇 달이나 몇 년처럼 오랜 시간 동안 일할 수 있어야 한다. 주말에 입장 요금을 받고, 교통 안내를 하고, 투어를 맡고, 울타리 주변 청소를 돕고, 기타 다른 관리를 돕는 데 자원봉사자들이 필요하다. 주중 자원봉사자들은 동물을 돌보는 일에 더 많이 참여하게 될 것이다. 동물원은 자원봉사자들에게 훈련과 지도를 제공하지만 교통비와 식비는 스스로 해결해야 한다.

Q 지문에 따르면 옳은 것은?
(a) 자원봉사자들은 자신이 편리한 때에 도울 수 있다.
(b) 동물원은 단기간 일할 자원봉사자를 선호한다.
(c) 동물원은 자원봉사자들에게 교통비와 식비를 제공하지 않는다.
(d) 자원봉사자의 주된 주말 업무는 동물을 돌보는 것이다.

📗 기출 공략
편리한 때가 아니라 정규적으로 일해야 하고, 동물원은 장기간 봉사자를 선호하고, 교통비나 식비를 제공하지 않으며, 주말이 아닌 주중에 동물 돌보는 일을 많이 한다고 했으므로 정답은 (c)이다.

volunteer 자원봉사자 available 이용 가능한 entrance money 입장 요금 direct traffic 교통 정리를 하다 enclosure 울타리, 담 maintenance 관리 assist 돕다 guidance 지도
transportation 교통 at one's convenience 편리한 때에
정답_(c)

33

Casanova's memoirs, written when he was an old man, include accounts of his adventurous life and vast and learned commentaries on philosophy, science, religion and love. The impression one gets from them is of a man predisposed to adventure, who continually ruined his prospects because of an irrepressible love for disreputable company. He was also a man who in his old age did not regret any past follies but rather the inability to commit more.

Q What can be inferred about Casanova from the passage?
(a) He was both a risk taker and a scholar.
(b) He exaggerated many of the tales about his life.
(c) He advocated science over religion in his writings.
(d) He was bitter in his old age for his former mistakes.

번역

카사노바가 노년에 쓴 회고록은 자신의 모험적인 삶과 철학, 과학, 종교, 사랑에 관한 광범위하고 박학한 논평을 담고 있다. 거기에서 받는 인상은 그가 모험 성향이 있고, 억제할 수 없는 사랑으로 인해 평판이 좋지 못한 사람과 사귀어 끊임없이 자신의 미래를 망친 사람이라는 것이다. 그는 또한 노년에도 과거의 과오를 후회하지 않고, 그런 일들을 더 이상 할 수 없는 현실을 유감스러워한 사람이다.

Q 지문에서 카사노바에 대해 추론할 수 있는 것은?
(a) 모험가이면서 학자였다.
(b) 자신의 삶에 관한 이야기 대부분을 과장했다.
(c) 자신의 글에서 종교보다 과학을 옹호했다.
(d) 나이가 든 후, 자신의 과오에 대해 괴로워했다.

기출 공략

첫 문장에서 그가 모험을 즐기는 사람이었고 여러 분야에 걸쳐 지식이 많다고 했으므로 (a)를 추론할 수 있다. 과거의 잘못에 대해 유감스럽게 생각하지 않는다고 했으므로 (d)는 답이 될 수 없다.

memoirs 회고록 **account** 이야기 **adventurous** 모험적인 **commentary** 논평 **predisposed to** ~의 경향이 있는 **ruin** 망치다 **prospect** 가능성 **irrepressible** 억제할 수 없는 **disreputable** 평판이 나쁜 **regret** 유감스러워하다 **folly** 과오, 잘못 **commit** 행하다 **risk** 위험 **exaggerate** 과장하다 **advocate** 옹호하다 **bitter** 괴로운, 쓰라린

정답 (a)

34

Dear Editor:

I am writing to express my indignation at the libelous statements made against myself and my office in the *King Valley Gazette*. The King Valley Office of Tourism has never released erroneous information. This would be counterproductive to our mission, which is to develop tourism in the King Valley region. Your journalist confused the facts. The only complaint against us has been for withholding information, not for giving out misinformation. The truth is that some local restaurants and hotels are angry at us for not promoting them, but our office is not their free advertising service. That is what your paper should have reported.

Sincerely,
Alfred Singleton
Managing Director

Q What can be inferred from the letter?
(a) The editor is against Alfred Singleton's character.
(b) The King Valley Office of Tourism has just opened.
(c) Mr. Singleton has been blamed for discouraging tourism.
(d) An article was published criticizing the Office of Tourism.

번역

편집자 귀하:

〈킹 밸리 가제트〉에 실린 저와 제 직장에 대한 비방글에 대해 분개를 표하기 위해 이 편지를 씁니다. 킹 밸리 여행사는 잘못된 정보를 배포한 적이 없습니다. 이는 킹 밸리 지역의 여행업을 발전시킨다는 우리의 사명에 역효과를 불러올 것입니다. 귀사의 기자가 사실을 혼동했습니다. 저희에 대한 유일한 불만 사항은, 잘못된 정보를 배포한 것이 아니라 정보를 주지 않고 그대로 갖고 있었던 데 대한 불만입니다. 사실, 일부 지역 음식점과 호텔에서는 홍보를 해주지 않는다고 저희에게 화를 내지만, 저희 사무소는 그들의 무료 광고 서비스 대행사가 아닙니다. 귀하의 신문이 보도했어야 한 것은 바로 그 점입니다.

알프레드 싱글턴 관리부장 드림

Q 편지에서 추론할 수 있는 것은?
(a) 편집자는 알프레드 싱클턴의 성격을 탐탁지 않게 여긴다.
(b) 킹 밸리 여행사는 막 문을 열었다.
(c) 싱글턴 씨는 여행업을 방해했다는 비난을 받고 있다.
(d) 여행사를 비난하는 기사가 게재되었다.

기출 공략

자신의 회사를 비방하는 글에 대한 반박 편지로, That is what your paper 이하에서 상대가 신문사임을 알 수 있다. 킹 밸리 여행사는 틀린 정보를 배포하지 않았다고 밝히고 있으므로 추론 가능한 내용은 (d)이다.

indignation 분개, 분함 **libelous** 비방하는 **statement** 언급 **gazette** 관보, 정기 간행물 **release** 공개[발표]하다 **erroneous** 잘못된, 틀린 **counterproductive** 역효과를 낳는 **journalist** 기자 **confuse** 혼동하다 **complaint** 불만 **withhold** 주지 않고 두다 **give out** 나눠 주다 **misinformation** 오보 **promote** 홍보하다 **be blamed for** ~로 비난을 받다 **criticize** 비난하다

정답 (d)

Reading Comprehension

35

Blood Meridian comes at the reader like a slap in the face, an insult that challenges us to tolerate a vision of the Old West mired in brutality and violence. While this makes Cormac McCarthy's sixth novel hard to finish, it is even more difficult to ignore. Any given page of this work reveals the author's originality, a passionate voice distributed equally to both ugliness and lyricism. Over the past two decades, the brutality of his works may have turned some readers off, but the power of his writing has earned him high critical acclaim.

Q What can be inferred about McCarthy?
(a) He is known for works that are commonplace.
(b) His works are not known for their broad appeal.
(c) He depicts history from an idealized point of view.
(d) His earlier books are less brutal than Blood Meridian.

✽ 번역
〈피의 자오선〉은 독자에게 모욕감을 불러일으키는데, 잔인성과 폭력성의 진창에 빠진 구 서구의 사상을 참으라고 요구하는 것이 모욕적으로 다가온다. 이것이 코맥 맥카시의 여섯 번째 소설을 끝까지 읽기 어렵게 하지만 그렇다고 책을 덮기는 더더욱 힘들다. 작품의 매 페이지마다 작가의 독창성이 드러나는데, 열정적인 목소리로 추함과 서정미 양쪽을 치우침 없이 똑같이 표현하고 있다. 지난 20년 동안 그의 작품의 잔인성이 일부 독자를 질리게 했을지도 모르지만, 글의 힘은 평단의 높은 찬사를 얻었다.

Q 맥카시에 대해 추론할 수 있는 것은?
(a) 아주 평범한 작품으로 유명하다.
(b) 그의 작품은 폭넓게 호소하지 못하고 있다.
(c) 이상화된 관점에서 역사를 묘사한다.
(d) 그의 초기 책들은 〈피의 자오선〉보다 덜 잔인하다.

📖 기출 공략
첫 문장에서는 그의 작품을 비난하고 있지만 다음 문장에서는 읽기 힘들긴 하지만 안 읽을 수 없다고 설명한다. 또, 그의 작품은 잔인함과 폭력성이 일부 독자를 질리게 하지만, 독창적이며 평단의 찬사를 오랫동안 받았다는 점을 볼 때 정답은 (b)이다.

meridian 자오선 slap in the face 모욕, 실망시키는 행위 insult 모욕 tolerate 참다, 용인하다 vision 전망 mired 진창에 빠진 brutality 잔인성 any given 어느 것도 reveal 드러내다 originality 독창성 passionate 열정적으로 distribute 배분하다 ugliness 추함 lyricism 서정주의 turn A off A를 질리게 하다 earn 벌다 critical 비평의 acclaim 찬사 commonplace 아주 흔한 depict 묘사하다 point of view 관점 정답 (b)

36

Advertise with MegaAd and experience the benefits of web-based advertising. We use keyword targeting to present highly visible and relevant text-based ads that promote your business to consumers who use major search engines. Ads using MegaAd have yielded click-through rates 5 times higher than average online ads, which demonstrates how effective our service is. If you run an online business, you can't afford not to use MegaAd. Call our information hotline today at 1-888-8-MEGAAD. Full service is available for large advertisers or agencies looking to spend $10,000 per month.

Q What can be inferred about MegaAd's advertising service?
(a) It displays ads based on keyword searches.
(b) Text-based ads are an extra advertising option.
(c) Its advertising service is targeted toward smaller clients.
(d) Full service is available through many advertising agencies.

✽ 번역
메가애드로 광고해서 웹 광고의 혜택을 누리세요. 저희는 주요 검색 엔진을 사용하는 소비자들에게 여러분의 사업을 홍보하는, 눈에 잘 띄고 적절한 텍스트 기반 광고를 보여주기 위해 검색어를 타깃으로 사용합니다. 메가애드를 이용한 광고는 보통의 온라인 광고보다 5배나 높은 클릭률을 보여주었는데, 이는 저희 서비스가 얼마나 효과적인지 증명하는 것입니다. 온라인 사업을 운영하면서 메가애드를 이용하지 않으면 손해입니다. 오늘 저희 안내 직통 전화 1-888-8-MEGAAD로 전화주세요. 한 달에 10,000달러를 지불하실 대 광고주나 회사는 풀 서비스가 가능합니다.

Q 메가애드의 광고 서비스에 대해 추론할 수 있는 것은?
(a) 핵심어 검색을 기반으로 한 광고를 보여준다.
(b) 텍스트 기반 광고는 추가적인 광고 선택 사항이다.
(c) 광고 서비스는 소규모 의뢰인을 대상으로 한다.
(d) 풀 서비스는 많은 광고 회사를 통해 가능하다.

📖 기출 공략
메가애드는 웹 기반의 온라인 광고 업체이며, We use keyword targeting to 이하에서 주요 검색 엔진 사용자를 대상으로 핵심 검색에 기반을 둔 텍스트 광고를 서비스하고 있다고 설명하고 있으므로 정답은 (a)이다.

advertise 광고하다 keyword targeting 검색어를 통한 타깃 광고 highly visible 매우 눈에 잘 띄는 relevant 적절한 text-based 텍스트 기반의 yield (결과를) 내다 click-through rate 온라인 광고의 노출 횟수 대비 클릭률 demonstrate 논증하다 can't afford not to ~하지 않으면 손해다 hotline 직통전화 agency 회사 extra 추가의 target 목표로 하다 정답 (a)

37

In literary studies, the connotation of a word refers to the associations, images or impressions carried by that word, as opposed to its literal meaning. For example, the word "mother" means literally "a female parent," but it often connotes warmth, love, sympathy, security and nurturing. Connotations may result from personal experience; they may be shared by people as a group—perhaps with the same professional, national, linguistic or racial background; or they may be common to everyone.

Q What can be inferred from the passage?
(a) Connotative meanings can be group-specific.
(b) Connotations are being removed from most languages.
(c) Most people are concerned only with a word's literal meaning.
(d) A knowledge of word origins is essential for understanding connotations.

✱ 번역
문학 연구에 있어서, 단어의 함축은 글자 그대로의 의미와 대립되는 것으로, 그 단어에 의해 전달되는 연상이나 형상, 인상을 지칭한다. 예를 들어, '엄마'라는 단어는 글자 그대로 '여성 부모'를 의미하지만, 흔히 따뜻함과 사랑, 연민, 안전함, 양육을 내포한다. 함축은 개인적인 경험에서 연유할 수도 있고, 어쩌면 같은 직업이나 국가, 언어, 인종적인 배경을 가진 사람들의 집단에 의해 공유될 수도 있으며, 모두에게 공통적인 것일 수도 있다.

Q 지문에서 추론할 수 있는 것은?
(a) 함축적 의미는 집단의 특성일 수 있다.
(b) 함축은 대부분의 언어에서 사라지고 있다.
(c) 대부분의 사람들은 글자 그대로의 의미에만 관심이 있다.
(d) 어원에 대한 지식은 함축을 이해하는 데 필수적이다.

📘 기출 공략
함축의 정의를 내리고, 예를 들어 설명하고, 그 생성 배경에 대해 알려주는 구조의 글이다. Connotations may result from 이하에서 특정 집단 내에서 통용되는 것일 수도 있다고 했으므로 정답은 (a)이다.

literary study 문학 연구 **connotation** 함축 **refer to** ~을 지칭하다 **association** 연상 **as opposed to** ~와 대조적으로 **literal** 글자 그대로의 **connote** 내포하다, 의미하다 **sympathy** 동정, 연민 **security** 안전 **nurturing** 양육 **linguistic** 언어의 **racial** 인종의 **group-specific** 집단에 특유한 **origin** 기원

정답 (a)

38

Contrary to common myth, the majority of bats are highly beneficial to mankind. (a) If you happen to come across a bat, you should not panic. (b) For instance, tropical bats are imperative to the propagation of plant life. (c) They disperse seeds for a wide range of economically beneficial fruits, such as bananas and mangoes. (d) In addition, bats also consume a significant number of insects, including such pests as mosquitoes.

✱ 번역
사회적 통념과 달리, 대부분의 박쥐는 인간에게 매우 이롭다. (a) 박쥐를 우연히 만나게 되면 공포에 질리지 말라. (b) 예를 들어, 열대 박쥐는 식물의 증식에 긴요한 역할을 한다. (c) 그들은 바나나와 망고 같은 경제적으로 이로운 다양한 과일의 씨를 퍼뜨린다. (d) 게다가, 박쥐는 모기와 같은 해충을 포함한 상당수의 곤충을 먹어치운다.

📘 기출 공략
박쥐의 이로움에 대해 설명하는 글이다. (b), (c), (d)는 이러한 이로움의 예가 되지만 박쥐를 보면 공포에 질리지 말라는 (a)는 박쥐의 이러한 유익한 측면과 어울리지 않는다.

contrary to ~와 달리 **myth** 사회적 통념 **majority** 다수 **highly** 매우 **beneficial** 이로운 **come across** ~을 우연히 만나다 **panic** 공포에 질리다 **imperative to** ~에 긴요한 **propagation** 증식, 번식 **disperse** 퍼뜨리다 **a wide range of** 넓은 범위의 **consume** 소비하다 **significant** 상당한 **insect** 곤충 **pest** 해충 **mosquito** 모기

정답 (a)

39

Impressionism was an art movement that came to prominence in the latter half of the 19th century. (a) The movement is usually associated with French painters like Manet, Monet and Renoir. (b) However, the emergence of Impressionism in the visual arts influenced similar movement in literature. (c) Originally, the Impressionist composers had two favorite mediums, the orchestra and the piano. (d) Writers influenced by Impressionism, for example, focused on the impressions and emotions of their characters.

✿ 번역
인상주의는 19세기 후반 명성을 얻은 미술 운동이었다. (a) 그 운동은 대개 마네, 모네, 르누아르와 같은 프랑스 화가들과 연관이 있다. (b) 그러나, 시각 예술에 있어서 인상주의의 출현은 문학의 비슷한 운동에 영향을 주었다. (c) 원래, 인상주의 작곡가들에게는 오케스트라와 피아노라는 가장 좋아하는 두 가지 표현 수단이 있었다. (d) 예를 들어, 인상주의의 영향을 받은 작가들은 인물의 인상과 감정에 초점을 두었다.

📔 기출 공략
인상주의가 문학에 준 영향을 다룬 글이다. 인상주의의 영향을 받은 작가는 인물의 인상과 감정에 초점을 두었다는 내용으로 이어지고 있는데, 문학과 무관한 (c) 인상주의 작곡가들의 표현 수단에 대한 소개는 흐름에 맞지 않는다.

Impressionism 인상주의   prominence 명성, 두드러짐
be associated with ~와 연관이 있다   emergence 출현
visual art 시각예술   literature 문학   composer 작곡가
medium 표현 수단   focus on ~에 초점을 두다   emotion 감정

정답_(c)

40

Ancient stone tools were discovered on a hilltop in Minnesota by archaeologists inspecting a road construction site. (a) What gives these tools such significance is their apparent age, as they are thought to have come from the last Ice Age. (b) Much of Minnesota was covered by glaciers, while woolly mammoths, mastodons and giant beavers roamed the continent. (c) Of course, much more analysis of the tools is due before their accurate ages are broadly accepted by scientists. (d) However, if the above-mentioned estimates hold true, it means mankind inhabited Minnesota over 5,000 years earlier than archaeologists had previously believed.

✿ 번역
고대 석기 도구가 도로 공사 부지를 조사하고 있던 고고학자들에 의해 미네소타의 한 언덕 꼭대기에서 발견되었다. (a) 이들 도구는 마지막 빙하기의 것으로 추정되는 사용 연대 때문에 매우 중요하게 여겨진다. (b) 털이 많은 맘모스와 마스토돈, 자이언트 비버가 대륙을 돌아다니는 동안, 미네소타는 대부분 빙하로 덮여 있었다. (c) 물론, 정확한 연대를 과학자들이 확실히 인정하기까지 도구에 대한 훨씬 더 많은 분석이 진행될 예정이다. (d) 그러나, 전술한 추정치가 들어맞는다면 이는 고고학자들이 이전에 믿었던 것보다 5,000년 이상 더 일찍 미네소타에 사람이 살았다는 것을 의미한다.

📔 기출 공략
미네소타에서 발견된 석기 도구의 연대 추정에 관한 내용이다. 아직 더 많은 분석이 필요하지만, 마지막 빙하기 시대의 것으로 추정되고 이것이 맞으면 알고 있던 것보다 더 이전에 사람이 살았다는 뜻이 된다는 내용이므로, 빙하기에 살았던 동물에 대한 내용인 (b)는 흐름에 맞지 않는다.

hilltop 언덕 꼭대기   archaeologist 고고학자   inspect 조사하다
site 현장   significance 중요성   apparent 외관상의   Ice Age 빙하기   glacier 빙하   woolly 털이 많은   mammoth 맘모스
mastodon 마스토돈   roam 돌아다니다   continent 대륙
analysis 분석   due 예정인   accurate 정확한   above-mentioned 전술한, 상기한   estimate 추정치   hold true 들어맞다, 유효하다   inhabit 거주하다   previously 이전에

정답_(b)

Answer Keys

Listening Comprehension

1 (b)	2 (c)	3 (a)	4 (a)	5 (b)	6 (a)	7 (a)	8 (a)	9 (c)	10 (d)
11 (b)	12 (a)	13 (b)	14 (b)	15 (d)	16 (c)	17 (b)	18 (a)	19 (d)	20 (b)
21 (c)	22 (a)	23 (a)	24 (c)	25 (c)	26 (d)	27 (a)	28 (c)	29 (d)	30 (d)
31 (a)	32 (c)	33 (d)	34 (b)	35 (b)	36 (b)	37 (b)	38 (a)	39 (d)	40 (d)
41 (b)	42 (d)	43 (a)	44 (c)	45 (b)	46 (a)	47 (c)	48 (c)	49 (d)	50 (c)
51 (a)	52 (d)	53 (c)	54 (a)	55 (c)	56 (c)	57 (b)	58 (d)	59 (a)	60 (d)

Grammar

1 (a)	2 (a)	3 (d)	4 (d)	5 (c)	6 (d)	7 (a)	8 (c)	9 (b)	10 (a)
11 (d)	12 (d)	13 (c)	14 (c)	15 (b)	16 (d)	17 (a)	18 (c)	19 (a)	20 (c)
21 (c)	22 (c)	23 (d)	24 (c)	25 (a)	26 (d)	27 (c)	28 (b)	29 (c)	30 (c)
31 (c)	32 (c)	33 (d)	34 (b)	35 (b)	36 (b)	37 (d)	38 (c)	39 (b)	40 (d)
41 (c)	42 (c)	43 (b)	44 (d)	45 (a)	46 (d)	47 (d)	48 (a)	49 (c)	50 (b)

Vocabulary

1 (c)	2 (b)	3 (d)	4 (b)	5 (d)	6 (c)	7 (b)	8 (b)	9 (d)	10 (d)
11 (d)	12 (c)	13 (d)	14 (a)	15 (b)	16 (a)	17 (b)	18 (c)	19 (c)	20 (c)
21 (c)	22 (d)	23 (d)	24 (b)	25 (b)	26 (a)	27 (a)	28 (b)	29 (c)	30 (b)
31 (a)	32 (a)	33 (a)	34 (b)	35 (d)	36 (b)	37 (b)	38 (c)	39 (b)	40 (b)
41 (a)	42 (b)	43 (c)	44 (a)	45 (b)	46 (a)	47 (b)	48 (c)	49 (a)	50 (a)

Reading Comprehension

1 (a)	2 (d)	3 (c)	4 (b)	5 (a)	6 (b)	7 (d)	8 (c)	9 (d)	10 (d)
11 (c)	12 (d)	13 (a)	14 (a)	15 (c)	16 (c)	17 (a)	18 (b)	19 (a)	20 (b)
21 (c)	22 (c)	23 (a)	24 (b)	25 (d)	26 (d)	27 (a)	28 (d)	29 (c)	30 (d)
31 (b)	32 (c)	33 (a)	34 (d)	35 (b)	36 (a)	37 (a)	38 (a)	39 (c)	40 (b)

i-TEPS 미리보기

국내 최초 통합 영어능력 평가
*in*tegrated-TEPS

⇨ **의사소통에 필요한 듣기, 말하기, 읽기, 쓰기 능력을 통합하여 평가한다.**

듣기, 말하기, 읽기, 쓰기 능력은 서로 밀접한 관계를 가진 요소로 듣기, 읽기 능력 혹은 말하기, 쓰기 능력만을 단순히 측정해서는 정확한 영어능력을 평가하기 어렵다. *i*-TEPS는 유기적인 연관성을 지닌 이 네 가지 의사소통 능력을 통합적으로 측정하여 수험자의 영어능력을 정확하게 평가한다.

⇨ **변별력과 신뢰도가 있는 시험이다.**

i-TEPS는 국내 최고 권위의 영어능력 평가로 듣기, 읽기 분야에서 탁월한 변별력을 인정받은 TEPS와 국내 최초 CBT 방식의 영어 말하기·쓰기 시험인 TEPS-Speaking & Writing의 성공 노하우를 바탕으로 개발되었다. 실전 영어능력을 보다 정밀하게 측정할 수 있도록 세분화된 채점 요소를 적용하고 있으며, 출제자와 채점자를 어학 분야의 최고 전문가들로 선정하여 높은 신뢰도와 탁월한 변별력을 지니고 있다.

⇨ **실전 영어능력을 측정한다.**

간단한 대화를 할 수 있는 능력부터 도표를 보고 발표하는 분석력과 구성력까지, 접하는 상황에 따라 필요한 영어능력도 다양하다. *i*-TEPS는 유학이나 비즈니스 등 특정한 분야에서의 영어 활용 능력을 집중적으로 평가하는 타 시험과는 달리, 비즈니스 상황을 포함한 다양한 영어 사용 환경을 재현하여 실질적으로 활용 가능한 영어능력을 평가한다.

⇨ **경제성과 효율성을 갖춘 시험이다.**

i-TEPS는 타 통합 영어능력 평가시험에 비해 응시료가 저렴하다. 한 번의 시험으로 듣기, 말하기, 읽기, 쓰기 능력을 종합적으로 평가하여 각각의 영역을 별도로 평가해야 하는 타 시험과 비교해도 응시료 부담이 적다. *i*-TEPS는 최소의 시간과 비용으로 수험자의 영어능력을 정확히 측정하는 높은 효율성을 갖춘 시험이다.

i-TEPS 영역별 유형 및 설명

i-TEPS는 기존의 TEPS와 TEPS-Speaking & Writing 시험을 토대로 듣기, 말하기, 읽기, 쓰기 능력을 종합적으로 측정하는 통합형 시험으로 개발되었다. Listening, Grammar & Vocabulary, Reading, Speaking, Writing의 5개 영역에 걸쳐 약 3시간 동안 진행되며, 총 143문항, 400점 만점으로 구성되어 있다.

영역		문제유형	문항수	시간		총점
Listening	Part 1	짧은 대화를 듣고 이어질 대화로 가장 적절한 답 고르기	15	35분		80점
	Part 2	긴 대화를 듣고 질문에 가장 적절한 답 고르기	15			
	Part 3	담화를 듣고 질문에 가장 적절한 답 고르기	10			
Grammar & Vocabulary	Part 1	대화문의 빈칸에 가장 적절한 답 고르기	15	20분		20점
	Part 2	단문의 빈칸에 가장 적절한 답 고르기	15			
	Part 3	대화문의 빈칸에 가장 적절한 어휘 고르기	15			20점
	Part 4	단문의 빈칸에 가장 적절한 어휘 고르기	15			
Reading	Part 1	지문을 읽고 빈칸에 가장 적절한 답 고르기	10	40분		80점
	Part 2	지문을 읽고 질문에 가장 적절한 답 고르기 (1지문 1문항)	19			
	Part 3	지문을 읽고 질문에 가장 적절한 답 고르기 (1지문 2문항)	6			
Speaking	Part 1	간단한 질문에 대답하기	1(3)		답변 10초	100점
	Part 2	소리내어 읽기	1	준비 30초	답변 45초	
	Part 3	일상 대화 상황에서 질문에 답하기	1(5)	준비 15초	답변 10초	
	Part 4	그림 보고 연결하여 이야기하기	1	준비 60초	답변 60초	
	Part 5	도표 보고 발표하기	1	준비 120초	답변 90초	
Writing	Part 1	받아쓰기	1	10분		100점
	Part 2	이메일 쓰기	1	15분		
	Part 3	의견 쓰기	1	30분		
계						400점

TEPS 등급표

등급	점수	영역	능력검정기준(Description)
1+급 Level 1+	901~990	전반	**외국인으로서 최상급 수준의 의사소통 능력** 교양 있는 원어민에 버금가는 정도로 의사소통이 가능하고 전문분야 업무에 대처할 수 있음. (Native Level of Communicative Competence)
1급 Level 1	801~900	전반	**외국인으로서 거의 최상급 수준의 의사소통 능력** 단기간 집중 교육을 받으면 대부분의 의사소통이 가능하고 전문분야 업무에 별 무리 없이 대처할 수 있음. (Near-Native Level of Communicative Competence)
2+급 Level 2+	701~800	전반	**외국인으로서 상급 수준의 의사소통 능력** 단기간 집중 교육을 받으면 일반분야 업무를 큰 어려움 없이 수행할 수 있음. (Advanced Level of Communicative Competence)
2급 Level 2	601~700	전반	**외국인으로서 중상급 수준의 의사소통 능력** 중장기간 집중 교육을 받으면 일반분야 업무를 큰 어려움 없이 수행할 수 있음. (High Intermediate Level of Communicative Competence)
3+급 Level 3+	501~600	전반	**외국인으로서 중급 수준의 의사소통 능력** 중장기간 집중 교육을 받으면 한정된 분야의 업무를 큰 어려움 없이 수행할 수 있음. (Mid Intermediate Level of Communicative Competence)
3급 Level 3	401~500	전반	**외국인으로서 중하급 수준의 의사소통 능력** 중장기간 집중 교육을 받으면 한정된 분야의 업무를 다소 미흡하지만 큰 지장 없이 수행할 수 있음. (Low Intermediate Level of Communicative Competence)
4+급 Level 4	201~400	전반	**외국인으로서 하급 수준의 의사소통 능력** 장기간의 집중 교육을 받으면 한정된 분야의 업무를 대체로 어렵게 수행할 수 있음. (Novice Level of Communicative Competence)
5+급 Level 5	10~200	전반	**외국인으로서 최하급 수준의 의사소통 능력** 단편적인 지식만을 갖추고 있어 의사소통이 거의 불가능함. (Near-Zero Level of Communicative Competence)

● **넥서스 수준별 TEPS 맞춤 학습 프로그램**

서울대 기출문제

기출·독해

서울대 텝스 관리위원회 텝스 최신기출 1200제 2016 문제집 2 | 서울대학교 TEPS관리위원회 문제 제공 | 352쪽 | 19,500원
서울대 텝스 관리위원회 텝스 최신기출 1200제 2016 해설집 2 | 서울대학교 TEPS관리위원회 문제 제공 · 넥서스 TEPS연구소 해설 | 480쪽 | 25,000원
서울대 텝스 관리위원회 텝스 최신기출 1200제 2015-2016 문제집 | 서울대학교 TEPS관리위원회 문제 제공 | 352쪽 | 19,500원
서울대 텝스 관리위원회 텝스 최신기출 1200제 2015-2016 해설집 | 서울대학교 TEPS관리위원회 문제 제공 · 넥서스 TEPS연구소 해설 | 480쪽 | 25,000원
서울대 텝스 관리위원회 공식기출 1000 Listening | 서울대학교 TEPS관리위원회 문제 제공 | 432쪽 | 19,000원
서울대 텝스 관리위원회 공식기출 1000 Grammar | 서울대학교 TEPS관리위원회 문제 제공 | 188쪽 | 12,000원
서울대 텝스 관리위원회 공식기출 1000 Reading | 서울대학교 TEPS관리위원회 문제 제공 | 376쪽 | 16,000원
서울대 텝스 관리위원회 최신기출 1000 | 서울대학교 TEPS관리위원회 문제 제공 · 양준희 해설 | 628쪽 | 28,000원
서울대 텝스 관리위원회 최신기출 1200/SEASON 2~3 문제집 | 서울대학교 TEPS관리위원회 문제 제공 | 352쪽 | 19,500원
서울대 텝스 관리위원회 최신기출 1200/SEASON 2~3 해설집 | 서울대학교 TEPS관리위원회 문제 제공 · 넥서스 TEPS연구소 해설 | 472쪽 | 25,000원

실전 모의고사

실전·어휘

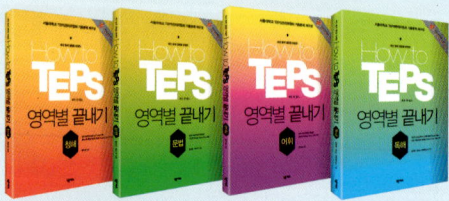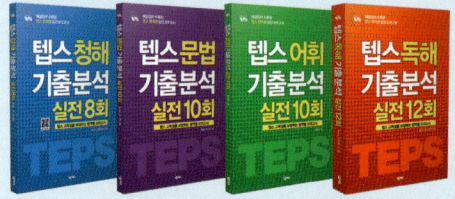

How to TEPS 영역별 끝내기 청해 | 테리 홍 지음 | 424쪽 | 19,800원
How to TEPS 영역별 끝내기 문법 | 장보금·써니 박 지음 | 260쪽 | 13,500원
How to TEPS 영역별 끝내기 어휘 | 양준희 지음 | 240쪽 | 13,500원
How to TEPS 영역별 끝내기 독해 | 김무룡·넥서스 TEPS연구소 지음 | 504쪽 | 25,000원

텝스 청해 기출 분석 실전 8회 | 넥서스 TEPS연구소 지음 | 296쪽 | 19,500원
텝스 문법 기출 분석 실전 10회 | 장보금·써니 박 지음 | 248쪽 | 14,000원
텝스 어휘 기출 분석 실전 10회 | 양준희 지음 | 252쪽 | 14,000원
텝스 독해 기출 분석 실전 12회 | 넥서스 TEPS연구소 지음 | 504쪽 | 25,000원

초급 (400~500점) / 중급 (600~700점)

영역별

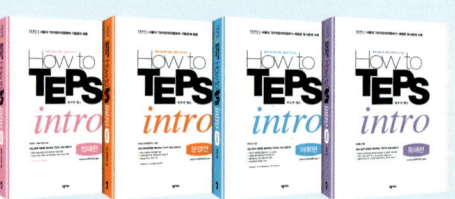

How to TEPS intro 청해편 | 강소영·Jane Kim 지음 | 444쪽 | 22,000원
How to TEPS intro 문법편 | 넥서스 TEPS연구소 지음 | 424쪽 | 19,000원
How to TEPS intro 어휘편 | 에릭 김 지음 | 368쪽 | 15,000원
How to TEPS intro 독해편 | 한정림 지음 | 392쪽 | 19,500원

How to TEPS 실전 600 어휘편·청해편·문법편·독해편 | 서울대학교 TEPS 관리위원회 문제 제공(어휘), 이기현(청해), 장보금·써니 박(문법), 황수경·넥서스 TEPS 연구소(독해) 지음 | 어휘: 15,000원, 청해: 19,800원, 문법: 17,500원, 독해: 19,000원
How to TEPS 실전 700 청해편·문법편·독해편 | 강소영·넥서스 TEPS 연구소(청해), 이신영·넥서스 TEPS연구소(문법), 오정우·넥서스 TEPS연구소(독해) 지음 | 청해: 16,000원, 문법: 15,000원, 독해: 19,000원

종합서

How to 텝스 뉴스타터 | 넥서스 TEPS연구소 지음 | 584쪽 | 25,900원
How to 텝스 초급용 모의고사 10회 | 넥서스 TEPS연구소 지음 | 296쪽 | 15,000원
How to 텝스 베이직 리스닝 | 고명희·넥서스 TEPS연구소 지음 | 320쪽 | 18,500원
How to 텝스 베이직 리딩 | 박미영·넥서스 TEPS연구소 지음 | 368쪽 | 19,500원

독해·청해·문법

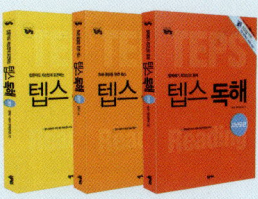
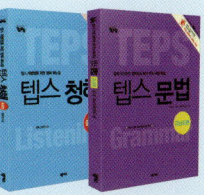

서울대 텝스 관리위원회 최신기출 Listening | 서울대학교 TEPS관리위원회 문제 제공·넥서스 TEPS연구소 해설 | 320쪽 | 19,800원
서울대 텝스 관리위원회 최신기출 Reading | 서울대학교 TEPS관리위원회 문제 제공·넥서스 TEPS연구소 해설 | 568쪽 | 24,800원
서울대 텝스 관리위원회 최신기출 스피킹·라이팅 | 서울대학교 TEPS관리위원회 문제 제공·유경하 해설 | 340쪽 | 28,000원
서울대 텝스 관리위원회 최신기출 i-TEPS | 서울대학교 TEPS관리위원회 문제 제공·넥서스 TEPS연구소 해설 | 296쪽 | 19,800원

How to 텝스 독해 기본편 | 양준희·넥서스 TEPS연구소 지음 | 312쪽 | 17,500원
How to 텝스 독해 중급편 | 장우리 지음 | 360쪽 | 17,500원
How to 텝스 독해 고난도편 | 넥서스 TEPS연구소 지음 | 324쪽 | 17,500원
How to 텝스 청해 중급편 | 양준희 지음 | 276쪽 | 18,500원
How to 텝스 문법 고난도편 | 테스 김·넥서스 TEPS연구소 지음 | 160쪽 | 12,500원

어휘

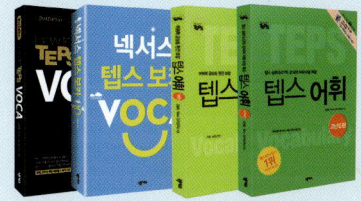

텝스 기출모의 1200 | 넥서스 TEPS연구소 지음 | 456쪽 | 18,500원
How to TEPS 실전력 500·600·700·800·900 | 넥서스 TEPS연구소 지음 | 308쪽 | 실전력 500~800: 16,500원, 실전력 900: 18,000원
서울대 텝스 관리위원회 텝스 실전 연습 5회+1회 | 서울대학교 TEPS관리위원회 문제 제공 | 200쪽 | 9,800원
텝스 기출모의 5회분 | 넥서스 TEPS연구소 지음 | 364쪽 | 14,500원

서울대 최신기출 TEPS VOCA | 넥서스 TEPS연구소·문덕 지음 | 544쪽 | 15,000원
How to TEPS VOCA | 김무룡·넥서스 TEPS연구소 지음 | 320쪽 | 12,800원
How to TEPS 넥서스 텝스 보카 | 이기헌 지음 | 536쪽 | 15,000원
How to 텝스 어휘 기본편 | 고명희·넥서스 TEPS연구소 지음 | 304쪽 | 15,500원
How to 텝스 어휘 고난도편 | 김무룡·넥서스 TEPS연구소 지음 | 296쪽 | 17,000원

고급 (800점 이상)

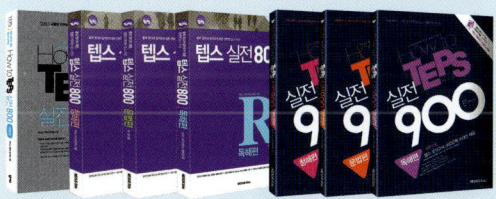

How to TEPS 시크릿 청해편·독해편 | 유니스 정(청해), 정성수(독해) 지음 | 청해: 22,500원, 독해: 14,500원
텝스, 어려운 파트만 콕콕 찍어 점수 따기(청해 PART 4·문법 PART 3,4) | 이성희·전종삼 지음 | 176쪽 | 13,000원

How to TEPS 실전 800 어휘편·청해편·문법편·독해편 | 넥서스 TEPS연구소 (어휘, 청해, 독해), 테스 김(문법) 지음 | 어휘: 12,800원, 청해: 19,000원, 문법: 16,000원, 독해: 19,000원
How to TEPS 실전 900 청해편·문법편·독해편 | 김철용(청해), 이용재(문법), 김철용(독해) 지음 | 청해: 17,000원, 문법: 16,500원, 독해: 17,500원

How to TEPS L/C | 이성희 지음 | 400쪽 | 19,800원
How to TEPS R/C | 이정은·넥서스 TEPS연구소 지음 | 396쪽 | 19,800원

How to TEPS Expert L | 박영주 지음 | 340쪽 | 21,000원
How to TEPS Expert GVR | 박영주 지음 | 520쪽 | 28,000원
How to TEPS Expert 고난도 실전 모의고사 | 넥서스 TEPS연구소 지음 | 388쪽 | 21,500원